LA LIBERTAD DE IMPRENTA EN LAS CORTES DE CÁDIZ

(El largo y dificultoso camino previo a su legalización)

DYKINSON-CONSTITUCIONAL

Francisco Fernández Segado

Catedrático de Derecho Constitucional

Facultad de Derecho. Universidad Complutense de Madrid

LA LIBERTAD DE IMPRENTA EN LAS CORTES DE CÁDIZ

(El largo y dificultoso camino previo a su legalización)

DYKINSON-CONSTITUCIONAL

Colección Dykinson-Constitucional
Director: Prof. Dr. Francisco Fernandez Segado

GOBIERNO DE ESPAÑA MINISTERIO DE EDUCACIÓN, CULTURA Y DEPORTE SECRETARÍA DE ESTADO DE CULTURA "Esta obra ha recibido una ayuda a la edición del Ministerio de Educación, Cultura y Deporte".

Editorial DYKINSON, S.L. Meléndez Valdés, 61 - 28015 Madrid
Teléfono (+34) 91 544 28 46 - (+34) 91 544 28 69

e-mail: info@dykinson.com
http://www.dykinson.es
http://www.dykinson.com

Consejo editorial: véase www.dykinson.com/quienessomos

ISBN: 978-84-9031-914-7
Depósito Legal: M-6147-2014

Maquetación:
Balaguer Valdivia, S.L. - german.balaguer@gmail.com

Impresión:
SAFEKAT, S.L.
www.safekat.com

Al Profesor Pedro de Vega, un grandísimo maestro
y una persona generosa y buena

ÍNDICE GENERAL

PRÓLOGO

En el año 2002, con ocasión de mi participación en el "Simposio Internacional sobre la Constitución de Cádiz", celebrado en la ciudad gaditana, organizado por la Unión Latina y coordinado por el muy relevante Profesor venezolano Asdrúbal Aguiar, tuve la oportunidad de introducirme por vez primera en este apasionante tema de la libertad de imprenta en Cádiz. Desde entonces lo he retomado periódicamente, profundizando progresivamente en él y ampliando la investigación para tratar de analizar las numerosas reivindicaciones doctrinales de esta libertad que, contra lo que en ocasiones se ha escrito, encontramos en el pensamiento ilustrado español a lo largo del siglo XVIII. El "Convegno dell'Associazione di Diritto pubblico comparato ed europeo" celebrado en la *Università Commerciale Luigi Bocconi* de Milán en mayo de 2012, bajo la coordinación de ese extraordinario iuscomparatista italiano que es el Profesor Giuseppe Franco Ferrari, me dio la oportunidad de seguir profundizando en esta materia. La obra que aquí se presenta al lector es, pues, fruto de un proceso investigador dilatado en el tiempo. En ella hemos dado un paso más, al optar por no circunscribirnos al pensamiento español, dando entrada también, siquiera sea en sus grandes rasgos, a las más relevantes construcciones doctrinales europeas sobre la tolerancia, estadio inicial de la libertad que nos ocupa, sobre la libertad de pensamiento, la libertad de expresión y la libertad de la prensa o, si así se prefiere, de la imprenta.

Como puede comprobar el lector, a modo de regla general, en los diversos autores abordados, y de modo muy particular en los españoles (Jovellanos sería el ejemplo paradigmático), no nos hemos circunscrito tan sólo a analizar sus ideas relativas a la libertad objeto de estudio. La mejor comprensión de tales ideas, a nuestro modo de ver, exigía enmarcarlas en un análisis más amplio de su pensamiento, de la misma forma que hemos considerado que el mejor entendimiento de la génesis de las ideas abordadas requería dedicar una cierta atención a ese extraordinario movimiento espiritual que fue la Ilustración, y a la peculiar comovisión ilustrada.

No hemos pretendido en este libro más que tratar acerca del largo y, desde luego, muy dificultoso camino previo a la legalización de la libertad de imprenta por los constituyentes gaditanos; de ahí que nos hayamos aproximado a la dañina actuación de ese instituto perverso que fue la Inquisición, y de ahí asimismo que hayamos soslayado entrar no ya en la legalización y posterior constitucionalización y ejercicio de esta libertad, sino ni tan siquiera en los prolegómenos inmediatamente anteriores a la convocatoria de Cortes, en los que el protagonismo correspondió a la Junta Central, y en los que tan diversas y ricas iniciativas en favor de la libertad de imprenta encontramos. No es que no nos interese este tema; todo lo contrario. Justamente ésta será la materia sobre la que comenzaremos a trabajar de inmediato y de la que esperamos pueda surgir como fruto un nuevo volumen en el futuro.

Es de todo punto obligado expresar unos agradecimientos que son de estricta justicia. En primer término, al personal bibliotecario de la Facultad de Derecho de la Universidad Complutense. Sin su inestimable y valiosísima ayuda este libro, como otros anteriores de mi autoría, no habría sido posible. Mi gratitud más particular a la bibliotecaria doña Ana Rodríguez, que, con el mayor interés y una extraordinaria competencia, ha sido capaz de buscar y encontrar obras de muy difícil acceso sin cuyo manejo este libro se habría visto seriamente afectado. Y como en libros anteriores no puedo terminar sin expresar mi profundo agradecimiento a don Rafael Tigeras, Director-copropietario de la Editorial Dykinson, siempre extraordinariamente receptivo a publicar todos mis proyectos de investigación. Como decía hace algún tiempo, su bonhomía, su generosidad, su amistad y su afecto personal está detrás de su permanente apoyo editorial hacia mi modesta producción científica.

Francisco Fernández Segado

Madrid, 22 de diciembre de 2013

1. Introducción: la libertad de imprenta, aspiración nuclear del pensamiento de la Ilustración y clave de bóveda del sistema político liberal

I. No creemos exagerar lo más mínimo si afirmamos que la libertad de imprenta puede considerarse una de las claves de bóveda del sistema político liberal y, por lo mismo, del entramado político-constitucional establecido en Cádiz hace dos siglos. Ciertamente, cuando se tratan de identificar los grandes principios vertebradores del sistema constitucional gaditano en su conjunto, se suele pensar de modo casi inmediato en los principios de la soberanía nacional y de la división de poderes. Y así es, evidentemente. Baste con recordar que ambos principios conforman la médula vertebral del Decreto I, de 24 de septiembre de 1810[1], en el que las Cortes, guiadas por la sapiencia y erudición del presbítero Diego Muñoz Torrero, diputado por Extremadura y antiguo Rector de la Universidad de Salamanca[2], no sólo iban a sentar la base de su propia legitimidad, sino que iban asimismo a establecer los puntos nucleares de su obra posterior, o como dijera Sánchez Agesta, con esa norma las Cortes colocaban la primera piedra del edificio constitucional[3]. El texto del Decreto en cuestión se abre con la siguiente constatación:

> "Los diputados que componen este Congreso, y que representan la Nación española, se declaran legítimamente constituidos en Cortes generales y extraordinarias, y que reside en ellas la soberanía nacional".

Y más adelante, partiendo de la premisa de que no conviene ("no conviniendo" se afirma literalmente) que "queden reunidos el Poder legislativo, el executivo y el judiciario", se viene a proclamar de modo implícito el principio de la división de poderes. Pero en ese "Código sagrado", como recuerda Alcalá Galiano que se visualizaba a la Constitución en el Trienio liberal[4], la libertad de imprenta adquirirá, tanto por sí misma como por su conexión con los principios antes mencionados, un protagonismo de tal envergadura que la llevará a superar con creces el ya en sí mismo muy relevante rol que le había de corresponder en su vertiente de libertad, pues como escribiera Salas[5], uno de los más lúcidos teóricos del Derecho

---

1 Este Decreto puede verse en la obra, *Colección de los Decretos y Órdenes que han expedido las Cortes generales y extraordinarias desde su instalación de 24 de Setiembre de 1810 hasta igual fecha de 1811,* Madrid, Imprenta Nacional, 1820, tomo I, pp. 1-3. Asimismo, en una publicación reciente, puede verse en la obra, *Colección de Decretos y Órdenes de las Cortes de Cádiz,* Madrid, Cortes Generales, 1987, Vol. I, pp. 27-29.

2 En su semblanza de don Diego Muñoz Torrero, escribe Comenge: "Fue un hombre de vastos conocimientos, humilde, liberal; piadoso sin preocupación, filósofo, caballero y cristiano; firme en sus convicciones, tolerante con las ajenas, rígido en las costumbres y bondadoso con todos, sin llegar a la debilidad". Rafael COMENGE: *Antología de las Cortes de Cádiz,* Madrid, Establecimiento Tipográfico Hijos de J. A. García, 1909, p. 228. Manejamos la edición facsímil realizada en Pamplona por Analecta Ediciones y Libros, 2004.

3 Luis SÁNCHEZ AGESTA: "Agustín de Argüelles y la Constitución de 1812", en Agustín de Argüelles, *Discurso Preliminar a la Constitución de 1812,* Madrid, Centro de Estudios Constitucionales, 1981, pp. 7 y ss.; en concreto, p. 43.

4 Antonio ALCALÁ GALIANO: *Recuerdos de un anciano,* Barcelona, Editorial Crítica, 2009, p. 497.

5 Ramón SALAS: *Lecciones de Derecho Público Constitucional,* Madrid, Centro de Estudios Constitucionales, 1982, p. 64.

público del Trienio liberal, la libertad de imprenta se presenta como "la más importante de todas las libertades, la que es la salvaguardia, la centinela y la protectora de todas las otras libertades, tanto que puede asegurarse que mientras un pueblo conserve intacta la libertad de imprenta, no es posible reducirlo a esclavitud". Y a modo de verificación empírica de esta última consideración, Salas aduce, que "los ingleses no se creyeron completamente libres hasta que en 1688 se aseguraron por su constitución la libertad de imprenta". En esta última reflexión yace implícito un rol adicional para la libertad de imprenta, que desborda de lejos el de ser instrumento último de salvaguarda de las restantes libertades, para convertirla en presupuesto inexcusable del propio sistema político en su conjunto, en verdadera garantía del mismo sistema constitucional liberal, lo que entre otras razones trae su causa de la íntima conexión subyacente entre la soberanía nacional y esta libertad. La comprensión de esta articulación exige atender, siquiera sea de modo sumario en este momento, a los primeros esbozos del pensamiento liberal. Pero aún puede atisbarse otro importante rol a cumplir por la libertad de imprenta, fruto de su inextricable vinculación con "las luces", rol que no es otro que el de su enorme incidencia sobre la educación de la sociedad; su comprensión requiere atender, aunque sea tan sólo brevemente, al significado de la libertad de imprenta durante esa apasionante etapa político-cultural que es la Ilustración.

II. La libertad de expresión, –que una autora francesa ha considerado "le cheval de bataille de l´Europe moderne"[6]– y en íntima sintonía con ella la libertad de imprenta, de prensa o de información, se iba a convertir en una de las verdades históricas, quizá la más importante, promovida por el Siglo de las Luces o de la Ilustración, y la que quizá aceleró con ritmo distinto, a tenor de las realidades locales respectivas, el tiempo de las revoluciones modernas[7]. Para la Ilustración la imprenta era la resultante lógica de la actitud racional que presidía su pensamiento, al margen ya de que aparecía como el medio idóneo para la difusión de la cultura, para la extensión de "las luces", en un amplio espectro social. Se ha dicho[8] que, en conformidad con este planteamiento, es lógico que no se permitiera que el periodismo desempeñara misiones políticas, ya que sólo podían aparecer esos contenidos cuando lo deseara y como quisiera la autoridad establecida, o lo que es igual, que la prensa no tenía más que una función cultural y no formaba parte del sistema político. No compartimos en absoluto esta apreciación tan reductora, pues aun siendo obvio que el pensamiento ilustrado va a ver la prensa como un instrumento que se vincula de modo sustancial a la ampliación de las luces, conectándolo estrechamente con la instrucción, siendo los liberales quienes le otorgarán un rol más político, en conexión con ese nuevo sujeto político que será la opinión pública, la metáfora de la "luz" frente a la "oscuridad", en muchísimas ocasiones, desbordará el ámbito puramente educativo para asumir un contenido mucho más político. Un ejemplo de ello lo podemos encontrar en la siguiente afirmación del *Semanario Patriótico* (edición del 7 de octubre de 1808), el

---

[6] Lucienne DOMERGUE: *Censure et lumières dans l´Espagne de Charles III*, Paris, (Centre National de la Recherche Scientifique), Éditions du CNRS, 1982, p. 3.

[7] Asdrúbal AGUIAR ARANGUREN: "La libertad de imprenta en las Cortes de Cádiz: Relectura desde la Revolución Francesa", en *La Constitución de Cádiz de 1812* (Hacia los orígenes del constitucionalismo iberoamericano y latino), coordinador científico Asdrúbal Aguiar, Caracas, Universidad Católica Andrés Bello/Unión Latina y otras instituciones, 2004, pp. 121 y ss.; en concreto, pp. 123-124.

[8] José Javier SÁNCHEZ ARANDA: "La aprobación de la libertad de prensa en las Cortes de Cádiz y sus consecuencias", en *Estudios de Historia moderna y contemporánea. Homenaje a Federico Suárez Verdaguer*, Madrid, Ediciones Rialp, 1991, pp. 441 y ss.; en concreto, p. 443.

célebre periódico fundado por Quintana: "Nada temen tanto los tiranos como la ilustración, y se contemplan tan feos que quieren rodearse siempre de tinieblas"[9]. Es claro que "las luces" no sólo conducen a la instrucción del pueblo, sino que también operan como un freno, como un límite, frente a los abusos del poder. No se pueden establecer separaciones radicales a estos efectos, y a nuestro juicio, en nada obsta a esta reflexión el hecho de que la cita anterior provenga de un periódico liberal y se feche ya en los inicios del siglo XIX.

A lo largo pues del XVIII se asiste a un cambio espectacular en la valoración por parte de las élites de los papeles periódicos, pudiéndose apreciar una actitud que en pocas décadas pasa del desdén a la alabanza, y de cuya integración final en la rutina cotidiana da fe el célebre *dictum* de Hegel, que equipara la lectura del periódico a una suerte de plegaria matutina del ciudadano moderno[10]. La prensa se iba a convertir en uno de los más relevantes conductos de transmisión del pensamiento moderno. Y al contribuir a la difusión del pensamiento iba a coadyuvar a combatir los males de la sociedad, que los ilustrados siempre atribuyeron a la ignorancia y a la superstición, en definitiva, a "las tinieblas".

A fines del XVIII y principios del XIX muchos escritores y teóricos coincidían en el elogio de los periódicos por su decisiva contribución a la génesis de la política moderna[11]. Causa y consecuencia a la vez del florecimiento de la publicidad, estos "heraldos de la opinión", como escribe Flórez Estrada en la edición del 2 de febrero de 1813 de *El Tribuno del Pueblo Español,* constituyen en la Europa ilustrada el "verdadero termómetro de la opinión general". Por supuesto, esta pauta tendencial de valoración de los periódicos no cesará en el siglo XIX. Todo lo contrario. Bien es verdad que no faltarán al respecto los comentarios irónicos y sarcásticos, de los que la figura de Mariano José de Larra es paradigmática. Buen ejemplo de ello lo encontramos en su artículo "Un periódico nuevo", publicado el 26 de enero de 1835 en *La Revista Española*. En él pueden leerse afirmaciones como las que siguen:

> "Un libro es pues á un periódico, lo que un carromato a una diligencia. El libro lleva las ideas a las estremidades (*sic*) del cuerpo social con la misma lentitud, tan á pequeñas jornadas como éste lleva la gente á las provincias...".
>
> "Convencidos de que el periódico es una escuela indispensable, si no un síntoma de la vida moderna, esperarían tal vez nuestros lectores una historia de esta invención (....). Nada de eso. Sólo diremos que los primeros periódicos fueron *gacetas*: no nos admiremos pues si fieles á su origen, si reconociendo su principio, los periódicos han conservado la afición a mentir, que los distingue de las demás publicaciones desde los tiempos más remotos...".
>
> "Inapreciables son las ventajas de los periódicos: habiendo periódicos en primer lugar, no es necesario estudiar, porque a la larga, ¿qué cosa hay que no enseñe un periódico?" (...) Convengamos, pues, en que el periódico es el grande archivo de

[9] *Apud* María Cruz SEOANE: *Oratoria y periodismo en la España del siglo XIX,* Madrid, Fundación Juan March/Editorial Castalia, 1977, p. 36.

[10] Nos lo recuerda Javier FERNÁNDEZ SEBASTIÁN: "El imperio de la opinión pública según Álvaro Flórez Estrada", en Joaquín Varela Suanzes-Carpegna (coord.), *Álvaro Flórez Estrada (1766-1853). Política, economía, sociedad,* Oviedo, Junta General del Principado de Asturias, 2004, pp. 335 y ss.; en concreto, p. 392.

[11] Javier FERNÁNDEZ SEBASTIÁN: "El imperio de la opinión pública según Álvaro Flórez Estrada", *op. cit.,* p. 393.

los conocimientos humanos y que si hay algún medio en este siglo de ser ignorante es no leer un periódico"[12].

III. El descubrimiento de la importancia de la prensa, tanto en su vertiente educadora, como medio en verdad privilegiado de comunicación de conocimientos y de ideas, como en la conformación de ese nuevo sujeto político que sería la opinión pública, es deudor del pensamiento del siglo XVIII, tal y como acaba de exponerse. Sin embargo, en el pensamiento liberal, esta libertad se va a presentar con unos perfiles nuevos. Por eso, sostiene con toda razón Morange[13], están tan estrechamente vinculadas historia de la prensa e historia de la revolución liberal. A lo largo de todo el siglo XIX, cada conquista del poder por los liberales traerá consigo la libertad de la imprenta, y ésta a su vez se considerará como un instrumento esencial en el fortalecimiento o la defensa de dicho poder. Quizá por lo mismo, Sánchez Agesta pudo considerar la libertad de imprenta, discutida anfibiamente como derecho individual y como instrumento de un gobierno democrático asentado en la opinión pública, como uno de los tres problemas característicos de la política del siglo XIX[14]. En el fondo, en los inicios del XIX español, la libertad de imprenta vino a satisfacer tanto a quienes veían en ella un instrumento al servicio del programa ilustrado como a quienes la visualizaban desde la óptica de los postulados mucho más políticos del ideario liberal. Pero ello distaba de ser un fenómeno peculiar de nuestro país. Refiriéndose al liberalismo francés, Ruggiero pone de relieve[15] cómo una garantía fundamental del sistema, y a la par de los propios individuos, era la libertad de prensa, no sólo como corolario de la libertad de pensamiento y de expresión, sino también como libertad pública o política en relación con la función que a la imprenta cumple, de lazo y de intérprete entre la opinión pública y los poderes constituidos.

Las primeras formulaciones de los liberales españoles en favor de la libertad de prensa se iban a basar en gran medida en la consideración de que era necesario conocer las ideas de los ciudadanos para gobernar con buen sentido[16]. La prensa libre redundaba en la utilidad de los ciudadanos, puesto que contribuía a impedir los abusos e injusticias de los gobernantes. Pero a todo ello se iban a unir una serie de elementos coyunturales de la máxima relevancia, entre los cuales, la guerra y el inicio del proceso revolucionario y constituyente.

El primero de esos elementos es que la libertad de imprenta, que, *de facto*, se desencadenó con la invasión francesa y el desmantelamiento de las autoridades tradicionales,

[12] *Apud* Carlos BARRERA (editor): *El periodismo español en su historia*, Barcelona, Editorial Ariel, 2000. El artículo de Larra puede verse en pp. 78 y ss.; los textos transcritos, en pp. 79, 80 y 81.

[13] Claude MORANGE: "Teoría y práctica de la libertad de la prensa durante el trienio constitucional: el caso de <El Censor> (1820-1822)", en *La prensa en la Revolución liberal: España, Portugal y América Latina*, edición de Alberto Gil Novales, Madrid, Universidad Complutense de Madrid, 1983, pp. 203 y ss.; en concreto, p. 203.

[14] Luis SÁNCHEZ AGESTA: *El pensamiento político del despotismo ilustrado*, Sevilla, Publicaciones de la Universidad de Sevilla, 1979, p. 222.

[15] Guido de RUGGIERO: *Historia del liberalismo europeo*, traducción española de C. G. Posada, Madrid, Ediciones Pegaso, 1944, p. 98.

[16] Emilio LA PARRA LÓPEZ: "Argumentos en favor de la libertad de imprenta en las Cortes de Cádiz", en *La prensa en la Revolución liberal: España, Portugal y América Latina*, edición de Alberto Gil Novales, Madrid, Universidad Complutense de Madrid, 1983, pp. 73 y ss.; en concreto, p. 74.

pues, como escribiera Argüelles[17], con el movimiento insurreccional la imprenta adquirió de hecho la libertad que no había tenido nunca, desde los primeros momentos, empezó a ejercer el ascendiente que era inseparable de la exaltación a que habían llegado los ánimos, a pesar de los esfuerzos que hacían las autoridades en muchas partes para reprimirla. Dicho de otro modo, los miles de panfletos y publicaciones periódicas que de golpe iban a inundar a la ciudadanía contribuían de modo muy eficaz a galvanizar los ánimos en contra del invasor, a insuflar el patriotismo entre el pueblo. Nacidos en el fragor de la lucha y en el estruendo de los cañones, los periódicos iban a impulsar hasta el extremo los sentimientos patrióticos. No era un fenómeno novedoso, pues como recuerda Rospir[18], el *pamphlet* como género político clásico y con no más de veinte páginas impresas, fue el vehículo principal de difusión de las nuevas ideas y sentimientos en la Revolución americana.

Un segundo elemento se vincula con el proceso revolucionario constitucional que se inicia en Cádiz. En este contexto la libertad de imprenta presenta lo que Artola denomina una importancia táctica[19]. A juicio de tan excelente historiador, la libertad de prensa y asociación eran dos medios que se contemplaban útiles para consolidar la obra revolucionaria. Ambos tendían a organizar la opinión pública, a convertir esta imprecisa realidad en una fuerza política activa, capaz de intimidar a los enemigos de las reformas, al tiempo que apoyaría la gestión de las Cortes. La organización de la opinión pública constituía un arma de combate que necesariamente había de favorecer el desarrollo del proceso revolucionario. De aquí la importancia táctica, más que doctrinal, del tema de la libertad de imprenta. En su célebre obra, Argüelles recordaba cómo uno de los órganos más distinguidos y respetables que proclamaban la empresa revolucionaria, *El Semanario Patriótico,* cuya publicación comenzó en Madrid el 1° de septiembre de 1808, en su edición de 22 de septiembre de 1808, se expresaba de este modo:

> "Si alguno hubiera dicho á principios de octubre pasado que ántes de un año tendriamos la libertad de escribir sobre reformas de gobierno, planes de constitución, exámen y reduccion del poder, y que apénas se publicaria escrito alguno en España que no se dirigiese á estos objetos importantes, hubiera sido tenido por un hombre falto de seso, á quien tal vez se privara de su libertad por la que profetizaba á los otros. Sin embargo así es, y la extraña variedad de sucesos por donde hemos llegado á este punto acaso no admirará tanto á la posteridad como el acierto y osadía con que se enuncian y examinan los principios políticos en una nacion á quien toda Europa creia por la larga y continua opresion, agena (*sic*) enteramente de semejantes investigaciones, y sumida en la más profunda ignorancia"[20].

---

[17] Agustín de ARGÜELLES: *Examen histórico de la reforma constitucional,* Madrid, Imprenta de las Novedades, a cargo de A. Querol, 1865, tomo I, p. 76.

[18] Juan Ignacio ROSPIR ZABALA: "Opinión pública. El tránsito hacia el oeste: Los Estados Unidos. Una introducción (1787-1800)", en *Brocar. Cuadernos de Investigación Histórica,* (Universidad de La Rioja), n° 34, 2010, pp. 11 y ss.; en concreto, p. 12.

[19] Miguel ARTOLA: *Los Orígenes de la España Contemporánea,* Madrid, Instituto de Estudios Políticos, 1959, tomo I, p. 583.

[20] *Apud* Agustín de ARGÜELLES: *Examen histórico de la reforma constitucional, op. cit.,* tomo I, p. 73. Conscientemente hemos mantenido la grafía original del texto; de ahí la falta de acentos, la presencia de otros hoy inutilizados, e incluso la existencia de alguna falta ortográfica con las nuevas reglas actuales.

En definitiva, como compendia estas ideas en su clásica obra Gómez Ímaz, nacieron los periódicos en España entre el fragor y ardimiento de las pasiones, primero, para esparcir los sentimientos patrióticos, alentar a la guerra y dar noticia de los acontecimientos que a todos preocupaban; luego mezcláronse a estos móviles los políticos, particularmente tras la aprobación del Decreto de libertad de imprenta[21].

IV. La libertad de imprenta, a la vista de todo lo expuesto, se presentaba como uno de los presupuestos inexcusables del sistema político que se pretendía edificar en Cádiz; no debe sorprender por lo mismo que los constituyentes, reunidos inicialmente en la Isla de León, planteen la necesidad de establecerla y normarla en una de sus primeras sesiones, justamente en la cuarta, celebrada el 27 de septiembre, en la que una propuesta en ese sentido del diputado nacido en Quito, José Mejía Lequerica, elegido en las elecciones de diputados suplentes para representar a Santa Fé de Bogotá[22], propiciará una célebre intervención de Argüelles, argumentando acerca de la importancia y necesidad de establecer esta libertad, aunque con los límites que fuesen convenientes para contener su abuso, añadiendo que cuando llegase el caso de tratar sobre la materia, debería nombrarse una Comisión "que propusiese a las Cortes sus meditaciones acerca de dichos límites".

La inmediata creación de una Comisión integrada por 11 diputados[23], Argüelles entre ellos, y su notable esfuerzo, hará posible que en el plazo de tan sólo tres semanas (en la sesión del 19 de octubre) se apruebe el art. 1° del futuro Decreto n° IX, sobre la libertad de imprenta[24], que Luque y Vicens consideraría que era "el caballo de batalla de los partidarios del Antiguo Régimen"[25], pieza clave de la norma que el 10 de noviembre vería definitivamente la luz. En menos de un mes y medio, la libertad de imprenta, que ciertamente, como ya se ha dicho, desde los inicios de la sublevación popular contra los franceses era una libertad *de facto,* había pasado a ser una libertad *de iure,* reconocida formalmente por las Cortes y sujeta a un determinado régimen jurídico. La premura de esta normación nos revela la relevancia que a tal libertad dieron los constituyentes.

No ha de extrañar tal visión tras todo lo que hemos expuesto. Los diputados gaditanos vieron desde el primer momento en esta libertad una garantía del sistema político que pre-

[21] Manuel GÓMEZ ÍMAZ: *Los periódicos durante la Guerra de la Independencia (1808-1814),* (edición facsímil de la obra publicada en Madrid por la Tipografía de la Rev. de Arch., Bibl. y Museos, en 1910), Sevilla, Editorial Renacimiento, 2008, pp. 31-32.

[22] En el n° 4 del *Diario de Sesiones de las Cortes Generales y Extraordinarias* (en adelante, *DSCGE*) correspondiente a la sesión del día 27 de septiembre de 1810, pág. 12, puede leerse lo que sigue: "El Sr. Mejía propuso que mientras llegaba el caso de pensar sobre la libertad que convendría dar a la imprenta, y para suplir por ahora la luz que debía esperarse de aquella libertad bien entendida, convenía establecer que se recibiesen en las Cortes por medio de los Sres. Secretarios todas las Memorias y escritos que se presentasen, las que deberían estar firmadas por sus autores, a quienes se podría dar un papel por donde constase que habían tenido el honor de presentar la Memoria o escrito".

[23] El mismo *Diario de Sesiones* n° 4, enumera (en su p. 12) los 11 diputados integrantes de la Comisión, que eran los Sres.: Hermida, Oliveros, Torrero, Argüelles, Pérez de Castro, Vega, Capmany, Couto (don José María), Gallego, Montes y Palacios.

[24] *DSCGE,* n° 25, sesión del día 19 de octubre de 1810, pp. 53-54. En el Diario se refleja que, sometido a votación el texto del art. 1°, pudiendo decantarse los diputados por una de estas dos fórmulas: desecharlo o aprobarlo, 32 diputados lo desecharon frente a 68 diputados que lo aprobaron.

[25] D. A. LUQUE Y VICENS: *Las Cortes Españolas,* Madrid, Establecimiento Literario-Tipográfico de D. Saavedra y Compañía, 1850, tomo I, p. 48.

tendían construir[26]. Ello se vinculó de modo inextricable con el hecho de que esta libertad estaba llamada a incidir sobre ese nuevo sujeto político que era la opinión pública, a la que podían anudarse efectos muy positivos. Como ya se ha puesto de relieve, el siglo XVIII había descubierto al pueblo como público de la vida intelectual y política. Y aunque, como escribe Sánchez Agesta[27], la nueva nobleza del espíritu miraba sin duda con desprecio los errores y supersticiones del pueblo, no es menos cierto que esa clase ilustrada pretendía deshacer los desaciertos del vulgo, perpetuados en tradiciones, para hallar el camino de la verdad con la luz de la crítica racional; la importancia de este objetivo, como ya dijimos con anterioridad, se iba a acentuar hasta el extremo tras el levantamiento contra el invasor francés, con la vista puesta, en último término, en la conformación de una opinión pública que forjara un interés común, que tendría la virtualidad de unir y fortalecer a los españoles en su patriotismo y en su resistencia frente al invasor. Argüelles lo pondría claramente de relieve en su intervención en defensa de la libertad de imprenta el 14 de octubre[28].

La operatividad de esa opinión pública ni mucho menos se agotaba aquí. Esa opinión estaba llamada asimismo a operar como un freno frente al despotismo del poder, frente a todo abuso del mismo. Muñoz Torrero se haría eco de ello con singular clarividencia en una de sus muchas intervenciones en las Cortes en defensa de esta libertad. "¿Cuál es el freno que sujetará a las Cortes para que no abusen de su poder?", se interrogaba el antiguo Rector de Salamanca, para responder de inmediato: "En realidad no hay otro que el derecho que tiene la Nación para velar sobre la conducta de sus diputados o procuradores, y de someter a su examen y censura todas sus operaciones". Y a continuación, el diputado extremeño volvía cuestionarse: "¿Por qué medio de Tribunal ha de ejercer la Nación esta censura? Sin duda –respondía de inmediato– por el Tribunal pacífico de la opinión pública", para precisar a renglón seguido que "la opinión pública jamás se establecerá entre nosotros sin la libertad de imprenta"[29].

Casa todo ello con el entendimiento que el liberalismo tenía de la libertad de imprenta, al que ya nos hemos referido, añadiendo ahora que para el pensamiento liberal, la libertad de imprenta era uno de los nutrientes esenciales de la libertad nacional, de aquella libertad que aseguraba frente al despotismo y permitía una elaboración legislativa adecuada a una

[26] En forma análoga se pronuncia Emilio LA PARRA LÓPEZ: "Argumentos en favor de la libertad de imprenta...", *op. cit.*, p. 78.

[27] Luis SÁNCHEZ AGESTA: *El pensamiento político del despotismo ilustrado, op. cit.*, pp. 87-88.

[28] En su crónica de los debates habidos en las Cortes, el diario *El Conciso*, en su edición del 14 de octubre de 1810, escribe que Argüelles iba a contrastar la situación de Inglaterra, en la que regía una total libertad de imprenta, con la de los españoles: "Privados de este libre conducto, se estancaron los conocimientos, enmudecieron los sabios, fueron fascinados los ignorantes, caen los incautos en la red y cada cual sigue a ciegas un rumbo diverso, si no contrario. De aquí los partidos, de aquí la desunión, de aquí la ruina de la Nación, de aquí la exaltación del enemigo". *Apud* Adolfo DE CASTRO: *Cortes de Cádiz. Complementos de las sesiones verificadas en la Isla de León y en Cádiz*, Madrid, Imprenta de Prudencio Pérez de Velasco, 1913, tomo I, pp. 194-195.

[29] Así se transcribía en el suplemento del diario *El Conciso* de 2 de diciembre de 1810, haciéndose eco del discurso que Muñoz Torrero pronunció en la sesión del día 18 de octubre, de la que el *Diario de Sesiones de las Cortes* (nº 24, correspondiente a esa sesión, p. 51) no da más noticia que la de que el Sr. Muñoz Torrero contestó al Sr. Tenreyro (que había leído un dictámen protestando que no se había ilustrado suficientemente la materia y refutando a los que habían hablado en favor de la libertad de la imprenta, Muñoz Torrero entre ellos) en defensa de esta libertad. *Apud* Adolfo DE CASTRO: *Cortes de Cádiz. Complementos de las sesiones...*, *op. cit.*, tomo I, p. 215 (el extracto del discurso en pp. 213-216).

voluntad general[30]. La opinión pública podía, en fin, jugar un último rol: el fortalecimiento del sistema político que los constituyentes pretendían establecer, frente a los hipotéticos embates que el mismo pudiera sufrir en el futuro con el regreso de Fernando VII. Sería de nuevo Muñoz Torrero quien advirtiera de ello en otra sesión de las Cortes[31]. La extraordinaria importancia atribuida a la conformación de una opinión pública en libertad, que exigía a su vez de modo inexcusable la existencia de la libertad de imprenta, contribuye a explicar el deseo de los diputados gaditanos de una rápida legalización de esa libertad.

Pero aún hay más. La soberanía nacional, declarada ya en el Decreto núm. I, de 24 de septiembre, entrañaba algo más que el ya por sí trascendental hecho de que la misma se residenciara en las Cortes, en cuanto legítimamente constituidas en representación de la Nación, en quien en último término residía la soberanía. Y aunque Muñoz Torrero no se manifestara en su intervención ante las Cortes claramente al respecto, en sus reflexiones ve Sánchez Agesta[32] como una suerte de luz difusa que se proyecta sobre todo su discurso. En cuanto que la libertad de imprenta y la libertad de discusión venían a ser la manifestación de esa fuerza de la opinión pública que Quintana señala como verdadero sujeto de la revolución, una y otra aparecen como manifestación genuina de la soberanía de la nación, con lo que la conexión entre soberanía nacional y libertad de imprenta aparece bastante clara. Quizá por lo mismo, no haya de extrañar que el profesor venezolano Aguiar Aranguren haya considerado la libertad de imprenta, tanto en la Francia revolucionaria como en la España de las Cortes gaditanas, "la partera y movilizadora de sus historias y de nuestra historia común"[33].

V. Una última reflexión nos resta. La libertad de imprenta, en coherencia con el pensamiento ilustrado, se visualizó en Cádiz en íntima conexión con la instrucción pública, por lo que estaba también llamada a convertirse en un instrumento clave en el proceso de edificación de una nueva sociedad. Las reflexiones que al respecto hará Argüelles en el "Discurso Preliminar" son clarividentes: "Como nada contribuye más directamente a la ilustración y adelantamiento general de las naciones y a la conservación de su independencia que la libertad de publicar todas las ideas y pensamientos que puedan ser útiles y beneficiosos a los súbditos de un Estado, la libertad de imprenta, verdadero vehículo de las luces, debe formar parte de la ley fundamental de la Monarquía, si los españoles desean sinceramente ser libres y dichosos"[34].

El ideal de la felicidad, tan querido por el pensamiento ilustrado, también parecía pasar por la libertad de imprenta, concebida desde esta óptica como un instrumento más

[30] José María PORTILLO VALDÉS: *Revolución de nación. Orígenes de la cultura constitucional de España, 1780-1812,* Madrid, BOE/Centro de Estudios Políticos y Constitucionales, 2000, p. 432.

[31] "(Q)ue en llegando Fernando tendrá más fuerza que el Poder ejecutivo, y entonces, si no hay opinión pública y los medios de restablecerla libremente, arruinará, cuando quiera, las Cortes y la Nación, como lo hizo Godoy, porque no habrá opinión pública ni medio para establecerla libremente". En tales términos transcribía *El Conciso* la premonitoria intervención de Muñoz Terrero en la sesión de las Cortes del 17 de octubre. *Apud* Adolfo DE CASTRO: *Cortes de Cádiz. Complementos de las sesiones..., op. cit.,* tomo I, p. 201.

[32] Luis SÁNCHEZ AGESTA: "Sobre la Constitución de Cádiz", en *Revista Española de Derecho Constitucional,* Año 10, nº 30, Septiembre/Diciembre 1990, pp. 9 y ss.; en concreto, p. 23.

[33] Asdrúbal AGUIAR ARANGUREN: "La libertad de imprenta en las Cortes de Cádiz: Relectura desde la Revolución Francesa", *op. cit.,* p. 184.

[34] Agustín de ARGÜELLES: *Discurso Preliminar a la Constitución de 1812, op. cit.,* pp. 125-126.

para la instrucción del pueblo. La imprenta estaba llamada a ser el medio idóneo para la difusión del pensamiento y la cultura, y aunque ello transpirara un ideal de los ilustrados, también los liberales de Cádiz lo iban a hacer suyo, considerando que las Cortes debían garantizar esta libertad, más aún cuando ellos la visualizaban adicionalmente con un incuestionable y trascendental rol político.

La misma idea que sirve de trasfondo a esta óptica de impronta ilustrada, por la que se encomienda a los poderes públicos velar por aquellos instrumentos encaminados a instruir a la sociedad, la encontramos claramente reflejada en los escritos de ese gran pensador del otro lado del Atlántico, aunque nacido en Inglaterra, que fue Thomas Paine, quien en 1791, en su respuesta al ataque llevado a cabo por Burke contra la Revolución Francesa, aun cuando partiendo de presupuestos filosóficos no enteramente coincidentes, expresaría ideas de indiscutible valor, que casan de algún modo con la cuestión que nos ocupa[35].

2. La permanente sujeción de la imprenta a la censura inquisitorial y a la licencia administrativa de impresión, rasgos endémicos de nuestro Derecho del Antiguo Régimen

A) Tres siglos de sujeción a la "prisión intelectual" de la Inquisición

I. Uno de los rasgos más característicos de la España del Antiguo Régimen es, sin duda, el de la sujeción de prácticamente cualquier tipo de publicación a una censura brutal en la que el protagonismo más absoluto va a corresponder a esa institución deforme y monstruosa que es nuestra Inquisición, que va a aherrojar durante casi tres siglos nuestro pensamiento, siendo la directa responsable de mantener a España dentro de la caverna durante muchísimo tiempo, propiciando un atraso que ha llegado hasta la segunda mitad del pasado siglo, en el mejor de los casos. Como escribe Gacto[36], la literatura jurídica inquisitorial desarrolló toda una completa teoría acerca de la legitimación de las autoridades religiosas para decidir lo que sus fieles podían y lo que no podían leer, una elaboración doctrinal que serviría al Santo Oficio para justificar su propia competencia en la materia.

Los defensores de la Inquisición han podido alegar, como recuerda en su clásica obra Defourneaux, que aquélla no posee el monopolio de la intolerancia en el terreno de las ideas y los libros. Desde Constantino el Grande, que prohibió la lectura de las obras de

[35] "The Revolutions in America and France –escribe Paine– have thrown a beam of light over the world, which reaches into man. The enormous expense of Governments has provoked people to think, by making them feel; and when once the veil begins to rend, it admits not of repair. Ignorance is of a peculiar nature: and once dispelled, it is impossible to re-establish it. It is not originally a thing of itself, but is only the absence of knowledge; and though man may be kept ignorant, he cannot be made ignorant". Y en una parte ulterior de su misma obra, Paine escribirá: "Civil Government does not exist in executions; but in making such provision for the instruction of youth and the support of age, as to exclude, as much as possible, profligacy from the one and despair from the other". Thomas PAINE: *Rights of Man.* Manejamos la clásica obra de Paine en la versión editada por Laura Ross, *Common Sense and Rights of Man* (Bold-faced thoughts on revolution, reason, and personal freedom), New York/London, Sterling Publishing Co., Inc., 2011. *Rights of Man,* en pp. 123 y ss., y las citas transcritas, en pp. 267 y 439-440, respectivamente.

[36] Enrique GACTO: "Libros venenosos (Sobre los principios doctrinales de la censura inquisitorial)", en Enrique Gacto Fernández (Editor), *Inquisición y censura. El acoso a la inteligencia en España,* Madrid, Editorial Dykinson, 2006, pp. 21 y ss.; en concreto, p. 21

Arrio, hasta Luis XV, que renovó las ordenanzas promulgadas por sus predecesores, que amenazaban con la pena de muerte a los autores y portadores de escritos sediciosos, ¡cuántos ejemplos de persecución ha dado el poder civil![37]. Cierto es asimismo que, por lo menos en la primera etapa inquisitorial, el fenómeno no fue ni mucho menos exclusivo de nuestro país. Kamen, el conocido hispanista, en un trabajo relativamente reciente[38], señalaba que la atmósfera de represión intelectual que se vivió en España en la época de los Austrias fue similar a la de otros países europeos, habiéndose sobredimensionado entre nosotros las consecuencias de la censura literaria en esa época. Sin embargo, varias circunstancias ilustran acerca de cómo el arbitrismo y dureza del régimen de nuestra censura y el fanatismo y severidad de la Inquisición española no tienen parangón posible en otros países. Pensemos, por referirnos a algunas de esas circunstancias, en el doble tipo de censura existente en nuestro país: a) la gubernativa previa, que se manifiesta a través de la obligada obtención de una licencia de impresión, que es casi coetánea con el nacimiento de la imprenta, y que, como bien se ha señalado[39], representa sólo el nudo central de una red visual e interventora que se anticipa a la misma labor de escritura y se prolonga con su difusión y venta, que se dilata para atender estilos y materias, para atrapar a corporaciones e individuos, y b) la censura inquisitorial, que será la forma de control más castrante, lo que se comprende fácilmente si se atiende a: la enorme amplitud de los bienes protegidos y, por ende, de los temas censurables[40]; a la persistencia en el tiempo de los procesos inquisitoriales: aunque cueste creerlo, en 1781, en pleno reinado de Carlos III, Sevilla se retrotrajo a la Edad Media, al contemplar un hecho tan espeluznante como la muerte en la hoguera de la “beata ciega”, acusada por la Inquisición de “hereje formal, apóstata, fingidora de revelaciones...”[41], y tan sólo tres años antes, en 1778, Pablo de Olavide, que, como dice Abellán[42], encarna la figura del “filósofo” ilustrado, en el sentido que tuvo esta palabra durante el siglo XVIII francés, fue objeto de un “autillo” condenatorio a puerta cerrada, por utilizar la expresión que popularizó Menéndez Pelayo[43], –aunque fue Juan Antonio Llorente, el gran historiador de la Inquisición, quien la acuñó– excusándole con ello de la humillación de un auto público (con lo que la cruel y dañina institución mostraba su “enorme generosidad”), tras lo que se iba a convertir en una figura europea, en el “perseguido de la Inquisición”[44]. Y en fin, no olvidemos la brutalidad de los procedimientos y de los castigos inquisitoriales, ni tampoco el hecho,

[37] Marcelin DEFOURNEAUX: *Inquisición y censura de libros en la España del siglo XVIII,* Madrid, Taurus Ediciones, 1973, p. 23.

[38] Henry KAMEN: “Censura y libertad: El impacto de la Inquisición sobre la cultura española”, en *Revista de la Inquisición,* nº 7, 1988, pp. 109-117. Cit. por Javier ALVARADO PLANAS: *Justicia, libertad y censura en la Edad Moderna,* Madrid, Ministerio de Justicia/Boletín Oficial del Estado, 2007, p. 117.

[39] Esteban CONDE NARANJO: *El Argos de la Monarquía. La policía del libro en la España ilustrada (1750-1834),* Madrid, Centro de Estudios Políticos y Constitucionales, 2006, p. 4.

[40] La conocida regla XVI del expurgatorio, entre otros bienes, protegía la buena fama, el crédito o la dignidad de los próximos, el Estado, el Rey, los Ministros y, muy particularmente, la Iglesia y las personas eclesiásticas.

[41] Manuel MORENO ALONSO: *La generación española de 1808,* Madrid, Alianza Editorial, 1989, p. 46.

[42] José Luis ABELLÁN: *Historia crítica del pensamiento español,* tomo III (Del Barroco a la Ilustración. Siglos XVII y XVIII), Madrid, Espasa-Calpe, 2ª ed., 1988, p. 594.

[43] Marcelino MENÉNDEZ PELAYO: *Historia de los Heterodoxos Españoles,* tomo II, Madrid, Biblioteca de Autores Cristianos, 3ª ed., 1978, p. 498.

[44] Vicente PALACIO ATARD: *Los españoles de la Ilustración,* Madrid, Ediciones Guadarrama, 1964, p. 158. Abellán alude a que, a partir de su proceso, surgió el mito europeo de Olavide, que se convirtió en el “mártir de la Inquisición”. José Luis ABELLÁN: *Historia crítica del pensamiento español, op. cit.,* tomo III, p. 595.

que subraya particularmente Defourneaux[45], de que aun cuando en otros países existía un control sobre la prensa y el libro y recaían sanciones más o menos severas sobre cuantos escribían, imprimían o difundían las obras prohibidas, nuestra Inquisición va más lejos, al castigar con penas espirituales y aflictivas al mismo tiempo, no sólo a quienes contribuyen a la difusión de doctrinas perniciosas, sino también a los que leen sus obras. Como es obvio, no obsta para nada a ello el que la reglamentación de la Inquisición permitiera que las personas doctas y de ortodoxia probada pudieran obtener una licencia del Inquisidor general para la lectura de determinados libros prohibidos con la finalidad de rebatirlos y atacarlos. En fin, la dureza y brutalidad, diríamos incluso, de nuestra institución no tuvo parangón en Europa.

Por lo demás, habría que añadir que el Santo Tribunal de la Fe o Inquisición fue evolucionando con el paso del tiempo hasta convertirse básicamente en órgano represor de toda divergencia frente al poder establecido. Concebido inicialmente por los Reyes Católicos como un instrumento de represión de las divergencias religiosas, particularmente respecto de los judíos conversos, con el apoyo de la jerarquía eclesiástica, devino en un medio de control ideológico que, como se ha señalado[46], fue cambiando de objeto con el fin de eliminar las divergencias ante el poder constituido, fueran los divergentes los erasmistas, luteranos, moriscos, jansenistas o ilustrados. La peculiar moral del "santo instituto" se puede apreciar en la significativa circunstancia de que la Inquisición, como apunta Andioc[47], no prohibió ninguna de las comedias de magia, representadas en los teatros madrileños, pues su condena hubiera sido equivalente a condenar también aquellas otras en las que se ofrecía una visión de la religión plena de hechos milagrosos y de supersticiones, y sin embargo sí lo hizo con *El sí de las niñas,* de Moratín, una comedia neoclásica que arañaba de pasada a algunos eclesiásticos de segundo orden, ante lo que el propio autor considera lícito preguntarse si no fue porque en la última el autor incitaba a su auditorio a valerse de su juicio crítico, mientras que en las otras se mantenía una saludable irracionalidad.

II. No ha de extrañar por lo que se acaba de exponer que tanto entre los propios españoles como entre los foráneos las críticas a la Inquisición fueran de una gran dureza. Quizá una de las más virulentas provino de Castelar, quien en la sesión del Congreso de 7 de abril de 1869 afirmó: "Hemos muerto para el mundo a causa de la intolerancia religiosa"[48]. Una veintena de años antes, en 1848, Amador de los Ríos escribía: "La Inquisición actuó como un terrible embarazo a la marcha filosófica del espíritu humano y ha pesado como una horrible pesadilla sobre el corazón de los españoles... Apenas hubo un hombre ilustrado que no se viera hundido en las cárceles del Santo Oficio, que no fuese víctima de la envidia y de la ojeriza de los inquisidores"[49]. El conde de Toreno no era menos duro cuando escribía: "Escudriñadora la Inquisición de las más ocultas acciones, y persiguiendo al hombre hasta en el asilo del pensamiento, adonde la tiranía misma no

[45] Marcelin DEFOURNEAUX: *Inquisición y censura de libros..., op. cit.*, p. 66.

[46] Antonio MESTRE SANCHIS: "Prólogo", en la obra de Emilio La Parra López, *El primer liberalismo español y la Iglesia. Las Cortes de Cádiz,* Alicante, Instituto de Estudios Juan Gil-Albert, Diputación Provincial, 1985, pp. XI y ss.; en concreto, p. XII.

[47] René ANDIOC: *Teatro y sociedad en el Madrid del siglo XVIII,* Madrid, Fundación Juan March/Editorial Castalia, 1976, p. 100.

[48] *Apud* José MARTÍNEZ MILLÁN: *La Inquisición española,* Madrid, Alianza Editorial, 2009, p. 16.

[49] *Apud* Marcelin DEFOURNEAUX: *Inquisición y censura de libros..., op. cit.*, p. 8.

alcanza, había como encadenado la razón; y vigilantísima por otra parte en la introducción de libros extranjeros, y en evitar que se propagasen ideas nuevas, había retardado los progresos de la civilización"[50]. En fin, José Marchena, que se exilió para participar en la Revolución Francesa, colocaba a nuestro país, que era el suyo, "a diez mil leguas de la Europa y a diez siglos del décimo octavo"[51] por causa de la Inquisición.

No menos crítica suscitó en Europa la Inquisición, de resultas de la cual España fue contemplada por los llamados "filósofos" como paradigma de país en el que muy difícilmente podían circular con libertad las ideas ilustradas. En una carta de Voltaire al marqués de Miranda, de 10 de agosto de 1767, escribía aquél que a las puertas de Madrid existe siempre "la aduana de los pensamientos, donde éstos son decomisados como las mercancías de Inglaterra"[52]. También Montesquieu se haría eco críticamente de ello. En el capítulo decimotercero del libro XXV de su *De l´esprit des lois,* Charles-Louis de Secondat acoge una "humilde exhortación a los inquisidores de España y Portugal", en forma de súplica imaginaria puesta en boca de una joven judía de dieciocho años quemada en Lisboa en un auto de fe, que "fue la causa de una pequeña obra que me parece la más inútil que se haya escrito jamás", pidiendo la libertad de conciencia momentos antes de ser quemada. Transcribe Montesquieu a continuación algunas reflexiones dignas de ser recordadas:

> "Vivís en un siglo en que la luz natural es más viva de lo que fue jamás, en que la filosofía ha ilustrado los espíritus, en que la moral de vuestro Evangelio ha sido más conocida, en que los derechos respectivos que tienen los hombres unos sobre otros y el imperio que una conciencia tiene sobre otra, están mejor establecidos. Así, pues, si no prescindís de vuestros antiguos prejuicios que, bien mirados, son vuestras pasiones, es preciso confesar que sois incorregibles, incapaces de toda luz y de toda instrucción, y una nación es francamente desgraciada cuando confiere la autoridad a hombres como vosotros".
>
> "Tenemos que advertiros –escribe Montesquieu unas líneas después– una cosa: si en la posteridad alguien se atreve a decir que en el siglo en que vivimos los pueblos de Europa están civilizados, se os citará como prueba de que eran bárbaros; la idea que se tendrá de vosotros será tal, que infamará vuestro siglo y acarreará el odio sobre todos vuestros contemporáneos"[53].

Innecesario es decir que la Inquisición prohibió el libro en 1756, y, al parecer, no se publicó ninguna traducción española del mismo, ni de ninguna otra obra de Montesquieu antes de 1820.

Las críticas, desde luego, no se enfocaron unidireccionalmente hacia nuestro país. Buen ejemplo de ello lo encontramos en Tocqueville, quien en su obra *L´Ancien Régime et la Révolution,* refiriéndose a la situación de Francia en el siglo XVIII, aludía a la opresión

---

[50] Conde de TORENO: *Noticia de los principales sucesos del gobierno de España (1808-1814),* Pamplona, Urgoiti Editores, 2008, p. 29.

[51] *Apud* Jean-Baptiste BUSAALL: "Nature juridique de la monarchie espagnole sous Joseph Bonaparte. Réflexions à partir d´une mise au point sur l´abolition de l´Inquisition en 1808", en *Mélanges de la Casa de Velázquez,* numéro 35-1, 2005, pp. 235 y ss.; en concreto, p. 235.

[52] *Apud* Jean SARRAILH: *La España Ilustrada de la segunda mitad del siglo XVIII,* Madrid, Fondo de Cultura Económica, 3ª reimpr. de la 1ª ed. en español, 1985, p. 292.

[53] MONTESQUIEU: *Del Espíritu de las Leyes,* traducción de Mercedes Blázquez y Pedro de Vega, Madrid, Editorial Tecnos, 2ª ed., 1993, pp. 320-321.

ejercida sobre los escritores enemigos de la Iglesia y a las persecuciones de que eran objeto[54], si bien argumentaba que aunque tal opresión, en ciertos momentos, podía llegar a detener el movimiento del pensamiento, en otros lo precipitaba, recordando que en 1768 Diderot escribía a David Hume: "Vos creéis que nuestra intolerancia es más favorable para el progreso del espíritu que vuestra libertad ilimitada; Holbach, Helvecio, Morellet y Suard no son de vuestra opinión". Y, sin embargo, para Tocqueville era el escocés quien tenía razón[55].

Los barrotes de esa "prisión intelectual" en la que el fanatismo religioso intentó encerrar el pensamiento no impidieron que a través de ellos pudiera entreverse la libertad. Como reconoce la generalidad de la doctrina, no obstante la estricta vigilancia de los inquisidores, España no quedó al margen de las grandes corrientes intelectuales europeas. Para Defourneaux[56], al menos en sus clases altas, la sociedad española pudo respirar los "aires infectos venidos del Norte", de los que hablaba irónicamente el Padre Feijoo a mediados del siglo XVIII. En cualquier caso, la situación no fue nada fácil para la minoría ilustrada, que hubo de desenvolverse en una sociedad enormemente atrasada con formas de dominación social asentadas en los mecanismos de vinculación de la propiedad y con la Inquisición como válvula de seguridad ideológica, lo que ha conducido a algún autor a sostener[57], que en nuestro país no puede hablarse de una Ilustración española, afirmación con la que en absoluto estamos de acuerdo, y sobre lo que volveremos en un momento ulterior.

En cualquier caso, el duelo entre la Inquisición y el pensamiento moderno era muy desigual y no podía culminar sino en la victoria del progreso. En la segunda mitad del siglo XVIII la vieja y anquilosada institución, privada de buena parte del antaño incondicional apoyo oficial, no podía oponerse triunfalmente a la oleada de ideas y conocimientos que se desparramaban por España y que una minoría selecta de la nación acogía con entusiasmo. Como escribe Sarrailh, haciéndose eco de la afirmación de Voltaire: "Hay una <aduana de pensamientos> en la Península, es verdad, pero también ¡qué contrabando intelectual!"[58]. Y es que, no obstante todas las prevenciones inquisitoriales, no sólo entraban libros extranjeros, sino que éstos pasaban de mano en mano, circulando por doquier. Los libros prohibidos o susceptibles de serlo entraban de manera a veces muy picaresca; don Marcelino recordaba[59] que no era un caso raro que las cubiertas de un San Basilio o de un San Agustín sirviesen para amparar volúmenes de la *Enciclopedia*.

---

[54] En su *Histoire de la censure dans l'édition,* Netz destaca la paradójica situación en que se encontraba el sistema administrativo y reglamentario de censura de las publicaciones establecido a mediados del siglo XVIII. Y es que, si de un lado, no obstante la vigilancia múltiple de las publicaciones que llevaban a cabo los censores reales, Malesherbes, director de la *Librairie,* y por ello, primera autoridad estatal francesa en materia de publicaciones, en 1759, podía escribir que "la licence des livres est au comble"; de otro, se podía constatar que el 40 por 100 de los prisioneros de la Bastilla se encontraban en ella por "un délit en relation avec le livre". Robert NETZ: *Histoire de la censure dans l'édition,* Paris, Presses Universitaires de France, 1997, p. 45.

[55] Alexis de TOCQUEVILLE: *El Antiguo Régimen y la Revolución,* Madrid, Ediciones Guadarrama, 1969, pp. 201-202.

[56] Marcelin DEFOURNEAUX: *Inquisición y censura de libros..., op. cit.,* p. 8.

[57] J. Carlos PEÑAS BERNALDO DE QUIRÓS: "El pensamiento reaccionario en las Cortes de Cádiz", en *Antiguo Régimen y liberalismo. Homenaje a Miguel Artola,* vol. 3 (Política y Cultura), Madrid, Alianza Editorial/Ediciones de la Universidad Autónoma de Madrid, 1995, pp. 539 y ss.; en concreto, p. 539.

[58] Jean SARRAILH: *La España Ilustrada..., op. cit.,* pp. 308-309.

[59] Marcelino MENÉNDEZ PELAYO: *Historia de los Heterodoxos..., op. cit.,* tomo II, p. 536.

En definitiva, la Inquisición –que, como algún autor ha escrito[60], dedicó sus esfuerzos durante todo el siglo XVIII a evitar la divulgación del pensamiento ilustrado y a cortar su irrefrenable circulación clandestina– supuso un freno indiscutible a la difusión del pensamiento de nuestros propios autores de la Ilustración, pero fue mucho menos eficaz a la hora de impedir la penetración en nuestro país de obras de autores foráneos. De ahí que estemos plenamente de acuerdo con Herrero cuando sostiene[61] que, como resultado del proceso de penetración del pensamiento europeo y de la transformación de nuestra propia vida intelectual, cobró vida entre nosotros el movimiento cultural de la Ilustración española. Innecesario es decir que este movimiento no es tan sólo deudor de esa penetración del pensamiento foráneo, sino también de otra serie de factores, entre los que se ha destacar el relevante rol de las reuniones y tertulias científicas, descollando por encima de todas las Sociedades Económicas de Amigos del País.

La mayor tolerancia y subsiguiente dulcificación del régimen de censura que puede apreciarse señaladamente tras la llegada a España de Carlos III, y por lo menos hasta inicios de la década final del siglo, es una de las causas que puede contribuir a explicar el hecho de que a partir de 1780 la prensa periódica, particularmente la de Madrid, se convierta en un vehículo apto para la divulgación de las luces. Como recuerda Herr[62], durante décadas los periódicos aparecían y desaparecían intermitentemente. Ahora, se iban a fundar muchos en el lapso de pocos años y su circulación se extendería por todo el país.

B) Orígenes y evolución hasta el siglo XVII de la censura literaria en España

I. La censura literaria tiene su origen en la específica necesidad de reprimir la publicación de obras de teología consideradas heréticas, no obstante lo cual su posterior desarrollo iba a obedecer no sólo a la necesidad de crear trincheras intelectuales desde las que combatir la herejía y, más ampliamente, todo tipo de heterodoxia religiosa, sino también, desde las que censurar lo probable, lo opinable, e incluso, lo malsonante en todos los ámbitos de la cultura material[63]. En sintonía con ello, las obras censuradas no lo fueron tan sólo por constreñir la ortodoxia religiosa, sino también por razones puramente políticas, intentando salvaguardar a través de la prohibición concepciones políticas concretas, o bien al Rey y a sus ministros. En definitiva, la Inquisición, como apostilla Defourneaux[64], aparecía como un verdadero muro defensivo en el campo religioso, filosófico, político y moral.

---

[60] Enrique ÁLVAREZ CORA: "Inquisición y censura de los derechos naturales: el germen racionalista del librepensamiento constitucional español", en la obra *1812 fra Cadice e Palermo* (Nazione, rivoluzione, costituzione, rappresentanza politica, libertà garantite, autonomie), a cura di Andrea Romano e Francesco Vergara Caffarelli, Vol. I, Palermo, Regione Siciliana, Dipartimento regionale dei Beni culturali e dell'Identità siciliana, 2012, pp. 71 y ss.; en concreto, p. 71.

[61] Javier HERRERO: *Los orígenes del pensamiento reaccionario español,* Madrid, Alianza Editorial, 1ª reimpr. de la 1ª ed., 1994, p. 32.

[62] Richard HERR: *Ensayo histórico de la España contemporánea,* Madrid, Ediciones Pegaso/Editoriales de Derecho Reunidas, 1977, p. 75.

[63] Javier ALVARADO PLANAS: *Justicia, libertad y censura..., op. cit.,* p. 11.

[64] Marcelin DEFOURNEAUX: *Inquisición y censura de libros..., op. cit.,* p. 9.

Recuerda Salas[65] que la imprenta fue libre en los primeros cuarenta años que siguieron a su invención[66], aunque pronto los tiranos de toda clase se dieron cuenta de la fuerza del nuevo enemigo, conjurándose contra él. Desde luego, no nacieron en España las primeras disposiciones restrictivas de la imprenta, sino que la paternidad de las mismas es francesa e italiana, haciéndose depender a los libreros, a efectos de su control, de las Universidades de París y Roma. En 1485, el Obispo de Metz estableció en su diócesis la obligación de la licencia previa para la impresión, y en Maguncia, el arzobispo Bertoldo instituyó en 1486 la figura de un verdadero censor[67].

En 1501, el Papa español Alejandro VI, el Papa Borgia, informado de que se habían publicado libros con doctrinas contrarias a las de la Iglesia de Roma en varios lugares, pero particularmente en las diócesis de Colonia, Maguncia, Tréveris y Magdeburgo, comunicó a los arzobispos de estas ciudades, que no debería de imprimirse ningún libro sin haber obtenido previamente la licencia de los prelados o autoridad eclesiástica a la que se encargase tal diligencia. Como es evidente, esta decisión, reflejada en la Constitución pontificia *Inter multiplices,* en la que se establecía la pena de excomunión para los que imprimiesen sin licencia, aunque dirigida a un grupo concreto de prelados de la región renana, estableció las bases de la acción represiva de la Iglesia en materia de imprenta. De esta forma, en el Concilio de Letrán de 1515, León X se limitó a proyectar hacia toda la cristiandad las reglas establecidas por Alejandro VI.

Por medio de la Bula *Dum fidei catholicae,* de 15 de marzo de 1462, el Papa Nicolás V, a instancias de Enrique IV, autorizaba formalmente la introducción en Castilla de la Inquisición, con unos inquisidores que para ser nombrados deberían contar con el asentimiento del rey. Sin embargo, al igual que había ocurrido con una Bula papal anterior, de 20 de noviembre de 1451[68], dictada a requerimiento en igual sentido de Juan II, la Bula no fue publicada, posiblemente por las gestiones llevadas a cabo por judíos conversos. Habría que esperar por tanto a los Reyes Católicos para ver introducido en los reinos de Castilla el Tribunal del Santo Oficio, que ya venía funcionando desde tiempo atrás en los reinos de la Corona de Aragón. En 1478, los Reyes pidieron al Papa Sixto IV que autorizara el establecimiento de la Inquisición en Castilla. La Bula papal, de noviembre de ese año, se limitaba a señalar la existencia de muchos falsos cristianos en España y, en consecuencia, otorgaba poderes a los Reyes para que designaran a tres obispos, o a otras personas adecuadas, sacerdotes mayores de 40 años, versados en teología y derecho, con jurisdicción

[65] Ramón SALAS: *Lecciones de Derecho Público Constitucional, op. cit.,* p. 66.

[66] Recordemos que las primeras tentativas de Hans G. von Guttenberg para operativizar el procedimiento tipográfico se remontan al año 1436. En 1450 se asoció en Maguncia con Faust y con Peter Schöffer. La primera edición atribuida a Guttenberg, el *Speculum humanae salvationis,* se suele fechar en el quinquenio 1450-1455. En nuestro país, suele considerarse la *Gramática latina* de Bartomeu Mates como el primer texto impreso, fechado en Barcelona en 1468, aunque existen serias dudas sobre la exactitud de esa fecha. En cualquier caso, en 1475 había imprentas establecidas en Barcelona y Valencia, siendo, según Pérez de Guzmán, prodigiosa por lo rápida la propagación de la imprenta en la Península. Cfr. al respecto, Juan PÉREZ DE GUZMÁN: "De la libertad de imprenta y de su legislación en España", en *Revista de España,* sexto año, tomo XXXIV, Setiembre/Octubre 1873, pp. 364 y ss.; en concreto, p. 365. (La continuación de este artículo en el tomo XXXV de la misma Revista, Noviembre/Diciembre 1873, pp. 501 y ss.).

[67] Juan PÉREZ DE GUZMÁN: "De la libertad de imprenta...", *op. cit.,* p. 370.

[68] Cfr. al respecto, José Antonio ESCUDERO: *Estudios sobre la Inquisición,* Madrid, Marcial Pons, Ediciones de Historia/Colegio Universitario de Segovia, 2005, en particular, pp. 20-22.

sobre la herejía dentro del reino de Castilla[69]. Así lo hacían los Reyes Católicos por medio de una Real Cédula expedida en Medina del Campo en 1480, nombrando tres años después a Fray Tomás de Torquemada primer Inquisidor general, aunque ya el 17 de septiembre de 1480 habían procedido a designar a dos frailes dominicos para que actuasen como inquisidores en Sevilla.

La Inquisición se creó para velar por la pureza de la fe de los conversos[70]. En consonancia con ello, era natural que una institución cuya función primigenia era proteger a los creyentes del contagio del error, tuviese a su cargo la inspección de la imprenta[71], en la que ya se veía, nos atreveríamos a decir, una fuente de potenciales errores o amenazas frente a esa pureza de la fe. Y así, la nueva institución estaba llamada a desempeñar un importante rol en la lucha contra lo que Defourneaux denomina la nueva herejía[72], tanto por ser emanación del poder espiritual del Papado, como en su condición de Consejo real y tribunal cuya actividad se enmarcaba en nuestras instituciones monárquicas. Recordemos que la Inquisición existía independientemente del clero regular, hallándose a su frente el Inquisidor general, nombrado por el Rey, siendo por lo general un relevante prelado, que era quien presidía el Consejo de la Suprema Inquisición, en el que también se hallaban presentes miembros del Consejo de Castilla. Ese carácter mixto de la jurisdicción inquisitorial será de enorme utilidad para el Santo Oficio a lo largo de gran parte de su dilatada historia.

En España, el cardenal Jiménez de Cisneros, con una mente bien alejada de la propia de un espíritu censor, se inclinó por fomentar a través de la imprenta la ilustración nacional. Y los Reyes Católicos, en una primera disposición fechada en Toledo el año 1480[73], iban a considerar los libros como un instrumento de progreso, liberando la introducción "en estos Reynos" de libros extranjeros de todo tipo de gravamen[74]. Sin embargo, nuestros Monarcas

---

[69] Arthur Stanley TURBERVILLE: *La Inquisición española*, México, Fondo de Cultura Económica, 10ª reimpr. de la 1ª ed. en español, 1994, p. 30.

[70] Juan Antonio Llorente, un personaje peculiar, que tendría un especial protagonismo en la Asamblea de Bayona, en junio-julio de 1808, y que, en virtud de su connivencia con los franceses, tendría pleno acceso a los archivos de la Inquisición, y en su huída junto a aquéllos a Francia, según parece, portó consigo algunos de esos archivos, publicó en 1817 en París, en lengua francesa, una historia crítica de la Inquisición en la que formula durísimos juicios. En relación a la creación de la institución argumenta lo que sigue:

"Se verá con evidencia que el judaísmo sirvió de pretexto a Fernando V para establecer la Inquisición; pero que el verdadero objeto fue de parte suya la codicia de confiscaciones, y de la del Papa Sixto IV el empeño perpetuo romano de aumentar su imperio sacerdotal; que Carlos V la conservó por fanatismo, pensando que sólo así podía evitar la propagación de las opiniones luteranas en España, y Felipe II por superstición y despotismo, pues convirtió el Santo Oficio en ministerio de policía contra Antonio López, y en aduanero mayor contra el contrabando de pasar caballos a Francia, haciéndolo declarar por crimen sospechoso de herejía...". Juan Antonio LLORENTE: *Historia crítica de la Inquisición en España*, tomo I, Madrid, Ediciones Hiperión, 1980, p. 7.

[71] En sentido análogo, Arthur Stanley TURBERVILLE: *La Inquisición Española, op. cit.*, p. 114.

[72] Marcelin DEFOURNEAUX: *Inquisición y censura de libros..., op. cit.*, p. 26.

[73] Ley I, Título XV, Libro VIII. Puede verse en *Novísima Recopilación de las Leyes de España* (mandada formar por el Señor don Carlos IV). Manejamos la edición publicada en Madrid por la Imprenta Nacional del Boletín Oficial del Estado, 2ª ed., 1992, tomo IV, pp. 120-121.

[74] Cendán menciona, sin embargo, como primera disposición legal referida indirectamente a la imprenta, una Carta de los Reyes Católicos, fechada en Sevilla el 25 de diciembre de 1477, en cuya virtud se eximía a Teodorico Alemán, impresor y mercader de libros, del pago de los derechos de alcabala, almojarifazgo y otros tributos, en atención a que sus actividades "redundaban en honra y vitalidad de nuestros reinos y de los naturales de ellos". Sin embargo, esta primera disposición real tenía como destinatario a una sola

no iban a poder liberarse del influjo papal[75], que les iba a conducir finalmente a aprobar la Real Pragmática dada en Toledo el 8 de julio de 1502, sobre "las diligencias que deben preceder á la impresión y venta de libros del Reyno, y para el curso de los extrangeros"[76]. La Pragmática disponía la prohibición absoluta de imprimir y vender libros de cualquier clase o materia, sin previa licencia de los propios monarcas, o de los presidentes de las Audiencias de Valladolid y Granada, de los arzobispos de Toledo, Sevilla y Granada o de los obispos de Burgos y Salamanca. Es de destacar la mixtura de las autoridades encargadas del control administrativo previo: civiles y religiosas; sin embargo, conviene no olvidar que las Ordenanzas de la Chancillería de Valladolid dadas por los propios Reyes Católicos disponían que su presidente fuese siempre un prelado. El predominio de las autoridades religiosas era patente. Aunque Pérez de Guzmán consideraría[77] que no era excesivamente rígida la prohibición en ella contenida, ni extremada la pena, consistente en la pérdida de los libros, que habían de ser quemados públicamente en la plaza de la ciudad, villa o lugar donde los hubieren hecho o donde los vendieren, lo cierto es que con esta Real cédula de 1502 hacía acto de presencia en España la censura, que ya no nos abandonaría hasta 1810. Tres siglos, pues, de mordaza para nuestra propia creación intelectual y para la recepción del pensamiento foráneo nos esperaban por delante. Aunque la Inquisición no tuvo inicialmente participación en la actividad de la censura, de hecho, iba a ejercer tal función en relación a los libros de teología[78], bien que, como recuerda la doctrina[79], la jurisdicción real mostró en todo momento un extraordinario celo en evitar las tendencias expansionistas del Santo Oficio; en 1550 el Rey hubo de recordar al Consejo del Santo Oficio "que no se den por parte de la Inquisición licencias de impresión". No en vano la Pragmática de 1502 suponía la consideración de la imprenta como regalía o dominio público. La censura previa aparecía de esta forma como la pieza angular de un sistema que visualizaba la imprenta como una regalía demanial[80], en frontal contraste con la orientación que siglos después le dará el sistema liberal, en el que la imprenta vendrá

---

persona, careciendo por lo mismo de una vigencia general. Fernando CENDÁN PAZOS: *Historia del Derecho español de prensa e imprenta (1502-1966)*, Madrid, Editora Nacional, 1974, p. 23.

[75] García Martín cree, sin embargo, que la Pragmática de los Reyes Católicos, más que con normas canónicas previas, como las del Papa Borgia, debe ponerse en relación con anteriores disposiciones regias de control y quema de biblias judías y libros religiosos de todo tipo que había preocupado a la Corona tras la expulsión de los judíos. En este sentido, la Pragmática de 1502 sería más bien una proyección en el tiempo de la defensa del Reino, tan propia de la Reconquista, sobre el presupuesto del *bellum iustum* de Santo Tomás y, por ello, de la pública utilidad del mismo. Javier GARCÍA MARTÍN: *El juzgado de imprentas y la utilidad pública* (Cuerpo y alma de una Monarquía vicarial), Bilbao, Servicio Editorial de la Universidad del País Vasco, 2003, p. 116. También Ortego Costales se ha referido a cómo los primeros temores que llevaron a los Reyes a la adopción de esta Pragmática pudieron ser de tipo religioso, aunque para ello se funda en el neto predominio de las autoridades eclesiásticas en lo que hace al otorgamiento de la preceptiva licencia. José ORTEGO COSTALES: "Delitos cometidos por medio de la publicidad", en *Anuario de Derecho Penal y Ciencias Penales*, tomo XXVIII, fasc. 1, Enero/Abril 1975, pp. 5 y ss.; en concreto, p. 6.

[76] Ley I, Título XVI, Libro VIII. Puede verse en *Novísima Recopilación..., op. cit.*, tomo IV, pp. 122-123.

[77] Juan PÉREZ DE GUZMÁN: "De la libertad de imprenta...", *op. cit.*, p. 373.

[78] Llorente se hace eco, sin embargo, de la furibunda persecución de los libros llevada a cabo por el sanguinario primer Inquisidor general, fray Tomás de Torquemada, ofreciendo el dato de que en el año 1490 hizo quemar muchas biblias hebreas, y después en Salamanca más de seis mil libros, celebrando un auto público de fe en la plaza de San Esteban, diciendo que todos eran de incredulidad judaica, hechicería, magia, brujerías y cosas supersticiosas. Juan Antonio LLORENTE: *Historia crítica de la Inquisición en España, op. cit.*, tomo I, p. 217.

[79] Javier ALVARADO PLANAS: *Justicia, Libertad y Censura..., op. cit.*, p. 16.

[80] Javier GARCÍA MARTÍN: *El juzgado de imprentas..., op. cit.*, p. 220.

a ser el instrumento de ejercicio de un derecho constitucional, lo que se traducirá en el libre ejercicio de esta libertad, sujeto tan sólo a un sistema de control judicial posterior.

En 1521 se publicaba en nuestro país el Edicto de Adriano de Utrecht, conforme al cual los libros prohibidos debían ser entregados a los inquisidores para que los quemasen públicamente. Este sistema exigía lógicamente la elaboración de un listado de libros prohibidos, cuya primera formulación, a instancias de Carlos V, llevó a cabo la Universidad de Lovaina. Previamente, el Emperador había solicitado de la Santa Sede la expedición de una Bula para obtener de esa Universidad la elaboración del listado. La Bula fue impresa en 1546 y puede considerarse como el primer Índice expurgatorio publicado en nuestro país, apareciendo una segunda edición en 1550. Sin embargo, en 1554, la Inquisición española realizó una nueva edición actualizada, por así decirlo, añadiendo otros libros a la lista original, que finalmente se publicó con el título de "Censura general contra los errores de los herejes modernos".

II. La Pragmática de los Reyes Católicos iba a estar en vigor medio siglo, pero sus disposiciones no iban a parecer a los primeros Austrias lo suficientemente contundentes y efectivas como para hacer frente a las supuestamente perniciosas nuevas ideas, en particular a las doctrinas de Erasmo de Rotterdam (1469-1536), cuya asimilación entre nosotros por parte de una élite intelectual pronto empezó a surtir efectos. Como recuerda Domínguez Ortiz[81], la crítica de las costumbres del clero y la convicción acerca de la necesidad de reformarlo ya se había preconizado y en parte realizado en España. La exigencia de una religión más interior, más profunda, y menos formalista era una aspiración generalizada en los medios más cultos. No ha de extrañar así que el entusiasmo por las ideas erasmistas llegara a ser intenso. La reacción no se iba a hacer esperar. El Emperador Carlos V y su hijo el Príncipe Felipe, a través de las Ordenanzas del Consejo hechas en La Coruña en 1554[82], dictaban una nueva regulación que, bajo el rótulo de "Reglas que se han de observar en el Consejo sobre licencias para imprimir libros nuevos"[83], atribuía con carácter exclusivo al Consejo de Castilla la facultad de otorgar licencias para imprimir.

El Consejo de Castilla, órgano que ha sido considerado[84] como "la columna vertebral de la administración castellana; algo así como un ministerio de la Gobernación que al mismo tiempo actuara como Tribunal Supremo", iba pues a centralizar la función censoria, si bien, ante la imposibilidad de llevar a cabo una labor tan compleja, hubo de delegar en uno de sus miembros esa tarea, pasando dicho miembro a ser denominado el "Juez de imprentas", siendo conocido en los lugares donde desempeñaba su oficio, según escribía Posada de Herrera en sus *Lecciones de Administración* (1848), como el "señor de la encomienda", "dando a entender con este nombre que él era a quien el Consejo tenía encomendado este encargo"[85]. El otorgamiento al Consejo de Castilla de esta competencia jurisdiccional,

---

[81] Antonio DOMÍNGUEZ ORTIZ: *El Antiguo Régimen: los Reyes Católicos y los Austrias,* Madrid, Ediciones Alfaguara, 2ª ed., 1974, pp. 232-233.

[82] Estas Ordenanzas del Consejo de Castilla, como recuerda Vallejo, bien que en relación al régimen competencial y funcional de los Escribanos de Cámara, sucedían a las de Valladolid de 1432, a las de Madrid de 1459 y a las de Toledo de 1480. José María VALLEJO GARCÍA-HEVIA: *El Consejo Real de Castilla y sus escribanos en el siglo XVIII,* Valladolid, Junta de Castilla y León, Consejería de Cultura y Turismo, 2007, p. 61.

[83] Ley II, Título XVI, Libro VIII. Puede verse en *Novísima Recopilación de las Leyes de España, op. cit.,* tomo IV, p. 123.

[84] Antonio DOMÍNGUEZ ORTIZ: *El Antiguo Régimen..., op. cit.,* p. 218.

[85] José POSADA DE HERRERA: *Lecciones de Administración,* Madrid, Establecimiento Tipográfico de la calle del Sordo, nº 11, 1843, tomo III, p. 260. Cit. por Enrique GÓMEZ-REINO Y CARNOTA: *Aproximación*

que contrastaba con la multiplicidad de autoridades legitimadas para intervenir al efecto por la Pragmática de 1502, tendría su importancia a la hora de convertirla con el devenir del tiempo en una competencia propia de la jurisdicción ordinaria. Conviene recordar al respecto que, dentro de la actividad asumida por el Consejo Real de Castilla en relación con el mantenimiento del orden público y de la paz social, había de incluirse el control ideológico, una de cuyas manifestaciones más características vendría dada por el otorgamiento de licencias para la impresión de libros y su tasa de venta. Y aunque, como recuerda la doctrina[86], no hay ninguna norma concreta que atribuya al Consejo esta facultad, sí hay testimonios suficientes que revelan que el Consejo realizaba esta actividad desde tiempo atrás.

Las reglas dadas en 1554 serían complementadas cuatro años después por una Pragmática de Don Felipe, y en su nombre la Princesa Doña Juana, dictada en Valladolid el 7 de septiembre de 1558, bajo el rótulo de "Nueva orden que se ha de observar en la impresión de libros; y diligencias que deben practicar los libreros y Justicias"[87], normativa que estará vigente durante más de dos siglos, hasta el último tercio del siglo XVIII. Su importancia iba a ser notable por varias razones.

En primer término, por su dilatadísima vigencia. En segundo lugar, porque aunque se mantenía la competencia del Consejo de Castilla[88], en su punto 4, *in fine*, se disponía: "Y en quanto á las cosas tocantes al Santo Oficio, permitimos, que aquellas se impriman con licencia del Inquisidor general, y de los del nuestro Consejo de la Santa y general Inquisición...". La Inquisición pasaba a asumir un relevante protagonismo en materia de autorización para la impresión de libros. Más aún, a lo largo del siglo XVI se fueron perfilando, aunque más bien habría que decir ampliando, las facultades del Santo Oficio en materia de censura de libros, y así, aunque las licencias de impresión correspondieran al Consejo de Castilla, la Inquisición podía actuar con posterioridad sobre la publicación. Ello entrañaba que la licencia real de impresión no vinculaba a los censores inquisitoriales, quienes podían actuar contra obras previamente autorizadas por el Consejo, lo que da una idea de su poder. No ha de extrañar por lo mismo que Argüelles, en su análisis sobre la obra constituyente de las Cortes de Cádiz, que publicara en Londres en 1835, sostuviera que "(d)esde que en el siglo XVI se trastornó el fundamento de la monarquía en España los gobiernos sucesivos adoptaron como máxima principal de estado, el

histórica al Derecho de la imprenta y de la prensa en España (1480-1966), Madrid, Instituto de Estudios Administrativos, 1977, p. 27. García Martín añade al respecto que con tal denominación Posada Herrera seguía a P. Escolano de Arrieta que, en 1796, atribuía el origen de ese nombre a la disposición dada por Felipe IV el 13 de junio de 1627, por la que el Rey encargaba al Consejo el nombramiento de uno de sus miembros "por comisario" para la concesión de licencias de impresión de todo tipo de papeles, relaciones, y en general escritos menores referentes, en especial, a las materias de Estado y de gobierno. Javier GARCÍA MARTÍN: *El juzgado de imprentas..., op. cit.,* p. 191.

86 Salustiano DE DIOS: *El Consejo Real de Castilla (1385-1522),* Madrid, Centro de Estudios Constitucionales, 1982, p. 392.

87 Ley III, Título XVI, Libro VIII. Puede verse en *Novísima Recopilación..., op. cit.,* tomo IV, pp. 123-125.

88 La competencia del Consejo de Castilla se mantuvo formalmente por todo el tiempo en que estuvo en vigor la Pragmática de 1558; sin embargo, las atribuciones concedidas al Consejo fueron poco a poco perdiendo efectividad, a medida que, como señala Cendán Pazos, iban apareciendo otras corporaciones y personas a quienes también se les reconocía la facultad de otorgar las correspondientes licencias de impresión y de venta de libros y demás publicaciones. Fernando CENDÁN PAZOS: *Historia del Derecho español de prensa e imprenta, op. cit.,* p. 31.

terror y la ignorancia en la nación, para que se conservase obediente y sumisa"[89]. En ello desempeñaría un rol primordial la Inquisición, que ya a principios del siglo XVI se las había ingeniado para obtener jurisdicción sobre casi todos los delitos que en una época u otra habían estado bajo la jurisdicción de los tribunales eclesiásticos, entre otras razones, porque la Inquisición contemplaba de modo omnicomprensivo el término "herejía", al que reconducía cualquier supuesto delito.

En tercer término, la dureza extrema de las penas es otro rasgo, negativo desde luego, que contribuye a dar relevancia a esta Pragmática[90], en cuyo punto quinto se dispone:

> "(M)andamos y defendemos, que ninguna persona, de qualquier calidad ó condicion que sea, no tenga, ni comunique ni confiera, ni publique otros libros ni obra nueva de mano, que sea de materia de doctrina de sagrada Escritura, y de cosas concernientes á la Religion de nuestra Santa Fe Católica, sin que la presente en el nuestro Consejo, y vista y exâminada en la forma dicha, se dé licencia nuestra para la poder imprimir, so pena de muerte y perdimiento de bienes, y que los tales libros y obras sean públicamente quemadas...".

La pena capital no quedaba circunscrita al tipo de obras mencionadas, puesto que en los dos primeros puntos de la Pragmática se establecía igual pena para cualquier librero o persona que "meta en estos Reynos libros de romance impresos fuera dellos, aunque sean impresos en los Reynos de Aragon, Valencia, Cataluña y Navarra, de qualquier materia, calidad ó Facultad, no siendo impresos con licencia firmada del nuestro nombre", así como para cualquiera que imprimiere o diere a imprimir un libro u obra, en latín o en romance, sin que previamente tal libro u obra hubiere sido presentado ante el Consejo, visto y examinado por la persona o personas habilitadas para ello, y tras ello se le diere licencia firmada. Con ello, la impresión o introducción de libros con violación de las previsiones expuestas se convertía, como bien se ha dicho[91], en un crimen de lesa majestad.

Y en cuarto término, y es un dato indiciario de la importancia que se atribuye al cumplimiento de las normas establecidas en la Pragmática, en el sexto punto de ésta se manda y encarga a los Arzobispos, Obispos y Prelados, en su respectivo distrito, jurisdicción o diócesis, que con la mayor diligencia y cuidado, por sí o "por personas doctas de letras y conciencia", "juntamente con nuestra Justicia y Corregidores de las cabezas de los partidos", vean y visiten las librerías y tiendas de libreros y mercaderes de libros, así como de cualesquiera otras personas que les pareciere, a fin de enviar una relación de aquellos libros que les parecieren sospechosos o reprobados, o en los que hubiere errores o doctrinas falsas, "ó que fueren de materias deshonestas y de mal exemplo".

---

[89] Agustín de ARGÜELLES: *Examen Histórico de la Reforma Constitucional,* Madrid, Imprenta de las Novedades, a cargo de A. Querol, 1865, tomo I, p. 66. En una versión actual, y con el título de *Examen Histórico de la Reforma Constitucional de España,* Oviedo, Junta General del Principado de Asturias, 1999, tomo I, p. 97. Salvo indicación expresa en contrario, a partir de ahora, nos referiremos en nuestras citas a esta última versión.

[90] La doctrina considera que no hubo ninguna ley tan dura como la de 7 de septiembre de 1558. Así, entre otros, María Cruz SEOANE COUCEIRO: "Libertad de imprenta: de <vehículo de las luces> a derecho del hombre", en *Prensa y libertad de imprenta. Los periódicos en el Cádiz de las Cortes* (Cádiz, Fundación Federico Joly Höhr), Madrid, Ministerio de Cultura, Sociedad Estatal de Conmemoraciones Culturales, y otras instituciones, 2010, pp. 17 y ss.; en concreto, p. 18.

[91] Javier GARCÍA MARTÍN: *El juzgado de imprentas..., op. cit.,* p. 139.

A partir de la Pragmática de 1558 es clara la consideración de la imprenta como dominio público, lo que tendrá importantes repercusiones en lo que se refiere a la definición del tipo penal castigado. Si hasta ese momento la persecución se había limitado a los libros heréticos o de "adivinación" (en el ámbito religioso), la asunción de competencias por parte del poder civil (que ya consagrara el Fuero Real de Castilla en materia de libros heréticos), abría la posibilidad, con la fórmula de los libros prohibidos, de extender el ámbito de los que, por motivos no siempre religiosos, podían ser objeto de censura[92].

El Santo Oficio hizo suyas las normas dictadas por el Concilio de Trento en materia de censura de libros, y una carta real, fechada el 7 de febrero de 1568, ordenaba a las autoridades competentes tomar las medidas necesarias para prohibir en España los libros incluidos en el "Expurgatorio" redactado por el Concilio. Pero cuatro meses más tarde, una orden anulaba la precedente, declarando que "por entonces bastaría que se guardase solamente el Catálogo del Supremo Consejo de la Inquisición española". De esta forma, como destaca Defourneaux[93], nuestra Inquisición no sólo prohibió obras no condenadas por Roma, sino que dejó circular libros que habían sido expresamente prohibidos por la Congregación del Índice, y aun directamente por el soberano Pontífice, lo que da una idea de la posición de fuerza de la institución.

III. En el siglo XVII la censura previa siguió siendo ejercida por el Consejo de Castilla por intermedio de la Secretaría de Justicia, que encargaba los dictámenes a censores de su confianza, a través de autorizaciones que adoptaban generalmente la forma de decreto. Sin embargo, la centralización del control se iba a ir debilitando.

Al poco del inicio del reinado de Felipe IV, se expedía en Madrid la Cédula de 13 de junio de 1627, con el rótulo de "Observancia de las leyes precedentes; y absoluta prohibición de imprimir papeles algunos sin las licencias que se previenen"[94], norma que ha sido considerada[95] la más rigurosa en materia de imprenta que hasta entonces se había conocido, no obstante la ya comentada dureza de la Pragmática de 1558, valoración que quizá pueda explicarse porque en ella no sólo se prescribía la severa observancia de las leyes precedentes, sino también porque, previniendo que "se ponga particular cuidado y atención en no dejar imprimir libros no necesarios o convenientes", se establecía la pena de 50000 maravedíes y destierro de dos años por la publicación, sin previa aprobación ni examen de ningún género, de "relaciones, cartas, apologías, panegíricos, gazetas, nuevas, sermones, discursos o papeles en materias de Estado ni Gobierno, y otras qualesquier, ni arbitrios, coplas, diálogos ni otras cosas, aunque sean muy menudas y de pocos renglones, sin que tengan ni lleven primero exâmen y aprobación en la Corte de uno de los del Consejo que se nombre por Comisario de esto". Si se incurría por segunda vez en la misma falta, la sanción duplicaba la multa y el período de destierro, e incurriéndose por tercera vez en esa infracción la pena consistía en la confiscación de todos los bienes y el destierro a perpetuidad.

---

92 Javier GARCÍA MARTÍN: *El juzgado de imprentas..., op. cit.*, p. 354.

93 Marcelin DEFOURNEAUX: *Inquisición y censura de libros..., op. cit.*, p. 30.

94 Ley IX, Título XVI, Libro VIII. Puede verse en *Novísima Recopilación..., op. cit.*, tomo IV, pp. 127-128.

95 Juan PÉREZ DE GUZMÁN: "De la libertad de imprenta...", *op. cit.*, p. 379.

Como puede apreciarse, la Cédula de 1627 venía a prever el nombramiento de un miembro del Consejo como "Comisario de imprentas", cargo al que le encomendará la concesión de las licencias de impresión. En la misma línea, un Auto de 1692 mantendrá esa "encomienda", aunque ahora la autoridad competente pasará a denominarse "Superintendente general de imprentas" (y posteriormente "Juez de imprentas"), siendo ulteriormente necesario delegar esa función en los "Subdelegados de Imprentas del Reino", función que recayó en los presidentes de las Chancillerías y de las Audiencias y en los Justicias o Corregidores, órganos estos últimos de carácter individual monocrático que respondían a la técnica comisarial, dirigida principalmente a contrarrestar la estamentalización[96].

La actividad inquisitorial en materia de censura no se relajó durante la primera mitad del siglo XVII, no obstante haberse atenuado las controversias religiosas y pese asimismo a haberse apreciado un número de obras polémicas menos importante que en el decurso de la época precedente.

Durante esta misma etapa iba a tener lugar un largo conflicto entre el Gobierno español y el Papado, que se iba a prolongar durante veinte años (1627-1647). Desde que el Emperador Carlos V lograra la autorización del Papa Paulo III para que la Inquisición asumiera la tarea de publicar en nuestro país Edictos e Índices prohibitorios[97], la Inquisición vino a asumir un monopolio de hecho en este ámbito. Sus acuerdos al respecto quedaron plasmados en los famosos Índices de libros prohibidos. Recuerda Kamen[98], que el primer Índice impreso que se utilizó en España, publicado bajo los auspicios del Inquisidor general Valdés en septiembre de 1551, no era más que una reimpresión del Índice compilado por la Universidad de Lovaina en 1550[99], con un apéndice especialmente dedicado a los libros españoles. Se tomaron medidas para que el Índice fuera distribuido entre los diferentes tribunales, pudiendo cada tribunal modificar su versión local, lo que propició que entre 1551 y 1552 se publicaran por lo menos cinco Índices por los tribunales de Toledo, Valladolid, Valencia, Granada y Sevilla. A esos Índices seguirían en fechas no lejanas otros varios, como los de 1564 y 1571.

En 1583, bajo los auspicios del Inquisidor general Gaspar de Quiroga, se iba a elaborar un nuevo Índice que en apariencia tenía un alcance apabullante. En su inmenso volumen, nos dice Kamen[100], estaba incluida la totalidad del mundo intelectual europeo pasado y presente: ediciones de autores clásicos y de padres de la Iglesia, las obras completas de Pedro Abelardo y de Rabelais, las obras escogidas de Guillermo de Ockham, Savonarola, Jean Bodin, Maquiavelo, Juan Luis Vives, Marsilio de Padua, Ariosto, Dante y Tomás Moro,

[96] Enrique GÓMEZ-REINO Y CARNOTA: *Aproximación histórica al Derecho de la imprenta..., op. cit.*, p. 28.

[97] Los Índices de la Inquisición, siguiendo los de Roma, dividieron a los autores en tres categorías: 1ª) autores *damnatae memoriae,* todas cuyas obras, aparecidas y por aparecer, estaban en principio prohibidas; 2ª) autores algunas de cuyas obras habían sido condenadas, respecto de los que era posible la publicación de alguna obra una vez convenientemente expurgada, y 3ª) obras anónimas que, por eso mismo, eran sospechosas de herejía. El Índice de 1790, al adoptar el orden alfabético por autores o títulos, pondrá prácticamente fin a la distinción entre las dos últimas categorías. Marcelin DEFOURNEAUX: *Inquisición y censura de libros..., op. cit.*, p. 51.

[98] Henry KAMEN: *La Inquisición esapañola. Una revisión histórica,* Barcelona, Editorial Crítica, 2ª ed., 2004, p. 109.

[99] Las primeras guías sistemáticas de libros prohibidos fueron emitidas en forma de Índices por la Universidad de París en 1542. A su vez, la Universidad de Lovaina comenzó a publicar tales Índices en 1546.

[100] Henry KAMEN: *La Inquisición española..., op. cit.*, p. 114.

cuya *Utopia* también fue prohibida hasta tanto fuera expurgada. Junto al mencionado Índice habría que situar el Índice de expurgados de 1584. Los Índices publicados en nuestro país estaban controlados únicamente por las autoridades españolas y no tenían necesariamente relación con el Índice de Roma, donde las autoridades eclesiásticas, en el siglo XVI, comenzaron a elaborar su propia lista de libros prohibidos. Aunque en nuestro Índices se incluían a menudo obras prohibidas también por la autoridad papal, ninguna norma específica exigía que un Índice debiera de seguir las indicaciones de otro. En ocasiones se dio la circunstancia de que obras prohibidas en España circulaban sin problema alguno en Roma.Ya en el siglo XVII, fueron actualizados los Índices en 1612, 1632 y 1640. A partir de esta fecha, habrá que esperar a 1707 para ver publicado un nuevo Índice, lo que nos puede dar una idea de una cierta relajación inquisitorial en la segunda mitad del XVII, que se prolongaría durante toda la primera mitad del XVIII, pues hasta el año 1747 no se aprobaría un nuevo Índice. El conflicto a que antes aludíamos se iba a desencadenar en relación a la elaboración de estos catálogos de libros prohibidos. En los Índices de Roma se incluían obras relativas a las relaciones entre la autoridad civil y la religiosa, obras que no parecían a la Iglesia muy proclives a su autoridad. Innecesario es decir que en los Índices de nuestra Inquisición tales obras no eran prohibidas. Como recuerda la doctrina[101], en este conflicto se vio a la Inquisición defender con ardor los principios "regalistas", los mismos justamente que en el siglo XVIII suscitarían el ataque de algunos ministros ilustrados a la Inquisición.

Las consecuencias que acarreó a nuestro país el profundo arraigo y permisividad política de esta absurda furibundez eclesiástica durante la Edad Moderna las dejó meridianamente claras Kamen[102]: España permaneció al margen de las principales corrientes europeas en filosofía, ciencia y arte de creación. En la gran época del Imperio, Felipe II tuvo que confiar en el conocimiento tecnológico de italianos, belgas y alemanes. La producción editorial española fue probablemente la peor de toda Europa occidental. Nunca se consideró apropiado incluir a España en el itinerario del *grand tour*, el gran viaje por Europa en el que los aristócratas occidentales esperaban pulir su experiencia y educación. Dicho en otras palabras, esta vez propias, en esta época se sentaron las bases de nuestro profundo atraso intelectual y mental.

C) La censura en el siglo XVIII hasta la Revolución Francesa

a) Normativa de imprentas, censura e Inquisición con los primeros Borbones

El advenimiento de los Borbones en el siglo XVIII, aunque no supuso un cambio sustancial de la situación, sí iba, indirectamente, a terminar incidiendo sobre la Inquisición. De entrada, la estrecha relación entre las dinastías reinantes en Francia y en España iba a potenciar el intercambio intelectual entre ambos países, propiciando, en lo que ahora interesa, una más fuerte proyección del pensamiento filosófico francés hacia nosotros, algo que distaba de ser una novedad si se tiene en cuenta que la filosofía francesa se iba a irradiar en ese siglo hacia toda Europa. Además, las tendencias "regalistas", ya muy acentuadas con los Austrias, como demostraba el conflicto habido en la primera mitad

---

[101] Marcelin DEFOURNEAUX: *Inquisición y censura de libros..., op. cit.*, p. 30.
[102] Henry KAMEN: *La Inquisición española..., op. cit.*, p. 135.

del siglo anterior entre Felipe IV y el Papado, se acentuaban sensiblemente con la llegada de Felipe V. Aunque se atenuarán con Fernando VI, por la fuerte influencia que sobre el Rey ejercerá su confesor, el jesuita Padre Rávago[103], el "regalismo" resurgirá con más fuerza que nunca con Carlos III, en cuyo reinado se desencadenará la más seria crisis con la Inquisición hasta ese momento acaecida, que estará a punto de saldarse con la disolución del funesto instituto. La referencia al regalismo es un tópico inevitable en el siglo XVIII[104], y desde luego también ejercerá su influencia sobre la producción y control de las publicaciones. Como escribe Conde[105], la maquinaria censora actuará de vehículo ágil y legítimo para la intervención sobre el estamento eclesiástico, para su incorporación a los proyectos impulsados desde la Monarquía o su reclusión en un ámbito marginal, esto es, silente, interiorizado.

La actitud de Felipe V con respecto a la Inquisición ha sido calificada de contradictoria y confusa[106]. Entre las fiestas de celebración de su llegada a España, se preparó en 1701 un auto general de fe, al que el Rey, bien significativamente, se negó a asistir, no queriendo imitar los ejemplos de sus cuatro antecesores, que con su asistencia a tales actos legitimaban tan funestas escenas. Bien es verdad que su abuelo, Luis XIV, le había aconsejado que siguiera protegiendo al Santo Oficio, "porque con sólo su auxilio conservaría tranquilo su reino"[107]. Es cierto en cualquier caso que aunque Llorente, como ya se ha dicho, autor de la más célebre historia de la Inquisición en España, alude a ese previsto auto de fe, no existe prueba documental al respecto.

Al margen de lo que se acaba de señalar, la normativa de la que nos venimos ocupando no iba a sufrir, por lo menos en la primera mitad del siglo, grandes alteraciones, con la salvedad de la nueva planta judicial en materia de imprentas que derivaba de los Decretos de Nueva Planta y que entrañaba reservar al Consejo de Castilla la exclusiva potestad para conceder licencias de impresión de libros también en los territorios de la Corona de Aragón. Un Auto del Consejo de 27 de noviembre de 1716, confirmado casi un siglo más tarde por Carlos IV, por Resolución de 18 de diciembre de 1804, bajo el rótulo de "Requisitos para las impresiones de libros y papeles sueltos de Aragón, Valencia y Cataluña"[108], extendió a los mencionados "Reynos" la legislación sobre la imprenta ("para la impresión o reimpresión de libros se venga precisamente al Consejo a pedir licencia, en la conformidad que se acostumbra"), que hasta ese momento había regido en plenitud en Castilla y con ciertas peculiaridades en esos otros territorios. El 18 de julio de 1722, el Rey ordenaba trasladar a las Audiencias de Zaragoza, Valencia, Barcelona y Mallorca la normativa anterior. El traslado reviste un especial interés al establecerse en él una novedad que la doctrina ha considerado clave en la esfera judicial de la imprenta[109], como es la

---

[103] Marcelin DEFOURNEAUX: *Inquisición y censura de libros..., op. cit.,* p. 38.

[104] Aunque en sentido estricto el término "regalismo", de origen francés ("régalisme"), no debería identificar, según Domergue, mas que una defensa o incluso una extensión del *droit de régale* (derecho de regalía), como las que Luis XIV decidió en Francia en 1673, de hecho, designa el respeto apasionado del poder monárquico, la afirmación del absolutismo real y, por vía de consecuencia, el sometimiento de todo aquello que pudiera disputar o controvertir esta preponderacia regia. Lucienne DOMERGUE: *Censure et lumières dans l'Espagne de Charles III, op. cit.,* p. 31.

[105] Esteban CONDE NARANJO: *El Argos de la Monarquía..., op. cit.,* p. 27.

[106] José Antonio ESCUDERO: *Estudios sobre la Inquisición, op. cit.,* p. 355.

[107] Juan Antonio LLORENTE: *Historia crítica de la Inquisición en España,* Vol. IV, Madrid, Ediciones Hiperión, 1980, p. 50.

[108] Ley XIII, Título XVI, Libro VIII. Puede verse en *Novísima Recopilación..., op. cit.,* tomo IV, p. 129.

[109] Javier GARCÍA MARTÍN: *El juzgado de imprentas..., op. cit.,* pp. 311-312.

creación en los territorios de la Corona de Aragón de una instancia previa a las Audiencias: los Subdelegados de Imprentas, que venían a conocer en primera instancia, mientras que las Audiencias lo hacían en segunda instancia.

El 4 de octubre de 1728, Felipe V firmaba en Madrid una nueva norma que, bajo el genérico rótulo de "No se impriman papeles algunos sin las aprobaciones y licencias que previenen las leyes"[110], reiteraba la prohibición de imprimir "papeles, relaciones ni otra cosa alguna, por corta que sea" sin licencia, "bajo las penas y multas que prescriben las leyes, y correspondieren a las circunstancias que contuvieren los impresos", al propio tiempo que ordenaba, "para enterarme de que así se observa", que fueran enviadas, por conducto del Secretario de Estado y del Despacho, "a quien tocan las providencias de esta naturaleza", relación de todas las licencias concedidas, tanto para la impresión de libros como para la de papeles periódicos.

Un debate latente seguía subyaciendo en la legislación de imprentas entre quienes se decantaban por una legislación centralizadora y aquellos otros que preferían una desconcentración, delegando las funciones correspondientes a las autoridades judiciales territoriales o locales, como por ejemplo a las Audiencias. Una Real Cédula de 27 de febrero de 1738, en sentido centralizador, nombraba a Joseph Mutiloa Juez privativo de imprentas ("así en la mi corte como fuera de ella"), de modo tal que a partir de ese momento se ocupase de conocer, en exclusiva, en todas las causas "civiles o criminales que se hallen pendientes en otros (juzgados)", encargándole de establecer además los "casos y cosas" conformes a Derecho en los que se podía apelar ante el Consejo, de modo que "a los demás Consejos, Chanzillerías, Audiencias, Juezes y Justicias de estos Reynos, los inhivo (*sic*), y he por inhividos de su conozimiento"[111]. Al "Juez de imprentas" se le otorgaba asimismo la facultad de nombrar Subdelegados.

De entre esos Jueces de imprenta, con gran diferencia, destaca la figura de Juan Curiel, nombrado para el cargo (también se habla de él como Superintendente General de Imprentas) el 8 de febrero de 1752 por Fernando VI. A Curiel se debe la redacción de un detallado reglamento encaminado a acabar con el incumplimiento generalizado de la legislación de imprentas, que quedará formalizado mediante un Auto de 22 de noviembre de ese mismo año 1752, siendo tras diversas modificaciones del Consejo aprobado por Real Resolución de 27 de julio de 1754, bajo el rótulo de "Reglas que deben observar los impresores y libreros para la impresión y venta de libros conforme a lo dispuesto por las leyes del Reyno"[112]. En lo básico, el Auto de Curiel era una recopilación y ordenación de la legislación de los Austrias en la materia, o como también se le ha denominado[113], una "Ordenanza de la librería", si bien un sector de la doctrina ha puesto de relieve[114], que no se trataba de un mero recuerdo de las medidas promulgadas en reinados anteriores, aunque en ellas fundara su legitimidad. Se trataba más bien de canalizar a través de estos procedimientos para la impresión y venta de libros un expansivo y exhaustivo ejercicio del poder.

A lo largo de diecinueve reglas, el Auto de Curiel abarcaba un amplio espectro de cuestiones. En su primera regla se disponía que: "Ningún impresor pueda imprimir libro,

---

[110] Ley XIV, Título XVI, Libro VIII. Puede verse en *Novísima Recopilación..., op. cit.*, tomo IV, pp. 129-130.

[111] Javier GARCÍA MARTÍN: *El juzgado de imprentas y la utilidad pública, op. cit.*, p. 312.

[112] Ley XXII, Título XVI, Libro VIII. Puede verse en *Novísima Recopilación..., op. cit.*, tomo IV, pp. 132-135.

[113] Javier GARCÍA MARTÍN: *El juzgado de imprentas..., op. cit.*, p. 240.

[114] Esteban CONDE NARANJO: *El Argos de la Monarquía..., op. cit.*, p. 22.

memorial u otro algún papel suelto de qualquier calidad o tamaño, aunque sea de pocos renglones, a excepción de las esquelas de convites y otras semejantes, sin que le conste y tenga licencia del Consejo para ello, o del Juez privativo, y Superintendente general de Imprentas", bajo pena de dos mil ducados y seis años de destierro. Versando los papeles impresos o reimpresos sin la licencia requerida sobre "materias de doctrina de Sagrada Escritura, y de cosas concernientes a la Religión de la santa Fe Católica", la pena prevista era la de muerte y pérdida de los bienes, debiendo asimismo ser tales libros quemados públicamente. Y en la misma pena capital incurría quien "imprimiere y reimprimiere, vendiere o tuviere en su poder, o entrase en estos Reynos libro u obra impresa, o por imprimir, de las que están vedadas y prohibidas por el Santo Oficio de la Inquisición en cualquier lengua". Se preveía asimismo que los impresores, libreros o tratantes en libros, naturales o extranjeros, pudiesen ser visitados, sin oposición alguna por privilegio de fuero, por el "Superintendente de Imprentas" o por sus Delegados, lo que entrañaba una facultad de delegación de funciones, que se iba a traducir en la creación de una verdadera red de Subdelegados por gran parte del país, si bien esta potestad encontraba su razón de ser, como se acaba de ver, en la Cédula de 1738. La norma disponía de igual forma que las impresiones o reimpresiones que se hicieren con licencia del Consejo, o por los que tuvieren privilegio para ello, no se pudieran repartir ni vender, ni ser entregadas al impresor, hasta que se tasaran por el Consejo y se corrigieran por el Corrector general.

Una Instrucción de 19 de julio de 1756, del propio Juan Curiel, sobre el modo y método con que los censores debían examinar las obras, establecía los criterios genéricos de control gubernativo. De conformidad con la misma, la censura de las obras "no sólo han de ser sobre si contienen algo contra la religión, contra las buenas costumbres, o contra las regalías de S. M., sino también, si son apócrifas, supersticiosas reprovadas (*sic*), o de cosas vanas, y sin provecho, o si contienen alguna ofensa a comunidad o a particular, o en agravio del honor y decoro de la Nación"[115].

Unos años después de la Cédula de 1738, el propio Felipe V, por medio de una Resolución de 28 de septiembre de 1744, publicada el 17 de marzo de 1745, con el título de "El Consejo se abstenga de dar licencia para impresiones relativas a materias de Estado, tratados de paces, y otras tales"[116], mandaba que el Consejo de Castilla se abstuviera de conceder privilegio o licencia para imprimir libro o papel alguno que tuviera conexión con las materias enunciadas en el título de la disposición, "y que los interesados que lo soliciten, acudan a mi Real Persona con la súplica, para que haciéndola reconocer, resuelva lo que juzgue más conveniente". El Rey pues se reservaba la facultad de decidir personalmente, previa súplica de los interesados, cuándo debían otorgarse las licencias correspondientes en los mencionados ámbitos materiales.

b) Panorama global de la Inquisición en este siglo

La normativa de imprentas, como ha podido verse, no iba a cambiar de modo sustancial con los Borbones; iba a seguir anclada en las normas represoras del pasado. Además, el Consejo de Castilla ejercía meticulosamente su función censora, asistido por el Superintendente y sus Delegados. Sin embargo, los tiempos parecían haber cambiado, particularmente para la actividad de la Inquisición. La pérdida del favor real, tenuemente

[115] *Apud* Javier ALVARADO PLANAS: *Justicia, libertad y censura..., op. cit.*, p. 30.

[116] Ley XVII, Título XVI, Libro VIII. Puede verse en *Novísima Recopilación..., op. cit.*, tomo IV, p. 130.

manifestada ya con Felipe V, e inequívocamente durante el reinado de Carlos III (1759-1788), fue quizá el elemento determinante al respecto. En una similar dirección regalista, es bien significativo asimismo el intento del Consejo de Castilla de enmudecer al clero, que se iba a mostrar con toda nitidez en el dictamen elaborado por el Fiscal de lo civil, Pedro Rodríguez Campomanes, el 3 de noviembre de 1764 , en relación a una Orden de 22 de marzo de 1763[117]. Aunque el dictamen se ceñía a valorar la supresión del salario hasta ese momento concedido a los censores, Campomanes aprovechó la oportunidad para dejar caer la siguiente y significativa afirmación: "los Censores Regios todos deberían ser seculares, y de todas facultades" a fin de "que promoviesen la Regalia"[118].

El nuevo espíritu del siglo y los rápidos progresos de las luces incidirían igualmente en este cambio. Pero también en lo que se refiere a la visión social de la Inquisición el cambio iba a ser significativo. Cierto es que los sectores sociales más incultos seguían viendo en el Santo Oficio el defensor de la religión, pero no lo es menos que si la mentalidad social era inequívocamente favorable a su mantenimiento hasta el siglo XVII, en el Siglo de las Luces se acusó un cambio significativo por parte de la opinión pública. En 1822, Edward Blaquiere, un observador británico de ascendencia francesa, publicaba un grueso volumen sobre la situación política de España, con numerosas noticias acerca del país, sus costumbres, su literatura, religión... etc. Moreno Alonso se ha hecho eco en uno de sus trabajos de algunas de las cartas de Blaquiere[119], integrantes de su *Historical Review of the Spanish Revolution*. En la carta XIII el británico se pronunciaba acerca de la relación existente entre el Tribunal de la Inquisición y la mentalidad de la sociedad, constatando cómo en los trece años transcurridos entre el reinado de Fernando VI y el de Carlos III parecía como si hubiera transcurrido más de un ciento de años; hasta tal punto había cambiado la mentalidad del pueblo en relación con la Inquisición. Como es evidente, la causa de ese cambio, tal y como ya se ha apuntado, se ha de buscar en los progresos del país, aunque más bien habría que decir de sus minorías instruidas, en el campo de la cultura y de la ilustración, siendo al respecto un hecho bien significativo el establecimiento de las sociedades literarias. No ha faltado incluso quien, como Llorente, el historiador por excelencia de la Inquisición, ha hablado de la humanización del Santo Oficio, entendiendo por la misma una cierta pérdida de su agresividad y crueldad legendarias[120]. A pesar de ciertos excesos, nos dice el mismo

[117] Ley XXIV, Título XVI, Libro VIII. Puede verse en *Novísima Recopilación..., op. cit.*, tomo IV, pp. 136-137. Esta Real Orden, con el rótulo de "Declaración de los libros sujetos a tasa, y extinción del oficio de Corrector general de Imprentas", que entre otras importantes previsiones disponía, que en adelante no se concediera a nadie privilegio exclusivo para imprimir ningún libro, sino al mismo autor que lo haya compuesto, con lo que se pretendía "fomentar y adelantar el comercio de los libros en estos Reynos, de cuya libertad resulta tanto beneficio y utilidad a las Ciencias y a las Artes", con base en lo gravoso y exorbitante del salario señalado hasta aquí a los censores de libros, prescribía que "de hoy en adelante los censores que nombre el Consejo deberán executar su comisión de valde, bastándoles por premio de su trabajo el honor que les resulta de ser nombrados para tan distinguidos ministerios".

[118] *Apud* Esteban CONDE NARANJO: *El Argos de la Monarquía..., op. cit.*, p. 29.

[119] Manuel MORENO ALONSO: "Quince cartas sobre el liberalismo histórico español", en *Revista de Estudios Políticos*, nº 28, Julio/Agosto 1982, pp. 211 y ss.; la carta XIII, en pp. 223-224.

[120] En los veintinueve años de reinado de Carlos III fueron sucesivamente Inquisidores generales D. Manuel Quintano Bonifaz, Arzobispo de Farsalia, D. Felipe Bertrán, Obispo de Salamanca, y D. Agustín Rubín de Ceballos, Obispo de Jaén, los tres –según Llorente– dotados de corazón humano, compasivo y benéfico, lo que contribuyó muchísimo a que fuesen disminuyendo los "autos de fe públicos", de suerte que si comparamos el reinado de Carlos III con el de su padre Felipe V, parece haber intermediado siglos enteros. El progreso de las luces fue rapidísimo en esta parte, y los mismos inquisidores de provincia adoptaron, aun para prender, algunos principios de moderación desconocidos en tiempos de los reyes austriacos. Juan

autor[121], los inquisidores del tiempo de Carlos III y Carlos IV poseyeron las virtudes de benignidad y prudencia en grado heroico, si se comparan con los de Felipe V, e infinito más si se les hace comparación con los de siglos anteriores.

No debe inferirse, sin embargo, de lo que se acaba de exponer, que el Santo Oficio hubiera caído en el ostracismo. Bien al contrario, no sólo seguía infundiendo temor, y el auto de Olavide coadyuvaría en gran medida a acentuar la preocupación, que se proyectaba a todo tipo de personas, sino que continuaba ejerciendo su labor censora con toda diligencia. Los rígidos controles fronterizos y las frecuentes visitas a los libreros, a lo que se habían de añadir las puntuales denuncias de particulares, propiciarían la incautación por el Santo Oficio de numerosas obras supuestamente sospechosas. La pérdida de la terrible imagen del pasado no se tradujo ni mucho menos en el olvido de la "santa" institución. A ello, por supuesto, coadyuvó el hecho de que en la etapa de la Ilustración, como ha constatado La Parra[122], fue molestada la casi totalidad de los personajes más influyentes de la época, si bien, como es lógico, la habitual y difuminada denuncia de filosofismo y jansenismo necesariamente tenía que referirse al sector más culto de la población. La mentalidad de los inquisidores había cambiado muy poco en relación al pasado, y lo que es peor, el procedimiento inquisitorial aún había cambiado menos. De ahí que una de las más insistentes pretensiones de los ilustrados respecto de la Inquisición fuera la de someter la actuación de los inquisidores a las normas del Derecho común. Otras dos ideas del imaginario ilustrado respecto de la institución eran las de mantener los derechos reales frente a las intromisiones del Santo Oficio y defender los derechos usurpados de los Obispos[123]. Entre los críticos de la Inquisición se hallaban los clérigos jansenistas[124] que, formados en la Ilustración, tendrán un notable protagonismo en nuestro primer liberalismo. Recordemos entre ellos a Muñoz Torrero, íntimamente vinculado con la Universidad de Salamanca; a Espiga y a Oliveros, de la Colegiata de San Isidro, un foco, al

Antonio LLORENTE: *Historia crítica de la Inquisición en España,* vol. IV, Madrid, Ediciones Hiperión, 1980, p. 85.

121 Juan Antonio LLORENTE: *Historia crítica..., op. cit.,* vol. IV, p. 92.

122 Emilio LA PARRA LÓPEZ: *El primer liberalismo español y la Iglesia..., op. cit.,* p. 177.

123 *Ibidem,* pp. 179-180.

124 El jansenismo constituye uno de los movimientos espirituales más complejos de la cultura europea de los siglos XVII y XVIII. La multiplicidad de factores que en él intervienen hacen casi imposible, según Herrero, precisar el contenido intelectual del término "jansenista", si bien este movimiento, al igual que los protestantes, se apoya en una concepción de la vida espiritual basada en San Agustín. Javier HERRERO: *Los orígenes del pensamiento reaccionario español, op. cit.,* pp. 71-72. El propio autor recuerda que el conflicto espiritual que iba a dividir a la Iglesia en la segunda mitad del siglo XVII y primera del XVIII se basaba, entre otras causas, en la publicación de dos obras. En Bélgica, el año 1640, aparecía el libro, *Augustinus,* del Obispo de Ypres, Jansenio, obra que pretendía ser una fiel exposición de la doctrina agustiniana. A ese libro se uniría la publicación de otro anterior, aparecido en 1588 en Lisboa, con el título de *De concordia liberii arbitrii cum divinae gratiae donis,* escrito por el Padre Molina, jesuita. Jansenio daba en el *Augustinus* una interpretación de la gracia y de la libertad que hacían del cristianismo una forma de vida espiritual que debía penetrar la totalidad de la persona y reflejarse, consecuentemente, en el conjunto de sus acciones, que llevarán la marca de una intimidad cristiana.

Louis Cognet, resumiendo su estudio del jansenismo, encuentra en él estos dos rasgos esenciales: En primer lugar, la concepción de un cristianismo profundamente exigente que quiere ser vivido sin compromisos ni concesiones; en segundo lugar, una conciencia intensa de los derechos de la persona, y sobre todo del pensamiento personal, frente a los absolutismos de la autoridad (Louis COGNET: *Le jansenisme,* Paris, 1968, pp. 124-125. Cit. por Javier HERRERO: *Ibidem,* p. 74). Innecesario es decir que la obra del jesuita Molina defendería una concepción opuesta de la Iglesia. Jesuitismo y jansenismo mantendrían hasta mediados del siglo XVIII un enfrentamiento implacable, que en último término era la resultante de dos visiones contrapuestas de las grandes cuestiones teológicas.

igual que la anterior institución, del jansenismo, y a Villanueva y Francisco Serra, formados en la Universidad de Valencia.

De la importancia que en toda Europa alcanzará el jansenismo, nos da una idea aproximada el hecho de que el gran literato francés François Mauriac viera en Pascal un jansenista, bien que hijo de Montaigne. Éste, dirá Mauriac[125], fue su verdadero maestro, aunque Jansenio le enseñó a conocer el corazón humano. El jansenismo, con su énfasis en la espiritualización de la vida cristiana, coincidía con la Reforma en señalar una dirección de interiorización y de desasimiento de lo temporal que hubiera supuesto una profunda transformación de las estructuras temporales eclesiales[126]. El triunfo de la Contrarreforma y de la concepción del Papado como un reino temporal, que a la larga tan negativo ha sido para la Iglesia, supuso en último término el fracaso del jansenismo. En nuestro país, el principal foco jansenizante se hallaba en la Universidad de Salamanca, siendo allí el Obispo Beltrán un precursor de este movimiento, acompañándolo el P. Zamora, quien contaba con discípulos tan eminentes como el futuro Obispo Tavira y Almazán y el poeta Meléndez Valdés. El propio Jovellanos anduvo muy cercano al jansenismo. Carlos III apoyó a los jansenistas, y de ello es un buen indicio la expulsión de los jesuitas. Años más tarde, Godoy siguió la política de apoyo a los primeros. Herr recuerda como dato significativo[127], que en 1793 los jansenistas consiguieron publicar un compendio de los escritos de Van Espen, el partidario holandés de la autoridad episcopal dentro de la Iglesia, y el llamado "Catecismo de Nápoles", cuyo uso había sido recomendado por el Sínodo de Pistoia, cuyas ideas encontraron un alto nivel de seguidores en la Universidad de Salamanca. Innecesario es decir que el omnipresente espíritu ultramontano del Santo Oficio siempre mantuvo un enorme recelo hacia los jansenistas, más aún en aquellos años del reinado de Fernando VI en los que la influencia de la Compañía de Jesús sobre la Inquisición fue más que notable, en buena medida por el influjo del confesor del Rey, el ya mencionado jesuita Padre Rávago.

De la arbitrariedad con la que adoptaba sus decisiones el Santo Oficio nos puede dar una idea el hecho de que la célebre obra *La Celestina* (o "tragicomedia de Calixto y Melibea"), publicada en 1499 por Francisco de Rojas, y varias veces denunciada por su carácter inmoral y la procacidad de su estilo, no sufrió durante casi tres siglos más que algunas tachaduras, y en 1793 fue objeto de la total prohibición por la Inquisición[128]. Otro caso de prohibición tardía lo vamos a encontrar algunos años después, en 1801, con la obra de Lope de Vega, *La fianza insatisfecha,* objeto de un edicto de prohibición en marzo de este último año. La ignorancia de los calificadores de la Inquisición, puesta de manifiesto con toda claridad por Jovellanos, incrementaba el riesgo de arbitrariedad. Una muestra de ello la podemos encontrar en la condena que aquéllos hicieron de la obra del escritor británico Daniel Defoe, *La vida y aventuras de Robinson Crusoe,* por contener "proposiciones heréticas contra la Redención y los Misterios", mientras que los mismos entendieron que *Zadig,* de Voltaire, era un cuento insulso y mal escrito cuyas quejas contra

[125] François MAURIAC: "Prólogo", en la obra de Blaise Pascal, *Pensamientos sobre la religión y otros asuntos* (traducción de Eugenio D´Ors), Buenos Aires/Madrid, Editorial Losada, 2003, pp. 11 y ss.; en concreto, p. 24.

[126] Javier HERRERO: *Los orígenes del pensamiento..., op. cit.,* p. 75.

[127] Richard HERR: *España y la Revolución del siglo XVIII,* Madrid, Aguilar de Ediciones, 2ª ed., 1988, p. 339.

[128] Marcelin DEFOURNEAUX: *Inquisición y censura de libros..., op. cit.,* p. 35.

la fatalidad eran similares a las de Job[129]. En 1799, se produce otro episodio esperpéntico, que afecta esta vez a *La Lógica* de Condillac, quizá, como dijera Isaiah Berlin[130], el más representativo de los "French sensationalist philosophes", que también iba a sufrir los rigores inquisitoriales. Como recuerda Sarrailh[131], el golpe partía de Granada. El Inquisidor decano de esa ciudad recibía una carta anónima y una denuncia de cuatro páginas contra este libro "inductivo al materialismo", una de cuyas traducciones al castellano sería llevada a cabo por Valentín de Foronda. Aprobados los términos de la denuncia por dos frailes ante un libro que "respira el materialismo y el fatalismo por principios, y que como tal se opone a los de nuestra religión", el 20 de abril la Inquisición granadina proponía a Madrid la prohibición del libro. Pero el nuevo censor de la capital no encuentra en la ciudad ningún ejemplar de la obra, pidiéndola a Granada, de donde la envían el 28 de mayo al padre calificador. Y a partir de aquí no se sabe en que quedó el asunto.

La prohibición de estas y otras muchas obras españolas o extranjeras traducidas pone de relieve las dificultades casi insuperables con las que se habían de enfrentar nuestros escritores, y ello aun cuando se abstuvieran de entrar en esos dos terrenos que parecían absolutamente vedados: la religión y la política. José Cadalso, en sus *Cartas marruecas,* escritas durante su estancia en Salamanca (mayo 1773-agosto 1774), cuando aún no había cumplido los 33 años de edad, obra en la que, como el propio gaditano afirma al final de su Introducción, trataba "sobre el asunto más delicado que hay en el mundo, cual es la crítica de una nación"[132], dejaba meridianamente claro en la propia Introducción de sus *Cartas* que, *motu propio,* había soslayado esos dos ámbitos temáticos: "Me he animado a publicarlas –escribe Cadalso– por cuanto en ellas no se trata de religión ni de gobierno; pues se observará fácilmente que son pocas las veces que por muy remota conexión se trata algo de estos dos asuntos"[133].

En 1757, antes de que *La Enciclopedia* sea condenada por Roma, la Inquisición española ya había recibido la voz de alerta, dado el impacto que habían tenido los siete volúmenes publicados. En el análisis inquisitorial llevado a cabo en noviembre de ese mismo año de los dos primeros, el "Discurso preliminar" será severamente atacado, lo mismo que algunos de sus artículos (como el artículo "Abus"). Aunque el censor considerará que no puede otorgarse licencia para que esos volúmenes circulen libremente, se matiza que sí se puede dar para tenerse "en librería secreta, donde se pueda despreciar lo abominable y chupar de ella la vasta erudición en todas las materias". El año siguiente, en su análisis de otros dos volúmenes, un censor dominico no descubre en ellos "cosa que se oponga ni a nuestra santa religión ni a las buenas costumbres"[134].

Menos fortuna tendrá Rousseau, que fue prohibido en 1764, mientras, no sin dificultades, José Alonso Ortiz logró ver aprobada por el Santo Oficio en 1793 su traducción de

[129] María-Dolores ALBIAC BLANCO: *Razón y sentimiento. El siglo de las Luces (1692-1800),* (vol. 4º de la *Historia de la literatura española,* dirigida por José-Carlos Mainer), Barcelona, Editorial Crítica, 2011, p. 191.

[130] Isaiah BERLIN: *The Age of Enlightenment* (The Eighteenth-Century Philosophers), Oxford/New York/Toronto/Melbourne, Oxford University Press, 1979, p. 266.

[131] Jean SARRAILH: *La España Ilustrada de la segunda mitad del siglo XVIII, op. cit.,* pp. 300-301.

[132] José CADALSO: *Cartas marruecas. Noches lúgubres,* edición de Joaquín Arce, Madrid, Ediciones Cátedra, 12ª ed., 1989, p. 82.

[133] *Ibidem,* p. 79.

[134] Jean SARRAILH: *La España Ilustrada..., op. cit.,* p. 298.

La riqueza de las naciones de Adam Smith, que vería la luz unos meses más tarde[135]. En 1758, Forney, director de la Academia de Prusia, publicaba en Amsterdam un *Extracto* de los *Principios de derecho natural y de gentes* de Christian Wolff. Ocho años más tarde la obra era prohibida por el Consejo de la Suprema. Entre las ideas consideradas perniciosas por la censura se hallaba justamente la que sostiene que las acciones libres del hombre son moralmente buenas si se someten al fin de la naturaleza, que resulta no ser otro que la conservación de la vida racional[136]. La concepción del hombre en su constitución puramente natural, confiado a la luz de la razón, excluye, según el calificador, el significado de la luz de la fe. No muy alejada de esa argumentación será la aplicada a una traducción francesa publicada en París en 1795 (el *Essai philosophique concernant l´entendement humain*) de la gran obra de Locke. Partiendo el Tribunal de que el autor era hereje, la obra, por principio, había de ser prohibida, no obstante lo cual se iban a analizar sus ideas, considerándose al respecto, que en el pensamiento de Locke las verdades de la fe son inciertas. La única manera de asegurar la verdad de los principios morales, o los principios de la ley natural, es el recurso al razonamiento, o la aplicación del entendimiento. Así, las máximas morales o de la ley natural no se manifiestan espontáneamente a la razón, no se le presentan al hombre y ya está: se precisa, antes bien, su demostración. Quién podrá dudar –se aduce– de que un principio de moralidad como la justicia no es reconocido de forma inmediata por todos los seres humanos; no es la justicia una idea innata. Por lo tanto, los principios morales son principios puramente especulativos, que hacen poco servicio al arreglo práctico de la conducta[137].

Finalizando el siglo XVIII, auspiciado por el Inquisidor general, don Agustín Rubín de Ceballos, se publicará (en 1790) un nuevo Índice inquisitorial. No obstante ser la proporción de obras expurgadas en el siglo XVIII mucho más reducida que en épocas precedentes, lo cierto será que pocos libros sospechosos eludieron el Índice. Los más conocidos tratados filosóficos, históricos y políticos del siglo, como es obvio, figuraban bajo prohibición severa: Locke, Pufendorf, Montesquieu, Condillac, Condorcet, Filangieri... etc. Y en cuanto a las traducciones españolas no corren suerte muy diferente. La prohibición de *La muerte de César* de Voltaire va acompañada de esta nota: "Y se previene que todas las obras de este autor están prohibidas, aun para los que tienen licencia, en cualquier idioma que se hallen"[138]. Por lo demás, la edición de 1790 difería notablemente de la precedente de 1747, siguiéndose el orden alfabético de autores y de obras anónimas, al igual que el Índice de Benedicto XIV; tenía 305 páginas en caracteres de imprenta pequeños, y aún este dato no da una idea fidedigna de su extensión, pues la

[135] Antonio ELORZA: "El temido Árbol de la Libertad", en Jean-René Aymes (ed.), *España y la Revolución Francesa,* Barcelona, Editorial Crítica, 1989, pp. 69 y ss.; en concreto, p. 88.

[136] Enrique ÁLVAREZ CORA: "Iusnaturalismo racionalista y censura del Santo Oficio", en Enrique Gacto Fernández (Editor), *Inquisición y censura. El acoso a la inteligencia en España,* Madrid, Editorial Dykinson, 2006, pp. 233 y ss.; en concreto, pp. 238-239. Adicionalmente, la censura percibe en la argumentación considerada perniciosa esa forma de avanzar, en círculo vicioso, del pensamiento racionalista. Porque la libertad del hombre se legitima en lo moral a través de una armonía con la naturaleza que, tautológicamente, se identifica con la libertad; si se añade, entonces, que el fin de la naturaleza es el mantenimiento de la razón, –de la vida que la mantiene– el conjunto de conceptos, que son la libertad, la naturaleza y la razón, se hacen un bulto, forman una ecuación cuyos miembros admiten la mutua sustitución, la equivalencia.

[137] Enrique ÁLVAREZ CORA: "Iusnaturalismo racionalista y censura del Santo Oficio", *op. cit.,* p. 253.

[138] *Apud* Vicente LLORÉNS: "La Inquisición en sus postrimerías", en la obra recopilatoria de artículos del propio autor, *Literatura, Historia, Política,* Madrid, Ediciones de la Revista de Occidente, 1967, pp. 121 y ss.; en concreto, p. 133.

referencia a autores como Lutero, Calvino, Erasmo, Voltaire y muchos otros cuyas obras estaban prohibidas en su totalidad, no ocupaba más que un renglón. Cierto es que, como recuerda Herr[139], el creciente desprecio hacia el Índice, profesado por el sector ilustrado de la nación, contribuyó de modo eficaz a restringir su autoridad. Es bien significativo al respecto, que cuando el Consejo de Castilla pidió a Jovellanos su parecer sobre una traducción de la *Alzire* de Voltaire, su respuesta fue que si el Consejo lo deseaba podía aprobar la publicación, después de hacer ciertas modificaciones. Ello suponía que el prócer asturiano ignoraba la prohibición global de la obra del filósofo francés.

c) El régimen jurídico de la imprenta durante el reinado de Carlos III. El primer florecimiento de la actividad periodística

I. El acceso al trono de Carlos III (1759) va a suponer algunos cambios en el régimen jurídico de la imprenta, y al margen de ello va a entrañar una pérdida de protagonismo de la Inquisición, con la que el Rey iba a mantener un enfrentamiento frontal que estuvo a punto de derivar en la supresión del Santo Oficio.

La primera norma importante es la Real Orden de 22 de marzo de 1763[140], de la que ya hemos tenido oportunidad de hacernos eco. La innovación posiblemente más relevante es la supresión del empleo de "Corrector general de Imprentas", lo que se justifica por su inutilidad, al margen ya de lo gravoso del cargo, objeto por lo demás de permanentes críticas por parte del gremio de libreros ante la ineficacia de su gestión, de resultas de la cual con frecuencia se autorizaban libros que con posterioridad eran prohibidos por la Inquisición, responsabilidad que también se extendía a los Subdelegados. La norma consideraba asimismo exorbitante el salario señalado a los censores de libros, por lo que, como ya dijimos, preveía la gratuidad en el ejercicio de ese cargo.

Una Cédula del Consejo de Castilla de 8 de junio de 1769[141] modificaba de modo sustancial la anterior organización, al cesar a todos los Subdelegados particulares de Imprentas, mandando a los Presidentes de las Chancillerías, Regentes de las Audiencias y Corregidores que, como Subdelegados natos del Consejo, "entiendan y procedan al cumplimiento de las leyes, autos acordados y providencias del Consejo correspondientes a impresiones de libros". La medida era trascendente porque implicaba una descentralización de la facultad de concesión de licencias para la impresión, que ahora pasaban a ejercer una serie de autoridades territoriales, que a tales efectos se convertían en delegados del Consejo de Castilla. A su vez, por otra Resolución de 29 de noviembre de 1785, bajo el rótulo de "El Juez de Imprentas oiga y administre justicia al que se queje del autor de qualquier impreso"[142], Carlos III, ya hacia el final de su reinado, procedía a ampliar asimismo las atribuciones del Juez de Imprentas, una figura que había surgido como una manifestación específica de la jurisdicción delegada del Monarca a través del Consejo, como las propias Ordenanzas de 1554 daban a entender ya[143], sin que el Consejo renunciase nunca, por ello, a mantener parte de su jurisdicción retenida, en especial su

[139] Richard HERR: *España y la Revolución del siglo XVIII, op. cit.*, p. 171.

[140] Ley XXIV, Título XVI, Libro VIII. Puede verse en *Novísima Recopilación..., op. cit.*, tomo IV, pp. 136-137.

[141] Ley XXVII, Título XVI, Libro VIII. Puede verse en *Novísima Recopilación..., op. cit.*, tomo IV, p. 139.

[142] Ley XXXIV, Título XVI, Libro VIII. Puede verse en *Novísima Recopilación..., op. cit.*, tomo IV, p. 142.

[143] Javier GARCÍA MARTÍN: *El juzgado de imprentas..., op. cit.*, p. 208.

jurisdicción de apelación, y cuyo primer nombramiento del que parece haber existido constancia se remonta al año 1676[144]. Nos ocuparemos de las Resoluciones de 1785 a cuyo través se produjo esa atribución al Juez de Imprentas de ciertas competencias en materia de imprenta más adelante.

Desde 1558 las Universidades de Salamanca, Valladolid y Alcalá de Henares gozaban del privilegio de nombrar, de entre su claustro de profesores, a los censores que autorizasen la edición de tesis doctorales y libros docentes, aunque, como recuerda la doctrina[145], bajo este último concepto acabaron publicando todo tipo de libros. Pero en 1770, a raíz de la publicación por la Universidad de Valladolid de las conclusiones de la tesis del bachiller Miguel Ochoa contra las regalías, el Monarca procedió a establecer censores regios en las Universidades. Ello contrasta con algunas normas del período encaminadas a fortalecer un cierto régimen de censura corporativa especializada. Así, los libros de historia eran dictaminados por la Real Academia de la Historia. Una Real Orden de Carlos III de 29 de agosto de 1778, con el título de "No se permita la impresión de mapas de las fronteras de estos Reynos, sin preceder su censura por la Real Academia de la Historia"[146], disponía que en adelante el Consejo no debía permitir que se imprimiera y publicara mapa alguno en que estén comprendidas las fronteras del Reino, sin que primero sea censurado por la mencionada Real Academia, y sin que el propio Consejo remita al Rey el dictamen de la Academia, a fin de que el Monarca viere si hay o no reparo en la publicación, o si necesita enmienda.

En estos años nos encontramos con algunas normas cuya razón de ser se vincula con el "regalismo" gubernamental. Tal será, de modo muy particular, el caso de la medida contemplada por la Cédula del Consejo de 20 de abril de 1773, cuyo título era "cumplimiento de las leyes sobre limitación de licencias de los Prelados eclesiásticos para impresiones de libros"[147]. Esta norma ordenaba a los Prelados y Ordinarios eclesiásticos que no dieran licencia para la impresión de papeles o libros algunos, que no fueran de los permitidos en la Ley III del Título XVI, Libro VIII de la *Novísima Recopilación,* esto es, en la Pragmática de 7 de septiembre de 1558, y que ya estuviesen impresos. Asimismo, la Cédula les prohibía usar la tradicional fórmula del *imprimatur* cuando daban su aprobación para la publicación de un texto, así como ninguna otra expresión equivalente, "que suene o indique autoridad jurisdiccional, o facultad de dar por sí licencia para la impresión". Dicho de otro modo, se pretendía soslayar cualquier fórmula de la que se pudiese inferir que esas autoridades eclesiásticas disponían de la competencia de autorizar una publicación, puesto que se entendía que esta era una competencia del poder civil. Más aún, en relación a los libros o papeles "que traten de cosas sagradas", si se presentaren antes a los citados prelados u Ordinarios eclesiásticos, éstos podían dar su censura, y con ella acudir el interesado al Consejo de Castilla o al Juez Real que corresponda a fin de que en su vista concedan la licencia de impresión o acuerden lo que convenga. La norma dejaba nítidamente claro que la autoridad civil tenía la potestad decisoria.

En la misma sintonía ha de situarse la Real Cédula de 5 de febrero de 1770. El hecho desencadenante de la misma era la causa formada por el Auditor de Guerra de Madrid

---

[144] *Ibidem,* p. 212.

[145] Javier ALVARADO PLANAS: *Justicia, libertad y censura..., op. cit.,* p. 19.

[146] Ley XXI, Título XVI, Libro VIII. Puede verse en *Novísima Recopilación..., op. cit.,* tomo IV, p. 132.

[147] Ley XXVIII, Título XVI, Libro VIII. Puede verse en *Novísima Recopilación..., op. cit.,* tomo IV, pp. 139-140.

contra un soldado de su jurisdicción, por haberse casado por segunda vez en vida de su primera mujer, demandando ante ese hecho los autos originales el Santo Oficio, alegando pertenecerle privativamente su conocimiento. A la vista del dictamen unánime de los tres Fiscales del Consejo, el Rey decidía a través de esta Cédula la competencia privativa de la causa en cuestión a la jurisdicción Real ordinaria que ejerce el Juzgado de la Auditoría de Guerra, mandando a la par prevenir al Inquisidor general que los Inquisidores "se contengan en el uso de sus facultades, para entender solamente de los delitos de herejía y apostasía, sin infamar con prisiones a mis vasallos, no estando primero manifiestamente probados"[148]. La limitación que esta disposición preveía frente a la jurisdicción del Santo Oficio no dejaba el más mínimo resquicio a la duda acerca de cuál era la actitud del Monarca al respecto.

Es de interés recordar asimismo la Cédula del Consejo de Castilla de 1° de julio de 1784, subsiguiente a una Real Orden de 21 de junio, "prohibitiva de la venta de libros extranjeros sin licencia del Consejo"[149]. La norma se justifica por "el abuso con que se introducen en el Reyno los libros extrangeros sin la precaución correspondiente", lo que se considera la consecuencia de no observarse convenientemente la Ley de 1480 sobre la introducción de los libros extranjeros, hecha por los Reyes Católicos. De ello se han seguido "los inconvenientes y perjuicios que acaban de tocarse en la nueva Enciclopedia metódica impresa en Francia". Para atajar el supuesto desorden, se resuelve que no se vendan libros que vengan del exterior, cualquiera que sea su idioma y la materia tratada. sin que previamente se presente un ejemplar ante el Consejo para que éste, si lo entiende oportuno, dé la licencia para su introducción o venta, quedando hasta tanto retenida la obra en las "Aduanas del Reyno". Esta norma vino a reemplazar un sistema de control represivo, el único existente para la literatura proveniente del extranjero, si se exceptúa el que Domergue denomina[150] *cordon inquisitorial,* por un sistema de control preventivo enteramente en manos del Estado, equiparable al que había existido en tiempos anteriores frente a la impresión. Innecesario es decir que esta Cédula será de gran utilidad tras los sucesos revolucionarios de 1789.

Una Real Resolución de 2 de octubre de 1788, con el rótulo de "Reglas que deben observarse en los papeles periódicos, y escritos cuya impresión corra baxo la inspección del Juez de Imprentas"[151], encargaba a los censores que cuidaran mucho de que en los papeles o escritos no se pusieran "expresiones torpes ni lúbricas, ni tampoco sátiras de ninguna especie, ni aun de materias políticas, ni cosas que desacrediten las personas, los teatros e instrucción nacional, y mucho menos las que sean denigrativas del honor y estimación de Comunidades, o personas de todas clases, estados, dignidades y empleos; absteniéndose de qualesquiera voces o cláusulas que puedan interpretarse, o tener alusión directa contra el Gobierno y sus Magistrados". Como deja meridianamente claro la lectura de la norma, la amplitud del objeto de la censura era enorme. Esta Resolución venía en cierto modo a sumarse a lo dispuesto por un Decreto de 7 de julio de 1767 (y posterior

---

148 Ley X. Título XXVIII, Libro XII. Puede verse en *Novísima Recopilación..., op. cit.,* tomo V, pp. 425-426.

149 Ley XXXI, Título XVI, Libro VIII. Puede verse en *Novísima Recopilación..., op. cit.,* tomo IV, p. 141.

150 Lucienne DOMERGUE: *Censure et lumières dans l'Espagne..., op. cit.,* p. 101.

151 Ley III, Título XVII, Libro VIII. Puede verse en *Novísima Recopilación..., op. cit.,* tomo IV, pp. 150-151. Menéndez Pelayo alude a esta misma ley, pues así se infiere tanto por la fecha que da de la misma como por su contenido, si bien precisa, creemos que erróneamente, que esta norma no estaba incluida en la *Novísima.* Marcelino MENÉNDEZ PELAYO: *Historia de los Heterodoxos..., op. cit.,* tomo II, p. 543.

Cédula del Consejo de 21 de julio)[152] por el que se venía a prohibir la impresión de todo un género o tipo de escritos: los "pronósticos, piscatores, romances de ciegos y coplas de ajusticiados", al considerar que de su edición resultaban impresiones perjudiciales en el público. No ha de extrañar que la doctrina haya llegado a considerar[153], que en el siglo ilustrado, los conceptos de "utilidad" y "buen gusto" hacían que incluso se juzgase para conceder licencia la capacidad de los autores para la tarea que se proponían, si el plan de la obra era el adecuado para su propósito, o su estilo. Y en sintonía con ello, se ha podido sostener[154], que es en el siglo XVIII cuando tiene lugar un incremento mayor del número de disposiciones de control y censura, lo que, cuando menos, pone de manifiesto el interés de los Borbones por asegurar ese control en todo lo referente a la religión, las regalías de la Corona y las buenas costumbres.

Al margen ya de la normativa directa o indirectamente relacionada con la censura, cabe recordar una norma que incidió positivamente sobre la prensa: una Real Orden de 1762 eliminó la tasa obligatoria de impresión, permitiéndose la libre fijación de precios de venta[155]; en el fondo de ello podía subyacer la visión de la prensa periódica como un instrumento idóneo para fomentar el programa de ilustración general que pretendía llevar a cabo el Monarca.

II. Hemos de referirnos para finalizar nuestro examen de la normativa del período, a una Real Orden de Carlos III, dada en Aranjuez el 19 de mayo de 1785, bajo el rótulo de "El examen y licencias para imprimir los papeles periódicos, que no pasen de quatro o seis pliegos impresos, corra a cargo del Juez de Imprentas"[156], norma que ha sido considerada la primera ley de prensa en nuestro país[157]. Su razón de ser tiene que ver justamente con un periódico, *El Censor*, por lo que nos detendremos mínimamente en él a título previo, aprovechando asimismo esta oportunidad para hacer una concisa referencia al pujante periodismo de los años del reinado de Carlos III.

El Censor ha sido considerado como uno de los periódicos más representativos de finales del siglo XVIII, no obstante haberse puesto de relieve que estaba patrocinado por el propio Monarca[158]. En realidad, lo que parece haber sucedido es que el conde de Floridablanca otorgó su apoyo a Luis García del Cañuelo para publicar *El Censor* a partir de 1781, con el extraño remate de una subvención personal acompañada de la prohibición

[152] Ley IV, Título XVIII, Libro VIII. Puede verse en *Novísima Recopilación..., op. cit.,* tomo IV, p. 155.

[153] María Cruz SEOANE COUCEIRO: "Libertad de imprenta: de <vehículo de las luces> a derecho del hombre", *op. cit.,* p. 20.

[154] Javier GARCÍA MARTÍN: *El juzgado de imprentas..., op. cit.,* p. 30.

[155] Manuel TORRES AGUILAR: "Control ideológico, control de prensa e Inquisición a fines del Antiguo Régimen. Algunos casos de censura en el siglo XIX", en Enrique Gacto Fernández (Editor), *Inquisición y Censura. El acoso a la inteligencia en España,* Madrid, Editorial Dykinson, 2006, pp. 301 y ss.; en concreto, p. 302.

[156] Ley IV, Título XVII, Libro VIII. Puede verse en *Novísima Recopilación..., op. cit.,* tomo IV, p. 151.

[157] María Cruz SEOANE COUCEIRO: "Libertad de imprenta: de <vehículo de las luces>...", *op. cit.,* pp. 25-26.

[158] Ignacio FERNÁNDEZ SARASOLA: "La Constitución española de 1812 y su proyección europea e iberoamericana", en *Fundamentos* (Cuadernos monográficos de Teoría del Estado, Derecho público e Historia constitucional), núm. 2/2000, pp. 359 y ss.; en concreto, p. 361.

de escribir, lo que, como bien dice Elorza[159], demuestra el círculo vicioso en que se mueve el reformismo ilustrado de los altos magistrados. Parece bastante claro que Floridablanca, en aquellos momentos un reformista convencido, impulsa, e incluso contribuye a financiar, este periódico con la finalidad de crear en la opinión pública un ambiente favorable a las reformas que el conde pretendía realizar con el impulso y apoyo del Rey. Entre 1781 y 1787, no sin dificultades, *El Censor* llevó a cabo una, para la época, atrevida crítica social. Su editor, el ya mencionado García del Cañuelo, un abogado madrileño, con ocasión de la aparición del medio, había declarado con denuedo: "Todo lo que se aparta un poco de la razón me lastima", prometiendo criticar, de acuerdo con la razón, todo lo que viera "siempre que no me lo prohibiese la decencia, la Religión o la política"[160].

Se ha destacado[161] que *El Censor* se propuso un nuevo tipo de relación con el público, al que dedican su obra; es obvio que no fue el primer periódico en hacerlo (en 1763, otro medio, *El Amigo del Pueblo,* lo hace ya desde su propio título), pero su apuesta fue la más arriesgada, pues, al reconocer que el verdadero propietario del periódico es el lector que adquiere sus fascículos, los autores de *El Censor* se acogen a la protección del público, considerándola "la más eficaz y apetecible para un escritor". Pero el envite falló de modo estrepitoso. *El Censor* apareció con regularidad tan sólo hasta 1787, con una edición que llegaba a las dieciséis páginas. Ese año se interrumpió definitivamente la publicación. Al año siguiente, Cañuelo compareció ante el Tribunal de la Inquisición para ser juzgado, siendo declarado sospechoso leve de herejía, ordenándosele no escribir nada relativo al dogma o a las opiniones aceptadas en materia de piedad o devoción[162]. El número 65 del diario, que contenía críticas a los jueces, fue recogido por el Consejo de Castilla (al parecer, el editor Cañuelo había presentado para su censura tan sólo un resumen del texto publicado). Tras lo expuesto acerca del apoyo soterrado del Rey y de Floridablanca al periódico, no ha de extrañar que salieran en defensa de *El Censor.* Y de alguna manera, a hacer frente a este tipo de situaciones iba a responder la Real Orden de 19 de mayo de 1785. Con todo, la prohibición de *El Censor* en 1787, seguida del auto de fe en que Cañuelo, su editor, era obligado a abjurar *de levi,* como el proceso a Olavide en 1776, hechos ambos que alcanzaron una gran repercusión en Europa[163], ponían en evidencia, como bien se ha dicho[164], los difusos límites existentes entre reformismo y represión.

---

[159] Antonio ELORZA: "Los límites del reformismo ilustrado"; artículo publicado en la obra del propio autor, *La modernización política en España* (Ensayos de historia del pensamiento político), Madrid, Ediciones Endymion, 1990, pp. 17 y ss.; en concreto, p. 25.

[160] *Apud* Richard HERR: *España y la Revolución..., op. cit.,* p. 152.

[161] Juan Francisco FUENTES y Javier FERNÁNDEZ SEBASTIÁN: *Historia del periodismo español* (Prensa, política y opinión pública en la España contemporánea), Madrid, Editorial Síntesis, 1ª reimpr., 1998, pp. 27-28.

[162] Richard HERR: *España y la Revolución..., op. cit.,* p. 155.

[163] A la difusión europea del proceso de García del Cañuelo coadyuvó enormemente una información publicada el 28 de julio de 1787 por la *Gazzetta universale* de Florencia, en la que, entre otras cosas, se decía que había sido "un processo formatosi contro un disgraziato legale di merito, avvocato e convinto di poca credenza", con la condena final por una sala secreta con una pena "assai grave". *Apud* Antonio ELORZA: "La excepción y la regla: reaccionarios y revolucionarios en torno a 1789"; artículo publicado en la obra del propio autor, *La modernización política en España* (Ensayos de historia del pensamiento político), Madrid, Ediciones Endymion, 1990, pp. 81 y ss.; en concreto, p. 88.

[164] Juan Francisco FUENTES: "Introducción", en *Si no hubiera esclavos no habría tiranos* (Proclamas, artículos y documentos de la Revolución española. 1789-1837), edición a cargo de Juan Francisco Fuentes, Madrid, Ediciones El Museo Universal, 1988, pp. II y ss.; en concreto, p. III.

Es de interés la definición que a los efectos de la Real Orden de 1785 da ésta de los "papeles periódicos": "cualquier escrito que se quiera publicar por pliegos o cuadernos periódicamente", a lo que se añade "que no pasen de cuatro o seis pliegos impresos", lo que suponía un máximo de entre 32 a 48 páginas. La norma disponía que su previo examen y licencia para la impresión corriera a cargo del Ministro del Consejo que ejerciera la judicatura de imprentas y librerías, reservando al Consejo lo perteneciente a libros formales y obras de mayor extensión. El Consejo de Castilla quedaba de esta forma apartado de la censura y examen de los papeles periódicos. A efectos de la misma, el "Ministro Juez de Imprentas" había de nombrar "dos sugetos juiciosos y de conocida literatura" a fin de que, alternativamente, o conforme le parezca, según la materia de que se trate, examinen y censuren los números que se presenten, y con su aprobación conceda dicho Ministro su licencia para que se impriman y publiquen. En fin, el Ministro debía dar a conocer al Rey los nombres de los sujetos elegidos, antes de encargarles el examen de cualquier papel, "para saber si merecen mi Real agrado". Es de interés señalar asimismo, que una vez impresos y publicados con la preceptiva censura y licencia, la Real Orden disponía que "no se embarace su venta sin darme noticia y esperar mi resolución".

Una nueva norma vendrá a incidir sobre el tema, al hilo justamente de otro número de *El Censor* (el nº 79), aunque su regulación no se circunscribirá a los papeles periódicos, sino a cualquier impreso. Se trata de la Real Resolución de 29 de noviembre de 1785, cuyo rótulo es "El Juez de Imprentas oiga y administre justicia al que se queje del autor de qualquier impreso"[165]. La norma venía a establecer las responsabilidades de todo impreso en caso de ofensa a cualquier persona. A tal efecto, se encomendaba al Juez de Imprentas la administración de "la más rigurosa justicia a cualquiera que se quejare del autor de cualquier obra impresa". El Juez debía hacer que se censurase de nuevo el impreso "por personas imparciales, sabias y prudentes", condenando a los autores, en caso de ser justas las quejas, a la retractación pública o a la explicación de sus obras y a la reparación del daño y costas, como también a las demás penas que pudieren corresponder. Es de destacar que la Resolución establecía determinadas garantías procesales, como la citación y audiencia de los mismos autores y la apelación al Consejo. Finalmente, se preveía que, caso de no ser fundadas las quejas, debían sufrir las mismas penas quienes hubieren promovido la queja.

III. En esta etapa que coincide, poco más o menos, con el último decenio del reinado de Carlos III, la publicación de *El Censor* no iba a constituir un hecho aislado, pues al amparo de una cierta tolerancia con este tipo de publicaciones, surgirá un periodismo crítico que permitirá que aquellos sectores de nuestros ilustrados más inquietos formulen sus juicios de reprobación, cuando no cuestionen de modo radical las estructuras tradicionales de la sociedad española. Domergue ha hablado de "le démarrage, la flambée de la presse espagnole"[166] en los años 80, y Elorza[167] ha vinculado esta mayor flexibilidad administrativa con el fomento de las luces impulsado por el Rey, que se traducirá en una agilización y secularización de los procedimientos de censura. Todo ello conducirá a crear un clima de libertad en los años ochenta, que alcanzará sus niveles máximos en el período que media

[165] Ley XXXIV, Título XVI, Libro VIII. Puede verse en *Novísima Recopilación..., op. cit.,* tomo IV, p. 142.
[166] Lucienne DOMERGUE: *Censure et lumières dans l'Espagne..., op. cit.*, p. 149.
[167] Antonio ELORZA: "Los límites del reformismo ilustrado", *op. cit.,* p. 24.

entre 1785 y 1788. En cualquier caso, y como queda ya implícito en lo dicho, este resquicio a la luz que se abre en los últimos años del reinado de Carlos III ha de relativizarse un tanto. Se ha llegado a hablar de una "libertad vigilada"[168], la única realmente con la que podían contar los españoles en aquella época. Cabía la crítica, sí, pero la tolerancia no llegaba al extremo de permitir un cuestionamiento frontal del sistema político vigente. Y por eso mismo León de Arroyal, sobre el que volveremos, deberá mantener sus *Cartas al Conde de Lerena* en la clandestinidad durante más de medio siglo. Y el propio Cabarrús habrá de mantener en la privacidad de su domicilio durante un buen número de años sus famosas *Cartas*. En este marco contextual han de ubicarse las *Reflexiones sobre las formas de gobierno* de Ibáñez de la Rentería, de las que también nos ocuparemos más adelante[169]. Es verdad que tras la desaparición de Carlos III la relativa tolerancia mantenida hasta entonces desaparecerá, empeorando por tanto sensiblemente la situación.

No faltará tampoco junto a ese periodismo crítico otro periodismo culto, cuyo paradigma quizá sea el *Diario de los Literatos de España,* muy anterior a la época que nos ocupa, pues había comenzado a publicarse en 1738, recogiendo fundamentalmente, con una gran erudición, recensiones críticas de las obras literarias que se publicaban en nuestro país. La intencionalidad culta se hallaba asimismo presente en el *Diario Noticioso, Curioso-Erudito y Comercial, Público y Económico,* que hará su aparición en 1758. La doctrina[170] nos proporciona un dato estadístico significativo: el de que algo más de la mitad de los periódicos que vieron la luz en España a lo largo del siglo XVIII (la cifra total no va mucho más allá de los doscientos títulos, la mayoría de muy corta vida) lo hicieron durante el reinado de Carlos III, y algo más de la cuarta parte bajo el reinado de su sucesor, restando apenas un 20 por 100 para el período anterior a 1759. Añadamos finalmente, que el choque con la Revolución no sólo radicalizará el discurso ideológico, sino que desencadenará una reacción sin paliativos uno de cuyos efectos será el cierre en un momento dado de todos los periódicos.

La actividad periodística en España no era ni mucho menos algo novedoso, pues venía desarrollándose ya desde el siglo XVII. Se suele considerar comúnmente a la *Gazeta de Madrid,* que comenzó a publicarse en 1661, como el primer periódico que aparece en España[171], pero, como antes decíamos, será en la segunda mitad del siglo XVIII cuando el periodismo comience a asentarse, preludiando la muy pujante prensa del siglo XIX.

Cierta importancia iba a tener en Valladolid el *Diario Pinciano* (Histórico, Legal, Político y Económico), creado en 1787, siendo su editor un sacerdote ilustrado con el suficiente atrevimiento, como apostilla Herr[172], para criticar de cuando en cuando a la Universidad vallisoletana o elogiar a los "Amigos del País" de la ciudad. El contenido del "Plan" de este diario se ha considerado una perfecta síntesis de lo que se entendía, a

---

[168] Lucienne DOMERGUE: *Censure et lumières..., op. cit.,* p. 193.

[169] Cfr. al respecto, Javier FERNÁNDEZ SEBASTIÁN: "Estudio introductorio: Ibáñez de la Rentería y el pensamiento político de la Ilustración", en la obra *La Ilustración política. Las "Reflexiones sobre las formas de gobierno" de José A. Ibáñez de la Rentería y otros discursos conexos. 1767-1790,* Bilbao, Servicio Editorial, Universidad del País Vasco, 1994, pp. 17 y ss.; en concreto, p. 56.

[170] Juan Francisco FUENTES y Javier FERNÁNDEZ SEBASTIÁN: *Historia del periodismo español, op. cit.,* p. 21.

[171] Carlos BARRERA: "Introducción", en Carlos Barrera (editor), *El periodismo español en su historia,* Barcelona, Editorial Ariel, 2000, pp. 9 y ss.; en concreto, p. 11.

[172] Richard HERR: *España y la Revolución..., op. cit.,* p. 161.

aquellas alturas de siglo, por un periódico de información[173]. Vale la pena transcribir las primeras reflexiones que se hacen en el Plan:

> "Siendo tan notorias las utilidades, que los Papeles Periódicos acarrean a una República bien ordenada, donde se procuran con eficacia los progresos de las Ciencias y de las Artes, es cosa digna de admiración, que en el siglo de la <actividad universal> de España sólo en la Corte haya quien se dedique a escribirlos y publicarlos".

En fin, y sin ánimo de detenernos más en estos medios, no queremos olvidar dos publicaciones cuyo preciso objeto era dar a conocer el progreso de la ciencia en el extranjero: *El Correo literario de Europa,* que se publicó en dos períodos (1780-1781 y 1786-1787) y *El espíritu de los mejores diarios literatos que se publican en Europa,* que en cierto modo sucedió a la anterior (se publicó entre 1787 y 1791), y en el que, como se nos ha recordado por la doctrina[174], podían leer los españoles trabajos de Filangieri, Brissot, Raynal y Franklin, y se podían dar una idea de lo que eran los conceptos franceses de *sensibilité* y *bienfaisance*[175]. Este periódico era el más popular de los publicados por particulares; de ello puede dar una idea el hecho de que en 1788 contaba con 765 suscriptores. El editor de *El espíritu* era un eclesiástico, don Cristóbal Cladera, lo que no debe sorprender si se tiene en cuenta el hecho destacado por Larriba[176] de que en esta época muchos publicistas eclesiásticos se iban a erigir en verdaderos profesionales de la prensa. Conscientes del impacto que sobre las masas podía tener este nuevo medio de expresión que era el periódico, ellos iban a dominar perfectamente los mecanismos. El periódico no dejaba de ser un buen negocio. Como prueba de ello se ofrece el dato de que cuando el 28 de agosto de 1788 Cristóbal Cladera solicitaba al conde de Floridablanca la fusión de este periódico con el *Mercurio histórico español,* unía a su dossier un estado de cuentas de su periódico en el que aparecía un beneficio de no menos de cien mil reales de vellón[177]. En cualquier caso, Floridablanca no aceptaría esa fusión.

Se ha especulado mucho acerca del recelo de la Iglesia ante la aparición y afianzamiento de los periódicos en el siglo XVIII, ya que, como mínimo, podía ver una potencial amenaza en ese pudiente vector de difusión de la información, de la cultura y de las luces. No obstante la ira suscitada entre el clero por algunos periódicos, como sería el caso de

---

[173] Carlos BARRERA: "Introducción", *op. cit.,* p. 14. El "Plan del Diario Pinciano" puede verse en la obra editada por Carlos Barrera, *El periodismo español en su historia, op. cit.,* pp. 45-52. Recordemos que no se trataba en realidad de un diario, en el sentido que hoy se le da al término, pues se publicaba tan sólo una vez por semana, los miércoles. En el "Plan del Diario" se puede leer al efecto: "*Diario* se intitulará este papel Periódico, no porque saldrá todos los días, sino porque comprenderá los sucesos de cada uno de ellos; pues sabido es, que este nombre han usurpado otros Papeles en España y fuera de ella, sin embargo de publicarse semanal, mensual y aun anualmente" (p. 50 de la obra citada).

[174] Richard HERR: *España y la Revolución del siglo XVIII, op. cit.,* pp. 157-158 y 162.

[175] En su escrito al conde de Floridablanca proponiéndole la fusión de los periódicos *Mercurio histórico español* y el *Espíritu de los mejores diarios,* fechado el 28 de agosto de 1788, Cristóbal Cladera exponía: "Que su inclinación a la Literatura le movió el año pasado a publicar dicha obra (el *Espíritu...*) a fin de proporcionar a la Nación la instrucción que se halla esparcida en los diarios literarios de Inglaterra, Francia, Italia, Alemania y demás reinos...". El documento de solicitud puede verse en Carlos BARRENA (editor): *El periodismo español en su historia, op. cit.,* pp. 56-58.

[176] Elisabel LARRIBA: "Le clergé et la presse dans l´Espagne de l´Ancien Régime", en *El Argonauta Español,* numéro 1, 2004, p. 18 del texto al que se accede a través de la siguiente página *web:* http://argonauta.imageson.org/document83.html

[177] *Ibidem,* p. 15.

algunos números de *El Censor,* como aquel de 1786 en el que en uno de sus artículos se afirmaba con toda rotundidad que el error había de ser aniquilado aunque se hallase "entre el mismo Altar y el Sacerdote", pues con ello se hacía "el mayor obsequio a Dios, que siendo la verdad misma por esencia era su mortal enemigo"[178], lo cierto es que la prensa, como regla general, no fue enemiga de la religión. Es verdad que algunos publicistas se esforzaron en denunciar los abusos cometidos por ciertos sectores del clero en nombre de la religión, pero no lo es menos que otros optaron por servirla, contribuyendo a la divulgación de textos religiosos. Tal fue precisamente el caso del *Espíritu de los mejores diarios,* que ofrecía a sus lectores una rúbrica titulada "Diario eclesiástico", por ser la "santa y adorable Religión", como se subrayaba en 1791, un portentoso "escudo contra el libertinaje filosófico que tantos progresos ha hecho y hace en este siglo"[179]. Las mismas autoridades eclesiásticas acudirían en numerosas ocasiones a la prensa para ampliar la difusión de sus exhortaciones.

El año 1788 marcará en cualquier caso un sensible retroceso en la situación de libertad a que acabamos de aludir. Quizá era un preludio de la explosión que iba a acontecer en Francia y del subsiguiente endurecimiento entre nosotros de las medidas de control administrativo de todo tipo de publicaciones, incluyendo por supuesto las publicaciones periódicas, que muy posiblemente serán las más perjudicadas[180]. Esta marcha atrás también era indiciaria de que la audacia demostrada por nuestros reformistas había atemorizado al poder

d) El frontal enfrentamiento de Carlos III con la Inquisición

La muerte de Fernando VI sin descendencia daba el trono de España a su hermano Carlos, hasta ese momento Rey de Nápoles. En su reino napolitano ya Carlos, con la colaboración de su Ministro Tanucci, había adoptado diversas medidas con el ánimo de delimitar las interferencias de la jurisdicción inquisitorial sobre el poder civil. La salvaguarda del principio "regalista" era básica para el Monarca.

A los pocos años de su reinado en España Carlos III se iba a ver envuelto en un notable pleito con el Papado, que puso de relieve la fragilidad del reciente Concordato de 1753 y que estuvo a punto de suponer la disolución de la Inquisición. La crisis vino propiciada por la prohibición de la *Exposition de la doctrine chrètienne* del Padre francés Mésenguy, doctor por la Sorbona y uno de los apelantes contra la constitución *Unigenitus.* La obra había sido publicada en París en 1748 y condenada en 1757 por la Congregación Romana del Índice, pero al traducirse al italiano había sido expurgada de los pasajes que habían motivado su condena, volviéndose a imprimir, entre otras ciudades, en Nápoles donde el Rey (el futuro Carlos III) le había concedido la licencia necesaria. Una nueva denuncia a la Congregación del Índice al hilo del examen de la versión italiana, desencadenó de nuevo su prohibición en 1761. El breve pontificio de prohibición fue enviado por intermedio

[178] *Apud* Elisabel LARRIBA: "Mejor que el púlpito: la prensa, el Padre Traggia y *El Vencedor católico* (1809-1810)", en *El Argonauta Español,* numéro 9, 2012, p. 2 del texto al que se accede a través de la siguiente página *web*: http://argonauta. imageson.org/document167.html

[179] *Apud* Elisabel LARRIBA: "Mejor que el púlpito...", *op. cit.,* p. 2.

[180] "Cette sourdine précoce, –escribe Domergue– qui bientôt sera muée en point d´orgue, touchait notamment la presse periodique, en qui l´aile marchante (et marchande) avait placé beaucoup d´espoirs". Lucienne DOMERGUE: *Censure et lumières..., op. cit.,* p. 195.

del Nuncio apostólico a nuestro Inquisidor general, Quintano Bonifaz, quien, no obstante la prohibición del Rey, el 8 de agosto de 1761, de que se publicase cosa alguna sin su consentimiento, procedió a publicar la condena de Roma, lo que suscitó la indignación del Monarca.

El Rey ordenó suspender la publicación del breve y retirar los ejemplares ya distribuidos, frente a lo que el Inquisidor general, de modo intolerable, respondió que si bien la Inquisición española era independiente de la Congregación romana en sus censuras, hacía necesariamente suyas las condenas que emanaban directamente de la autoridad pontificia. Quintano Bonifaz se negaba de esta forma a la suspensión del breve, ya que "se seguirá un gravísimo escándalo, de una providencia tan irregular como contraria al honor del Santo Oficio y a la obediencia debida a la cabeza suprema de la Iglesia, y más en materia que toca a dogma de doctrina christiana"[181]. El Rey, con toda razón, se indignó ante tal actitud, y dos días después desterraba al monasterio benedictino de Sopetrán al Inquisidor general. No tardó Quintano Bonifaz en solicitar el perdón del Soberano, quien le concedió su perdón, permitiéndole asimismo volver a su empleo, no sin llamarle antes al orden, al igual que al resto del Consejo Supremo de la Inquisición, sobre el que el Nuncio arrojó toda la culpa de lo sucedido. Para Menéndez Pelayo, quien cree que tan rastreros como su jefe estuvieron los demás inquisidores, desde aquel día murió, desautorizado moralmente, el Santo Oficio[182]. Esta apreciación es claramente exagerada, pero de lo que no cabe duda es de que el asunto del catecismo de Mésenguy no sólo hizo morder el polvo, por utilizar la expresión de Domergue[183], al Santo Oficio, sino que el mismo supuso un cambio en su existencia.

No considerando suficientes las decisiones adoptadas, el Rey pidió al Consejo de Castilla que estudiara el modo de evitar incidentes semejantes. Tras escuchar sus sugerencias, Carlos III promulgaba la llamada Pragmática del *Exequatur*, de 18 de enero de 1762, por la que se prohibía en España la publicación de bulas, breves o cartas papales que no hubieren sido sometidas por el Nuncio, con carácter previo, al Rey, o que no hubieren sido aprobadas por el Consejo de Castilla. En lo referente a las condenas de libros provenientes de Roma, con independencia de que emanaran o no del Pontífice, sólo podían tener vigencia en España después de examinada la obra por la Inquisición española que, llegado el caso, declararía la prohibición por su propia autoridad, sin insertar en ella el texto de la bula pontificia. Cierto es que, como recuerda Sarrailh[184], a consecuencia de varias intrigas, el Rey acabó por suspender la aplicación del *Exequatur* un año y medio después de su promulgación[185], lo que no impide que pueda detectarse en estos acontecimientos una clara victoria monárquica.

El reseñado incidente, aunque el de mayor gravedad, no fue desde luego el único que enfrentó a Carlos III con el Papado. Al menos otros dos episodios de colisión se produjeron. Uno de ellos fue la condena del Obispo de Cuenca, Carvajal y Lancaster. El prelado,

[181] *Apud* Marcelin DEFOURNEAUX: *Inquisición y censura de libros..., op. cit.*, p. 80.

[182] Marcelino MENÉNDEZ PELAYO: *Historia de los Heterodoxos Españoles, op. cit.*, tomo II, pp. 430-431.

[183] Lucienne DOMERGUE: *Censure et lumières dans l'Espagne de Charles III, op. cit.*, p. 83.

[184] Jean SARRAILH: *La España Ilustrada..., op. cit.*, p. 589.

[185] Según don Marcelino, el *Exequatur* vino a ser una nube de verano y se deshizo pronto. La razón de ello, según el insigne polígrafo, fue la alarma en la conciencia de Carlos III, por los escrúpulos de su confesor el P. Eleta. Con ello, el Ministro Wall, artífice del *Exequatur*, se sintió desairado y dimitió del cargo. Marcelino MENÉNDEZ PELAYO: *Historia de los Heterodoxos..., op. cit.*, tomo II, p. 431.

algunos días después de los desórdenes acaecidos en su ciudad, en estrecha relación con el motín de Esquilache, escribió al confesor del Rey "que España corría a su ruina, que ya no corría, sino que volaba, y que ya estaba perdida sin remedio humano", visualizando la causa de la perdición del país en la persecución de la Iglesia, "saqueada en sus bienes, ultrajada en sus ministros y atropellada en su inmunidad"[186]. El Rey, que lógicamente hubo de tener conocimiento de la carta, pidió explicaciones al Obispo, encomendando el asunto a dos fiscales del Consejo, Campomanes y Moñino, quienes fácilmente pudieron refutar los argumentos del prelado, quien se vio obligado a comparecer (en junio de 1768) ante el Consejo, siendo severamente amonestado, lo que sucedía poco tiempo después de la expulsión de los jesuitas, y venía a demostrar la decisión gubernamental de no tolerar críticas injustificadas de ningún sector de la Iglesia.

El tercer incidente es el del asunto del "Monitorio de Parma". Por medio de un Decreto de 16 de enero de 1768, el Infante don Fernando, Duque de Parma, prohibió a sus súbditos llevar sus procesos ante tribunales extranjeros, ordenando a la par que los beneficios eclesiásticos obtenidos en sus estados no se confirieran sino a naturales del país, y que las bulas y breves del Papa se le presentaran para su aprobación. Dos semanas después, la Santa Sede contestaba con un breve en el que se declaraban ilegítimos el gobierno de Parma y algunas de sus resoluciones. Fundándose en la bula *In cena Domini,* el Papa lanzaba el anatema contra quienes las habían ordenado y contra quienes se sometieran a ellas. El Duque de Parma no se intimidó; bien al contrario, expulsó de sus estados a los jesuitas, mientras que los restantes Borbones pedían a Roma la revocación del "Monitorio". En Madrid, Campomanes preparó acerca del asunto un informe, conocido como el "Juicio imparcial", que Menéndez Pelayo criticaría con gran dureza[187]. El "Juicio imparcial" se sometió a un Consejo extraordinario. Tras escuchar el parecer de los cinco prelados integrantes del Consejo, Moñino, con su habilidad acostumbrada, suavizó el texto más radical de su colega Campomanes. Para Sarrailh[188], el "Juicio imparcial" es de capital importancia, ya que encierra todos los argumentos en que se funda el "regalismo", y será el arsenal de donde se sacarán armas en los conflictos sucesivos con la Santa Sede. Y aunque es cierto que el Rey modificó el texto primitivo, movido por un espíritu de moderación y concordia, no lo es menos que aprobó este "Juicio imparcial" en el que con tanta nitidez se afirman los derechos del trono frente a los del altar.

El Decreto de 1767 de extrañamiento de los jesuitas, llevado a cabo con la anuencia de la mayoría de los Obispos españoles, aunque con la oposición del Papa Clemente XIII, norma que tuvo su continuidad seis años después en la disolución de la Compañía por el papa Clemente XIV, supuso el triunfo rotundo del "regalismo". Poco después de la salida de España de los jesuitas, una Real Cédula de 16 de junio de 1768, bajo el rótulo de "Modo de proceder el Tribunal de la Inquisición para las prohibiciones de libros"[189], venía a precisar y desarrollar lo que ya había sido establecido poco después del *Exequatur*. La norma obligaba a la Inquisición a presentar sus edictos y sus Índices a la supervisión del

[186] *Apud* Jean SARRAILH: *La España Ilustrada..., op. cit.,* p. 589.

[187] "Es obra de taracea, –escribe don Marcelino– almacén de regalías, copiadas tumultuariamente de Febronio, de Van-Spen y de Salgado, sin plan, sin arte y sin estilo, atiborrado en el texto y en las márgenes de copiosas e impertinentísimas alegaciones del *Digesto,* de los concilios y de los expositores para cualquier fruslería". Marcelino MENÉNDEZ PELAYO: *Historia de los Heterodoxos..., op. cit.,* tomo II, p. 449.

[188] Jean SARRAILH: *La España Ilustrada..., op. cit.,* pp. 590-591.

[189] Ley III, Título XVIII, Libro VIII. Puede verse en *Novísima Recopilación..., op. cit.,* tomo IV, pp. 154-155.

poder civil. Y lo que aún importaba más, con el fin de evitar la tan común arbitrariedad en la condena de libros, se dictaban una serie de reglas procedimentales a las que debía atenerse la institución.

Esas reglas eran las siguientes: 1ª) El Tribunal venía obligado a oír a los autores católicos conocidos por sus letras y fama, antes de prohibir sus obras, y no siendo nacionales, o habiendo fallecido, debía nombrar un defensor que fuera persona pública y de conocida ciencia. 2ª) No debía embarazar el curso de los libros, obras o papeles interinamente, esto es, mientras se califican las obras. 3ª) En las obras a expurgar, el Tribunal había de determinar los parajes o folios, a fin de que en lo demás quedara su lectura expedita, pudiendo lo censurado expurgarse por el mismo dueño del libro, advirtiéndose así en el edicto. 4ª) Las prohibiciones del Santo Oficio se habían de dirigir a desarraigar los errores y supersticiones contra el dogma, al buen uso de la Religión y a las opiniones laxas que pervierten la moral cristiana. 5ª) Antes de publicarse el edicto inquisitorial, se había de presentar al Rey la minuta a través del Secretario del Despacho de Gracia y Justicia, o en su ausencia, por el de Estado. Y 6ª) Ningún Breve o despacho de la Corte de Roma tocante a la Inquisición, aunque sea de prohibición de libros, podía ponerse en ejecución sin conocimiento del Rey y sin haber obtenido el pase del Consejo de Castilla, como requisito preliminar e indispensable.

Estas disposiciones, absolutamente novedosas en la historia de la Inquisición, entrañaban un grave embate para la institución, pues lo que suponían en realidad era una intervención de los órganos del gobierno real sobre el procedimiento interno a seguir por el Santo Oficio; no se trataba de normar las relaciones del Santo Oficio con el poder gubernamental, sino de una seria interferencia del último sobre el primero. No es nada extraño por ello mismo que el Inquisidor general, Quintano Bonifaz, procediera a comunicar al Rey sus observaciones y dudas respecto de las mencionadas reglas, proponiendo una interpretación de las mismas que salvaguardara la libertad de acción del Santo Oficio, obteniendo una dura réplica del Consejo de Castilla. Los fiscales o procuradores del Consejo, Campomanes entre ellos, esperaban una oportunidad así para, en su réplica, reafirmar con mayor vigor aún los derechos del poder real en la materia, y como dice Defourneaux[190], para someter a un proceso en regla a la Inquisición. Y así, en respuesta al Inquisidor, redactaron un amplísimo Informe, aprobado por el Consejo en pleno (del que, no lo olvidemos, formaban parte varios prelados) el 28 de febrero de 1769, con el título de "Consulta del Consejo y resolución de Su Majestad a súplica del Inquisidor general sobre las reglas dadas por S. M. para la expurgación y prohibición de los libros". En el Informe los fiscales ponían de relieve todos los abusos de poder de que, a sus ojos y a los del Consejo, se había hecho culpable la Inquisición a lo largo de su existencia, declarando que querían reducirla a los justos límites de su constitución, que hacía de ella una emanación de la autoridad monárquica. Ello tenía notable relevancia, pues significaba la reconducción del Santo Oficio al rol de mero instrumento de la Corona. En tal sentido, se podía leer en el Informe lo que sigue:

> "El Rey, como patrono fundador y dotador de la Inquisición (como lo demuestra la Instrucción de los Reyes Católicos fechada en 9 de enero de 1485), tiene sobre ella los derechos inherentes a todo patronato regio; como Príncipe liberal que

---

[190] Marcelin DEFOURNEAUX: *Inquisición y censura de libros..., op. cit.*, p. 83.

enriqueció la Inquisición con el ejercicio de la jurisdicción real, compete a S. M. la preeminencia y autoridad inabdicable de velar en el uso de la misma jurisdicción, aclararla y dirigirla, reformar sus excesos, coartarla y aun quitarla, si lo pidiere la necesidad de la utilidad pública".

Muy poco tiempo antes de la Cédula de 1768, en realidad apenas un mes y medio antes, Floridablanca y Campomanes, el 3 de mayo de 1768, suscribían un famoso Informe en el que, en relación a la Inquisición, afirmaban: "El abuso de las prohibiciones de libros ordenadas por el Santo Oficio es una de las fuentes de la ignorancia que reina en gran parte de la nación". Ello era un significativo indicio del desprestigio en que había caído la Inquisición en la segunda mitad del siglo XVIII. Como señala Escudero[191], a estas alturas del Setecientos, la Inquisición era fundamentalmente un tribunal de censura de libros que compartía sus tareas, en un plano subordinado, con el Consejo de Castilla. Controlada por el poder regio tras los acontecimientos reseñados, no planteó al Monarca problemas especiales, lo que puede muy bien explicar, de ser cierta, la evasiva respuesta atribuida a Carlos III ante las demandas de suprimirla, como su hijo había hecho en el Reino de las Dos Sicilias: "Los españoles la quieren, y a mí no me molesta". Incluso el conde de Aranda, presidente del Consejo de Castilla, enemigo notorio del ultramontanismo, de quien se dice que tenía la intención de abolir la Inquisición tras la expulsión de los jesuitas, no lográndolo porque Voltaire, con quien tenía una gran relación, no le guardó el secreto, o porque se lo impidieron las intrigas llevadas a cabo por la propia Inquisición cerca del propio Rey, no estimaría conveniente en aquel momento la supresión del instituto, pues en la opinión del pueblo la existencia de la religión dependía del Santo Oficio[192]. En todo caso, a fines del siglo XVIII el Santo Oficio, en el mejor de los casos, era una institución envejecida[193].

En 1787, en su Instrucción a la Junta de Estado, órgano de gobierno creado por Carlos III, el Ministro de Estado, el conde de Floridablanca, insistía en la necesidad de mejorar la selección de los calificadores, cuyo cometido era esencial, pues cada tribunal tenía su propio equipo de calificadores nombrados por el Inquisidor general entre quienes aspiraban a tal cargo, siempre un número muy elevado pese a no tratarse de un cargo remunerado, porque –argumentaba Floridablanca– "de estos ministros y de su dictamen depende en la mayor parte la conducta de los Tribunales de la Inquisición (...) Muchos de ellos no tienen toda la doctrina que se requiere para tan importantes y graves cargos, y es preciso arreglar este punto"[194]. Diez años después todavía no se había arreglado la situación como pondría de relieve Jovellanos en su "Representación a Carlos IV sobre el Tribunal de la Inquisición", en la que nos detendremos en un momento ulterior.

Las consideraciones críticas hacia la institución no cesarían en estos años. El 29 de abril de 1779, el Secretario de Estado y del Despacho de Gracia y Justicia, Manuel de Roda, escribía al nuevo Inquisidor general, Felipe Beltrán, insistiéndole en la arbitrariedad con

---

[191] José Antonio ESCUDERO: *Estudios sobre la Inquisición, op. cit.*, pp. 362-363.

[192] Richard HERR: *España y la Revolución..., op. cit.*, p. 24.

[193] "A fines de siglo, –escribe Dérozier– el Santo Oficio es una institución envejecida: las hogueras, los autos de fe, los calabozos, que su solo nombre evoca, han desaparecido prácticamente. El espíritu sopla desde otros sitios, especialmente desde Inglaterra y Francia. Estas dos naciones, la última sobre todo, contribuyen a la obra de secularización de la vida política del país". Albert DÉROZIER (Selección y prólogo): *Escritores políticos españoles. 1780-1854,* Madrid, Ediciones Turner, 1975, p. 21.

[194] *Apud* Marcelin DEFOURNEAUX: *Inquisición y censura de libros..., op. cit.*, p. 59.

que se habían calificado muchos libros y más en concreto los contenidos en el Catálogo de 1747, por lo que proponía la realización de otro Índice con criterios más abiertos, opinión con la que, según la doctrina[195], coincidían otros ministros, que consideraban que era el momento adecuado de hacerlo, entre otras razones, por entender que Felipe Beltrán, como hombre ilustrado y abierto, era la persona idónea para hacerlo. Beltrán iba a fallecer poco tiempo después, ocupando el cargo de Inquisidor general Rubín de Ceballos, de talante mucho más conservador. Se frustraba así la elaboración de un nuevo Índice con criterios más aperturistas.

En diciembre de 1788, con la muerte de Carlos III feneció también el clima de confianza en un proceso aperturista formal que el propio Rey había fomentado. El reinado de Carlos IV se iba a inaugurar bajo los más negros presagios, premonitorios de que el monstruo parecía despertar de su letargo. El 28 de febrero de 1789 el Inquisidor general publicaba un decreto haciendo saber:

> "Que habiendo visto y leido con la más profunda meditación muchos y varios Papeles anónimos, que se han impreso, en cuyas expresiones se descubria un lenguaje libertino, que con pretexto de instruir al Público, se ocultaba la idea de corromper las costumbres, esforzar la arrogancia, debilitar el respeto á las Superiores Potestades, destruir la piedad religiosa, y de avalorar los perniciosos escritos de los enemigos declarados de los Sagrados Dogmas"[196], prohibía veintidós discursos y parte de otro de *El Censor*, dos números del *Correo de Madrid* y dos del *Diario de Madrid*.

En cualquier caso, de los diversos conatos de supresión del Santo Oficio que a lo largo de su historia pueden constatarse (Llorente menciona entre 1506 y 1813 un total de diez, seis de ellos en el siglo XVIII), el propio autor destaca que el mayor número de ocasiones en que la institución estuvo a punto de ser suprimida se produjo en el reinado de Carlos IV (en los años 1794, 1797, 1798 y 1799)[197].

e) Los últimos coletazos del monstruo inquisitorial: el proceso de Pablo de Olavide

La Inquisición, ha escrito Seoane[198], era en la segunda mitad del siglo XVIII como un gran monstruo moribundo que, excepto por algún coletazo que recordaba su terrible antiguo poder, a nadie atemorizaba. Sin embargo, uno de esos coletazos iba a tener un enorme impacto en España y más allá de nuestras fronteras; nos referimos al proceso y condena de que sería objeto Pablo de Olavide.

Educado en el colegio de los jesuitas de Lima y en la Universidad de San Marcos de la misma ciudad, Olavide ha sido considerado por Defourneaux como el afrancesado

195 José MARTÍNEZ MILLÁN: *La Inquisición española, op. cit.*, p. 176.

196 *Apud* Richard HERR: *España y la Revolución..., op. cit.*, p. 214.

197 Cfr. al respecto, Juan Antonio LLORENTE: *Historia crítica de la Inquisición..., op. cit.*, vol. IV, pp. 117-119.

198 María Cruz SEOANE: *Historia del periodismo en España*, vol. 2 (El siglo XIX), Madrid, Alianza Editorial, 4ª reimpr., 1996, p. 34. Del mismo modo se manifiesta esta autora en, "Libertad de imprenta: de <vehículo de las luces>...", *op. cit.*, p. 43,

por excelencia[199], no sólo porque, en contraste con otros ilustrados como Campomanes, Floridablanca o Jovellanos, la formación del joven criollo será el fruto de su contacto directo con Francia, en donde entre 1757 y 1764, por cuestiones de negocios, pasará largas temporadas, trabando relaciones y haciendo lecturas que perfilarán su verdadero bagaje intelectual, sino también por su pasión por los libros franceses, por su deseo de reunir en su biblioteca todo lo que se publicaba en el país vecino, prolongando de este modo por sus lecturas las enseñanzas que había acumulado durante sus viajes ultrapirenaicos. Su afección por Voltaire, incluso su relación amistosa con él, es bien conocida. De su estancia en Francia se trajo un retrato de Voltaire, que evocaba para él las jornadas más gloriosas de su existencia, aquellas en las que durante ocho días pudo discutir con Voltaire, su anfitrión, de filosofía, de teatro y de teología. Según Defourneaux, su más alta ambición sería, sin duda alguna, parecerle, "ser al menos un Voltaire con dimensión española"[200]. Olavide se forma pues en los moldes franceses, al margen de la tradición española.

El 21 de junio de 1767, Olavide, por expresa indicación del conde de Aranda –que lo envió allí, en frase que se le atribuye, como "salvador de la región"– era nombrado Asistente de Sevilla, o lo que es lo mismo, corregidor o representante de la autoridad real, nombramiento casi coincidente en el tiempo con el de Jovellanos (nombrado el 31 de octubre de ese mismo año Alcalde del Crimen de la Audiencia de Sevilla), cargo al que seguirían los de Intendente de Andalucía y director de las nuevas poblaciones que se iban a crear en Sierra Morena. La Sevilla a la que Carlos III y sus gobernantes enviaban a Olavide para encabezar el movimiento reformista, como escribe Gómez de la Serna[201], no era un campo fácil, sino erizado de estorbos apuntalados en las viejas estructuras de los intereses creados por el Antiguo Régimen y en la pereza mental de una rutina largamente asentada sobre la ciudad. Sin embargo, con su temperamento activista y optimista, Olavide era la persona más idónea para tratar de poner en práctica las ideas ilustradas aprendidas en Francia y combatir duramente en su favor. En sintonía con su afán reformista trató Olavide de fomentar el buen gusto en todos los campos en donde pudo; no sólo en su famosa tertulia, sino alentando las diversiones populares según los mismos criterios que encontraremos después en los escritos de Jovellanos; particular relevancia en la ciudad tendrá su fomento del teatro, al que dio un vigoroso impulso y protegió decidida y personalmente frente a la oposición reaccionaria e incluso en contra del criterio del propio Cabildo[202]. En el decenio en que Jovellanos permaneció en la ciudad andaluza, se libró un duro enfrentamiento entre los nuevos y los viejos tiempos, y es bien conocido que el asturiano no sólo formó parte de la tertulia organizada por Olavide, sino que claramente se alineó junto al limeño en la reforma emprendida por éste en los diversos ámbitos que abarcaba la que entonces se denominaba "economía civil", particularmente en el de la enseñanza y en la reforma de la Administración.

No ha de extrañar tras lo expuesto que pronto la Inquisición local se fijara en Olavide, convirtiéndolo en objetivo preferente de sus envenenados dardos. De hecho, se conoce

---

[199] Marcelin DEFOURNEAUX: *Pablo de Olavide el afrancesado,* Sevilla, Padilla Libros, 1990, p. 9. El libro dedica además un capítulo, el III (en pp. 42-55), en el que el autor aborda específicamente el por qué Olavide puede ser tildado de afrancesado.

[200] *Ibidem,* p. 51.

[201] Gaspar GÓMEZ DE LA SERNA: *Jovellanos, el español perdido,* vol. I, Madrid, Organización Sala Editorial, 1975, p. 64.

[202] *Ibidem,* Vol. I, pp. 68-69.

un expediente, devuelto por el Tribunal Supremo a la Inquisición sevillana, con fecha de 23 de octubre de 1770, sobre veintinueve cajones de libros comprados por Olavide en Francia, con respecto a los cuales la decisión judicial se limitó a decidir benévolamente que otorgaba la oportuna "licencia para llevarlos a su domicilio (el de Olavide), pero encargándole que separe los prohibidos y los tenga en la custodia y recato debidos, sin comunicarlos a nadie"[203]. Además, la Inquisición sevillana llevó a cabo diversas encuestas provocadas por las denuncias contra la vida licenciosa y la impiedad de Olavide, lo que no debe extrañar si se tiene en cuenta que la actuación inquisitorial tenía como telón de fondo las delaciones. Como escribe Elorza, cualquier delación ponía en marcha el mecanismo represivo y, de no contar con aval seguro, el procedimiento acababa siendo muy costoso para el reo, aun cuando no se encontraran pruebas ciertas de su culpabilidad[204].

Se ha dicho[205] que el limeño es la víctima propiciatoria que ofrece el movimiento ilustrado español a la Inquisición, y que el Santo Oficio lo eligió como la figura más representativa de nuestra Ilustración, y que al juzgarle a él quiso en realidad condenar no a una persona, sino a toda una época, a un talante, a un espíritu, a un siglo incluso. Con la condena de Olavide, diríamos por nuestra cuenta, ese monstruoso engendro responsable de la situación cavernaria de España, y de la brutal incultura de nuestro país, quería castigar a las luces, a la cultura, al intelecto, al progreso mental, pues su habitáculo no podía ser otro sino el de la más horrenda barbarie. De ahí que para Defourneaux[206], autor del libro más completo sobre nuestro personaje, el limeño encarne la lucha entre "las dos Españas", que se manifiesta claramente desde el comienzo del reinado de Carlos III. A diferencia de otros reformadores que son puros teóricos, o de gobernantes que, desde la altura del poder, dictan preceptos de orden general, Olavide se halla en contacto permanente con las realidades de la vida española; en ella encuentra a cada paso las resistencias, organizadas o espontáneas, del medio social a la voluntad de reforma que inspira al equipo gubernamental del que él es, en el terreno práctico, el auxiliar celoso. Bien significativo del poder de tales oposiciones es el proceso inquisitorial que pone fin a su brillante carrera. La sentencia lanzada contra él quiere, también, ser ejemplar, y su alcance sobrepasa con mucho a su propia persona. De esta forma, creemos que bien podría decirse que el peruano se nos presenta, por un lado, como el símbolo de la España reformista ilustrada, que bajo el impulso del conde de Aranda había empezado a remontar su atraso secular, mientras que, por otro, aparece como el mártir por excelencia de los prejuicios del fanatismo, que se había despertado para abatir a los innovadores y poner el punto final a toda su obra.

La obra cimera de Olavide es, sin lugar a dudas, la colonización de Sierra Morena; paradójicamente, con ella se iba a fraguar su caída en desgracia. Menéndez Pelayo, muy severo en general con quienes defienden ideas opuestas a las suyas, no se muestra muy

[203] Gaspar GÓMEZ DE LA SERNA: *Jovellanos..., op. cit.,* Vol. I, p. 108. Del recrudecimiento de la Inquisición sevillana provocado por la ofensiva de la reforma ilustrada hay otras muestras. La más brutal es la que ya hemos mencionado: la condena a la hoguera de la llamada "beata ciega", pero no cabe olvidar un Auto de 20 de junio de 1776, que sancionó con el destierro, como hereje, al médico Luis Castellanos. (*Ibidem,* p. 109).

[204] Antonio ELORZA: "La excepción y la regla; reaccionarios y revolucionarios en torno a 1789", artículo recogido en la obra del propio autor, *La modernización política de España* (Ensayos de historia del pensamiento político), Madrid, Ediciones Endymion, 1990, pp. 81 y ss.; en concreto, p. 119.

[205] José Luis ABELLÁN: *Historia crítica del pensamiento español, op. cit.,* tomo III, p. 594.

[206] Marcelin DEFOURNEAUX: *Pablo de Olavide..., op. cit.,* p. 8.

crítico con Olavide, del que reconoce que era "un iluso de filantropía, pero con cierta cándida y buena fe, que a ratos le hace simpático"[207]. El mismo Jovellanos, que en Sevilla compartió tertulia con nuestro personaje, siempre conservó un buen recuerdo de Olavide. El propio Menéndez Pelayo, no sin antes formular su apreciación crítica respecto del limeño ("era medianísimo en todo, de instrucción flaca y superficial, propia no más que para deslumbrar en las tertulias, donde el prestigio de la conversación suple más altas y peregrinas dotes"), admite que el criollo cautivó, arrebató, despertó admiración, simpatía y envidia[208].

En su proyecto de hacer avanzar a España, el Gobierno decidió modernizar las Universidades. En 1769, Olavide recibió la orden de disponer de los edificios que habían ocupado los jesuitas en Sevilla. A tal efecto, redactó un proyecto recomendando la entrega de los mismos a la Universidad de Sevilla, aprovechando la coyuntura para proponer un nuevo plan de estudios universitarios. Su informe iba precedido de una introducción que alababa a Descartes por haber destruido el escolasticismo y reanimado los estudios científicos en Europa. "Esta gran revolución –escribía– se debió a un solo hombre que no hizo otra cosa que abandonar el método aristotélico o escolástico, subrogándole otro geométrico (...). Por nuestra desgracia no ha entrado en las Universidades de España ni un rayo de esta luz"[209]. Es probable que en su plan de reforma universitaria Olavide se inspirara en los diversos planes de estudio elaborados en Francia a raíz de la expulsión de los jesuitas, especialmente en el *Essai d´éducation nationale* de La Chalotais. Como señala su principal biógrafo, apenas puede dudarse que no haya leido tal libro, cuya tendencia antijesuítica respondía a la suya propia, así como a la de sus amigos y protectores, Aranda y Campomanes[210]. Por lo demás, su proyecto de reforma contiene pasajes coincidentes con otros del autor francés, en particular cuando proclama la necesidad de la secularización de la enseñanza, siendo desde este punto de vista Olavide el primero en defender en nuestro país un modelo de enseñanza superior que contempla a ésta como un servicio público.

La idea de las colonias como un medio artificial, pero eficaz, de población y cultivo de unas tierras más o menos desérticas, se vio con agrado en el siglo XVIII. En 1767 Campomanes se decantó de modo favorable a la colonización de Sierra Morena, y a tal efecto se designó con el título de Superintendente a Pablo de Olavide. La primitiva idea de una colonización exclusiva a base de extranjeros se sustituyó en 1768 por un régimen de colonización mixto de españoles y extranjeros, lo que lógicamente planteaba el problema de la asimilación de enclaves humanos extraños, principalmente de origen alemán, en el seno de nuestra sociedad. Como recuerda Palacio Atard[211], se desencadenó así la que Weiss llamó *Der Kampf ums Deutschtum,* "la lucha por la defensa de la lengua y las costumbres germánicas". En esta lucha iban a desempeñar un rol más que notable los capuchinos alemanes destinados como párrocos de los nuevos enclaves de población, y de modo muy especial Fray Romualdo de Friburgo, cuyas concepciones comunitaristas cristianas chocaban frontalmente con los planes del Superintendente y su "sociedad modelo". En este marco contextual han de ubicarse los procesos inquisitoriales contra Olavide.

---

207 Marcelino MENÉNDEZ PELAYO: *Historia de los Heterodoxos..., op. cit.,* tomo II, p. 494.
208 *Ibidem,* pp. 493-494.
209 *Apud* Richard HERR: *España y la Revolución..., op. cit.,* pp. 137-138.
210 Marcelin DEFOURNEAUX: *Pablo de Olavide..., op. cit.,* p. 82.
211 Vicente PALACIO ATARD: *Los españoles de la Ilustración, op. cit.,* p. 157.

En septiembre de 1775 Fray Romualdo delataba ante la Inquisición a Olavide por hereje, ateo y materialista, o a lo menos naturalista y negador de lo sobrenatural, de la revelación, de la Providencia y de los milagros, de la eficacia de la oración y buenas obras, y por asiduo lector de los libros de Voltaire y de Rousseau, con quienes tenía frecuente correspondencia[212]. El Santo Oficio, aprovechando la caída y ausencia de Aranda, impetró la licencia del Rey para procesar a Olavide. Era a la sazón Inquisidor general el antiguo Obispo de Salamanca don Felipe Beltrán, considerado por don Marcelino "varón piadoso y docto, no sin alguna punta de jansenismo, e inclinado, por ende, a la tolerancia con los innovadores". Sin embargo, la realidad es que el fanatismo se impuso a la tolerancia una vez más, no obstante las reiteradas afirmaciones de Olavide acerca de la pureza de su fe, que sus actos posteriores vendrían a corroborar. Acusado de ser "el sabio más peligroso de España", el limeño fue encarcelado en 1776, permaneciendo en prisión los dos años que habían de transcurrir hasta su proceso, que Herr calificó como "el juicio inquisitorial más famoso del siglo"[213]. En el proceso, dirá Llorente, influyó mucho el fanatismo de los frailes y de algunos clérigos preocupados, que reputaban por impío "a cualquiera que no ensalza las máximas que ellos llaman religiosas, pias y devotas; y mucho más a los que atribuyen a interés de clérigos y frailes la eficacia con que inculcan la práctica de ciertas devociones que producen dinero"[214]. Como no podía ser de otro modo, el Santo Oficio iba a condenar a Olavide; excusándole la humillación de un auto público, reduciendo la lectura de la sentencia a un "autillo" (término que, como ya se dijo, popularizó Menéndez Pelayo, pero que acuñó Llorente[215]) a puerta cerrada, al cual se dio, sin embargo, inusitada solemnidad, que tuvo lugar el 24 de noviembre de 1778.

El proceso impactó profundamente a las clases ilustradas de nuestro país, que consideraban fenecida la siniestra institución; el terror volvía a hacer acto de presencia. Y en cuanto a la reacción exterior, el conde de Floridablanca no se engañaba al presagiar que la condena del limeño iba a desencadenar en toda Europa un violento movimiento de opinión contra España. El nombre de Olavide, hasta entonces más o menos desconocido al norte de los Pirineos, comenzó a sonar en toda la Europa de las luces, adquiriendo así ese valor doblemente simbólico al que aludíamos en un momento anterior: de ser símbolo de la España ilustrada y reformista, Olavide pasó a ser un símbolo de las fechorías del famatismo[216]. Entre los países civilizados de Europa, el proceso y condena de Olavide no hizo sino corroborar la idea que de nuestro país se tenía: la de un país atrasado, inculto, fanático y brutal, juicio perfectamente merecido por nuestros propios deméritos.

El otrora Superintendente fue condenado como "hereje, infame y miembro podrido de la Religión" a ocho años de reclusión en un monasterio, pasando a cumplir la condena al monasterio de Sahagún; muy afectado por el duro clima se permitió su traslado al convento de capuchinos de Murcia, de donde pasó primero a Almagro y después a Caldas

212 Marcelino MENÉNDEZ PELAYO: *Historia de los Heterodoxos..., op. cit.*, tomo II, p. 497.

213 Richard HERR: *España y la Revolución del siglo XVIII, op. cit.*, p. 173.

214 Juan Antonio LLORENTE: *Historia crítica de la Inquisición de España,* tomo V, París, Librería de Rosa, 1825, p. 310.

215 "El 24 de noviembre de 1778 –escribe Llorente– se celebró <autillo>, esto es, auto particular de fe dentro de las salas del tribunal de la Inquisición de corte, a puerta cerrada, con asistencia de sesenta personas condecoradas, cuyo nombramiento y convite se hizo por el inquisidor decano don Josef Escalzo, que fue después obispo de Cádiz". Juan Antonio LLORENTE: *Historia crítica de la Inquisición de España,* tomo V, *op. cit.,* p. 310.

216 Marcelin DEFOURNEAUX: *Pablo de Olavide..., op. cit.,* p. 275.

(Gerona) a fin de poder tomar unos baños que le aliviasen la enfermedad de la gota que padecía. De este último lugar pudo huir finalmente a Francia, según Menéndez Pelayo[217], con la connivencia secreta de la Corte. En Francia fue acogido con entusiasmo por los enciclopedistas, siéndole negada a España la extradición y viéndose ayudado, entre otros muchos, por el Obispo de Rhodez, que le dio medios para vivir en Ginebra.

La última etapa de la vida de Olavide viene marcada por la que se ha considerado como su conversión religiosa en el exilio, aunque hemos de albergar serias dudas no acerca de esa supuesta conversión, sino de que no profesara la fe cuando fue condenado. Para la Inquisición, cualquier persona abierta de miras y de pensamiento que no fuera un fanático ya era potencial sospechosa de herejía. En fin, al margen ya de algo tan íntimo a cualquier ser humano, como es la veracidad y profundidad de sus convicciones religiosas, en lo que nadie nunca debiera de entrar a juzgar, lo cierto es que en su exilio francés Olavide iba a publicar una obra celebérrima en su tiempo, *El Evangelio en triunfo o historia de un filósofo desengañado,* que aparecía anónima en Valencia en 1797, publicándose al año siguiente una nueva edición en Madrid. Según Defourneaux[218], la obra estaba estrechamente inspirada en el libro del abate Lamourette, *Les délices de la religion,* aparecido en 1788, constatando su extrañeza acerca del hecho de que esta analogía pasara inadvertida, ya que la obra de Lamourette se había traducido y publicado en nuestra lengua en 1796, unos meses antes de la aparición del *Evangelio en triunfo.* Sea como fuere, la obra de Olavide, muy voluminosa, escrita en forma de cartas según el gusto de la época, tuvo una acogida sin precedentes. Baste con decir que en 1808 aparecía su octava edición, siendo el libro más vendido de esa época[219], reemplazando en ese lugar a la obra de Pedro Montengón[220], un jesuita secularizado que vivía en Italia, el *Eusebio,* una novela en cuatro volúmenes en la que rebosaban las ideas educativas que Rousseau plasmara en el *Émile* (1762). No debe extrañar por otro lado que una novela relacionada con los fines educativos estuviera colocada, hasta la aparición de la obra de Olavide, en la cabecera del ranking de publicaciones de la época, pues como en 1763 escribía La Chalotais, hacia 1760 "parece que en relación con los fines educativos hay en el público de Europa una especie de fermentación"[221]. Los filósofos piden su cuenta a los pedagogos y, al encontrarla mal hecha, vuelven a empezarla , ayudándose para el caso de Montaigne, Fénelon y Locke.

El libro de Olavide, al hacernos ver los horrores de la Revolución y la necesidad de volver a las firmes bases de las instituciones tradicionales, responde a la violenta emotividad de la reacción antirrevolucionaria y a las inquietudes y dudas de los ilustrados vacilantes ante la magnitud de los cambios históricos que sobrevienen al Antiguo Régimen[222]; en el fondo, será una muestra más de la violenta crisis de conciencia que sacude a muchos hombres en el último decenio del siglo y primeros años del XIX, de resultas de

---

[217] Marcelino MENÉNDEZ PELAYO: *Historia de los Heterodoxos..., op. cit.,* tomo II, p. 500.

[218] Marcelin DEFOURNEAUX: *Pablo de Olavide..., op. cit.,* pp. 343-344.

[219] Manuel MORENO ALONSO: *La generación española de 1808,* Madrid, Alianza Editorial, 1989, p. 52.

[220] Richard HERR: *España y la Revolución..., op. cit.,* p. 309.

[221] LA CHALOTAIS: *Essai d'éducation nationale,* 1763, p. 34. Cit. por Paul HAZARD: *El pensamiento europeo en el siglo XVIII,* Madrid, Alianza Editorial, 1ª reimpr. en Alianza Universidad, 1991, p. 171.

[222] Javier HERRERO: *Los orígenes del pensamiento reaccionario español, op. cit.,* p. 136. Para este autor, la obra de Olavide será una mina para los futuros absolutistas: cuando la invasión francesa levante una tempestad pasional violentísima en el pueblo español contra todo lo francés, *El Evangelio en triunfo* servirá para atizar el horror a las ideas liberales.

los acontecimientos revolucionarios. A menudo se ha comparado *El Evangelio en triunfo* al *Génie du christianisme,* de Chateaubriand, aparecido algunos años después.

En mayo de 1798, cuando su libro ya había triunfado, Olavide solicitó oficialmente a Carlos IV autorización para volver a España, que el Rey le concedió, otorgándole incluso una generosa pensión. Retirado en la renacentista y bella ciudad de Baeza, Olavide murió en 1803.

No fue ni mucho menos el proceso a Olavide el único seguido contra la élite intelectual de la época. Aunque no nos ocuparemos ahora de él, sí queremos recordar que en noviembre de 1796 el profesor de la Universidad de Salamanca Ramón de Salas fue condenado inquisitorialmente, sin pruebas suficientes, por el supuesto delito de escribir papeles sediciosos. Los criminales estertores de este animal monstruoso se prolongarían de una u otra forma hasta su definitiva desaparición.

D) La reacción frente a los sucesos revolucionarios: el "cordón sanitario" del conde de Floridablanca

I. El año 1789 marca una línea divisoria en la evolución de nuestra vida política y cultural, pues los progresos experimentados por el mundo de la Ilustración durante el reinado de Carlos III iban ese año a verse frenados en seco. La Revolución proporcionó a quienes se oponían a las luces la ocasión perfecta para ver confirmadas sus peores predicciones. Cierto es que la normalidad pareció presidir las primeras semanas. Recuerda Domergue[223], que en un principio se estableció un intercambio libre, espontáneo, entre los dos países vecinos y aliados que duró todo el verano de 1789. Tras el verano la situación iba a cambiar. El embajador español en París, el conde de Fernán Núñez, el 18 de septiembre, sugería a Floridablanca "una inteligencia reservada" con la Inquisición[224], pues era de temer que prosiguiera la entrada en España de noticias y propaganda sobre los acontecimientos de Francia. De esta forma, el Gobierno y la Inquisición, poco tiempo antes fuertemente enfrentados, como ya se ha visto, iban no sólo a acercar posiciones sino a establecer una estrecha colaboración llamada sobre todo a impedir la entrada de publicaciones revolucionarias y, más ampliamente, de todo tipo de información sobre los acontecimientos del vecino país. La incomunicación, la política de silencio, presidirá la actitud defensiva de los ministros de Carlos IV ante los sucesos de Francia. Se trataba de impedir que los españoles tuvieran conocimiento de las convulsiones políticas francesas, por suponer que la simple noticia acerca de ellas supondría una perturbación para las conciencias. Como escribe Elorza[225], la obediencia propia del súbdito era incompatible con una imagen de inestabilidad política.

El mismo día 18 de septiembre y el 1º de octubre dos Reales Ordenes, fruto del pavor de Floridablanca, daban instrucciones a los oficiales de aduanas en las fronteras y en los

[223] Lucienne DOMERGUE: "Propaganda y contrapropaganda en España durante la Revolución Francesa (1789-1795)", en Jean-René Aymes (ed.), *España y la Revolución Francesa,* Barcelona, Editorial Crítica, 1989, pp. 118 y ss.; en concreto, p. 120.

[224] Gonzalo ANES: "España y la Revolución Francesa", en *Revolución, contrarrevolución e Independencia* (La Revolución Francesa, España y América), (Biblioteca Nacional), Madrid, Ediciones Turner, 1989, pp. 17 y ss.; en concreto, p. 20.

[225] Antonio ELORZA: "El temido Árbol de la Libertad", en Jean-René Aymes (ed.), *España y la Revolución Francesa, op. cit.,* pp. 69 y ss.; en concreto, p. 71.

puertos marítimos para que "todas las estampas, papeles impresos y manuscritos, caxas, abanicos y qualquiera otra cosa alusiva á las ocurrencias de Francia"[226] se retuviesen en las Aduanas y fuesen remitidos por los oficiales de aduanas directamente al Secretario de Estado. Pero ya el 10 de agosto Floridablanca había enviado una circular a las autoridades fronterizas para que obligaran a los extranjeros que quisieren entrar en España con la famosa escarapela tricolor, como es bien sabido una seña de identidad revolucionaria, para que se las quitaran por no ser conforme el uso de las mismas. A la par, Floridablanca, el 21 de septiembre, enviaba al Inquisidor general, Agustín Rubín de Cevallos, un encargo real al Santo Oficio de que recogiese "todo impreso o manuscrito que se esparza, relativo directa o indirectamente contra la subordinación, vasallage, obediencia y reverencia a nro. reverendo monarca y a el vicario de Jesu Christo, por ser semejantes ideas anti-evangelicas". No contento con todo ello, el 2 de noviembre de 1789, el propio Floridablanca, preocupado por los periódicos extranjeros, ordenaba al general Ricardos, del que se ha dicho que en San Sebastián hacía de verdadero portero del reino[227], que interceptara e impidiera de cualquier modo la introducción de impresos capaces de perturbar el orden y la quietud pública[228].

La diligencia del Santo Oficio a la hora de llevar a cabo su labor represora era bien conocida. En menos de dos meses publicaba el Edicto inquisitorial de 13 de diciembre de 1789. En él declaraba que había tenido noticia de haberse esparcido y divulgado en el Reino "varios libros, tratados y papeles que, sin contentarse con la sencilla narración de unos hechos por su naturaleza sediciosos, y del peor ejemplo, parecían formar un código teórico-práctico de independencia a las legítimas potestades". El Santo Oficio había procedido a examinarlos, y de su lectura había resultado reconocer que, "además de estar escritos con un espíritu de puro naturalismo, anticristiano y maliciosamente oscuro y capcioso", manifestaban "ser producciones de una nueva raza de filósofos, hombres de espíritu corrompido". Sus autores, según el Tribunal, "bajo el especioso título de defensores de la libertad", maquinaban "realmente contra ella, destruyendo de esta suerte el orden político y social"[229]. Con la finalidad de que no se propagase esta "epidemia", el Santo Oficio prohibía rotundamente los libros, tratados y papeles impresos y manuscritos que hasta ese momento habían llegado a sus manos, incorporando en el Edicto una relación de 39 títulos.

El volumen de libros incautados sobre los acontecimientos del vecino país llegó a ser más que notable, no obstante lo cual no fue suficiente para que el Inquisidor general se tranquilizara. Era necesario no bajar la guardia, insistiendo en ello ante los tribunales inquisitoriales inferiores. Tal fue la finalidad de una Instrucción de 30 de junio de 1790, en la que exhoraba a evitar no ya sólo la entrada de escritos sino también la propagación

226 *Apud* Richard HERR: *España y la Revolución..., op. cit.*, pp. 200-201.

227 Lucienne DOMERGUE: "Propaganda y contrapropaganda en España...", *op. cit.*, p. 147.

228 Una Real Orden de 6 de agosto de 1790 da una idea adicional del absurdo, ridículo incluso, pavor de nuestros gobernantes hacia los sucesos que acontecían en nuestro vecino país. En esta norma se puede leer lo que sigue: "Con motivo de haberse aprehendido a un francés con un chaleco guarnecido de cuadritos, figurando en su centro un caballo a carrera tendida, con el mote *liberté*, mandó S. M. que por ningún término se permita la introducción de estos chalecos, y de cuantos géneros y efectos contengan pinturas o expresiones relativas a las turbulencias de Francia, ni su exportación a América, ni su uso, en caso de haberse introducido". *Apud* María Cruz SEOANE COUCEIRO: "Libertad de imprenta: de <vehículo de las luces>...", *op. cit.*, pp. 27-28.

229 *Apud* Gonzalo ANES: "España y la Revolución Francesa", *op. cit.*, p. 20.

de proposiciones inductivas a la insurrección, que podían verse favorecidas por el falso reclamo de tratar sobre "la libertad del hombre"[230]. Consecuentemente, se exigía a los tribunales que, si tales conductas se producían, indagaran acerca de la identidad, origen y circunstancias de las personas que vertieran las proposiciones y que remitieran las informaciones recabadas al Consejo para adoptar las oportunas providencias.

En este contexto, un dispar conjunto de circunstancias internas[231] iban a mantener en ascuas al conde de Floridablanca. Desde las postrimerías del reinado de Carlos III una serie de aristócratas y militares, descontentos con Floridablanca, se habían agrupado en torno al conde de Aranda, recientemente retirado del cargo de embajador en París. Además, circulaban por el país sátiras manuscritas que atacaban al jefe del gobierno. Algunos de los responsables fueron detenidos y desterrados de Madrid, pero no se molestó a la alta nobleza, en clara connivencia con los detenidos. El 18 de julio de 1790, en el real palacio de Aranjuez, Floridablanca fue atacado y apuñalado por la espalda al grito de "muera este pícaro" por un francés residente en España, sin que nunca se aclarara el móvil del atentado. Afortunadamente, el conde se repuso de las lesiones, pero el hecho acentuó el temor frente a la revolución, al pensarse que el atacante (que, no obstante la petición de clemencia de Floridablanca, que le honraba sobremanera, iba a ser ajusticiado) había sido un emisario de los "clubs" franceses.

Después de todo lo dicho no ha de extrañar que Floridablanca, en una conversación con el encargado de negocios de la Legación francesa en España, tildara a los diputados franceses de "miserables" con quienes no se podía tratar, expresando a continuación su célebre afirmación de que "si se me dejase llevar de mis propios instintos, pondría un cordón en la frontera como en caso de peste (...) para que no nos comunique el contagio"[232], impidiendo de esta forma la entrada de propaganda revolucionaria. El gobernante murciano había dado vida a su famoso "cordón sanitario". Pero la realidad es que este intento de hacer infranqueable la frontera no tuvo el éxito que se pretendía. Buen ejemplo de ello lo encontramos en el hecho, constatado por Geoffroy de Grandmaison, el gran historiador francés de la época, al que entre nosotros alude Artola[233], de que en los pueblos de La Mancha todos los oficiales de Carabineros poseían periódicos franceses suministrados por los contrabandistas, hecho en verdad curioso. Y lo que aún nos parece más trascendente, antes de finalizar el año 1789 había penetrado en España la *Déclaration des Droits de l'Homme et du Citoyen,* de 26 de agosto[234], lo que da idea de la escasa operatividad de la impermeabilización de la península.

Tampoco resulta en exceso extraño que Floridablanca, que con Carlos III había sido un abanderado del progreso de las luces, en esta última etapa al frente del gobierno, se replantee sus posiciones anteriores sobre el pensamiento ilustrado, mostrándose al respecto mucho más ambivalente. Más aún, hay datos que permiten constatar que ante

---

[230] *Apud* Juan Antonio ALEJANDRE: "La censura de libros y folletos de contenido político en las últimas décadas del siglo XVIII y en las primeras del XIX", en Enrique Gacto Fernández (Editor), *Inquisición y censura. El acoso a la inteligencia en España, op. cit.,* pp. 89 y ss.; en concreto, p. 115.

[231] Cfr. al respecto, Richard HERR: *España y la Revolución..., op. cit.,* p. 205.

[232] *Apud* Richard HERR: *España y la Revolución..., op. cit.,* p. 209.

[233] Miguel ARTOLA: "La difusión de la ideología revolucionaria en los orígenes del liberalismo español", en *Arbor* (Revista del Consejo Superior de Investigaciones Científicas), nº 31, Julio/Agosto 1955, pp. 476 y ss.; en concreto, p. 487.

[234] A ello se refiere Lucienne DOMERGUE, en "Propaganda y contrapropaganda en España...", *op. cit.,* pp. 122-123.

los acontecimientos revolucionarios Floridablanca abdicaba de sus ideas moderadamente reformistas. Ello se refleja, por ejemplo, en la correspondencia que mantiene con el embajador en París. El 27 de julio de 1789 escribía al conde de Fernán Núñez en los siguientes términos:

> "Se dice que este siglo ilustrado ha enseñado a los hombres sus derechos. Pero también les ha robado, además de su felicidad verdadera, la tranquilidad y seguridad de su persona y familia. Aquí no queremos tanta luz ni sus consecuencias: actos insolentes, palabras y escritos en contra de la autoridad legítima"[235].

Estas reflexiones traslucen el progresivo reemplazo del pensamiento ilustrado por el de las fuerzas represivas. Como escribe Elorza[236], la España del Padre Cádiz, el capuchino que juzgaba herético el estudio de la economía, llegó a suplantar casi por entero a la de Jovellanos. Por lo mismo, el propio autor ha hablado del "Guadiana de las Luces"[237], poniendo como prueba de ello la existencia de numerosas obras de pensamiento político que, no obstante encuadrarse en ese período en atención a su escritura, se quedan en el manuscrito por lo menos hasta 1808. Ese será el caso sin ir más lejos de las *Cartas* de Cabarrús de 1795, que no se imprimirán hasta 1808.

II. El año 1791 se va a asistir a la promulgación de las más estrictas normas llamadas a impermeabilizar al país de cualquier influjo revolucionario. En un célebre informe de Floridablanca al Rey se iban a establecer las reglas del famoso "cordón sanitario"; en él puede leerse lo que sigue:

> "El incendio de Francia va creciendo y puede propagarse como la peste, hallando dispuesta la materia en los pueblos de la frontera. El Obispo de Urgel me escribe con temores grandes de los muchos franceses que se introducen por aquella parte, sembrando máximas de libertad que agradan a todos los hombres. De Bilbao y parte de Navarra tengo iguales noticias. La necesidad de formar un cordón contra esta peste estrecha más y más cada día..."[238].

A hacer frente a la grave situación se dirigían una serie de decisiones, como la de concentrar buen número de tropas en las fronteras, con el pretexto de evitar que malhechores franceses pudieran penetrar en nuestro país, pues la mera mención a la Revolución era un tema absolutamente tabú, al margen ya de la adopción de nuevas normas, tras las que subyace claramente la nueva alianza entre el gobierno y la Inquisición. Quizá la más relevante de todas las adoptadas fuera la Resolución de Carlos IV de 24 de febrero de 1791, seguida del Auto del Consejo de 12 de abril, que bajo el rótulo de "Cesen todos los papeles periódicos a excepción del Diario de Madrid"[239], y sobre la base de haberse

---

[235] *Apud* María Cruz SEOANE COUCEIRO: "Libertad de imprenta: de <vehículo de las luces>...", *op. cit.*, p. 27.

[236] Antonio ELORZA: "Nota introductoria", en *Pan y Toros y otros papeles sediciosos de fines del siglo XVIII*, recogidos por Antonio Elorza, Madrid, Editorial Ayuso, 1971, pp. 7 y ss.; en concreto, p. 11.

[237] Antonio ELORZA: "El temido Árbol de la Libertad", *op. cit.*, pp. 87-96.

[238] *Apud* Antonio ELORZA: "La excepción y la regla: reaccionarios y revolucionarios en torno a 1789", *op. cit.*, pp. 113-114.

[239] Ley V, Título XVII, Libro VIII. Puede verse en *Novísima Recopilación...*, *op. cit.*, tomo IV, pp. 151-152.

advertido en los diarios y papeles públicos que salen periódicamente "muchas especies perjudiciales", se disponía el cese de todos, con la única salvedad del *Diario de Madrid,* de pérdidas y hallazgos, "ciñéndose a los hechos, y sin que en él se puedan poner versos, ni otras especies políticas de qualquier clase". Ello supuso el punto final de una prensa floreciente que entre 1789 y 1790 había continuado con el esplendor que había adquirido en los años 1780 bajo la égida de Carlos III. Periódicos tan valiosos como *El Espíritu de los mejores diarios,* en el que habían aparecido las *Cartas* de Valentín de Foronda, o *El Correo de Madrid,* que había publicado unas series de bocetos de las vidas y obras de los filósofos modernos, pasaron a mejor vida. El único al que se le permitió continuar apareciendo, el *Diario de Madrid,* no se distinguía precisamente por la profundidad de sus temas, limitándose a desempeñar un papel utilitario mediante la publicación de una sección de anuncios. La *Gazeta de Madrid* y el *Mercurio de España,* periódicos oficiales, que publicaban noticias de actualidad, continuaron apareciendo, bien que manteniendo un estricto silencio sobre todo lo relacionado con Francia. Así, escribe Herr[240], de un solo golpe, Floridablanca asesinó el floreciente movimiento intelectual que representaban los periódicos fundados en los últimos años del reinado de Carlos III. Ello tenía una enorme trascendencia, pues aunque, dado el enorme porcentaje de analfabetismo de la población, era la palabra hablada el cauce de difusión de la ideología, hasta el periódico pertenecía al campo de la cultural oral[241], por paradójico que pueda parecernos hoy.

Con perfecta sincronización, apenas diez días después de la resolución real, el 6 de marzo de 1791, la Inquisición dictaba un edicto ampliando la lista de periódicos prohibidos, añadiendo tres diarios que habían aparecido tras la desaparición de *El Censor*: *El duende de Madrid,* el *Corresponsal del Censor* y *El Observador.* No quedando saciada su ansia represiva y deseando hacer un escarmiento en la persona de don Bernardo María de Calzada, no obstante ejercer el empleo de teniente coronel en el Regimiento de la Reina y prestar sus servicios en la Secretaría de Guerra, decidió encarcelarlo y condenarlo a abjurar, al considerarlo levemente sospechoso de herejía. La decisión iba acompañada de pérdida del empleo. El "grave delito" cometido por este militar ilustrado consistía en haber traducido y publicado las obras de algunos "filósofos" franceses, entre otras: *La Lógica* de Condillac, *El Hijo natural* de Diderot, el *Alzire* de Voltaire y la *Vida de Federico II,* que enojó particularmente al Santo Oficio, pues no sólo contenía fragmentos de las obras de Voltaire, sino que, además, "descubre el objeto de llevar en triunfo la libertad y tolerancia que llaman religiosa"[242], lo que para este despótico y fanático censor constituía un grave delito y un imperdonable pecado.

Las normas gubernamentales iban a ir reiterándose sucesivamente. Una Real Orden de 9 de diciembre de 1791 disponía de modo específico la prohibición de los dos tomos del *Diario de Física de París,* correspondientes al año 1790[243]. Esta prohibición se justificaba en base a que "no contentos los partidarios de la independencia de todas las Potestades con imprimir papeles incendiarios, hechos expresamente para el fin, siembran también sus ideas y máximas aun en aquellas obras cuyos objetos no tienen conexión alguna con la Religión, la Moral y la Política, cuales son las de Observaciones Físicas, Historia

---

240 Richard HERR: *España y la Revolución..., op. cit.,* p. 217.

241 En tal sentido, Lucienne DOMERGUE: "Propaganda y contrapropaganda en España...", *op. cit.,* p. 149.

242 *Apud* Richard HERR: *España y la Revolución del siglo XVIII, op. cit.,* pp. 217-218.

243 Ley XII, Título XVIII, Libro VIII. Puede verse en *Novísima Recopilación..., op. cit.,* tomo IV, p. 159.

Natural y Artes; con cuyo pretexto declaman a favor de sus máximas y de una Filosofía anti-cristiana". Una Real Orden de 15 de julio de 1792, seguida de una Cédula del Consejo de 22 de agosto, con el rótulo de "Observancia de las anteriores prohibiciones, con nuevas declaraciones para evitar la introducción de libros prohibidos"[244], codificaba las medidas adoptadas precedentemente, sistematizando las condiciones en que debía realizarse el control y, en su caso, requisa de las obras sospechosas. En su punto tercero se hacía una específica alusión a los libros en lengua francesa que llegaran a las aduanas de las fronteras y puertos con destino a Madrid. Innecesario es decir que las obras en esta lengua se presuponían *a priori* revolucionarias, suscitando las mayores sospechas.

La Inquisición, como acaba de decirse, se mostró en estos años como un eficaz aliado del gobierno, no obstante lo cual no dejó de desarrollarse una corriente de hostilidad cada vez más fuerte contra tan temible institución. Recuerda Sarrailh[245], que el Santo Oficio estuvo a punto de ser profundamente modificado, o incluso suprimido, en 1794, cuando Llorente recibió el encargo de escribir su "Discurso sobre el procedimiento del Santo Oficio", aunque es cierto que quien le dio ese encargo fue el propio Inquisidor general, que era el Arzobispo Manuel Abad la Sierra. En diversas oportunidades, en los años inmediatos sucesivos, estuvo a punto de producirse la misma circunstancia.

III. El "cordón sanitario" establecido por Floridablanca no iba a impedir, como ya antes se dijo, la entrada de libros, folletos y publicaciones de todo tipo alusivas a la Revolución. Baste con un significativo ejemplo a añadir a otros ya expuestos. Según Geoffroy de Grandmaison, de quien Artola toma la noticia, en determinados momentos circulaban por Madrid trescientas copias manuscritas de la Constitución francesa de 1791, junto con folletos contra la Corte y el Gobierno españoles[246]. La frontera terrestre con Francia se convertirá pronto en el principal foco de desconcierto: tantos serán los puntos de entrada, tan diversas las coberturas de que se reviste el veneno regicida, que se llegará a una situación de una cierta resignación. En 1792 la situación se revela ya incontrolable; desde Pamplona alerta a Aranda el conde de Calomera, a quien, a su vez, había informado un capitán destacado en la frontera de la entrada de "barias (*sic*) Gacetas impresas en Bayona en idioma español"[247]. Tampoco evitó el "cordón" el cruce de las fronteras por parte de un gran número de agentes revolucionarios que se iban a distribuir por diferentes ciudades, contribuyendo a difundir las reformas que se estaban llevando a cabo en nuestro vecino país. No parece ajeno a ello el notable interés francés en atraer a España a la vía de las reformas emprendida en su país[248]. Buen ejemplo de lo que se acaba de decir lo podríamos encontrar en la extensa proclama *Avis aux espagnols* publicada por Condorcet en 1792, llena de consideraciones filosóficas e históricas, cuyo fin era incitar a los españoles a que adoptasen si no todas las reformas realizadas en Francia, al menos "aquella libertad

---

[244] Ley XIII, Título XVIII, Libro VIII. Puede verse en *Novísima Recopilación..., op. cit.,* tomo IV, pp. 159-161.

[245] Jean SARRAILH: *La España Ilustrada..., op. cit.,* pp. 294-295.

[246] Miguel ARTOLA: "La difusión de la ideología revolucionaria...", *op. cit.,* p. 487.

[247] Esteban CONDE NARANJO: *El Argos de la Monarquía..., op. cit., p. 75.*

[248] Artola se haría eco tiempo atrás de una carta escrita a Floridablanca desde Bilbao por un tal Gaspar de Ugarte y Gallego, fechada el 15 de julio de 1791, en la que le comunicaba sus impresiones de un viaje que había hecho a Burdeos. "Todo el deseo de los franceses –escribía el mencionado Ugarte– es el de atraerse a su loco partido a la España, con preferencia a las demás naciones". Miguel ARTOLA: "La difusión de la ideología revolucionaria en los orígenes del liberalismo español", *op. cit.,* p. 481.

acorde con las actuales opiniones de la nación"[249]. Las críticas e incitaciones a las reformas en nuestro país no eran ni mucho menos nuevas. Según Merimée, todas las censuras que desde el extranjero se hacían a España procedían de las *Lettres persanes* de Montesquieu[250], pero al margen de lo discutible de tal opinión, lo cierto y verdad es que donde más abundaron esas críticas, como no podía ser de otro modo, fue entre los propios españoles, entre los que también encontramos fervientes partidarios de la ideología revolucionaria. Paradigma de estos últimos será el Abate Marchena, aunque junto a él se han de recordar también, entre otros, a José de Hevia, Vicente María Santiváñez y Miguel Rubín de Celis.

El sevillano José Marchena y Ruiz (1768-1821), natural de Utrera, había cursado filosofía moral en los Reales Estudios de San Isidro, verdadera avanzadilla de la renovación pedagógica en la España de Carlos III[251], desde donde pasó a la Facultad de Leyes de la Universidad de Salamanca, en la que tendría como maestros a Meléndez Valdés, que también lo sería de Quintana, y a Ramón de Salas. Sería este último quien lo pondría en contacto con el pensamiento de Rousseau y de Adam Smith. A fines de 1787, Marchena publicó un periódico, *El Observador,* que el Santo Oficio fulminaría en junio de 1790, tras un durísimo informe del censor. En el verano de 1789, poco después de finalizar sus estudios en Salamanca, se significó particularmente al escribir su célebre *Oda a la Revolución Francesa*[252]. Exiliado en Francia en abril de 1792, tomó allí parte activa en la Revolución. En agosto de 1792, Marchena y Miguel Rubín de Celis publicarán en Bayona una *Gaceta de la Libertad y de la Igualdad,* redactada en español y francés, que introducirán clandestinamente en nuestro país. Dos meses después, en octubre, todavía en el vecino país, el abate Marchena iba a publicar una proclama anónima bajo el título de *A la nación española,* que aunque considerada por Artola, no sin cierta razón, un panfleto violento y de exaltados acentos, en el que no razona, sino que señala con virulento tono y exaltada frase las ventajas de la Revolución[253], lo cierto es que también puede contemplarse como la reflexión de una persona apasionada por la libertad que busca convencer a sus compatriotas de las ventajas de un régimen como el revolucionario sustentado en la libertad, aunque en alguna de sus versiones, como sería el caso de *El Terror,* se situara en las antípodas de esa misma libertad. Su tono exaltado podía perfectamente explicarse por su deseo de impactar fuertemente sobre la conciencia política de los españoles. En su proclama el sevillano achaca la pérdida de la libertad a la derrota de los Comuneros en Villalar, en lo que viene a coincidir con el gran poeta Manuel José Quintana, que en 1797 compondría una *Oda* igualmente célebre *a Juan de Padilla*. Marchena será tosco

[249] *Ibidem,* p. 482.

[250] De ello se hace eco José VILA SELMA, en *Ideario de Manuel José Quintana,* Madrid, Consejo Superior de Investigaciones Científicas, 1961, p. 73.

[251] Juan Francisco FUENTES: "Seis españoles en la Revolución Francesa", en Jean-René Aymes (ed.), *España y la Revolución Francesa, op. cit.,* pp. 283 y ss.; en concreto, p. 286.

[252] La *Oda a la Revolución Francesa* puede verse en la obra *Si no hubiera esclavos no habría tiranos,* edición a cargo de Juan Francisco FUENTES, Madrid, Ediciones El Museo Universal, 1988, pp. 2-3. Creemos que vale la pena reproducir los siguientes versos de la *Oda*:

"El fanatismo insano
Agitando sus sierpes ponzoñosas
Vencido clama en vano;
Húndese en las regiones espantosas
Y con él es sumida
La intolerancia atroz aborrecida".

[253] Miguel ARTOLA: "La difusión de la ideología...", *op. cit.,* p. 483.

en su crítica a la situación española, pero ello no le restará clarividencia. Valgan como prueba algunas de sus reflexiones:

> "¿No es ya tiempo –escribe Marchena– de que la nación sacuda el intolerable yugo de la opresión del pensamiento?
>
> ¿No es tiempo de que el gobierno suprima un tribunal de tinieblas que deshonra hasta el despotismo? ¿A qué fin hacer de los hombres unos seres autómatos? Tanto vale mandar a hombres máquinas, como dar cuerda a relojes. El sistema actual de gobierno parece ser el de aligerar el peso que carga sobre los hombros de los españoles, pero el primer paso de toda mejora es destruir la Inquisición por sus fundamentos". Poco más adelante, añade: "Igualdad, humanidad, fraternidad, tolerancia, este es en cuatro palabras el sistema de los filósofos que algunos perversos os hacen mirar como unos monstruos". Y en lo que ahora interesa, podríamos decir que concluye con la siguiente reivindicación: "Un solo medio os queda, españoles, para destruir el despotismo religioso; éste es la convocación de vuestras Cortes"[254].

Marchena se ofreció en Francia a Le Brun para colaborar en su proyecto de instalar en las cercanías de la frontera (Bayona y Perpignan) dos comités cuya misión sería la de introducir en la Península las ideas revolucionarias. A tal efecto, Marchena y el joven diplomático José de Hevia, nacido en Madrid en 1771 e hijo de un fiscal del Consejo de Castilla, que había llegado a París en 1791 en el ejercicio de sus funciones diplomáticas, aunque ya en Madrid había entablado amistad con Marchena, iban a redactar sendas Memorias sobre las ideas que se debían difundir en la Península y los medios más adecuados al respecto. Artola admite[255] que en estas Memorias ha desaparecido el carácter panfletario que él veía en *A la nación española,* ahora sustituido por un frío análisis de la realidad española. A través de sus líneas surge el pensamiento de completar en España la evolución iniciada por el *Aufklärung,* poniendo al país en situación de alcanzar las consecuencias liberales sin pasar por los excesos revolucionarios. Marchena y Hevia ven en las Cortes el único organismo capaz de hacer avanzar a España en el camino de la libertad. De ahí que el primero se reafirme y el segundo coincida en la idea, en que la convocatoria de Cortes es la única solución para España.

En Bayona coincidirá también Marchena con otro amigo, el madrileño Vicente María Santiváñez, que en marzo de 1793 dirigiría a Le Brun sus *Reflexiones imparciales* sobre la situación española, texto que se sitúa en la línea de la ortodoxia revolucionaria, muy alejado por tanto del posibilismo de Hevia y de Marchena[256]. Condenado a principios de 1794 a prisión, Santiváñez se suicidó en julio de ese mismo año.

Un conato conspirador, rápidamente desbaratado, llega incluso a fraguarse en nuestro país. El 3 de febrero de 1795 era descubierta la llamada "conspiración de Picornell", también conocida como "conspiración de San Blas", justamente por haberse descubierto ese mismo día. Su principal promotor era el maestro de escuela mallorquín Juan Bautista Picornell. Su alcance, lograr una revuelta popular justificada por el estado de hambre, ruina y desolación, fruto del mal gobierno de Godoy, era bastante reducido, y acabó con

[254] El texto del famoso panfleto del Abate Marchena puede verse en Antonio ELORZA: *Pan y Toros y otros papeles sediciosos..., op. cit.,* pp. 34-41. De aquí entresacamos el texto transcrito (en pp. 39-40).

[255] Miguel ARTOLA: "La difusión de la ideología revolucionaria...", *op. cit.,* p. 484.

[256] Juan Francisco FUENTES: "Seis españoles en la Revolución Francesa", *op. cit.,* p. 304.

la detención de los conspiradores, no dejando la conspiración casi residuo alguno. En su "Manifiesto al Pueblo", podía leerse lo que sigue:

> "Olvidado el gobierno del fin principal de su instituto que es procurar la felicidad general, solamente se ocupa en destruir y aniquilar a toda prisa el Reino; en eludir y violar las leyes constitucionales para apropiarse prerrogativas absolutas y ejercer un poder tiránico, en envilecer, degradar y privar hasta el uso de la razón a los ciudadanos para que, ignorando sus derechos y obligaciones, puedan ser gobernados como esclavos o, por mejor decir, como bestias..."[257].

Para Elorza[258], la fuente doctrinal de este Manifiesto era el pensamiento ilustrado radical, especialmente Mably, cuya obra sobre los derechos y deberes del ciudadano sonó insistentemente en la propaganda revolucionaria. El objetivo de una monarquía constitucional, al estilo de la establecida en Francia por la Constitución de 1791, parece claramente expresado por Picornell en algunas de sus lecturas a los que después serán sus delatores. Con todo, este conato de conspiración, pues no creemos que se le pueda calificar de otro modo, no ha dejado de suscitar claroscuros, a los que se ha referido Fuentes[259]. Y así, se dice que los conjurados contaban con la complicidad de miembros de la alta aristocracia. El hecho de que salieren con vida, pese a la gravedad de los cargos y de las pruebas aportadas contra ellos, no haría sino acentuar la idea de la implicación en la conspiración de altas personalidades. No toda la doctrina concuerda con esta visión. Artola, tras recordar que fue Tratchewsky quien atribuyó exagerada importancia a la conspiración[260], manifiesta su desacuerdo con el francés, señalando que detrás de la conspiración se hallaban tan sólo unos pocos exaltados.

De una u otra forma, la ideología revolucionaria iba a penetrar en amplios sectores sociales, y no sólo, como podría pensarse, en los círculos más cultos y preparados. Según Elorza[261], una serie de actos aislados muestran una cierta receptividad hacia el proceso revolucionario por parte de los sectores más inesperados de la sociedad hispana. Y ello, no obstante la enorme labor de propaganda contrarrevolucionaria que acompañó a la tarea represora. Tras 1789 se advierte en nuestro país más claramente la lucha por la libertad. Como prueba de ello, Moreno Alonso se hace eco[262] de cómo los cafés sustituyeron a las tertulias de élite, al tiempo que éstas, como la de Ramón Salas en Salamanca o la de Quintana en Madrid, alcanzaban un carácter tan político o más que literario. La Revolución Francesa condujo a la par a una radicalización de las posiciones opuestas ya existentes con anterioridad a la misma[263].

---

[257] Los documentos de la "Conspiración de Picornell" pueden verse en la obra *Si no hubiera esclavos no habría tiranos, op. cit.*, pp. 22 y ss.; el texto transcrito en p. 25.

[258] Antonio ELORZA: "El temido Árbol de la Libertad", *op. cit.*, p. 111.

[259] Juan Francisco FUENTES: "Introducción", en la obra editada por él, *Si no hubiera esclavos..., op. cit.*, pp. II y ss.; en concreto, p. IV:

[260] TRATCHEWSKY: "L´Espagne à l´époque de la Révolution française", en *Revue Historique*, vol. XXXI, 1886, p. 41. Cit. por Miguel ARTOLA: "La difusión de la ideología revolucionaria...", *op. cit.*, p. 489.

[261] Antonio ELORZA: "Nota introductoria", en la obra *Pan y Toros..., op. cit.*, p. 10.

[262] Manuel MORENO ALONSO: *La generación española de 1808, op. cit.*, p. 213.

[263] Según Abellán, por un lado, la Monarquía y los ilustrados moderados que la servían dieron marcha atrás en sus programas de reforma ante el espectáculo de la guillotina y el derramamiento de sangre. Por otro, el pueblo y algunos intelectuales minoritarios se habían empapado de los ideales revolucionarios e iniciado una dinámica imparable, que pondrá las bases para la crisis definitiva del Antiguo Régimen a

En definitiva, los textos comentados, y otros muchos que podrían traerse a colación, alguno tan relevante como *Pan y Toros,* de León de Arroyal, del que nos ocuparemos en otra parte de este trabajo, muestran que, aunque fuera con carácter minoritario, la sociedad española se mostró tan crítica frente a la situación política existente en nuestro país, como permeable al contagio de las ideas revolucionarias, no obstante el férreo cordón sanitario que Floridablanca y su gobierno trataron de establecer, con la consecuencia de que algunas de esas ideas iban a ir anidando entre personas pertenecientes a diversos sectores sociales. Y todo ello no iba a dejar de tener consecuencias. Según Artola[264], hacia fines de 1794 aparecen conformadas las doctrinas constitutivas del pensamiento liberal español.

E) El ascenso de Godoy, los sucesos de Francia y la reacción ante ellos

I. El 28 de febrero de 1792 caía finalmente Floridablanca, caída a la que no parece haber sido ajena la Reina[265]. Le iba a suceder el conde de Aranda, con quien era de esperar que la asfixiante censura se ablandase, no sólo porque no tenía el pánico de su antecesor, sino porque frente al conservadurismo de Floridablanca, Aranda era un hombre mucho más abierto de mente. Flórez Estrada consideraría asimismo que Aranda tenía más luces y más talento que Floridablanca, "a quien la menor luz de libertad asustaba"[266]. De hecho, pronto se advierte una revitalización de la prensa. Aranda posibilitó la entrada de los periódicos franceses y, como muestra significativa de su talante, bien distinto al de Floridablanca, recuerda Herr[267] que salvó al joven Urquijo, traductor de la *Mort de César*, de Voltaire, de los calabozos de la Inquisición. Pero la presencia de Aranda en el Gobierno, desgraciadamente, iba a ser muy fugaz[268]. Desde luego, tal presencia no significó ni mucho menos el fin del "cordón sanitario". Una Real Cédula de 15 de octubre de 1792 disponía que en todas las aduanas hubiera "dos revisores, uno real y otro comisario de la Inquisición", con la misión de interceptar todo escrito sospechoso.

El 15 de noviembre de 1792, Manuel Godoy y Álvarez de Faria (1767-1851), un joven oficial de la Compañía Española de Guardias de Corps, sin experiencia, formación ni servicios relevantes a la monarquía, era ascendido al relevante cargo de Secretario de

partir de 1808, con la caída de Godoy y la abdicación de Carlos IV. José Luis ABELLÁN: *Historia crítica del pensamiento español, op. cit.,* tomo III, p. 474.

[264] Miguel ARTOLA: "La difusión de la ideología revolucionaria...", *op. cit.,* p. 490.

[265] Detrás del cese de Floridablanca, muchos vieron el odio de la Reina hacia el político murciano, quien al parecer la había desairado en vida de Carlos III, y ya con Carlos IV había instigado a éste para que alejase al joven guardia de Corps. Un incidente posterior, que se produjo al poner en duda varias monarquías europeas, España entre ellas, la legitimidad del juramento prestado por Luis XVI de acatar la Constitución de 1791, instando ante ello el Rey francés al español para que declarase públicamente que aprobaba la decisión de Luis XVI, a lo que se oponía Floridablanca, fue el detonante final del cese. Floridablanca volvió a Murcia, pero el conde de Aranda, su sucesor, ordenó su detención y encarcelamiento en la fortaleza de Pamplona, mientras se registraban sus papeles en busca de un pretexto para condenarle por abuso de poder. Richard HERR: *España y la Revolución..., op. cit.,* pp. 219-220.

[266] Álvaro FLÓREZ ESTRADA: *Historia de la Revolución de España,* Madrid, Espasa Calpe/Fundación Dos de Mayo, Nación y Libertad, 2009, pp. 187-188.

[267] Richard HERR: *España y la Revolución..., op. cit.,* p. 290.

[268] Aranda, según relata Flórez Estrada, se opuso fuertemente a una ruptura con Francia; veía el resultado funesto que debía seguirse, pero la firmeza con que sostuvo la causa de la razón, sólo sirvió para que se le desterrase de la corte, "suerte muy común de los que en gobiernos muy corrompidos defienden con calor el partido de la justicia". Álvaro FLÓREZ ESTRADA: *Historia de la Revolución..., op. cit.,* p. 188.

Estado. La causa de tan meteórico ascenso de un petimetre ambicioso e inexperto, sin ningún tipo de formación política ni intelectual, se ha visto siempre en sus relaciones íntimas con la reina María Luisa, –al margen de ello, a nuestro juicio, una persona absolutamente perversa para España– bien que no falten autores que consideran que no existen argumentos sólidos que sustenten esta opinión[269]. Desde luego, Godoy había coincidido con María Luisa y Carlos antes de su acceso al trono, en las tertulias de los Príncipes de Asturias. No cabe duda de que cautivó a los Reyes. Ya el 21 de abril de 1792 Carlos IV lo hizo Grande de España, tras otorgarle el título de duque de la Alcudia.

Los juicios contra tan funesto personaje han sido de una dureza sin par. Desde el de un favorito tan ignorante como inmoral, con que lo califica Flórez Estrada[270], hasta el de un delincuente; Alcalá Galiano, en su trabajo sobre Jovellanos, escribe al respecto: "... no será juicio temerario pensar que Jovellanos veía en el Príncipe de la Paz un delincuente, a quien era necesario castigar, o un enemigo público a quien era justo y conveniente destruir"[271]. No menos ácido será el juicio que formulará Capmany, en su celebrada obra *Centinela contra franceses,* de este siniestro personaje que rigió los destinos de España en momentos tan críticos[272]. Refiriéndose al pensamiento servil, Herrero cree[273] que para tal línea ideológica no hay problemas políticos, sino simplemente personales, y por ciertas razones Godoy es visto incluso por los serviles como un "perverso rufián, monstruo de inaudita iniquidad", considerándole como el causante de todos nuestros males. La imaginación reaccionaria adornará a quien, tras la Paz de Basilea, había entregado a la patria a las fuerzas del ateísmo y del libertinaje, con un carácter de la más negra vileza, con cuanta maldad puede soñar la mente humana iluminada por el odio más violento[274]. Cierto es que el Príncipe de la Paz, incomprensible título que le concedió Carlos IV tras la Paz de Basilea, ha sido hecho responsable de todos los males del país, lo que no deja de ser una absurda trivialización, pero no lo es menos que ningún otro ministro suscitó nunca tanto rechazo, y de tan amplios sectores sociales, como el privado de Carlos IV. Alcalá Galiano lo explica en términos razonables y muy claros:

> "No era el privado de quien hablamos –escribe don Antonio– ni perverso, ni estúpido, como le pintaba y se le figuraba el odio popular, pero fue más aborrecido que otro ministro alguno por lo rápido de su subida al más alto puesto, por el feo origen a que se achacaba su privanza, y más aún por las desgracias ocurridas mientras gobernó, y porque empezaba a haber entre nosotros quienes juzgasen

[269] Emilio DE DIEGO & José SÁNCHEZ-ARCILLA (Dirs.): *Diccionario de la Guerra de la Independencia,* Madrid, Editorial Actas, 2011, tomo I, p. 782.

[270] Álvaro FLÓREZ ESTRADA: *Historia de la Revolución de España, op. cit.,* pp. 188-189.

[271] Antonio ALCALÁ GALIANO: "Jovellanos", en *Obras escogidas de Don Antonio Alcalá Galiano* (II), (Biblioteca de Autores Españoles, tomo LXXXIV), Madrid, Ediciones Atlas, 1953, pp. 427 y ss.; en concreto, p. 430.

[272] Tras considerar a Godoy como "instrumento de nuestra ruina aun antes de ser traidor", escribe Capmany del valido: "Pero, ¿qué podíamos esperar de aquel idiota, aconsejado de su propia ignorancia, que en tres cuartos de hora, medio en pie, medio sentado, con el cigarro en una mano y pellizcando con la otra alguna beldad de su devoción, despachaba la inmensidad de negocios de ambos mundos, unos de palabra a lo oráculo y otros con breves y oscuras resoluciones a lo tirano?". Antonio de CAPMANY: *Centinela contra franceses,* edición, con introducción, notas y apéndices documentales de Françoise Etienvre, London/ Madrid, Tamesis Books Limited/Editorial Castalia, 1988, p. 86.

[273] Javier HERRERO: *Los orígenes del pensamiento reaccionario español, op. cit.,* p. 220.

[274] *Ibidem,* p. 241.

hacedero el poner coto por medio de leyes a las demasías de la autoridad sin descontar la suprema de la monarquía"[275].

El odio a Godoy, a nuestro modo de ver, no era sólo pues, aunque también, fruto de un repudio asentado en una actuación contrapuesta a las convicciones morales del pueblo; era asimismo el rechazo a una nefasta gestión política, resultado en gran parte de la absoluta inexperiencia política del valido, y también de sus particulares veleidades; era, en fin, la resultante de un pensamiento político de estirpe constitucional, próximo al liberalismo, que consideraba que todo titular de un poder público, incluso el Rey, debía ver sometida su actuación a ciertos límites.

En sus *Memorias,* Godoy, de manera insistente, se reivindica como un político empeñado en facilitar la difusión de las luces y contrario, por lo mismo, al régimen de estricto aislamiento intelectual que siguió a la Revolución Francesa. España, afirma Godoy[276], pareció por dos años largos "un claustro de rígida observancia", para apostillar de inmediato, que "tal extremo de desconfianza, con un pueblo como España, me pareció un error, sobre infundado, injusto y peligroso. Fueme empero necesario más espacio del que yo creyera para deshacer las impresiones que en el ánimo de Carlos IV habían obrado los terrores de Floridablanca"[277]. La realidad, sin embargo, fue muy distinta de la que Godoy pretende describir. Ello no obsta a que en un primer momento el duque de la Alcudia siguiera la política fugazmente establecida (por el brevísimo período de ejercicio del cargo) por Aranda. Nuevos periódicos iban a hacer acto de presencia, aunque mostrándose por lo general muy circunspectos en lo que hacía a la información de Francia y abriendo sus columnas a los discursos antirrevolucionarios.

El proceso y ejecución de Luis XVI, el 21 de enero de 1793, del que daba cuenta el día 30 la *Gazeta de Madrid,* y la subsiguiente declaración de guerra a la Convención, no iban a dejar de tener consecuencias sobre la legislación de imprentas. Una Real Orden de 7 de junio de 1793 prohibía "insertar en papel o libro que se imprima, noticias algunas favorables o adversas de las cosas pertenecientes al Reino de Francia". No por ello dejaron de aparecer folletos y libros en los que se daba cuenta de acontecimientos revolucionarios. Ello condujo a que la prohibición fuera reiterada una y otra vez. Y así, se insistía en que el Consejo no autorizara la edición de libros que contuvieran "noticias pertenecientes al estado de la Francia, ni de las nuestras relativas a este Reino, ni menos se inserten en los Diarios o papeles públicos acaecimientos que puedan tener conexión con ellos"[278]. El 28 de julio de 1794 se encargaba de nuevo al Consejo que atendiera "con la mayor vigilancia y escrupulosidad" al cumplimiento de lo establecido.

---

[275] Antonio ALCALÁ GALIANO: "Índole de la Revolución de España en 1808", en *Obras Escogidas de Don Antonio Alcalá Galiano* (II), *op. cit.,* pp. 307 y ss.; en concreto, p. 314,

[276] Manuel GODOY: *Memorias,* edición de Emilio La Parra y Elisabel Larriba, Alicante, Universidad de Alicante, 2008, p. 508.

[277] En un lugar posterior de sus *Memorias,* escribe Godoy: "Cuál fue entonces el poder y la influencia que allegaron los que en todo tiempo, aun en los días más bonancibles, detestaban y cohibían los progresos de las luces, no hay ninguno que lo ignore. Yo tomé sobre mí librar la España del común peligro que corría la Europa, alcancé a libertarla, y uno de mis medios fue mostrar confianza de las luces, reencenderlas, y contar con ellas para salvar la patria. Yo pensé así; no sé que fuesen muchos en Europa los que así pensasen". "Sin mí, –añadirá Godoy unas líneas más adelante– en aquellos días, los castillos y las cárceles civiles y eclesiásticas no habrían bastado para encerrar las personas sospechosas de contagio". Manuel GODOY: *Memorias, op. cit.,* pp. 577-578.

[278] *Apud* Gonzalo ANES: "España y la Revolución Francesa", *op. cit.,* p. 25.

II. El espectáculo de *El Terror* iba a contribuir a desanimar a muchas personas que en un primer momento habían visto con buenos ojos la Revolución, o por lo menos algunos principios de la misma. Un ejemplo de ello lo encontramos en Jovellanos, sin que con ello queramos decir que era una persona afín al proceso revolucionario, aunque no cabe olvidar, y así nos lo recuerda Sarrailh[279], que cuando el ilustre gijonés, en los últimos años de su vida, evoca los comienzos de la Revolución, revela su simpatía por la Asamblea constituyente, y no vacila en acusar al gobierno de Luis XVI de haber provocado, por sus debilidades e incertidumbres, los desórdenes y excesos posteriores. El 24 de mayo de 1794 escribe Jovellanos en su *Diario*:

> "Mi opinión contra el furor de los republicanos franceses es fuertemente explicada; temor de que nada produzca sino empeorar la raza humana, la crueldad erigida en sistema, cohonestada con calor y formas de justicia, convertida contra los defensores de la libertad..."[280].

El 1° de septiembre de 1794 el prócer gijonés anota en su *Diario*: "Correo: anuncian la muerte de Robespierre, uno de los grandes azotes del género humano"[281]. Bien es verdad que lo que nuestro ilustrado por excelencia refuta es la violencia sanguinaria de esos momentos, y a quien considera principal responsable de la misma, pero ello no significa que rechace de plano cuanto se refiere a los principios de la Revolución[282]. Su idea de una reforma gradual del sistema político acorde con los avances propiciados por las Luces en absoluto fue desechada, y en ello coincide con otros relevantes ilustrados, a quienes los acontecimientos de 1789 les hacen aún más evidente la necesidad de marcar distancias con el sistema político absolutista y con la ordenación estamental, y además, no creemos que puedan fijarse diques estancos de separación entre el pensamiento ilustrado y el liberal. No faltan incluso estudiosos de la obra del asturiano que lo han llegado a considerar un proto-liberal[283].

La reacción del asturiano no fue ni mucho menos una reacción aislada, sino común a otros muchos españoles. Más aún, la doctrina coincide en constatar, que tras la ejecución de Luis XVI el odio a los franceses se expandió por doquier, haciéndose mucho más manifiesto de lo que ya lo pudiera ser con anterioridad. Por una Real provisión de 4 de marzo de 1793, Carlos IV ordenó a los franceses no domiciliados en España que abandonaran el

---

[279] Jean SARRAILH: *La España Ilustrada..., op. cit.*, p. 605.

[280] Gaspar Melchor de JOVELLANOS: *Diarios*, Selección y prólogo de Julián Marías, Madrid, Alianza Editorial, 1967, p. 114.

[281] *Ibidem*, p. 127.

[282] No es ésta la posición de Peñalver Simó, quien hace especial hincapié en la explícita y repetida condena de la "feroz quimera" de la Revolución llevada a cabo por Jovellanos, que arremete asimismo contra "sus leyes y moral nefandas" y que, refiriéndose a la Revolución, añade que "nada puede esperarse de las revoluciones en el Gobierno". Patricio PEÑALVER SIMÓ: "Introducción", en *Jovellanos. Obras sociales y políticas,* selección e introducción del mismo autor, Madrid, Publicaciones Españolas, 1962, pp. 7 y ss.; en concreto, p. 23.

[283] Este es el caso, por ejemplo, de Silverio SÁNCHEZ CORREDERA, en su "Estudio preliminar" a la obra *Cartas de Jovellanos y Lord Vassall Holland sobre la Guerra de la Independencia (1808-1811),* Oviedo, Junta General del Principado de Asturias, 2009, Vol. I, pp. XI y ss.; en concreto, p. LXXXIII. "He mostrado en *Jovellanos y el jovellanismo* (2004) –escribe Sánchez Corredera– que Jovellanos es un proto-liberal y que, pasadas unas décadas, determinadas doctrinas de Jovellanos pueden servir de puente para que el centro político español que se diseña a mediados del siglo XIX acabe asumiendo algunos de los componentes liberales de principios de siglo".

país en grupos de ocho, prometiéndoles protección, no obstante lo cual Herr señala[284] que muchos fueron maltratados y algunos incluso muertos. Este sentimiento, que chocaba en muchos casos con la inicial simpatía hacia la Revolución, perduró durante toda la guerra contra la Convención.

No fue esta tampoco una reacción exclusiva de nuestro país. Guido de Ruggiero, en su clásica obra sobre el liberalismo, se ha referido a cómo al iniciarse la Revolución Francesa no faltaron fervientes partidarios de ésta en Inglaterra. No sólo la oposición *Whig*, con Fox y Sheridan a la cabeza, aplauden los primeros acontecimientos, sino que el propio Pitt la sigue con simpatía. Pero pronto se iba a producir un cambio en la opinión pública. En Inglaterra no habrá que esperar al *Terror* para que el mismo acontezca, sino que el cambio se deberá a uno de los líderes del liberalismo, Edmund Burke, cuyas célebres *Reflections on the French Revolution* (1790) serán determinantes al efecto[285]. Antes, y en muchos casos después de Burke, la política prestaba el argumento para una obra literaria, pero como escribe Tierno Galván en el exquisito prólogo a la traducción española de la obra de Burke[286], es éste quien por primera vez iba a hacer de la literatura un instrumento de la política, y en este sentido precede y casi se confunde con los románticos[287].

En el marco de la guerra contra la Convención la cuestión religiosa iba a reforzar su protagonismo, habiéndose llegado a hablar de una cruzada[288], ante el temor al contagio de la Revolución, lo que en buena medida encontraba su razón de ser en la identificación de la Revolución con el caos, la anarquía y la irreligión[289]. La eclesiástica y católica España, escribe Juretschke[290], solía considerar a Francia, incluso años después de la política de reconciliación imperial con Pío VII, como el país de los ateos y de la revolución destructora del orden habitual. Un representante de esta actitud, de excepcional relieve, fue el Obispo

[284] Richard HERR: *España y la Revolución..., op. cit.*, p. 257.

[285] Guido de RUGGIERO: *Historia del liberalismo europeo,* Madrid, Ediciones Pegaso, 1944, pp. C-CI.

[286] Enrique TIERNO GALVÁN: "Prólogo" a la obra de Edmund Burke, *Reflexiones sobre la Revolución Francesa,* traducción de Enrique Tierno Galván, Madrid, Instituto de Estudios Políticos, 1954, pp. 7 y ss.; en concreto, p. 17.

[287] No nos resistimos a extraer de la obra de Burke unas reflexiones que no obstante haber sido formuladas hace más de dos siglos, a nuestro juicio, no han perdido ni un ápice de actualidad. Vale la pena no olvidarlas. "No sacamos de la Historia –escribe Burke– todas las lecciones morales que tendríamos que sacar. Al contrario, por usar de ella sin ningún cuidado, ha viciado nuestros espíritus y corrompido nuestra felicidad, de modo que aunque la Historia es un gran libro abierto para instruirnos de los pasados errores y males de la Humanidad y obtener de ellos los materiales para una sabiduría futura, puede ser escuela de perversión". "La Historia, en efecto, –sigue escribiendo Burke unas pocas líneas después– está compuesta, en su mayor parte, del relato de las desgracias atraídas sobre el mundo por el orgullo, la ambición, la avaricia, la venganza, las pasiones, las sediciones, la hipocresía, el celo desordenado y el conjunto de los apetitos desatados que sacuden la sociedad, con las mismas furiosas tempestades que agitan la vida privada y hacen amarga la existencia. Los vicios son las causas de estas tempestades. La religión, la moral, las leyes, las prerrogativas, los privilegios, las libertades del hombre sólo son pretextos". Edmund BURKE: *Reflexiones sobre la Revolución Francesa, op. cit.*, pp. 336-337.

[288] Lluís ROURA: "Guerra y ocupación francesa: ¿freno o estímulo para la Revolución española?", en Manuel Chust e Ivana Frasquet (edits.), *La Trascendencia del Liberalismo Doceañista en España y en América,* Valencia, Generalitat Valenciana, Conselleria de Cultura, 2004, pp. 13 y ss.; en concreto, p. 20.

[289] El 15 de abril de 1793, el Arzobispo de Tarragona hacía pública una Carta pastoral en la que se podía leer: "Desde la infausta entrada de los moros en España no creo haya en España guerra de tanta importancia (...) ¿Y qué si los mismos moros causaron generalmente tan horrorosos estragos en la religión y el estado, como puede temerse de los nuevos enemigos agitados de la nueva impiísima filosofía?" *Apud* Lluís ROURA: "Guerra y ocupación francesa...", *op. cit.*, p. 21.

[290] Hans JURETSCHKE: *Los afrancesados en la guerra de la Independencia* (Su génesis, desarrollo y consecuencias históricas), Madrid, Ediciones Rialp, 1962, pp. 19-20.

de Santander, Menéndez de Luarca, quien en 1794, en plena guerra con la Convención, en una larga Carta pastoral, denunciaba públicamente el materialismo de la nación vecina y su política ateísta en todas las cosas terrenas. Cuando España declaró la guerra a la Convención, este Obispo no vaciló en hacer también particularmente responsable de esta evolución al clero francés.

Ciertamente, durante la Revolución Francesa, la religión fue atacada con furor, sin siquiera tratar de poner en su lugar otra religión. Se trabajó ardiente y asiduamente, escribirá Tocqueville[291], para arrancar de las almas la fe que las llenaba, hasta dejarlas vacías. Una multitud de hombres se entregó con entusiasmo a esta ingrata empresa. Incluso al pueblo le llegó a parecer atractiva la incredulidad absoluta en materia de religión, que tanto se opone a los instintos naturales del hombre y pone su alma en trance tan doloroso. Los grandes escritores se orientaron en el mismo sentido de negar las verdades de la religión católica. El espíritu de Voltaire rondaba por el mundo desde hacía mucho tiempo, pero Voltaire sólo podía reinar en la Francia del siglo XVIII, pues aunque la Iglesia no era más criticable en Francia que en ningún otro lugar, lo cierto es que, para Tocqueville[292], la Iglesia era entonces en Francia el primero de los poderes políticos y el más detestado, aunque no fuese el más opresivo. Para los escritores, la Iglesia representaba esa parte del gobierno más próxima y que de manera más directa se les oponía. Los demás poderes sólo de vez en cuando se dejaban sentir sobre ellos; pero el de la Iglesia, que era el encargado especialmente de vigilar la orientación del pensamiento y de censurar los escritos, les importunaba todos los días. Al defender contra ella las libertades generales del espíritu humano, luchaban por su propia causa y empezaban a romper las ataduras que más les oprimían. En definitiva, como claramente se desprende de las reflexiones de Tocqueville, la censura eclesiástica tuvo bastante que ver en Francia con el sentimiento irreligioso que, de modo generalizado, se encuentra en la casi totalidad de los grandes pensadores de esa época.

Esta identificación de "lo francés" con la irreligiosidad, unida a los desmanes del *Terror*, qué duda cabe, contribuyeron a alejar a un gran número de españoles, que quizá no habían visto con desagrado los primeros acontecimientos de la Revolución, de los postulados revolucionarios. Por razones en cierto modo convergentes, este sentimiento anti-francés se desataría aún más ferozmente a partir de 1808. La Paz de Basilea (1795) no supondría sino un mero interregno.

F) Legislación de imprenta, censura e Inquisición en el período que media entre la Paz de Basilea (1795) y el inicio de la Revolución española (1808).

a) Censura e Inquisición

El Tratado de Basilea, firmado el 22 de julio de 1795, ponía fin a la guerra entre España y la Convención, iniciada en 1793 tras la ejecución de Luis XVI, dando vida a una absurda alianza hispano-francesa, que implícitamente encontraba como enemigo común a Inglaterra. Por el Tratado nos desprendíamos de la isla de Santo Domingo, la primera posesión

[291] Alexis de TOCQUEVILLE: *El Antiguo Régimen y la Revolución*, prefacio y bibliografía de Enrique Serrano Gómez, México, Fondo de Cultura Económica, 1ª reimpr. de la 1ª ed. en español, 1998, p. 232.
[292] *Ibidem*, pp. 233-234.

española en América. El autor de tan indecoroso convenio[293], como con toda razón lo califica Flórez Estrada[294], Manuel Godoy, mereció, sin embargo, la dignidad de "Príncipe de la Paz", no obstante no estar prevista en las normas históricas de nuestra monarquía más que la figura del Príncipe de Asturias. El 18 de agosto de 1796 se concretaba la ruptura con Inglaterra a raíz de la firma del primer Tratado de San Ildefonso, un convenio de ayuda mutua entre la República Francesa y el Reino de España. El 7 de octubre España declaraba la guerra a Inglaterra y, a partir de ese momento y hasta 1808, asistimos a un estado de guerra intermitente con Inglaterra que marcó la política exterior española hasta la revolución de 1808, e innecesario es decir que con unas consecuencias muy negativas para las arcas del Estado, lo que condujo a Godoy a buscar una solución desesperada que, como bien se ha dicho[295], anticipa la política económica del liberalismo en el siglo XIX: la enajenación y venta de bienes en manos muertas, o lo que es igual, la desamortización. Con la paz de Basilea, de enemigos irreconciliables los franceses se convirtieron en nuestros amigos cercanos, estrechándose la relación entre unos y otros, con lo que las otrora detestadas ideas, volvieron con más fuerza que antes. Ya no se trataba en puridad de propaganda revolucionaria, sino de que aquellas ideas, que habían sobrepasado todas las barreras, tomando como base el espíritu ilustrado y racionalista de amplios sectores de la población, habían arraigado, o estaban en vías de ello, para manifestarse ya en los inicios del XIX bajo el sello del liberalismo. Por todo ello, Alcalá Galiano podía hablar[296] de un crecimiento en número y valor de la secta filosófica en nuestro suelo.

En cierto tipo de publicaciones de esta etapa (pasquines, folletos anónimos...) se puede apreciar una gran agresividad hacia el orden establecido, a la par que una reiterada referencia a un símbolo como el "Árbol de la Libertad", que, como recuerda Elorza[297], incorpora emblemáticamente los contenidos del nuevo orden revolucionario frente a la doble sacralidad del Trono y el Altar.

La circunstancia a que acabamos de aludir no debe conducirnos a pensar que en el espacio de estos trece años, los que van de la paz de Basilea al Dos de Mayo, la censura iba a pasar a mejor vida. Ni mucho menos. El miedo a la Revolución seguía latente, de modo muy particular entre amplios sectores del poder político, y la consecuencia del mismo sería una acentuación hasta niveles insospechados de la arbitrariedad de ese mismo poder y de la inseguridad de la ciudadanía. Además, a estas alturas, la censura no era otra cosa sino un medio más de la acción política cotidiana, que a veces se utilizaba para combatir a los afines, lo que casaba a la perfección con el régimen de arbitrariedad omnipresente en todos los niveles de la acción política. El ejemplo paradigmático, y sin lugar a dudas el más doloroso, sería la detención en su casa la noche del 13 de marzo de 1801, y posterior traslado y encarcelamiento en Mallorca, de Jovellanos, que se prolongó durante más de siete años, episodio sobre el que volveremos en un momento ulterior.

---

[293] En sus *Memorias,* Godoy justifica la firma del Tratado de paz tanto en la "conspiración de Picornell" como en el hecho de que, tras descubrirse esa conspiración, se interceptó una correspondencia que revelaba que los franceses estaban reclutando prosélitos en algunas ciudades con el fin de lograr rebeliones internas que habrían podido incidir decisivamente sobre el desarrollo de la guerra.

[294] Álvaro FLÓREZ ESTRADA: *Historia de la Revolución de España, op. cit.,* p. 43.

[295] Juan Francisco FUENTES: *El fin del Antiguo Régimen (1808-1868). Política y sociedad,* Madrid, Editorial Síntesis, 2007, p. 11.

[296] Antonio ALCALÁ GALIANO: "Índole de la Revolución de España en 1808", *op. cit.,* p. 315.

[297] Antonio ELORZA: "El temido Árbol de la Libertad", *op. cit.,* p. 99.

De la censura, quizá nadie haya dado una descripción tan real y omnicomprensiva como la que lleva a cabo Dérozier en su espléndido libro[298]. "La censure est terrible pendant tout le règne de Charles IV, et surtout entre 1800 et le soulèvement d´Aranjuez en mars 1808. Il n´est que de consulter tel *Indice general de los libros prohibidos* de la fin de décembre 1789, du 25 août 1805, et surtout de 1806, de même que les abondants *Index librorum prohibitorum, Apéndices* ou *Suplementos* pour s´en persuader. Toute oeuvre qui n´est pas interdite est suspecte, et toute oeuvre qui n´est pas suspecte est déconseillée formellement, surtout si elle provient d´outre-Pyrénées. Les censures religieuse et civile, chacune à leur manière, se complètent admirablement pour annihiler la moindre source de culture. Lope de Vega est un hérétique et le Père Feijoo un janséniste". Es terrible esta descripción, pero creemos que bien ajustada a la realidad del momento.

Por lo que se refiere a la Inquisición, seguía haciendo gala de su despotismo y arbitrariedad seculares. Por poner algún ejemplo de ello, unos extractos de las *Reflections on the Revolution* de Burke fueron secretamente traducidos por dos sacerdotes de Tarragona poco tiempo después de su aparición, en noviembre de 1790. Se copiaron a mano después varios ejemplares que se enviaron a Madrid, donde se publicó clandestinamente. La obra gozó de cierta popularidad, y la Inquisición terminó encontrando la versión francesa en octubre de 1792. Cuatro años después prohibía la traducción de la misma. No dejaba de resultar paradójico, no sólo se prohibían las obras favorables a la Revolución, sino también las que se mostraban tan críticas frente a ella como el libro de Burke. Como escribiera Lloréns[299], a no dudarlo, el individualismo liberal-protestante de Burke era la causa principal de la prohibición.

El proceso de Olavide había supuesto una enorme conmoción; sin llegar a la misma, otro proceso iba a impactar fuertemente en la época, el del Profesor de la Universidad de Salamanca don Ramón Salas y Cortés, el autor de las conocidas *Lecciones de Derecho Constitucional*[300]. Señala Bermejo[301] que sus problemas con la Inquisición comenzaron con una delación formulada por un eclesiástico ante el Tribunal inquisitorial de Zaragoza, en noviembre de 1785, según la cual Salas defendía máximas y principios contrarios a la religión. También en otros tribunales inquisitoriales aparecía el nombre de Salas como sospechoso. El 5 de agosto de 1794, un residente de Villamil, un pequeño pueblo extremeño, presentó a la Inquisición de Llerena un manuscrito titulado "Exortación al pueblo español para que deponiendo la cobardía se anime a cobrar sus derechos", que le había entregado el cura del pueblo. Las averiguaciones pertinentes llevaron a Vicente Xerez, un estudiante de Derecho salmantino, que comentó que había otras copias del manuscrito. Un testigo, aún negando conocer la "Exhortación", confesó haber escuchado una noche en Salamanca, en la casa del Profesor Juan Márquez Duro, la lectura de un manuscrito titulado "Diálogos del A. B. C.", del que había oído decir que el autor era Salas.

---

298 Albert DÉROZIER: *Manuel Josef Quintana et la naissance du libéralisme en Espagne,* Paris, Annales Littéraires de l´Université de Besançon, 1968, p. 162. En versión española, *Manuel José Quintana y el nacimiento del liberalismo en España,* Madrid, Ediciones Turner, 1978, p. 183.

299 Vicente LLORÉNS: "La Inquisición en sus postrimerías", en la obra recopilatoria de artículos del propio autor, *Literatura, Historia, Política,* Madrid, Ediciones de la Revista de Occidente, 1967, pp. 121 y ss.; en concreto, p. 133.

300 Ramón SALAS: *Lecciones de Derecho Público Constitucional,* Madrid, Centro de Estudios Constitucionales, 1982.

301 José Luis BERMEJO CABRERO: "Estudio preliminar" a la obra de Ramón Salas, *Lecciones de Derecho Público..., op. cit.,* pp. VII y ss.; en concreto, pp. XII-XIII.

Estos *Diálogos* eran la traducción de una obra que Voltaire había publicado anónimamente en 1768 con el título de *L´A, B, C, dialogue curieux traduit de l´anglais de M. Huet*. Este testimonio abría otras puertas a la Inquisición. Recuerda Herr[302], que aunque la Inquisición no pudo establecer definitivamente la paternidad literaria de los papeles que había descubierto, la posibilidad de que el autor fuese el Profesor salmantino Ramón Salas había sido sugerida lo suficiente como para darle motivos de sospecha. Procesado finalmente "por proposiciones, leer libros prohibidos, y por sospecha de ser autor de varios papeles anónimos manuscritos, muy perjuiciosos a la Religión y al Estado", el 25 de noviembre de 1796 el Consejo de la Inquisición condenó a Salas a abjurar ante doce testigos ilustres, a estudiar doctrinas sanas en un monasterio durante un año y a ser desterrado de Madrid y de Salamanca durante tres años más. Sin embargo, dos miembros del Consejo de Castilla, delegados para presenciar el juicio, denunciaron a Godoy la arbitrariedad del fallo, y el propio Salas apeló ante Carlos IV para que se revisara el proceso. El Rey mandó que su Secretario de Gracia y Justicia, Eugenio de Llaguno, examinase las actas del proceso, no obstante la petición contraria del nuevo Inquisidor general, el cardenal Francisco Lorenzana, a fin de que no se violase el secreto del Tribunal. Llaguno concluyó que se había condenado a Salas sin tener suficiente evidencia, y el Rey ordenó ponerlo en libertad a fines de diciembre de 1796. En esta ocasión, a diferencia de lo que aconteció unos años después con Jovellanos, la arbitrariedad inquisitorial encontró al menos el freno real.

Otro episodio significativo fue el caso del cura de Esco, encarcelado por hereje en 1802[303]. Don Miguel Antonio Solano, párroco de Esco, escribió un libro en el que exponía sus ideas teológicas, poco ortodoxas por lo que parece. Como el Obispo de su diócesis de Jaca, al que había enviado el libro para su examen, no le respondió, lo remitió a la Facultad de Teología de la Universidad de Zaragoza, cuyos teólogos pusieron directamente la obra en manos de la Inquisición, que, de entrada, encerró al sacerdote en las cárceles zaragozanas del Santo Oficio. Ayudado a huir a Francia, el cura Solano retornó por propia voluntad a fin de defender sus posiciones. El tribunal de Aragón condenó finalmente al sacerdote a la hoguera. Aplazada la ejecución para un nuevo examen de testigos, por la intervención del Inquisidor general, don Ramón José de Arce, íntimo amigo de Godoy, y radicalmente opuesto a la idea de un auto de fe, la posterior sentencia confirmó la pena de la anterior. Arce suspendió de nuevo la sentencia para que se realizaran al sacerdote nuevas pruebas acerca de su salud mental, que confirmaron que no había enfermedad mental. Los esfuerzos para que el sacerdote se retractara fracasaron y sólo una grave enfermedad que puso fin a su vida en 1805 impidió que se ejecutara la pena de ser quemado en la hoguera. Este epidodio tenía lugar tan sólo tres años antes de la abolición del Santo Oficio por José Bonaparte, primero, y unos años después por las Cortes de Cádiz.

Sin embargo, al unísono, la Inquisición seguía hallándose en la cuerda floja, por decirlo gráficamente. Recuerda Sarrailh[304], que en 1794 el Santo Oficio estuvo a punto de ser profundamente modificado, o incluso suprimido, cuando Juan Antonio Llorente, figura que ocupará nuestra atención más adelante, recibió el encargo de escribir su "Discurso sobre el procedimiento del Santo Oficio", aunque es cierto que quien le dio ese encargo fue el propio Inquisidor general, el Arzobispo Manuel Abad la Sierra. En 1797,

---

[302] Cfr. al efecto, Richard HERR: *España y la Revolución..., op. cit.*, pp. 271-279 y 343.

[303] Para una exposición más detallada, cfr. Vicente LLORÉNS: "La Inquisición en sus postrimerías", *op. cit.*, pp. 123-124.

[304] Jean SARRAILH: *La España Ilustrada..., op. cit.*, pp. 294-295

con Godoy al frente del gobierno, la Inquisición se tambaleó. También en 1798, siendo Jovellanos Ministro de Gracia y Justicia[305]. Y en 1799, una Real Orden condenó uno de sus muchos abusos de poder, lo que causó cierto escándalo[306]. La situación del Santo Oficio, no obstante su puntual alianza de años atrás con el Gobierno, había cambiado, pero la institución, pese a todo, seguía actuando con su impunidad y arbitrariedad endémicas.

Una muestra de la aversión suscitada por la institución entre personas tan poco sospechosas de irreligiosidad o ideas subversivas como Jovellanos la encontramos en su "Representación a Carlos IV sobre lo que era el Tribunal de la Inquisición" (1798)[307]. Fue esta "Representación" una de las primeras medidas de su ministerio, que sin lugar a dudas habría de pesar en el destino posterior de su autor, pues el odio revanchista era connatural a la institución. El hecho que desencadenó la decisión del asturiano[308] fue la "Representación" que le elevó el deán de la Iglesia metropolitana de Granada, don Francisco Pérez de Quiñones, protestando por un atropello cometido por la Inquisición de la citada ciudad al violar la jurisdicción episcopal[309] en ausencia del obispo, que se hallaba en visita pastoral, lo que no sólo molestó al Obispo de Granada, sino a los de algunas otras diócesis. En su "Representación", el Deán solicitaba que el Rey sostuviese la resolución por él adoptada, salvaguardando así la autoridad episcopal. El Ministro comentó al Rey el caso, y el monarca mandó que se remitiese al Obispo de Osma, don Antonio Tavira, a quien estimaba sobremanera, y cuyo pensamiento se situaba en una línea jansenizante, una copia de la Representación del Deán granadino, a fin de que, "deseando S. M. conservar ilesos los derechos del Trono y del Episcopado", no consintiendo su usurpación ni menoscabo por el Tribunal de la Inquisición, propusiese la providencia que en aquel caso estimase conveniente. Jovellanos también envió el mencionado documento al Arzobispo de Burgos, a la sazón Inquisidor General, y a los Obispos de Huesca, Tuy, Plasencia y Ávila, así como al limosnero del Rey don José Espiga, invitándoles a proponer "todo lo que creyeran adecuado para terminar con los abusos que se cometían en el Santo Oficio".

[305] Un curioso episodio se iba a producir coincidiendo justamente con la entrada de Jovellanos en el Ministerio. El Obispo de Blois, que estaba al frente de la "Iglesia constitucional" francesa, con el objetivo de buscar apoyo en los jansenizantes españoles, tuvo la ocurrencia de enviar la famosa "Carta del ciudadano Grégoire, Obispo de Blois, representante del pueblo francés, a don Ramón Josef de Arce, Arzobispo de Burgos, Inquisidor General de España". En ella pedía la abolición de la Inquisición en nombre de la libertad, de la restauración de la pureza originaria de la Iglesia y de la alianza entre Francia y España. Como recuerda Gómez de la Serna, la carta circuló por toda España y provocó la natural polémica, pero no por motivos relacionados con el jansenismo, y por tanto religiosos, sino por motivos políticos, al presentarse como una peligrosa campaña revolucionaria para la monarquía. Ello perjudicó sensiblemente los intentos reformistas que tenía Jovellanos cuando accedió al Ministerio. Gaspar GÓMEZ DE LA SERNA: *Jovellanos, el español perdido,* Vol. II, Madrid, Organización Sala Editorial, 1975, p. 79.

[306] Tras la muerte del cónsul de Holanda en Alicante, los esbirros inquisitoriales no dudaron en violar los sellos del domicilio del difunto con el fin de llevar a cabo un inventario de sus libros y papeles. Como consecuencia de una reclamación del embajador holandés, el Rey, a través de su ministro Luis de Urquijo, hizo saber que reprobaba la conducta de los comisarios de Alicante, conducta que contribuía a "mantener y perpetuar la aversión en que se tiene al Santo Oficio, y la mala reputación que se ha granjeado entre los demás pueblos".

[307] El texto de la "Representación" puede verse en *Obras publicadas e inéditas de don Gaspar Melchor de Jovellanos,* edición de Miguel Artola, (Biblioteca de Autores Españoles, tomo 87), Madrid, Ediciones Atlas, 1956, tomo V, pp. 333-334. La parte de la "Representación" que transcribimos está extraída de aquí.

[308] Cfr. al respecto, Juan Antonio CABEZAS: *Jovellanos. El fracaso de la Ilustración,* Madrid, Sílex, 1985, en particular, pp. 147-149.

[309] Con la arbitrariedad que caracterizaba todos sus abusivos actos, la Inquisición granadina decidió por sí misma (el 7 de octubre) ordenar cerrar y tabicar un confesionario del monasterio de religiosas de Santa Paula, sujeto a la autoridad del Arzobispo, que el Deán mandó abrir de nuevo.

El Obispo Tavira enumerará en su Informe[310] los que a su juicio podían considerarse abusos inquisitoriales, citando entre ellos el de rebasar deliberadamente la competencia del Tribunal, que la Real Cédula de 6 de febrero de 1770 había limitado a los delitos de apostasía y herejía, lo que atentaba tanto contra la autoridad de los Obispos como contra la del Rey. Ante el panorama expuesto, parece claro que lo que realmente hubiera querido el Obispo Tavira era, sin más, la abolición de la Inquisición. Sin embargo, y aún insinuándolo en su Informe, formalmente, el Obispo de Osma se limitaba a proponer la adopción de algunas medidas, entre ellas: la desaprobación de la actuación de la Inquisición granadina, la sujeción de las causas del Santo Oficio al procedimiento común y la eliminación de la facultad inquisitorial de prohibición de libros, que debía pasar a otras manos, todo ello al margen ya de la abolición de la tortura, para que "no quede memoria de este oprobio de la mansedumbre sacerdotal". Salvo el Inquisidor General, los restantes eclesiásticos emplazados a pronunciarse por Jovellanos iban a compartir la posición de Tavira.

Informado el Rey, éste, antes de adoptar una decisión, instó a Jovellanos a que hiciese una sencilla exposición de lo que en realidad era el Santo Oficio para que, con un completo conocimiento de la institución, pudiese resolver lo más conveniente en el conflicto entre los Obispos y la Inquisición. "El ingenuo Ministro, –por utilizar los términos que con todo realismo emplea Gómez de la Serna[311]– abrasado del celo de la justicia, del orden y del bien de la humanidad, sin temor a los malsines que rodeaban al imbécil monarca, ni la conjuración que se levantaría con él", reunió los antecedentes necesarios, practicó diligencias secretas y finalmente redactó la *Representación* antes mencionada.

En su *Representación,* Jovellanos comienza su exposición caracterizando la jurisdicción del Tribunal de la Inquisición: "No es privativa, sino acumulativa. No es propia, sino delegada. No es absoluta, sino limitada: en su ejercicio, porque debe ejercerse juntamente con el ordinario o persona que nombrare, y en su objeto, porque está reducida a las causas de fe (los delitos de herejía y apostasía)". Hace después una sucinta historia del Tribunal desde su nacimiento en el siglo XV, coetáneo a la expulsión de los judíos, siendo su objeto proceder contra los que, habiendo abjurado el judaísmo en público, le profesaban en secreto. El prócer asturiano constata poco después "que la fe ya tiene poco que temer de los herejes y nada de los judíos, pero mucho y todo de los impíos". Y frente a tal mal, "es corto dique la Inquisición", y para fundamentar su juicio, Jovellanos ofrece hasta siete argumentos, de los que a renglón seguido nos hacemos eco de los cuatro primeros:

> "(p)rimero, porque sus individuos son ignorantes y no pueden juzgar sin los calificadores; segundo, porque lo son éstos también, pues no estando dotados, los empleos vienen a recaer en frailes, que lo toman sólo para lograr el platillo y la exención de coro; que ignoran las lenguas extrañas; que sólo saben un poco de teología escolástica y de moral casuista, y aun en esto siguen las encontradas opiniones de su escuela[312]; tercero, porque esto hace necesariamente lentos y vacilantes

---

310 Sobre el Informe del Obispo Tavira, cfr. Gaspar GÓMEZ DE LA SERNA: *Jovellanos, el español perdido, op. cit.,* Vol. II, pp. 80-81.

311 *Ibidem,* Vol. II, p. 82.

312 Defourneaux hará una matización a Jovellanos en su juicio acerca de la ignorancia de los calificadores. Para el gran especialista de la Inquisición, entre los calificadores de la Inquisición de Corte encontramos algunos hombres cultivados que están lo bastante enterados del movimiento cultural en el extranjero como para encuadrar en su marco literario o filosófico las obras que se les someten. Su número es muy reducido, pero como, bien por orden del inquisidor general o por propia petición, se les encomiendan un buen número

unos juicios que exigen resolución y celeridad; cuarto, que sólo podría oponer un remedio eficaz la jurisdicción de los obispos, más natural, más autorizada, más grata y respetable al pueblo y más llena de humanidad y mansedumbre, como emanada del poder que les ha dado el Espíritu Santo".

La conclusión de Jovellanos era inequívoca: "Todo clama por la reintegración de los obispos en sus derechos perdidos y en su jurisdicción usurpada, y más que todo, las circunstancias del día, en que la conservación de la fe va a estar librada sobre su celo y autoridad". Tanto en el Informe del Obispo Tavira como en la *Representación* del Ministro es posible apreciar algunas notas del pensamiento jansenizante, de esa "mezcla de regalismo y episcopalismo" que, según Saugnieux, caracterizan el jansenismo español[313], pero de ello no puede entresacarse que Jovellanos fuese un declarado jansenista.

No será esta la única vez en que el insigne prócer asturiano repudie la institución. Siempre tan cauto y comedido en sus manifestaciones públicas, el gijonés se muestra rotundo en su intimidad, y de ello dan buena prueba sus *Diarios*. El 10 de abril de 1797 escribe en ellos Jovellanos lo que sigue: "Dicen que Tavira será Inquisidor General y aun hay quien dice, que será abolida la Inquisición. ¡Oh, cuánto ganarían en ello las letras! ¡Cuánto las costumbres! Cuantos menos fuesen los hipócritas, mejor sería. El depósito de la fe estaría mejor en manos de los Obispos, de donde fue arrancado, y este padrón, que sólo sufren tres pueblos católicos, sería para siempre arrancado"[314]. Como fácilmente puede verse, las ideas vertidas por Jovellanos en su "Representación" a Carlos IV las tenía muy claras antes de ser nombrado Ministro.

b) El Decreto de 11 de abril de 1805, de creación del Juez privativo de Imprentas y Librerías

I. El nuevo siglo iba a traer consigo una novedosa e importante legislación de imprentas y, por lo tanto, de censura. El Decreto dado en Aranjuez el 11 de abril de 1805, e inserto después como Cédula del Consejo de 3 de mayo de 1805, bajo el rótulo de "Creación de un Juez privativo de Imprentas y Librerías, con inhibición del Consejo y demás Tribunales, baxo las reglas que se expresan"[315], es sin duda la última gran disposición en la materia del Antiguo Régimen, "la última manifestación –como se ha escrito[316]– del imperio de la desconfianza y la previa censura". Técnicamente, de modo indiscutible, es la disposición más completa de cuantas integran nuestra legislación sobre censura[317].

de obras en lengua extranjera para que las califiquen, su influencia puede ser considerable y aun decisiva, como ocurrió con el jesuita Casani, que, antes de recibir el encargo de redactar el Índice de 1747, había sido durante unos veinte años el especialista de las obras francesas". Marcelin DEFOURNEAUX: *Inquisición y censura de libros..., op. cit.*, p. 60.

313 Gaspar GÓMEZ DE LA SERNA: *Jovellanos, el español perdido, op. cit.*, Vol. II, p. 84.

314 Gaspar Melchor de JOVELLANOS: *Diarios,* Selección y prólogo de Julián Marías, Madrid, Alianza Editorial, 1967, p. 233.

315 Ley XLI, Título XVI, Libro VIII. Puede verse en *Novísima Recopilación..., op. cit.*, tomo IV, pp. 145-148.

316 José ORTEGO COSTALES: "Delitos cometidos por medio de la publicidad", en *Anuario de Derecho Penal y Ciencias Penales,* tomo XXVIII, fasc. 1, Enero/Abril 1975, pp. 5 y ss.; en concreto, p. 6. "El Decreto, escribe Ortego, amplía la desconfianza a los propios censores".

317 En el mismo sentido, Antonio RUMEU DE ARMAS: *Historia de la censura literaria gubernativa en España* (Historia – Legislación – Procedimientos), Madrid, M. Aguilar Editor, 1940, p. 111.

La nueva norma toma como justificación “el abuso que se ha hecho y hace en varios países extranjeros de la libertad de la imprenta, con grave perjuicio de la religión, buenas costumbres, tranquilidad pública, y derechos legítimos de los Príncipes”, lo que exige providencias eficaces para impedir que se introduzcan en el Reino los impresos que tantos males ocasionan. Se constata a continuación que la normativa hasta ese momento seguida en cuanto a las licencias para imprimir, como también para la introducción de libros extranjeros, no ha evitado “el gran daño que causan las malas doctrinas”, en lo que puede tener que ver que los muchos asuntos a cargo del Consejo de Castilla no le permiten al mismo atender con la vigilancia y celo necesarios tan importante cuestión. Se apunta asimismo a la delegación de funciones como causa de la ineficacia, por cuanto el Ministro del Consejo a cuyo cargo se halla la comisión del Juzgado de Imprentas y sus Subdelegados en las provincias, al hallarse encargados de otros negocios, se ven precisados a recurrir a subalternos, cuyo interés privado suele prevalecer al público. Además, como los censores no tienen estipendio alguno, se elude la responsabilidad, no desempeñando su encargo con el celo necesario. A la vista de todo ello, se decide que la autoridad relativa a las imprentas y librerías se concentre en un único Juez de Imprentas, con inhibición del Consejo y de los demás Tribunales, a cuyo efecto se dicta una bastante detallada reglamentación.

La dedicación del Juez de Imprentas a las específicas tareas de su cargo debía ser absoluta, a cuyo efecto se disponía que no podía tener otra comisión que pudiera distraerle de su objeto, declarándose el empleo incompatible con el de Ministro efectivo de ningún Consejo, haciéndosele, correlativamente, responsable de todos los excesos que por su descuido o connivencia se cometieren. Su autoridad se declaraba independiente de cualquier Tribunal, no habiendo de reconocer mas órdenes que las que se le comunicaran a través de la Secretaría del Despacho de Gracia y Justicia, por cuyo conducto podía consultar al monarca cuanto estimara conveniente en relación con su ramo.

El Juez de Imprentas debía nombrar a los Censores de entre sujetos de acreditada ciencia, celo y probidad, rigiéndose en sus nombramientos por la mayor imparcialidad. El Juez era hecho responsable de la conducta de todos ellos, aunque no podía deponerlos sin previa consulta al Rey acerca de los “justos motivos que haya para ello”. El Reglamento determinaba que “no habrá número determinado de Censores; pero se procurará sean pocos, y que reúnan entre todos los conocimientos de todas las Facultades”. A diferencia de lo que sucedía anteriormente, ahora se establecía el carácter remunerado del empleo de Censor, fijándoseles un elevado sueldo de 200 ducados anuales. La norma prohibía a los censores que formaran asociación, “para que el espíritu de cuerpo no pueda pervertir la rectitud de sus juicios”. Cada Censor, separadamente, venía obligado a examinar las obras que se le remitieran, devolviéndolas con la prontitud posible, “con su dictamen sólidamente fundado”. Los Censores debían especificar individualmente las razones que tuvieren para aprobar o reprobar cualquier obra, viniendo obligados a contestar al autor, siempre que éste pidiera traslado de la censura. El Juez de Imprentas, a la vista de la censura, de la respuesta del autor, y de la contestación del Censor, decidirá por sí o remitirá la obra a otro Censor, si así le pareciere conveniente. Frente a normas anteriores, vemos en ésta una mayor preocupación garantista, si se nos permite la expresión, siendo conscientes de lo inapropiado de hablar de garantías en el Antiguo Régimen.

Conviene precisar, que la licencia otorgada por el Juez privativo de Imprentas para imprimir no garantizaba al autor o impresor frente a ulteriores prohibiciones civiles o inquisitoriales. Como escribe García Martín[318], la censura era simplemente un requisito legal previo a la impresión, prueba de que la licencia se había otorgado conforme a criterios de utilidad pública, en función de la definición que de ésta se hace en cada época.

El Censor que aprobare una obra era hecho responsable de sus consecuencias, sin que pudiera alegar ignorancia de las leyes relativas al ramo. De la grave responsabilidad en que podía incurrir el Censor que aprobare una obra que contuviere "cosas contrarias a nuestra Santa Fe, buenas costumbres, leyes del Reyno o a mis Regalías, o algún libelo infamatorio, sátiras personales, calumnias o imposturas contra algún Cuerpo o individuo", da buena cuenta el hecho de que la norma no sólo determinaba su pérdida del empleo, sino que preveía que el tal Censor "sufrirá la pena impuesta por las leyes contra los fautores de estos delitos".

En lo que hace a los criterios de control gubernativo de las publicaciones, en una línea que viene de lejos en el tiempo, el punto duodécimo del Reglamento establecía lo que sigue:

> "No se contentarán los Censores con que la obra no contenga cosa contraria a la Religión, buenas costumbres, leyes del Reyno y a mis Regalías; sino que además examinarán con reflexión, si la obra será útil al Público, o si puede perjudicar por sus errores en materias científicas, o por los vicios de su estilo y lenguaje".

La religión, las buenas costumbres y las regalías aparecen como el tríptico de criterios de control más reiterado en la legislación de imprentas de la España del Antiguo Régimen. Recordemos, por poner un ejemplo, los criterios de la Instrucción de 1756 de Juan Curiel, a la que ya nos referimos.

El Rey, por Real Cédula de 3 de mayo de 1805, procedió a nombrar Juez privativo de Imprentas a Don Juan Antonio Melón, ministro de la Junta general de Comercio y Moneda, quien desde el primer momento encaminó su actuación a hacer efectiva la unificación en el Juzgado de todo lo referente tanto a licencias como a prohibiciones de libros. La anomalía que entrañaba el que libros impresos con la licencia del Consejo se recogiesen, sin garantía alguna para los autores, por la Inquisición podía haber encontrado su justificación en otros tiempos, pero ahora, con la nueva normación, la situación se hacía enormemente chirriante. En coherencia con ello, el Juez de Imprentas, el 6 de mayo de 1805, elevaba al Rey para, en su caso, su aprobación una serie de consideraciones que, en síntesis, podían resumirse del siguiente modo[319]: Las obras que se presentaban pidiendo licencia para su impresión debían remitirlas al Vicario a fin de que procediera a la censura eclesiástica. El Vicario de Madrid, en ocasiones, se veía en dificultades para encontrar a censores dignos y celosos y tenía que humillarse a pedir por favor a uno u otro conocido que le sacara de este apuro, no siéndole fácil encontrar quien llevara una carga tan pesada. Por otro lado, el Juez constataba la existencia de "una inconsecuencia muy notoria en las jurisdicciones sobre libros": "el autor de una obra, después de conseguir, para imprimirla, todas las licencias que requieren las Leyes, y aunque sea la de V. M., se halla después con una autoridad intermedia que se la prohíbe y le hace perder su trabajo y caudal, cosa violenta y que la misma Inquisición siente ejecutar, aunque no puede dejar de hacerlo". Ante esta situación, de dificultad de

[318] Javier GARCÍA MARTÍN: *El juzgado de imprentas...*, *op. cit.*, p. 260.

[319] El texto del Juez Melón puede verse en su totalidad en Antonio RUMEU DE ARMAS: *Historia de la censura literaria...*, *op. cit.*, pp. 112-114.

selección de los censores eclesiásticos y de "desordenada complicación de jurisdicciones", Juan Antonio Melón solicitaba al Rey que le permitiese elegir, de entre los individuos de las Iglesias catedrales, "un corto número de sujetos escogidos, que se ocupasen en un destino de tanta consecuencia, con sólo el premio de dejarles gozar sus prebendas".

Aunque en su escrito Melón se apresura a aclarar que, lejos de querer desposeer a la Inquisición de sus facultades, la nueva concepción de la censura las acrecentaría, otorgándole también el control previo de los escritos, lo cierto es que el Santo Oficio era enemigo de innovaciones que, bajo capa de mejorar sus atribuciones, pudieran a la larga privarle de las pocas que le quedaban en los inicios del siglo XIX, y se opuso diametralmente a las pretensiones del Juez de Imprentas, postura que hizo suya el Monarca. Y así, la representación de Melón se resolvió mediante una Real Orden de 9 de mayo de 1805, que autorizó al Juez de Imprentas a que propusiese a los prebendados de las catedrales, sometiéndolos a la aprobación real, no accediendo en cambio a alterar en nada lo concerniente al Tribunal de la Inquisición. El Secretario de Gracia y Justicia, José Antonio Caballero, justificó personalmente este último punto en base a que si se accedía a lo solicitado, el Tribunal de la Inquisición quedaría sin poder ejercer sus facultades, "que nos habían preservado de tantos males". Con el incidente descrito, como se ha señalado[320], comenzaba una guerra entre el aparato regio y el inquisitorial en lo tocante a la censura, pero también en relación a los controles aduaneros, y las cartas dirigidas al Rey por sendos representantes de uno y otro sector se sucedieron a lo largo de los meses posteriores.

Melón incorporó como Censores, entre otros, a Leandro Fernández de Moratín y a Pedro Estala, que formarían posteriormente (junto a Melón), como recuerda la doctrina[321], lo que sus contemporáneos llamaron el "triunvirato", que vendrá a caracterizarse por una actuación notablemente arbitraria, en particular frente a Quintana y su grupo, actuación que se prolongó y aún acentuó, bien que bajo otra normativa diferente, bajo la Constitución de Bayona. Si se nos permite el inciso, convendría recordar con Alcalá Galiano[322], que la literatura madrileña estaba en 1806 casi dividida en dos bandos, si bien había literatos que no eran completamente del uno ni del otro. La hueste patrocinada por el Gobierno, o quizá habría que decir mejor por Godoy, estaba liderada por Leandro Fernández de Moratín, mientras que en el bando opuesto militaban hombres célebres ya entonces, pero cuya reputación creció en días posteriores, cuyas ideas eran las de los filósofos franceses del siglo XVIII, siendo Manuel José Quintana el principal de entre ellos, si no en crédito, en influencia. Cada uno de estos bandos tenía su particular obra de referencia: los moratinistas, los *Principios filosóficos de la Literatura,* del francés Batteux, y los quintanistas las *Lecciones de retórica y poética,* del escocés Hugo Blair. Los triunviros serían protegidos por el Príncipe de la Paz, quien también se mostró contrario a Quintana y a su escuela literaria[323], no sólo en sus posicionamientos políticos, sino también en sus

[320] María Jesús TORQUEMADA SÁNCHEZ: "Controles aduaneros en el siglo XVIII: Conflictos entre la justicia regia y la inquisitorial", en Enrique Gacto Fernández (Editor), *Inquisición y censura. El acoso a la inteligencia en España, op. cit.,* pp. 59 y ss.; en concreto, p. 63.

[321] María Cruz SEOANE: *Historia del periodismo en España,* vol. 2 (El siglo XIX), Madrid, Alianza Editorial, 4ª reimpr., 1996, p. 19.

[322] Antonio ALCALÁ GALIANO: "Recuerdos de un anciano", en *Obras escogidas de D. Antonio Alcalá Galiano* (I), (Biblioteca de Autores Españoles, tomo 83), Madrid, Ediciones Atlas, 1955, pp. 1 y ss.; en concreto, pp. 26-27.

[323] Aun admitiendo la fragilidad del concepto de "escuela literaria" y la prudencia con la que conviene abordarlo, Dérozier identifica como la "segunda Escuela salmantina" al grupo de la tertulia literaria de

teorías literarias, pues era bastante evidente que en el trasfondo de tales teorías latían diferentes posiciones políticas. No había de resultar nada extraño que una gran parte de los moratinistas se afrancesara en 1808, mientras que quienes se agrupaban en el grupo de Quintana pasaran a ocupar un lugar relevante entre los liberales de Cádiz. No sin razón, Quintana pudo escribir[324], que el Juzgado de Imprentas, con Melón y sus acólitos, había quedado como sinónimo célebre de degolladero. No lo vería así don Marcelino[325], para quien el abate don Juan Antonio Melón era un volteriano refinado, con lo que cualquier providencia resultaba irrisoria.

El fugaz protagonismo adquirido por el "Juez de Imprentas", al igual que el que paulatina y calladamente iban cobrando las Secretarías, según Conde[326], apunta a la configuración, aun a trompicones, de una "policía del impreso", como conjunto de instrumentos y estrategias separadas, por un lado, de otros ramos de gobierno y, por otro, de la administración de justicia; con todo ello se tendía ya subrepticiamente a desarrollar un aparato autónomo de control social difuso que ejerciese todo ese "arbitrio" tan intensamente negado por los ilustrados a jueces y tribunales. En 1806, Melón intentó establecer una colaboración con el Inquisidor general, intercambiando con carácter previo sugerencias y temores, y al hilo de las propuestas formuladas, el "Juez de Imprentas" sugirió recabar la colaboración francesa en el atajo del contrabando fronterizo de impresos, lo que ahora parecía posible tanto porque Francia ya era supuestamente un país amigo, como porque los tribunales de nuestros vecinos velaban en su territorio por una "libertad de la prensa que no perjudique a las costumbres ni a los derechos de la autoridad suprema". La sugerencia no pareció grata al Inquisidor, que más bien apuntó a "los inconvenientes que de estos oficios pueden resultar". En cualquier caso, con sus propuestas, según Conde[327], Melón parecía emparentarse con el lejanísimo en tantos sentidos *Projet pour l´établissement d´un bureau général de la République des Lettres,* publicado en Amsterdam en 1747, proyecto que pretendía establecer, a semejanza de los tribunales supremos estatales, un centro de unidad para la república ideal, hasta entonces anárquica.

La reforma de 1805 era de una enorme relevancia, y desde luego positiva si se la compara con la legislación precedente. Sin embargo, iba a ser muy efímera, pues tan sólo estuvo en vigor durante tres años. Para Rumeu de Armas[328], el ensayo hizo ver que era imposible mantener la institución del Juzgado de Imprentas libre de sugerencias y direcciones ministeriales. Por otro lado, el rigor de sus resoluciones creó en torno al Juzgado y a su titular un enjambre de enemigos que, aprovechándose de las circunstancias políticas, terminó con su vigencia. Por lo mismo, no ha de extrañar que Fernando VII vuelva en 1808 a la organización de 1769.

Quintana. Éste, aunque nacido en Madrid, recibe su formación en la atmósfera cultural salmantina bajo la égida de Meléndez Valdés, lo mismo que Nicasio Álvarez de Cienfuegos; Josef Somoza, amigo de Meléndez, de Jovellanos y de Quintana, aunque nacido en Ávila, representa hoy un símbolo salmantino; Juan Nicasio Gallego fue ordenado sacerdote en Salamanca, y Juan Bautista Arriaza pertenece al mismo registro. Albert DÉROZIER: *Manuel José Quintana y el nacimiento del liberalismo en España, op. cit.,* p. 284.

324 *Apud* Albert DÉROZIER: *Manuel José Quintana y el nacimiento..., op. cit.,* p. 172. Asimismo, en María Cruz SEOANE: *Historia del periodismo en España, op. cit.,* vol. 2, pp. 19-20.

325 Marcelino MENÉNDEZ PELAYO: *Historia de los Heterodoxos..., op. cit.,* tomo II, p. 536.

326 Esteban CONDE NARANJO: *El Argos de la Monarquía..., op. cit.,* p. 24.

327 *Ibidem,* pp. 80-81.

328 Antonio RUMEU DE ARMAS: *Historia de la censura literaria..., op. cit.,* p. 105.

II. El motín de Aranjuez, que, como escribe Alcalá Galiano[329], supuso el ascenso de Fernando al trono, como por elección hecha en medio del tumulto, acabando con el infame Godoy, iba a tener su repercusión también sobre la legislación de imprentas. El nuevo Rey, ocho días después de acceder al trono, por medio de una Real Orden de 27 de marzo de 1808, decretaba el cese de Juan Antonio Melón como Juez privativo de imprentas, debiendo volver "este encargo al Consejo en los mismos términos que estaba antes". Desde ese momento y hasta el término del Antiguo Régimen se mantendrá la tradicional organización asentada en la desconcentración administrativa; de esta forma, los tribunales y jueces ordinarios, actuando como subdelegados naturales del Consejo, asumirán la atribución de conceder las pertinentes licencias de impresión. Sin embargo, durante todo este período y a salvo de lo dispuesto en la *Novísima,* no se aprobará un "Reglamento general de imprentas" adaptado a las nuevas circunstancias; habrá que esperar para ello hasta el año 1830.

La Guerra de la Independencia convertiría en vanos los afanes de la censura, pues tras el levantamiento del Dos de Mayo, aun subsistiendo teóricamente el régimen de censura previa, *de facto,* la misma dejó de ser real, entre otras razones, por el hecho de que la eliminación en mayo de 1808 de las autoridades tradicionales tuvo como consecuencia relevante el establecimiento de una libertad de expresión e información prácticamente ilimitada, por cuanto, como escribe Artola[330], no hay noticia de que se practicase ningún tipo de control sobre la multitud de periódicos y folletos que se publicaron. Esta libertad de imprenta, que de tan peculiar modo había hecho acto de presencia, no habría de tardar mucho, apenas dos años y medio, en ser legalizada.

Estos tres siglos de vigencia de la censura iban a tener como terrible resultado el de dejar a España culturalmente postrada, manteniéndola en la caverna, arrojando a buena parte de sus gentes en esa sima profunda de la ignorancia, el fanatismo, la irracionalidad y la superstición, que tan bien reflejara Goya en esas figuras cómicas y a la par grotescas de los *Caprichos,* con los que el genio aragonés censura, a veces despiadadamente, los errores y los vicios humanos, lo grotesco del comportamiento de buen número de gentes de la época. Cierto es que tras el sentido crítico y satírico, que siempre legitimó la comicidad, y que, como señala Bozal[331], fue uno de los argumentos del anuncio de los *Caprichos,* late una finalidad pedagógica, educativa: mostrar el ridículo para corregir los vicios que lo producen. No ha de extrañar que Cabarrús, uno de nuestros más destacados ilustrados, hablara en una de sus *Cartas* del "embrutecimiento casi universal de nuestra especie degradada", y pocas líneas después, de "nuestros pueblos embrutecidos y contagiados por la opresión y el error"[332]. No en vano el dominio de la Inquisición sobre el medio escrito, como con toda razón se ha puesto de relieve[333], no tendría fisuras.

Con ánimo de relativizar el pernicioso influjo de la censura, se ha dicho que el pueblo (más correcto sería hablar de la minoría no analfabeta), no obstante la censura, tuvo

---

[329] Antonio ALCALÁ GALIANO: "Índole de la Revolución de España en 1808", *op. cit.,* p. 318.

[330] Miguel ARTOLA: *Antiguo Régimen y Revolución liberal,* Barcelona, Editorial Ariel, 1978, pp. 164-165.

[331] Valeriano BOZAL: *Pinturas negras de Goya,* Madrid, Antonio Machado Libros, 2009, p. 41.

[332] Conde de CABARRÚS: "Carta segunda. Sobre los obstáculos de opinión y el medio de removerlos con la circulación de luces, y un sistema general de educación", en *Cartas sobre los obstáculos que la naturaleza, la opinión y las leyes oponen a la felicidad pública,* Madrid, Miguel Castellote Editor, 1973, pp. 117 y ss.; en concreto, pp. 119 y 121.

[333] Josep-Francesc VALLS: *Prensa y burguesía en el XIX español,* Barcelona, Anthropos, 1988, p. 71.

libertad para leer muchas obras y que el total de libros prohibidos careció de importancia en comparación con los permitidos. Pero como sostiene Turberville[334], la censura introdujo en el reino de las letras y en el comercio de libros la misma clase de inseguridad que en los negocios en general implicaban las confiscaciones de bienes hechas por la Inquisición. La profesión de autor y la investigación científica se desanimaron igualmente, y España, en cierta medida, se mantuvo aislada de las corrientes intelectuales del resto del mundo. Podrá aducirse, y no se hará con ello sino constatar la realidad, que la vida artística, incluso literaria, española del Setecientos no perdió el fulgor de tiempos pasados. Bastará al efecto con recordar la inauguración por Fernando VI, en 1752, de la Real Academia de Bellas Artes de San Fernando o la presencia en nuestro país de artistas europeos de la envergadura de ese astro del neoclasicismo que fue Anton Raphael Mengs, pintor de origen bohemio, aunque en gran medida formado en Italia, que en su primera estancia en nuestro país pasaría ocho años (1761-1769), ocupando el puesto de pintor de cámara de Carlos III y el cargo precisamente de director de la Real Academia de San Fernando, a la que, en su segunda estancia en Madrid (1774-1776), cedió por cierto su célebre colección de vaciados de esculturas antiguas y modernas, un verdadero tesoro, o la presencia igualmente entre nosotros del genio veneciano Giovanni Battista Tiépolo, que pasó los últimos ocho años de su vida en Madrid (1762-1770), contratado por Carlos III. Pero nada de ello nos puede hacer olvidar los enormes vacíos que en otros muchos sectores del saber, desde las ciencias sociales a las experimentales, produjo la censura, particularmente en el XVIII, un siglo que siendo el de las luces en Europa, entre nosotros más bien podría decirse que fue el de la oscuridad.

El Setecientos no ha sido, desde luego, la única etapa de la vida española en que la censura ha cobrado un triste protagonismo En nuestro país, como hace medio siglo escribía ese gran intelectual que fue Lloréns[335], la censura ha hecho frente, en muchas ocasiones por motivos políticos o religiosos, a la ilustración, al panteísmo romántico, al liberalismo, al socialismo, al darwinismo, a la democracia, al existencialismo; por no decir nada de las doctrinas religiosas consideradas heterodoxas. Con ello ha dificultado la difusión entre los españoles de lo que constituye esencialmente la cultura occidental de los tres últimos siglos.

3. Las primeras construcciones doctrinales favorables a esta libertad en la Inglaterra del siglo XVII

Las primeras manifestaciones que de esta libertad encontramos en Inglaterra se vinculan con la reivindicación de la libertad de expresión y debate en sede parlamentaria, complementada por la prohibición del arresto de los parlamentarios por las opiniones vertidas en las Cámaras. La demanda de uno y otro privilegio constituirá un motivo de enfrentamiento permanente entre la Corona y el Parlamento. Ya durante la Edad Media tales privilegios eran admitidos y observados, bien que, en ocasiones, los mismos fueron

[334] Arthur Stanley TURBERVILLE: *La Inquisición española, op. cit.,* pp. 116-117.

[335] Vicente LLORÉNS: "La Inquisición en sus postrimerías", en la obra de recopilación de artículos del propio autor, *Literatura, Historia, Política,* Madrid, Ediciones de la Revista de Occidente, 1967, pp. 121 y ss.; en concreto, p. 121. Este artículo fue inicialmente publicado en el nº 57 de *Cuadernos,* París, 1962.

asimismo flagrantemente vulnerados[336]. Así, en 1376, el *Speaker* Peter de la Mare fue encarcelado por Eduardo III debido a ciertas opiniones expuestas en el Parlamento. Otro tanto había de acontecer en 1453 con el *Speaker* Thomas Thorpe, al expresar en la Cámara sus opiniones contrarias al duque de York.

Será a raíz del caso Strode (1512), cuando haya un primer pronunciamiento formal de esta libertad del Parlamento. De resultas del encarcelamiento de Strode por proponer en sede parlamentaria la adopción de una declaración de reconocimiento de los derechos de los mineros, el Parlamento declaró reglamentariamente la libertad de debate y la nulidad de las acciones emprendidas contra los parlamentarios como consecuencia de las opiniones expresadas en sede parlamentaria.

Particularmente célebre será el choque que Sir Edward Coke tendrá con el Rey Jacobo I en 1621. Ese año algunos miembros del Parlamento cuestionaron la política del Rey respecto de España y de la Iglesia Católica; el Monarca les prohibió discutir tales cuestiones posteriormente. Coke y otros parlamentarios insistieron en la libertad de expresión y debate de los miembros del Parlamento, considerándolo un privilegio heredado de Reinados anteriores, a lo que el Rey replicó que sus privilegios "were derived from the grace and permission of our ancestors and us (for most of them grow from precedents, which show rather a toleration than inheritance"). A sugerencia de Coke la *House of Commons* publicó en sus diarios una "Protestation" declarando "that the liberties, franchises, privileges and jurisdictions of Parliament are the ancient and undoubted birthright and inheritance of the subjects of England". Como recuerda Berman[337], fue por esta afirmación de que el Parlamento "heredó" sus libertades como un "derecho de nacimiento", frente a la consideración regia de que las poseía por "tolerancia real", lo que condujo a Jacobo I a cesar a Coke de su cargo en el *Privy Council*, y a ordenar su encarcelamiento en la Torre de Londres, en la que permaneció confinado y virtualmente aislado durante siete meses.

En este marco de conflictividad no debe extrañar lo más mínimo que el *Bill of Rights,* que el Rey iba a firmar el 13 de febrero de 1689, promulgándose el 16 de diciembre de ese año, –concebido como "a programme for future legislation"[338], pues nunca se pretendió que sus preceptos rigieran en sí mismos como Derecho sustantivo, sino más bien que el Parlamento volviera a estos tópicos, desarrollándolos en normas estatutarias– al enumerar a lo largo de trece artículos una lista de los "antiguos derechos y libertades" que los Lores espirituales y temporales, en unión de los Comunes, "constituyendo la plena y libre representación de esta nación", reivindicaban, estableciese en su punto IX: "Que las libertades de expresión y los debates y procedimientos en el Parlamento, no pueden ser impedidas ni investigadas en ningún tribunal o lugar fuera del Parlamento". No deja de ser significativo que esta libertad no se proclame en términos generales de modo tal que ampare la libertad de expresión de los ciudadanos. El marco histórico precedentemente esbozado, caracterizado por los constantes enfrentamientos entre la Corona y el Parlamento, puede explicar el porqué de esta enunciación circunscrita al ámbito parlamentario.

---

[336] Para un mayor detalle, cfr. Francisco Javier ANSUÁTEGUI ROIG: *Orígenes doctrinales de la libertad de expresión,* Madrid, Universidad Carlos III/Boletín Oficial del Estado, 1994, pp. 235-238.

[337] Harold J. BERMAN: "The Origins of Historical Jurisprudence: Coke, Selden, Hale", en *Yale Law Journal (Yale L. J.),* Vol. 103, 1993-1994, pp. 1651 y ss.; en concreto, p. 1677.

[338] Geoffrey LOCK: "The 1689 Bill of Rights", en *Political Studies,* Vol. XXXVII, 1989, pp. 540 y ss.; en concreto, p. 541.

En cualquier caso, el precepto ha sido considerado como "the basis of the modern law", y su interpretación y consecuencias han sido de capital importancia[339].

Cada siglo ha visto la lucha por la libertad como un continuo mantenido desde todos los frentes, si bien las cambiantes circunstancias de cada momento histórico han hecho que el énfasis se desplace de uno a otro frente. En medio de la lucha por la supremacía religiosa en la Inglaterra del siglo XVII, surgió una corriente de pensamiento negando el derecho del Estado a exigir a los súbditos la conformidad con cualquier forma establecida de religión, o lo que es lo mismo, una línea de pensamiento en defensa del principio de tolerancia religiosa. Diversos autores se ubicarán en esta dirección, pero el principal protagonismo corresponderá, sin ningún género de dudas, a John Locke. Pues bien, en este marco intelectual, como escribe Pollard, fue Milton quien con mayor nitidez vio que la libertad religiosa entrañaba la libertad de expresión ("religious freedom involved freedom of expression")[340]. En cualquier caso, no nos cabe la más mínima duda de que la tolerancia religiosa contribuyó decisivamente a abrir la tortuosa senda que después de muy diversos vericuetos había de desembocar en la libertad de expresión. Podríamos así afirmar, que la opción doctrinal en favor de la libertad de conciencia, de la tolerancia religiosa, o incluso, más ampliamente si así se prefiere, de la libertad de pensamiento, fue el *prius* intelectual que derivó en la defensa de la libertad de expresión y de imprenta, al margen ya de que, como se ha apuntado[341], el propio ambiente de tolerancia permitió la aparición de obras filosóficas esenciales para propiciar el necesario cambio de mentalidades. Ya en el siglo XVIII el conflicto se convirtió en mucha mayor medida en un intento de asegurar esta última libertad, la libertad de expresión, y con ella, la libertad de la prensa. El progresivo crecimiento durante la Ilustración de la libertad de pensamiento y de conciencia se tradujo en un similar incremento de la libertad de hablar y de escribir. Es perfectamente comprensible que así aconteciera, pues, como escribe Smith[342], "all others liberties are conditioned upon freedom of thought; and this, again, is dependent on the right to expression; for thought, like money, has value only as it is circulated".

A partir de estas ideas, los ensayos de Locke y de Milton sobre la tolerancia religiosa y la libertad de imprenta, respectivamente, se funden entre sí. Ellos constituyen el objeto de atención preferente de este punto, aunque ni mucho menos agotan las manifestaciones intelectuales sobre estas libertades, que, por poner tan sólo un ejemplo, en el ámbito de la libertad religiosa encuentran en John Goodwin y Roger Williams dos puntales básicos. Es a partir de estas ideas como ha de visualizarse la primera gran construcción doctrinal en favor de la libertad de expresión o, si así se prefiere, de imprenta: el discurso de John Milton, uno de los principales pensadores radicales y reformistas del siglo XVII inglés, que se conoce con la denominación de *Areopagítica*.

339 *Ibidem*, p. 552.

340 Robert S. W. POLLARD: "Freedom of Conscience", en *Freedom of Expression,* edited by Hermon Ould, London/New York/Melbourne/Sidney, Hutchinson International Authors Ltd., 1944, pp. 46 y ss.; en concreto, p. 46.

341 Santiago MUÑOZ MACHADO: *Los itinerarios de la libertad de palabra,* Barcelona, Editorial Crítica, 2013, p. 54.

342 Preserved SMITH: *The Enlightenment 1687-1776,* New York/London, Collier Books/Collier-Macmillan, 2nd printing, 1966 (First published by Holt, Rinehart and Winston, Inc. in 1934), p. 483.

A) La *Areopagítica* de John Milton y su defensa de la libertad de imprenta

a) La razón como función esencial del espíritu para discernir el bien del mal en un espacio intelectual abierto

En 1644, John Milton iba a publicar su famosísimo discurso *Areopagítica: a Speech for the Liberty of Unlicensed Printing,* un discurso dirigido al Parlamento inglés sobre la libertad de impresión o de imprenta sin licencia, sin autorización, o lo que es lo mismo, sin censura. La *Areopagítica*[343] es la más notable obra en prosa de Milton, lo que se fundamenta por algunas de las cualidades propias de la misma, como su ardor y su estilo, pero como se ha escrito, la grandeza de la obra también dimana de su sabiduría, su lógica y de la aplicación universal de su argumentación[344]. Es digna de destacar, desde luego, la brillante retórica que adorna las páginas de la obra miltoniana, –Milton, escribió Allen[345], podía decorar el más débil ("the feeblest") y trillado ("threadbare") argumento, o las afirmaciones más absurdas ("the most preposterous assertions") con una dignidad de estilo y un esplendor de expresión inigualado, aunque el propio autor admite que, con frecuencia, sus prejuicios y pasiones llegaron a degradar incluso su propio estilo– pero mucho más significativo aún es el intenso latido de la idea de libertad que palpita en todas ellas. Como en una obra clásica escribió Bury[346], la libertad de imprenta o de prensa es sustentada por Milton en argumentos que son válidos para la libertad de pensamiento en general. Más allá incluso de la respuesta al problema que preocupaba a Milton, la obra, conforme va avanzando, va ensanchándose y profundizando hasta tratar de todo el problema de la libertad, especialmente de la libertad intelectual, en la sociedad organizada[347]. No en vano una de las señas de identidad de un gran hombre es su capacidad de conferir a controversias triviales un significado universal[348]. Laski ha establecido un parangón entre la *Areopagítica* y la *Utopia* de Tomás Moro. La *Areopagítica* es al resto de los escritos en prosa de Milton algo como la *Utopia* a los panfletos teológicos de Sir Thomas More, tras lo que añade: "It is written in the mood of the dreamer who sees the hope of great accomplishment before his eyes"[349]. Siebert también ha hablado de la majestuosa

---

[343] El singular título de la obra, según Blasi, alude a una oración escrita análoga del filósofo griego Isocrates (436-338 a. C.) presentada bajo el sugestivo nombre de *Areopagiticus* en el año 355 a. C. ante la *Ekklesia* ateniense en defensa de la restauración de ciertos poderes al aristocrático Consejo del Areópago. Vincent BLASI: "John Milton´s *Areopagítica* and the Modern First Amendment", en *Communications Lawyer* (Publication of the Forum on Communications Law. American Bar Association), Vol. 14, Number 4, Winter 1996, pp. 11 y ss.; en concreto, p. 14.

[344] Herbert READ: "On Milton´s *Areopagítica*", en *Freedom of Expression,* edited by Hermon Ould, London/New York/Melbourne/Sidney, Hutchinson International Authors Ltd., 1944, pp. 122 y ss.; en concreto, p. 122.

[345] J. W. ALLEN: *English Political Thought 1603-1660,* Vol. I (1603-1644), London, Methuen & Co. Ltd., 1938, p. 324.

[346] J. B. BURY: *A History of Freedom of Thought,* London/New York/Toronto, Oxford University Press, 2nd edition, 1952, p. 78. En su versión italiana, *Storia della libertà di pensiero,* Milano, Feltrinelli Editore, terza edizione, 1979, pp. 86-87.

[347] Willmoore KENDALL: "Cómo debe leerse la <Areopagítica> de Milton", en *Revista de Estudios Políticos,* nº 186, Noviembre/Diciembre 1972, pp. 109 y ss.; en concreto, p. 115.

[348] The Very Rev. W. R. MATTHEWS: "The Philosophical Basis of Toleration", en *Freedom of Expression,* edited by Hermon Ould, London/New York/Melbourne/Sidney, Hutchinson International Authors Ltd., 1944, pp. 77 y ss.; en concreto, p. 78.

[349] Harold J. LASKI: "The *Areopagítica* of Milton after 300 Years", en *Freedom of Expression,* edited by Hermon Ould, London/New York/Melbourne/Sidney, Hutchinson International Authors Ltd., 1944, pp. 168 y ss.; en concreto, p. 170.

argumentación ("majestic argument") miltoniana en favor de la libertad intelectual, que si bien no puede considerarse como una declaración general de los principios de libertad de expresión y de prensa, lo cierto es que en su tiempo resultó una enérgica y poderosa argumentación frente a los controles autoritarios de esas libertades[350].

A la vista del rótulo del *speech*, el discurso pareciera efectivamente querer circunscribirse a una defensa de la libertad de palabra y de imprenta alcanzada a través del rechazo de la censura previa, pero va mucho más allá de ello. Sabine lo deja muy claro cuando escribe que "el principio básico de la *Areopagítica* es el deber y el derecho de cada hombre, como ser racional, de conocer las razones de sus creencias y de sus actos y de aceptar la responsabilidad de los mismos; y su corolario, una sociedad y un Estado en los que las decisiones se alcancen a través del debate público, en los que las fuentes de información no estén contaminadas por el poder en interés del partido, y donde la unidad política no esté garantizada por la fuerza, sino por un consenso que respete la diversidad de opiniones"[351]. Entre nosotros, Saldaña[352] se alinea con quienes piensan que la *Areopagítica* es mucho más que un mero alegato a favor de la libertad de prensa, por cuanto en la estructura axiológica que fundamenta la defensa miltoniana de la libertad de expresión se entrelazan tanto los clásicos principios del humanismo racionalista, como la libre autorrealización individual a través del conocimiento y del ejercicio de la razón, como también el emergente énfasis que la incipiente doctrina republicana hizo recaer sobre el humanismo cívico de corte maquiavélico, esto es, la necesaria conjugación de la dimensión individual y colectiva de la libertad.

No en vano un elemento básico de la argumentación miltoniana es la suposición de que los hombres, a través del ejercicio de su razón, pueden distinguir entre lo verdadero y lo falso, lo bueno y lo malo, y que para ejercer esta aptitud el hombre debe tener un acceso ilimitado a las ideas y pensamientos de los demás hombres. Milton va a visualizar la razón, a lo largo y ancho de toda su obra, como capacidad dinámica, esto es, como principio que debe ponerse a prueba en el ejercicio de la elección; para Mayoux, el racionalismo de nuestro personaje fue musical y musical su puritanismo, pues nunca fue un puritano como los demás[353]. A su vez, Curbet aduce que esta definición de la razón parece emerger de la referencia al *malum morale* (mal moral) que se puede encontrar en un manuscrito privado de Milton que se conoce como su *commonplace-book* (libro de notas y citas privado), compilado por él mismo desde finales de la década de 1830[354].

350 Fred S. SIEBERT: "The Libertarian Theory of the Press", en Fred S. Siebert, Theodore Peterson and Wilbur Schramm, *Four Theories of the Press,* Urbana (Illinois), University of Illinois Press, 1963, pp. 39 y ss.; en concreto, p. 44.

351 George H. SABINE: "Introduction", en la obra de John Milton, *Areopagítica and of Education,* New York, Appleton-Century-Crofts, 1951, p. IX. Cit. por Santiago SÁNCHEZ GONZÁLEZ: "Sobre la libertad de expresión en el mundo anglosajón", en *Revista de Administración Pública,* núm. 127, Enero/Abril 1992, pp. 45 y ss.; en concreto, p. 53.

352 María Nieves SALDAÑA: "Recepción e influencia de la *Areopagítica* de John Milton en la ideología colonial y revolucionaria norteamericana: de Franklin a Jefferson", en *Historia Constitucional* (Revista electrónica), nº 13, 2012, pp. 661 y ss.; en concreto, pp. 663-664. Puede verse en http://www.historiaconstitucional.com

353 Jean-Jacques MAYOUX: "Un classique de la liberté: l'Aréopagitique de John Milton", en *Critique,* numéro 118, 1957, pp. 195 y ss.; en concreto, p. 196.

354 Joan CURBET: "Vindicación y límites de la libertad intelectual: el lugar de *Areopagítica* (1644) en la obra de John Milton", en John Milton, *Areopagítica* (edición bilingüe), traducción, edición y notas de Joan Curbet, Madrid, Editorial Tecnos, 2011, pp. 201 y ss.; en concreto, pp. 203-204.

En las mismas páginas del manuscrito hallamos este significativo fragmento extraído del apologista cristiano Lactancio (260-325), autor de las *Divinae institutiones,* en las que demostraría la falsedad del politeísmo pagano:

> "¿Por qué permite Dios el mal? Para que su recuento pueda mantener un equilibrio con el bien. Pues el bien se da a conocer, se clarifica, y se ejercita ante el mal. Como dice Lactancio, libro 5, c. 7., la razón y la inteligencia tienen la oportunidad de ejercitarse al escoger aquellas cosas que son buenas, y al escapar de aquellas que son malas"[355].

En definitiva, para el primer Milton, la razón es una función esencial del espíritu y debe usarse activamente, aceptando la posibilidad de cometer errores. Además, como se infiere de la cita anterior, la presencia del mal adquiere una justificación: la de propiciar que a través del ejercicio de su razón el hombre pueda optar por el bien y desechar el mal. Y en la *Areopagítica* vuelve sobre la misma idea, como revelan las siguientes líneas:

> "If every action which is good, or evill in man at ripe years , were to be under pittance, and prescription, and compulsion, what were vertue –se pregunta Milton[356]– but a name, what praise could be then due to well-doing, what grammercy to be sober, just or continent?". (Si cada acción buena o perversa de un hombre de edad madura tuviera que estar bajo un mandato, prescripción u obligación, ¿qué sería la virtud sino un nombre, qué elogio debería darse al buen obrar, qué agradecimiento merecería ser sobrio, justo o moderado?).

En este pasaje Milton está defendiendo la capacidad de cada individuo de elegir la opción moral que considera adecuada; como ha escrito Read[357], "Milton welcomes the free circulation of schisms and heresies. Let every man, he says, be his own prophet". El gran escritor inglés defiende pues, de modo inequívoco, el que la libertad pueda permitir a cada cual decantarse por el error o por la verdad. Y esto, que debe de postularse de cada individuo, ha de defenderse asimismo de los libros publicados sin autorización administrativa previa, que en último término no son sino opciones abiertas para el ejercicio de su libertad por cada escritor. Ahora bien, dicho lo que antecede, conviene efectuar una precisión. La tolerancia, como bien señala Curbet[358], es un instrumento, un espacio para ejercer la libertad de pensamiento, pero la verdad es, siempre y en todos los casos, el objetivo último de la tarea del escritor y el pensador. En relación con esta idea, Milton formula en la *Areopagítica* una alegoría que constituye una de sus más celebérrimas y repetidas reflexiones:

> "Truth indeed came once into the world with her divine Master, and was a perfect shape most glorious to look on: but when he ascended, and his Apostles after him were laid asleep, then strait arose a wicked race of deceivers, who as that story goes of the *Aegyptian Typhon* with his conspirators, how they dealt with the good *Osiris,*

[355] John MILTON: *Complete Prose Writings,* vol. 1, p. 363. Cit. por Joan CURBET: "Vindicación y límites de la libertad intelectual...", *op. cit.,* p. 204.

[356] John MILTON: *Areopagítica* (edición bilingüe), traducción, edición y notas de Joan Curbert, Madrid, Editorial Tecnos, 2011, p. 86.

[357] Herbert READ: "On Milton´s *Areopagítica", op. cit.,* p. 127.

[358] Joan CURBET: "Vindicación y límites de la libertad intelectual...", *op. cit.,* p. 214.

took the virgin Truth, hewd her lovely form into a thousand peeces, and scatter´d them to the four winds. From that time ever since, the sad friends of Truth, such as durst appear, imitating the carefull search that *Isis* made for the mangl´d body of *Osiris,* went up and down gathering up limb by limb still as they could find them. We have not yet found them all, Lords and Commons, nor ever shall doe, till her Masters second comming; he shall bring together every joynt and member, and shall mould them into an immortall feature of lovelines and perfection"[359]. (Cierto que la Verdad vino una vez al mundo con su divino Señor y era una forma perfecta, la más gloriosa para contemplarla; pero cuando Él ascendió a los cielos y sus Apóstoles quedaran dormidos tras Él, en ese mismo instante surgió una raza malvada de embaucadores que, como dice la leyenda que hicieron el egipcio Tifón y sus conspiradores con el buen Osiris, tomaron a la virginal Verdad, despedazaron su hermosa forma en mil trozos y los esparcieron a los cuatro vientos. Desde entonces para acá, los tristes amigos de la Verdad que se han atrevido a dar la cara, imitando la cuidadosa búsqueda que Isis hizo del cuerpo despedazado de Osiris, han viajado por todas partes recogiendo miembro a miembro las partes del cuerpo allí donde pudieran encontrarlas. Aún no las hemos encontrado todas, Lores y Comunes, ni lo haremos jamás hasta la segunda venida de su Señor; Él reunirá cada articulación y cada miembro, los moldeará en una inmortal figura de belleza y perfección).

En la cautivadora apología transcrita, que superpone a la imagen cristiana otra de la cultura clásica, subyace como se ha dicho[360] el núcleo ideológico de la obra. Milton erige la búsqueda de la Verdad, concepto al que da una enorme trascendencia, vinculándolo con lo divino, en un proceso dinámico, siempre, eso sí, inacabado. Como en otro momento escribe, "la luz que hemos obtenido no nos fue dada para estar simplemente mirando un punto fijo, sino para que continuáramos descubriendo a través de ella todo aquello que queda lejos de nuestro saber"[361]. Inmediatamente después, y a modo de consecuencia de lo expuesto, el gran poeta inglés añade: "Suffer not these licencing prohibitions to stand at every place of opportunity forbidding and disturbing them that continue seeking, that continue to do our obsequies to the torn body of our martyr´d Saint" (No permitáis que las prohibiciones de esas autorizaciones de censura permanezcan en cada lugar en que hallen una oportunidad, prohibiendo y molestando a los que continuan buscando la Verdad, a los que continuan haciendo ofrendas al cuerpo desgarrado de nuestra Santa mártir). Y es que esas autorizaciones previas a la edición de un libro son justamente la antítesis de ese proceso dinámico de búsqueda de la Verdad que reivindica Milton, y para verificarlo nuestro autor se apoya en un pasaje de una de las menos conocidas obras del, por lo demás, gran filósofo inglés Sir Francis Bacon (1561-1626), *A Wise and Moderate Discourse Concerning Church Affairs,* para quien "such authoriz´d books are but the language of the times" ("los libros autorizados no son más que el lenguaje de su tiempo"). Milton añade que aunque el censor fuera un hombre de juicio superior a lo común, su propio empleo y cargo le empujarán a no aprobar nada más que aquello que ya esté comúnmente aceptado[362]. Y más adelante, apostilla: "Truth and understanding are not such wares as to be monopoliz´d and traded in by tickets and statutes, and standards"[363].

[359] John MILTON: *Areopagítica* (edición bilingüe), *op. cit.,* pp. 144 y 146.
[360] Joan CURBET: "Notas", en John Milton, *Areopagítica* (edición bilingüe), *op. cit.,* nota 207, p. 145.
[361] John MILTON: *Areopagítica* (edición bilingüe), *op. cit.,* p. 149.
[362] *Ibidem,* pp. 108 y 111.
[363] *Ibidem,* pp. 114-115.

(La verdad y el conocimiento no son mercancías que puedan ser objeto de monopolio o comercio a través de etiquetas, regulaciones o patrones fijos). "No debemos pensar –sigue argumentando nuestro autor– que se puede convertir el saber de nuestro país en un producto mercantil, que puedea etiquetarse o autorizarse como hacemos con nuestras telas o nuestros cargamentos de lana". En resumen, el trabajo intelectual es para Milton una empresa de diálogo y colaboración entre mentes inquisitivas y honestas; ninguna de ellas tiene acceso al conjunto de la verdad, pero todas ellas contribuyen a iluminar fragmentos de la misma. Se trata de una búsqueda perpetua, siempre inacabada, que requiere de un espacio intelectual abierto, tan libre de obstáculos como sea posible[364].

"Give me the liberty to know, to utter, and to argue freely, according to conscience, above all liberties"[365]. (Dadme la libertad de conocer, de expresarme y de razonar libremente según mi conciencia, por encima de todas las demás libertades). Estas célebres y apasionadas palabras del autor del *Paraíso perdido* expresan con incomparable fuerza la idea de la libertad intelectual, a la que vienen a situar en el frontispicio del templo de las libertades civiles. Kendall ha establecido un parangón entre este pasaje y la familiar frase de Patrick Henry, uno de los prohombres de la Revolución americana: "Dadme la libertad o dadme la muerte", aunque piensa que, dejando aparte las dificultades en cuanto a lo que Milton pudo haber entendido por "libertad" (es significativo que se refiera a la libertad de acuerdo con su conciencia), no se trata de una demanda general, como la de Patrick Henry, referente a la política pública sobre la libertad de palabra, sino de una demanda particular planteada en una situación particular. Por nuestra parte, ya hemos puesto de relieve cómo creemos que Milton trasciende lo particular para acceder a lo universal, y en cualquier caso, estamos completamente de acuerdo con Matthews en que tales palabras resumen las razones por las que la publicación de la *Areopagítica* es un acontecimiento memorable en la historia de la cultura occidental[366].

Ciertamente, todos los grandes humanistas del Renacimiento habían visto que el derecho a imprimir libremente era concomitante a un pensamiento libre y a una conciencia igualmente libre, pero también es reseñable que ninguno de ellos visualizó con la agudeza de Milton la relevancia de una prensa libre y el inmenso poder de los libros impresos[367], y quizá sea aún más notable que los más acerbos críticos de la libertad de pensamiento, para los que, además, las ideas de Milton sobre el gobierno de la Iglesia y sobre el matrimonio hacían de él un enemigo susceptible de ser atacado con pasión, dejaran pasar la *Areopagítica* sin censura ni ataque. Milton, por supuesto, era por encima de todo un humanista, el más relevante representante inglés de ese movimiento que había abandonado el dogmatismo de la Edad Media y buscaba una base natural o empírica para sus creencias. Según Read, Milton habría suscrito la definición de William James: "True ideas are those that we can assimilate, validate, corroborate, and verify. False ideas are those that we cannot"[368]. Se ha dicho que todo el esplendor del Renacimiento platónico se halla en

[364] Joan CURBET: "Vindicación y límites de la libertad intelectual...", *op. cit.*, p. 215.

[365] John MILTON: *Areopagítica* (edición bilingüe), *op. cit.*, p. 172.

[366] The Very Rev. W. R. MATTHEWS: "The Philosophical Basis of Toleration", *op. cit.*, p. 77.

[367] "Milton, let us remember, –escribe Laski– has no sort of doubt about the immense power of printed books. He admits the harm they can do, though he is emphatic that their potential good outweighs the harm. He recognises fully that <a fool will be a fool with the best book>. But he insists that none is fit for the task of censorship; it is, indeed, but one form of murder". Harold J. LASKI: "The *Areopagítica* of Milton...", *op. cit.*, p. 169.

[368] Herbert READ: "On Milton´s *Areopagítica*", *op. cit.*, p. 125.

su figura. Milton aparece sin cesar como una figura múltiple: inglés y europeo, puritano y humanista, dialéctico y poeta, inflexible y vulnerable. Son contradicciones que aparecen reunidas por unas constantes de las que quizá la más decisiva sea su anticatolicismo[369].

b) Circunstancias históricas en que ha de situarse el *speech* de John Milton

El discurso de Milton es fruto de unas determinadas circunstancias y responde a unos intereses concretos. Esas circunstancias son las propias de la Revolución puritana, un contexto histórico en el que, como se ha señalado[370], germinan los principios iuscontractualistas que conducirán a la legitimación secular del poder y a la defensa de los derechos individuales como presupuesto fundacional del nuevo modelo de Estado que plasmaría a raíz de la *Glorious Revolution*. La vinculación del célebre escritor al proceso revolucionario (Carlos I era ejecutado en enero de ese mismo año 1649), su teorización política plasmada, entre otras publicaciones, en *The Tenure of Kings and Magistrates* (1649), en la que refuta frontalmente la tiranía, que nuestro autor identifica, como era lógico en la época, con la institución monárquica, habiéndose considerado esta obra como la versión más elocuente de la teoría contractual del período puritano, y su *Defence of the People of England* (1651), en la que desmonta la doctrina en la que se asentaba el origen divino del poder regio, en definitiva, su compromiso y defensa a través de su pluma de los principios en que se sustentó la Revolución puritana, ha llevado a alguna autora a tildarle de "poeta de la Revolución puritana"[371].

En otro orden de consideraciones, hay que recordar que tras la Bula de 1501 de Alejandro VI, por la que el Papa Borgia, como ya expusimos, vino a establecer el preceptivo *imprimatur* para las publicaciones, el sacerdote inglés Jean Colet, uno de los más relevantes humanistas ingleses, iba a liderar la posición crítica frente a tal decisión de la Iglesia de Roma, mostrándose además muy crítico ante la habitual corrupción en la provisión de los cargos eclesiásticos por parte del Pontificado. Nada tiene de extraño que fuera tachado de hereje y condenado por sus supuestas connivencias con los reformadores, algo muy poco probable si se tiene en cuenta que Colet falleció en 1519, fecha en que el movimiento reformista apenas se había iniciado. Recuerda Blanco Vila[372], que en el primer cuarto del siglo XVI, Inglaterra era territorio libre y acogedor para los humanistas que, con estilo más serio o desenfadado, estaban haciendo cosquillas a los Santos Padres en materia de interpretación bíblica (incluida la Vulgata de San Jerónimo, único texto canónico de la Iglesia) y soliviantando a los ortodoxos de Roma con sus atrevimientos doctrinales. Ello se traduciría en un constante rechazo por parte de los intelectuales libres de la censura.

El 11 de julio de 1637 la Cámara Estrellada, que en Inglaterra asumió la tarea de control y, en su caso, persecución de las publicaciones, que en otros países ejercían los

[369] Jean-Jacques MAYOUX: "Un classique de la liberté: l'Aréopagitique de John Milton", en *Critique*, numéro 118, 1957, pp. 195 y ss.; en concreto, pp. 195 y 197.

[370] María Nieves SALDAÑA DÍAZ: "En defensa de la libertad de prensa: la *Areopagítica* de John Milton", en *Revista de Estudios Políticos*, nº 125 (Nueva época), Julio/Septiembre 2004, pp. 277 y ss.; en concreto, p. 284.

[371] Nieves SALDAÑA DÍAZ: "El Poeta de la Revolución Puritana: Teoría Política de John Milton", en *Historia Constitucional* (Revista electrónica), nº 2, Junio 2001, pp. 1-46 (en concreto, p. 4) del texto al que se accede a través de la siguiente dirección electrónica: http://vlex.com/vid/poeta-revolucion-puritana-john-milton-42143878.

[372] Luis BLANCO VILA: "Milton: un poeta puritano en la Revolución", Introducción a la obra de John Milton, *Areopagítica*, Madrid, Torre de Goyanes, 1998, pp. 7 y ss.; en concreto, p. 17.

tribunales del Santo Oficio, dictaba el *Decree of Star-Chamber Concerning Printing*. En ese decreto podía observarse la influencia de la Iglesia, como se ponía de relieve por el hecho de que muchas de las potestades sancionadoras, que se dirigían contra los escritos "sediciosos, cismáticos u ofensivos", peligrosos para la religión, la Iglesia o el gobierno, iban a ser ejercidas por el Arzobispo de Canterbury y por el Obispo de Londres, previéndose un control previo que, en función de la materia de la obra, se atribuía a una u otra autoridad[373].

La disolución en 1641 de la Cámara Estrellada propició un corto período de ejercicio de la libertad de expresión y de imprenta. Blasi facilita los siguientes realmente espectaculares datos: en 1640 el número de panfletos publicado en Inglaterra fue de 22; en 1642 se había elevado a 1966[374]. Un crecimiento realmente sorprendente. Sin embargo, ya en plena guerra civil, el 14 de junio de 1643, ante las numerosas obras falsas, escandalosas, subversivas y difamatorias que, "con gran desdoro de la Religión y del Gobierno", se publicaban, los Lores y los Comunes dictaban una Orden[375] en la que, entre otras cosas, disponían "that no book, pamphlet, paper.... shall from henceforth be printed.... by any person or persons whatsoever, unless the same be first approved of and licensed under the hands of such person or persons as both, or either of the said Houses (of Parliament) shall appoint for the licensing of the same...." (ningún libro, panfleto o publicación será, de ahora en adelante, impreso o puesto a la venta por ninguna persona, a menos que el mismo hubiere sido antes aprobado y autorizado por la persona o personas que ambas Cámaras o cualquiera de ellas nombraran para dar tal autorización). Se preveía además, que ningún libro cuyos derechos exclusivos se hubieren otorgado a la Compañía de Libreros (*Company of Stationers*) "para su ayuda y el sostén de los necesitados", sería impreso por cualesquiera personas "sin licencia y permiso expreso del maestro, censor o comisionados de dicha Compañía". Complementando esas previsiones censoras, se facultaba a la Compañía de Libreros y a los funcionarios de ambas Cámaras para la búsqueda y localización de las imprentas no autorizadas y para proceder a su destrucción, así como para la confiscación de los libros y demás publicaciones sin licencia, como asimismo a la "aprehensión de todos los autores e impresores", debiendo prestar los Jueces de paz, capitanes, alguaciles y demás funcionarios la máxima colaboración para ayudar a la ejecución de lo que la Orden prescribía. Fue contra ese marco legal contra el que John Milton (1608-1674) iba a dirigir su desprecio, su elocuencia, su erudición y su aplastante lógica. Milton, apostilla Read[376], tomó el Parlamento al asalto y aunque sus deliberaciones sobre el tema no están recogidas en archivos, lo cierto es que él fue el vencedor.

En cualquier caso, no puede soslayarse que el panfleto miltoniano iba a tener mucho que ver con sus peculiares circunstancias personales. De ahí que exista una cierta convergencia doctrinal en torno a la necesidad de leer la *Areopagítica* en el contexto especial de la psicología miltoniana. En el verano de 1642, Milton viajaba a Oxford, y al poco tiempo contraía matrimonio con la atractiva Mary Powell, de carácter y costumbres bien distintas

[373] Francisco Javier ANSUÁTEGUI ROIG: *Orígenes doctrinales de la libertad de expresión*, Madrid, Universidad Carlos III/Boletín Oficial del Estado, 1994, pp. 239-240.

[374] Vincent BLASI: "John Milton´s *Areopagítica* and the Modern First Amendment", *op. cit.*, p. 12.

[375] Los aspectos fundamentales de la Orden se transcriben, a modo de preámbulo, en la obra de John MILTON, *Areopagítica*, traducción de Juan C. Catalán (Biblioteca de Leyes y Letras del Ilustre Colegio de Abogados de Madrid), Madrid, Torre de Goyanes, 1998, pp. 43-44.

[376] Herbert READ: "On Milton´s *Areopagítica*", *op. cit.*, p. 124.

a las de su marido, que además tan sólo contaba con la mitad de sus años, y que a las pocas semanas abandonaba el hogar conyugal para refugiarse en el de sus padres, dando a entender que en él permanecería largo tiempo (en la realidad su huída del domicilio conyugal se prolongó durante tres años). Aunque Mary volvió finalmente a Londres junto a su marido, con el que tuvo cuatro hijos, lo acontecido resultó una frustrante experiencia para un hombre del idealismo y orgullo de Milton, particularmente, como refiere Blasi[377], porque una importante tendencia de la teología puritana veía el amor matrimonial como una manifestación del amor de Dios. A modo de reacción frente a tal situación, el escritor se planteó estudiar si verdaderamente podía ponerse punto final a un matrimonio tan sólo por la incompatibilidad existente entre los cónyuges, sin necesidad del adulterio exigido por la ley de entonces y casi por todo aquel que conociera las Escrituras. Finalmente, en agosto de 1643 Milton publicó la obra *The Doctrine and Discipline of Divorce,* que no sólo suscitó el malestar de los clérigos, muy particularmente de los presbiterianos, sino también una denuncia de la Compañía de Libreros por haberse publicado sin las preceptivas licencias, vulnerando con ello la Orden de junio de 1643.

En la obra precedente es claro que Milton percibió ya la existencia de tres tipos de libertad que eran esenciales para la felicidad de la vida social: la religiosa, la doméstica y la civil. De esta forma, cuando en el verano de 1644, aquejado ya por la ceguera y con su mujer residiendo todavía en la casa de sus padres, Milton escribe la *Areopagítica,* lo hace en buena medida para defender su causa, aunque de paso defienda también la causa genérica de la libertad. El discurso, que adopta la forma de una oración, escrita antes que hablada, siguiendo las reglas de la retórica clásica, se publicó en noviembre de ese mismo año 1644, y aunque el poeta no consiga el fin último pretendido por el mismo, que no era otro que el de la derogación de la Orden de junio de 1643, sí logrará su objetivo particular de acabar con el proceso que contra él se había iniciado.

c) Argumentos en que nuestro autor sustenta su posición

Milton trata de justificar un discurso crítico como el suyo en una reflexión previa: la de que la denuncia de lo que podía haberse hecho mejor, con la misma franqueza que el elogio de lo que con nobleza se ha hecho, supone realizar la más alta proeza de buena fe, tras lo que aduce "que mejor sería para la verdad, para la sabiduría y hasta para la República" que el Decreto de junio de 1643 quedara sin efecto[378]. El autor del célebre *Paradise Lost* (1667) no descalifica ni mucho menos el contenido de la mencionada Orden, sino que centra su crítica en la cláusula que se refiere a la necesaria licencia para imprimir libros ("que, escribe Milton, se nos antojaba con sus hermanas cuaresmal y matrimonial, desaparecida al desaparecer los prelados").

Milton iba a articular su discurso a través de cuatro líneas argumentativas. En la primera, se centra en quiénes fueron los inventores de la censura, algo que, dice Milton, no ha de halagar mucho al Parlamento, pues es obvio que va a mostrar la estrecha conexión entre la censura y los sistemas políticos represivos. Más aún, la estrategia miltoniana se revela con meridiana nitidez en esta primera argumentación, pues, como señala Limouze, en ella Milton trata de mostrar la culpabilidad por asociación del Parlamento presbiteriano,

[377] Vincent BLASI: "John Milton´s *Areopagítica* and the Modern First Amendment", *op. cit.,* p. 13.
[378] John MILTON: *Areopagítica,* (edición del Ilustre Colegio de Abogados de Madrid), *op. cit.,* p. 49.

al demostrar que la *licensing policy* que este órgano recibió de los Obispos se tomó a su vez, no de las Escrituras o de alguna práctica antigua comprobada, sino, por seguir los términos de Limouze, (que en absoluto compartimos) que él parece reconducir al sentir de Milton, "from Antichrist himself, the Pope"[379]. En la segunda línea de argumentación, atiende a "lo que debe pensarse en general de la lectura, independientemente de los libros de que se trate, e innecesario es decir que el gran poeta va a mostrar aquí los enormes beneficios de la lectura. En su tercera línea de argumentación, Milton pretende sobre todo demostrar que la Orden "de ninguna manera va a conseguir la desaparición de libros difamatorios, subversivos y escandalosos, aunque sea ese el objetivo precisamente tenido en cuenta para su promulgación". En fin, en la cuarta y última, el autor de *El paraíso recuperado* (1671) trata de demostrar que la citada Orden "va a causar grave desaliento en el mundo de la ciencia y una paralización del avance de la verdad"[380]. Sus líneas de argumentación, como se reconoce generalizadamente, parecen anticipar las seguidas por Stuart Mill (1806-1873) en su conocido ensayo *On the liberty*[381].

---

379 Henry S. LIMOUZE: "<The Surest Suppressing>: Writer and Censor in Milton´s *Areopagítica"*, en *The Centennial Review,* Vol. 24, 1980, pp. 103 y ss.; en concreto, p. 107.

380 John MILTON: *Areopagítica,* (edición del Ilustre Colegio de Abogados de Madrid), *op. cit.*, p. 52.

381 En una breve aproximación al pensamiento de John Stuart Mill sobre la libertad que nos ocupa, lo primero que ha de decirse es que en 1807, cuando contaba tan sólo un año de edad, la *Edinburgh Review* publicaba un artículo en el que se afirmaba que "the liberty of the press is, indeed, the most inestimable security.... of a people, because it gives that tone to the public feelings, on which all liberty must ultimately rest". En el propio artículo, se lamentaba el hecho de que "the liberty of the press does not exist, nor ever did exist in England, but by connivance" (*Apud* K. C. O´ROURKE: *John Stuart Mill and Freedom of Expression. The genesis of a theory,* London and New York, Routledge, 2001, p. 9); en definitiva, para el autor de ese artículo, sólo por connivencia había existido la libertad de la prensa en Inglaterra. Cuatro años más tarde, el historiador, economista y filósofo británico James Mill (1773-1836), padre de John Stuart Mill, en un artículo que publicaba asimismo en la citada Revista de Edimburgo, mencionaba con aprobación el referido trabajo, para demostrar que las opiniones que ahora formulaba no habían sido adoptadas a la ligera, y no eran sugerencia inmediata de cualquier acontecimiento por el que la atención pública pudiera haber sido recientemente atraída. Mill padre cuestionaba la sensatez de la naturaleza indefinida de la ley de difamación como entonces existía en Inglaterra y defendía la noción de que "si los hombres emplearan tan sólo una pequeña paciente consideración en formar sus ideas, no nos desesperaríamos por conseguir todas, sino unas pocas, para compartir con nosotros la opinión de que en la medida en que la libertad de prensa fue la causa de la Revolución Francesa, si en Francia hubiera existido una prensa libre, la Revolución Francesa nunca habría tenido lugar" (*Ibidem,* p. 10). Esta posición radical sobre la libertad de prensa y la ley sobre los libelos difamatorios se convirtió en una de las ideas favoritas del padre de John Stuart Mill. Y que esa idea fue grabada en la mente de su hijo por James Mill es algo de lo que se haría eco aquél en su *Autobiography,* una obra póstuma. En los años jóvenes de John Stuart Mill, una persona podía ser encontrada culpable de un escrito difamatorio por inculcar la idea de la insatisfacción con el gobierno o con la constitución. En Inglaterra, por supuesto, existía la libertad de la prensa, pero la misma era una libertad dentro de los límites marcados por la ley, y desde luego no era una libertad ilimitada. En este contexto se ha de ubicar la inconmensurable aportación que John Stuart Mill va a hacer a la libertad de expresión en su obra *On liberty.*

Digamos ante todo, que para John Stuart Mill la libertad es el derecho de cualquier individuo a pensar y actuar como desee en la medida en que, al hacerlo así, no dañe a ningún otro. Para Mill, toda acción humana se debe dirigir a crear, mantener e incrementar la mayor felicidad del mayor número de personas. Ya desde el mismo inicio del capítulo segundo de su obra ("Of the Liberty of Thought and Discussion"), Mill pone un especial énfasis en la enorme importancia de la libertad de expresión del individuo, que es expresada en los siguientes términos, harto conocidos y citados: Si toda la humanidad menos uno fuera de la misma opinión ("If all mankind minus one, were of one opinion"), y solamente una persona fuera de la opinión contraria ("and only one person were of the contrary opinion"), el género humano no estaría más justificado para silenciar a esa única persona de lo que ésta lo estaría, si tuviera el poder para ello, de silenciar a toda la humanidad. Si la opinión fuera una posesión personal de ningún valor excepto para el propietario; si ser obstaculizado en su goce fuera simplemente un perjuicio privado, podría establecerse alguna diferencia entre que el perjuicio se infligiera solamente a unas pocas personas o a muchas. Pero el

En su recorrido histórico sobre la censura Milton constata no haber encontrado en Atenas más que dos clases de escritos sujetos a la jurisdicción del magistrado: los blasfemos y los difamatorios; por contra, "nunca se preocuparon de otros movimientos y opiniones, aunque muchos de ellos se inclinaban a la lascivia y a negar la providencia divina". En

---

daño particular de silenciar la expresión de una opinión es que es un robo a la raza humana ("it is robbing the human race"), y ello tanto a la posteridad como a la generación existente, y aún más a los que disienten de esa opinión que a los que la comparten. Si la opinión es correcta, se les priva la oportunidad de cambiar el error por la verdad; si es equivocada, ellos pierden la más clara percepción y la más viva impresión de la verdad ("the clearer perception and livelier impression of truth"), producida por su contraste con el error, lo que es un beneficio casi tan grande (John Stuart MILL: *On Liberty,* edited by David Bromwich and George Kateb, New Haven and London, Yale University Press, 2003, p. 87). Mill considera que el hábito constante de corregir y completar la propia opinión mediante su confrontación con la de otros ("by collating it with those of others"), lejos de causar dudas y vacilaciones en el momento de ponerla en práctica, es el único fundamento estable para tener una justificada confianza en ella ("is the only stable foundation for a just reliance on it") (*Ibidem,* p. 90). La influencia sobre Mill ejercida por Jeremy Bentham se advierte en la consideración del filósofo londinense de que "la verdad de una opinión es parte de su utilidad" ("the truth of an opinion is part of its utility"), y si quisiéramos conocer si es o no deseable que una proposición sea creída, ¿será posible –se pregunta nuestro autor– excluir la consideración de si es o no verdadera?

Mill nos ofrece cuatro razones diferentes en las que sustentar la necesidad de la libertad de opinión y de expresión ("freedom of opinion and freedom of the expression of opinion"). La primera es que cualquier opinión silenciada podría ser verdadera. Negar esto es asumir nuestra propia infalibilidad ("to deny this is to assume our own infallibility"). Es éste uno de los argumentos de mayor interés que aporta Mill. Se trata del que Posner ha llamado "the fallibilist argument" (una prefiguración de argumentos hechos por algunos filósofos posteriores como Charles Sanders Peirce y Karl Popper, como también por el gran *Associate Justice* Oliver Wendell Holmes), que lo que nos viene a decir en definitiva es que la validez de una hipótesis no puede determinarse sin hacer que la hipótesis en cuestión esté sometida a recusaciones hostiles (Richard A. POSNER: "*On Liberty.* A Revaluation", en la obra de John Stuart Mill, *On Liberty, op. cit.,* pp. 197 y ss.; en concreto, p. 199). La segunda razón es que aunque la opinión silenciada sea un error, puede contener una parte de verdad ("a portion of truth"), y así sucede comúnmente; y como la opinión general o prevalente sobre cualquier cuestión raramente, o nunca, es la totalidad de la verdad ("the whole truth"), sólo a través de la confrontación de opiniones adversas ("by the collision of adverse opinions") hay alguna probabilidad de que el resto de la verdad ("the remainder of the truth") sea proporcionado. La tercera razón es que aún si la opinión admitida fuera no sólo verdadera, sino la totalidad de la verdad ("the whole truth"), será considerada por la mayor parte de los que la admiten como un prejuicio ("in the manner of a prejudice"), con escasa comprensión o sentimiento de sus fundamentos racionales, a menos que se permita que sea, y realmente lo sea, fuerte y seriamente rebatida. La cuarta y última razón aportada por John Stuart Mill es que el significado de la propia doctrina estará en peligro de perderse, debilitarse o de verse privado de su efecto vital sobre el carácter y la conducta, convirtiéndose el dogma en una simple declaración formal ("the dogma becoming a mere formal profession"), ineficaz para su utilidad, pero estorbando su fundamento e impidiendo el crecimiento de cualquier convicción real y sincera desde la razón o la experiencia personal.

Dos últimos aspectos queremos subrayar. El primero es que, como se ha puesto de relieve, la concepción política de la libertad de expresión sustentada por el pensador inglés (a modo de complemento de su operatividad como libertad personal, añadiríamos por nuestra cuenta) aparece clara en la alusión que hace a la necesidad de un libre y abierto debate (que Mill describe como "the collision of adverse opinions"), cuyo significado más bien parece apuntar al ciudadano democrático antes que al individuo aislado (Owen FISS: "A Freedom Both Personal and Political", en la obra de John Stuart Mill, *On Liberty, op. cit.,* pp. 179 y ss.; en concreto, p. 186). El segundo es que la sociabilidad desempeña un importante rol en la argumentación de la obra que nos viene ocupando (Cfr. al respecto, Jeremy WALDRON: "Mill as a Critic of Culture and Society", en la obra de John Stuart Mill, *On Liberty, op. cit.,* pp. 224 y ss.; en concreto, pp. 226-229). En el capítulo IV del libro ("Of the Limits to the Authority of Society over the Individual"), Mill sostiene que sería "a great misunderstanding" de la doctrina que plasma en su libro suponer que él está prescibiendo "selfish indifference, which pretends that human beings have no business with each other´s conduct in life, and that they should not concern themselves about the well-doing or well-being of one another, unless their own interest is involved" (la indiferencia egoísta, que pretende que los seres humanos no tengan relaciones con la conducta en la vida de los demás, y que no deban preocuparse ellos mismos acerca del bien y del bienestar de cualquier otro, a menos que esté afectado su propio interés). (John Stuart MILL: *On Liberty, op. cit.,* p. 140).

relación a Roma, nuestro autor se hace eco del cambio que experimentó el propio Catón el Censor, que en sus años postreros se entregó al estudio de lo que antes había merecido su repulsa. Se hace eco también de la quema de libelos en la Roma imperial, cuyos autores fueron castigados por Augusto, pero supone que una severidad semejante tan sólo fue aplicada a los escritos atentatorios contra los venerados como dioses. La conclusión de Milton en relación al mundo antiguo es clara: "salvo en estos casos, siempre hubo libertad para escribir sobre cualquier tema"[382].

Serán los Papas, "que tenían en sus manos todo el poder político que se les antojara", quienes cambiarán el signo al comenzar "a quemar y prohibir la lectura del libro que se les atravesaba", aunque nuestro autor reconoce que, en un primer momento, con una cierta moderación en la censura, "hasta que Martín V, mediante una bula, no sólo prohibió la lectura de libros heréticos sino que la penalizó, incluso, con la excomunión". Poco después, Milton se refiere a cómo "el matrimonio del concilio de Trento y la Inquisición española engendraron y dieron a luz, cuando menos en su fórmula más perfecta, esos catálogos e Índices expurgatorios que hurgan en las entrañas de muchos y buenos autores antiguos, con una violación peor que cualquier otra que pudiera amenazar su tumba". Y lo último que idearon fue que ningún folleto o papel fuera a la imprenta si no iba con la aprobación y el consentimiento de dos o tres frailes[383].

Milton considera la censura como un mecanismo sospechoso y lleno de peligros, entre otras razones, en cuanto incide negativamente sobre la lectura de los libros, sea cual fuere su naturaleza, pasando a renglón seguido a sopesar si va a ser más alto el beneficio o el daño que de semejante lectura se va a sacar. El autor rechaza que "un libro, peor tratado que un alma pecadora, tenga que presentarse a un jurado antes de salir al mundo y sufrir, aún sin haber visto la luz, el juicio de Radamanto y sus colegas"[384]. Y ello, entre otras razones, porque "ni los libros ni el conocimiento de lo que los libros contienen podrán corromper la voluntad ni la conciencia, si no están antes corrompidas". El poeta inglés argumenta además la enorme dificultad de separar el bien y el mal, la verdad y la falsedad, pues "en el huerto de este mundo crecen el bien y el mal en una convivencia nada fácil de deslindar, y el conocimiento del bien se encuentra tan vinculado al del mal, y es, en tantas sutiles semejanzas, tan difícil de discernir, que ni siquiera las revueltas semillas que se le dieron a Psiquis para que las separara, con clara diferenciación en cada especie, estaban tan revueltas". Así las cosas, la observación conjunta de ambas realidades se hace inexcusable para la identificación del bien, de la verdad, y todo ello exige a su vez de la lectura. "Parece claro –nos dice Milton– que el conocimiento y la observación del vicio en este mundo son tan necesarios para el asentamiento de la virtud humana, de igual manera que el examen del error lo es para mayor firmeza de la verdad, ¿podremos explorar los dominios del pecado y de las falsedades con mayor seguridad y con menos peligro que leyendo toda suerte de ensayos y escuchando todo tipo de razonamientos? Este es el beneficio que se obtiene de la entremezclada lectura de los libros"[385]. Los libros,

[382] John MILTON: *Areopagítica,* (edición del Ilustre Colegio de Abogados de Madrid), *op. cit.,* p. 58.

[383] *Ibidem,* pp. 59-60.

[384] *Ibidem,* p. 62. Radamanto (en griego *Rhadamanthys*) fue un héroe cretense, hijo de Zeus y de Europa y hermano de Minos. Por su sabiduría y su sentido de la justicia se convirtió a su muerte, junto a Minos, Eaco y Triptolemo, en uno de los jueces de los infiernos.

[385] John MILTON: *Areopagítica,* (edición del Ilustre Colegio de Abogados de Madrid), *op. cit.,* pp. 69-70.

dirá en otro momento nuestro autor, no pueden ser eliminados sin que el saber sufra y sin que decaiga la capacidad de polémica.

Pero aún hay algo más relevante. Para Milton, sin libertad no hay virtud, con lo que viene a sentar una relación binomial virtud/libertad. Ya hemos aludido con anterioridad a su nítida toma de postura al respecto. Recordemos su inquisitivo interrogante: si todo acto, bueno o malo, de un hombre maduro tuviera que someterse a una previa autorización, ¿qué sería la virtud sino un mero nombre, qué elogio debería darse a quien hace el bien y qué agradecimiento merecería ser sobrio, justo o moderado?. El autor se fija asimismo en la altísima providencia de Dios, que por mucho que nos ordene ser comedidos y justos, no por ello deja de derramar delante de nuestros ojos todas las cosas deseables y nos sigue dotando de fuerza suficiente como para equivocarnos. Así las cosas, se interroga Milton, "¿por qué habíamos, pues, de aceptar un rigor contrario al estilo de Dios y de la propia naturaleza, limitando o reduciendo esos medios, debiendo, como se debe, permitir sin traba los libros, sirvan para probar la virtud o para ejercitar la verdad?"[386]. El hombre no ha sido encerrado por Dios en una perpetua e impuesta infancia, sino que fía en la razón que le ha dado para que elija por sí mismo. Bien podríamos decir pues, que razón y libertad deben de ir íntimamente entrelazadas en ese esfuerzo comunitario que nuestro autor demanda por la verdad, si bien en esa trilogía de razón, verdad y libertad que impregna todo su discurso no nos cabe duda, y en ello concordamos con Carrillo[387], en que para Milton la libertad es lo único absolutamente inexcusable para el hombre, pues la razón no es sino la libertad de elección y la práctica de la virtud.

Llegados aquí, nos encontramos con un pasaje que ha sido tildado de vergonzante[388], en el que Milton parece retroceder, quizá persiguiendo una actitud posibilista, que desde luego creemos que casa muy mal con el hilo conductor de todo su discurso:

> "Sin embargo, –argumenta Milton– para que la dignidad de vuestra institución, Lores y Comunes, no se vea afectada, ahí tenéis otra labor que sí os corresponde; debéis derogar y proscribir todos los libros escandalosos y no autorizados que ya han sido impresos y distribuidos y que por ahí andan... Y eso debéis hacerlo tras haber confeccionado una lista para que todo el mundo sepa qué libros están condenados y cuáles no. Del mismo modo, deberéis ordenar que ningún libro extranjero salga de custodia hasta que no haya sido examinado punto por punto. Este proceso requerirá desde luego, el tiempo de no pocos censores, que no deben ser, en ningún caso, gente vulgar"[389].

La tercera línea argumental se centra en la ineficacia de la censura para alcanzar la finalidad pretendida por la norma desencadenante del discurso. Entre otras razones en las que basar la inutilidad de la norma, Milton atiende a la necesaria calidad de que

---

[386] *Ibidem*, p. 80.

[387] Marc CARRILLO: "Estudio Preliminar", en la obra de John Milton, *Areopagítica*, Madrid, Editorial Tecnos, 2011, pp. IX y ss.; en concreto, p. XL.

[388] En tales términos lo califica Luis BLANCO VILA, en "Milton: un poeta puritano en la Revolución" (Introducción), en John Milton, *Areopagítica*, (edición del Ilustre Colegio de Abogados de Madrid), *op. cit.*, pp. 7 y ss.; en concreto, p. 34.

[389] John MILTON: *Areopagítica, op. cit.*, p. 81.

deben gozar los censores[390], concluyendo que quien aprecie su tiempo y sus estudios difícilmente llegará a soportar semejante profesión. Así las cosas, nuestro autor no cree tener demasiada dificultad en augurar el tipo de censores que aplicarán la norma en cuestión: o ignorantes, déspotas y remolones, o mercenarios rastreros. De esta forma, la Orden no podrá alcanzar nunca el fin que se había propuesto.

En su última línea argumental Milton pasa del bien que no se puede conseguir al evidente daño que va a provocar la Orden sobre el avance del saber. Para Milton, la censura conducirá a que nadie se preocupe de aprender, ni dé importancia a más artes que las mundanas, "porque, ciertamente, mostrarse ignorante y vacío en las cosas más sublimes, ser vulgar y a todas luces tonto de capirote, será la forma más sabrosa y apreciada de vida". "Yo –añade nuestro autor[391]– soy incapaz de pensar que la inventiva, el arte, el ingenio, el profundo y sólido juicio crítico de los ingleses, que todo pueda caber en veinte sujetos, por notables que sean, y, mucho menos, que no se dé libertad de expresión a otros sin que tengan que pasar el filtro y ser tamizada por los censores, de suerte que no llegue al público sin su huella manual. Verdad e inteligencia no son mercancías monopolizables, que admitan tráfico mediante cupones, estatutos y patrones oficiales".

En las páginas finales de su discurso, Milton formula una suerte de llamada al Parlamento, instando a los Lores y Comunes a considerar el país que están gobernando, que "no se trata de un Estado cerrado y obtuso, sino de un espíritu vivo, ingenioso y agudo, dotado de facilidad para la invención irónica, firme al tiempo que sutil en el discurso, que no renuncia a tema alguno, ni el más elevado que pueda sobrevolar la criatura humana", para añadir más adelante, que donde hay mucho deseo de aprender es natural que haya mucho que argumentar, muchos escritos, diversas opiniones, "porque la opinión en la gente de valía no es más que un conocimiento en desarrollo y formación"[392]. Con esta última y enormemente relevante reflexión, Milton relativiza el carácter absoluto de cualquier opinión aunque se tenga por verdadera; con ello, la verdad queda sujeta a ese proceso dinámico y evolutivo del que ya hemos hablado, en el que el debate abierto acerca de las diferentes opiniones en litigio cobra una decisiva trascendencia. Milton nos está viniendo a decir que sólo a través del libre mercado de las ideas puede accederse a la verdad. Innecesario es decir que nada hay más opuesto a todo ello que la censura, que es un agravio inadmisible frente a esa verdad en permanente dinamismo. De ahí que, en una muestra de la embriagadora retórica que impregna muchos de los pasajes de la obra, escriba Milton:

> "And now the time in speciall is, by priviledge to write and speak what may help to the furder discussing of matters in agitation. The Temple of *Janus* with his two controversal faces might now not unsignificantly be set open. And though all the

[390] "No podemos negar –aduce nuestro autor (en *Ibidem*, p. 83)– que el que ha sido nombrado juez para asistir al nacimiento o a la muerte de los libros, que decidirá asimismo si podemos o no acogerlos en nuestro mundo, tendrá que disfrutar de un nivel muy por encima del normal, evidenciarse al tiempo estudioso, docto y reflexivo. Si no, podrían producirse errores nada livianos a la hora de censurar lo que es o no admisible, de lo que podría derivarse asimismo no poco perjuicio. Pero incluso suponiendo que el censor es de la categoría que se le debe exigir, tened en cuenta que difícilmente podrá hacerse un trabajo diario tan aburrido y tan desagradable, ni se le podrá imponer a su inteligencia una mayor pérdida de tiempo que la que supone ese oficio de perpetuo lector de variopintos libros y folletos".

[391] John MILTON: *Areopagítica, op. cit.*, pp. 88-89.

[392] *Ibidem*, pp. 101 y 103.

> windes of doctrin were let loose to play upon the earth, so Truth be in the field, we do injuriously, by licensing and prohibiting, to misdoubt her strength. Let her and Falsehood grapple; who ever knew Truth put to the worse, in a free and open encounter?"[393]. (Y ahora ha llegado muy especialmente la hora de hablar y escribir, por nuestro privilegio, de todo aquello que pueda ayudar a discutir mejor aquello que está en disputa. El Templo de Jano, con sus dos caras opuestas, puede ahora abrirse de modo significativo. Y aunque todos los vientos de la doctrina, desatados, arremetieran contra la Tierra, mientras la Verdad se halle en el campo de batalla, seguirá siendo un agravio contra ella seguir censurando y prohibiendo, como si se dudara de su fuerza. Dejemos a la Verdad y a la Falsedad luchar cuerpo a cuerpo. ¿Quién conoce que alguna vez haya sido vencida en un enfrentamiento libre y abierto?).

Estos sonoros, clamorosos términos ("ringing terms"), como los califica Jeffery[394], expresan de un modo que por nuestra parte tildaríamos de deslumbrante, la confianza de Milton en la capacidad de la verdad para imponerse a la falsedad, una confianza realmente ilimitada, absoluta.

d) Aspectos criticables del discurso del pensador inglés

El discurso de Milton no carece de manifestaciones criticables. Ya hemos tenido oportunidad de referirnos a alguna de ellas. Ahora nos haremos eco de algunas otras. No deja de ser discutible el diseño con que Milton describe la Antigüedad en relación a la cuestión que ahora interesa: una Antigüedad que vacila entre los polos de la tiranía y del caos moral. Como se ha dicho[395], de un autor que está instando el retorno a una "non-licensing society", podía esperarse que siguiera una estrategia diferente, como la de poner a Atenas y a Roma como modelos de emulación, pero, por el contrario, son puestos como ejemplos de Estados que no fueron lo bastante lejos al tratar con la corrupción, o fueron en la dirección equivocada, o fueron en la dirección correcta por razones erróneas.

Desde otra óptica, la más criticabe desde nuestro punto de vista, cabe señalar que el poeta inglés reivindica enérgicamente la tolerancia cuando razona como sigue: "Pero si no todos pueden ser del mismo criterio –¿quien aspira a tanto?– será, sin duda, más saludable, más prudente y más cristiano que sean muchos los tolerados, antes que constreñir a todos". Pero Milton no lleva esta idea a sus últimas consecuencias, incurriendo en una contradicción flagrante al excluir de la tolerancia a una serie de grupos, de alguno de los cuales llega a decir que debería ser "extirpado". Es claro, nos dice Matthews[396], que Milton habría excluido no sólo a la aplastante mayoría de los cristianos ("the overwhelming majority of Christians"), sino a la mayor parte de la raza humana ("the greater part of the human race") de los beneficios de la tolerancia. Ante tal actitud nos vemos obligados a preguntarnos si no estamos equivocados al venerar a Milton como el pionero de la libertad intelectual. El propio autor responde que ciertamente lo estamos si atendemos tan sólo a

---

[393] John MILTON: *Areopagítica* (edición bilingüe), *op. cit.*, p. 174.

[394] Anthea J. JEFFERY: "Free Speech and Press: An Absolute Right?", en *Human Rights Quarterly,* Vol. 8, No. 2, May, 1986, pp. 197 y ss.; en concreto, p. 200.

[395] Henry S. LIMOUZE: "<The Surest Suppressing>: Writer and Censor in Milton´s *Areopagítica", op. cit.*, p. 108.

[396] The Very Rev. W. R. MATTHEWS: "The Philosophical Basis of Toleration", *op. cit.*, p. 78.

lo que Milton pretendía, pero, por el contrario, estamos en lo cierto si tenemos en cuenta los argumentos que él empleó, pues los mismos nos conducen más allá de los límites que él habría impuesto. Estas son algunas de sus reflexiones al respecto:

> "No me refiero a tolerar el papismo ("I mean not tolerated Popery") y la superstición abierta, que debe ser extirpada, pues ella misma extirpa todas las religiones y supremacía civiles (aunque deberemos asegurarnos primero de convencer y recuperar a los débiles o extraviados): aquello que es impío o absolutamente perverso contra la fe o las costumbres no puede ser permitido por ley alguna que no quiera deslegitimarse a sí misma"[397].

Es patente que la lógica de la tolerancia miltoniana le debía conducir inexorablemente a defender un mucho mayor grado de tolerancia, incluyendo dentro de esa tolerancia a los católicos, lo que no hizo. Es por lo mismo por lo que la *Areopagítica*, como señala algún sector de la doctrina[398], ha sido objeto desde antaño de, al menos, dos interpretaciones contrapuestas, la liberal y la conservadora, pues mientras para los liberales la obra miltoniana entraña una defensa absoluta de la libertad de expresión, para algunos conservadores el discurso de Milton tan sólo representa una defensa del *statu quo* inglés de la época, al negar la libre expresión a los disidentes del sistema, los católicos muy particularmente[399]. Milton, es obvio, admitió que el derecho a la libre discusión podía ser limitado, pero evitó la enunciación de cualquier principio general sobre el que tal limitación pudiera basarse. Él deseaba la libertad frente a toda censura gubernamental para aquellos hombres serios que sostuvieran opiniones razonables, aunque las mismas fueran diferentes. En esta reflexión justamente se ha visto la razón última de su negación de esta libertad a los católicos romanos y a algunos efímeros periodistas de su tiempo[400]. El escritor inglés pensaba que los católicos romanos no podían alcanzar sus *standards* de honestidad, por lo que les denegaba el ejercicio de esta libertad.

Por nuestra parte, prescindiendo de esa apostilla ideológica que separa liberales y conservadores, que haría necesaria de muchas precisiones, diríamos más bien que frente a quienes han apreciado en el discurso de Milton una posición de rotunda defensa de la libertad de impresión, no han faltado quienes se han mostrado críticos frente al discurso con base en diversas consideraciones. Por supuesto, la más recurrente, pues no nos cabe duda de que es la más censurable, se refiere a las exclusiones que de ciertos grupos hace Milton en relación a la tolerancia que propugna. Es la posición de Kendall, quien tras recordar la enérgica reclamación en favor de la tolerancia hecha por Milton en el párrafo unas líneas

---

[397] John MILTON. *Areopagítica,* (edición bilingüe), *op. cit.,* pp. 182-185.

[398] Pedro FARIAS GARCÍA: "Tres clásicos de la libertad de expresión (Milton, Tocqueville y J. S. Mill)", en *Revista de Ciencias de la Información* (Universidad Complutense de Madrid), núm 3, 1986, pp. 113 y ss.; en concreto, pp. 115-116.

[399] Esta es, desde luego, la posición final a la que llega Kendall con base en algunas de las críticas que exponemos en otro lado. *Areopagítica*, correctamente leído, –aduce el citado autor– es, por un lado, un alegato en pro de la supresión, dentro de una determinada clase de sociedad, de una particular restricción de la libertad de expresión; es decir, de la previa censura de libros y folletos. Por otro lado, es una apasionada defensa de un *statu quo* que, salvo en ese único aspecto, Milton está evidentemente dispuesto a identificar con la "verdadera libertad", al que evidentemente mira con gran satisfacción y el cual está presupuesto en su demanda de una prensa libre de previa censura". Willmoore KENDALL: "Cómo debe leerse la <Areopagítica>", *op. cit.,* p. 133.

[400] Fred S. SIEBERT: "The Libertarian Theory of the Press", *op. cit.,* p. 45.

atrás mencionado, observa que Milton rehusa llevar la idea hasta el final, como lo testifica el que en seguida pasa a especificar qué grupos no deben ser tolerados , e incluso cuáles de ellos han de ser extirpados. ¿Por qué no vio Milton, –se interroga Kendall[401]– como lo vemos nosotros tan claramente, que la misma lógica en la que él apoyó su defensa del grado de tolerancia por él patrocinado, debía obligarle a patrocinar un mayor grado de tolerancia, y, ciertamente la tolerancia con los católicos? Y, de modo semejante, ¿por qué se detuvo Milton en la previa censura, cuando debía haber visto que los argumentos que usa son igualmente válidos si se aplican a otros tipos de censura? No muy distante de esta última observación crítica es la posición de quienes, como Canavan[402], ponen de relieve que no está claro, ni suscita un acuerdo universal entre la doctrina, lo lejos que Milton quiso ir en su ataque a la censura. Y en apoyo de sus dudas aporta una reflexión de Arthur Edward Barker, para quien: "In spite of the radical tone of its arguments.... the extent of the freedom Milton demands remains uncertainly restricted". Considera Canavan, que lo que Milton abiertamente defendió en su *Areopagítica* era considerablemente menos que la plena libertad de la prensa ("was considerably less than full freedom of the press") como es entendida en las modernas democracias liberales. Este hecho no excluye *per se* la posibilidad de que una libertad mayor de la que él defendía estuviera implícita en sus premisas y argumentaciones. Pero todo lo que él expresamente pedía era "the abolition of the official prior censorship of books" que se había establecido por la Orden parlamentaria de junio de 1643. Ciertamente, una ponderada interpretación de la obra de Milton no puede prescindir del contexto histórico de la época, caracterizado por un duro conflicto social, que no encontraría solución hasta la Revolución inglesa. De ahí que también se haya podido hablar, como ya hemos dicho, de que su *speech* podría pretender moverse dentro de un cierto posibilismo. En cualquier caso, en el conflictivo marco contextual en el que se ubica, difícilmente podría considerarse que el discurso miltoniano se limita a defender el mantenimiento de un determinado *statu quo*; más bien parecía dirigido a combatir una específica situación jurídico-política que le resultaba criticable, aunque no extrajera de su discurso todas sus potenciales consecuencias, pecando así claramente de incoherencia.

c) La aportación de Milton a la historia del pensamiento político. el diseño de una nueva metodología para la determinación de las relaciones sociales, asentada en la influencia de la persuasión y en el rechazo de la intervención del poder político en la controversia discursiva

El discurso de Milton, qué duda cabe que, como bien se ha apuntado[403], puede enmarcarse en esa tradición del pensamiento jurídico anglosajón de defensa de la supremacía del Derecho y de la racionalización del poder. Como en otro lugar hemos dicho[404], los historiadores del Derecho que han estudiado el desarrollo medieval del Derecho inglés han insistido en la idea medieval de la supremacía del Derecho, una idea respecto a la cual no es exagerado decir que estuvo claramente presente por lo menos hasta los siglos XVI y XVII. Figuras tan eminentes como Henry de Bracton, John Fortescue, Christopher St.

---

[401] Willmoore KENDALL: "Cómo debe leerse...", *op. cit.*, p. 118.

[402] Francis CANAVAN: "John Milton and Freedom of Expression", en *Interpretation,* Vol. 7, 1978, pp. 50 y ss.; en concreto, p. 51.

[403] María Nieves SALDAÑA DÍAZ: "En defensa de la libertad de prensa...", *op. cit.*, p. 285.

[404] Francisco FERNÁNDEZ SEGADO: "Los inicios de la *judicial review*", en la obra del propio autor, *La evolución de la justicia constitucional,* Madrid, Editorial Dykinson, 2013, pp. 35 y ss.; en concreto, p. 113.

Germain y, por encima de todos, el gran Edward Coke, podrían aportarse como ejemplo de esta dirección, a la que no debe considerarse ajena la *Areopagítica.*

Este bellísimo alegato en favor de la libertad de expresión y de imprenta, sin duda la más clásica e imperecedera defensa de la misma en lengua inglesa, considerado por algunos como *the foundational essay of the free speech tradition*[405], constituye por lo demás, como bien dice Ansuátegui[406], un verdadero modelo de fundamentación de la libertad de expresión, en el que se defienden las virtualidades del contraste de opiniones para acceder a la verdad. Se ha señalado asimismo, que la concepción de Milton acerca de la circulación de las ideas fue la que podía haber prevalecido en Grecia, esto es, una pequeña audiencia todos cuyos integrantes eran capaces de formar sus propios juicios a través de la discusión con el fin de corregir falsos énfasis[407]. Y es que lo que en realidad propuso Milton a través de la *Areopagítica* fue un método de determinar las relaciones sociales, que incluso es más que posible que todavía hoy no haya sido completamente aceptado. Laski lo compendia en pocas palabras: "He desired to replace the use of power by the influence of persuasion. He urged men to put their trust in reason as the single solvent of their difficulties"[408]. El panfleto del gran escritor inglés no se apoya en ninguna doctrina propuesta como un fin, sino en un método a cuyo través puede alcanzarse un fin, cualquiera que éste fuere. En el fondo de este método late obviamente una confianza ilimitada en que el poder de la verdad prevalece sobre la falsedad en la batalla de las ideas. Como de nuevo aduce Laski, lo que Milton urge a sus contemporáneos es "that it is urgent to take account of experience, that what men learn by reason they should seek to get accepted by persuasion"[409]. Es justamente por lo mismo por lo que las apreciaciones que han visto en la *Areopagítica* una elocuente defensa de una suerte de anarquismo intelectual carecen de toda justificación. Más bien habría que sostener con Laski, que Milton es, como lo sería el escritor alemán Heinrich Heine (1797-1856) dos siglos después, "a soldier in the liberation war of humanity"[410].

No nos cabe duda, añadiríamos por nuestra cuenta, de que en el rechazo miltoniano de la censura late una plena confianza en el ser humano, una convicción de que la racionalidad del hombre es suficiente para diferenciar el bien y el mal, la verdad y la falsedad, lo justo y lo injusto. Frente a quienes consideran a la persona en permanente minoría de edad, el gran poeta inglés confía en la mayoría de edad del hombre y en su capacidad para discernir y enjuiciar en libertad correctamente, y en perfecta sintonía con ello rechaza la intervención del poder político en la controversia discursiva. No hemos de pensar que con ello este enorme escritor esté postulando dar rienda suelta a cualquier manifestación del pensamiento por destemplada que ésta pueda ser; ni mucho menos. Pero frente a la intervención del poder político, Milton, en cierto modo, postula la existencia en cada ser humano de una suerte de censor interior, o lo que es igual, de un

[405] Vincent BLASI: "John Milton´s *Areopagítica* and the Modern...", *op. cit.*, p. 15.

[406] Francisco Javier ANSUÁTEGUI ROIG: *Orígenes doctrinales..., op. cit.*, p. 264.

[407] B. Ifor EVANS: "Milton and the Modern Press", en *Freedom of Expression,* edited by Hermon Ould, London/New York/Melbourne/Sidney, Hutchinson International Authors Ltd., 1944, pp. 26 y ss.; en concreto, p. 28.

[408] Harold J. LASKI: "The *Areopagítica* of Milton after 300 Years", *op. cit.*, p. 175.

[409] *Ibidem,* p. 173.

[410] *Ibidem,* p. 170. "As Cromwell´s men –añade Laski– go forward to their victories with sword and gun, the writer uses his pen as a weapon in the same battle. Their enemies are the same, and their victory will be a triumph over a common foe".

principio de autocontrol en cada miembro de la colectividad social. En un pasaje de su *speech,* el gran poeta exclama "How great a vertue is temperance, how much of moment through the whole life of man!" ("¡Qué gran virtud es la templanza, qué importante a lo largo de toda la vida del hombre!")[411]. Y unos párrafos más adelante, nos da una pauta muy significativa de su visión al respecto. El enorme interés de su consideración creemos que hace necesario transcribirla en su integridad, no obstante su extensión:

> "Escapar fuera del mundo hacia sistemas políticos utópicos o atalantes[412], que nunca podrán ser puestos en práctica, no reparará nuestra condición; en cambio, sí lo hará una ordenación sabia de este mundo de maldad, en el que Dios nos ha situado inevitablemente. Tampoco nos mejorará la censura sobre los libros de la que habló Platón, en la que forzosamente se incluyen muchas otras formas de censura que nos dejarían sintiéndonos ridículos y exhaustos y, aun así, frustrados en nuestra intención original. En cambio, las leyes no escritas (o, al menos, no coactivas) que llevan a una educación virtuosa y a una formación civil y religiosa, que Platón menciona allí como lazos y ligamentos de la república, pilares y base de todos los estatutos escritos, ésas son precisamente las que tendrán mayor fuerza en cuestiones como las que tratamos, permitiéndonos eludir así todo tipo de censura previa. Ciertamente, la impunidad y la vileza son la ruina de una república, pero en este tema el arte verdadero está en discernir en qué asuntos debe la ley ordenar contención y castigo, y en cuáles debe operar tan sólo la persuasión"[413].

La significativa reflexión precedente nos muestra que la vía alternativa frente a la licencia previa de las publicaciones se encuentra en la educación y en el autocontrol de cada individuo; es justamente por ello por lo que Irene Samuel ha podido escribir: "Milton does not dispense with censorship, but transfers it <from external law to internal education>"[414].

Con base en todo lo hasta aquí expuesto, se ha podido esgrimir que Milton desarrolló los conceptos de "the open market place of ideas" (el mercado abierto de las ideas) y de "the self-righting process" (el proceso autocorrectivo): "Let all with something to say be free to express themselves" (Dejemos a todos los que tienen algo que decir expresarse por sí mismos)[415]. Con ello, Milton estaba sentando las bases del pensamiento que algo más de dos siglos y medio después desarrollaría en el ámbito jurisprudencial de la *Supreme Court* el genial *Associate Justice* Oliver Wendell Holmes[416], cuya piedra filosofal para decidir en sede judicial siempre fue, como advirtió otro gran Juez, Felix Frankfurter, "the

---

411 John MILTON: *Areopagítica* (edición bilingüe), *op. cit.,* pp. 56 y 61.

412 Alusión que, como señala Curbet en sus notas a la edición bilingüe de la *Areopagítica* (*Ibidem,* p. 89, nota 153), ha de entenderse hecha a dos textos clave de la literatura utópico-política del Renacimiento inglés: la *Utopia* (1515) de Thomas Moore y *The New Atlantis* (1627) de Francis Bacon.

413 John MILTON: *Areopagítica* (edición bilingüe), *op. cit.,* pp. 89 y 91.

414 Irene SAMUEL: *Plato and Milton,* Ithaca, Cornell University Press, reprinted, 1965, p. 63. Cit. por Henry S. LIMOUZE: "<The Surest Suppressing>: Writer and Censor in Milton´s *Areopagítica", op. cit.,* p. 113.

415 Fred S. SIEBERT: "The Libertarian Theory of the Press", *op. cit.,* pp. 44-45. Entre nosotros, Modesto SAAVEDRA LÓPEZ (en *La libertad de expresión en el Estado de Derecho. Entre la utopía y la realidad,* Barcelona, Ariel Derecho, 1987, p. 59) hace suya la misma tesis.

416 Cfr. al respecto, Francisco FERNÁNDEZ SEGADO: "El *Justice* Oliver Wendell Holmes: *<The Great Dissenter>* de la *Supreme Court",* en la obra del propio autor, *La evolución de la Justicia Constitucional,* Madrid, Editorial Dykinson, 2013, pp. 1183 y ss.

conviction that our constitutional system rests upon tolerance and that its greatest enemy is the Absolute"[417].

Por todo lo expuesto, la *Areopagítica* es una obra única en su época y muy posiblemente ninguna obra subsiguiente la iguale en el alcance de la libertad que demanda hasta la publicación más de dos siglos después de otra cumbre en lo que a la defensa de la libertad de expresión se refiere: *On liberty,* de John Stuart Mill. Dicho esto, conviene recordar que incluso en el propio siglo XVII inglés no iban a faltar otras publicaciones importantes en favor de la libertad de prensa. Un ejemplo de ello nos lo ofrece Blount.

Charles Blount aparece ante todo como uno de los más significados representantes del deísmo, doctrina surgida en Inglaterra a mediados del siglo XVII, de la mano de lord Cherbury, que rechaza cualquier revelación, creyendo tan sólo en la existencia de Dios y en lo que considera como "religión natural". En 1695 Blount publicó, bajo el seudónimo de "Philopatris", *A Just Vindication of Learning and of the Liberty of the Press,* y poco tiempo después una segunda obra titulada, *Reasons for the Liberty of Unlicensed Printing,* panfletos ambos muy influídos por el pensamiento de John Milton, aunque no puedan considerarse ni mucho menos un plagio del mismo. Blount apelaba en ambas obras a los entonces acalorados prejuicios protestantes de su público, de sus lectores, esgrimiendo que una prensa libre sería un duro golpe al poder del clero católico. "As popish villainies –escribía Blount[418]– arise in sacerdotal malice and lay ignorance, nothing would more effectually undermine the power of the priesthood than the free propagation of wisdom and knowledge among the populace", y nada promovería más este fin de propagar el saber y el conocimiento entre el pueblo que una prensa libre, una prensa sin sujeción a control o censura previa.

B) John Locke: la tolerancia y la defensa de la libertad de expresión

a) Las controversias sobre la tolerancia religiosa en la Inglaterra del siglo XVII

En la historia de Inglaterra, como ha apuntado Allen[419], ningún período iguala al siglo XVII en cuanto se refiere a la amplitud de las controversias sobre la tolerancia religiosa. La cuestión que se planteaba en la Inglaterra de esa época la compendia el citado autor en estos términos: "Should the government of a State, either as a matter of duty to God and to its subjects, or as a thing permanently expedient, endeavour by law and by force to maintain national unity in true religion?". Bajo los dos primeros Estuardos (Jacobo I, Rey de Inglaterra y de Irlanda entre 1603 y 1625, y con anterioridad, desde 1567, Rey de Escocia, como Jacobo VI, y Carlos I, Rey de Inglaterra, Escocia e Irlanda entre 1625 y 1649) las controversias en torno a la tolerancia religiosa se iban a suceder sin solución

[417] Felix FRANKFURTER: "The Early Writings of O. W. Holmes", en *Harvard Law Review (Harv. L. Rev.),* Vol. XLIV, 1930-1931, pp. 717 y ss.; en concreto, p. 724.

[418] *Apud* Preserved SMITH: *The Enlightenment 1687-1776,* New York/London, Collier Books/Collier-Macmillan, 2nd printing, 1966 (first published by Holt, Rinehart and Winston, Inc. in 1934), p. 484.

[419] J. W. ALLEN: *English Political Thought (1603-1660),* Vol. I (1603-1644), London, Methuen & Co. Ltd., 1938, p. 199.

de continuidad[420]: los defensores del anglicanismo, los latitudinaristas, esto es, los que sostenían la doctrina de que podía haber salvación lejos de la Iglesia católica, los católicos, los presbiterianos, los congregacionalistas, los independientes y los baptistas, iban a mantener arduas controversias en torno a la cuestión de la tolerancia. Muchos y muy diferentes puntos de vista fueron expresados y muy distintos escritores, de uno y otro lado, se manifestaron con fuerza y capacidad. Después de 1649 la controversia se apagó durante un tiempo, pero más adelante aún iba a continuar por lo menos hasta la Restauración. En cualquier caso, según Allen[421], antes de que finalizara el siglo XVII un cierto grado de tolerancia jurídica y de disidencia religiosa se había realmente alcanzado en Inglaterra.

Dos autores van a destacar por encima de los demás en sus escritos sobre esta cuestión, el independiente John Goodwin (1594-1665) y el baptista o bautista Roger Williams (1604-1681). Goodwin ha sido calificado como un místico, aunque de ello no pueda derivarse su calificación como un fanático, si bien el idealismo visionario que mostró al comienzo de la guerra fue, según Allen[422], un elemento de fanatismo. Aunque sea marginal a la cuestión tratada, es de interés recordar la peculiarísima posición sustentada por Goodwin en 1642 en su obra *Anti Cavalierisme*. En ella el escritor se planteó si era deber de cada hombre examinar si los mandatos del Rey eran justos y si una resistencia contundente frente a los mandatos ilegales "is not only lawful but matter of duty and obedience unto God"[423]. La respuesta de Goodwin fue que los hombres tenían un derecho a resistir por la fuerza las actuaciones injustas de sus gobernantes, amparado desde los primeros cristianos por la divina providencia.

Los dos primeros manifiestos de Goodwin en favor de la tolerancia aparecieron en 1644; años después iba a profundizar sobre la cuestión al tratar de responder al interrogante de si era necesario tolerar todas las sectas religiosas, y muy en particular, a los judíos, los turcos y los "papistas" (esto es, los católicos romanos). En Inglaterra, la tolerancia de los últimos proporcionaba el test infalible e inexorable para juzgar la adhesión de los representantes de las sectas protestantes a la causa de la libertad religiosa. Como pone de relieve la doctrina[424], Goodwin es uno de los raros publicistas ingleses del siglo XVII que responde positivamente a ese test. Para este autor, el príncipe debía abstenerse de imponer cualquier penalidad, incluyendo entre ellas las multas, frente a cualquier secta o Iglesia, en tanto que sus miembros sean pacíficos y observen las leyes del Reino. Si se supone, argumenta Goodwin, que el magistrado, la autoridad, en tanto que cristiano, tiene la facultad de vejar las conciencias y de perseguir a los "santos", mientras que en tiempos del paganismo carecía de la misma, en tales condiciones, sería preferible vivir bajo una autoridad pagana antes que bajo un magistrado cristiano. Cree Goodwin que este suplemento de poder de ese magistrado le ha venido de hecho de la secta dominante, que lo ha utilizado en su propio provecho, siendo sus efectos espirituales desastrosos, pues no sólo introduce la fuerza bruta en el ámbito evangélico, sino que también impide, en razón del conservadurismo congénito de la autoridad temporal, el progreso del conocimiento religioso y de los movimientos de reforma en la Iglesia. Se hace eco Goodwin del sentir

[420] Cfr. al respecto, Joseph LECLER, S. J.: *Histoire de la tolérance au siècle de la réforme,* tome second, Paris, Aubier, Éditions Montaigne, 1954, pp. 365 y ss.

[421] J. W. ALLEN: *English Political Thought 1603-1660, op. cit.,* Vol. I, p. 199.

[422] *Ibidem,* Vol. I, p. 475.

[423] *Apud* J. W. ALLEN: *English Political Thought 1603-1660, op. cit.,* Vol. I, pp. 475-476.

[424] Joseph LECLER, S. J.: *Histoire de la tolérance..., op. cit.,* tome second, p. 395.

proclive a la vigorosa mano del príncipe para mantener la unidad de fe, de comunión y de disciplina. Y frente a tal sentir, la respuesta de Goodwin es inequívoca: "C´est la main d´un ange de lumière qui doit nous conduire vers l´unité, et non celle d´un mauvais ange par le moyen de la crainte et de la terreur"[425].

Los adversarios de Goodwin, con la finalidad de acarrear sobre él todo tipo de desgracias, le acusarán de ser enemigo del poder civil, acusación frente a la que Goodwin replicaría a través de otro folleto, el *Hagiomastix* (*Hagiomastix or the scourge of the Saints displayed in his colours of ignorance and blood,* Londres, 1646). En él, Goodwin intenta dejar claro el carácter profano del Estado, su incompetencia en el ámbito religioso. A tal efecto, argumenta como sigue:

> "Lo que pertenece al magistrado como tal, pertenece a cualquier magistrado, sea pagano o cristiano. Si se da al magistrado cristiano la facultad de extirpar por la fuerza lo que considera como una herejía, un error religioso, es preciso otorgar idéntica prerrogativa al magistrado pagano. Para evitar esta consecuencia escandalosa, es mejor limitar al bien público temporal la competencia del magistrado. Es en este sentido como debe interpretarse el texto de San Pablo del que tan a menudo se ha abusado: <El magistrado es el ministro de Dios para castigar al que ha hecho el mal> (*Epístola a los Romanos*, XIII, 4)"[426].

De esta forma, nuestro autor reconducía la jurisdicción del magistrado, o lo que es igual, de la autoridad pública, al orden exclusivamente temporal, desvinculándolo del orden espiritual y religioso.

Particular importancia tendrá asimismo el pensamiento del baptista Roger Williams. Sus obras son contemporáneas a las de Goodwin y constituyen, según Lecler, el más poderoso alegato aparecido en la época para la total separación de la Iglesia y del Estado. Capellán anglicano, Williams abandonó Inglaterra en 1630 para establecerse en Boston. Alejado de Nueva Inglaterra en 1635 por sus opiniones relativas a la autoridad puramente laica del magistrado público, reputadas peligrosas, al año siguiente fundó la colonia de Rhode Island y la ciudad de Providence. El resto de su vida se consagró a defender los intereses de esta colonia, la única junto a la católica Maryland en que se reconocería la libertad de cultos a las distintas Iglesias. En 1644 publicó *The bloody tenent of persecution for cause of conscience,* y ocho años después la segunda de sus obras esenciales sobre la cuestión de la libertad religiosa: *The bloody tenent yet more bloody by the Cottons endevour to wash it white in the blood of the Lamb.* Una y otra obra se publicaron también en Inglaterra con ocasión de la estancia de Williams en Londres para resolver algunos asuntos relacionados con Rhode Island.

Williams denuncia a lo largo y ancho de las páginas de sus dos libros que el sistema de la Iglesia estatal conduce a un crimen censurable y censurado: la persecución por razones de conciencia. A propósito del forzamiento de las conciencias y de las penas y sanciones infligidas a los heréticos, nuestro autor reúne y discute casi todos los textos de las Escri-

---

[425] *Apud* Joseph LECLER, S. J.: *Histoire de la tolérance..., op. cit.,* tome second, pp. 395-396.

[426] *Apud* Joseph LECLER, S. J., en *Ibidem.* El versículo 4 del punto XIII de la *Epístola a los Romanos* dice literalmente: "porque es ministro de Dios para el bien. Pero si haces el mal, teme, que no en vano lleva la espada. Es ministro de Dios, vengador para castigo del que obra mal". Eloíno NÁCAR FUSTER y Alberto COLUNGA CUETO, O. P.: *Nuevo Testamento,* Madrid, Biblioteca de Autores Cristianos, 1972, p. 482.

turas y patrísticos que se han aportado al debate, insistiendo de modo muy particular en la parábola de la cizaña. Sin verdadero apoyo en las Escrituras, la persecución por razones de conciencia se revela peligrosa en el ámbito civil, al venir a perturbar la paz del Estado. El único remedio radical que nuestro autor vislumbra frente a ese espíritu persecutorio es el de la supresión de la Iglesia estatal, o lo que es lo mismo, la separación leal entre Iglesia y Estado. La Iglesia y el Estado son como dos navíos distintos. En el navío de la Iglesia el príncipe cristiano no es más que un pasajero, no tiene ningún poder especial, y en su vida privada debe observar la ley de a bordo. En el navío estatal, es el príncipe el que manda. Además, la paz civil no es la paz eclesiástica; jamás el Señor ni sus Apóstoles han reclamado la ayuda del príncipe para apaciguar las desavenencias entre las Iglesias.

Con una lógica que, como dice Lecler[427], le honra, y que le separa de Locke, Roger Williams no pretende rehusar a los católicos el beneficio de la libertad religiosa. Sin duda, él mantiene contra el "papismo" una extrema hostilidad; no desaprovecha ninguna ocasión de insultar al Papa y a la Iglesia romana, pero reconoce que en su apología de la libertad de conciencia en materia de culto, "he defendido imparcialmente la libertad de conciencia de los mismos <papistas>", no obstante considerarlos "los mayores enemigos y perseguidores, en Europa, de los santos y fieles de Jesús".

En fin, el alegato de Williams en favor de la libertad de conciencia deja muy lejos detrás de él, tanto por la amplitud de sus puntos de vista como por su riqueza doctrinal, la futura *Epistola de Tolerantia* lockeana. Según Lecler[428], con ese ensayo, Locke no hará otra cosa que reflejar el pensamiento común de los no conformistas bajo los primeros Estuardos, manteniendo las estrecheces de tales autores hasta llegar a rehusar a los católicos la tolerancia para el ejercicio de su propio culto. Frente a ello, el fundador del actual Estado de Rhode Island, tanto por sus obras como por su propia actitud política, abría la vía de las futuras libertades americanas.

b) La trascendencia del pensamiento político de John Locke

A Locke (1632-1704), sin duda alguna, el gran filósofo de la Revolución inglesa, se debe, básica aunque no exclusivamente, la transmisión de las ideas del Derecho natural a la teoría constitucional norteamericana, lo que es tanto como decir que su pensamiento iba a impregnar el primer constitucionalismo. El manejo que Locke hará del *natural law* se traducirá en la casi disolución del mismo en los derechos naturales del individuo, o para emplear la expresión lockeana, en los derechos de "life, liberty and state". Locke transmutará primero el *law of nature* en los *rights of men,* si bien, a continuación, convertirá estos últimos en los derechos del propietario.

Los dos Tratados sobre el Gobierno de Locke, publicados en 1690, se contemplaron como la obra que acogía los "Principles of 1688", o lo que es igual, como una apología de los principios de la *Glorious Revolution,* y desde luego entrañaron un duro impacto sobre el despotismo de sesgo absolutista. Pero, en lo que ahora interesa, casi un cuarto de siglo antes, el filósofo inglés ya había iniciado sus escritos sobre la tolerancia. En efecto, en 1667 publicó su *Essay concerning Toleration*. Esta obra es indudablemente fruto de

427 Joseph LECLER, S.J.: *Histoire de la tolérance..., op. cit.,* tome second, p. 407.
428 *Ibidem,* p. 408.

la atmósfera de la época en que se publica. En los años inmediatamente anteriores, se habían aprobado en Inglaterra una serie de leyes restrictivas en materia religiosa (la *Corporation Act* de 1661, la *Act of Uniformity* de 1662, la *Conventicle Act* de 1664 y la *Five Miles Act* de 1665) que habían dividido profundamente al país, propiciando notables perturbaciones en la convivencia política. Nombrado consejero de Lord Ashley, conde de Shaftesbury, quien estaba convencido de la necesidad de un frente común (anglicanos y presbiterianos) y de una pacificación de los protestantes para reforzar el Parlamento frente a la Corona católica, Locke iba a escribir este ensayo, a cuyo través intentará buscar un fundamento político en el que asentar la conveniencia de la tolerancia, para lo que le será de especial utilidad su teoría sobre la naturaleza de la sociedad y del gobierno. A partir de la distinción de una triple categoría de las acciones y opiniones humanas, el filósofo de Somersetshire se mostrará partidario de excluir cualquier intervención de la autoridad no sólo en aquéllas que tan sólo afectan al propio individuo, sino también en las opiniones especulativas y en las que se refieren a Dios, pues el cometido del magistrado no es el de preocuparse por la salud moral de los individuos y por la salvación de sus almas, sino asegurar la paz y el bienestar de la comunidad, por lo que no ha de entrar a examinar las actitudes u opiniones que constituyen la vida moral de la persona. De esta forma, como se ha puesto de relieve[429], la distinción esencial será la que se establece entre las opiniones especulativas y las opiniones prácticas. Recuerda Tedeschi[430], que el *Essay* de 1667 siempre se vio como una obra funcional al poder político y económico del país.

En 1685 Locke escribía *A Letter concerning Toleration,* obra redactada inicialmente en latín (*Epistola de Tolerantia*). A esta Carta le seguirían otras tres más, publicadas en 1690, 1692 y 1702. La Carta significó el definitivo repudio lockeano de la intolerancia, pero, más allá de ello, como escribe Bravo[431], la misma nos ilustra sobre el proceso de fundamentación de la idea individualista del Estado, cuyo despliegue se realiza una vez que se reconoce al hombre una esfera de actividad espiritual jurídicamente garantizada e inmune al poder político. La tesis de la *Epistola* iba a ser desarrollada en las tres *Cartas* subsiguientes, en las que Locke iba a demostrar que los asuntos del gobierno civil eran completamente distintos de los religiosos, que el Estado es una sociedad constituida tan sólo para preservar y promover los intereses civiles de sus miembros ("civil interests meaning life, liberty, health, and the possession of property"). El cuidado de las almas no estaba encomendado a los magistrados ni a ningún otro hombre. Consecuentemente, el magistrado tan sólo podía utilizar la fuerza exterior, mientras que una verdadera religión significa una "íntima persuasión de la mente". La mente humana está hecha de tal modo que ninguna fuerza material puede constreñirla a creer. Como recuerda Bury[432], Locke estaba bien dispuesto a conceder una plena libertad a los idólatras, en el bien entendido de que con tal nombre identificaba a los indios de América del Norte. Pero su tolerancia, aunque abarca el campo del cristianismo, no es completa, pues exceptúa de ella a los católicos romanos, no tanto por sus dogmas cuanto, entre otras razones, porque "they teach that faith is not to be kept with heretics". En cualquier caso, la doctrina no ha dejado

[429] Francisco Javier ANSUÁTEGUI ROIG: *Orígenes doctrinales..., op. cit.*, p. 267.

[430] Mario TEDESCHI: *La libertà religiosa nel pensiero di John Locke,* Torino, G. Giappichelli Editore, 1990, p. 17.

[431] Pedro BRAVO GALA: "Presentación", en la obra de John Locke, *Carta sobre la Tolerancia,* edición del propio Pedro Bravo Gala, Madrid, Editorial Tecnos, 1ª reimpr., 1988, pp. IX y ss.; en concreto, p. XI.

[432] J. B. BURY: *A History of Freedom of Thought, op. cit.*, pp. 79-81.

de señalar[433], que fue en sus primeros escritos sobre la tolerancia, particularmente en su *Essay,* donde Locke insistió en mayor medida en los argumentos encaminados a rehusar la tolerancia hacia los católicos, haciendo mucho menos énfasis sobre la cuestión católica en su *Epistola,* pese al hecho de que la muy reciente revocación del Edicto de Nantes en Francia había generado un fuerte sentimiento anti-católico en los países protestantes.

Puede ser de interés recordar que Locke escribe su *Carta* en su exilio holandés iniciado en 1683. Holanda era en esa época un país en el que la libertad era plenamente respetada, lo que propició que muchos perseguidos, por razones religiosas fundamentalmente (piénsese en los hugonotes que, tras el tratado de Nimega, serían perseguidos por Luis XIV, quien asimismo, tras la revocación en 1685 del Edicto de Nantes, firmado en 1598 por Enrique IV, para regular la situación legal de la Iglesia reformada y de sus miembros, comenzó una auténtica persecución religiosa en Francia, imponiendo la intolerancia como regla de gobierno). En la Francia del siglo XVII los golpes con que se ataca la libertad de pensamiento serán de tal dureza que, como dice Bayet[434], podríamos pensar que en ese país muere la libertad de pensamiento; sin embargo, en medio de las sombras se mantendrá algún rayo de luz. Por lo demás, retornando a Locke, hemos de recordar que Guillermo de Orange le encomendó el relevante cargo de comisario real de comercio y colonias de Holanda.

La idea de tolerancia no era nueva. Bien al contrario, había alcanzado pleno significado en Europa a raíz de la ruptura religiosa desencadenada por la Reforma. Recuerda la doctrina[435], que ya en la Francia del siglo XVI un partido político, el de "les Politiques", alzó como bandera, frente a la descomposición del Estado en crisis, la idea de la tolerancia, a la que erigieron en principio de salvación política, recurriendo sus defensores (Bodino entre ellos) a tal efecto a una argumentación eminentemente política, al concebir la tolerancia como un expediente para restaurar la armonía ciudadana, rota por las disputas religiosas. Y ya nos hemos referido a las diversas posiciones doctrinales proclives a la tolerancia en la Inglaterra del siglo XVII.

Otro dato significativo a tener en cuenta para la mejor comprensión de la *Carta* de Locke es que la restauración de los Estuardos (1660) se tradujo en la realidad en un recrudecimiento de la intolerancia religiosa, a lo que coadyuvarían un conjunto de severas leyes contra los disidentes a las que ya nos hemos referido anteriormente. Aunque la "caza de brujas", como la denomina Trevelyan[436], había hecho furor en la primera mitad de la era Estuardo, comenzando a decrecer en la segunda, lo cierto es que también en esta época encontramos diversos embates contra los disidentes. De ahí que el propio autor haya podido escribir[437], que la verdadera gloria de la Revolución inglesa no sólo estuvo en el hecho de que no hubo sangre ni guerra civil, sino, sobre todo, en que se logró un arreglo voluntario de las diferencias religiosas y políticas. Piénsese que la *Glorious Revolution* abarcó tres cuestiones básicas, y una de ellas era la relación a establecer entre la Iglesia

[433] Maurice CRANSTON: "Locke on Toleration", en *Rivista internazionale di filosofia del diritto,* Vol. LXV, Nº 2, Aprile/Giugno 1988, pp. 213 y ss.; en concreto, p. 215.

[434] Albert BAYET: *Historia de la libertad de pensamiento,* Buenos Aires, Editorial Paidós, 2ª ed., 1962, p. 70.

[435] Pedro BRAVO GALA: "Presentación", *op. cit.,* p. XIX.

[436] George Macaulay TREVELYAN: *Historia política de Inglaterra,* México, Fondo de Cultura Económica, 2ª ed. en español, 1984, p. 319.

[437] *Ibidem,* p. 336.

anglicana y los otros grupos protestantes[438]. Y Locke no iba a dejar de responder a ese tríptico de cuestiones.

Por lo demás, las ideas de Locke no eran únicas ni mucho menos. Anteriores tratadistas sobre el gobierno habían anticipado muchas de ellas. Schwoerer se hace eco[439] de modo específico de la *Politica Sacra et Civilis* del ministro presbiteriano George Lawson, obra publicada por primera vez en 1660, subrayando la gran influencia que ejerció sobre Locke. Aunque es evidente que el libro de Lawson no iba a atraer el grado de atención que despertarían otras obras coetáneas, como el *Leviathan* de Thomas Hobbes (publicada en Londres en 1651) o la *Oceana* de James Harrington (publicada en 1656), no es menos patente que la *Politica Sacra* no iba a dejar de tener un cierto impacto, que iba a alcanzar su cima en 1689, once años después de la muerte de Lawson, momento en que, como recuerda la doctrina[440], fue muy apreciada por algunos ardorosos seguidores del proceso revolucionario, en ese mismo instante en plena ebullición en Inglaterra, hasta el extremo de considerarse oportuno una nueva edición de la obra. Sin embargo, la popularidad de la obra de Lawson fue de naturaleza muy pasajera. La realidad fue que los principios del gobierno civil que Lawson expuso en su *Politica Sacra et Civilis* se anticiparon tres décadas a su tiempo, y que cuando las circunstancias posibilitaron que esos principios pudieran tener virtualidad real, lo que lógicamente aconteció con la *Glorious Revolution,* un pensador político de muy superior envergadura como fue John Locke tuvo la oportunidad de expresarlos de una forma que, por su claridad y fidelidad al espíritu de la audiencia a la que iban dirigidos, raramente iba a ser igualada y nunca, desde luego, sobrepasada. En cualquier caso, un concienzudo estudioso de la obra de Lawson, como es MacLean, ha expresado la enorme similitud entre las doctrinas políticas de la *Politica Sacra et Civilis* y las del *Civil Government* lockeano en los siguientes términos: "The similarity between the political doctrines (....) is not confined to certain individual arguments, although in these, to say the least, it is very remarkable. It is, even more, a similarity in over-all conception, and in general emphasis. It would, indeed, be scarcely an exaggeration to say that to list completely the various points of agreement between the two works would be virtually to provide and abstract of *Civil Government* itself"[441].

c) La *Epistola de Tolerantia* de Locke (1685)

La *Carta sobre la tolerancia* de John Locke gira en torno a la necesidad de delimitar los ámbitos propios del poder civil y de la Iglesia, tomando como punto de partida que la religión "no está instituida para exigir una pompa exterior, ni para alcanzar el dominio eclesiástico, ni para ejercer fuerza coactiva, sino para regular la vida de los hombres de

[438] "The Glorious Revolution –escribe Schwoerer– involved three basic issues: who should be king of England? What should be the nature of the kingship or in what ways should the government be reformed? And what should be the relationship between the Anglican Church and other Protestant groups?" Lois G. SCHWOERER: "Locke, Lockean Ideas, and the Glorious Revolution", en *Journal of the History of Ideas,* Vol. 51, No. 4, October/December, 1990, pp. 531 y ss.; en concreto, p. 532.

[439] Lois G. SCHWOERER: "Locke, Lockean Ideas, and the Glorious Revolution", *op. cit.,* p. 534.

[440] A. H. MacLEAN: "George Lawson and John Locke", en *Cambridge Historical Journal,* Vol. 9, No. 1, 1947, pp. 69 y ss.; en concreto, p. 69.

[441] *Ibidem,* p. 70.

acuerdo con las normas de la virtud y de la piedad"[442]. A partir de esta premisa el filósofo inglés estima "necesario, sobre todas las cosas, distinguir exactamente entre las cuestiones del gobierno civil y las de la religión, fijando, de este modo, las justas fronteras que existen entre uno y otra". A tal fin, Locke pasa a reflexionar sobre las características peculiares del Estado y de la Iglesia.

El Estado, a su juicio, es una sociedad de hombres constituida solamente para procurar, preservar y hacer avanzar sus propios intereses de índole civil, intereses que cifra en la vida, la libertad, la salud, el descanso del cuerpo y la posesión de cosas externas. Consecuentemente, "el deber del magistrado civil consiste en asegurar, mediante la ejecución imparcial de leyes justas a todo el pueblo, en general, y a cada uno de sus súbditos, en particular, la justa posesión de estas cosas correspondientes a su vida"[443]. Dicho esto, se precisa que toda la jurisdicción del magistrado se extiende únicamente a esos intereses civiles, no pudiendo ni debiendo, en modo alguno, extenderse hasta la salvación de las almas, lo que justifica en tres órdenes de consideraciones en las que no vamos a entrar.

A su vez, para el filósofo inglés, una Iglesia es "una sociedad voluntaria de hombres, unidos por acuerdo mutuo con el objeto de rendir culto públicamente a Dios de la manera que ellos juzgan aceptable a Él y eficaz para la salvación de sus almas"[444], insistiendo de inmediato en que se trata de una sociedad libre y voluntaria. Como sociedad que es, la Iglesia necesita regirse por determinadas leyes, y en ello se centra Locke a continuación. En cuanto el fin de toda sociedad religiosa es el culto público de Dios y, a través de él, la adquisición de la vida eterna, toda disciplina eclesial debe tender a este fin y todas las leyes eclesiásticas deben limitarse a él. "Nada –añade Locke[445]– debe ni puede tratarse en esa sociedad respecto de la posesión de pertenencias civiles y mundanas. Ninguna fuerza ha de ser empleada en ella, sea cual fuera la ocasión; la fuerza corresponde íntegramente al magistrado civil".

Así establecida una primera separación entre Iglesia y Estado, Locke se interroga acerca de hasta dónde se extiende el deber de tolerancia, haciendo al respecto algunas precisiones: ninguna Iglesia está obligada en virtud del deber de tolerancia a retener en su seno a una persona que, después de haber sido amonestada, continúa obstinadamente transgrediendo las leyes de la sociedad; de igual forma, ninguna persona privada tiene derecho alguno, en ningún caso, a perjudicar a otra persona en sus goces civiles porque sea de otra Iglesia o religión. "Todos los derechos y franquicias que le pertenecen como hombre o como ciudadano –añade Locke– deben serles preservados inviolablemente. No son ellos de la competencia de la religión. Ninguna violencia, ninguna injuria ha de serle infligida, sea cristiano o pagano". Lo que Locke sostiene de la tolerancia entre personas privadas, lo aplica asimismo a las Iglesias, que se encuentran en la misma relación entre ellas que las personas privadas entre sí. Una primera, y muy relevante, conclusión de todo ello va a ser la de que nadie, esto es, "ni las personas individuales, ni las Iglesias, ni siquiera los Estados, tienen justos títulos para invadir los derechos civiles y las propiedades mundanas de los demás bajo pretexto de la religión"[446]. Bien podría decirse con Bravo,

---

442 John LOCKE: *Carta sobre la Tolerancia,* edición a cargo de Pedro Bravo Gala, Madrid, Editorial Tecnos, 1ª reimpr. de la 1ª ed., 1988, p. 4.

443 *Ibidem,* p. 9.

444 *Ibidem,* p. 13.

445 *Ibidem,* pp. 16-17.

446 *Ibidem,* p. 22.

que la norma que según Locke define el alcance de la tolerancia puede quedar resumida en esta consideración: la libertad religiosa llega hasta donde, como consecuencia de su ejercicio, se produzca un daño en los derechos de otro individuo o suponga un atentado a la esencia misma del Estado[447].

El deber de tolerancia se traduce en un conjunto de obligaciones tanto para los hombres eclesiásticos como para los magistrados civiles. Los primeros no sólo deben abstenerse de la violencia, de la rapiña y de toda clase de persecuciones, sino que están obligados a advertir a sus oyentes acerca de los deberes de paz y buena voluntad hacia los hombres. En cuanto a los magistrados, en lo que se refiere a las formalidades externas, carecen de poder para imponer por ley, ni en su propia Iglesia, ni mucho menos en otra, el uso de ningún rito o ceremonia, cualquiera que sea, en el culto de Dios. Y esto no sólo porque estas Iglesias son sociedades libres, sino porque lo que se practica en el culto de Dios sólo es justificable en cuanto quienes lo practican creen que le es aceptable[448]. Dicho de otro modo, el culto exterior es indiferente para la comunidad. En cuanto a los artículos de fe, esto es, la vertiente material de la Iglesia, Locke diferencia entre los artículos de orden práctico y los especulativos. Las opiniones especulativas, respecto de las que sólo se requiere su credibilidad, no pueden ser impuestas a ninguna Iglesia por las leyes terrenales, "porque es absurdo que las leyes impongan cosas que los hombres no tienen poder para cumplir". El autor de *El cristianismo racional* (1695) rechaza que el magistrado prohíba la prédica ni la profesión de opiniones especulativas en ninguna Iglesia, "porque no tienen relación alguna con los derechos civiles de los súbditos"[449].

Puede suceder que una opinión especulativa atente contra la paz y seguridad de la comunidad. ¿Qué hacer entonces? Locke es rotundo cuando sostiene, "que ninguna opinión contraria a la sociedad humana o a las reglas morales que son necesarias para la preservación de la sociedad civil ha de ser tolerada por el magistrado", aunque precisa que tales casos son raros en cualquier Iglesia. En cuanto que la tolerancia es, en último término, una condición para la paz social, se entiende que el filósofo inglés rechace el derecho a ser tolerados tanto de quienes exigen cualquier forma de autoridad sobre quienes no se asocian con ellos en su comunidad eclesiástica, como de aquellos otros que no están dispuestos a practicar y enseñar el deber de tolerar a todos los hombres en materia de mera religión. Dicho en otros términos, no debe de haber tolerancia para todos aquellos que se oponen a esa misma tolerancia. Locke amplía su exclusión de la tolerancia frente a quienes niegan la existencia de Dios, por cuanto "las promesas, convenios y juramentos, que son los lazos de la sociedad humana, no pueden tener poder sobre un ateo. Prescindir de Dios, aunque sólo sea en el pensamiento, disuelve todo"[450]. Todo ello al margen ya de que aquellos que por su ateísmo socavan y destruyen toda religión, no pueden, según el filósofo inglés, tener pretensiones de que la religión les otorgue privilegio de tolerancia. Las excepciones que Locke hace suyas, excluyendo de la tolerancia a ciertas personas, demuestran que Locke no permaneció inmune frente a los prejuicios de su tiempo. Para Bury[451], tales excepciones contradecían uno de los propios principios lockeanos según el

---

[447] Pedro BRAVO GALA: "Presentación", *op. cit.*, pp. L-LI.
[448] John LOCKE: *Carta sobre la Tolerancia, op. cit.*, p. 35.
[449] *Ibidem*, p. 48.
[450] *Ibidem*, p. 57.
[451] J. B. BURY: *A History of Freedom of Thought, op. cit.*, p. 81.

cual era absurdo promulgar leyes que impusieran a los hombres comportamientos que éstos no estaban en condiciones de cumplir.

Podríamos concluir diciendo que Locke visualiza la tolerancia, que ve como la esencia misma del Cristianismo, como la ausencia de todo empleo de la fuerza con el objetivo de alcanzar un fin religioso. Si la fe y la creencia en una determinada religión no puede garantizarse a través del empleo de la coerción estatal, racionalmente se debe exigir al Estado la tolerancia. Dicho en otros términos, justamente los que emplea Hazard[452], si la autoridad no gobierna los espíritus, no debe traspasar el umbral de los templos. Además, como ya ha quedado claro, para el filósofo inglés, una cosa es lo espiritual y otra muy distinta lo temporal, una cosa es la sociedad religiosa y otra la sociedad civil. Como se ha dicho[453], la argumentación de Locke implica una concepción negativa de la tolerancia. Se sostiene la irracionalidad de la persecución coercitiva, por lo que se prohíbe simplemente cierto tipo de actividad, pero no se dice nada acerca del valor positivo de la pluralidad y diversidad de creencias religiosas. Por lo demás, es de subrayar igualmente el hecho de que Locke iba a distinguir su argumentación en apoyo de la tolerancia de sus argumentos en defensa de la concepción de la libertad como un *natural right,* tal y como lo establecería en su *Second Treatise of Government*. La tolerancia, escribe Cranston, era una cuestión que se originaba tan sólo en conexión con cosas desagradables, y Locke se hallaba especialmente preocupado con la tolerancia de la herejía, de la disidencia y de la no conformidad en el terreno de la fe y del culto[454].

Las limitaciones que acotan la idea de tolerancia en Locke, los condicionamientos políticos a que responden sus escritos sobre este tema, la fragmentariedad de los mismos, que sólo en la *Epistola de Tolerantia* encuentra una unidad sistemática, no restan al gran pensador inglés el mérito de haber planteado una concepción liberal de la tolerancia con una visión moderna de la religión, muy distante de las ideas unitarias o confesionales características de la época. Como escribe Tedeschi[455], "Locke si inserisce bene nel dibattito religioso di quegli anni, sia che lo si consideri da un punto di vista politico che da quello esegetico scritturale, ma non si allinea a nessuna corrente né fa scuola". Por lo demás, la incidencia real de su pensamiento habrá de esperar al advenimiento del Estado liberal.

d) El rechazo por Locke de la censura previa impuesta por la *Licensing Act* de 1662

Si ya en la defensa lockeana de la tolerancia late una decidida apuesta en favor de la libertad de conciencia, con las consecuencias que de ello se pueden extraer para la libertad de expresión, la defensa por parte de Locke de esta última libertad se va a hacer aún más nítida en su posicionamiento en relación a la polémica *Licensing Act* de 1662. Este texto legal vino a endurecer anteriores normas en materia de imprenta, previendo la prohibición de imprimir, publicar e importar libros, documentos y panfletos contrarios a la

[452] Paul HAZARD: *La crisis de la conciencia europea, op. cit.*, p. 279.

[453] Juan Ramón de PÁRAMO ARGÜELLES: *Tolerancia y liberalismo,* Madrid, Centro de Estudios Constitucionales, 1993, pp. 34-35.

[454] Maurice CRANSTON: "Locke on Toleration", en *Rivista internazionale di filosofia del diritto,* Vol. LXV, Nº 2, Aprile/Giugno 1988, pp. 213 y ss.; en concreto, p. 213.

[455] Mario TEDESCHI: *La libertà religiosa nel pensiero di John Locke,* Torino, G. Giappichelli Editore, 1990, p. 29.

fe, a la doctrina y disciplina de la Iglesia de Inglaterra y al gobierno de la *Commonwealth*. Como en anteriores regulaciones, la ley establecía un mecanismo de autorización previa por razón de la materia. Aunque su vigencia se preveía inicialmente para un período de tan sólo dos años, la ley se vio sometida a diferentes renovaciones que propiciaron que estuviera en vigor hasta 1695.

En 1694, por tanto ya pasados unos años desde la *Glorious Revolution,* Guillermo de Orange planteó ante el Parlamento la posibilidad de prorrogar una vez más la vigencia del polémico texto legal. Los Lores se mostraron partidarios de la prórroga, pero no así los Comunes, cuyos argumentos, expuestos por Edward Clarke, habían sido elaborados por Locke, lo que ha propiciado que Bastide haya llegado a escribir que es principalmente a Locke a quien se debe la libertad de prensa en Inglaterra[456], afirmación un tanto exagerada. Frente al discurso de Milton en la *Areopagítica,* mucho más asentado en principios abstractos y generales, la posición lockeana se asienta en razones eminentemente prácticas[457]. Locke no va a recurrir tanto a las libertades de pensamiento y de expresión como a los inconvenientes dimanantes de la prórroga del mencionado texto legal.

Para Locke, la censura previa es una medida absurda e improductiva. Carece de sentido controlar todos los escritos antes de su publicación con la excusa de que su contenido puede ser peligroso o violar lo establecido por la ley. Aplicando esta regla con todas sus consecuencias, sería necesario controlar la totalidad de los actos del individuo que pudieran ser potencialmente peligrosos, llegando incluso a prohibirlos. Con tal modo de proceder, la actividad humana quedaría reducida a su mínima expresión, debido al peligro potencial que toda ella encierra. Por lo mismo, Locke propondrá que la única actividad del poder sobre la prensa sea aquella que, en caso de una existencia real y efectiva de ataque o violación de la ley, permita exigir responsabilidades *a posteriori.* Con la obligación de detallar en las publicaciones los nombres de sus autores o de los editores, se asegura al poder la posibilidad de actuar contra quienes, a través de sus escritos, infrinjan la ley. Locke anticipa de esta forma el régimen represivo de ejercicio de la libertad de imprenta que las Cortes de Cádiz normativizarán entre nosotros, anticipando esta posición más de un siglo antes.

4. La recepción de estas libertades en los Estados Unidos

A) Las primeras Declaraciones de Derechos y la influencia ejercida sobre ellas por el pensamiento inglés

I. En los Estados Unidos, el pensamiento de Locke iba a tener una concreta plasmación normativa en las *Fundamental Constitutions of Carolina* (Normas Fundamentales de Carolina)[458] cuya elaboración fue encargada a Lord Ashley, uno de los copropietarios, y éste, a su vez, encargó su redacción a John Locke, su secretario y colaborador. Ese texto

[456] Charles BASTIDE: *John Locke. Ses théories politiques el leur influence en Angleterre. Les libertés politiques. L'Église et l'État. La tolérance,* Genève, Slatkine Reprints, 1970 (réimpression de l'édition de Paris, 1906), p. 125.

[457] Para un mayor detalle, cfr. Francisco Javier ANSUÁTEGUI ROIG, en *Ibidem,* pp. 282-284.

[458] Las *Fundamental Constitutions of Carolina,* o por lo menos sus normas más relevantes, pueden verse en *Documents on Fundamental Human Rights. The Anglo-American Tradition,* compiled, edited, and with a preface by Zechariah CHAFEE, Jr., New York, Atheneum, 1963, Vol. I, pp. 146-153.

sería finalmente aprobado por los copropietarios de ese territorio en 1669. La fecha del texto es significativa porque, como es obvio, nos revela que el filósofo inglés aún no había escrito su *Carta sobre la Tolerancia,* pero sí, como ya dijimos, su *Ensayo sobre la Tolerancia* (1667), que contiene el germen de las ideas desarrolladas posteriormente en la *Carta*. De esta forma, en materia de tolerancia, la norma 109 puede considerarse directamente tributaria del pensamiento lockeano. A tenor de la misma: "No person whatsoever shall disturb, molest, or persecute another for his speculative opinions in religion, or his way of worship". La plena tolerancia que establecía esta disposición había, sin embargo, de verse matizada por algunas otras previsiones del texto, y de modo muy particular, por la de la norma 96, que al encomendar al Parlamento el cuidado de las iglesias y del mantenimiento público de los eclesiásticos que fueran empleados al servicio de la religión, añadía: "according to the Church of England; which being the only true and orthodox and the national religion of all the King´s dominions, is so also of Carolina; and, therefore, it alone shall be allowed to receive public maintenance, by grant of parliament". Conviene, sin embargo, tener en cuenta, que este artículo 96 no fue redactado por Locke. Chafee lo aclara sin sombra alguna de duda cuando escribe: "This article was not drawn up by Mr. Locke, but inserted by some of the chief of the proprietors, against his judgment: as Mr. Locke himself informed one of his friends, to whom he presented a copy of these constitutions"[459]. En cualquier caso, el establecimiento de la religión oficial no impedía permitir todas aquellas confesiones que no atentaran contra la paz civil, por cuanto la permanencia de la sociedad no se ponía en peligro por la pluralidad de creencias, sino por la inobservancia del pacto sobre el que se asentaba la comunidad[460].

Innecesario es decir que no será Locke el único en influir sobre la libertad religiosa y también de expresión y de imprenta. La influencia de John Milton parece asimismo muy clara. Se ha dicho[461], que Jefferson fundamentó su discurso sobre la libertad de prensa en los principios areopagíticos sobre el libre encuentro de ideas y opiniones y en su virtualidad para alcanzar la verdad, como reflejarían sus *Notes on the State of Virginia* (1784) y su Proyecto de ley sobre libertad religiosa del Estado de Virginia (*A Bill for Establishing Religious Freedom,* de 12 de junio de 1779). En este texto encontramos una serie de reflexiones dignas de ser recordadas. Jefferson comienza señalando que Dios Todopoderoso ha creado la libertad de pensamiento ("that Almighty God hath created the mind free, and manifested his Supreme will that free it shall remain, by making it altogether insusceptible of restraint"). Más adelante manifiesta en los términos más rotundos su oposición al pago de cualquier tipo de contribución a una Iglesia por quien no pertenezca a ella:

> "That the impious presumption of legislators and rulers, civil as well as ecclesiastical, who, being themselves but fallible and uninspired men, have assumed dominion over the faith of others, setting up their own opinions and modes of thinking, as the only true and infallible, and as such, endeavouring to impose them on others, hath established and maintained false religions over the greatest part of the world, and through all time: That to compel a man to furnish contributions of

---

[459] Zechariah CHAFEE, Jr.: *Documents on Fundamental Human Rights..., op. cit.,* Vol. I, p. 151, nota 1.

[460] Francisco Javier ANSUÁTEGUI ROIG: *Orígenes doctrinales..., op. cit.,* p. 285.

[461] María Nieves SALDAÑA: "Recepción e influencia de la *Areopagítica* de John Milton en la ideología colonial y revolucionaria norteamericana: de Franklin a Jefferson", *op. cit.,* p. 666.

> money for the propagation of opinions which he disbelieves and abhors, is sinful and tyrannical".

Unas líneas después, Jefferson aborda de modo aún más directo la cuestión que nos ocupa cuando rechaza que las opiniones de los individuos puedan quedar sujetas al gobierno o a su jurisdicción:

> "That the opinions of men are not the object of civil government, nor under its jurisdiction: That to suffer the civil Magistrate to intrude his powers into the field of opinion, and to restrain the profession or propagation of principles on supposition of their ill tendency, is a dangerous fallacy, which at once destroys all religious liberty; because he being of course Judge of that tendency will make his own opinions the rule of judgment, and approve or condemn the sentiments of others only as they shall square with, or differ from his own".

Y Jefferson, con un argumento de estirpe miltoniana, termina defendiendo la validez de la libre argumentación y el debate, que considera las armas características de la verdad:

> "And finally that truth is great and will prevail if left to herself; that she is the proper and sufficient antagonist to errour, and has nothing to fear from the conflict, unless by human interposition, disarmed of her natural weapons, free argument and debate; errours ceasing to be dangerous when it is permitted freely to contract them"[462].

La filosofía de la *Scottish Enlightenment* iba a tener igualmente una importante influencia sobre el pensamiento americano de la época colonial, y en esta escuela, entre otros, hay que incluir al filósofo David Hume (1711-1776), que en Francia, actuando como secretario de embajada, entabló una muy estrecha relación con los enciclopedistas y con Rousseau. Hume ha sido considerado como una de las más fértiles fuentes de las ideas políticas de la América Jeffersoniana[463]. El pensamiento de David Hume iba a tener una particular influencia sobre James Madison, que fue educado en Princeton por John Witherspoon, introductor en América de la filosofía moral escocesa de Thomas Reid, y muy buen conocedor de la Escuela Escocesa de la Ilustración, lo que puede explicar el influjo de Hume. En lo que ahora interesa, en su *Of the Liberty of the Press,* texto escrito en 1742, del que nos ocuparemos con algún mayor detalle más adelante, Hume, al margen ya de poner de relieve la sorpresa que a los extranjeros causaba "the extreme liberty which we enjoy in this country of communicating whatever we please to the public", hacía un encendido canto de lo ventajoso de esta libertad de la prensa, llegando a considerarla "el derecho común de la humanidad": "(S)uch a liberty –escribe Hume– is attended with so few inconveniences that it may be claimed as the common right of mankind and ought to

---

[462] Los textos transcritos de Jefferson pueden verse en la obra *The Founders´ Constitution,* edited by Philip B. KURLAND and Ralph LERNER, Vol. Five (Amendments I-XII), Chicago and London, The University of Chicago Press, 1987, p. 77.

[463] Daniel Walker HOWE: "European Sources of Political Ideas in Jeffersonian America", en *Reviews in American History (Rev. Am. Hist.),* Vol. 10, No. 4, December 1982, pp. 28 y ss.; en concreto, pp. 35-36.

be indulged them almost in every government except the ecclesiastical, to which, indeed, it would be fatal"[464].

También Blackstone, cuyo pensamiento influyó notabilísimamente al otro lado del Atlántico, en sus *Commentaries,* se haría eco de la relevancia de esta libertad, al escribir que: "The liberty of the press, properly understood, is by no means infringed or violated. The liberty of the press is indeed essential to the nature of a free state: but this consists in laying no previous restraints upon publications, and not in freedom from censure for criminal matter when published. Every freeman has an undoubted right to lay what sentiments he pleases before the public: to forbid this, is to destroy the freedom of the press: but if he publishes what is improper, mischievous, or illegal, he must take the consequence of his own temerity"[465]. El gran iuspublicista inglés se decanta de esta forma de un modo inequívoco por un régimen represivo en el ejercicio de esta libertad, que ha de quedar exento de cualquier control previo, pero que no puede dejar de exigir las responsabilidades pertinentes a quien, abusando de la misma, publique escritos inadecuados, dañinos o ilegales, bien que no podamos por menos de poner de relieve lo genérico de estos calificativos de los escritos a los que, según Blackstone, habría de anudarse una responsabilidad jurídica. En cualquier caso, el rechazo de la censura previa en el que cifra Blackstone la libertad de la prensa, se hallaba consagrado en las colonias ya antes de la publicación de su obra. Pritchett da al respecto la fecha de 1725 como momento de recepción definitiva en el mundo colonial de ese rechazo a la censura de las publicaciones[466].

Particularísima importancia iban a tener asimismo en la América colonial las llamadas *Cato´s Letters* (Cartas de Catón). Recuerda Rossiter[467], que los pensadores coloniales se deleitaban mencionando esas *Cartas* sobre "los sagrados privilegios del pueblo, la inviolable majestad del pueblo, la enorme autoridad del pueblo y la inapelable decisión del pueblo", e innecesario es decir que entre esos privilegios del pueblo se encontraban las libertades de expresión y de prensa; de hecho una de esas *Cartas* llevaba por título "Of Freedom of Speech: That the same is inseparable from Public Liberty", título por lo demás harto significativo. Escritas por dos de los más relevantes intelectuales de las colonias, John Trenchard y Thomas Gordon, identificados con el extremismo liberal, publicadas primeramente en *The London Journal* entre 1720 y 1724, y después en forma de libro, se convirtieron en una cáustica denuncia ("a searing indictment") de la política y sociedad inglesas del siglo XVIII. En América, donde estas *Cartas* se publicaron reiteradamente, de modo total o parcial, y donde una y otra vez eran citadas en cualquier periódico desde Boston a Savannah, las *Cato´s Letters,* según Bailyn[468], llegaron a estar alineadas junto a los tratados de Locke, como las más autorizadas declaraciones acerca de la naturaleza

---

464 *Apud The Founders´ Constitution,* edited by Philip B. KURLAND and Ralph LERNER, Vol. Five, Chicago and London, The University of Chicago Press, 1987, p. 117.

465 William BLACKSTONE: *Commentaries on the Laws of England* (A Facsimile of the First Edition of 1765-1769), Vol. IV (Of Public Wrongs), Chicago and London, The University of Chicago Press, 1979, pp. 151-152.

466 C. Herman PRITCHETT: *La Constitución Americana,* Buenos Aires, Tipográfica Editora Argentina, 1965, p. 532.

467 Clinton ROSSITER: *The First American Revolution* (The American Colonies on the Eve of Independence), New York, A Harvest Book, Harcourt, Brace and Company, 1956, p. 226.

468 Bernard BAILYN: *The Ideological Origins of the American Revolution,* Cambridge (Massachusetts), The Belknap Press of Harvard University Press, 13th printing, 1976, p. 36.

de la libertad política, situándose incluso por encima de Locke desde la óptica de la exposición de las causas sociales de las amenazas que pendían sobre esa libertad. Estas *Cartas* dedicaron además una gran atención a la corruptora influencia del poder, entre otras razones, porque sus autores, a diferencia de Locke, visualizaron la política dialécticamente, como una guerra entre los gobernantes y el pueblo al que gobernaban ("a war between the rulers and the people they ruled")[469], circunstancia que explica la honda preocupación existente en estos escritos sobre los medios con los que controlar el poder gubernamental. De su relevancia en las colonias puede dar una idea el hecho de que, en 1728, las *Cato´s Letters* se habían fusionado con los escritos de Locke, Coke, Pufendorf y Grocio para producir un prototípico tratado norteamericano en defensa de las libertades inglesas (entre ellas, y de modo muy particular, las de expresión y de prensa) allende los mares, un material indistinguible de un buen número de publicaciones que aparecería en la crisis revolucionaria cincuenta años posterior[470]. De la trascendencia que los autores de estas *Cartas* atribuirían a la libertad de expresión da una buena idea el que vinieran a situarla a la misma altura que el derecho de propiedad, sobre cuya relevancia en el pensamiento liberal de la época no hace falta argumentar: "La libertad de expresión –se puede leer en ellas– es tan esencial para los gobiernos libres, que la seguridad de la propiedad y la libertad de expresión siempre van unidas". Como se ha escrito[471], la libertad de expresión va a ser de este modo tanto el verdadero síntoma como el resultado de un buen sistema de gobierno.

En 1775, James Burgh, en sus *Political Disquisitions,* refiriéndose a la libertad de expresión y de publicación sobre temas políticos, escribía:

> "In a inquiry into public abuses no one will wonder to find punishment inflicted by government upon complainers, reckoned as an abuse; for it certainly is one of the most atrocious abuses, that a free subject should be restrained in his inquiries into the conduct of those who undertake to manage his affairs; I mean the administrators of government: for all such are undertakers, and are answerable for what they undertake: but if it be dangerous and penal to inquire into their conduct, the state may be ruined by their blunders, or by their villanies, beyond the possibility of redress"
>
> "There seems to be somewhat unnatural in attempting to lay a restraint on those who would criticise the conduct of men who undertake to do other people´s business"[472].

Como se puede ver, Burgh vincula la libertad de prensa al control de los gobernantes, y para poner de relieve la intemporalidad de esta libertad, se retrotrae a algunos ejemplos del mundo romano. Y así, recuerda que incluso el cruel Tiberio, cuando se hallaba de buen humor, podía decir: "In a free state, the mind and the tongue <ought to be free>".

---

469 Helen K. MICHAEL: "The Role of Natural Law in Early American Constitutionalism: Did the Founders Contemplate Judicial Enforcement of <Unwritten> Individual Rights?", en *North Carolina Law Review (N. C. L. Rev.),* Vol. 69, 1990-1991, pp. 421 y ss.; en concreto, p. 437.

470 Bernard BAILYN: *The Ideological Origins..., op. cit.,* p. 43.

471 Francisco Javier ANSUÁTEGUI ROIG: *Orígenes doctrinales..., op. cit.,* p. 359.

472 *Apud The Founders´ Constitution, op. cit.,* Vol. Five, p. 120.

II. En coherencia con todo lo que se acaba de exponer, podría decirse que, prácticamente, la totalidad de las Declaraciones de Derechos de la época van a contemplar la libertad de expresión y de imprenta. Ya el *First Continental Congress,* en el llamamiento que dirige a los habitantes de la ciudad de Quebec (*Address to the Peolpe of Quebec*), el 26 de octubre de 1774, instándoles a unirse a la causa colonial, entre los derechos cuyo reconocimiento considera inexcusable, acoge la libertad de prensa en los siguientes términos:

> "The last right we shall mention, regards the freedom of the press. The importance of this consists, besides the advancement of truth, science, morality, and arts in general, in its diffusion of liberal sentiments on the administration of Government, its ready communication of thoughts between subjects, and its consequential promotion of union among them, whereby oppressive officers are shamed or intimidated, into more honourable and just modes of conducting affairs"[473]. (El último derecho que mencionaremos se refiere a la libertad de prensa. Su importancia consiste, junto al avance de la verdad, la ciencia, la moralidad y las artes en general, en su difusión de sentimientos libres sobre la administración del gobierno, su fácil comunicación de pensamientos entre los individuos, y su consecuente promoción de la unión entre ellos, además de la intimidación y avergonzamiento de funcionarios opresores, tendente a conseguir una más honorable y justa dirección de los asuntos).

En este texto queda bastante clara la multiplicidad de roles que va a cumplir la libertad de imprenta: en sintonía con el pensamiento ilustrado, se la vincula con el avance de la ciencia, de la educación, y en armonía con el pensamiento liberal, se la visualiza como un medio de fiscalización de los gobernantes. No deja de llamar la atención esa función de promover la unión entre las personas, que se conecta asimismo a esta libertad.

La Declaración de Derechos del Buen Pueblo de Virginia, de 12 de junio de 1776, quizá la más relevante de cuantas se aprobaron y la que mayor influjo ejerció, contempla en su art. XII la libertad que nos ocupa en los siguientes términos: "That the freedom of the press is one of the great bulwarks of liberty, and can never be restrained but by despotic governments". Basta la lectura de esta norma para constatar la enorme relevancia que se atribuye a esta libertad, al considerarla uno de los grandes baluartes de la libertad en general, lo que entraña dar a la libertad de prensa una primacía indiscutible sobre las restantes libertades.

También la Declaración de Derechos y Reglas Fundamentales del Estado de Delaware, asimismo de 1776, declaraba en su punto 23 y último: "That the liberty of the Press ought to be inviolably preserved". En fin, la Constitución de Carolina del Norte, de 18 de diciembre de 1776, en el punto XV de la Declaración de Derechos con la que se abría este documento, en perfecta armonía con el texto virginiano, disponía: "That the freedom of the press is one of the great bulwarks of liberty, and therefore ought never to be restrained".

Los llamados *Articles of Confederation and Perpetual Union,* que entraron definitivamente en vigor el 1° de marzo de 1781, en su art. 5°, establecían la libertad de expresión, bien que circunscrita a los miembros del Congreso, en los términos siguientes:

---

[473] *Apud* Zechariah CHAFEE, Jr. (compiled and edited): *Documents on Fundamental..., op. cit.,* Vol. 1, pp. 192-193.

> "Freedom of speech and debate in Congress shall not be impeached or questioned in any court or place out of Congress, and the members of Congress shall be protected in their persons from arrests and imprisonments during the time of their going to and from, and attendance on Congress, except for treason, felony, or breach of the peace"[474].

Con todo, no deja de ser curioso el hecho de que la Convención de Filadelfia, que tuvo lugar entre los meses de mayo y septiembre de 1787, y de la que iba a salir el texto de la Constitución federal, se iniciara con una votación en la que los delegados aprobaron el mantenimiento en secreto de los debates que en ella tuvieran lugar. Como es sobradamente conocido, en su redacción inicial la Constitución carecía de un *Bill of Rights,* por lo que ningún derecho resultó constitucionalizado.

B) La relevancia dada a la libertad de prensa en el pensamiento de Jefferson, Madison y Hamilton

I. Las posiciones proclives a la libertad de prensa serán asumidas plenamente por los más relevantes personajes de la Revolución norteamericana, como sería el caso de Jefferson, Madison o Hamilton.

Jefferson, a una parte de cuyo pensamiento hemos aludido anteriormente, siempre estuvo firmemente convencido de que aunque los ciudadanos pudieran individualmente equivocarse en el ejercicio de su razón, la mayoría como un grupo, inevitablemente, adoptaría decisiones razonables. En orden a facilitar este proceso, en toda sociedad, los individuos debían ser educados y hallarse informados; de aquí el interés del de Monticello por los instrumentos educativos y su consideración de la prensa como una fuente esencial de información y de orientación, que para el adecuado cumplimiento de su función en una democracia requería que se hallara al margen de todo tipo de control estatal. Como recuerda Siebert[475], para Jefferson, la función de la prensa era participar en la educación del individuo y al mismo tiempo impedir las desviaciones del gobierno respecto de sus propósitos originales. De la enorme trascendencia que Thomas Jefferson atribuirá a la prensa pueden dar constancia algunas de las reflexiones que vierte en una carta dirigida a Edward Carrington, escrita el 16 de enero de 1787:

> "The people –escribe Jefferson– are the only censors of their governors: and even their errors will tend to keep these to the true principles of their institution. To punish these errors too severely would be to suppress the only safeguard of the public liberty. The way to prevent these irregular interpositions of the people is to give them full information of their affairs thro´ the channel of the public papers, and to contrive that those papers should penetrate the whole mass of the people.
>
> The basis of our governments being the opinion of the people, the very first object should be to keep that right; and were it left to me to decide whether we

---

[474] *Apud* Zechariah CHAFEE, Jr. (edited by): *Documents on Fundamental Human Rights* (The Anglo-American Tradition), New York, Atheneum, 1963, Vol. 1, pp. 197-198.

[475] Fred S. SIEBERT: "The Libertarian Theory of the Press", en Fred S. Siebert, Theodore Peterson and Wilbur Schramm, *Four Theories of the Press,* Urbana (Ill.), University of Illinois Press, 1963, pp. 39 y ss.; en concreto, pp. 46-47.

should have a government without newspapers, or newspapers without a government, I should not hesitate a moment to prefer the latter"[476].

La opción de Jefferson por la prensa frente al gobierno, si se viera forzado a una elección alternativa entre una y otro, nos ahorra cualquier comentario adicional. En fin, es clara la función de instrumento de control de los gobernantes que quien fuera el tercer Presidente de los Estados Unidos atribuye a la prensa.

Puede ser de interés asimismo recordar que el 28 de agosto de 1789, con ocasión del debate sobre el que habría de ser el *Bill of Rights* norteamericano (las diez primeras Enmiendas a la Constitución), Jefferson escribía a James Madison, pidiéndole que incorporara al texto del Art. 4° la siguiente adición: "The people shall not be deprived or abridged of their right to speak, to write or otherwise to publish any thing but false facts affecting injuriously the life, property, or reputation of others or affecting the peace of confederacy with foreign nations"[477].

II. En cuanto a Madison, ya en *The Federalist papers* tuvo oportunidad de referirse a la opinión pública en los núms. X y XLIX (aunque en relación a este último no se ha podido determinar la autoría con total exactitud, atribuyéndose su redacción, bien a Hamilton, bien a Madison). En el núm. XLIX se puede leer:

> "If it be true that all governments rest on opinion, it is no less true, that the strength of opinion in each individual, and its practical influence on his conduct, depend much on the number which he supposes to have entertained the same opinion. The reason of man, like man himself, is timid and cautious, when left alone; and acquires firmness and confidence, in proportion to the number with which it is associated"[478].

Como puede apreciarse, Madison (si es que fue él realmente el autor de este número) hace descansar los gobiernos en la opinión pública, lo que deja entrever con toda nitidez la importancia que está atribuyendo a la libertad de expresión y a la de prensa. Más aún, como bien se ha dicho[479], la institucionalización de la opinión se llevaba a cabo como medio de institucionalizar la República. A su vez, en su discurso acerca de la propuesta de una Declaración de derechos o *Bill of Rights* a adicionar a la Constitución federal, pronunciado el 8 de junio de 1789, ya iba a dejar merianamente clara la importancia que otorgaba a la libertad de la prensa. Refiriéndose al sistema británico, Madison afirmaba lo que sigue:

---

[476] *Apud The Founders´ Constitution, op. cit.*, Vol. Five, pp. 121-122.

[477] *Apud The Founders´ Constitution, op. cit.*, Vol. Five, pp. 129-130.

[478] Alexander HAMILTON, James MADISON and John JAY: *The Federalist or, the new Constitution,* edited with an Introduction and Notes by Max Beloff, Oxford (Great Britain), Basil Blackwell, 1948; el núm. XLIX en pp. 257-260; el texto transcrito, en p. 258.

[479] Juan Ignacio ROSPIR ZABALA: "Opinión pública. El tránsito hacia el Oeste: los Estados Unidos. Una introducción (1787-1800)", en *Brocar. Cuadernos de Investigación Histórica* (Universidad de La Rioja), nº 34, 2010, pp. 11 y ss.; en concreto, p. 14.

"Aunque no ignoro que siempre que se pone en cuestión a los grandes derechos –por ejemplo, el juicio por jurado, la libertad de la prensa o la libertad de conciencia– su invasión siempre encuentra la resistencia de capaces abogados, su Carta Magna no contiene provisión alguna en orden a la garantía de los derechos que más alarma causan al pueblo de América. La libertad de la prensa y los derechos de la conciencia, esos escogidos privilegios del pueblo, no se encuentran salvaguardados en la constitución británica"[480].

En estas palabras, quien habría de ser el cuarto Presidente de los Estados Unidos y quien siempre ha sido considerado *the father of the Constitution,* expresaba claramente la relevancia que para él tenía la libertad de la prensa, relacionada con la función censora y controladora del poder público que la opinión pública estaba llamada a desempeñar. Sin embargo, en un artículo publicado en la *Nazional Gazette* el 19 de diciembre de 1791, relativo a la opinión pública, aún se manifestaría con mucha más nitidez al respecto; tras señalar que "la opinión pública establece límites sobre cada gobierno, y es el verdadero soberano en todo gobierno libre" ("Public opinion sets bounds to every government, and is the real sovereign in every free one"), escribía:

"Whatever facilitates a general intercourse of sentiments, as good roads, domestic commerce, a free press, and particularly a circulation of newspapers through the entire body of the people, and Representatives going from, and returning among every part of them, is equivalent to a contraction of territorial limits, and is favorable to liberty, where these may be too extensive"[481] (Todo lo que facilita un intercambio general de opiniones, como los buenos caminos, el comercio interior, una prensa libre y, de modo particular, la circulación de periódicos a través de todas las personas, y los Representantes yendo y viniendo entre cada parte de ellas, equivale a una contracción de los límites territoriales, y es favorable a la libertad, en donde éstos pueden ser muy extensos).

III. Por lo que atañe a Hamilton, en el núm. LXXXIV del *Federalista,* al argumentar acerca de la innecesariedad de una declaración de derechos en la Constitución, que no sólo iba a considerar innecesaria, sino incluso hasta peligrosa[482], iba a aducir que tales declaraciones contendrían varias excepciones a poderes no concedidos y por ello mismo proporcionarían un pretexto plausible para reclamar más facultades de las que otorgan. ¿Con qué objeto –se interroga Hamilton– declarar que no se harán cosas que no se está autorizado a efectuar? Y de inmediato pone un ejemplo al respecto: "Why, for instance, should it be said, that the liberty of the press shall not be restrained, when no power is given by which restrictions may be imposed?". Hamilton precisa de inmediato que no es que sostenga que una disposición de esa clase atribuiría un poder de reglamentación ("a regulating power"), pero es evidente que suministraría a los hombres dispuestos a

---

[480] El discurso puede verse en James MADISON: *República y libertad,* edición, estudio preliminar y traducción de Jaime Nicolás Muñiz, Madrid, Centro de Estudios Políticos y Constitucionales, 2005, pp. 85 y ss.; el párrafo transcrito, en p. 91.

[481] *Apud* James MADISON: *Writings,* Jack N. Rakove, editor, New York, The Library of America, 1999, pp. 500-501.

[482] "I go further, –escribe Hamilton– and affirm, that bills of rights, in the sense and to the extent they are contended for, are not only unnecessary in the proposed constitution, but would even be dangerous". Alexander HAMILTON, James MADISON and John JAY: *The Federalist..., op. cit.,* p. 439.

usurpar, una excusa atendible para reclamar esa facultad. En cualquier caso, en lo que ahora interesa, Hamilton dejaba inequívocamente claro que aún antes de aprobarse las primeras Enmiendas, que contenían el *Bill of Rights,* la libertad de prensa era un derecho del que se admitía, aunque fuera de modo implícito, que no podía ser restringido.

El argumento de Hamilton estaba lejos de ser exótico. Uno de los grandes juristas de la época, James Wilson, de Pennsylvania, que integraría la primera *Supreme Court* en 1789, en la *Pennsylvania Ratifying Convention,* intervenía el 1° de diciembre de 1787 en una dirección muy próxima a la antes referida de Hamilton. Estas eran algunas de sus reflexiones:

> "In answer to the gentleman from Fayette, (Mr. Smilie) on the subject of the press, I beg leave to make an observation. It is very true, sir, that this Constitution says nothing with regard to that subject, nor was it necessary; because it will be found that there is given to the general government no power whatsoever concerning it; and no law, in pursuance of the Constitution, can possibly be enacted to destroy that liberty"[483].

C) La constitucionalización de las libertades de expresión y de prensa en la Primera Enmienda

I. En perfecta armonía con el sentir dominante entre buen número de pensadores de la época y los más relevantes líderes norteamericanos del período revolucionario, no debe extrañar que el artículo 1° de las Enmiendas a la Constitución que integran el llamado *Bill of Rights*[484] garantice la libertad religiosa, e inmediatamente después la libertad de expresión y de imprenta, cerrándose con toda coherencia con la garantía de los derechos de reunión y de petición, que se presentan, muy acertadamente, como derivaciones lógicas de la libertad de expresión ("Congress shall make no law respecting the establishment of religion, or prohibiting the free exercise thereof; or abridging the freedom of speech, or of the press; or the right of the people peaceably to assemble, and to petition the government for a redress of grievances"). La redacción del precepto es enormemente significativa, y no deja de evocarnos el pensamiento de Locke, al establecer una clara conexión entre la libertad religiosa y de conciencia y la libertad de expresión. Y algo análogo podría decirse de la mención de "the freedom of the press" inmediatamente después de "the freedom of the speech". Esta redacción podríamos decir que ejemplifica con claridad meridiana la esencia de la visión con que el pensamiento liberal concibe las libertades. Las libertades aparecen como libertades-autonomía, como un medio de defensa del individuo frente a cualquier intromisión estatal; de ahí que se prevea la imposibilidad del Congreso de dictar una ley que incida sobre el libre ejercicio por el individuo de la libertad de expresión o de prensa. Como bien se ha dicho[485], la divisa que impregna la concepción liberal de los

---

[483] *Apud The Founders´ Constitution, op. cit.,* Vol. Five; la intervención de James Wilson en pp. 122-123; el texto transcrito, en p. 122.

[484] Recuerda Pritchett, que sólo gradualmente surgió la concepción de que las diez primeras Enmiendas constituían una gran Declaración de Derechos. En el momento de su aprobación, alrededor de la mitad de las constituciones estatales no incluían una declaración de derechos entre sus disposiciones. C. Herman PRITCHETT: *La Constitución Americana, op. cit.,* p. 494.

[485] Modesto SAAVEDRA LÓPEZ: *La libertad de expresión en el Estado de Derecho. Entre la utopía y la realidad,* Barcelona, Editorial Ariel, 1987, p. 66.

derechos es la de "dejar hacer", y esa divisa aparece perfectamente clara en la enunciación que nos ocupa.

Se ha puesto de relieve de modo generalizado el carácter simple e incondicional con que se contemplan estas libertades, lo que podría revelar que quienes redactaron y aprobaron la Enmienda pretendían darles la máxima amplitud. Sin embargo, con posterioridad, la doctrina ha puesto de manifiesto[486], la existencia de un amplio consenso acerca de que no toda expresión o comunicación está incluida dentro de "the freedom of speech". Como es obvio, ha sido la *Supreme Court* la que ha delimitado el contenido de estas libertades, pero aquí no podemos entrar en ello. Con todo, vale la pena recordar las palabras del conocido *Justice* Louis D. Brandeis, que son claramente tributarias del pensamiento de John Stuart Mill, y a cuyo través rememoraba el sentir de los *Framers* respecto de esta libertad, palabras que pronunció en una muy relevante sentencia, la dictada por la *Supreme Court* en el caso *Whitney v. California* (1927):

> "Those who won (the) independence (of the United States).... believed that freedom to think as you will and to speak as you think are means indispensable to the discovery and spread of political truth; that without free speech and assembly discussion would be futile; that with them, discussion affords ordinarily adequate protection against the dissemination of noxious doctrine; (and) that the greatest menace to freedom is an inert people"[487].

II. Uno de los más serios conflictos que habría de producirse en los primeros años de vida de la nueva nación entre los Republicanos de Jefferson y los Federalistas del en aquel momento Presidente Adams, tuvo que ver justamente con la restricción de la libertad de expresión y de prensa llevada a cabo por una ley federal, la *Sedition Act* (1798). La sección segunda de esta ley castigaba a cualquier persona que escribiera, imprimiera, pusiera en circulación o publicara, o colaborara de alguna manera en ello, cualquier escrito falso, escandaloso o malicioso contra el gobierno de los Estados Unidos o cualquiera de las Cámaras del Congreso, con una intención difamatoria o de atraer hacia ellos el desprecio o el desprestigio. Ello suponía, en pocas palabras, que cualquier crítica hacia el Presidente o el Congreso era castigada con una multa de hasta 2000 dólares y con una prisión de hasta dos años.

En el Congreso, los Republicanos iban a insistir en que la ley violaba la Primera Enmienda, aunque los debates revelan que ninguno de los congresistas que intervinieron en la discusión adoptaron una comprensión "libertaria" ("a <libertarian> understanding"), por utilizar los términos de Berns[488], de la libertad de expresión. Se adujo asimismo que eran los Estados quienes disponían de competencia sobre la materia, y por lo mismo sólo ellos tenían la facultad de promulgar *criminal libel laws*. Roche ha llegado a escribir, que la posición Jeffersoniana frente a esta ley "had a markedly states´ rights tone"[489]. Sin embargo,

[486] Kathleen M. SULLIVAN and Gerald GUNTHER: *Constitutional Law,* New York, Foundation Press-Thomson West, 16th edition, 2007, p. 741.

[487] *Apud* Anthea J. JEFFERY: "Free Speech and Press: An Absolute Right?", en *Human Rights Quarterly,* Vol. 8, No. 2, May, 1986, pp. 197 y ss.; en concreto, p. 201.

[488] Walter BERNS: "Freedom of the Press and the Alien and Sedition Laws: A Reappraisal", en *Supreme Court Review (Sup. Ct. Rev.),* Vol. 1970, 1970, pp. 109 y ss.; en concreto, p. 121.

[489] John ROCHE (edited by): *John Marshall: Major Opinions and Other Writings,* Indianapolis/New York, The Bobbs-Merrill Company, Inc., 1967, p. 33.

por lo que se refiere al propio Jefferson, como el texto de una carta que se transcribe a continuación demuestra, su principal crítica iba a residir en la consideración de que tal ley suponía una flagrante violación de la Primera Enmienda, al margen ya de considerar que la *Sedition Act* negaba uno de los principios para él más sagrados, *the freedom of the human mind*[490], a cuya defensa cualquier espíritu debía estar dedicado hasta el martirio. Con su impactante retórica, podría decirse que en los oídos de muchos americanos aún resuenan estas célebres palabras del que habría de ser el tercer Presidente de los Estados Unidos: "I have sworn upon the altar of God, eternal hostility against every form of tyranny over the mind of man" (He jurado sobre el altar de Dios, hostilidad eterna frente a toda forma de tiranía sobre el pensamiento del hombre).

5. Las grandes formulaciones dogmáticas en favor de la libre transmisión de ideas en el pensamiento de la Ilustración

I. Vamos a centrarnos ahora en aquellas contribuciones doctrinales que, directa o indirectamente, supusieron un claro pronunciamiento en favor de la libre transmisión de las ideas y opiniones, marcando a la par un verdadero hito en la historia del pensamiento de todos los tiempos. Más aún, las formulaciones dogmáticas de las que nos vamos a ocupar, por chocante que pueda parecer en algún caso, como el de Spinoza, defensor de un poder absoluto por parte del Estado, aunque ejercido racionalmente y en interés de sus súbditos, no han perdido nada de su actualidad, sino que, como bien se ha dicho[491], conservan el frescor de lo perenne, quizá porque el objetivo de sus reflexiones (pensemos en la intolerancia o en la censura) sigue ocupando un papel destacado en nuestra sociedad. Somos conscientes de que los autores tratados no agotan ni mucho menos las aportaciones relevantes en relación a la libertad que nos ocupa.

Otros notabilísimos pensadores se han referido a esta libertad con más o menos detenimiento. Podemos recordar al respecto el breve ensayo de David Hume (1711-1776), "De la libertad de prensa", al que ya hemos tenido oportunidad de aludir. Con él no pretende el filósofo escocés esbozar una construcción dogmática de esta libertad, sino algo mucho más simple: dar una explicación razonable acerca de porqué tal libertad existía en Inglaterra, mientras que la misma, en ese momento, prácticamente podía considerarse inexistente en cualquier otro país. Incluso dos años antes de la publicación del mencionado folleto, David Hume antepuso a su principal obra, su *Treatise on Human Nature,* la siguiente, y bien significativa, cita de Tácito: "O rare felicity of the times when one may think what one pleases and say what one thinks!". El breve opúsculo quedó integrado en los *Ensayos*

[490] En una carta escrita por Jefferson a William Green Munford, un estudiante del *William and Mary College,* la célebre institución educativa virginiana, fechada el 18 de junio de 1799, se podía leer: "(W)hile the art of printing is left to us, science can never be retrograde; what is once acquired of real acknowledge can never be lost. To preserve the freedom of the human mind then and freedom of the press, every spirit should be ready to devote itself to martyrdom; for as long as we may think as we will, and speak as we think the condition of man will proceed in improvement". *Apud* Adrienne KOCH and Harry AMMON: "The Virginia and Kentucky Resolutions: An Episode in Jefferson´s and Madison´s Defense of Civil Liberties", en *The William and Mary Quarterly (Wm. & Mary Q.),* Third Series, Vol. 5, No. 2, April, 1948, pp. 145 y ss.; en concreto, pp. 151-152.

[491] Santiago SÁNCHEZ GONZÁLEZ: "Sobre la libertad de expresión en el mundo anglosajón", en *Revista de Administración Pública,* nº 127, Enero/Abril 1992, pp. 45 y ss.; en concreto, p. 50.

morales, políticos y literarios, publicados por primera vez en 1741-1742[492]. No deja de tener algún interés recordar con brevedad algunas de las reflexiones del filósofo y economista de Edimburgo. Hume comienza constatando que "nada sorprende más a un extranjero que la extremada libertad de la que gozamos en este país para comunicar al público lo que nos plazca y para censurar abiertamente todas las medidas adoptadas por el rey o sus ministros", y dado que ningún otro gobierno, ya sea republicano o monárquico, consiente esta libertad, es muy natural que se suscite la pregunta de: ¿Cómo acontece que únicamente Gran Bretaña goza de este privilegio?

La razón por la que las leyes permiten una libertad semejante en Inglaterra la encuentra Hume en la forma mixta de gobierno inglesa, "que no es totalmente monárquica ni totalmente republicana", y tras ello considera cierta la observación hecha en política de que "los dos sistemas de gobierno extremos, la libertad y la esclavitud, se aproximan por lo común al máximo y que, conforme nos apartamos de los extremos y mezclamos un poco de monarquía con libertad, la forma de gobierno se torna siempre más libre, mientras que si por el contrario mezclamos un poco de libertad con monarquía, el yugo se vuelve cada vez más cruel e intolerable". Con el fin de justificar su explicación, el escocés recurre a una observación hecha por Tácito respecto a los romanos bajo los emperadores, que no podían soportar ni toda la servidumbre ni toda la libertad, *Nec totam servitutem, nec totam libertatem pati possunt.*

Mientras la forma de gobierno romana bajo los emperadores era una mezcla de despotismo y libertad en la que prevalecía el primero, en su propio país, "dado que la parte republicana del gobierno prevalece en Inglaterra, aunque con una gran mezcla de monarquía, es obligado que, para su propia preservación, se mantenga una vigilante suspicacia en relación con los magistrados, para suprimir todos los poderes discrecionales y asegurar la vida y la hacienda de todos mediante leyes generales e inflexibles".

> "Ningún acto –sigue argumentando Hume– debe considerarse delito salvo el que la ley haya determinado claramente como tal. No debe acusarse a una persona de delito alguno sino a partir de una prueba legal presentada ante sus jueces, e incluso estos jueces deben ser unos súbditos más que están obligados, por su propio interés, a vigilar los abusos y la violencia de los ministros. De estas razones se sigue que existe en Gran Bretaña tanta libertad, e incluso licenciosidad, como esclavitud y tiranía existieron en Roma"[493].

Como fácilmente se puede apreciar, lo que Hume, a grandes rasgos, nos está mostrando es la existencia en Gran Bretaña del *rule of law.* Y en ese marco de dominio de la ley y del Derecho y de destierro de la arbitrariedad encuentra un lugar de privilegio la libertad de prensa, como la argumentación que sigue del escocés aclara meridianamente:

> "Se comprende que el poder arbitrario se nos impondría subrepticiamente si no tuviéramos el cuidado de evitar su progreso, y si no existiera un fácil método

[492] David HUME: *Ensayos morales, políticos y literarios,* edición, prólogo y notas de Eugene F. Miller, Madrid, Editorial Trotta/Liberty Fund, 2011; el ensayo sobre la libertad de prensa, en pp. 48-51. Puede asimismo verse el ensayo en cuestión en David HUME: *Ensayos políticos,* traducción e introducción de César Armando Gómez, Madrid, Unión Editorial, 2005, pp. 19-23.

[493] David HUME: *Ensayos morales, políticos y literarios, op. cit.,* p. 50.

de transmitir la alarma desde un extremo del reino a otro. Debe excitarse con frecuencia el espíritu del pueblo con el fin de poner freno a la ambición de la corte, y el miedo de soliviantar a ese espíritu debe emplearse para prevenir tal ambición. Nada resulta tan efectivo para dicho propósito como la libertad de prensa, gracias a la cual pueden utilizarse en el lado de la libertad todo el saber, el ingenio y el genio de la nación, y puede incitarse a todos a su defensa".

La libertad de prensa, pues, como instrumento último de control del poder y como freno frente a todo atisbo de arbitrariedad. La modernidad de esta concepción es patente. Digamos por último que Hume concluye su breve folleto admitiendo, sin embargo, "que la libertad ilimitada de la prensa, aunque sea difícil, tal vez imposible, proponer un adecuado remedio para ella, es uno de los males que acompañan a estas formas mixtas de gobierno".

II. Entre las grandes construcciones dogmáticas sobre la libertad que nos ocupa, nunca podría prescindirse de las reflexiones de John Stuart Mill, particularmente las llevadas a cabo en su obra cumbre a este respecto, *On Liberty* (1859), pero es obvio que el pensamiento del londinense[494], que por lo demás ya hemos esbozado en sus grandes rasgos, escapa al tracto histórico que constituye el objeto de nuestra preocupación.

Cometeríamos asimismo una grave omisión si no mencionáramos igualmente a Benjamin Constant y su bien conocido escrito, cuya primera edición data de 1814, *De la libertad de folletos, panfletos y periódicos considerada en relación con el interés del gobierno*[495], ensayo que se enmarca en el debate suscitado en Francia el 5 de julio de 1814, un mes después de aprobada la Carta constitucional de 4 de junio de ese año, que en su artículo octavo[496], supuestamente, garantizaba la libertad de expresión[497], al hilo de

---

[494] Sin perjuicio de lo ya expuesto sobre el pensamiento de John Stuart Mill, recordaremos ahora que, en su obra cumbre en relación a la libertad de que venimos tratando, *On liberty* (1859), Mill enfatizará las lagunas existentes en el saber convencional de la sociedad, indicando que "until mankind shall have entered a stage of (far higher) intellectual advancement", es una falacia asumir que "la verdad" de la sociedad representa la única verdad. Mucho más apropiado es que las doctrinas en conflicto (la convencional y la herética) compartan la verdad entre ellas. De esta forma, "the nonconforming opinion is needed to supply the remainder of the truth, of which the received doctrine embodies only a part". Mill rechazará la supresión por quienes disponen de la autoridad de esa "nonconforming opinion", por cuanto tal actitud implica tanto como una pretensión por parte de aquéllos de una suerte de infalibilidad. Y esto es por entero inaceptable, entre otras razones, porque esa pretensión socava la propia capacidad del individuo a formarse por sí mismo un punto de vista acerca de lo que es correcto o erróneo.

[495] Puede verse el panfleto en Benjamin CONSTANT: *Escritos políticos*, traducción y notas de María Luisa Sánchez Mejía, Madrid, Centro de Estudios Constitucionales, 1989, pp. 207-238.

[496] A tenor del artículo 8 de la Carta constitucional: "Les Français ont le droit de publier et de faire imprimer leurs opinions, en se conformant aux lois qui doivent réprimer les abus de cette liberté".

[497] Así lo cree sin mayores matices Sánchez Mejía (María Luisa SÁNCHEZ MEJÍA: "Estudio preliminar", en Benjamin Constant, *Escritos políticos, op. cit.*, pp. VII y ss.; en concreto, p. LII). Pero si se lee a fondo el precepto y, adicionalmente, se compara con el art. 11 de la Declaración de Derechos del Hombre y del Ciudadano, se atisban rasgos diferenciales que no dejan de ser sintomáticos. Piénsese en que el último precepto hace hincapié en la idea de libertad de comunicación de los pensamientos, subrayando el derecho de cada ciudadano a "imprimir libremente". La ley interviene, a modo de salvedad de esa libertad, para establecer los supuestos de abuso en el ejercicio de esa libertad y la pertinente responsabilidad. Por contra, el artículo de la Carta de 1814 en nigún momento habla de "imprimir libremente"; más aún, inmediatamente después de contemplar el derecho de los franceses de imprimir sus opiniones, precisa: "sujetándose a las leyes que deben reprimir los abusos de esta libertad". El precepto no sólo no se refiere de modo explícito a la libertad de impresión, aunque ciertamente pueda inferirse de su tenor, pues, caso contrario, ¿de qué

la presentación a las Cámaras por el Ministro del Interior de un proyecto de ley que, de hecho, restablecía la censura para cierto tipo de publicaciones[498].

No está de más añadir finalmente, que en el siglo XVIII va a triunfar, por lo menos en Francia, la libertad de pensamiento, tan golpeada en el Seiscientos. Desde el punto de vista de la libertad de pensamiento, nos dice Bayet, el siglo de los filósofos es el "Gran Siglo"[499]. Y aunque a mediados de siglo el odio por la libertad de pensamiento se volverá a exacerbar, ya en la segunda mitad de la centuria habrá una convergencia de posiciones por parte de los filósofos en su denuncia y rechazo de la intolerancia. En sus *Lettres*

---

derecho estaríamos hablando?, sino que en su reenvío al legislador parece estar otorgándole un poder omnicomprensivo.

[498] Si tuviéramos que compendiar en pocas palabras la argumentación en la que Constant sustenta su oposición a la censura de los papeles periódicos habríamos de decir que su argumento primigenio radica en la vinculación a los periódicos de la creación de opinión, con lo que convierte la libertad de imprenta de este tipo de publicaciones en el cauce de vehiculación de la opinión pública con el poder político. Constant argumenta que es esencial para el gobierno "que se pueda crear en todos los lugares de Francia una opinión justa, fuerte, independiente de la de París, sin serle opuesta, y que, de acuerdo con los verdaderos sentimientos de sus habitantes, no se deje nunca cegar por una opinión artificial". Pero, se interroga nuestro autor, ¿cómo crear esta opinión?, para responder de inmediato: "Ya lo he dicho, sólo los periódicos pueden crearla". Unos párrafos antes, Constant aducía: "No hay que ocultarlo, los periódicos influyen hoy de forma exclusiva sobre la opinión de Francia. La gran mayoría de la clase ilustrada lee mucho menos que antes de la Revolución", para añadir casi inmediatamente después: "Los periódicos que llegan por sí mismos, sin que haya que molestarse en ir a buscarlos; que atraen un instante al hombre ocupado, porque son cortos; al hombre frívolo, porque no exigen atención; que atraen al lector sin presionarle, que le cautivan precisamente porque no tienen la pretensión de dominarle; que captan, en fin, a todos, antes de que los afanes cotidianos les absorban o fatiguen, constituyen casi la única lectura". Si sólo circula lo que ellos insertan, la autoridad, sometiéndolos, puede impedir la circulación de todo lo que le desagrade. En esta acción de la autoridad se puede ver una medida preventiva eficaz. Pero de ello resultaría que la opinión de toda Francia sería el reflejo de la opinión de París. Y como antes se ha señalado, Constant considerará que en Francia debe de haber una opinión pública fuerte independiente de la de París. (Benjamin CONSTANT: "De la libertad de folletos, panfletos y periódicos considerada en relación con el interés del gobierno", en la obra recopilatoria de artículos del propio autor, *Escritos políticos,* traducción y notas de María Luisa Sánchez Mejía, Madrid, Centro de Estudios Constitucionales, 1989, pp. 207 y ss.; en concreto, pp. 223, 220 y 221, respectivamente).

No es el mencionado argumento el único manejado por Constant en favor de la libertad de prensa. Adicionalmente, considera nuestro autor que la única garantía de los ciudadanos contra la arbitrariedad es la publicidad, y la publicidad más fácil y más regular es la que procuran los periódicos (*Ibidem,* p. 234). Además, nos dice Constant (*Ibidem,* pp. 231-232), "cuando los periódicos son libres como en Inglaterra, los ciudadanos se endurecen. La menor desaprobación, el menor sarcasmo no les causan heridas mortales. Para rechazar las acusaciones odiosas tienen los tribunales; para garantizar su amor propio, tienen la indiferencia; en primer lugar la del público, que es muy grande, mucho más de lo que creen, y después la suya, que les viene por costumbre. Sólo cuando se impide la publicidad, cada cual se muestra tanto más susceptible cuanto más protegido se creía". En fin, para quien pronunció en el Ateneo de París, en febrero de 1819, la celebérrima conferencia "De la libertad de los antiguos comparada con la de los modernos", "la independencia de los periódicos, lejos de ser peligrosa para los gobiernos justos y libres, les procura defensores en todos los puntos de su territorio, fieles porque son ilustrados, fuertes porque tienen opiniones y sentimientos propios" (*Ibidem,* p. 226).

Añadamos que en sus "Principios de Política", obra publicada en mayo de 1815, de notable relevancia en el pensamiento liberal de la época, Constant dedicará un capítulo, el decimosexto, a la libertad de prensa. Del mismo destacaremos tan sólo la apreciación del autor de que el juicio con jurados es "el único medio eficaz para reprimir los delitos de prensa, sin que ésta pierda su independencia". Es una prueba a la vez de lealtad y de inteligencia. "Los delitos de prensa –argumenta Constant– difieren de los demás delitos en que consisten más en intenciones y resultados que en hechos positivos. Y sólo un jurado puede pronunciarse sobre intenciones, de acuerdo con su convicción moral, y determinar resultados a través del análisis y la consideración de todas las circunstancias". (Benjamin CONSTANT: "Principios de Política", en la obra *Escritos políticos, op. cit.,* pp. 3 y ss.; en concreto, p. 155.

[499] Albert BAYET: *Historia de la libertad de pensamiento, op. cit.,* p. 76.

persanes Montesquieu calificará el espíritu de intolerancia como un "espíritu de desvarío". En su *Traité sur la tolérance* Voltaire se hará eco de que la intolerancia "cubrió la tierra de matanzas". En *De l'homme,* Helvecio sostendrá que "la guerra de la intolerancia es uno de los azotes más crueles de la humanidad". Y Rousseau, en *Le contrat social,* escribirá:

> "Los que distinguen la intolerancia civil de la teológica, se equivocan en mi opinión. Estas dos intolerancias son inseparables. Es imposible vivir en paz con gentes a quienes se cree condenadas; amarlas, sería odiar a Dios, que las castiga; es absolutamente preciso rechazarlas o atormentarlas. Dondequiera que la intolerancia teológica está admitida, es imposible que no tenga algún efecto civil, y tan pronto como lo tiene, el soberano deja de serlo, hasta en lo temporal..."[500].

A) El *Tractatus theologico-politicus* de Spinoza: la razón de Estado como garantía de la libertad racional y espiritual

I. En 1670, Baruch Spinoza (1632-1677), con la publicación de su *Tractatus theologico-politicus,* iba a trastocar de arriba a abajo a la sociedad que lo acogía, al defender que el Estado no estaba hecho para el déspota, que el poder no era más que una delegación consentida por los súbditos, que la democracia era la forma de gobierno más próxima al Derecho natural, y que el fin de las instituciones políticas era asegurar al individuo la libertad de creencias, de palabra y de acción.

La teoría política de este filósofo holandés, descendiente de judíos españoles, es claramente tributaria del pensamiento hobbesiano. Meinecke[501] ha considerado una prueba de la fuerza y fecundidad de la teoría del Estado de Hobbes y de la atracción que iba a ejercer precisamente sobre espíritus libres y audaces, el hecho de que Spinoza, que no era ni mucho menos un absolutista, sino que tendió primero a la democracia, y más tarde a la aristocracia, experimentara, sin embargo, la influencia de las ideas centrales de aquélla para construir, a partir de ella, su propia teoría política, limando y suavizando las consecuencias que Hobbes había extraído al servicio de la monarquía absoluta.

El contenido de la mencionada obra, como también de su *Tractatus politicus,* libro que inició un año antes de su muerte, pero que no llegó a finalizar completamente, gira en torno a la cuestión central de cuál es el mejor tipo de Estado, lo que para Spinoza era tanto como decir cuál era el más racional, o lo que es igual, cuál se acomodaba mejor a las exigencias de la razón humana. Más allá de ello, con su *Tractatus theologico-politicus* Spinoza pretende asimismo demostrar, como dice Tierno[502], que cualquier concepción religiosa y cualquier forma exterior de culto son compatibles con cualquier forma de Estado, siempre que se mantengan en los límites de la razón.

En el capítulo XVI de su *Tractatus theologico-politicus*[503] Spinoza aborda el fundamento del Estado y el derecho natural y civil del individuo, así como el derecho del soberano.

---

500 Juan Jacobo ROUSSEAU: *Contrato social,* Madrid, Espasa-Calpe (Selecciones Austral), 1975, p. 167.

501 Friedrich MEINECKE: *La idea de la razón de Estado en la Edad Moderna,* Madrid, Centro de Estudios Políticos y Constitucionales, 1997, pp. 220-221.

502 Enrique TIERNO GALVÁN: "Estudio Preliminar", en Baruch Spinoza, *Tratado teológico-político. Tratado político,* Madrid, Editorial Tecnos, 4ª ed., 2007, pp. IX y ss.; en concreto, p. XV.

503 Baruch SPINOZA: *Tratado teológico-político,* Barcelona, Ediciones Orbis, 1985; el capítulo XVI puede verse en pp. 168-177.

Spinoza parte de cómo en el que bien podríamos llamar estado de naturaleza, no es la sana razón la que determina para cada uno el derecho natural, sino la extensión de su poder y la fuerza de sus apetitos, o mejor, de sus necesidades. Y es que no todos los hombres están determinados por la naturaleza a obrar según las leyes de la razón; "todos, por el contrario, nacen en la ignorancia completa de todas las cosas, y por buena educación que reciban, pasan gran parte de su vida antes de poder conocer la verdadera manera de vivir y de adquirir el hábito de la virtud". Se sigue de esto que el derecho de la naturaleza, bajo el que nacen todos los hombres, y bajo el que vive la inmensa mayoría, no les impide sino lo que cada cual no desee o escape a sus medios de acción, ni les prohíbe nada de aquello que su apetito natural les aconseje.

Si además de todo ello tenemos presente que los hombres privados del mutuo auxilio y del cultivo de la razón arrastran necesariamente una vida miserable, se ve con claridad que para gozar de una vida dichosa y llena de tranquilidad, los hombres han tenido que entenderse mutuamente; "han debido renunciar a seguir la violencia de sus apetitos individuales, y someterse a la voluntad y al poder de todos los hombres reunidos". En consecuencia, han convenido en seguir los consejos de la razón, a la que nadie osa resistir abiertamente por no parecer insensato.

¿Cómo –se interroga Spinoza– debía realizarse este pacto? Entra aquí en juego el relevante criterio de la utilidad, por cuanto para nuestro autor, ningún pacto tiene valor sino en razón de su utilidad; si la utilidad desaparece, el pacto se disipa con ella y pierde su autoridad por completo. En consecuencia, es "una locura pretender encadenar siempre a alguno a su palabra, a menos que se haga de tal suerte, que la ruptura del pacto entrañe para el violador de su promesa más daño que provecho. Esto es –apostilla el filósofo holandés[504]– lo que debe suceder particularmente en la formación de un Estado". De esta forma, el pacto constitutivo de la sociedad se lleva a cabo mediante la transferencia que cada individuo hace de su poder a la sociedad, que por esto mismo, "tendrá sobre todas las cosas el derecho absoluto de la naturaleza, es decir, la soberanía; de suerte que cada uno estará obligado a obedecerla, ya de un modo libre, ya por el temor del suplicio". La sociedad en que domina este derecho se llama democracia; de ella se sigue que el soberano no está limitado por ley alguna, y que todos están obligados a obedecerle, porque esto es lo que todos han debido acordar, tácita o expresamente, cuando le han transferido el poder de defenderse. Al soberano, pues, pertenece un poder que no puede ser sino absoluto, en cuanto que, una vez perdido, se pierde el derecho de mandar, que caerá en manos de aquellos que hayan podido conservarle.

Así pues, el cuidado de velar por los intereses públicos corresponde al soberano, y a los súbditos la obediencia. Pero frente a quienes piensen que lo que pretende el filósofo holandés es, sin más, convertir a los súbditos en esclavos, por la creencia de que lo es quien obedece, y de que sólo es libre quien vive con arreglo a su capricho, Spinoza lleva a cabo una precisión de enorme trascendencia: "En una República, y en general en un Estado donde la suprema ley es el bienestar del pueblo y no del individuo que manda, aquel que obedece en todo al poder soberano, no debe considerarse como un esclavo inútil a sí mismo, sino como súbdito. Así, la república más libre es aquella cuyas leyes se fundan en la sana razón, porque cada cual puede en ella ser libre, es decir, seguir en su conducta las leyes de la equidad". La razón aparece pues como fundamento de la libertad

---

[504] *Ibidem,* p. 171.

y, en lógica sintonía con ello, el supremo poder del Estado como poder racional. No en vano el súbdito, al obedecer al soberano, está cumpliendo lo que es útil a la comunidad, y por lo tanto a sí mismo.

Reconoce Spinoza en el capítulo inmediato posterior de su obra que esta doctrina acerca del derecho absoluto del soberano y de la renuncia del derecho propio natural de cada ciudadano, por más que esté de acuerdo sensiblemente con la práctica, está condenada a permanecer eternamente, en muchos de sus puntos, en estado de pura especulación. Sin embargo, nuestro filósofo admite de inmediato que la experiencia demuestra, que jamás los hombres han abdicado sus derechos ni de tal suerte han renunciado a su poder personal que hayan dejado de ser objeto de temor para aquellos mismos a quienes han trasferido sus derechos y poder. "Por lo demás, si los hombres pudiesen perder sus derechos naturales hasta el punto de encontrarse en una impotencia absoluta para oponerse a la voluntad del soberano, ¿no sería lícito al gobierno –se interroga Spinoza[505]– oprimir impunemente y agobiar con sus violencias a los indefensos súbditos? Pero éste es un derecho que nadie ha soñado en concederle". Consecuentemente con lo que se acaba de decir, nuestro autor cree preciso convenir en que cada uno se reserva pleno poder en determinadas cosas que escapan a las decisiones del gobierno, no dependiendo sino de la propia voluntad del ciudadano.

Se plantea el filósofo holandés a continuación la cuestión de cuál debe ser la constitución de un gobierno que quiera obtener seguridad y duración. La razón y la experiencia enseñan con perfecta evidencia que la conservación del Estado depende de la fidelidad de los súbditos, de sus virtudes, de su perseverancia en la ejecución de las órdenes emanadas del poder, pero lo que no es fácil determinar es por qué medios, por qué conducta puede el gobierno mantener en sus súbditos esa fidelidad y esas virtudes.

Todos, gobernantes y gobernados, son hombres, y por lo tanto naturalmente inclinados a las malas pasiones. No es la razón, nos dice Spinoza, sino las pasiones quienes arrastran a la muchedumbre dada a todos los vicios y tan fácil de corromper por la avaricia y por el lujo. Así las cosas, tras recordar que los monarcas han provisto a su seguridad mediante mil disposiciones, en las que no entra, nuestro filósofo centra su exposición en las disposiciones que Dios reveló a Moisés, para, en el capítulo posterior (el XVIII) proceder a extraer algunos principios políticos de la República de los hebreos y de su historia. Entre esos principios, uno interesa ahora muy particularmente:

> "Que nada es tan peligroso como someter al derecho divino las cosas de mera especulación e imponer leyes a las opiniones que son o pueden ser objeto de discusión entre los hombres. El gobierno, en efecto, no puede ser sino violento allí donde las opiniones, que son propiedad de cada cual, son imputadas como crímenes; hay más: en un país tal, el gobierno es ordinariamente juguete de los furores del pueblo"[506].

Spinoza complementa el principio expuesto señalando lo mucho que interesa al Estado y a la religión confiar al soberano el derecho de decidir acerca de la justicia y de la injusticia, no el derecho de juzgar el valor moral de las acciones, porque si este último

---

505 *Ibidem,* p. 178.
506 *Ibidem,* p. 198.

derecho no ha podido confiarse a los divinos profetas sin gran daño del Estado y de la religión, ¡cuánto menos deberá serlo a hombres que no tienen la ciencia de leer en el porvenir ni el poder de realizar milagros!

II. El capítulo vigésimo y último del *Tractatus* de Spinoza lleva el muy significativo rótulo siguiente: "Se establece que en un Estado libre cada cual tiene el derecho de pensar lo que quiere y de decir lo que piensa"[507]. Tras recordar cómo ya en el capítulo XVII ha demostrado que no es posible que un hombre abdique de su inteligencia y la someta absolutamente a la de otro, pues "nadie puede hacer así renuncia de sus derechos naturales y de la facultad que en él existe de razonar libremente las cosas, nadie a esto puede ser obligado", añade a renglón seguido:

> "Ved, pues, por qué se considera violento al gobierno que extiende su autoridad sobre los espíritus; ved por qué el soberano parece cometer una injusticia con los súbditos y usurpar sus derechos cuando pretende prescribir a cada uno lo que debe aceptar como verdadero y rechazar como falso, y las creencias que debe profesar para satisfacer al culto de Dios. Es porque todas estas cosas son el derecho propio del individuo, que aunque quisiera enajenarle no podría"[508].

El filósofo nacido en Amsterdam deja claro que, cualesquiera que sean los títulos del soberano, nunca podrá hacer que los hombres no juzguen de las cosas con su entendimiento y no sean por él afectados de una u otra manera. "Concedo –admite Spinoza– que el Estado tenga el derecho de gobernar con la más excesiva violencia y de condenar por las más fútiles causas a los ciudadanos a muerte, pero todo el mundo negará que un gobierno racional pueda realizar parecidos actos". Más aún, como el soberano no puede adoptar estas violentas medidas sin poner al conjunto del Estado en un gran peligro, Spinoza cree justificado negarle el poder absoluto de hacer estas cosas y otras parecidas. Nadie, pues, añade nuestro autor, puede abdicar el libre derecho que tiene de juzgar por sí mismo, pues "por un derecho imprescriptible de la naturaleza, es señor de sus pensamientos". En coherencia con todo ello, Spinoza, con una enorme modernidad, considera que "el Estado no tiene por fin transformar a los hombres de seres racionales en animales o autómatas, sino hacer de modo que los ciudadanos desarrollen en seguridad su cuerpo y espíritu, hagan libremente uso de su razón, no se profesen odio, furor y astucia, y no se miren injustamente con ojos celosos". Como hermoso corolario, o premisa, según se mire, de todo lo anterior, concluye nuestro autor que "el fin del Estado es, pues, verdaderamente la libertad"[509]. Spinoza conviene de buen grado en que esta libertad puede ser origen de algunos inconvenientes, pero –se cuestiona de inmediato– ¿cuál es la institución tan sabiamente concebida que no sea origen de inconveniente alguno?

Spinoza se plantea la posibilidad de la imposición por el poder de un férreo yugo sobre la libertad de expresión de las personas, para, de inmediato, poner de relieve los graves inconvenientes que a ello se anudarían. Y a tal efecto argumenta, que incluso

[507] Baruch SPINOZA: *Tratado..., op. cit.,*; el capítulo XX puede verse en pp. 210-217.

[508] *Ibidem,* p. 210.

[509] *Ibidem,* p. 211.

admitiendo que sea posible sofocar la libertad de los hombres, imponiéndoles tal yugo que no osen ni siquiera murmurar algunas palabras sin la aprobación del soberano, nunca, seguramente, podrá impedirse que piensen lo que quieran, de lo que se siguen unas nocivas consecuencias: "los hombres pensarán de una manera, hablarán de otra, y, por consiguiente, la buena fe, virtud tan necesaria en el Estado, se corromperá"; "la adulación, tan detestable, y la perfidia estarán en auge, arrastrando el fraude tras sí y, por consiguiente, vendrá la decadencia de todos los hombres de sanas costumbres"[510].

Tras aludir a una serie de trastornos adicionales derivados de la prohibición de la libertad de pensamiento, Spinoza aduce que si se pretende obtener de los ciudadanos no una obediencia forzada, sino una fidelidad sincera; si se quiere que el soberano conserve la autoridad con mano firme y no sea jamás obligado a caer bajo los golpes de los sediciosos, se debe necesariamente permitir la libertad del pensamiento (Spinoza, en realidad, se está refiriendo a la libre manifestación del pensamiento, o lo que es igual, a la libertad de expresión), y gobernar a los hombres de tal modo que, siendo abiertamente opuestos en pensamientos, vivan, sin embargo, en una concordia perfecta. La libertad de pensar –añade más adelante– no da origen a inconveniente alguno que la autoridad del poder soberano no pueda fácilmente evitar.

Spinoza, cuya figura, tras un período de un cierto eclipse, sería revalorizada y ensalzada por los románticos alemanes (Goethe, Herder, Schelling, Hegel...), concluye su *Tractatus* sintetizando los seis puntos que cree haber demostrado[511], cuya enunciación encierra un incuestionable interés. Son éstos: 1) Que es imposible privar a los hombres de la libertad de decir lo que piensan. 2) Que sin atentar al Derecho y a la autoridad de los soberanos, esta libertad puede concederse a cada ciudadano, siempre que de ella no se aproveche para introducir alguna innovación en el Estado o para cometer alguna acción contraria a las leyes establecidas. 3) Que cada cual puede gozar de esta misma libertad sin turbar la tranquilidad del Estado y sin que de ello resulten inconvenientes cuya represión no sea fácil. 4) Que cada cual puede disfrutar de ella sin atentar a la piedad. 5) Que las leyes que conciernen a las cosas de pura especulación son perfectamente inútiles. 6) Que no solamente esta libertad puede conciliarse con la tranquilidad del Estado, con la piedad y con los derechos de la soberanía, sino que es necesaria para la conservación del propio Estado.

Por todo lo expuesto, Spinoza concluye, que nada hay más seguro para el Estado que encerrar la religión y la piedad en el ejercicio de la caridad y de la equidad, y restringir la autoridad del soberano, tanto en lo que concierne a las cosas sagradas como en lo concerniente a las profanas, a los solos actos, y en lo restante, permitir pensar y expresar libremente el pensamiento. Como puede apreciarse, Spinoza se preocupa enormemente por la defensa de la libertad espiritual interior del individuo. El filósofo quería liberar de cualquier intromisión del poder político no sólo a la libertad de pensamiento, sino también a las libertades de expresión y de enseñanza. Estas libertades se convierten de esta forma en un *prius* de la actuación racional del Estado.

El *Tratado teológico-político* ha sido considerado, en cierto sentido, un diálogo del filósofo con el Estado del siglo XVII, gobernado, como lo era, por la razón de Estado.

[510] *Ibidem,* pp. 213-214.
[511] *Ibidem,* p. 216.

Spinoza nos viene a decir que el Estado estará más seguro y será más poderoso y más *sui juris,* cuanto más obre de acuerdo con la razón, con lo que, como escribe Meinecke[512], la razón de Estado se nos muestra como garantía de la libertad racional y espiritual, y por lo mismo, añadiríamos por nuestra cuenta, también de la libertad de expresión, lo que puede verse como el compromiso que el librepensador del siglo XVII podía concluir con el estado de poder de su época. Pero el motivo individualista que aquí se encierra tiñe también la determinación del fin del Estado que, como hemos visto, da Spinoza en su *Tratado*: ese fin no puede ser sino la libertad ampliamente considerada, que en último término no es sino el uso por los hombres de su libre razón con vistas al desarrollo sin trabas de su espíritu y de su cuerpo.

En su *Tractatus politicus,* que, como ya se ha dicho, Spinoza deja inconcluso al morir, nuestro filósofo se reafirma en sus apreciaciones. Y así, escribe:

> "El hombre más poderoso y el más libre del estado de naturaleza es aquel que se deja guiar por la razón. Así, la República más poderosa y más libre será aquella que tome la razón por fundamento y por regla de acción"[513].

El valor explosivo de tales afirmaciones en su tiempo es fácil de suponer, no siendo nada sorprendente que Spinoza pareciera a sus contemporáneos "el Destructor por excelencia y el Maldito"[514]. Quizá por lo mismo, esto es, por la falta de armonía del pensamiento del filósofo holandés con la corriente general del pensamiento de su época, habrán de transcurrir muchos años para que pueda visualizarse con justeza su influencia intelectual. Pero aunque no deje de resultar sorprendente, por lo menos para quien esto escribe, las críticas de antaño las podemos ver todavía hoy reformuladas por sectores, ciertamente minoritarios, de la doctrina, que parecen añorar un retorno a la caverna[515]. En fin, lo que sí hemos de admitir con Hazard es que las audacias de la *Aufklärung,* de la época de las luces, parecen pálidas y mínimas al lado de las audacias agresivas del *Tractatus* de Spinoza[516].

---

[512] Friedrich MEINECKE: *La idea de la razón de Estado..., op. cit.,* p. 226.

[513] Baruch SPINOZA: *Tratado político,* en la obra de Spinoza, *Tratado teológico-político. Tratado político,* estudio preliminar y traducción de Enrique Tierno Galván, Madrid, Editorial Tecnos, 4ª ed., 2007, p. 159. Unas páginas antes, Spinoza, en idéntica dirección, había escrito: "Declaro, pues, al hombre mucho más en posesión de una libertad plena, cuanto más se guía por la razón" (*Ibidem,* p. 150). En páginas posteriores, el filósofo holandés insiste en la misma idea: "Hemos demostrado que el hombre es tanto más libre cuanto más tiene a la razón como guía, y, por consiguiente, que el Estado más independiente y el más poderoso es aquel que toma a la razón como fundamento y norma. Por tanto, la forma mejor de vivir que cualquiera puede adoptar, con el fin de conservarse lo mejor posible, consiste en seguir los dictados de la razón; de aquí que la conducta mejor será siempre –se trate de un hombre o de un Estado– la del que sea más libre". (*Ibidem,* p. 171).

[514] Paul HAZARD: *La crisis de la conciencia europea..., op. cit.,* p. 128.

[515] Un ejemplo de ello, a nuestro modo de ver, lo encontramos en la consideración del Profesor chileno Alvear Téllez, para quien "la libertad de conciencia y de religión (postulada por Spinoza) es un arma de guerra para disolver la fe y la moral religiosa vividas normativamente como un bien político y social". Julio ALVEAR TÉLLEZ: *La libertad moderna de conciencia y de religión. El problema de su fundamento,* Madrid, Marcial Pons-Fundación Francisco Elías de Tejada, 2013, p. 64.

[516] Paul HAZARD: *La crisis de la conciencia europea, op. cit.,* p. 418.

B) Kant y la "libertad de pluma"

La filosofía moderna adquiere en Kant su franca fisonomía al convertirse, según Ortega[517], en mera ciencia del conocimiento. Desde Descartes este pensamiento ha encontrado amplia resonancia en la sensibilidad moderna, pero no siempre fue así, pues la filosofía griega y medieval fue una ciencia del ser y no del conocer. Habermas ha dicho[518] que Kant expresa el mundo moderno en un edificio de ideas. Pero esto sólo significa que en la filosofía kantiana se reflejan como en un espejo los rasgos esenciales de la época sin que Kant alcanzara a entender la modernidad como tal. Sólo mirando retrospectivamente puede Hegel entender la filosofía de Kant como la autoexplicitación decisiva de la modernidad.

En un breve opúsculo escrito en 1784, Kant se interrogaba acerca de qué era la Ilustración (*Was ist Aufklärung?*), con la idea de exponer cuál era la esencia de la misma[519]. Para él la Ilustración no era otra cosa que la salida del hombre de su autoculpable minoría de edad (*Unmündigkeit*), esto es, de la incapacidad de servirse de su propio entendimiento sin la guía de otro. Uno mismo es culpable de esta inmadurez cuando la causa de ello no reside en la carencia de entendimiento, sino en la falta de decisión y valor para servirse por sí mismo de él sin la guía de otro. *Sapere aude!* ¡Ten el valor de servirte de tu propio entendimiento, de tu propia razón! He aquí el lema de la Ilustración. Con ello, la Ilustración viene a indicar al individuo una máxima subjetiva, la de pensar por sí mismo, pero, como señala Habermas[520], también a la humanidad como un todo le señala una tendencia objetiva, el progreso hacia el orden justo.

La pereza, la cobardía, venía a decirnos Kant, habían impulsado a multitud de espíritus a permanecer en minoría de edad durante toda su vida, permitiendo así a algunos otros ejercer un fácil dominio. Para esta Ilustración, añadirá más adelante el filósofo alemán[521], únicamente se requiere libertad, y, por cierto, la menos perjudicial entre todas las que llevan ese nombre, esto es, la libertad de hacer siempre y en todo lugar uso público de la propia razón. De esta forma, el concepto kantiano de libertad viene a equivaler a la capacidad de decidirse a querer por sí mismo, de acuerdo con la propia ley racional, lo que entraña una suerte de transformación de la razón pura en la razón práctica. Kant sustituye el concepto sustancial de razón de la tradición metafísica por el concepto de una razón escindida en sus diversos momentos, cuya unidad sólo puede tener de ahora en adelante un carácter formal[522]. El filósofo de Königsberg separa las facultades de la razón práctica y del juicio de la facultad del conocimiento teorético y asigna a cada una

---

517 José ORTEGA Y GASSET: "Reflexiones de centenario (1724-1924)"; estudio incluido bajo el título general de "Kant", inicialmente publicado en la *Revista de Occidente* (abril-mayo 1924). Puede verse en las *Obras Completas de José Ortega y Gasset,* Madrid, Alianza Editorial-Revista de Occidente, 1983, tomo IV, pp. 25 y ss.; en concreto, p. 28.

518 Jürgen HABERMAS: *El discurso filosófico de la modernidad,* Buenos Aires/Madrid, Katz Editores, 2008, p. 30.

519 Immanuel KANT: "Respuesta a la pregunta: ¿Qué es la Ilustración?", en J. B. Erhard y otros, *¿Qué es la Ilustración?,* estudio preliminar y traducción de Agapito Maestre, Madrid, Editorial Tecnos, 1988, pp. 9 y ss.; en concreto, p. 9.

520 J. HABERMAS: *Historia y crítica de la opinión pública* (La transformación estructural de la vida pública), Barcelona, Editorial Gustavo Gili, 8ª tirada de la 1ª ed., 2004, p. 137.

521 Immanuel KANT: "Respuestas a la pregunta...", *op. cit.,* p. 11.

522 Jürgen HABERMAS: *El discurso filosófico de la modernidad, op. cit.,* pp. 29-30.

de esas facultades su propio fundamento. Por la vía de la crítica, la razón fundamenta la posibilidad de conocimiento objetivo, de intelección moral y de evaluación estética, adoptando por lo mismo el rol de un juez supremo frente a la cultura en su conjunto. De ahí que, con toda justificación a nuestro entender, Ruggiero haya considerado[523] que a Kant, entre otros méritos, le corresponde el de haber formulado de la manera más elevada la libertad humana.

Con la alusión al "uso público" de la razón, el filósofo de Königsberg, que pasó toda su vida (1724-1804) en su ciudad natal, está separando el "uso público" del "uso privado" de la razón; mientras este último es el que alguien ejerce como titular de un cargo público, por ejemplo, el que lleva a cabo un funcionario, el "uso público" de la razón alude al empleo que de la misma realiza una persona ante la colectividad en su condición de ciudadano[524]. Kant sostiene que el "uso público" de la razón debe ser siempre libre; sólo este uso puede traer Ilustración entre los hombres. En cambio, el "uso privado" de la misma debe ser a menudo estrechamente limitado, sin que ello obstaculice, especialmente, el progreso de la Ilustración. De esta forma, el "uso público" de la razón kantiano equivale a una plena libertad de expresión por parte del ciudadano cuando éste actúa como tal en la comunidad de sus conciudadanos. Kant, como de nuevo dijera Habermas[525], entiende la publicidad sobre todo como principio de la ordenación jurídica y como método de la Ilustración. El uso público de la razón, que es tanto como la libertad de expresión y de imprenta, (aunque Kant no contemple de modo específico la última, que ha de entenderse, sin embargo, incluida dentro de la primera) propicia la salida de su autoculpable minoría de edad por parte del individuo.

Con la diversidad que Kant introduce en el tratamiento del uso público y privado de la razón, el juego de los órganos de la máquina social, dirá Hazard[526], debe continuar sin cambio brusco; al mismo tiempo debe producirse un cambio en el espíritu de los que la dirigen, un cambio que los afecta en cuanto seres pensantes, y que poco a poco sustituye el estado de tutela por un estado de libertad. Dos planos se están así diferenciando: el de la acción, que provisionalmente queda inalterado, y el de la razón, donde se prepara la evolución que al final dominará los actos, pues esta labor del pensamiento tiene como deber no detenerse.

La defensa kantiana de esa libertad de expresión sin trabas en que se traduce el "uso público" de la razón tendrá su correlato en el explícito rechazo de la censura gubernamental. "El monarca –escribe el autor de *La crítica de la razón pura*[527]– agravia su propia majestad si se mezcla en estas cosas, en tanto que somete a su inspección gubernamental los escritos con que los súbditos intentan poner en claro sus opiniones, a no ser que lo hiciera convencido de que su opinión es superior, en cuyo caso se expone al reproche *Caesar no est supra Grammaticos,* o bien que rebaje su poder supremo hasta

[523] Guido de RUGGIERO: *Historia del liberalismo europeo,* Madrid, Ediciones Pegaso, 1944, pp. 170-171.

[524] "Entiendo por uso público de la propia razón –escribe Kant (en "Respuesta a la pregunta...", *op. cit.,* p. 12)– aquél que alguien hace de ella en cuanto docto (*Gelehrter*) ante el gran público del mundo de los lectores. Llamo uso privado de la misma a la utilización que le es permitido hacer en un determinado puesto civil o función pública".

[525] J. HABERMAS: *Historia y crítica de la opinión pública, op. cit.,* p. 137.

[526] Paul HAZARD: *El pensamiento europeo en el siglo XVIII,* versión española de Julián Marías, Madrid, Alianza Editorial, 1ª reimpr., 1991, pp. 39-40.

[527] Immanuel KANT: "Respuesta a la pregunta...", *op. cit.,* p. 15.

el punto de que ampare dentro de su Estado el despotismo espiritual de algunos tiranos contra el resto de sus súbditos". En definitiva, sólo el gobernante ilustrado, que no teme a las sombras, permitirá el libre uso de la razón. Disponiendo a la vez de un numeroso y disciplinado ejército –la admiración de Kant por el Rey de Prusia Federico II el Grande, el "rey filósofo", que pretendía convertir a la Filosofía en la verdadera legisladora de su Imperio, coetáneo suyo, cuyo reinado se extendió entre 1740 y 1786, y cuyas teorías sobre el poder le valieron la reputación de "déspota ilustrado", era bien conocida– podrá decir lo que ningún Estado libre se atreve a decir: "¡Razonad todo lo que queráis y sobre lo que queráis, pero obedeced!"[528]. Kant, es patente, hace suyo el principio de obediencia al gobernante, pero a la par, en cierta reciprocidad, exige que éste admita la libertad de opinión y de crítica de sus ciudadanos, lo que en un trabajo posterior denominará "libertad de pluma", encaminada al libre "uso público" de la razón, lo que en último término había de servir de guía del poder, pues sólo la Ilustración, las luces, ha de ser el faro que guíe el rumbo del poder.

El posicionamiento kantiano conduce asimismo a la lucha contra los prejuicios y, por lo mismo, entraña un embate frente a la superstición, tan común en la época, particularmente en cuestiones religiosas, mucho más en España. Para el filósofo de Königsberg, una de las máximas del común entendimiento humano es la de pensar por sí mismo, o lo que es lo mismo, con ella se alude a un modo de pensar libre de prejuicios. Es por ello la máxima de una razón nunca pasiva. Por tanto, la inclinación a lo contrario, a la heteronomía de la razón, se llama prejuicio, y según Kant[529], el mayor de todos consiste en representarse la naturaleza como no sometida a las reglas que el entendimiento, por su propia ley esencial, le pone a la base, o sea, la superstición. De ahí que también "la liberación de la superstición se llama Ilustración, porque, aunque esa denominación se da también a la liberación de los prejuicios en general, la superstición puede, más que los otros, ser llamada prejuicio, puesto que la ceguera a la que conduce la superstición, y que impone incluso como obligada, da a conocer la necesidad de ser conducido por otros y, por tanto, más que nada, el estado de una razón pasiva".

Las consecuencias positivas de esta libertad de pensamiento ampliamente concebida no dejan a Kant ningún género de dudas: "Una vez que la naturaleza (...) ha desarrollado la semilla que cuida con extrema ternura, es decir, la inclinación y vocación al libre pensar, este hecho repercute gradualmente sobre el sentir del pueblo (con lo cual éste se va haciendo cada vez más capaz de la libertad de actuar) y, finalmente, hasta llegar a invadir los principios del gobierno, que encuentra ya posible tratar al hombre, que es algo más que una máquina, conforme a su dignidad"[530].

El sistema de Kant y el de sus más directos descendientes quedará identificado en la historia de la filosofía con el título del "idealismo", que Ortega valorara hasta el extremo de considerar que el bloque del idealismo es uno de los mayores edificios que han sido fabricados sobre el planeta. Por sí solo bastaría para justificar y consagrar ante el Universo la existencia del continente europeo[531]. Fichte será uno de sus más relevantes exponentes.

528 *Ibidem*, p. 17.
529 *Ibidem*, pp. 18-19.
530 *Ibidem*, p. 17.
531 José ORTEGA Y GASSET: "Reflexiones de centenario (1724-1924)", *op. cit.*, pp. 38-39.

C) Fichte y su *Reivindicación de la libertad de pensamiento*

Otra de las grandes formulaciones dogmáticas en favor de la libre transmisión de ideas, quizá incluso la más clásica, la más sólidamente construida, proviene justamente de Fichte (1762-1814), el gran filósofo del Idealismo alemán, que en 1793 publicará su *Züruckforderung der Denkfreiheit*[532]. Fichte iba a reconocer de modo explícito el profundo influjo que iba a experimentar en 1790 tras la lectura de Kant; hasta ese momento su escritor de referencia era Rousseau, pero los escritos kantianos iban a suponer una radical conversión de su existencia. "Vivo en un mundo nuevo desde que leí la *Crítica de la razón práctica*. Principios que creía que serían irrefutables han sido refutados para mí. Cosas que creía que nunca me podrían ser demostradas, por ejemplo el concepto de una libertad absoluta, del deber, etc., me han sido demostradas y sólo por eso me siento tan feliz. ¡Es increíble qué respeto hacia la humanidad y qué fuerza nos da este sistema! ¡Qué bendición para una época en que la moral estaba destruida hasta en sus fundamentos...!"[533]. En tales términos se expresaba Fichte en una carta escrita a F. A. Weisshuhn en la mitad de agosto de 1790. En julio de 1791, ya convertido, como dice Oncina[534], en un apóstol de la filosofía crítica, Fichte inicia la peregrinación a Königsberg al encuentro del inspirador de su nueva vocación.

Si Kant reformó la filosofía, Fichte, que ve en él la panacea frente a una sociedad corrompida moralmente, dejará de lado su determinismo para intentar utilizar la filosofía kantiana con vistas a reformar la sociedad de la época. Su *Reivindicación* ha sido considerada por algunos, con evidente ánimo descalificatorio, como un texto jacobino, situándose en estrecha unión a sus *Contribuciones sobre la Revolución Francesa*. En el fondo, se nos quiere decir, no se trataría sino de un mero escrito panfletario. Pero ello en modo alguno es así. Se puede admitir que con la *Reivindicación* el gran filósofo del Idealismo alemán, que había nacido en Rammenau (Sajonia), trate de legitimar el proceso insurreccional francés de 1789, pero más allá de ello, como bien se ha dicho[535], la publicación tiene una misión social: ilustrar y extender la ilustración al pueblo y a los gobernantes. Más aún, Fichte deducirá el sistema de derechos del concepto central de libertad moral, informada por un espíritu en cuya génesis se pueden atisbar visos que van desde el pensamiento de la Antigüedad clásica (Tácito) hasta los ilustrados franceses (Voltaire, Montesquieu) y alemanes (Lessing), aunque las ideas más reconocibles sean las de Kant y Rousseau. Y en ese sistema de derechos Fichte reivindica como un derecho inalienable la libertad ilimitada de pensamiento, o lo que es lo mismo, la libertad sin límites de pensar y de transmitir el propio pensamiento.

Fichte parte de la idea de que el hombre no puede ser propiedad de nadie, porque es y debe seguir siendo propiedad de sí mismo. Lleva en lo más profundo de su corazón una chispa divina que lo eleva por encima de la animalidad y lo hace ciudadano de un mundo en el que Dios es su primer miembro: la conciencia. Nadie puede darle órdenes, sino la ley que está en él, y si ésta es su única ley, el hombre puede hacer lo que quiera allí

[532] Johann Gottlieb FICHTE: *Reivindicación de la libertad de pensamiento y otros escritos políticos,* Madrid, Editorial Tecnos, 1986.

[533] *Apud* Faustino ONCINA COVES: "Estudio Preliminar", en la obra de Johann Gottlieb Fichte, *Reivindicación de la libertad de pensamiento, op. cit.*, pp. IX y ss.; en concreto, pp. XV-XVI.

[534] *Ibidem,* p. XIX.

[535] *Ibidem,* p. XXII.

donde ella no se pronuncia; tiene derecho a todo lo que esta única ley no prohíbe. Ahora bien, añade el filósofo de Rammenau, "también concierne al ámbito de lo no prohibido aquello sin lo cual ninguna ley es posible, esto es, la libertad y la personalidad"[536]. El filósofo alemán admite que existen derechos alienables a los que el hombre puede renunciar; puede también cambiarlos por alienaciones que otros hacen de sus propios derechos. De ese intercambio de derechos alienables surge el contrato. Ahora bien, "los derechos alienables en el contrato sólo pueden ser derechos a acciones externas y no a convicciones interiores". "Las convicciones interiores, la veracidad, el respeto, el reconocimiento, el amor, se dan libremente y no se adquieren como derechos". La sociedad civil se funda en un contrato de este género, de todos sus miembros con uno o de uno con todos. En armonía con ello, la legislación civil es válida para cada cual en tanto la acepta voluntariamente y se da a sí mismo la ley[537].

A partir de la consideración de que poder pensar libremente es la diferencia distintiva entre el entendimiento humano y el animal, el filósofo de Rammenau entiende que el ejercicio de la libertad en el pensar es parte intrínsecamente constitutiva de la personalidad del hombre, es la condición necesaria bajo la cual, y sólo bajo ella, puede decir: "yo soy, soy un ser autónomo". En coherencia con ello, Fichte recriminará a los príncipes europeos el que prohíban comunicar los pensamientos: "Nos permitís pensar porque no podéis impedirlo, pero nos prohibís comunicar nuestros pensamientos; no ponéis en cuestión nuestro derecho inalienable a pensar libremente, sino sólo a comunicar lo pensado libremente"[538]. Frente a ello, el gran filósofo del Idealismo alemán argumenta con irreprochable racionalidad: "Si tenemos derecho a todo lo que la ley moral no prohíbe, ¿quién podría demostrar que la ley moral prohíbe comunicar las propias convicciones?, ¿quién podría reconocer el derecho del otro a prohibir tal comunicación, a considerarla como un agravio a su propiedad?". Y poco después añade: "Ya que este derecho a la libre comunicación no se funda en ninguna orden, sino meramente en que la ley moral lo permite, considerado en sí, no es inalienable; ya que, además, para que sea posible ejercitarlo, se requiere el consentimiento del otro, su aceptación de mis dones"; siendo ello así, podríamos imaginarnos que la sociedad hubiese querido que todos sus miembros, en el momento de entrar en ella, prometiesen no dar a conocer sus convicciones a nadie en absoluto. Al margen ya de que tal renuncia, en general, no debería ser tomada muy en serio, Fichte se dirige así a los príncipes: "¿Queréis cortar el más bello vínculo que une a un hombre con otro hombre y que hace que un espíritu se desborde en otro espíritu? ¿Queréis privar a la humanidad del más digno de los comercios, del dar y recibir libre y gozosamente lo más noble que ella posee?"[539]. No en vano, Fichte considera que una de las fuentes más ricas de nuestra instrucción y formación es la comunicación entre un espíritu y otro. Renunciar al derecho a abastecernos de esta fuente sería tanto como renunciar a nuestra espiritualidad, a nuestra libertad y personalidad.

Quizá convenga aclarar, antes de continuar con este bellísimo discurso, que la *Reivindicación* viene a ser la respuesta al llamado "Edicto de Censura", de 19 de diciembre de

---

[536] Johann Gottlieb FICHTE: "Reivindicación de la libertad de pensamiento a los Príncipes de Europa que hasta ahora la oprimieron", en la obra del propio autor, *Reivindicación de la libertad de pensamiento y otros escritos políticos, op. cit.*, pp. 1 y ss.; en concreto, pp. 14-15.

[537] *Ibidem*, pp. 16-17.

[538] *Ibidem*, p. 19.

[539] *Ibidem*, pp. 20-21.

1788 (aunque también al Edicto de la Religión, del mes de julio anterior), auspiciado, bien que por el determinante influjo del ministro conservador Wöllner, por Federico Guillermo II de Prusia, quien había sucedido en el trono en 1786 a su tío Federico II el Grande. En Prusia, tras la muerte de Federico el Grande, habían arreciado los vientos de la reacción con la connivencia del nuevo monarca Federico Guillermo II. El Edicto sometía a todos los escritos teológicos y filosóficos a una severa vigilancia para así intentar remediar la descomposición moral de la religión evangélica[540]. En octubre de 1791 fue nombrado censor de todas las publicaciones Hillmer, hombre de confianza de Wöllner, y partir de entonces, todo indicio de liberalismo religioso o político (y en ello entraba todo lo relacionado con la Revolución Francesa) fue rigurosamente borrado. Los Edictos fueron objeto de una viva polémica, sobre todo tras el proceso contra el predicador y pastor Schulz en Gielsdorf. En este contexto se ha de enmarcar la *Zurückforderung der Denkfreiheit* de Fichte, que supondrá un fuerte embate contra el concepto de censura en general.

El gran dogmático del Idealismo alemán considera una verdad eterna, humana y divina, que hay derechos humanos inalienables y que la libertad de pensamiento es uno de ellos, por lo que "aquél en cuyas manos habíamos delegado nuestro poder para que protegiese nuestros derechos obra muy injustamente si se sirve de ese poder para oprimirlos, especialmente la libertad de pensamiento"[541]. Recrimina más adelante a los príncipes europeos que hasta ahora oprimieron la libertad de pensamiento de sus pueblos, que se conduzcan conforme a un grosero error: el de que no es la felicidad lo que los ciudadanos esperan de ellos, pues saben que son hombres, sino que lo que de ellos mismos esperan es la protección y restitución de los derechos que antaño les usurparon por error[542]. Más aún, Fichte cree poder demostrarles con razones irrefutables, que "la libertad de pensamiento, sin obstáculos ni restricciones, funda y consolida únicamente la prosperidad de los Estados". Y ello por cuanto "nuestra única felicidad sobre esta tierra, si es que debe ser felicidad, es la propia espontaneidad libre y sin obstáculos, obrar por propia fuerza según fines propios, con trabajo, fatiga y esfuerzo"[543].

La consecuencia que el filósofo de Rammenau entresaca de todo lo anterior es que los príncipes carecen de cualquier derecho sobre la libertad de pensamiento de sus ciudadanos: "(N)o podéis decidir sobre lo que es verdadero o falso, no tenéis ningún derecho a determinar los objetos de nuestra investigación o a fijar sus límites, ningún derecho a impedir la comunicación de sus resultados, sean verdaderos o falsos, a quien y como queramos". No sólo no deben impedir la libre investigación, sino que cree Fichte que esos mismos príncipes deben promoverla, "y no podéis promoverla de otro modo

[540] Cfr. al respecto, Faustino ONCINA COVES: "Estudio Preliminar", *op. cit.*, pp. XVI-XIX.

[541] Johann Gottlieb FICHTE: *Reivindicación de la libertad de pensamiento...*, *op. cit.*, p. 26.

[542] Ya en el Prólogo de su discurso Fichte había escrito lo que sigue: "El principio dice que nosotros no sabemos lo que promueve nuestra felicidad, lo sabe el príncipe y es él quien tiene que guiarnos hasta ella, por eso tenemos que seguir a nuestro guía con los ojos cerrados. Él hace con nosotros lo que quiere, y si le preguntamos, nos asegura bajo su palabra que eso es necesario para nuestra felicidad. Pone la soga en torno al cuello de la humanidad y grita: <Calma, calma, es todo por vuestro bien>. No príncipe, tú no eres nuestro Dios. De Él esperamos la felicidad, de tí la protección de nuestros derechos. Con nosotros, no debes ser bondadoso, debes ser justo". Johann Gottlien FICHTE: *Reivindicación de la libertad de pensamiento...*, *op. cit.*, p. 12.

[543] Johann Gottlieb FICHTE: *Reivindicación de la libertad de pensamiento...*, *op. cit.*, pp. 38-39.

más que con el interés que vosotros mismos demostréis por ella, con la docilidad con que aceptéis sus resultados"[544].

El gran pensador del Idealismo alemán concluye su precioso discurso recomendando a los príncipes a los que el mismo va dirigido que aprendan a conocer a sus verdaderos enemigos, a quienes son los únicos culpables de un crimen de lesa majestad, en cuanto que únicos violadores de sus santos derechos y personas: "Son aquellos que os aconsejan dejar a vuestros pueblos en la ceguera y la ignorancia, propagar entre ellos nuevos errores y mantener los antiguos, impedir y prohibir la libre investigación de todo género. Consideran vuestros reinos como reinos de tinieblas, que no pueden subsistir en la luz. Creen que vuestros derechos sólo pueden ejercerse bajo el velo de la noche y que sólo podéis gobernar entre los ciegos y engañados". Frente a ellos, "sólo los que tienen verdadera confianza y verdadero respeto por vosotros os aconsejan difundir la ilustración a vuestro alrededor. Consideran vuestros derechos tan fundados que ninguna iluminación puede dañarlos; vuestras intenciones tan buenas que no pueden más que mejorar con cada nueva luz"[545].

D) Voltaire y la "aristocracia del intelecto"

I. En Francia, en el tema que nos ocupa, es la posición esbozada por el marqués de Condorcet la que presenta el más sobresaliente interés; sin embargo, no podemos prescindir de hacer una breve alusión al pensamiento de Jean François-Marie Arouet, conocido como Voltaire (1694-1778), sin duda, el personaje más conocido de todo el siglo XVIII, cuya pretensión a la inmortalidad descansa, como dijera Berlin[546], en su polémico genio y en su facultad de burla ("power of ridicule"), en la que no encuentra igual, aunque también haya sido considerado como el espíritu de la Ilustración encarnado[547]. Será Voltaire quien preparará la actitud crítica de los hombres de la Revolución Francesa. "Nos enseñó a todos a pensar", dirá de él Rabaut-Saint Etienne. Ya no queremos ser engañados. La visión de Voltaire no era otra que la filosofía del sentido común del hombre afortunado, por estar él mismo empeñado en grandes empresas; era rico y tenía hábitos de negociante. Su visión estaba saturada de un respeto saludable por la propiedad; por todo ello, acaso su mejor acepción sea, como dice Laski[548], el punto de vista del *honnête homme*. Admitía el valor de la frugalidad, de la prudencia y de la iniciativa, y quería una libertad que pudiera ponerse al servicio de estas cualidades. De ahí su entusiasmo por un conjunto específico de libertades, como la tolerancia religiosa, la libertad personal, la libertad de pensamiento, la libertad de expresión y los derechos civiles garantizados en Inglaterra.

Voltaire cree que todo lo que la tradición había enseñado debía ser examinado. El gran filósofo, escribe Groethuysen[549], enseña a los franceses de 1789 a adoptar una

---

[544] *Ibidem,* pp. 40 y 45.

[545] *Ibidem,* pp. 46-47.

[546] Isaiah BERLIN: *The Age of Enlightenment* (The Eighteenth-Century Philosophers), Oxford/New York/ Toronto/Melbourne, Oxford University Press, 1979 (first published in hardback by Houghton Mifflin Co. in 1956), p. 113.

[547] Preserved SMITH: *The Enlightenment 1687-1776, op. cit.,* pp. 320-321.

[548] Harold J. LASKI: *El liberalismo europeo,* México, Fondo de Cultura Económica, 4ª reimpr. de la 1ª ed. en español, 1974, p. 146.

[549] Bernard GROETHUYSEN: *Filosofía de la Revolución Francesa,* México D. F., Fondo de Cultura Económica, 1989, pp. 105-107.

actitud crítica frente a la tradición, a recurrir al arma destructiva que es la dialéctica. Les muestra cómo hay que arreglárselas para hacer concreto un dato abstracto. Les enseña a descubrir las contradicciones. Es la llamada a la autonomía del pensamiento de cada cual. "Son los tiranos de los espíritus los que han causado una parte de las desgracias del mundo", hará exclamar Voltaire al inglés Milord Boldmind en su artículo sobre la "Liberté de penser" del *Dictionnaire philosophique,* personaje que, poco antes, había sugerido al conde Médroso, un "sergent des dominicains", su famosa recomendación: *Osez penser par vous même*, "fiad en vuestro razonamiento". Y frente al temor que el último manifestaba ante tan "atrevida" sugerencia ("On dit que si tout le monde pensait par soi-même ce serait une étrange confusion"), argumentando que en Lisboa, donde residía, todos se hallaban muy tranquilos, al no poder nadie aducir sus propias ideas, el inglés Boldmind diría: "Vous êtes tranquilles, mais vous n´êtes pas heureux; c´est la tranquillité des galériens, qui rament en cadence et en silence"[550]. Voltaire, en definitiva, demandará que se sustituyan siempre con lo concreto, con lo definido, las afirmaciones indecisas o generales. Entregaos a la alegría del análisis dialéctico, de la prosecución de un razonamiento hasta sus últimas consecuencias. No en vano, ante la pregunta *Quid est veritas?,* Voltaire respondía: ignorancias eternas, para añadir poco después, que de las cosas más seguras, la más segura es dudar[551].

Para Voltaire, hasta la Filosofía debe volverse práctica y orientarse de modo acorde con la vida, con los valores morales. "La tarea de la filosofía –escribe Voltaire en octubre de 1737, en una carta dirigida al Príncipe real de Prusia Federico Guillermo– es pues, a la vez que desarrolla sus puntos de vista absolutos, intervenir en la realidad viviente, trabajar para el bien de la sociedad y contribuir a la educación del espíritu humano"[552]. Para Voltaire, el valor moral es pues el que crea la unidad en la diversidad de los hechos aportados por la historia del espíritu humano. Aparece por doquier y en cada uno como un elemento objetivo. Por una parte, es un dato objetivo, una ley de la naturaleza, una idea armoniosa que nos hacemos de la humanidad, y, por otra, un dato subjetivo que vuelve a encontrar a cada hombre cuando éste se adentra en sí mismo. Como enemigo de Descartes y fiel discípulo de Locke, Voltaire rechaza la existencia de ideas o principios innatos; consecuentemente, no puede admitir que la conciencia moral de los hombres sea innata[553]. Aduce al respecto que, si lo fuera, todos los hombres tendrían las mismas actitudes, cosa que, como es notorio, no ocurre.

Cándido, con diferencia, la novela más leída de Voltaire desde su publicación en Ginebra en 1759[554], nos da un ejemplo de la manera como procede la reflexión crítica en Voltaire[555]. Ante cualquier teoría filosófica, debemos tratar de comprender la cuestión

[550] VOLTAIRE: *Dictionnaire philosophique,* édition de Étiemble, texte établi par Raymond Naves, Paris, Éditions Garnier Frères, 1967; el artículo sobre "Liberté de penser" en pp. 277-281; los textos transcritos en pp. 280-281.

[551] Paul HAZARD: *El pensamiento europeo en el siglo XVIII, op. cit.,* p. 357.

[552] *Apud* Bernard GROETHUYSEN: *Filosofía de la Revolución..., op. cit.,* pp. 83-84.

[553] A. J. AYER: *Voltaire,* Barcelona, Editorial Crítica, 1988, p. 132.

[554] *Cándido o el optimismo* es una sátira en la que el optimismo satirizado se asemeja al descrito por F. H. Bradley en uno de los epigramas que inserta en el prefacio de su obra *Appearance and Reality.* Se trata de la doctrina según la cual "este mundo es el mejor de los mundos posibles y todo lo que hay en él es un mal necesario". Voltaire, en *Cándido,* no llega al extremo de presentar todas las cosas como males, pero la cantidad de mal descrita en él supera ampliamente la cantidad de bien. A. J. AYER: *Voltaire, op. cit.,* p. 144.

[555] Cfr. al respecto Bernard GROETHUYSEN: *Filosofía de la Revolución..., op. cit.,* pp. 103-105.

de que se trata, pues la misma ha de ser una cuestión humana; caso contrario, de poco o nada valdría la teoría. De esta forma, al haber en toda teoría algo de humano, y dado que los problemas que se plantean los filósofos sobre la vida y sobre el mundo son también los nuestros, podemos enjuiciar por nosotros mismos si los filósofos han respondido o no a nuestras preguntas (qué es la vida, qué es la muerte...). Nos situamos así ante la libertad de crítica que cada cual adquiere frente a lo que dicen o dijeron los demás cuando, fundándose en la propia vida y recurriendo a la razón, se sigue el método dialéctico. De esta forma, cada quien tiene, en sí mismo, la facultad de meditar sobre un problema, de hacer preguntas y de emitir juicios.

Voltaire hizo así a cada cual consciente de su independencia intelectual. Enseñó a cada uno que llevaba en sí mismo una facultad dotada de un valor propio: su pensamiento mismo, su razón. Es, como dice Groethuysen[556], la "aristocracia del intelecto", que quisiera extender su dominio lo más posible para alcanzar su finalidad, que no es otra que la de propagar las luces del siglo. Tal aristocracia trata de hacer felices a todos los hombres, pero no cree al hombre capaz de alcanzar la felicidad por sí mismo. Lo que persigue en realidad, lo que reivindica verdaderamente, es la libertad, la libertad de cada cual de pensar por sí mismo y de decir lo que piensa. La razón supondrá que el hombre pueda ir más allá de sí mismo, pues los juicios de la razón son universales. De esta forma, el hombre vendrá a encontrar en el fondo de sí mismo los principios válidos para todos los demás hombres, o dicho de otro modo, la *Lumen naturale* que se encuentra en cada uno de nosotros[557]. En el fondo, la crítica universal, que se ejerce en todos los ámbitos (literatura, moral, política, filosofía), es, como escribiera Hazard[558], el alma de esta edad disputadora que es el siglo XVIII. No veo, añade el citado autor, ninguna época en que haya tenido representantes más ilustres, en que se haya ejercido de un modo más general, en que haya sido más ácida, no obstante sus apariencias de alegría.

Añadamos que para Voltaire la política era un asunto completamente secundario. En una carta que escribe en noviembre de 1769 a Federico el Grande, argumenta: "Je n´entre point dans la politique.... la politique n´est pas mon affaire, je me suis toujours borné à faire mes petits efforts pour rendre les hommes moin sots et plus honnêtes"[559]. Voltaire no se interesaba tanto por la formación de una ideología cuanto por el logro de los mayores progresos posibles. Posiblemente por lo mismo, como recuerda Gay, Voltaire ha sido encasillado en posiciones ideológicas tan plurales como las que siguen: radical, conservador, liberal, autoritario, constitucionalista y admirador del despotismo ilustrado[560]. En cualquier caso, si hubiera que caracterizar algunas de sus convicciones políticas, esas serían: su admiración de las instituciones inglesas, su opción claramente monárquica, su hostilidad frente a todo tipo de censores, su odio frente al fanatismo, su pasión por una jurisprudencia humana y racional, y todo ello enmarcado en su decidida batalla contra el absolutismo francés[561].

---

[556] *Ibidem*, p. 124.

[557] *Ibidem*, pp. 283-284.

[558] Paul HAZARD: *El pensamiento europeo..., op. cit.*, p. 20.

[559] *Apud* Harold J. LASKI: *El liberalismo europeo, op. cit.*, p. 181.

[560] Peter GAY: *Voltaire´s Politics. The Poet as a Realist,* Princeton (New Jersey), Princeton University Press, 1959, p. 3.

[561] *Ibidem*, p. 309.

Se ha dicho con toda razón que Voltaire es un gran símbolo, más aún, es el símbolo de su época[562]. A menudo, el siglo XVIII ha sido denominado "the Age of Voltaire"; con ello se quiere rendir tributo a uno de los más agudos escritores de ese siglo, pero se quiere apuntar a la par algo más: se quiere reconocer una espectacular carrera que produjo en Francia una revolución social[563]. Su nombre continúa sonando como un homenaje a la razón que se ha considerado como rasgo distintivo de la perspectiva intelectual del siglo XVIII, especialmente en Francia. Como ha escrito Ayer[564], él y sus discípulos como Denis Diderot y Jean d´Alembert, los portaestandartes de la Ilustración, pueden contrastarse con Jean-Jacques Rousseau, que ha sido considerado por algún autor, como sería el caso de Lytton Strachey, como un precursor del movimiento romántico de principios del siglo XIX.

No ha de extrañar después de todo lo expuesto, que en una obra a la que ya hemos aludido, los *Diálogos del A. B. C.*, una traducción de la obra publicada por Voltaire anónimamente en 1768 (*L´A, B, C, dialogue curieux traduit de l´anglais de M. Huet*) se proclamara la necesidad de la libertad de imprenta[565]. Y es que entre las libertades que más apreciaba A, y por tanto el propio Voltaire, se hallaba la libertad de palabra y de imprenta en materias de política y de religión[566].

II. Vale la pena recordar asimismo que en el otoño de 1763, ya en el umbral de los setenta años, Voltaire publicaba en Ginebra de modo anónimo una obra destinada a tener rápidamente un amplio éxito, su *Traité sur la tolérance.* Su redacción es tributaria de la enorme impresión que el año anterior le había producido la ejecución de Jean Calas, un comerciante hugonote de Toulouse condenado a muerte bajo la acusación, que después se demostró falsa, de haber asesinado a un hijo que pretendía convertirse al catolicismo, con la complicidad de su mujer, de otros hijos y de un amigo.

El problema de la tolerancia es afrontado por Voltaire desde un doble plano: 1) histórico, a través de la contraposición entre la tolerancia existente entre los pueblos antiguos y la intolerancia común si no a todos, ciertamente a la mayor parte de las confesiones cristianas, y 2) teórico, a través de la reivindicación del derecho a la búsqueda personal de la divinidad y la afirmación de la necesidad de una convivencia pacífica entre las diferentes confesiones religiosas. Como escribe Rossi[567], sobre el trasfondo de este análisis nos encontramos en último término con una especie de "storia naturale dell´intoleranza" que retoma aspectos ya ampliamente desarrollados en los precedentes escritos de Voltaire, y en particular en su *Essai sur les moeurs et l´esprit des nations,* en el que la tolerancia religiosa representa un elemento esencial en el largo camino de la humanidad que va de la barbarie a la civilización.

---

[562] "Voltaire –escribe Gay– was the symbol of his age, and it is the fate of symbols to be exploited rather than to be understood". Peter GAY: *Voltaire´s Politics..., op. cit.,* p. 10.

[563] Peter GAY: *Voltaire´s Politics..., op. cit.,* p. 33.

[564] A. J. AYER: *Voltaire, op. cit.,* p. 174.

[565] De ello se hace eco Mª Esther MARTÍNEZ QUINTEIRO: *Los grupos liberales antes de las Cortes de Cádiz,* Madrid, Narcea S. A. de Ediciones, 1977, p. 127.

[566] Richard HERR: *España y la Revolución del siglo XVIII, op. cit.,* p. 276.

[567] Pietro ROSSI: "Voltaire e la tolleranza", en *Rivista di Filosofia,* Vol. LXX, Fasc. II, Giugno 1979, pp. 175 y ss.; en concreto, pp. 176 y 182.

El gran pensador francés justifica el derecho a la tolerancia tanto desde un perfil ético-religioso como desde una óptica prevalentemente política. El primer aspecto apenas es aludido. El derecho a la tolerancia es un derecho natural, es el derecho de cualquier hombre de creer y de pensar aquello que su razón, iluminada o engañada, le dicte; se trata de un derecho al que no es posible renunciar, en cuanto que la creencia religiosa no depende de un acto de voluntad. Voltaire se detiene bastante más en la justificación política de este derecho, que desarrolla remitiéndose de modo expreso a la *Epistola de tolerantia* de John Locke. La convivencia de confesiones religiosas diversas en un Estado no debe ser causa de desórdenes, como según el autor muestran Inglaterra y Holanda. Lejos de ello, tal pluralidad debe conducir a la convivencia de quienes profesan una y otra fe. En la dirección ya indicada por Locke, cree Voltaire que la tolerancia debe tener un único límite: el orden público, que a ninguna religión le es lícito poner en peligro.

Escrito para un público católico, con la intención de presionar al tribunal y a los ambientes judiciales para obtener la revisión de la sentencia pronunciada contra Jean Calas, el *Traité sur la tolérance,* en contraste con otros escritos volterianos, se ha considerado más moderado en el tono de la polémica antirreligiosa. La doctrina[568] ha puesto algunos ejemplos en justificación de esta mayor moderación. Y así, junto al juicio de condena pronunciado respecto de la intolerancia y de sus "horrorosas consecuencias", de la intolerancia que "ha cubierto la tierra de matanzas", se coloca paralelamente la calificación de la filosofía como "hermana de la religión", para añadirse más adelante que no es la religión, sino tan sólo "el abuso de la religión más santa lo que ha producido un gran delito". Ello no obstante, en esa "historia natural de la intolerancia" a la que antes nos referíamos, que aparece como trasfondo de la obra, Voltaire no deja de atacar, implícitamente al menos, la religión, al poner de relieve que la intolerancia es generada por el fanatismo, y que "este enemigo de la naturaleza" suscita el "espíritu homicida", siendo el fanatismo a su vez el que hunde sus raíces en la superstición, que es inseparable del dogma. No ha de olvidarse que desde fines de los años cincuenta del Setecientos, esto es, desde el momento en que la ofensiva antiiluminística de los círculos católicos parisinos puso en serio riesgo por segunda vez la gran empresa de la *Encyclopédie,* provocando la retirada de d´Alembert, Voltaire inició una batalla sin cuartel contra *l´infame,* que, como dice Rossi[569], no sólo ha de entenderse como la superstición en antítesis a la religión (aunque los dos términos no son históricamente distinguibles, y la España del XVIII es un buen ejemplo de ello), y ni tan siquiera como la Iglesia Católica en antítesis a un cristianismo "puro", sino que llega a designar en su extremo a la misma religión positiva en cuanto contrapuesta a la religión natural, al deísmo o al "teismo"[570].

[568] *Ibidem,* p. 179.

[569] Pietro ROSSI: "Voltaire e la tolleranza", *op. cit.,* p. 183.

[570] Fue Voltaire quien formuló el credo de la doctrina "teísta". Para comprobarlo basta con leer la página del *Dictionnaire philosophique* en la que se recoge el artículo "Teísta" (*Théiste*). "Le théiste –puede leerse en el artículo– est un homme fermement persuadé de l´existence d´un Être suprême aussi bon que puissant, qui a formé tous les êtres étendus, végétants, sentants, et réfléchissants; qui perpétue leur espèce, qui punit sans cruauté les crimes, et récompense avec bonté les actions vertueuses. Le théiste ne sait pas comment Dieu punit, comment il favorise, comment il pardonne; car il n´est pas assez téméraire pour se flatter de connaître comment Dieu agit; mais il sait que Dieu agit, et qu´il est juste". VOLTAIRE: *Dictionnaire philosophique,* édition de Étiemble; texte établi par Raymond Naves, Paris, Éditions Garnier Frères, 1967; el artículo sobre el término "Teísta", en pp. 399-400; el texto transcrito, en p. 399.

A partir del año 1762, la reivindicación de la tolerancia pasará a constituir un tema central del pensamiento volteriano, siguiendo en ello la pauta marcada por Locke, lo que irá acompañado de una cierta disminución de su confianza en el despotismo ilustrado, que el propio Voltaire había contribuido a nutrir desde los primeros años cincuenta.

E) Condorcet y su defensa de la libertad de prensa

I. Enorme interés presenta, como anteriormente anticipábamos, la posición sustentada por el marqués de Condorcet en torno a la cuestión que nos ocupa, que podemos ver expresada, al menos, en dos obras diversas. La primera de ellas es su "Disertación filosófica y política o reflexión sobre esta cuestión: ¿Es útil para los hombres ser engañados?". En Marie-Jean-Antoine-Nicolas de Caritat, Marqués de Condorcet, se ha visto la síntesis más lograda del pensamiento dieciochesco, el paradigma de la fecunda y trágica relación entre las luces y la Revolución, y asimismo, el último gran representante de la conjugación de los ideales del liberalismo, las luces y el racionalismo científico[571]. Condorcet no sólo se va a ubicar en ese común denominador intelectual de la Ilustración que ve en las luces, en la libre transmisión del conocimiento, la única vía para acabar con las tinieblas, esto es, con la ignorancia y superstición de los hombres, que propician el marco idóneo para el abuso en el ejercicio del poder por los gobernantes, coadyuvando de esta forma en último término al logro de su felicidad y bienestar, sino que va a hacer un fervoroso alegato en favor de la libertad de opiniones, lo que, innecesario es decirlo, presupone la libre transmisión de las mismas. Quizá haya que inscribir todo ello en el lugar central que ocupan los derechos del hombre en la obra de Condorcet, muy posiblemente por la relevante influencia que sobre él ejerció la Revolución americana, lo que puede explicarse porque su mujer fue atenta lectora y traductora de las memorias y discursos de Paine, a quien él mismo admiraba profundamente[572]. Además, en una de sus obras, publicada en 1786, Condorcet estudió la influencia de la Revolución norteamericana en Europa, abordando ya en ese trabajo la cuestión de los derechos del hombre[573], incluyendo entre ellos la seguridad en el ejercicio de sus facultades, pues el hombre debe gozar del libre uso de cada una de ellas en todas las cosas que no choquen con los derechos de los demás.

En la segunda de las obras a que antes aludíamos, su obra clásica por excelencia, su *Esquisse d´un tableau historique des progrés due l´esprit humain* (1793), elevará un verdadero canto a la imprenta y a su libertad, como muestran las siguientes reflexiones:

> "Es a la imprenta –escribe Condorcet– a la que se debe la posibilidad de difundir las obras que solicitan las circunstancias del momento o los pasajeros movimientos de la opinión, y de interesar así, en cada cuestión que se discute en un punto único, a la universalidad de los hombres que hablan una misma lengua". Y poco más adelante, añade: "¿No ha sido la imprenta la que ha liberado la instrucción de los

---

[571] Javier DE LUCAS: "Estudio Preliminar", en la obra de Castillon, Becker y Condorcet, *¿Es conveniente engañar al pueblo?* (Política y filosofía en la Ilustración: el Concurso de 1778 de la Real Academia de Ciencias de Berlín), edición crítica de Javier de Lucas, Madrid, Centro de Estudios Constitucionales, 1991, pp. IX y ss.; en concreto, pp. XXVIII-XXIX.

[572] *Ibidem,* p. XXXII.

[573] Cfr. al respecto, A. J. CARLYLE: *La libertad política* (Historia de su concepto en la Edad Media y los tiempos modernos), México/Madrid, Fondo de Cultura Económica, 1ª reimpr. de la 1ª ed. en español, 1982, pp. 226-228.

pueblos de todos los odios políticos y religiosos? En vano uno y otro despotismo se habrían apoderado de todas las escuelas (...). Esa instrucción, que cada hombre puede recibir a través de los libros, en el silencio y en la soledad, no puede ser universalmente corrompida; basta con que exista un rincón de tierra libre adonde la prensa pueda enviar sus hojas"[574].

Vale la pena que nos detengamos mínimamente en la disertación filosófica y política sobre la utilidad de engañar a los hombres a que antes aludíamos, así como ubicarla en su peculiar contexto concreto. En 1778 la Academia de Ciencias de Berlín (fundada en 1700 y encargada, entre otras varias tareas, de autorizar la impresión de nuevos libros, lo que durante el reinado de Federico II se tradujo casi en una plena libertad de impresión), bajo los auspicios del Rey Federico II de Prusia (cuyo reinado se extiende de 1740 a 1786), convocaba con carácter extraordinario un concurso sobre el tema: "Est-il utile au peuple d´être trompé, soit qu´on l´induise dans des nouvelles erreurs, ou que l´on entretienne dans celles oú il est?". En 1966 el prestigioso filósofo alemán Kraus localizó en la citada Academia los textos de las 42 contribuciones al concurso, seleccionando los ensayos más interesantes presentados por autores franceses, entre ellos el de Fréderic de Castillon, que compartió el primer premio, y añadiendo a los mismos el mencionado trabajo de Condorcet, aunque éste no había participado en el concurso, quizá, como sostiene De Lucas[575], por tratarse de una de las muestras más acabadas de sus ideas prerrevolucionarias.

Condorcet parte de la base de que no hay más que tres medios generales para influir en el espíritu de los hombres: las obras impresas, la legislación y la educación; "uno de esos medios actuará sobre el pueblo ilustrándoles en la manera de atacar los prejuicios mediante las leyes; los otros pueden actuar de modo inmediato sobre el pueblo por medio de los jefes que quieran establecer la verdad. Así, primero ilustrará la obra impresa; las leyes y la educación verdaderamente pública y dirigida por esas leyes acabarán la tarea"[576].

Más adelante, el marqués de Condorcet lleva a cabo una rotunda defensa de la libertad de opiniones:

> "Mediante una buena legislación –escribe nuestro autor[577]– los gobiernos pueden adelantar igualmente el restablecimiento de la verdad: ésta hace rápidos progresos en los países en los que se deja libertad de opiniones porque desde el momento mismo en que las opiniones son discutidas libremente, la verdad acaba por establecerse. Entonces es en todo caso interés del legislador establecer esta libertad que, al no extenderse más que a las opiniones, somete las injurias a las leyes anti libelo".

Cree Condorcet que la libertad de opiniones es el único medio que tiene el soberano para instruirse y ser servido por hombres ilustrados. De otro modo, los errores y los falsos sistemas se perpetuarán en sus consejos. "Sin la libertad de opiniones –argumenta poco después– el soberano nunca sabrá si ha hecho bien o mal, si se cultivan las tierras

574 CONDORCET: *Bosquejo de un cuadro histórico de los progresos del espíritu humano,* Madrid, Centro de Estudios Políticos y Constitucionales, 2004, pp. 92-93.

575 Javier DE LUCAS: "Estudio Preliminar", *op. cit.,* p. XII.

576 Marqués de CONDORCET: "Disertación filosófica y política o reflexión sobre esta cuestión: ¿Es útil para los hombres ser engañados?", en Castillon-Becker-Condorcet, *¿Es conveniente engañar al pueblo?, op. cit.*, pp. 181 y ss.; en concreto, pp. 208-209.

577 *Ibidem,* p. 213.

de sus Estados o continúan en barbecho, si en sus arcas ingresa la mitad de lo que se recauda del pueblo, si las leyes que se hacen para impulsar el comercio no sirven más bien para destruirlo, si su administración abre o extingue las fuentes de la prosperidad pública, si es un tirano o un buen rey". En el fondo, es lo mismo que piensan Spinoza y Fichte. Y para nuestro autor no admite duda que "sostener los errores es hacer traición a la causa de la humanidad, porque el error no puede ser útil"; consecuentemente, y tratando de dar respuesta al interrogante que se había planteado, Condorcet considera "que no es lícito disimular la verdad más que cuando se crea que el silencio acerca de errores particulares pueda ser útil para facilitar la destrucción de otros errores, o para evitar males que pudiera llevar consigo una verdad anunciada en voz alta y reconocida por un número demasiado pequeño como para tener a su favor la fuerza, habiendo sublevado en su contra a toda una multitud"[578]. La conclusión final de este genial pensador, que a los veinticinco años ya había sido elegido miembro de la Academia de Ciencias, accediendo en años sucesivos, entre otras relevantes instituciones, a las de Berlín, Turín, Bolonia, San Petersburgo y Filadelfia, en relación al tema desencadenante del concurso de la Real Academia de Ciencias de Berlín era clara: "(D)e todos los errores perjudiciales, la opinión que asegura que hay errores útiles para los hombres es la más peligrosa y compendia a todas las demás"[579].

II. En 1774 su fama como economista llevó a Anne-Robert-Jacques Turgot (1727-1781), considerado el más influyente de los fisiócratas[580], a ser nombrado Inspector general de Finanzas del Estado, cargo que ejerció durante dos años. Turgot, que en lo que ahora interesa ha sido descrito como un entusiasta partidario de la libertad de prensa[581], nombró a su vez a Condorcet primero asesor y más tarde (en 1775) Inspector de las monedas. En este contexto Condorcet iba a elaborar el escrito más directamente conectado con el tema que nos ocupa, su *Fragmento sobre la libertad de prensa* (*Fragments sur la liberté de la presse*) (1776). Según Walton[582], el texto marca la más minuciosa contemplación de las sensatas leyes ("wise laws") que habían de acompañar la abolición de la censura anterior a la publicación.

El marqués de Condorcet iba a postular con toda rotundidad la libertad de pensamiento, expresión e imprenta, advirtiendo además del pernicioso efecto subversivo derivado de la limitación de esas libertades: "Si la nación entera puede mostrar su opinión en todo momento, no sentirá la tentación de mostrar sus armas"[583]. Con ello, Condorcet ya no se está limitando a considerar la libertad de imprenta como un medio de influir sobre el espíritu de los hombres, sino que le está dando una indiscutible funcionalidad política, al visualizarla como un instrumento de defensa del sistema político. Ello resultaba perfectamente coherente con la idea tan extendida entre los ilustrados de la época de que en la ignorancia secular del pueblo se asentaba el ejercicio del poder arbitrario, y frente a ello la libertad de imprenta se veía como un instrumento llamado a sepultar, a acabar con esa secular ignorancia. De ahí asimismo que en su célebre *Esquisse* el marqués de Condorcet,

[578] *Ibidem*, p. 215.
[579] *Ibidem*, p. 219.
[580] Preserved SMITH: *The Enlightenment 1687-1776*, *op. cit.*, p. 195.
[581] Charles WALTON: *Policing Public Opinion in the French Revolution* (The Culture of Calumny and the Problem of Free Speech), New York, Oxford University Press, 2009, p. 57.
[582] *Ibidem*, p. 58.
[583] *Apud* Javier DE LUCAS: "Estudio Preliminar", *op. cit.*, p. XXXIII.

tras recordar los combates en favor de la razón que Collins y Bolingbroke, en Inglaterra, Bayle, Fontenelle, Voltaire y Montesquieu, en Francia, y las escuelas formadas por esos célebres hombres mantuvieron, enseñando a los amigos de la libertad, entre otras cosas, cómo la superstición cubre al despotismo con un escudo impenetrable, de lo que debía inferirse que esa misma superstición debía ser la primera víctima inmolada por los amigos de la libertad, la primera cadena que debían romper, añadía que esos mismos defensores de la libertad habían de estar siempre unidos "para presentar la independencia de la razón (y) la libertad de escribir, como el derecho, como la salvación del género humano, alzándose con una energía incansable contra todos los crímenes del fanatismo y de la tiranía, (...) adoptando, en fin, como grito de guerra, razón, tolerancia, humanidad"[584]. El relevante filósofo establecía de esta forma con meridiana claridad una estrecha conexión entre ilustración y libertad, algo que en su ensayo "Sobre la necesidad de la instrucción pública" reiteraba acaso con mayor nitidez aún al escribir: "Los progresos hacia la libertad han seguido, en cada nación, a los de las luces con esa constancia que evidencia un nexo necesario entre dos hechos fundados en leyes eternas de la naturaleza"[585].

Condorcet irá aún más allá, al defender implícitamente que, entre otras, la libertad de pensar y de escribir debe considerarse como un derecho natural del hombre, y por lo tanto, inalienable e imprescriptible, constatando a la par que esos principios, junto a otros varios a los que alude, han ido pasando, poco a poco, de las obras de los filósofos a todas las clases de la sociedad, convirtiéndose en "la profesión común, en el símbolo de todos los que no eran ni maquiavélicos ni imbéciles"[586]. De todo ello derivará el filósofo que el respeto a aquellos derechos ha de ser el objetivo primordial de cualquier actuación política.

Es de gran interés destacar, que en sus *Fragmentos sobre la libertad de imprenta* Condorcet iba a defender la conveniencia de un tratamiento diferenciado de las ofensas causadas por la prensa (que agrupaba en tres tipos: calumnia, difamación e insultos o acusaciones vagas) a las autoridades públicas, escritores o cuerpos corporativos, de las causadas a particulares. Las calumnias eran sancionadas de igual modo en ambos casos, pero no acontencía así con las difamaciones y con los insultos o vagas acusaciones. Estos últimos, siendo proferidos contra individuos privados, constituían una falta menor sancionable tan sólo por la vía civil indemnizatoria; profiriéndose contra autoridades públicas constituían delito, puesto que los insultos socavaban la autoridad de los funcionarios y autoridades públicas. En cuanto a las difamaciones, si tenían como destinatario a un particular, constituían un delito; lejos de ello, cuando se proferían de autoridades públicas, podría decirse que eran casi estimuladas, al entender Condorcet que el derecho a publicar las sospechas existentes acerca de las supuestas actividades criminales o inmorales de una autoridad, operaba como un saludable control sobre la autoridad, distinguiéndose la difamación de la calumnia por la intención del acusador. La modernidad de esta última consideración merece ser especialmente subrayada.

Las reflexiones de Condorcet en torno a la libertad de opiniones y, por lo mismo, de prensa e imprenta, a nuestro juicio, corroboran algo anteriormente señalado: la fecunda

---

584 CONDORCET: *Bosquejo de un cuadro histórico..., op. cit.,* pp. 124-125.

585 *Apud* Antonio TORRES DEL MORAL: "Estudio preliminar", en la obra de Condorcet, *Bosquejo de un cuadro histórico..., op. cit.,* pp. XIII y ss.; en concreto, p. LXXXII.

586 CONDORCET: *Bosquejo de un cuadro histórico..., op. cit.,* p. 127.

relación que establece en su pensamiento entre las luces y la Revolución, o lo que es igual, entre el pensamiento ilustrado y el liberal. Quizá ello no sea sino una muestra más de la cosmovisión integral e integradora que, como bien se ha dicho[587], late en su pensamiento, en el que convergen los principios e ideas que bullen en la época de manera no siempre conexa, adquiriendo en él coherencia.

F) Libertad de prensa y censura voluntaria: la caracterización de ésta como un mecanismo de *check and balance:* Malesherbes y Thiébault

En los meses anteriores a la reunión de los Estados Generales proliferaron en Francia los panfletos en favor de la libertad de imprenta. No ha de extrañar esta circunstancia en lo más mínimo si se tiene presente que el 27 de diciembre de 1788, el Director general de Finanzas de Luis XVI, Jacques Necker, anunciaba la agenda para la próxima reunión de los Estados Generales, y, entre las muchas reformas que debían ser discutidas, Necker incluía la libertad de prensa. Vale la pena recordar a dos relevantes autores que elaboraron un panfleto en relación a esta materia y que vinieron a llegar a una posición común realmente peculiar. Se trata de Malesherbes y de Thiébault, que en 1789 concibieron la censura como una suerte de mecanismo de *check-and-balance*[588].

Chrétien Guillaume de Lamoignon de Malesherbes (1721-1794) fue nombrado en 1751 director de la Librería (*la Librairie*), esto es, la primera autoridad estatal en materia de publicaciones, cargo que desempeñó durante casi trece años, y que llegó a convertirse, en palabras de Voltaire, en "un vrai ministère de la Littérature"[589]. Al hilo de su cargo, en 1758 publicó las *Mémoires sur la librairie*. En 1788 fue nombrado ministro, cargo que ocupó por poco tiempo. En 1792, se encargó de la defensa de Luis XVI, para ser inmediatamente después apresado, procesado y ejecutado. Justo tras su cese ministerial el gobierno le pidió que presentara sus ideas acerca de la libertad de prensa. Aunque repitió muchas de las sugerencias que ya había hecho una treintena de años antes, su *Mémoire sur la liberté de la presse* no deja de presentar algunas curiosas novedades; la más sorprendente, casi paradójica, es que Malesherbes parece defender a la vez la libertad de prensa y la censura. La censura que él defendía difería de la practicada hasta entonces. Su propuesta contenía la novedad de otorgar a los autores una doble opción: escoger voluntariamente la censura o declinar la misma. A los autores que escogieran someter sus trabajos a los censores se les otorgaba la garantía de que, siendo aprobados, recibían una inmunidad judicial; alternativamente, los autores podían optar por evitar a los censores, eso sí, bajo su propio "riesgo, peligro y fortuna". Para Malesherbes no había duda alguna de que tanto los escritores como los impresores debían ser considerados responsables por los abusos cometidos en el ejercicio de la libertad de prensa, tales como la calumnia, las contravenciones de las buenas costumbres y los ataques sobre la religión y sobre la autoridad del soberano.

La *Mémoire sur la liberté de la presse* de Thiébault, a diferencia de la de Malesherbes, fue publicada, figurando entre los documentos a los que se atendió en los debates sobre la

---

587 Antonio TORRES DEL MORAL: "Estudio Preliminar", *op. cit.*, p. XV.

588 En tal sentido, Charles WALTON: *Policing Public Opinion in the French Revolution* (The Culture of Calumny and the Problem of Free Speech), New York, Oxford University Press, 2009, p. 62.

589 *Apud* Jacques PROUST: "Présentation", en la obra de Diderot, *Sur la liberté de la presse* (texte partiel établi, présenté et annoté par Jacques Proust), Paris, Éditions Sociales, 1964, pp. 7 y ss.; en concreto, p. 20.

libertad de la prensa habidos en 1789. Quizá convenga comenzar diciendo que Thiébault fue un desfasado defensor del *Ancien Régime* y que su opúsculo fue poco más que una apelación poco entusiasta e indirecta para el mantenimiento de la censura[590]. Thiébault pensaba que el abuso era inseparable del empleo común de las cosas mientras existe una pizca de libertad, y que esos abusos tenían que ser castigados, a cuyo efecto proponía que si los escritores declinaban someter sus trabajos a los censores, ellos, junto al impresor y a los distribuidores, pudieran ser considerados legalmente responsables por las ofensas cometidas a través de la imprenta. Sin embargo, si sometida a censura su obra ésta fuera aprobada, todos ellos quedaban inmunes frente a cualquier acusación, excepto en los casos de calumnia y difamación.

Como se puede apreciar, la similitud de posiciones de estos dos autores iba a ser notoria. Uno y otro pensaban que la censura voluntaria llevada a cabo por funcionarios de la administración real serviría como un control frente a la tiranía parlamentaria. Además, ya que ni la administración ni los parlamentos (órganos judiciales, no lo olvidemos) ejercerían el control exclusivo, la prensa llegaría a ser más sensible a las peticiones de abajo, con lo que las víctimas de la opresión se sentirían más libres para airear los agravios, sabiendo que las quejas contra la monarquía no serían perseguidas por los parlamentos y que las quejas contra los parlamentos serían protegidas por la aprobación legalmente vinculante de los censores reales.

G) La libertad de prensa para los Enciclopedistas

a) La *Enciclopedia,* un emblema de la profunda transformación del pensamiento en el siglo XVIII

El único rival de Voltaire como diseminador de las semillas de los principios ilustrados no fue un hombre, sino una empresa cooperativa, la famosa *Enciclopedia,* cuyo principal editor y genial inspirador fue Denis Diderot. Desde luego, la idea de recopilar en una misma obra un resumen del conocimiento humano no era ni mucho menos nueva. Ya en 1630, en Nassau, se publicó en latín por Johann Heinrich Alsted la *Encyclopaedia,* en siete volúmenes, y al margen de otras varias obras similares, como el *Dictionnaire historique et critique* de Pierre Bayle, publicado en 1697, entre 1732 y 1750, se publicaban los sesenta y cuatro volúmenes del *Great, complete, universal Lexicon of all Sciences and Arts,* editado por J. H. Zedler. Aunque como dice Smith[591], fue ésta una obra verdaderamente notable, de gran amplitud, erudición y fiable a la vista de los standards de su tiempo, lo cierto es que carecía del acabado literario y de la intención liberal que hizo de su rival francesa un acontecimiento decisivo en la historia de la cultura occidental.

Los Enciclopedistas también se iban a hacer eco de la necesidad de establecer la libertad de imprenta. La *Enciclopedia*, cuyo primer volumen (de los diecisiete que la integran) aparecerá en 1751, y el último en 1765, responde a la necesidad especialmente sentida en el siglo XVIII de contar con un diccionario sistemático que exponga el orden y el encadenamiento de los conocimientos humanos, o dicho en otros términos, la cultura de su siglo. Bien sintomático de ello es su propio título, *Dictionnaire raisonné*

---

590 Charles WALTON: *Policing Public Opinion in the French Revolution, op. cit.,* p. 62.
591 Preserved SMITH: *The Enlightenment 1687-1776, op. cit.,* p. 327.

des sciences, des arts et des métiers, par une Société de gens de lettres. En la Europa del siglo XVIII, las máquinas empezaban a sustituir a los hombres, y este hecho aparecería preñado de relevantes consecuencias. De esta forma, la *Enciclopedia* se iba a insertar en un movimiento general que la propia obra exaltaba y dignificaba, como se ponía de relieve al dar a conocer a sus lectores las nuevas artes mecánicas generalmente ignoradas o desdeñadas por los pensadores de la época, a los que sólo la metafísica les parecía digna de meditación. Como bien señala Hazard[592], esta modificación del pensamiento, que se orientaba hacia la técnica, no podía dejar de acompañarse de un cambio social; la difusión de las artes mecánicas contribuía a valorar más la condición de quienes las ejercían y todo ello se traducía a su vez en una reordenación del orden social de valores. No obstante su alto coste, la *Encyclopédie* tuvo una enorme difusión. Baste con decir que la primera edición contó con 4300 suscriptores, en su mayoría, magistrados, abates y funcionarios. Seis nuevas ediciones seguirían en poco espacio de tiempo a la primera. Es bien sabido que esta obra contribuyó a cambiar el estilo del pensamiento.

Francia era en el siglo XVIII una sociedad en ebullición; de ahí la presión de las ideas nuevas por las que constantemente se iba a poner en cuestión el *Ancien Régime* y todo lo que él significaba. Como escribe Laski[593], la sociedad francesa rechaza los dogmas del pasado porque tiene nuevas necesidades que aquéllos olvidan; además, frente a la confianza del pasado, los franceses se muestran en el Setecientos dudosos y vacilantes. Es la época de la razón y los filósofos recurren al arma de la crítica racional para declarar que la libertad es el bien y que su restricción, por su propia naturaleza, es el mal. Conviene, sin embargo, tener presente que los filósofos estaban lejos de operar como una sociedad organizada, de compartir un cuerpo común de ideas integradas. Pero además, sería iluso creer que el pensamiento de los *philosophes* no encontró trabas. Todo lo contrario. Los libros de Diderot fueron suprimidos en Francia y él mismo fue encarcelado. Buffon se vio forzado a retractarse sobre sus puntos de vista relativos a la geología. Voltaire fue enviado a la Bastilla en dos ocasiones y obligado a vivir gran parte de su vida en el exterior. La obra *De l´Esprit* de Helvecio fue condenada y su autor forzado a firmar unas retractaciones. En fin, el *Émile* de Rousseau fue quemado, emitiéndose una orden para la detención del autor.

En este marco contextual ha de ubicarse esa magna obra de la época que es la *Enciclopedia,* cuya inspiración vital e intelectual acaso pueda encontrar su expresión más sagaz en las siguientes palabras: "Les idées qu´on acquiert par la lecture et par la société sont les germes de presque toutes les découvertes. C´est un air que l´on respire sans y penser et auquel on doit la vie"[594]. El trabajo de la *Enciclopedia* fue seguido con interés por quienes se dedicaban a las letras y a las actividades del espíritu, y su nombre, según Senac de Meilhan[595], sirvió como "mot de ralliement à la philosophie", identificando a tales personas con la denominación de *encyclopédistes.* Voltaire, desde lo alto de su trono literario, animó sus esfuerzos por medio de alabanzas, asociándose a sus trabajos.

Es bien significativo que Diderot aproveche el artículo "Aius-Locutius", dedicado al dios romano de la palabra, para emprender una reflexión sobre la libertad de expresión, considerándola como un dato irreprimible del individuo, pues es inevitable que los

---

[592] Paul HAZARD: *El pensamiento europeo..., op. cit.*, p. 189.

[593] Harold J. LASKI: *El liberalismo europeo, op. cit.*, pp. 141-142.

[594] *Apud* Ernst CASSIRER: *Filosofía de la Ilustración, op. cit.*, p. 298.

[595] Gabriel SENAC DE MEILHAN: *Des principes et des causes de la Révolution en France,* édition présentée et annotée par Michel Delon, Paris, Les Éditions Desjonquères, 1987, pp. 37-38.

individuos piensen y exterioricen sus ideas y pensamientos. Esta es una razón suficiente para no iniciar una lucha inútil contra esta libertad[596].

b) El tratamiento de la prensa en la *Enciclopedia*

La *Enciclopedia* dedica un artículo a la prensa[597]. En él se comienza justamente planteando la cuestión de si la libertad de imprenta es positiva o perjudicial para el Estado. "La respuesta –se puede leer– no es difícil. Es de la mayor importancia conservar este uso en todos los Estados basados en la libertad: es más, los inconvenientes de esta libertad son tan poco relevantes en relación con sus ventajas, que debería ser el derecho común del universo, y es adecuado utilizarla en todos los Estados".

Jaucourt, el redactor de este artículo, intenta a continuación disipar los temores que esta libertad pueda suscitar respecto de la paz social. Al efecto, comienza señalando que "no debemos deducir de la libertad de prensa las consecuencias negativas que se derivaban de los discursos de los oradores de Atenas o de los tribunos de Roma". La razón es bastante sencilla. Un hombre en su habitación lee un libro o una sátira completamente solo y relajado, por lo que no hay que temer que se contagie de las pasiones y el entusiasmo de otro, ni que resulte enajenado por la vehemencia de una declamación. Consecuentemente, "la libertad de prensa no puede, pues, por mucho que se abuse de ella, excitar tumultos populares". Y en cuanto a las murmuraciones, a los secretos descontentos que pueda originar, Jaucourt se formula el siguiente interrogante: ¿no resulta ventajoso que, al no traducirse más que en palabras, pueda advertir con tiempo a los magistrados para remediarlos? Jaucourt admite que "por todas partes el público tiene una enorme disposición a creer lo que se le dice en contra de quienes gobiernan; pero –precisa de inmediato– esta disposición es la misma en los países con libertad y en los países con servidumbre".

Por último, el autor del artículo rechaza que en la libertad de prensa pueda verse una causa desencadenante de sediciones. A juicio de Jaucourt sucede justamente lo contrario: es la ausencia de esta libertad la que puede más fácilmente desencadenar aquellas. "Nada puede multiplicar tanto las sediciones y los libelos en un país, donde el gobierno permanece en situación de independencia –puede leerse en el artículo– como la prohibición de esa impresión no autorizada o el hecho de dar a alguien poderes ilimitados para castigar todo lo que le disguste. Tales concesiones de poderes en un país libre se convertirían en un atentado contra la libertad, de modo que podemos asegurar que se perdería, por ejemplo, esa libertad en Gran Bretaña en el momento en que las tentativas de maniatar a la prensa tuvieran éxito; por eso no hay que pensar en establecer esa especie de inquisición".

El propio Jaucourt redactó el artículo "libelo"[598], en el que retoma el tema de la libertad de expresión. En el mismo contrapone el régimen jurídico de los libelos, esto

[596] Francisco Javier ANSUÁTEGUI ROIG: *Orígenes doctrinales de la libertad de expresión,* Madrid, Universidad Carlos III-Boletín Oficial del Estado, 1994, p. 337.

[597] Puede verse en Denis DIDEROT y Jean LE ROND d´ALEMBERT: *Artículos políticos de la "Enciclopedia",* selección y estudio preliminar de Ramón Soriano y Antonio Porras, Madrid, Editorial Tecnos, 1986, pp. 156-157. También puede verse en otra selección de artículos anterior, DIDEROT-d´ALEMBERT: *La Enciclopedia,* Madrid, Ediciones Guadarrama, 1970, pp. 212-213.

[598] Puede verse en DIDEROT-d´ALEMBERT: *La Enciclopedia, op. cit.,* pp. 168-171.

es, de aquellos escritos satíricos, injuriosos, contra la probidad, el honor o la reputación de alguien, en el gobierno aristocrático y en la democracia. En el primero, los libelos se hallan severamente castigados "porque los magistrados son pequeños soberanos que no son lo suficientemente grandes como para despreciar las injurias". En la democracia, defiende el autor la inconveniencia de perseguir este tipo de escritos por las razones que los castigan criminalmente en los gobiernos absolutos. Y para corroborar la bondad de esta fórmula, Jaucourt aporta el ejemplo inglés. Los ingleses, nos recuerda, abandonan los libelos a su suerte y los consideran como un inconveniente de un gobierno libre, que no está en la naturaleza de las cosas el evitar. Creen que "hay que dejar en paz no la licencia desenfrenada de la sátira, sino la libertad de los discursos y de los escritos, como prendas de la libertad civil y política de un Estado".

Es evidente que el ejercicio de la libertad de expresión y de prensa puede desencadenar abusos. Pero frente a ello nuestro autor esgrime que "se equivocaría uno al concluir del abuso de una cosa la necesidad de su destrucción". Y para corroborarlo pone como ejemplo los grandes males que los pueblos han sufrido a causa de sus reyes y de sus magistrados. ¿Habría que abolir por esta razón –se pregunta Jaucourt– la realeza y las magistraturas? En definitiva, lo que el autor nos viene a decir es que los abusos en el ejercicio de una libertad, en este caso, los libelos como ejercicio abusivo de la libertad de prensa, son un inconveniente que dimana de la propia existencia de esa libertad, y no pueden, ni deben, combatirse con la aniquilación de la libertad, pues con ello se estaría acabando con la misma sociedad libre. Por lo demás, nuestro autor añade que el gobernante que actúa de tal modo que su conducta no merezca censura o reproche alguno, nada tiene que temer de la calumnia y de la mentira.

c) El ensayo de Diderot, *Sur la liberté de la presse* (1769)

Hemos de hacer una última y específica referencia a una obra un tanto olvidada, pero que no deja de presentar un cierto interés, de Denis Diderot (1713-1784), un profundo radical, cuyo pensamiento es una explosión emocional e inconstante, más que un principio intelectual ponderado[599]. Nos referimos a su ensayo *Sur la liberté de la presse*[600]. Es cierto que su título, a la vista de su contenido, es un tanto equívoco; baste con recordar que aunque la obra fue escrita a fines de 1769, como revelaba en una carta a su amiga Mme. de Meaux, su *Mémoire sur la liberté de la presse* no se conoció por el público antes de 1838 y no se publicó hasta 1861, por Georges Guiffrey, y no bajo el título que originalmente le había dado su autor, sino bajo el de *Lettre sur le commerce de la librairie*. El cambio de título pareció deberse a que Guiffrey ignoraba que Diderot había titulado su Memoria *Sur la liberté de la presse,* porque no conocía la carta dirigida a su amiga la Sra. Meaux[601], aunque, todo hay que decirlo, se acomodaba mucho más ajustadamente al contenido de la Memoria de Diderot que el que éste le había dado. Significativamente, para Guiffrey,

---

[599] Harold. J. LASKI: *El liberalismo europeo, op. cit.,* p. 185.

[600] DIDEROT: *Sur la liberté de la presse,* (texte partiel établi, présenté et annoté par Jacques Proust), Paris, Éditions Sociales, 1964.

[601] "J´ajouterais à cela, –escribía en esta carta, que no se hizo pública por primera vez hasta 1930– un morceau que j´ai écrit sur la liberté de la presse, où j´expose l´histoire des règlements de la librairie, les circonstances qui les ont fait naître, ce qu´il en faut conserver et ce qu´il en faut supprimer". *Apud* Jacques PROUST: "Présentation", en la obra de Diderot, *Sur la liberté de la presse, op. cit.,* pp. 7 y ss.; en concreto, pp. 7-8.

la publicación del ensayo de Diderot venía a ser el complemento del tratado jurídico que él mismo había publicado dos años antes (en 1859) con Edouard Laboulaye sobre *La propriété littéraire au XVIIIè siècle.*

La obra de Diderot se enmarca en un contexto bien concreto. El gran escritor francés iba a redactar su Memoria a petición del librero Le Breton, editor principal de *l´Encyclopédie* y síndico de la comunidad de libreros de París, que pidió a Diderot hacia 1763 que escribiese a Sartine, lugarteniente de policía y responsable de ediciones (del "ministerio de la literatura", como ya dijimos que lo calificaba Voltaire), en defensa de los libreros, que se sentían constreñidos por la legislación vigente. La petición del síndico se enmarcaba en una batalla jurídica que venía de muchos decenios atrás, habiéndose manifestado de diferentes modos, como por ejemplo, a través de la *Mémoire* escrita en 1725 por el abogado Louis d´Héricourt, y presentada en 1726 por el síndico Mariette al *Garde des Sceaux* (Ministro de Justicia) o por medio del artículo "Droit de copie" publicado en 1755 en *La Enciclopedia* por el librero David. Recuerda Proust[602], que de la Memoria de d´Héricourt a la de Diderot la argumentación no ha cambiado. Parte del postulado de que la propiedad literaria tiene los rasgos de cualquier otra propiedad, y, siendo así, se debe admitir que tal propiedad se adquiere, se conserva y se transmite igualmente. Si el derecho del autor sobre su manuscrito es imprescriptible, el derecho del librero que lo ha comprado también debe serlo. Y de ello se sigue que el llamado en la época *privilège* concedido por el Estado a las publicaciones impresas no podía crear este derecho, existente con anterioridad a tal concesión, ni fijarle límites en cuanto que por sí mismo era imprescriptible. La importancia del conflicto entre los libreros y el poder político al hilo del *privilège* fue enorme en la Francia del XVIII.

La censura de los libros se remontaba en Francia a la época de Francisco I, y, en sus orígenes, de ella se encargaba la Universidad de París y la Facultad de Teología. Con Luis XIII la Universidad perdió su prerrogativa en favor de la *Chancellerie,* esto es, lo que hoy llamaríamos el Ministerio de Justicia, siendo el Ministro quien designaba a los censores reales, que alcanzaban el centenar. De ellos dependía el permiso (*permission écrite*) de imprimir la obra. Pero desde fines del reinado de Luis XIV, junto a tales permisos escritos, cobraron vida los llamados *permissions tacites.* Entre otras razones, en favor de estos permisos tácitos, Malesherbes, que, como ya dijimos, en 1751 fue nombrado director de la Librería (*la Librairie*), primera autoridad estatal en materia de publicaciones, aduciría el riesgo de que los libros no autorizados se publicasen en el extranjero (Suiza, Aviñón y Holanda especialmente), lo que supondría una concurrencia dañina para la producción de los libreros franceses. Es de recordar que fue al hilo de un permiso tácito concedido bajo la dirección de la Librería por Malesherbes como pudo publicarse la Enciclopedia. En fin, existía una tercera forma de autorización, la simple seguridad de impunidad, otorgada verbalmente por el Lugarteniente general de la policía, que si bien permitía una rápida impresión, al no tener que ser registrada en ningún sitio, entrañaba el peligro de ser revocable en cualquier momento.

Las disposiciones reglamentarias en torno a la materia que nos ocupa eran de una dureza sin par. Numerosas previsiones disponían resueltamente la pena de muerte para una u otra infracción. El suplicio en la picota ("carcan"), el destierro, las galeras, las multas, la confiscación de bienes... etc., eran algunas otras de las duras sanciones que los

---

602 Jacques PROUST: "Présentation", *op. cit.,* p. 10.

reglamentos de imprenta preveían. Una declaración de 16 de abril de 1756 todavía seguía disponiendo lo que sigue:

> "(T)ous ceux qui (seraient) convaincus d´avoir composé, fait composer et imprimer des écrits tendant à attaquer la religion, à émouvoir les esprits, à donner atteinte à l´autorité et à troubler l´ordre et la sécurité (des) États, (seraient) punis de mort"[603].

En este contexto, los libreros demandaban que su régimen jurídico dejase de estar sometido a unos reglamentos que con frecuencia propiciaban la arbitrariedad para pasar a quedar sometidos simplemente a las leyes generales. El propio Malesherbes, en 1758, ya se había pronunciado en favor de esta demanda.

Se ha dicho que con esta Memoria sobre la libertad de imprenta Diderot intentó llevar a la práctica algunos de los grandes principios de filosofía política enunciados en la Enciclopedia[604]. Para Diderot, filósofo y hombre de letras, la necesidad de dar libertad a la imprenta derivaba de la idea misma que tenía del progreso del espíritu humano. Las ciencias, las técnicas, las bellas artes, el conocimiento general que el hombre tiene de sí mismo y del mundo no podían progresar más que si reinventaba perpetuamente los principios, los medios y los métodos, pero esta reinvención no era posible salvo que las ideas, las hipótesis y las informaciones circularan incesantemente de un hombre, de un país y de un siglo a otro.

Diderot, ya en su Memoria, recuerda[605] que, entre las diferentes causas que han concurrido a sacarnos de la barbarie, una que no se puede olvidar es la invención del arte tipográfico, admitiendo a continuación que la propagación y progreso de las luces deben también mucho a la protección constante de los soberanos que se ha manifestado de modos muy diversos, entre ellos los sabios reglamentos establecidos sobre el comercio de la librería ("le commerce de la librairie"). El filósofo francés se hace eco específico del reglamento concerniente a los privilegios de librería (*privilèges de librairie*), que ha quedado circunscrito a no ser sino la salvaguarda concedida por el ministerio al legítimo propietario frente a la avidez de los usurpadores. Diderot expresa, sin embargo, su preocupación por el hecho de que la munificencia de un príncipe amigo de las letras no se extiende más allá de los talentos conocidos.

Más adelante, Diderot hace un canto a la necesidad de la libre circulación de todo tipo de publicaciones con base en un argumento tan pragmático como el de que es imposible impedir su circulación aun cuando se impriman en el extranjero. Vale la pena reproducir sus reflexiones:

> "Périssent, périssent, à jamais les ouvrages qui tendent à rendre l´homme abruti, furieux, pervers, corrompu, méchant. Mais pouvez-vous empêcher qu´on écrive – Non – Eh bien, vous ne pouvez pas plus empêcher qu´un écrit ne s´imprime et ne devienne en peu de temps aussi commun et beaucoup plus recherché, vendu, lu, que si vous l´aviez tacitement permis. Bordez, monsieur, toutes vos frontières de

[603] *Apud* Jacques PROUST: "Présentation", *op. cit.*, p. 21.
[604] *Ibidem*, p. 30.
[605] DIDEROT: *Sur la liberté de la presse, op. cit.*, p. 62.

soldats; armez-les de baïonnettes pour repousser tous les livres dangereux qui se présenteront, et ces livres, pardonnez-moi l´expression, passeront entre leurs jambes ou sauteront par-dessus leurs têtes, et nous parviendront"[606].

El autor de la controvertida *Carta sobre los ciegos para uso de los que ven* (1749), no obstante reconocer que los permisos tácitos constituían una infracción de la ley general, que prohíbe publicar nada sin aprobación expresa, entiende que el interés de la sociedad exige esa infracción, considerando que es útil para las letras y para el comercio multiplicar los permisos tácitos hasta el infinito, no empleando en la publicación y distribución de un libro más que una especie de decoro que satisfaga los pequeños espíritus[607]. Cree finalmente Diderot que si un libro es adquirido por un librero, que ha pagado el manuscrito y lo ha publicado con base en un permiso tácito, tal permiso debe equivaler a un privilegio.

En uno de sus gestos de osadía, como los califica Albiac[608], Diderot retó al Lugarteniente de policía y responsable de ediciones, declarando que el prohibido *Contrato social* se vendía "debajo del vestíbulo del mismísimo palacio del soberano", y advirtió a Sartine, como ya se ha señalado, que su censura sería siempre inútil porque, por más tropa que colocara en las fronteras, los libros saltarían por encima de las bayonetas, afirmación que, como resulta patente, era válida para cualquier país.

Como puede apreciarse por todo lo que hemos expuesto, la Memoria sobre la libertad de imprenta de este gran filósofo, por su contenido, se acomoda con más fidelidad al título con que la publicara Guiffrey, "Carta sobre el comercio de la librería", pues, *stricto sensu,* no es un escrito que tenga como norte una defensa de la libertad de imprenta frente a la censura, equiparable a algunos de los que nos hemos referido anteriormente, aunque también tenga conexiones con ellos. En cualquier caso, hemos creído de interés hacernos eco de este ensayo, tanto por el poco conocimiento que del mismo se tiene como por la relevancia y talla intelectual de su autor.

Terminamos. El recorrido un tanto superficial que hemos hecho de algunas formulaciones doctrinales en favor de la libertad de imprenta, a las que muy bien podrían añadirse otras, creemos que revela de modo patente la fervorosa acogida que entre la doctrina continental de la segunda mitad del siglo XVIII iba a tener la libertad de la que nos venimos ocupando. Como veremos más adelante, tampoco en España se hallan ausentes manifestaciones doctrinales en similar dirección.

6. Ilustración, razón, educación y libre transmisión de las luces

A) Principios y valores de la cosmovisión ilustrada

a) Razón y Naturaleza

I. El siglo XVIII es, según Velarde, "el partero de la realidad que nos rodea", lo que no es una reflexión absurda si se tiene presente que, hasta ese momento, el hombre había

---

606 *Ibidem,* p. 81.

607 *Ibidem,* p. 88.

608 María Dolores ALBIAC BLANCO: *Razón y sentimiento. El siglo de las Luces (1692-1800),* vol. 4° de la *Historia de la literatura española,* dirigida por José-Carlos Mainer, Barcelona, Editorial Crítica, 2011, p. 209.

vivido, después de millones de años, en condiciones de horda, dentro de la civilización del neolítico[609]. Al margen de que nos parezca una afirmación un tanto exagerada, es lo cierto que en ese siglo la ciencia, la tecnología, la política y la filosofía van a engendrar un cambio verdaderamente revolucionario que va a propiciar una sociedad muy distinta a la de épocas anteriores. No ha de extrañar por lo mismo, que la sociedad del siglo XVIII experimente una serie de relevantes mutaciones en el repertorio de valores existente hasta ese momento.

Ese movimiento, incluso revolución, espiritual que fue la Ilustración, *les lumières* en Francia, la *Aufklärung* en Alemania, la *Illumination* primero y *the Enlightenment* después en el mundo anglosajón, iba a presentar unos rasgos propios, peculiares, que le iban a otorgar una naturaleza diferente respecto a todos los anteriores, incluso posteriores, movimientos análogos. Por poner un ejemplo, si los humanistas del Renacimiento, en su sublevación frente al medievalismo y al escolasticismo, habían dejado de lado la autoridad de la Iglesia para pasar a apelar a la autoridad de los clásicos, los ilustrados del XVIII iban a su vez a dejar al margen toda autoridad escrita para recurrir tan sólo a los hallazgos de la razón[610]. Así pues, el rasgo definitorio de la Ilustración fue la predominante confianza en la razón. La Ilustración aparece de esta forma como la edad, la época de la razón. Como escribe Smith, "the chief article in the creed of the new religion was faith in Reason, as the omnipotent and autonomous arbiter of all things"[611]. Los racionalistas ilustrados no sólo visualizaron la supremacía de la razón como algo en sí mismo evidente, sino que la contemplaron asimismo como una doctrina enormemente útil, lo que era plenamente acorde con el espíritu práctico y utilitarista de la Ilustración, que buscaba ante todo alcanzar la felicidad del pueblo a través de la remodelación institucional.

Es verdad que este movimiento no dejaba de tener significados precedentes, como sería el caso de Bacon o de Newton. Ya en los primeros lustros del siglo XVII el gran filósofo y científico inglés Francis Bacon (1561-1626), había sostenido que *knowledge is power*, y que la verdad descubierta por la razón a través de la observación y de la libre investigación se halla tan segura y fácilmente adaptada a promover la felicidad de la vida humana como la verdad comunicada a la humanidad por intermedio de la directa revelación de Dios. Y Sir Isaac Newton (1642-1727), que ha sido considerado como "the first luminary in this bright constellation"[612], había demostrado que la razón podía verdaderamente descubrir las leyes de la naturaleza física y de la naturaleza de Dios. Hacia fines del siglo XVII, las investigaciones sobre la psicología y el entendimiento humano llevadas a cabo por John Locke, filósofo al que nos referiremos con mayor detalle más adelante, encauzaron definitivamente la investigación hacia el descubrimiento de las universales e inmutables leyes de la naturaleza. Mediado el siglo XVIII un buen número de investigadores en toda Europa buscaba, siguiendo el método newtoniano, hacer avanzar el conocimiento en campos tan diversos como la política, la economía , el Derecho y la sociología.

---

[609] Juan VELARDE FUERTES: "Campomanes, doscientos años después", en Julio Antonio Fernández Lamuño y otros, *Campomanes, vida, obra y época,* Oviedo, Real Instituto de Estudios Asturianos, Principado de Asturias, 2004, pp. 215 y ss.; en concreto, p. 215.

[610] Preserved SMITH: *The Enlightenment 1687-1776, op. cit.,* p. 32.

[611] *Ibidem,* p. 35.

[612] Douglass ADAIR: "<That Politics May Be Reduced to a Science>: David Hume, James Madison, and the Tenth *Federalist",* en *Huntington Library Quarterly,* Vol. 20, January, 1956, pp. 343 y ss.; en concreto, p. 345.

Y junto a esta protagonista indiscutible que es la Razón, la Naturaleza. Una y otra pueden considerarse como los dos principios irreductibles característicos de la cosmovisión ilustrada, lo que ha llevado a sintetizar el contenido cultural de la "época de la filosofía", como también se conoce a la Ilustración, en tales conceptos, ligados además por una relación constante, pues como se repetía a menudo por los hombres más cultos de la época, la naturaleza era racional y la razón era natural. La razón, dirá von Wiese[613], es el correlato permanente de la naturaleza que, purificándola y elevándola sobre la casualidad, la hace legal. Naturaleza y razón forman juntas la identidad monista que para la metafísica de la Ilustración será decisiva, aunque no quepa olvidar que con la filosofía crítica kantiana la relación entre naturaleza y razón adquirirá un nuevo sentido. El concepto de "naturaleza" irá asumiendo con el devenir del tiempo una extensión progresivamente mayor, y ello porque la noción de "naturaleza" no significará sólo el ámbito del puro ser físico, que habría que distinguir de lo anímico-espiritual; no significará lo material frente a lo espiritual, pues el concepto, como señala Cassirer[614], no hará referencia a un ser de las cosas sino al origen y fundamento de una serie de verdades. Y así, pertenecerán a la "naturaleza", sin perjuicio de su contenido, todas las verdades capaces de fundarse de manera puramente inmanente, aquéllas que no necesitan de ninguna revelación trascendente sino que son ciertas y luminosas por sí mismas. Conforme el concepto de "naturaleza" vaya adquiriendo más extensión y mayor fuerza, se irá incrementando el apego a la libertad hasta convertirse en una de las directrices de la época. Puesto que nadie había recibido de la naturaleza el derecho de mandar en los demás, la libertad era un bien inalienable, un título inscrito en todos los corazones. Así, no ha de extrañar que Diderot, en una carta escrita el 3 de abril de 1771 a la princesa Dashoff, dijera: "Cada siglo tiene su espíritu que lo caracteriza; el espíritu del nuestro parece ser el de la libertad"[615].

Antes de continuar acaso convenga recordar que la protagonista absoluta del Setecientos, la Razón, ya había hecho acto de presencia en el siglo XVII. Para los grandes sistemas metafísicos de ese siglo, para Descartes y Malebranche, para Spinoza y Leibniz, la razón era la "región de las verdades eternas", verdades comunes al espíritu humano y al divino. Sin embargo, el sentido con que el siglo XVIII va a manejar la razón va a ser distinto. Como escribe Cassirer[616], la razón no identifica las ideas innatas, que nos son dadas con anterioridad a toda experiencia y en las que se nos descubre la esencia absoluta de las cosas; más aún, Locke, como veremos unas líneas más adelante, rechazará la existencia de principios innatos. La razón, lejos de ser una tal posesión, es una forma determinada de adquisición, es la fuerza espiritual radical que nos conduce al descubrimiento de la verdad y a su determinación y garantía. La razón se basta a sí misma; quien la posee y la ejercita sin prejuicios sigue infaliblemente el camino de la verdad.

En su espléndido análisis de los profundos cambios que experimenta el pensamiento europeo entre 1680 y 1715, que en el prefacio de su obra Hazard compendia[617] en la sustitución de una civilización fundada sobre la idea del deber (los deberes para con

[613] Benno von WIESE: *La cultura de la Ilustración*, traducción y prólogo de Enrique Tierno Galván, Madrid, Centro de Estudios Constitucionales, 1979, p. 35.

[614] Ernst CASSIRER: *Filosofía de la Ilustración*, México, Fondo de Cultura Económica, 1ª reimpr. de la 3ª ed. en español, 1975, p. 270.

[615] *Apud* Paul HAZARD: *El pensamiento europeo..., op. cit.*, p. 158.

[616] Ernst CASSIRER: *Filosofía de la Ilustración, op. cit.*, p. 28.

[617] Paul HAZARD: *La crisis de la conciencia europea (1680-1715)*, traducción de Julián Marías, Madrid, Ediciones Pegaso, 2ª ed., 1952, p. XIII.

Dios, los deberes para con el príncipe) por otra sustentada en la idea del derecho (los derechos de la conciencia individual, los derechos de la crítica, los derechos de la razón...), aunque también podrían compendiarse en el paso de la estabilidad al movimiento, de lo antiguo a lo moderno, de la ortodoxia a la heterodoxia, el Profesor del Colegio de Francia recuerda que en 1671 Bernier y Despreaux se hacían eco de cómo desde hacía algunos años "una desconocida llamada la Razón ha intentado entrar por fuerza en las Escuelas de la Universidad"[618]. Y ello no deja de ser harto significativo si se piensa que muchos hombres de fines del siglo XVII fueron dominados por la idea de que la vida era absurda, que nada era racional en el mundo moral y que el mundo físico seguía siendo un misterio impenetrable[619]. De aquí que pueda perfectamente suscribirse la afirmación de Mastellone[620] de que en la fascinante descripción de la aventura intelectual de ese trascendente período histórico que lleva a cabo Hazard, lo que en realidad se está describiendo es el "nacimiento de la conciencia europea", el proceso de aparición de "un nuovo modello di umanità".

II. Hacia fines del siglo XVII el método científico experimental, procedente de la física y de las matemáticas, se había extendido notablemente, primero a las ciencias naturales, más tarde lo haría a los ámbitos de la propia investigación social, tales como la historia y la política, y después incluso a la filosofía y a la educación. Aunque en esta época se pueden diferenciar diversas escuelas de pensamiento (los experimentalistas frente a los matemáticos, los puramente racionalistas frente a los sensualistas...), todos sus miembros iban a converger en la idea de que para acceder a la verdad había que recurrir a la razón, y operar a través de un proceso mental, abandonando la tradicional confianza en la autoridad. En un capítulo introductorio de sus obras, dedicado al método científico, el filósofo y naturalista suizo Charles Bonnet (1720-1793), autor de una célebre obra, *Contemplation de la nature,* declaraba que sólo el libro de la naturaleza debía ser leído, añadiendo:

> "It is only since the renewal of philosophy that the study of biology has been taken up with attention and method. Before that happy epoch the study of nature was really nothing but the study of the opinions of certain philosophers"[621].

Locke, cuya penetrante influencia se iba a proyectar sobre la totalidad de las actividades del espíritu, publicaba en 1690 *An Essay concerning human understanding,* ensayo que supondrá el punto de partida de una orientación nueva, y que hasta Kant constituirá el libro de cabecera de la filosofía. Locke, desde luego, coincide con Descartes en situar a la razón en primer plano de su consideración, pero mantendrá una teoría dispar en cuanto al origen del conocimiento, mediante el examen del origen de las ideas. En cualquier caso, hay un paralelismo, por así decirlo, entre uno y otro, pues si Descartes rompió el encanto del escolasticismo, intentando aplicar los métodos, criterios y algunos de los conceptos

[618] *Ibidem,* p. 109.

[619] Bernard GROETHUYSEN: *Filosofía de la Revolución Francesa, op. cit.,* p. 17.

[620] Salvo MASTELLONE: "Sulla nascità di un linguaggio rivoluzionario europeo (1685-1715)", en *I linguaggi politici delle Rivoluzioni in Europa XVII-XIX secolo,* a cura di Eluggero Pii, Città di Castello, Leo S. Olschki, 1992, pp. 1 y ss.; en concreto, p. 6.

[621] *Apud* Preserved SMITH: *The Enlightenment 1687-1776, op. cit.,* p. 119.

de las matemáticas y de las ciencias naturales, Locke emancipó la filosofía de su grado de especialización y en el siglo XVIII la presentó no como un estudio esotérico, como era habitual hasta ese momento, sino como una disciplina basada en las facultades normales de la observación empírica y del juicio asentado en el sentido común[622]. Algunos filósofos, y entre ellos especialmente Lord Herbert of Cherbury, habían considerado que ciertas ideas eran innatas a la mente humana. Locke iba a ver en este planteamiento un obstáculo en el camino de la investigación racional, y de modo particular del progreso científico. Parece claro que la finalidad de aquella trascendental obra lockeana será demostrar que todo el saber es fruto de la experiencia[623]. La insistencia sobre la primacía que ha de concederse a la observación y a la experiencia será muy importante porque, entre otras consecuencias, conducirá a centrar la atención en la utilidad, en todo cuanto puede mejorar la vida material, las costumbres o la enseñanza[624]. En definitiva, el conocimiento se ha de dirigir hacia el dominio de la realidad. La base de la filosofía lockeana era aristotélica; sin embargo, la unilateralidad con que amplió los principios empiristas de su doctrina acabaron por anular los fundamentos metafísicos de su sistema[625].

Para Locke, la fe debía quedar subordinada a la razón[626]; ninguna idea simple nueva puede llegarnos por vía de la revelación, pues la revelación pertenece al orden del milagro y la razón no admite milagros; la revelación pertenece al orden de lo sobrenatural y la razón no admite más que las verdades naturales. La revelación, concluirá Locke[627], no es admisible contra la evidencia clara de la razón. Bien es verdad que no conviene olvidar que Locke escribió una obra, ***The Reasonableness of Christianity*** (1696), para mostrar que la revelación cristiana no era en modo alguno contraria a la razón. En cualquier caso, desde el *Essay* lockeano, puede decirse con Hazard[628] que el hombre tendrá como objeto de sus investigaciones la riqueza infinita del espíritu humano[629]. Abandonemos, dirá Locke,

[622] Isaiah BERLIN: *The Age of Enlightenment* (The Eighteenth-Century Philosophers), Oxford/New York/ Toronto/Melbourne, Oxford University Press, 1979, pp. 30-31.

[623] Al definir la "idea" como "whatever it is which the mind can be employed about in thinking", Locke declara que todas las ideas, incluso las aparentemente complejas nociones de espacio, tiempo, infinito, sustancia, poder, identidad y moralidad, entran en la mente a través de los sentidos o del conocimiento reflexivo. Y tras ello continúa: "Let us suppose the mind to be, as we say, white paper, void of all characters, without any ideas–how comes it to be furnished? (....). Whence has it all the materials of reason and knowledge? To this I answer in one word: Experience". *Apud* Preserved SMITH: *The Enlightenment 1687-1776, op. cit.*, p. 151.

[624] Luis RODRÍGUEZ ARANDA: *El desarrollo de la razón en la cultura española,* Madrid, Aguilar de Ediciones, 1962, p. 166.

[625] *Ibidem,* p. 175.

[626] Locke entiende por razón, el descubrimiento de la certidumbre o de la probabilidad de las proposiciones o de las verdades que la mente logra alcanzar por medio de la deducción, partiendo de aquellas ideas que adquiere por el uso de sus facultades naturales, esto es, por la sensación o la reflexión. La fe, en cambio, es el asentimiento que otorgamos a cualquier proposición que no esté fundada en la deducción racional, sino sobre el crédito del proponente, que venga de Dios por algún medio extraordinario de comunicación. Este modo de descubrir verdades a los hombres es lo que llamamos revelación. John LOCKE: *Ensayo sobre el entendimiento humano,* Santafé de Bogotá, Fondo de Cultura Económica, 1ª reimpr. de la 1ª ed. en español, 1994, pp. 694-695.

[627] John LOCKE: *Ensayo sobre el entendimiento humano, op. cit.*, p. 697.

[628] Paul HAZARD: *La crisis de la conciencia europea, op. cit.*, p. 221.

[629] "Hoy se descubre que John Locke ha hecho la revolución hasta en la literatura; no sólo porque destruyó de un solo golpe las viejas retóricas y las viejas gramáticas, al mostrar que el arte de escribir no consistía en aplicar reglas y preceptos, y procedía más bien de la actividad interior del alma, sino porque dio a la impresión, a la sensación, un puesto que todavía no se les había reconocido". Paul HAZARD: *El pensamiento europeo en el siglo XVIII, op. cit.*, p. 47.

las hipótesis metafísicas; ¿no vemos que nunca han acertado?, y ¿no estamos cansados de nuestras vanas investigaciones?

Locke rechazará igualmente, ya en la misma introducción de su espléndida obra, la existencia de principios especulativos innatos:

> "Es opinión establecida entre algunos hombres, –escribe Locke[630]– que hay en el entendimiento ciertos principios innatos; ciertas nociones primarias, caracteres, como impresos en la mente del hombre, que el alma recibe en su primer ser, y que trae al mundo con ella. Bastaría para convencer al lector carente de prejuicios de la falsedad de semejante suposición, con limitarme a mostrar (como espero hacerlo en las siguientes partes de esta obra) cómo los hombres, con el solo empleo de sus facultades naturales, pueden alcanzar todo el conocimiento que poseen sin ayuda de ninguna impresión innata, y pueden llegar a la certeza sin tales nociones o principios innatos"

En definitiva, nada puede considerarse innato si tenemos necesidad de la razón para descubrirlo, a menos que pensemos que todas las verdades que la razón nos enseña son innatas. El famoso principio *nihil est in intellectu quod prius non fuerit in sensu,* al margen de posibilitar la introducción del sensualismo, supondrá la constatación de la imposibilidad de acceder a esos principios innatos cuyo conocimiento, según la metafísica escolástica, podía alcanzarse a través de la luz natural. Locke defiende la existencia de un derecho natural de cada cual a juzgar libremente por sí mismo[631]. Y como se ha dicho, este derecho natural de la libertad de juicio es también el derecho a no reconocer más autoridad que la de la razón. La libertad del hombre encuentra su principio, su garantía y su máxima expresión en la libertad de juicio o, lo que es lo mismo, en la libertad de juicio sometido a la ley de la razón[632]. Con su consideración de la experiencia como fuente del saber, Locke contribuirá en gran medida al progreso del racionalismo. Para los racionalistas, el conocimiento verdadero no va a ser el efecto inexplicable de una revelación sobrenatural, pues la ciencia, para ser ciencia, no tiene que venir de arriba, sino de abajo, ha de ser humana, no divina. En este punto, Bolingbroke pronunciará una fórmula decisiva: *Truth of existence is truth of knowledge*[633] (Verdad de existencia es verdad de conocimiento): el hecho, y sólo el hecho, rige al conocimiento y conduce a la verdad. En fin, como significa Isaiah Berlin[634], por encima de todo, Locke, al igual que Hobbes, va a contemplar al hombre como un objeto en la naturaleza, no fundamentalmente diferente de los otros objetos, que debe ser descrito y explicado a través de los métodos genéticos de la ciencia natural de la psicología, aunque él no la llame así.

---

[630] John LOCKE: *Ensayo sobre el entendimiento humano, op. cit.*, pp. 21-22.

[631] En España, el vasco Valentín de Foronda, entre otros autores, seguirá muy de cerca a Locke, haciéndose eco de modo específico de que no hay ideas innatas, según la sentencia de Aristóteles, *Nihil est in intellectu quod prius non fuerit in sensu,* en la cual, recuerda Foronda, nadie había parado la atención hasta que Locke y Condillac nos la han hecho observar. Valentín de FORONDA: "Sobre que todos los entendimientos son iguales", en *Las Cartas sobre la Policía* (Pamplona, 1820). Puede verse en Valentín de FORONDA: *Los sueños de la razón,* edición de M. Benavides y C. Rollán, Madrid, Editora Nacional, 1984, pp. 545-563; el mencionado texto en p. 547.

[632] Raymond POLIN: "Los derechos del hombre en Hobbes y en Locke", en *Revista del Instituto de Ciencias Sociales* (Diputación Provincial de Barcelona), núm. 5, 1965, pp. 195 y ss.; en concreto, p. 202.

[633] *Apud* Paul HAZARD: *El pensamiento europeo..., op. cit.,* p. 348.

[634] Isaiah BERLIN: *The Age of Enlightenment, op. cit.,* p. 31.

Y David Hume, en su *Treatise of Human Nature,* que se ha considerado como un intento de introducir el método experimental de razonamiento en las ciencias morales[635], partiendo de la doctrina lockeana de que cualquier conocimiento deriva de las impresiones exteriores[636], y aceptando la deducción de Berkeley de que la realidad se apoya en la percepción, diseñó la conclusión lógica de que el pensamiento, incapaz de conocer algo sino su propio estado, no puede realmente conocer nada fuera de sí mismo. La sustancia es una cosa desconocida y un concepto vacío; nuestros propios pensamientos no son realmente conocidos por nosotros, pues el conocimiento del sujeto viene tan sólo del conocimiento del objeto. "Sólo por la experiencia –escribe Hume– podemos inferir la existencia de un objeto de la de otro" ("It is therefore by experience only, that we can infer the existence of one object from that of another"), para añadir de inmediato que "la naturaleza de la experiencia consiste en esto: recordarnos haber tenido ejemplos frecuentes de la existencia de una especie de objetos"[637].

Por su lado, el matemático y filósofo Jean Le Rond d´Alembert, en su *Ensayo sobre los elementos de la filosofía,* presentará un cuadro del estado general del espíritu humano a mediados del XVIII en el que, frente a los tres siglos precedentes, constata que no es difícil apreciar el notable cambio que se ha producido en todas las ideas: la filosofía ha realizado grandes progresos y la ciencia de la naturaleza ha ampliado su visión desde la Tierra a Saturno, desde la historia de los cielos hasta los insectos. Y, con ella, todas las demás ciencias cobran una nueva forma[638].

Cassirer se ha hecho eco[639] de la contradicción latente en la filosofía de la Ilustración, que, por un lado, cree dogmáticamente en la unidad e invariabilidad de la razón, que es la misma para todos los sujetos pensantes, para todas las naciones, para todas las épocas y para todas las culturas, mientras que, por otro, influida por el modelo que le ofrece la ciencia natural de su tiempo, apartándose de Descartes y atendiendo a las *regulae philosophandi* de Newton, cuyo camino no es el de la pura deducción desde lo abstracto a lo particular, sino el del análisis de los fenómenos, desde el que se podrá acceder a los principios, atenderá a la experiencia y a la observación como fuente de los conocimientos humanos.

En coherencia con el planteamiento lockeano[640], el racionalismo que preside el pensamiento de los ilustrados pondrá el acento en lo material, despreocupándose a la par de modo progresivo de lo sobrenatural. De aquí que la Ilustración signifique ese proceso

---

635 Preserved SMITH: *The Enlightenment 1687-1776, op. cit.,* p. 166.

636 "Thus it appears, that the belief or assent , which always attends the memory and senses, –escribe Hume– is nothing but the vivacity of those perceptions they present; and that this alone distinguishes them from the imagination. To believe is in this case to feel an immediate impression of the senses, or a repetition of that impression in the memory. It is merely the force and liveliness of the perception, which constitutes the first act of the judgment, and lays the foundation of that reasoning, which we build upon it, when we trace the relation of cause and effect". David HUME: *A Treatise of Human Nature.* (A critical edition), edited by David Fate Norton and Mary J. Norton, Vol. 1 (Texts), Oxford, Clarendon Press, 2007. Book 1, Part 3, Section 5 (Of the impressions of the senses and memory), pp. 59-61; el texto transcrito, en p. 61.

637 David HUME: *A Treatise of Human Nature, op. cit.,* Vol. 1 (Texts). Book 1, Part 3, Sect. 6 (Of the inference from the impression to the idea), pp. 61-65; el texto transcrito, en p. 61.

638 *Apud* Ernst CASSIRER: *Filosofía de la Ilustración, op. cit.,* pp. 17-18.

639 Ernst CASSIRER: *Filosofía de la Ilustración, op. cit.,* pp. 20-21-22.

640 Para Locke, el principio supremo de la sociedad humana es la búsqueda de un orden moral racional que controle el Derecho positivo y la conducta de la sociedad política; según Carlyle, esto es lo que querían decir los pensadores medievales cuando hablaban de la justicia. A. J. CARLYLE: *La libertad política* (Historia

histórico espiritual en el que el hombre europeo se orienta más y más hacia un orden de vida civilizada puramente terrenal[641]. Innecesario es decir que tras ello subyacen unas nuevas relaciones metafísicas que entrañan una secularización del mundo medieval. El primado de la cultura suplanta al primado del reino de Dios, o dicho de otro modo, la trascendente comprensión del mundo se disolverá en el inmanente esclarecimiento del mundo y de su orden racional. En concordancia con ello, cuando se intenta una caracterización general de la Ilustración, nada parece más seguro que considerar la actitud crítica y escéptica frente a la religión como una de sus connotaciones esenciales. Ello casa muy bien a su vez con la profunda crisis religiosa que caracteriza al siglo XVIII.

La fe en la razón, en la ciencia, en la técnica aplicada a las artes útiles, en una palabra, el dominio de la Naturaleza por el esfuerzo humano, orientado hacia lo útil, planteaba el posible dilema entre una fe en la Providencia y una fe en el progreso, alcanzado a través de la razón y del esfuerzo del hombre[642]. Innecesario es decir, que la explicación racional que se encontrará a hechos hasta entonces considerados como sobrenaturales no hará sino ahondar en la crisis religiosa antes aludida. Bien es verdad que, como Cassirer ha matizado[643], si tratamos de verificar a la luz de los hechos históricos concretos esta desvinculación y escepticismo del pensamiento ilustrado respecto del hecho religioso, tropezamos, por lo menos en lo que atañe a la Ilustración alemana e inglesa, con las reservas y limitaciones más fuertes, aunque esa caracterización convenga de modo muy especial a la filosofía francesa del siglo XVIII (recordemos la repetida consigna de Voltaire: "écrasez l´infâme"), pues es de sobra conocido que el enciclopedismo francés emprenderá una lucha abierta contra la religión, contra sus pretensiones de validez y verdad. No ha de extrañar en lo más mínimo que la Iglesia condenara en todas sus formas y dondequiera que se publicara la *Enciclopedia,* al considerar que contenía unas doctrinas falsas y conducentes a la incredulidad y al desprecio de la religión. Por todo ello, para el autor anteriormente mencionado, es dudoso que el siglo de las Luces pueda considerarse de modo generalizado como fundamentalmente irreligioso y enemigo de la fe; semejante juicio peligra no darse cuenta de sus mayores aportaciones. El escepticismo, en cuanto tal, es incapaz de hacerlas. Los impulsos intelectuales más fuertes de la Ilustración y su peculiar pujanza espiritual, no radican en su desvío de la fe, sino en el nuevo ideal de fe que presenta y en la nueva forma de religión que encarna.

b) La contraposición entre las luces naturales de Voltaire y las sobrenaturales de Pascal

La filosofía francesa de las Luces, y ello no deja de ser harto significativo, va a volver constantemente, como por una necesidad interna, a los *Pensamientos* de Pascal, tratando de probar una y otra vez su potencia crítica con esta obra. Vale la pena detenernos mínimamente en este enorme pensador francés que fue Blas Pascal (1623-1662), del que Sainte-Beuve diría que poseía en el más alto grado de intensidad el sentimiento de la

de su concepto en la Edad Media y los tiempos modernos), México/Madrid, Fondo de Cultura Económica, 1ª reimpr. de la 1ª ed. en español, 1982, p. 187.

641 Benno von WIESE: *La cultura de la Ilustración, op. cit.,* pp. 22-23.

642 Luis SÁNCHEZ AGESTA: *El pensamiento político del despotismo ilustrado,* Sevilla, Universidad de Sevilla, 1979, pp. 158-159.

643 Ernst CASSIRER: *Filosofía de la Ilustración, op. cit.,* pp. 156-158.

persona humana, y en ello residía el secreto de su poderío[644]. Este científico, famoso ya a mediados del siglo XVII por sus descubrimientos en matemáticas y física, en 1646, a los veinticuatro años, iba a experimentar una primera conversión. Sin embargo, el decisivo impacto que para Pascal supuso la revelación de la noche del 23 de noviembre de 1654 no sólo le hizo entregarse completamente a Dios, sino que a la postre le iba a convertir en el mayor de los moralistas cristianos. A partir de ahí se iba a alinear junto a los jansenistas de Port Royal frente a los jesuitas, a quienes atacaría en sus *Cartas a un Provincial*. En el año 1656 Pascal concibió el proyecto de realizar una especie de apología del cristianismo, y a tal efecto fue escribiendo en papeles sueltos todo cuanto temía que su memoria pudiera olvidar. Su pronta desaparición impidió que cobrara vida esa apología, pero sus notas fueron recopiladas y ordenadas dando vida a sus *Pensamientos,* su más conocida obra y una de las más influyentes del pensamiento occidental de todos los tiempos. Al espíritu geométrico de Descartes, Pascal contrapondrá el que iba a llamar espíritu de precisión o de agudeza. Mientras éste consistía en penetrar viva y profundamente las consecuencias de los principios, aquél trataba de comprender una gran cantidad de principios sin confundirlos. El primero es fuerza y rectitud de espíritu; el segundo, amplitud de espíritu.

Después de tres siglos, escribió el Premio Nobel de Literatura François Mauriac[645], Blas Pascal está mezclado a nuestras querellas, vive. Sus menores pensamientos inquietan, o encantan, o irritan, pero se le comprende enseguida, con media palabra. Tan presente está, que algunos le responden con impaciencia, se burlan de sus manías. Paul Valéry le llama "el hombre que pierde su tiempo en coser papeles en sus bolsillos".

Particular interés tiene, a efectos del tema que venimos tratando, el Artículo XVIII de sus *Pensamientos*[646], que dedica a la grandeza del hombre. Tras equiparar al hombre con un junco, el más débil de la naturaleza, añade: "pero un junco que piensa", y unas líneas después vuelve sobre el tema:

> "Toda nuestra dignidad consiste, pues, en el pensamiento. Esto es lo que puede ensalzarnos, no el espacio y la duración que nosotros no podríamos llenar. Esforcémonos, por consiguiente, en bien pensar: he aquí el principio de la moral" (punto XI). "El hombre –añade Pascal en el punto XII, complementando su anterior pensamiento– está visiblemente construido para pensar: esto es toda su dignidad; y todo su mérito, y todo su deber consiste en pensar como es debido; y el orden del pensamiento en empezar por sí mismo, y por su autor y su fin. Pero, ¿en qué piensan las gentes? Jamás en esto; sino en danzar, tocar el laúd, cantar, hacer versos, correr sortijas, etc., construir seres, hacerse rey, sin pensar en qué consiste el ser rey y el ser hombre"[647].

Casi de inmediato, Pascal insiste en que "toda la dignidad del hombre está en el pensamiento. El pensamiento es, pues, una cosa admirable e incomparable por naturaleza"[648]. A lo largo de buen número de los 25 artículos que integran sus *Pensamientos* (y de modo muy particular, a partir del Artículo XIX), Pascal va formulando una serie de reflexiones

[644] François MAURIAC: "Prólogo", en la obra de Blaise Pascal, *Pensamientos,* Madrid/Buenos Aires, Editorial Losada, 2003, pp. 11 y ss.; en concreto, p. 27.

[645] *Ibidem,* p. 24.

[646] Blaise PASCAL: *Pensamientos, op. cit.;* el Artículo XVIII en pp. 253-259.

[647] *Ibidem,* pp. 257-258.

[648] *Ibidem,* p. 258.

críticas acerca de aspectos tales como la vanidad del hombre (tan anclada en el corazón humano), sus debilidades y errores ("la imaginación hincha los pequeños objetos hasta llenar nuestra alma de una fantástica estimación por ellos"; "toda la preocupación de los hombres es hacerse con bienes; no sabrían encontrar títulos con qué mostrar que los poseen en justicia..."), su miseria[649] y sus sorprendentes contradicciones.

En sus reflexiones finales, el gran pensador francés formula algunas especialmente lúcidas, que bastante tiempo respués reverdecerán con gran fuerza. "El imperio fundado en la imaginación y la razón –escribe Pascal– reina algún tiempo, y es dulce y voluntario; el de la fuerza reina siempre. Así la opinión es como la reina del mundo, pero la fuerza es el tirano"[650]. En el artículo siguiente (Artículo XXIV), Pascal retoma el tema de la razón, para argumentar: "La razón nos gobierna mucho más imperiosamente que ningún dueño: porque, desobedeciendo al uno somos desgraciados; desobedeciendo a la otra, somos necios"[651]. La reivindicación que el insigne filósofo hace del pensamiento del hombre y del imperio de la razón le dan una modernidad evidente, convirtiéndole en un antecedente digno de ser tenido muy en cuenta por el pensamiento del Siglo de las Luces.

No ha de extrañar por todo lo expuesto que, como ha escrito Cassirer[652], la crítica de Pascal penetre en todas las épocas de la carrera literaria de Voltaire, desde su primer ensayo, *Lettres sur les Anglais*. La edición de las *Cartas filosóficas*, que apareció en Francia en 1734, estaba enriquecida con los comentarios de Voltaire a los *Pensamientos* de Pascal. No es raro si se piensa, como señala Ayer[653], que Pascal estaba empeñado en encontrar una explicación religiosa de la condición humana, mientras que el deísmo de Voltaire le permite a éste tratar el cristianismo como un simple código moral. Voltaire justificará su ofuscación por Pascal por su deseo de defender a la humanidad frente a este "sublime misántropo" que "enseigne aux humains à se haîr eux-mêmes; je voudrais, malgré lui, leur apprendre à s´aimer". Frente a la filosofía agustiniana del hombre, que Voltaire rechazó como deprimente y auto-degradante, el autor de *Cándido* opuso una filosofía estoica de autonomía, responsabilidad y dignidad, simbolizada en su celebérrima afirmación: "Osez penser par vous-même", como también en su consideración de que "debemos decir a cada individuo: recuerde la dignidad que le corresponde como hombre". A pesar de los sufrimientos, los hombres pueden levantar sus cabezas porque ellos son capaces de una razonable actividad. "El hombre ha nacido para la acción", escribió Voltaire en su primera polémica con Pascal. "No estar ocupado y no existir son la misma cosa para un hombre", añadiría Voltaire. No ha de sorprender su obsesión con Pascal, porque Blas Pascal, –que nuestro gran Eugenio D´Ors parangonó en un sentido cultural al Greco[654]– planteó a

---

[649] "No pudiendo curar la muerte, la miseria, la ignorancia, –escribe Pascal en el punto XIV del Artículo XXI– a los hombres se les ha ocurrido, para vivir dichosos, no pensar en ellas. Es todo lo que saben inventar, para consolarse de tantos males. Pero es una desdichada consolación, pues va, no a curar el mal, sino a ocultarlo simplemente por un cierto tiempo, con lo cual aun se piensa menos en curarlo de veras". Blaise PASCAL: *Pensamientos, op. cit.*, p. 294.

[650] Blaise PASCAL: *Pensamientos, op. cit.*, pp. 308-309.

[651] *Ibidem*, p. 317.

[652] Ernst CASSIRER: *Filosofía de la Ilustración, op. cit.*, p. 167.

[653] A. J. AYER: *Voltaire*, Barcelona, Editorial Crítica, 1988, p. 72.

[654] Para D´Ors, Pascal y el Greco son dos signos que, en el alfabeto de la cultura, significan exactamente lo mismo. Son los primeros en los que el torrente del dinamismo rompe cualquier canal clásico. "El uno, –sigue escribiendo nuestro gran pensador– en el mundo de los conceptos; el otro, en el mundo de las formas... Pero, ¿qué digo: conceptos, formas? Para un francés, como para un español, a esta distinción de vocablos no puede corresponder una verdadera separación de sentidos. Los conceptos de Pascal son también formas...

la filosofía francesa del siglo XVIII el problema más espinoso y profundo[655]. Estos dos enormes pensadores situarán al hombre de su época ante dos interpretaciones de la vida. Puesto que en el siglo XVIII había luz, había que elegir entre las luces naturales, con Voltaire, o las sobrenaturales, con Pascal[656].

En España, amplios sectores del pensamiento ilustrado no se desviaron de la fe. Una posible explicación de este hecho puede encontrarse en que la mentalidad ilustrada propia de la burguesía europea[657] arraigó en nuestro país en sectores sociales situados al margen de esa clase, por lo demás casi inexistente en esa época, y entre ellos, los eclesiásticos y algunos sectores de la pequeña nobleza. Y quizá esta circunstancia pueda contribuir a explicar el hecho de que en España la enorme mayoría de quienes se pronuncian en favor de la libertad de imprenta reconozca que en los temas religiosos debe existir una limitación de ese derecho[658], que de esta forma se ha de circunscribir al ámbito de "lo político", o lo que es igual, a las materias políticas. Ello, desde luego, al margen ya de la crítica que bastantes ilustrados formularon frente a un culto religioso que se había desvirtuado, desnaturalizado,deviniendo en muchos casos en superstición. Larriba, quizá con una generalización excesiva, escribe al respecto: "c´est un culte devenu superstition, des pratiques où le sacré se mêle au profane; en définitive, une Église devenue théâtre"[659].

c) La felicidad como valor de referencia

En el mundo intelectual de la *Aufklärung* hallamos otras ideas, principios y valores. Una de tales ideas será el individualismo, que anticipa la filosofía del pensamiento liberal. La felicidad será otro de los valores de referencia de la cosmovisión ilustrada y aún diríamos que de la visión revolucionaria[660]. Pocos conceptos aparecen más reiterados que éste en el ideario ilustrado. Las gentes de aquel tiempo, escribe Hazard, no tuvieron

---

Las formas de Theotocópuli son también conceptos". Eugenio D´ORS: *Cuando ya esté tranquilo,* Madrid, Renacimiento, 1930, p. 55.

655 En el Artículo V de su obra escribe Pascal: "La suprema adquisición de la razón consiste en reconocer que hay una infinidad de cosas que la sobrepasan. Cuando no conoce esto, la razón es débil. Dúdese donde es debido, afírmese donde es debido, empléese la sumisión donde es debido. Quien esto no hace, no entiende la fuerza de la razón". Blaise PASCAL: *Pensamientos..., op. cit.,* p. 107.

656 Paul HAZARD: *El pensamiento europeo..., op. cit.,* p. 360.

657 El siglo XVIII será en Europa el siglo de la consolidación de la burguesía. Hazard lo explica muy bien cuando escribe que entre la nobleza, cuya proscripción se pide, y la canalla, que no se deciden a promover, se instala una clase que no había esperado al siglo XVIII para elevarse, pero que acaba de encontrar sus títulos en algunas de las ideas de la época; el modo de ser y la doctrina se han reunido. Algunos al menos de los pensamientos que están subyacentes al hecho se manifiestan claramente: la burguesía no ha sido completamente ella misma, sino cuando esas ideas han llegado al tiempo de su fuerza y se han vuelto irresistibles. Paul HAZARD: *El pensamiento europeo en el siglo XVIII, op. cit.,* p. 234.

658 La Parra llega a decir que, en la práctica, la totalidad de las solicitudes en favor de la libertad de imprenta reconocían esa limitación, lo que, a nuestro entender, no es del todo cierto. Emilio LA PARRA LÓPEZ: *La libertad de prensa en las Cortes de Cádiz,* Valencia, NAU Llibres, 1984, p. 22.

659 Elisabel LARRIBA: "Le clergé et la presse dans l´Espagne de l´Ancien Régime", en *El Argonauta Español,* nº 1, 2004, p. 4 (del texto al que se accede a través de esta dirección electrónica: http://argonauta.imageson.org/document83.html).

660 En su discurso sobre las subsistencias, pronunciado el 29 de noviembre de 1792, Saint-Just, que siempre contó con el apoyo incondicional de Robespierre, a quien acompañó a la guillotina, y que fue conocido como "el arcángel de la muerte", afirmó: "Un pueblo que no es feliz no tiene patria; no ama nada". *Apud La Revolución francesa en sus textos,* estudio preliminar, traducción y notas de Ana Martínez Arancón, Madrid, Editorial Tecnos, 1989; el mencionado discurso en pp. 102 y ss.; la afirmación citada, en p. 104.

miedo de los dioses envidiosos, que se irritan cuando los mortales pronuncian palabras imprudentes. Por el contrario, gritaron que querían su porción de felicidad, que la tendrían y que ya la tenían[661]. Una emulación se iba a llegar a apoderar de los espíritus, la de tratar de ver quién repetiría más que de todas las verdades, las únicas importantes eran las que contribuían a hacer felices a los hombres; que toda la filosofía se reducía a los medios eficaces para que aquéllos alcanzaran la felicidad; en fin, que no había más que un solo deber, el de ser felices.

Con cierta reiteración, aunque no con mucha frecuencia, los escritores políticos de formación escolástica, pero de visión en alguna medida moderna, muy especialmente los jesuitas de los primeros años del siglo XVII, iban a sustituir la clásica expresión tomista "bien común" o algunas otras similares, por la de "felicidad política", lo que, como señala Maravall[662], no sólo denuncia un cierto cambio de concepto, sino que hace asimismo sospechar el lazo que el término "felicidad" va a tener con las primeras vislumbres de una teoría de la economía del bienestar, teoría que hoy se supone que los jesuitas españoles del primer Barroco intuyeron en grado inicial.

La felicidad política y después pública será un tema de general difusión, en el nuevo sentido que iba a presentar, desde mediados del siglo XVIII. En toda Europa, probablemente, el *Essay of Man* (1732-1734) del inglés Alexander Pope, fue su gran vehículo. Sobre el fondo de optimismo que ese poema filosófico creó, los comentarios tan repetidos a la cuestión principal de la *happiness,* constituyeron seguramente una de las causas de generalización del profuso tratamiento literario que se llevó a cabo acerca de este valor de la felicidad[663].

En su concepción por los ilustrados del Setecientos, la felicidad iba a presentar algunos caracteres peculiares[664]: 1) felicidad inmediata: hoy, enseguida, pues mañana ya parecía tarde; 2) felicidad contemplada menos como un don que como una conquista, y 3) felicidad entre cuyos componentes no debía entrar ningún elemento trágico: *Beruhigung der Menschen,* ¡que la humanidad se tranquilice, que cesen las turbaciones, las incertidumbres y las angustias! Nada que ver pues, con la felicidad de los místicos. A todo ello quizá habría que añadir que, según la concepción ilustrada, no cabía hablar de felicidad individual, sino que la felicidad había de contemplarse desde una perspectiva colectiva, como la resultante final de la suma de las unidades individuales de felicidad, por así decirlo. Lo que contaba pues, era el resultado final de esa suma.

Justamente por ello, la razón estaba llamada a proporcionar los medios idóneos para hacer felices a los hombres, lo que a su vez se proyectaba sobre la filosofía, las artes[665] y

---

[661] Paul HAZARD: *El pensamiento europeo..., op. cit.,* pp. 23-24. El propio autor recoge algunos ejemplos de lo que en diversas lenguas se atrevieron a escribir distintos autores como títulos de sus libros, rótulos que van desde *Réflexions sur le bonheur* hasta *Ueber die menschliche Glückseligkeit,* pasando por *L'arte di essere felici* o por *Of Happiness.*

[662] José Antonio MARAVALL: "La idea de la felicidad en el programa de la Ilustración", en la obra recopilatoria de ensayos del propio autor, *Estudios de Historia del pensamiento español,* tomo IV (Siglo XVIII), Madrid, Centro de Estudios Políticos y Constitucionales, 1999, pp. 231 y ss.; en concreto, p. 234.

[663] José Antonio MARAVALL: "La idea de la felicidad en el programa de la Ilustración", *op. cit.,* p. 235.

[664] Paul HAZARD: *El pensamiento europeo..., op. cit.,* p. 27.

[665] El célebre historiador del arte Winckelmann añadiría a su historia del arte una teoría de lo bello. A su juicio, después de tantos escritos no se había profundizado todo lo que convenía en la belleza, que seguía siendo uno de los misterios de la naturaleza; él intentó dar la explicación definitiva, haciendo intervenir la esencia divina, cuya expresión humana son las obras bellas. En cuanto que "la belleza suprema reside

las ciencias[666]. La propia filosofía debía ser dirigida por la práctica; no debía ser ya otra cosa que la búsqueda de los medios de la felicidad. En su *Essai de philosophie morale,* Maupertuis escribía: "Hay un principio en la naturaleza, más universal aún que lo que se llama la luz natural, más uniforme todavía para todos los hombres, tan presente al más estúpido como al más sutil: es el deseo de ser feliz"[667]. Y nada podía servir mejor a la felicidad que la iluminación del entendimiento, habiendo de buscarse esa iluminación mediante la potenciación del conocimiento de cuanto pudiera contribuir a una mayor sabiduría y virtud. No ha de extrañar por lo mismo que desde 1715 se produjera un fenómeno de difusión sin igual. Lo que vegetaba en la sombra –escribe Hazard– se ha desarrollado a plena luz; lo que era especulación de algunos pocos espíritus ha alcanzado a la multitud; lo que era tímido se ha vuelto provocador. A la vista de todo ello, Maravall ha podido escribir, que el racionalismo metafísico de los grandes sistemas del siglo XVII se convierte en ese racionalismo trivializado y de aplicación práctica que cunde en el siglo XVIII[668]. A su vez, y ello tiene particular relevancia en lo que ahora interesa, al establecimiento de la felicidad debía contribuir a una virtud nueva: la de tolerar todas las opiniones. Como recuerda Hazard[669], hasta entonces no era una virtud; era una flaqueza y casi una cobardía. Innecesario es decir que esa tolerancia presuponía la posibilidad de que la diversidad de opiniones pudiera ser conocida, lo que a su vez exigía su libre transmisión. Innecesario es recordar que la *Epistola de Tolerantia* (1685) de Locke constituiría la apelación más elocuente a esa nueva virtud, que Locke consideró como la esencia misma del cristianismo.

d) De la superioridad y autonomía de la razón a la libertad de pensamiento y a su libre transmisión

La filosofía de las Luces se iba a apropiar del lema de Descartes de la superioridad de la razón, porque la razón era la que poseía los derechos de primogenitura; era superior por la edad a toda opinión y prejuicio que no habían hecho sino oscurecerla en el curso de los siglos[670]. La esperanza en el advenimiento del reino de la razón llevará a Voltaire a reivindicar los primeros lugares para los filósofos. No faltarán, sin embargo, en la misma época algunas apreciaciones críticas, como la de Tocqueville, para quien, aunque se decía que el carácter de la filosofía del XVIII era una especie de adoración de la razón humana, una confianza ilimitada en su omnipotencia para transformar a voluntad leyes, instituciones y costumbres, a decir verdad, lo que algunos de estos filósofos adoraban era más su propia razón que la razón humana. Nadie, añade Tocqueville[671], ha mostrado

---

en Dios, la idea de la belleza humana se perfecciona en razón de su conformidad y su armonía con el Ser Supremo". Paul HAZARD: *El pensamiento europeo..., op. cit.,* p. 368.

[666] En el siglo XVIII, en oposición a los cartesianos, las ciencias naturales se consagran a la realización de investigaciones experimentales, sobre la base de que las ciencias deben servir para organizar la vida colectiva, enseñando al hombre lo que es justo y bueno. Bernard GROETHUYSEN: *Filosofía de la Revolución..., op. cit.,* pp. 46 y 50.

[667] Paul HAZARD: *El pensamiento europeo..., op. cit.,* p. 31.

[668] José Antonio MARAVALL: "Cabarrús y las ideas de reforma política y social en el siglo XVIII". Estudio Preliminar a la obra del Conde de Cabarrús, *Cartas sobre los obstáculos que la naturaleza, la opinión y las leyes oponen a la felicidad pública,* Madrid, Castellote Editor, 1973, pp. 11 y ss.; en concreto, p. 14.

[669] Paul HAZARD: *La crisis de la conciencia europea, op. cit.,* pp. 276-277.

[670] Ernst CASSIRER: *Filosofía de la Ilustración, op. cit.,* p. 261.

[671] Alexis de TOCQUEVILLE: *El Antiguo Régimen y la Revolución,* México, Fondo de Cultura Económica, 1ª reimpr. de la 1ª ed. en español, 1998, p. 327.

menos confianza que ellos en la sabiduría común. Y tampoco faltan entre la doctrina autores que han puesto de relieve las contradicciones en que los filósofos del XVIII iban a incurrir al elevar a la razón a la categoría de un nuevo ídolo[672].

La filosofía de esta época se enfrentará asimismo en todos los campos contra el poder de la mera tradición y contra la autoridad. En perfecta armonía con ello, el pensamiento ilustrado pondrá especial énfasis en la necesidad de hombres cultos que iluminen con las luces de la razón la ignorancia de la mayoría, a fin de poder hacer frente a la superstición y al fanatismo; la razón ofrecía la posibilidad de la persuasión a través de la argumentación; era, en definitiva, la lucha de la luz contra las tinieblas. A la razón, escribe Maravall[673], pertenece el trono del mundo, pues basta la razón para enseñarnos el camino a seguir. Y es ese gobierno de la razón el que será instaurado por la luz que en su época ha empezado a descubrirse y a difundirse por la sociedad. La Ilustración propiciará la constitución autónoma de la razón frente a cualquier tipo de dogmatismo[674], alcanzando así la autonomía de la razón sus más importantes desarrollos. La razón, convertida de esta forma en el principio rector, y la naturaleza, visualizada no como estado primario del hombre y de la sociedad, sino como paradigma racional y permanente de su perfección, llegarán a ser los vectores que habrán de guiar el pensamiento ilustrado. De esta forma, como ya se ha dicho, la libertad de pensamiento y su libre transmisión se convertirán en la primera piedra a colocar para el desarrollo de la concepción ilustrada del individuo y, como bien se ha señalado[675], al mismo tiempo supondrán un primer paso hacia la consideración de la persona como un sujeto portador del valor dignidad. La Ilustración presupondrá asimismo la sociabilidad del hombre, pues es evidente que la formación del ilustrado no empieza y termina en sí mismo, sino que se proyecta hacia esa sociedad ignorante que se pretende combatir, en la que encuentra su caldo de cultivo el abuso del poder y la tiranía.

B) La visión de la educación como instrumento fundamental para la transformación social

I. La filosofía de la Ilustración va a consagrar un nuevo concepto de hombre al postular que, a partir de la afirmación de su eminente dignidad, el ser humano debe hallarse en la posibilidad de adquirir conciencia de sus capacidades y de poder llevarlas a cabo. Ello, como es obvio, presupone educarlo a fin de hacerle pasar de la condición de siervo a la de ciudadano. Todo ello al margen ya de que la educación, como dirá Condorcet[676], se concebiría por ciertos sectores como un medio aún mejor que la libertad de opiniones para

---

672 "La Razón, –escribe Loisy– tan celebrada por los filósofos del siglo XVIII, es, por una parte, un mito, un ídolo místico, ya que esta facultad que tenemos de conocer no es un poder absoluto e infalible de penetrar todo lo real para alcanzar de manera inmediata toda verdad. De lo cual se sigue que estos filósofos antimísticos eran místicos sin saberlo cuando emprendían la apoteosis de la razón". Alfred LOISY: *La religion,* Paris, 1924, p. 24. Cit. por Jean SARRAILH: *La España Ilustrada..., op. cit.,* p. 155.

673 José Antonio MARAVALL: "Cabarrús y las ideas de reforma política y social en el siglo XVIII", *op. cit.,* p. 16.

674 Agapito MAESTRE SÁNCHEZ: "Estudio Preliminar", en J. B. Erhard y otros, *¿Qué es la Ilustración?, op. cit.*, pp. XI y ss.; en concreto, p. XIII.

675 Francisco Javier ANSUÁTEGUI ROIG: *Orígenes doctrinales de la libertad de expresión,* Madrid, Universidad Carlos III-Boletín Oficial del Estado, 1994, p. 299.

676 Marqués de CONDORCET: "Disertación filosófica y política o reflexión sobre esta cuestión: ¿Es útil para los hombres ser engañados?", *op. cit.,* p. 213.

acelerar el progreso de la verdad. No en vano, según el propio marqués[677], cabía establecer una influencia recíproca entre la instrucción y el progreso de las ciencias, influencia cuya acción se renovaba incesantemente; en efecto, los progresos de las ciencias aseguran los del arte de instruir, que a su vez aceleran luego los de las ciencias; y en esta reciprocidad se ha de ver una de las causas más poderosas del perfeccionamiento de la especie humana.

Los ilustrados creyeron que el arma fundamental de las transformaciones sociales que habían de producirse era la educación, tanto del niño como del campesino, del proletario como del pequeño burgués. Al final del proceso educativo, se decía, se instauraría el reino paradisíaco del amor entre los hombres, de la libertad y de la felicidad [678]. Y es que, según nuevamente Condorcet[679], una instrucción bien dirigida corregiría la desigualdad natural de las facultades en lugar de fortalecerlas, de igual modo que las buenas leyes remediaban la desigualdad natural de los medios de subsistencia.

La creencia en la extrema fuerza transformadora de la educación encuentra en Mandeville, como ahora vamos a ver, uno de sus propugnadores más convencidos, frente a la creencia de gran parte de la gente, que opta por atribuir a la naturaleza lo que a juicio de aquél depende tan sólo de la educación. En ello se produce un vivo contraste entre la mentalidad barroca y la visión ilustrada, pues mientras aquélla cree en la prevalencia del "carácter heredado" de los individuos, sobre los que la educación no va más allá de suponer una suerte de capa de barniz superficial, que no impide el indiscutible predominio del "carácter", los ilustrados ven en la educación el elemento decisivo en la conformación de la personalidad.

Los ilustrados propugnan una educación a la que otorgan una doble vertiente, individual y social, pero no, como escribe Maravall[680], como plausible desdoblamiento, sino como una constitutiva dualidad. Se trata de alcanzar un objetivo que en una y otra línea se orienta hacia un mismo fin: la felicidad, que es utilidad, que es virtud. Hay una convicción íntima de que la felicidad del hombre tiene su origen en la educación, pero ésta no es un producto del individuo aislado, sino transmisión de la sociedad. En esta misma dirección hay que situar a Bernard de Mandeville (1670-1733), autor de la célebre *The Fable of the Bees*[681].

[677] CONDORCET: *Bosquejo de un cuadro histórico..., op. cit.*, p. 178.

[678] M. BENAVIDES y C. ROLLÁN: "Introducción", en la obra de Valentín de Foronda, *Los sueños de la razón*, Madrid, Editora Nacional, 1984, pp. 11 y ss.; en concreto, p. 31.

[679] CONDORCET: *Bosquejo de un cuadro histórico..., op. cit.*, p. 166.

[680] José Antonio MARAVALL: "Idea y función de la educación en el pensamiento ilustrado", en la obra de recopilación de artículos del propio autor, *Estudios de Historia del Pensamiento Español*, tomo IV (Siglo XVIII), Madrid, Centro de Estudios Políticos y Constitucionales, 1999, pp. 685 y ss.; en concreto, pp. 692-693.

[681] En 1705 Mandeville publicó inicialmente un folleto de 26 páginas, sin nombre de autor, con el título de *El panal rumoroso o la redención de los bribones* (*The Grumbling Hive: or, Knaves Turn´d Honest*). El opúsculo tuvo éxito, aunque luego se olvidó durante una década, reapareciendo en 1714 como parte de un libro anónimo titulado *The Fable of the Bees: or, Private Vices, Public Benefits*. Fue en una nueva edición de 1723 cuando la obra atrajo una verdadera atención, acumulándose los ataques sobre la misma. Mientras aparecían ulteriores ediciones, Mandeville escribió una segunda parte de la *Fábula*, que puso en circulación en 1728 (según la portada en 1729), que se publicó independientemente de la primera parte. Después se publicarían juntas las dos partes. Cfr. al respecto, F. B. KAYE: "Comentario crítico, histórico y explicativo", en la obra de Bernard Mandeville, *La fábula de las abejas o Los vicios privados hacen la prosperidad pública*, Madrid, Fondo de Cultura Económica-España, 2ª reimpr. de la 1ª ed. en español, 2004, pp. IX y ss,; en concreto, pp. XXII-XXIV.

II. Mandeville convirtió el dudoso juego de la sátira social en un mortal artefacto de moralidades, cuyo instrumento desosegador fue, sin duda, la paradoja, el equívoco y la provocación, todo ello con el objetivo de mostrar la vileza irreductible de la naturaleza humana y el mal en que se funda la sociedad[682]. La *Fábula* fue un escándalo público y, con su doctrina de la utilidad del vicio, Mandeville, según Kaye[683], heredó el cargo de "espanta beatos", que Hobbes había desempeñado en el siglo anterior.

Frente a quienes atribuyen a la naturaleza lo que depende enteramente de la educación, Mandeville priorizará a la educación, dándole una enorme relevancia y considerándola una adaptación del individuo a la sociedad. Nos bastará con recordar algunas de sus primeras consideraciones para constatarlo:

> "Todos los animales no educados –escribe Mandeville– tienen sólo el afán de procurarse satisfacción y naturalmente siguen sus inclinaciones, sin considerar el bien o el daño que su propia satisfacción pueda acarrear a otros. Esta es la razón por la cual en un estado totalmente natural las criaturas más aptas para convivir pacíficamente en grandes números son aquellas que muestran menos inteligencia y tienen menor cantidad de apetitos que satisfacer; por consiguiente no hay especie de animal que sea, sin el freno del gobierno, más incapaz de concordar en multitud durante mucho tiempo, que ésta a la que pertenece el hombre"[684].

Mandeville se hace eco de que el vulgo apenas creerá en la enorme fuerza de la educación, no obstante lo cual él trata de incidir en la relevancia de la misma en la vida social al poner de relieve cómo la educación exige que ocultemos nuestros apetitos[685]. El autor nacido en Rotterdam otorga especial importancia a la educación para la adquisición de buenos modales, hasta el extremo de que sus tesis, repetidas en el siglo respecto al rol de la educación, parecen, según Maravall, considerar la educación como la adquisición de una ciencia de los buenos modales[686]. A través de los buenos modales, nos dirá Mandeville[687], el hombre de buena crianza se granjea la estimación de todas las personas que frecuenta, y si con ello no gana nada, "el placer que recibe al pensar en el aplauso, que sabe se le concede secretamente, es para un hombre orgulloso más que un equivalente de su anterior abnegación, que paga con creces al amor propio la pérdida que supone su complacencia para con los demás". "El caballero bien educado –escribe en otro momento

[682] Fernando R. LAFUENTE: "Prólogo a la edición española", en la obra de Bernard Mandeville, *La fábula de las abejas o Los vicios privados...., op. cit.,* pp. V-VI; en concreto, p. V.

El propio Mandeville, en el Prefacio de su obra, expone con toda claridad la finalidad de la misma: "La sátira sobre las varias profesiones y vocaciones en gentes de todos los grados y condiciones, que ha de encontrarse en las siguientes líneas, –escribe– no se hizo con la intención de injuriar y atacar a ninguna persona en particular, sino simplemente con la idea de demostrar la vileza de los ingredientes que en conjunto componen la saludable mixtura de una sociedad bien organizada, y para ensalzar el maravilloso poder del talento político gracias al cual, con los más despreciables elementos, se erige tan bella máquina". Bernard MANDEVILLE: *La fábula de las abejas..., op. cit.,* p. 6.

[683] F. B. KAYE: "Comentario crítico, histórico y explicativo", *op. cit.,* p. LXVI.

[684] Bernard MANDEVILLE: *La fábula de las abejas..., op. cit.,* p. 23.

[685] *Ibidem,* pp. 42-43.

[686] José Antonio MARAVALL: "Idea y función de la educación...", *op. cit.,* p. 693.

[687] Bernard MANDEVILLE: *La fábula de las abejas..., op. cit.,* p. 47. El autor pone como ejemplo que "el hombre de buenos modales no escoge lo mejor del plato, sino lo peor y acepta de todo, a menos que se sienta obligado, la porción más insignificante".

nuestro autor[688]– pone su mayor orgullo en su habilidad para encubrirlo con destreza, y los hay tan diestros en ocultar esta debilidad que, cuando más la padecen, más exentos de ella los cree el hombre vulgar". No es por tanto la naturaleza, como creen muchos hombres, sino la educación el elemento determinante en la sociedad.

III. No podemos dejar en el olvido la extraordinaria importancia que en la segunda mitad del siglo XVIII iban a alcanzar, primero en Francia, y después en gran parte de Europa, las tesis expuestas por Rousseau –al que Cassirer considera[689] un auténtico hijo de la Ilustración cuando la combate y supera, por cuanto el ginebrino no destruye el mundo de la Ilustración, sino que tan sólo desplaza su centro de gravedad, preparando el camino de Kant– en 1762 en su conocidísima obra del *Emilio o De la educación*, en la que se establecerá una doctrina educativa de gran influencia en toda la segunda mitad del siglo XVIII[690]. Rousseau defenderá una educación realista, poniendo al educando en contacto con las cosas y con las gentes, y en lo que ahora más interesa, hará especial hincapié en que lo que importa formar no es tanto la memoria, ni tan siquiera el ingenio, sino el juicio. El valor de un espíritu se medirá no por su habilidad para aplicar las ideas de los demás, sino por su aptitud para formar por sí mismo y juiciosamente sus ideas. De modo bien significativo, el *Emilio* fue entre nosotros objeto de una condena inquisitorial, por lo que no pudo ser traducido, no obstante lo cual, como señala Domínguez Ortiz[691], no por ello careció en España de lectores, y a partir de 1780 las alusiones a sus teorías fueron muy frecuentes en nuestro país. Y por supuesto, junto a los autores mencionados no podemos olvidar a Locke y su obra *Some Thoughts Concerning Education* (1693) y a Basedow y su *Methodenbuch der Vater und Mutter, der Familien und Völker* (1770).

La preocupación de Rousseau en favor de un sensible cambio del modelo educativo generalmente seguido será compartida por buen número de los ilustrados. En 1763, La Chalotais publicaba un *Essai d´éducation nationale,* en el que defendía que el Estado debía proveer a las necesidades de la nación, no debiendo abandonar la educación a gentes que tienen intereses diferentes a los de la patria, a la par que reclamaba que la escuela estuviese dirigida por nociones civiles con la finalidad de preparar ciudadanos para el Estado[692]. Tras ello subyacía la diferenciación entre la instrucción y la educación, siendo la última la de mayor relevancia al estar llamada a la formación de ciudadanos. En similar dirección, Diderot preconizaba reemplazar la educación monástica por una educación estatal, obligatoria y laica, una educación llamada a formar hombres de ciencia, agricultores, economistas, en una palabra, ciudadanos útiles al Estado[693].

Entre los cambios educativos más puntuales que se proponían, el más comúnmente compartido era el abandono del latín. Las nuevas ciencias, como la física experimental y la

---

688 *Ibidem,* p. 82.

689 Ernst CASSIRER: *Filosofía de la Ilustración, op. cit.,* p. 303.

690 En torno al pensamiento francés sobre la educación, cfr. Daniel MORNET: *El pensamiento francés en el siglo XVIII* (El trasfondo intelectual de la Revolución francesa), Madrid, Ediciones Encuentro, 1988, pp. 95-97.

691 Antonio DOMÍNGUEZ ORTIZ: *Carlos III y la España de la Ilustración,* Madrid, Alianza Editorial, 1ª reimpr. de la 1ª ed., 1988, p. 162.

692 Paul HAZARD: *El pensamiento europeo..., op. cit.,* p. 178.

693 *Ibidem,* p. 335.

historia natural, exigían la adopción de una lengua moderna. En 1756, en el prefacio a la traducción francesa de los *Principios matemáticos* de Newton, escribía Voltaire al respecto:

> "El latín no posee términos para expresar las verdades matemáticas y físicas que faltaban a los Antiguos. Ha sido preciso que los modernos creasen palabras nuevas para denotar esas ideas nuevas. Es un grave inconveniente en los libros de ciencias, y hay que confesar que no vale la pena escribir esos libros en una lengua muerta, a la cual es preciso añadir siempre expresiones desconocidas para la Antigüedad, y que pueden causar perturbaciones"[694].

Ya en la segunda mitad del siglo XVII se produce una amplia difusión de la lengua francesa en toda Europa, lo que, entre otras razones, se ha atribuido a la gran producción literaria francesa y a la política de Luis XIV. Sin embargo, el paso del latín al francés como "lengua universal" tendrá lugar en el siglo XVIII, y en esta importante innovación tendrá bastante que ver la articulación tras la muerte del Rey Sol (1715) de un lenguaje de corte revolucionario encaminado a reconocer al pueblo el derecho a sublevarse contra el poder establecido con vistas a la reforma del Estado. Según Mastellone[695], este lenguaje contribuyó a dar a la lengua francesa el carácter de "lingua comune culturale europea". Junto a ello, el progresivo abandono del latín se había de ubicar en la reforma del sistema educativo, con la sustitución de materias de las que se decía que sólo interesaban a los futuros clérigos por otras como la historia, la geografía, las matemáticas, la física y las ciencias naturales que, como ya hemos visto que argumentaba Voltaire, requerían de otra lengua vehicular.

En los años finales del siglo XVIII, en el marco de una renovada atención a los problemas sociales, emergerá, como bien se ha puesto de relieve[696], una nueva sensibilidad respecto de la instrucción pública, que llevará aparejada una renovación de los métodos educativos en armonía con las nuevas orientaciones de la filosofía pedagógica.

C) La estrecha vinculación entre la educación y la libertad de imprenta

Esta opción en favor del fortalecimiento de la educación y de la ampliación de la misma a todos los ciudadanos, que culminaría en la Francia revolucionaria, en diciembre de 1793, al reconocerse por decreto que la enseñanza primaria era pública y obligatoria, no era en modo alguno aséptica, por cuanto con la misma se pretendía acabar con la ignorancia, el secreto y el engaño que, como ya se ha expuesto, constituían el caldo de cultivo idóneo del poder arbitrario y absoluto. Tocqueville se haría eco de ello al constatar[697], que "la única garantía que los economistas inventan contra el abuso del poder, es la educación pública; pues, como dice también Quesnay, <el despotismo es imposible si la nación es ilustrada>. <Víctimas de los males que acarrean los abusos de autoridad>, dice

[694] *Apud* Jean SARRAILH: *La España Ilustrada...*, *op. cit.*, p. 404.

[695] Salvo MASTELLONE: "Sulla nascità di un linguaggio...", *op. cit.*, p. 15.

[696] Patrizia DE SALVO: "Istruzione, Stampa e Opinione Pubblica: Influenze del Costituzionalismo Inglese, fra Cadice e Palermo", en la obra *1812 fra Cadice e Palermo* (Nazione, rivoluzione, costituzione, rappresentanza politica, libertà garantite, autonomie), a cura di Andrea Romano e Francesco Vergara Caffarelli, Palermo, Regione Siciliana, Dipartimento regionale dei Beni culturali e dell'Identità siciliana, 2012, pp. 365 y ss.; en concreto, p. 365.

[697] Alexis de TOCQUEVILLE: *El Antiguo Régimen y la Revolución, op. cit.*, p. 241.

otro de sus discípulos, <los hombres han inventado mil medios totalmente inútiles, y han descuidado el único en verdad eficaz, que es la enseñanza pública general, continua, de la justicia por esencia y del orden natural>”. Bien es verdad que Tocqueville se mostraba un tanto crítico frente a esta actitud que parecía poder suplir todas las garantías políticas por una enseñanza pública general. En este mismo sentido, Tocqueville se refería a Turgot, “cuya grandeza de alma y las raras cualidades de su genio lo sitúan muy por encima de los demás”[698], constatando que tampoco poseía una inclinación muy acentuada por las libertades políticas. “Para él, –añade Tocqueville– como para la mayor parte de los economistas, la primera garantía política es cierta instrucción pública impartida por el Estado, según ciertos procedimientos y de acuerdo con determinado espíritu. La confianza que muestra en esta especie de medicación intelectual, o, como dice uno de sus contemporáneos, en el mecanismo de una educación conforme a los principios, es ilimitada”. Al margen ya de que no le faltara a Tocqueville la razón cuando reivindicaba las libertades políticas, es lo cierto que sus reflexiones revelan con meridiana nitidez la importancia otorgada por los fisiócratas a la educación pública. Y si el mercantilismo llevaba la marca inglesa, y cifraba el enriquecimiento de la comunidad en el comercio exterior, la fisiocracia portaba la etiqueta francesa (reivindicando el impulso y fomento de la agricultura por parte del Estado) y, como dice Hazard[699], por ello mismo era una ideología en circulación, que además contaba con destacados exponentes (Quesnay, Mirabeau, Turgot, Lemercier de la Rivière...). Más aún, Ruggiero[700] atribuye a los fisiócratas el mérito de promover la gran insurrección antifeudal, que tendrá su epílogo en la Revolución, dando a la lucha un acentuado tinte liberal.

Pero la nueva educación que se reivindicaba no sólo debía tener consecuencias políticas, sino que también debía incidir sobre otros aspectos de la vida de los pueblos, como el rechazo de la guerra. Condorcet lo exponía con toda claridad cuando escribía que “los pueblos más ilustrados, al recuperar el derecho a disponer por sí mismos de su sangre y de sus riquezas, aprenderán poco a poco a considerar la guerra como el azote más funesto, como el mayor de los crímenes”[701].

Y aún hay más. La nueva educación se vincula inextricablemente con la libertad de imprenta, pues la misma se reconoce por los ilustrados como el vehículo más idóneo de difusión de las luces. Becker compendia una y otra idea con singular claridad cuando formula las siguientes reflexiones:

> “El buen gobierno mirará a sus súbditos como a hijos y empleará todos los medios posibles para perfeccionar su educación. Unirá la estima pública y los placeres que la acompañan a las acciones y los descubrimientos verdaderamente útiles; tendrá cuidado de que, en toda clase de trabajos y esfuerzos, la mayor perfección comporte la más grande recompensa; levantará los obstáculos que impiden el progreso del espíritu y dará entera libertad al amigo de la verdad para seguirla por doquier y comunicar sus éxitos a sus contemporáneos, sin exponerlo a caer en

[698] También Senac de Meilhan, en una obra clásica sobre la Revolución, alaba al Ministro de Finanzas Turgot, considerando que gozaba de profundos conocimientos especulativos y de una merecida reputación, para añadir que era “un des plus zélés partisans de la doctrine des économistes”. Gabriel SENAC DE MEILHAN: *Des principes et des causes de la Révolution en France, op. cit.,* p. 44.

[699] Paul HAZARD: *El pensamiento europeo..., op. cit.,* p. 330.

[700] Guido de RUGGIERO: *Historia del liberalismo europeo, op. cit.,* pp. XLIII-XLIV.

[701] CONDORCET: *Bosquejo de un cuadro histórico..., op. cit.,* p. 176.

las manos crueles de una Inquisición espiritual o temporal. Para ello, la libertad de prensa será ilimitada, porque nunca se dará el caso de temer que escritos demasiado libres inciten a perturbaciones o seduzcan al ciudadano. Sabe bien que, mediante una serie de precauciones lúcidas, toda acción perjudicial para la felicidad general produce naturalmente un mal al particular que es culpable de ello, que la nación está lo bastante instruida para despreciar todo escrito contrario al buen sentido y a la virtud, y que la adhesión de sus súbditos asegura su obediencia"[702].

Como fácilmente puede apreciarse, Becker, que compartió con Castillón el premio de la Real Academia de Ciencias de Berlín en el concurso que ésta convocó en 1778, al que ya hemos tenido diversas oportunidades de referirnos, establece una serie de estrechos vínculos entre la educación, que todo buen gobierno debe procurar impartir entre sus súbditos, el progreso del espíritu, que a su vez exige de aquél que levante los obstáculos que lo puedan impedir, y la libertad ilimitada de prensa, pues sólo a través de ella se podrá dar entera libertad al amigo de la verdad, redundando todo ello en beneficio del perfeccionamiento de la educación. La nitidez de la argumentación de Becker es realmente digna de ser destacada, y supone un claro compendio del pensamiento ilustrado en el tema que ocupa nuestra atención.

Tras todo lo expuesto, hemos de finalizar con una última reflexión. A la Ilustración iba a corresponder el esfuerzo de promover la libertad de pensamiento y la correlativa libre transmisión del mismo con la finalidad de acabar con la ignorancia, la pereza y la cobardía que impulsaban a muchos espíritus a permanecer en minoría de edad durante toda su vida, permitiendo a algunos otros ejercer un fácil y, en ocasiones, despótico dominio, como presupuesto inexcusable para la emancipación política. Y en este contexto, la libertad de pensar y de hablar se concebía como una libertad ilimitada, lo que, como era obvio, presuponía una libertad de prensa o de imprenta también sin límites.

7. La Revolución Francesa y la libre comunicación de los pensamientos y opiniones

A) La introducción de la prensa por la Revolución en el centro del universo político liberal

a) El alegato en favor de la libertad de prensa de Mirabeau

La complicada serie de acontecimientos que se comprende bajo el nombre de la Revolución Francesa, debe considerarse como un conflicto gigantesco entre las viejas y las nuevas fuerzas sociales. Una de las manifestaciones de ese conflicto social nos la ofrece, como tiempo atrás dijera Del Vecchio[703], el esfuerzo para realizar un nuevo Derecho, radicalmente diverso del que hasta entonces estaba vigente. La prensa no iba a dejar de verse afectada por ese conflicto social. Surgida en el siglo XVII, la prensa era aún poco

[702] Rudolf Zacharias BECKER: "Respuesta a la pregunta: ¿Puede ser útil para el pueblo algún tipo de engaño, ya sea que consista en inducir a nuevos errores o bien en mantenerlos en los antiguos?", en Castillon-Becker-Condorcet, *¿Es conveniente engañar al pueblo?*, *op. cit.*, pp. 73 y ss.; en concreto, p. 169.

[703] Jorge Del VECCHIO: "La Declaración de los derechos del hombre y del ciudadano en la Revolución francesa", en la obra recopilatoria de ensayos del propio autor, *Persona, Estado y Derecho,* Madrid, Instituto de Estudios Políticos, 1957, pp. 45 y ss.; en concreto, p. 49.

importante en vísperas de la Revolución, hallándose estrechamente controlada por el Estado monárquico, por cuanto todo periódico debía ser autorizado por los censores del rey, corriendo el riesgo de ser suprimido en el momento de su venta y enviados a prisión sus redactores. El 5 de julio de 1788 Luis XVI invitaba "a todos los sabios y personas instruidas del reino.... a dar a conocer todos los informes y memorias.... sobre la forma de los Estados Generales", lo que, como reconoce la doctrina[704], iba a provocar una avalancha de libelos, siendo de los más célebres el de Sieyès, *Qu´est-ce que le tiers état?*. Poco después harán acto de presencia los primeros periódicos políticos: *La Sentinelle du peuple,* de Volney; *Le patriote français,* de Brissot, y *Les États généraux,* de Mirabeau.

La Revolución, como pórtico y referencia del universo político liberal, introdujo la prensa en el centro mismo de ese universo caracterizado por la exigencia de publicidad y transparencia en la discusión y resolución de las cuestiones públicas, y ello no sólo por la prodigiosa multiplicación del número de periódicos (entre 1789 y 1792 se crearon más de quinientos títulos) y la amplitud de su circulación y difusión, que pudo alcanzar los 300.000 ejemplares diarios, sino también, como señala Castro Alfín[705], porque todo ello significaba la creación de un espacio público nuevo, una forma algo más que metafórica de reunir a los ciudadanos franceses para que asistieran vigilantes al modo en que se ejercía la soberanía de la que eran legítimos titulares. Así lo dijo literalmente Mirabeau –cuya política fue, según Ortega, la obra más clara que se intentó en la Revolución Francesa[706]– al publicar el primer número de sus *Lettres de Mirabeau à ses commettants,* el 10 de mayo de 1789: siéndole imposible hacerlo físicamente tenía que informar a sus mandatarios, y a toda la nación, por medio de un periódico. Con su publicación desafió abiertamente la prohibición de la circulación del *Journal des États Généraux* y sentó las bases de la libertad de prensa, una prensa que se había de manifestar como un medio de agitación especialmente poderoso y también, qué duda cabe de ello, como un medio de participación ciudadana en el debate político. Creemos del mayor interés detenernos en el alegato de Honoré Gabriel Riqueti, conde de Mirabeau (1749-1791)[707].

Mirabeau comienza señalando a sus comitentes que, como representante de ellos, les debe "cuenta detallada de todo lo relativo a los asuntos públicos", y ante la imposibilidad de hacerlo físicamente, cumple tal deber por medio de la imprenta. Admite Mirabeau que

---

704 Jean-François FAYARD (con la colaboración de Alfred FIERRO y Jean TULARD): "Diccionario de la Revolución", en Jean Tulard, Jean-François Fayard y Alfred Fierro, *Historia y Diccionario de la Revolución Francesa,* Madrid, Ediciones Cátedra, 1989, pp. 531 y ss.; en concreto, p. 935.

705 Demetrio CASTRO ALFÍN: *Los males de la imprenta. Política y libertad de prensa en una sociedad dual,* Madrid, Centro de Investigaciones Sociológicas/Siglo XXI de España Editores, 1998, pp. 15-16.

706 Convertido con ocasión de los Estados Generales en un hombre público, Mirabeau, según Ortega, improvisará, cabe decir que en pocas horas, toda una nueva política, que va a ser la política del siglo XIX (la Monarquía constitucional). José ORTEGA Y GASSET: "Mirabeau o el político", en *Obras Completas de José Ortega y Gasset,* Madrid, Alianza Editorial/Revista de Occidente, 1983, tomo III, pp. 601 y ss.; en concreto, pp. 604-605. Añadamos algo más. Ortega aprovecha su espléndido artículo sobre Mirabeau para finalizarlo con una reflexión intemporal, que creemos de especial interés recordar en la España actual, en la que, a nuestro modo de ver, justamente nos hallamos ante una situación contrapuesta a la que propugna nuestro gran pensador: "No se pretenda excluir del político la teoría; la visión puramente intelectual. –escribe Ortega (en *Ibidem,* p. 639)– A la acción, tiene en él que preceder una prodigiosa contemplación: sólo así será una fuerza dirigida y no un estúpido torrente que bate dañino los fondos del valle. Lindamente lo dijo, hace cinco siglos, el maestro Leonardo: *La teoria è il capitano e la prattica sono i soldati".*

707 El texto del alegato puede verse en Fernando PRIETO: *La Revolución Francesa,* Madrid, Ediciones Istmo, 1989, pp. 197-200. Entresacamos de esta obra las transcripciones que hacemos del discurso de Mirabeau.

sus comitentes tienen derechos más directos a las informaciones que puedan contener sus cartas, pero de inmediato precisa, que "puesto que cada miembro de los Estados generales se debe considerar no como el diputado de un orden o de un distrito, sino como el procurador de la nación entera, faltaría a la primera de sus obligaciones si no la informara de todo lo que puede interesarle".

El conde de Mirabeau manifestaba a renglón seguido su inicial creencia en que un diario del que se había anunciado que sería redactado por algunos miembros de los Estados generales podría cumplir ese deber común a todos los diputados de informar a la Nación, expresando de inmediato el "escándalo público" dado por el Ministerio al suprimir por medio de un decreto la hoja de los Estados generales. "Es claro –afirma– que, lejos de liberar a la Nación, sólo se busca apretar sus cadenas. ¡Que se tenga la osadía de exhibir delante de la Nación congregada esos decretos aúlicos en los que se atenta contra sus derechos más sagrados, y que, juntando el insulto a la burla, se tenga la increíble torpeza de presentar a la Nación este acto de despotismo y de iniquidad ministerial como una medida útil a sus intereses!".

El autor de la obra *Sobre la monarquía prusiana bajo Federico el Grande* (1788), escrita con ocasión de su estancia en Berlín en 1786 en una misión diplomática secreta, lleva a cabo a continuación un apasionado canto a la libertad de imprenta:

> "Veinticinco millones de voces reclaman la libertad de la prensa; la Nación y el rey demandan unánimemente el concurso de todas las luces. Pues bien, es ahora cuando se nos presenta un veto ministerial, ahora, después de habernos atraído con una tolerancia ilusoria y pérfida, un ministro sedicente popular se atreve abiertamente a poner un precinto sobre nuestros pensamientos, privilegiar la difusión de la mentira y tratar como objeto de contrabando la indispensable exportación del pensamiento".
>
> "¿Con qué pretexto se ha tratado de legitimar la increíble publicidad del decreto del Consejo del 7 de mayo?[708] ¿Se ha creído de buena fe que los miembros de los Estados generales, para escribir a sus mandantes, estuviesen obligados a someterse a los reglamentos inquisitoriales de la Oficina de Prensa? ¿Es que hay en este momento un solo individuo a quien se puede imponer esta ridícula afirmación? ¿No es evidente que estos decretos proscriptores son un crimen público cuyos autores, punibles ante los tribunales de justicia, estarían obligados en todo caso a dar cuenta de ellos al tribunal de la Nación?".

Mirabeau se interroga acerca de cuál es el crimen en que ha incurrido la publicación en cuestión para desencadenar su prohibición, para responder más adelante que su único crimen "es haber anunciado la libertad y la imparcialidad más severas; es, sobre todo, no haber incensado al ídolo del día[709], haber creído que la verdad era más necesaria a las naciones que la alabanza y que era más importante para los hombres públicos, en la medida en que su existencia tomara sentido de su buena conducta, ser servidos que adulados".

---

[708] A través de un Decreto de 6 de mayo de 1789, se prohibía el *Journal des États Généraux*. A su vez, un Decreto de 7 de mayo sometía a autorización real cualquier nueva publicación.

[709] Mirabeau se refiere sin mencionarlo al Obispo de Nancy, que ofició la misa de apertura de los Estados generales y cuya homilía fue objeto de una dura crítica por parte del *Journal*.

El conde critica asimismo que los únicos papeles públicos que se autorizan sean los que se vanaglorian de confundir a la opinión, refiriéndose de modo específico a alguno de ellos, como *El Mercurio de Francia*. Ante ello, Mirabeau pone de manifiesto que entiende que el deber más esencial de la honrosa misión que sus comitentes le han encargado es el de advertirles contra esas "culpables maniobras", expresando que se ha de ver "que su reino se ha terminado, que ya es tiempo de tomar otro camino", o que si es verdad "que no se ha reunido a la Nación más que para consumar con más facilidad el crimen de su muerte política y moral, que esto no se haga aparentando querer regenerarla". Que la tiranía, reclama finalmente Mirabeau, se muestre con franqueza, y entonces se verá si se le ha de plantar cara o agachar la cabeza.

El discurso de Mirabeau tendrá un efecto inminente, pues lo cierto será que, a partir del mismo, el Gobierno permitirá la publicación de periódicos sin autorización previa.

b) Robespierre y la libertad de imprenta

En perfecta sintonía con la visión de la prensa de Mirabeau, el 11 de mayo de 1791, pronunciaba Robespierre un célebre discurso en la Asamblea Nacional sobre la libertad de imprenta; en él sostendría una serie de ideas que más tarde sustentarían la opinión progresista sobre la cuestión en España: la libertad de imprenta no podía ser obstaculizada ni limitada de manera alguna; cualquier visión que no entendiera esta libertad como total e ilimitada suponía de hecho su negación; los delitos de opinión no eran tales, y no cabía por lo mismo articular una penalidad que persiguiera delitos inexistentes; los particulares que se vieren agraviados por los textos publicados en la prensa podían hallar una defensa en la legislación ordinaria. La coherencia no iba a brillar en el pensamiento de Robespierre. Apenas dos años después, el 6 de marzo de 1793, en los meses subsiguientes a la ejecución del Rey y en plena batalla con los girondinos, su visión de la libertad de imprenta había cambiado de modo radical. ¿Cuál es, se preguntaba en otro discurso, el arma más temible de la intriga? Y esta era su respuesta: "Es el permiso de publicar los escritos más virulentos". Poco más de un mes después, denunciaba la existencia de una conspiración basada en la libertad de prensa, considerando que el interés de la Revolución exigía la adopción de medidas represivas. Haciendo frente a Robespierre, el diputado girondino Vergniaud, en un discurso pronunciado el 10 de abril de 1793, tras proclamar que la libertad era siempre activa, que era irreconciliable con esa calma perfecta que tan sólo conviene a los esclavos, aducía que algunos hombres hacían consistir su patriotismo tan sólo en atormentar, en provocar lágrimas, frente a lo que Vergniaud expresaba que él hubiera querido que sólo provocase felicidad[710].

Ya incluso unos meses antes, los "patriotas" habían tergiversado la libertad de prensa, saqueando las oficinas y destruyendo las prensas de los periódicos que no les gustaban, y después del 10 de agosto de 1792, la prensa monárquica iba a ser completamente reducida al silencio; uno de sus periodistas, Suleau, será asesinado por el populacho, mientras que otro, Rozoy, tras ser juzgado el 17 de agosto por el tribunal extraordinario, será condenado

---

[710] Un resumen del discurso de Vergniaud puede verse en *La Revolución francesa en sus textos,* traducción y notas de Ana MARTÍNEZ ARANCÓN, *op. cit.*, pp. 73-74.

a muerte y ejecutado por sus opiniones[711]. La Comuna de París nombraba comisarios para detener a los periodistas y adueñarse de las prensas de los periódicos de la derecha, que eran entregadas a los periódicos de la izquierda.

La caída de los girondinos culminaba el brusco viraje. El 31 de mayo de 1793, en el curso de los motines antigirondinos de París, eran asaltados los dos principales periódicos de tendencia girondina, *La Chronique* y *Le Patriote,* que dejaban de inmediato de aparecer. No contento con ello, una semana después, el propio Robespierre reclamaba en la Convención "adoptar las medidas más severas para detener a los periodistas infieles que son los enemigos más poderosos de la libertad". Su petición no iba a formularse en vano, pues a partir de ese momento se sucedían los encarcelamientos y asesinatos de periodistas desafectos. La llamada "ley de los sospechosos", de septiembre de 1793, restringía absolutamente la libertad de prensa al prever el arresto de los que, por "sus escritos se hubieran mostrado partidarios de la tiranía, del federalismo, y enemigos de la libertad", delitos de opinión que llevaban consigo la pena de muerte. En definitiva, todo cambio político iba acompañado de la desaparición de la prensa de la "facción" vencida. La democracia nacida en 1793 era, como dijera Ruggiero[712], realmente liberticida; era la tiranía de que hablaba Burke. Para sostenerse, tal democracia debía suprimir una a una todas las libertades que ella misma enunciaba, comenzando por la libertad de pensamiento y de imprenta. La prensa libre había pasado a ser una ficción y el texto del art. 11 de la Declaración de Derechos de 1789, al que nos referiremos más adelante, se había convertido en papel mojado. El cinismo de Robespierre se mostraba con toda clarividencia en este cambio de actitud, si bien el mismo también reflejaba, y en ello concordamos con Castro Alfín[713], su comprensión del nuevo papel adquirido por la prensa en la Revolución, su importancia para activar o desactivar el nuevo factor político (nosotros hablaríamos incluso de sujeto político) de la opinión pública.

c) La libertad de prensa en los *cahiers de doléances*

La convocatoria de los Estados Generales, el 24 de enero de 1789, va a propiciar el origen formal de los *cahiers de doléances.* En ella, el Rey facultaba a los franceses a formular ideas con las que propiciar la reforma del Estado. Tras ordenar la elección y nombramiento de las personas dignas de esta gran señal de confianza, se señalaba: "y dichos diputados serán provistos de instrucciones y poderes generales y suficientes para proponer, amonestar, avisar y aprobar todo lo que pueda concernir a las necesidades del Estado, la reforma de los abusos y el establecimiento de un orden fijo y durable en todas las partes de la administración, la prosperidad general de nuestro reino y el bien de todos y cada uno de nuestros súbditos"[714].

---

[711] Jean-François FAYARD (con la colaboración de Alfred FIERRO y Jean TULARD): "Diccionario de la Revolución", en la obra de esos mismos tres autores, Tulard, Fayard y Fierro, *Historia y Diccionario de la Revolución Francesa,* Madrid, Ediciones Cátedra, 1989, pp. 531 y ss.; en concreto p. 935.

[712] Guido de RUGGIERO: *Historia del liberalismo europeo,* traducción española de C. G. Posada, Madrid, Ediciones Pegaso, 1944, p. CVI.

[713] Demetrio CASTRO ALFÍN: *Los males de la imprenta..., op. cit.,* p. 17.

[714] *Apud* Fernando PRIETO: *La Revolución francesa,* Madrid, Ediciones Istmo, 1989, pp. 59-60.

Tocqueville subrayaría[715] el hecho de que la Revolución francesa fue la única en que, a su inicio, las diferentes clases pudieron dar por separado testimonio auténtico de las ideas que habían concebido y expresar los sentimientos que las animaban, antes de que la Revolución los desnaturalizara o modificara. Este testimonio auténtico fue consignado en los mencionados *cahiers de doléances,* que los tres órdenes redactaron en plena libertad, en medio de la mayor publicidad, en 1789; aún tratándose de instituciones medievales, pertenecientes a la estructura del *Ancien Régime,* al unísono, se iban a introducir en la dinámica revolucionaria. El mismo autor revela no sin cierto asombro, que tras haber leído con atención los *cahiers* redactados por los tres órdenes comprendió que lo que se reclamaba era "la abolición simultánea y sistemática de todas las leyes y usos vigentes en el país, y al punto percibo que se trata de una de las revoluciones más vastas y peligrosas que jamás se hayan producido en el mundo"[716].

El propio Tocqueville recoge un extracto de los *cahiers* de la nobleza[717], que da a conocer el verdadero sentimiento de la inmensa mayoría de este orden. Aunque los nobles se empeñaban en conservar una parte de sus antiguos privilegios, pedían, ante todo, que se hiciera una declaración explícita de los derechos pertenecientes a todo ser humano, y en lo que ahora interesa, cabe destacar que uno de esos derechos era la libertad de prensa. Los gentileshombres reclamaban que se garantizara la libertad de prensa, determinándose de antemano por medio de una ley "las restricciones que puedan aplicarse por el interés general". Es de destacar asimismo su petición de que nada quedara sujeto a la censura eclesiástica, salvo los libros que trataran del dogma; respecto de los demás, "bastará con tomar las precauciones necesarias para conocer a los autores e impresores"[718]. Algunos solicitaban asimismo que los delitos de prensa sólo pudieran someterse al juicio de los jurados.

No hemos de considerar esta reivindicación de la nobleza como algo peculiar de este orden, por cuanto la demanda de libertad de expresión y de imprenta constituye una de las reivindicaciones con una más generalizada presencia en los *cahiers de doléances.* Si analizamos, por poner un ejemplo, el *cahier* escrito por el clérigo de Villefranche-de-Rouergue, se puede ver que este miembro del clero apelaba a *la liberté indéfinie de la presse* como un medio para extender y avanzar en la ilustración. Sin embargo, también demandaba que los nombres de los editores y autores aparecieran en las publicaciones de modo tal que pudieran ser hechos responsables por aquellas publicaciones que violaran "la religión dominante, el orden general, la decencia pública y el honor de los ciudadanos". Si pasamos ahora a un *cahier* del tercer estado, el de Châtillon-sur-Seine, en él se solicitaban los beneficios ilustrados de una prensa libre, pero esta demanda se aparejaba con una llamada a los tribunales para que castigaran a los escritores e impresores por aquellas publicaciones contrarias a "la religión, las costumbres y la constitución del

---

715 Alexis de TOCQUEVILLE: *El Antiguo Régimen y la Revolución, op. cit.,* p. 317.

716 *Ibidem,* p. 226.

717 El análisis de los cuadernos de la nobleza en 1789 puede verse en Alexis de TOCQUEVILLE, *El Antiguo Régimen..., op. cit.,* pp. 317-327 (lo relativo a la libertad de prensa, en p. 319).

718 Recuerda Walton que los nobles de Lille demandaban "la indefinida libertad de prensa" mediante "la supresión de la censura", seguida de la exigencia de que los nombres de los autores e impresores aparecieran en las obras de modo tal que de esta forma pudieran ser castigados por aquellas afirmaciones contrarias a "la religión, el orden general de las cosas, la decencia pública y el honor de los ciudadanos". También demandaban el castigo corporal para los distribuidores de libros extranjeros que contuvieran un contenido censurable. Charles WALTON: *Policing Public Opinion in the French Revolution* (The Culture of Calumny and the Problem of the Free Speech), New York, Oxford University Press, 2009, p. 74.

Estado"[719]. Esta común reivindicación de la libertad de imprenta responde a las múltiples violaciones sufridas por la misma durante el Antiguo Régimen. De ahí que, en el fondo, esta generalizada demanda de los *cahiers,* al igual que la posterior consagración de estas libertades en la Declaración de Derechos, no sea sino la lógica respuesta al desconocimiento y sistemática violación de estas libertades durante el *Ancien Régime.*

Walton ha consultado los 531 *general cahiers* disponibles (165 procedentes del clero, otros tantos de la nobleza y 201 del tercer estado) y ha cuantificado los datos disponibles, llegando a la conclusión[720] de que el 89 por 100 de ellos expresaban el deseo de que se estableciera la libertad de imprenta, aunque también, por lo general, restricciones de tal libertad llamadas a impedir el ejercicio abusivo de la misma, lo que es un dato harto revelador de lo extendido que se hallaba el deseo de esta libertad. Alma Söderhjelm, en un libro sobre *Le régime de la presse pendant la Révolution,* ha estudiado con detalle la cuestión de los límites postulados en los *cahiers* acerca de esta libertad, llegando a la conclusión de que es en los *cahiers* de la burguesía en donde más insistentemente se solicita la *liberté illimitée de la presse*[721], algo que contradice Walton, explicando que quizá la precedente autora haya combinado "ilimitada" con otros superlativos, como los de "indefinida" y "absoluta", por cuanto la demanda de una libertad de prensa "ilimitada" tan sólo aparece en cuatro documentos, tres de ellos de clérigos y uno proveniente del tercer estado. Por lo demás, es un dato también curioso el de que la mayoría de los *cahiers* no solicitaban que las condenas impuestas a quienes ejercieran abusivamente la libertad de imprenta, incurriendo en una conducta criminal, fueran atenuadas. Por el contrario, muchos *cahiers* insistían en que en tales casos se impusieran duras condenas. Walton[722] ha encontrado la existencia de términos punitivos expresos en 66 *cahiers,* lo que equivale a un 15´5 por 100 de los que mencionan la libertad de prensa, dato éste también significativo.

La libertad de prensa no será ni mucho menos la única reivindicada, como es bastante obvio. Ya Locke, en su *Treatise on government,* había expuesto la teoría de la existencia de derechos naturales del hombre anteriores a cualquier formación social o estatal, entresacando de ello que la finalidad esencial del Estado debía consistir en acogerlos en su ordenamiento para protegerlos y garantizarlos. Es patente por lo tanto que no iba a ser el pensamiento francés del XVIII el inventor de la idea de la existencia de unos derechos naturales inalienables, pero como dice Cassirer[723], sí iba a ser el primero en convertirla en un verdadero "evangelio moral".

B) La Declaración de Derechos y su consagración de la libertad de comunicar las ideas y opiniones

a) La Declaración, el verdadero código de la teoría revolucionaria

En el período prerrevolucionario se iba a desarrollar un sentimiento de oposición al *status social* existente en el Antiguo Régimen, que se consideraba absurdo y contrario a la naturaleza, al margen ya de rechazar de plano el Estado despótico, que contempla

[719] *Apud* Charles WALTON: *Policing Public Opinion in the French Revolution, op. cit.,* p. 74.

[720] *Ibidem,* p. 75.

[721] Alma SÖDERHJELM: *Le régime de la presse pendant la Révolution française,* Genève, Slatkine Reprints, 1971, p. 54. Cit. por Charles WALTON: *Policing Public Opinion..., op. cit.,* pp. 75-76.

[722] Charles WALTON: *Policing Public Opinion..., op. cit.,* p. 80.

[723] Ernst CASSIRER: *Filosofía de la Ilustración, op. cit.,* p. 278.

al súbdito con una visión patrimonial, a la par que como un dócil instrumento de una misión estatal superior, entendiéndose ineludible incidir sobre esa situación con el ánimo de impregnar de racionalidad la organización social, intentando trasladar al individuo la conciencia de su propio valor. No ha de extrañar por lo mismo que el simbolismo revolucionario busque su inspiración en la antigüedad clásica, pues sólo allí se encuentran ejemplos de libertad y de civismo, de desarrollo pleno de la individualidad en armonía con la entrega idealista a la comunidad. De ahí que, como nos recuerda Martínez Arancón[724], los revolucionarios encuentren consuelo y fuerza en sus lecturas de Tito Livio y de Plutarco, y sea ahí donde busquen sus modelos. A partir de estas premisas, el pensamiento revolucionario va a partir del valor absoluto del hombre, que, como tal, tiene unos derechos naturales que le son concedidos al mismo tiempo que el ser y que, en consecuencia, son la más viva expresión de su propia naturaleza. El naturalismo jurídico, dirá Ruggiero[725], va a encontrar en el individuo no sólo un límite y una barrera sino también un principio positivo de organización política.

Así pues, la fe en la naturaleza, en el hombre tal y como aquélla lo formó, pasará a ser el fundamento de sus derechos. Condorcet lo expresará con singular clarividencia: los publicistas, nos dirá, han llegado a conocer, al fin, los verdaderos derechos del hombre, a deducirlos de esta única verdad: "que el hombre es un ser sensible, capaz de formar razonamientos y de adquirir ideas morales". "Han visto –sigue escribiendo[726]– que el mantenimiento de esos derechos era el único objeto de la reunión de los hombres en sociedades políticas, y que el arte social debía consistir en asegurar la conservación de esos derechos con la más completa igualdad, así como en la mayor amplitud". También Rousseau, anteriormente, había hecho suya la idea de unos derechos inalienables, pero no tanto con la finalidad de delimitar claramente una esfera individual frente a la esfera estatal, sino con el fin de hacerlos valer dentro de la propia esfera estatal.

Así las cosas, la primera cuestión a resolver tras el triunfo de la Revolución será la de dilucidar cuáles son los derechos que todo hombre puede reivindicar en su calidad de tal. De esta forma, como dice Groethuysen[727], la Revolución encontrará en los derechos del hombre su base dogmática. El individuo que había sido definido por su facultad soberana de pensar y juzgar, mediante la evidencia de los testimonios que le rendía su razón, el individuo concebido como un valor existente por sí mismo, al margen de cualquier jerarquía social, se convierte ahora en el poseedor de unos derechos en cuyo goce se realiza su verdadera naturaleza. Se trata de unos derechos que han de buscarse no en el Derecho positivo de las naciones, sino en la naturaleza, en los archivos eternos de la justicia y la razón. Y en perfecta armonía con el pensamiento expuesto, si los derechos son inmanentes al hombre, si le han sido otorgados con su ser, todos los hombres son iguales en derechos, todos son igualmente libres y todos han de poder actuar según su libre albedrío.

---

724 Ana MARTÍNEZ ARANCÓN: "Estudio Preliminar", en la obra traducida y con notas de la propia autora, *La Revolución francesa en sus textos,* Madrid, Editorial Tecnos, 1989, pp. XIII y ss.; en concreto, p. XXXIX.

725 Guido de RUGGIERO: *Historia del liberalismo europeo, op. cit.,* p. XXXI.

726 CONDORCET: *Bosquejo de un cuadro histórico..., op. cit.,* p. 116.

727 Bernard GROETHUYSEN: *Filosofía de la Revolución Francesa, op. cit.,* pp. 184 y 188.

En este marco doctrinal se ha de ubicar la *Déclaration des Droits de l'Homme et du Citoyen,* de 26 de agosto de 1789[728], de la que se ha dicho que, en cierta forma, es el código de la teoría revolucionaria[729], vinculándose con la filosofía iusnaturalista del siglo XVIII. Thomas Paine, en su conocida obra *Rights of Man* (1791), refiriéndose a la proclamación del derecho que nos ocupa por la Declaración de 1789, dejaba muy claro su naturaleza de derecho natural, íntimamente vinculado con la propia esencia del ser humano, cuando escribía: "Speech is, in the first place, one of the natural rights of man always retained: and with respect to the National Assembly the use of it is their duty, and the nation is their authority"[730]. Bien es cierto que no toda la doctrina se ha mostrado de acuerdo al respecto.

Es bien conocida la teoría de Jellinek, que rechaza que exista una conexión histórica directa entre la Declaración y las ideas fundamentales de la filosofía de los siglos XVII y XVIII, particularmente, que haya de verse la fuente de la Declaración en el *contrat social* de Rousseau, conectando más bien la Declaración con el modelo de los *Bill of Rights* norteamericanos, especialmente con la Declaración de Derechos de Virginia de junio de 1776, lo que desencadenaría la inmediata réplica del director de la *École libre des sciences politiques*, Emile Boutmy, con la finalidad de reclamar para Rousseau y, con carácter más general, para *l'esprit français,* la paternidad de la Declaración de 1789[731]. No podemos entrar en detalle en tan sugestiva polémica, de la que nos limitaremos a ofrecer un breve esbozo. Para Jellinek, el *contrat social* se resume en una sola cláusula, a saber: la enajenación de todos los derechos del individuo a la sociedad, por lo que el individuo no conserva para sí un átomo de derecho en cuanto entra en el Estado. Todo lo que le corresponde en materia de derechos lo recibe de la *volonté générale,* la única que determina sus límites, y que no debe ni puede ser restringida jurídicamente por ninguna fuerza. Consecuentemente, los principios del *contrat social* son absolutamente contrarios a una Declaración de Derechos. Porque de ellos proviene, no el derecho del individuo, sino la omnipotencia de la voluntad general, jurídicamente sin límites[732].

Boutmy[733] tiene dos respuestas para Jellinek, la segunda de las cuales es la que nos parece de mayor interés. El contrato social es una convención supuesta entre dos personajes: uno abstracto, la totalidad de los individuos, colectivamente considerados, el otro concreto, con todos y cada uno de los individuos aisladamente considerados. Este

---

728 Entre otros muchos lugares, puede verse en Maurice DUVERGER: *Constitutions et documents politiques,* Paris, Presses Universitaires de France, 6ème édition, 1971, pp. 9-10.

729 Bernard GROETHUYSEN: *Filosofía de la Revolución francesa, op. cit.,* p. 210.

730 Thomas PAINE: *Common Sense and Rights of Man* (Bold-faced thoughts on revolution, reason, and personal freedom), edited by Laura Ross, New York, Sterling Publishing Co., Inc., 2011; la obra *Rights of Man* en pp. 123 y ss.; el texto transcrito en p. 214.

731 Al margen ya de la polémica, Del Vecchio, razonablemente, aduce que la idea de promulgar una exposición de los derechos fundamentales, como un acto preliminar de la Constitución, se había familiarizado con las inteligencias , en virtud del reciente ejemplo de América. A eso se debe que muchos *cahiers* presentaran en esta forma los principios jurídicos que se querían poner como base de los nuevos preceptos. Jorge Del VECCHIO: "La Declaración de los derechos del hombre y del ciudadano en la Revolución francesa", *op. cit.,* pp. 65-66.

732 George JELLINEK: "La Declaración de los Derechos del Hombre y del Ciudadano", en G. JELLINEK, E. BOUTMY, E DOUMERGUE y A. POSADA: *Orígenes de la Declaración de Derechos del Hombre y del Ciudadano,* edición preparada por Jesús González Amuchastegui, Madrid, Editora Nacional, 1984, pp. 57 y ss.; en concreto, pp. 69-71.

733 Émile BOUTMY: "La Declaración de Derechos del Hombre y del Ciudadano y M. Jellinek", en G. JELLINEK, E. BOUTMY, E. DOUMERGUE y A. POSADA: *Orígenes de la Declaración de Derechos..., op. cit.,* pp. 121 y ss.; en concreto, pp. 125-126.

contrato tiene como consecuencias: la constitución de un cuerpo político, compuesto por el Estado o soberano y por los ciudadanos o súbditos, y el establecimiento entre ellos de determinadas relaciones. Estas relaciones consisten en dos actos: el primero es la alienación completa del individuo, de su persona y de sus bienes al Estado. El segundo es la restitución por el Estado al individuo de todo aquello que no es necesario para asegurar a cada uno el ejercicio de sus derechos, iguales a los de otros; de manera que el ciudadano, siguiendo a Rousseau, se encuentra más libre después que antes del contrato. Boutmy reconoce que Rousseau se detiene aquí, pero entiende que ya disponemos de unos puntos esenciales, el primero de los cuales es la igualdad de derechos de todos los ciudadanos; el segundo, que la ley debe basarse en la necesidad de mantener la isonomía entre ellos, y el tercero, que la ley sólo puede ser general. Hay, pues, desde el principio, algo prefijado y determinado fuera de la arbitrariedad del soberano, y ese algo podría, por sí mismo, constituir la materia de una Declaración de Derechos. Además, si consideramos detenidamente los artículos más característicos de la Declaración, se aprecia que casi todos proceden de tres artículos fundamentales, de los que son corolarios necesarios. De este modo tenemos nuestra Declaración de Derechos constituida sin que el principio del contrato social suponga obstáculo alguno.

Bobbio[734], en tiempos mucho más cercanos como es obvio, entró en la polémica para apuntar que, a su juicio, existen algunas diferencias de principio entre la Declaración del 89 y los textos americanos: así, en la primera no aparece entre las metas a alcanzar la "felicidad", (aunque Bobbio reconoce que la expresión "felicidad de todos" aparece en el preámbulo), y, por consiguiente, "felicidad" no es una palabra clave del documento como lo había sido en cambio en las cartas americanas. Esta apreciación creemos que tiene una escasa sustancia por cuanto en el preámbulo de la Declaración se deja claro que con la misma los representantes del pueblo pretenden, entre otros objetivos, que "les réclamations des citoyens, (...) tournent toujours au maintien de la Constitution et au bonheur de tous". Podremos discutir la relevancia que se otorga en la Declaración a ese objetivo primigenio en el siglo XVIII de alcanzar la felicidad de los individuos, pero en cualquier caso la diferencia nos parece de índole menor. Algo más consistente nos resulta otra de las divergencias a que alude Bobbio: la de que mientras los constituyentes americanos habían relacionado los derechos del individuo con el bien común de la sociedad, los franceses tendieron a afirmar primera y exclusivamente los derechos de los individuos. Frente a este rasgo diferencial, como el propio autor admite, el art. 1° de la Declaración de Derechos incorporada por la Constitución jacobina, de 24 de junio de 1793, establece: "Le but de la société est le bonheur commun...". En fin, también aquí puede relativizarse la apreciación del relevante profesor italiano.

Sea como fuere, por nuestra parte, concordamos por entero con Cassirer cuando, tras suscribir la tesis de Jellinek en su parte positiva, pues la dependencia de la Declaración francesa de los modelos norteamericanos es innegable y demostrable hasta en detalle, puntualiza que no por eso se sigue la afirmación negativa mantenida por él, porque las mismas declaraciones norteamericanas se hallan bajo la influencia dominante del nuevo espíritu iusnaturalista. No son las raíces de donde ha surgido la exigencia de los derechos del hombre y del ciudadano, sino que representan, nada más, una rama, un desarrollo

734 Norberto BOBBIO: *El tiempo de los derechos,* Madrid, Editorial Sistema, 1991, pp. 135-136.

especial, favorecido por motivos y circunstancias históricas particulares, experimentado por las ideas generales del Derecho natural[735].

b) Los debates conducentes a la aprobación de los artículos 10 y 11, relativos, respectivamente, a la libertad de las opiniones religiosas y a la libertad de expresión y de comunicación de las ideas

I. El tono de la Declaración es, en apariencia, abstracto, pero como escribe Ruggiero en su clásica obra sobre el liberalismo europeo[736], quien contemple con mirada de historiador las libertades elegidas, fácilmente recordará que cada una de ellas representa una antítesis polémica frente a un aspecto determinado de la sociedad y del Estado de aquel tiempo, y encontrará la confirmación de lo que Mirabeau ya había dicho: que los revolucionarios, más que una declaración abstracta de derechos, habían deseado redactar una declaración de guerra a los tiranos. En este sentido, Del Vecchio da la razón a Buquet cuando considera la Declaración "un documento realista, experimental"[737], por cuanto cada uno de aquellos derechos cuya declaración se pedía, significaba precisamente la suspensión de la serie de abusos que ya se habían hecho intolerables, y, por tanto, correspondía a una necesidad concreta y urgente de la nación; en la Declaración no había que ver, pues, una florescencia de vanidad metafísica[738].

El 20 de agosto dieron comienzo los debates que habían de llevar a la redacción definitiva de la Declaración. Las discusiones sobre la redacción que había de darse a los artículos 10 y 11 de la Declaración, relativos, respectivamente, a la libertad religiosa y a la libertad de expresión y de comunicación de las ideas, revelan las notables dificultades que hubo que superar para llegar a un compromiso final. Retóricamente estridentes, ambos preceptos muestran que los miembros de la Asamblea Nacional se parapetaban en sus posiciones suavizando principios audaces con cláusulas preventivas[739]. Estas cláusulas eran vagas, pues resultó harto dificultoso a los miembros de la Asamblea llegar a un acuerdo acerca de cómo reconciliar la libertad de expresión con la salvaguarda de otros valores, particularmente la religión y las costumbres.

La ambivalencia de los diputados de la Asamblea Nacional se correspondía con la ambivalencia que al respecto había mantenido la monarquía en los meses precedentes a la reunión de los Estados Generales. Mientras en abril dio señales de tolerancia, modificándose en tal dirección las leyes y ordenanzas que regían la prensa, en mayo, el *Conseil d'État* ordenó el cierre de los periódicos no autorizados de Brissot y Mirabeau,

---

[735] Ernst CASSIRER: *Filosofía de la Ilustración, op. cit.*, p. 277.

[736] Guido de RUGGIERO: *Historia del liberalismo europeo, op. cit.*, p. LXXXVIII.

[737] BUQUET: "La Déclaration de 1789 et le socialisme", en *Revue socialiste,* Mars 1901, p. 324. Cit. por Jorge Del VECCHIO: "La Declaración de los derechos del hombre...", *op. cit.*, pp. 67-68.

[738] Esta será justamente la consideración de H. A TAINE (en *Les origines de la France contemporaine. La Révolution, l'anarchie,* Paris, 1887, p. 273), según el cual la mayor parte de los artículos de la Declaración "no son más que dogmas abstractos, definiciones metafísicas, axiomas más o menos literarios, es decir, más o menos falsos, ahora vagos, ahora contradictorios, susceptibles de distintos significados y de significados opuestos...". De ello se hace eco Bobbio, quien recuerda que la acusación de abstracción ha sido repetida infinidad de veces, al margen ya de traer a la memoria asimismo que la abstracción del pensamiento iluminista es uno de los puntos clásicos de todas las corrientes antiiluministas. Norberto BOBBIO: *El tiempo de los derechos,* Madrid, Editorial Sistema, 1991, p. 143.

[739] Charles WALTON: *Policing Public Opinion in the French Revolution, op. cit.*, p. 86.

incrementando a la par la vigilancia policial, no obstante lo cual la libertad de prensa siguió manteniéndose en la agenda oficial, como una de las cuestiones a debatir por los Estados Generales, y el 19 de mayo, el *Garde des sceaux* (Ministro de justicia), cediendo a la presión pública, autorizó a los periodistas a cubrir la reunión de los Estados Generales

Los textos que habían de conducir finalmente a los artículos 10 y 11 de la Declaración comenzaron a debatirse el sábado 22 de agosto, llegando a ser el debate muy tumultuoso. Hacia el final de ese día la Asamblea no había alcanzado ningún acuerdo. El día 23 el duque de Castellane presentó un lacónico artículo, aunque de redacción liberal, en el que se venía a decir que nadie sería perturbado por sus opiniones religiosas o molestado por el ejercicio de su culto. Recuerda Walton[740], que la propuesta provocó una verdadera tormenta de oposición y que la cláusula de "orden público" se adujo de inmediato, a lo que se opuso Mirabeau con base en la consideración de que los cultos religiosos no debían ser vigilados, posición que respaldó Jean-Paul Rabaut Saint-Etienne, quien, hablando en nombre de muchos de sus electores protestantes de Nimes, postuló la absoluta libertad para expresar cualquier religión. Pero la mayoría insistió en el mantenimiento de la cláusula del "orden público", que, como era obvio, implicaba el mantenimiento de la ortodoxia religiosa. Al finalizar la jornada del día 23 la Asamblea Nacional llegaba al acuerdo de declarar la libertad de opinión religiosa, pero en modo alguno aceptaba aprobar la libertad de culto. De esta forma, el art. 10 de la Declaración quedaba redactado en los siguientes términos: "Nul ne doit être inquiété pour ses opinions, même religieuses, pourvu que leur manifestation ne trouble pas l´ordre public établi par la Loi". Para quienes defendían el pluralismo religioso era bastante claro que la cláusula de "orden público" era lo suficientemente vaga como para poder recurrirse a ella al servicio de la hegemonía católica, especialmente si los legisladores declaraban posteriormente esta religión como la religión oficial del Estado.

El día 24 de agosto un diputado intentó cambiar la situación, proponiendo reemplazar la cláusula de orden público por la referencia a los derechos de otro, pero las modificaciones de los artículos ya adoptados no estaban permitidas. La discusión se centró entonces en el texto del art. 11, relativo a la libertad de expresión. El texto que sirvió de punto de partida para la discusión era el siguiente: "Siendo la libre comunicación de ideas un derecho del ciudadano, no debe ser restringida en la medida en que no infrinja los derechos de otros". Esta referencia a los derechos de los otros, que había sido rechazada el día antes por los diputados conservadores en el artículo relativo a la libertad de opinión religiosa, servía ahora como punto de partida para el debate sobre la libertad de expresión. Pero sería rechazada de nuevo.

La Asamblea Nacional alcanzó un acuerdo sobre la primera parte del artículo, que aludía a la libre comunicación de ideas. La última parte, que venía referida a los límites, suscitó un intenso debate. El duque de la Rochefoucauld-Liancourt intervino subrayando que la libertad de prensa era un eficaz medio destructor del despotismo y del fanatismo, presentando al unísono un texto que, a la postre, con una ligera modificación, habría de ser el definitivo, bien que no faltaran otras proposiciones. En el texto propuesto se hacía a los autores responsables "por el uso abusivo de esta libertad, tal como era establecida por la ley". Rabaut Saint-Etienne avisaba a su vez de que la cláusula era demasiado vaga y conduciría a "las inquisiciones y a la censura", proponiendo, alternativamente, recuperar

[740] *Ibidem,* p. 89.

la cláusula de los derechos de los otros. Barrère de Vieuzac destacó en su intervención la importancia de la libertad de imprenta en el desarrollo de la libertad política y de la opinión pública: "Consagrad la libertad de imprenta, –diría– que es una parte inseparable de la libre comunicación de los pensamientos. El árbol de la libertad política no crece sino por la influencia saludable de la libertad de imprenta". No faltaron, por supuesto, intervenciones contrarias a esta libertad, provenientes de una parte del clero, que señalaron la peligrosidad de una prensa e imprenta libres en relación con la conservación de la fe y de la religión, opiniones que fueron desechadas. En un momento dado, la intervención de Mirabeau se tradujo en la reformulación de todo el debate. Antes que argumentar acerca de si los límites debían ser mencionados en la declaración de derechos, el gran político francés cuestionó si los mismos debían ser tratados realmente como restricciones. Como señala Walton[741], como otros progresistas de su tiempo, Mirabeau concebía la libertad de prensa compatible con un castigo *ex post facto:* "Nosotros –argumentaría Mirabeau– le damos a Usted un escritorio para escribir una carta calumniosa, un periódico para un libelo; Usted debe ser castigado una vez que el delito se haya cometido; es una cuestión de represión, no de restricciones; es el delito lo que se castiga, y la libertad de los hombres no debería ser obstaculizada bajo el pretexto de que ellos podrían desear cometer delitos".

A partir de la intervención de Mirabeau el debate se enderezó hacia el acuerdo, y fruto efectivamente del mismo sería el texto final del art. 11 de la Declaración, a cuyo tenor: "La libre communication des pensées et des opinions est un des droits les plus précieux de l´homme; tout citoyen peut donc parler, écrire, imprimer librement, sauf à répondre de l´abus de cette liberté dans les cas déterminés par la Loi". De esta forma, la Asamblea Nacional se decantaba por autorizar el castigo de aquellos ejercicios de la libertad de expresión abusivos, delictivos. Pero a la par dejaba de lado definir lo que constituía un abuso. Ello dejaba planteada la cuestión de si esos abusos debían limitarse a los ataques sobre los derechos de otros individuos (*les droits d´autrui*), o si abarcarían los ataques sobre los valores morales y religiosos de la colectividad, tal y como numerosos *cahiers* habían demandado y un buen número de diputados habían deseado.

II. Con la redacción finalmente dada al precepto, la Declaración parece pretender asegurar la autonomía de una esfera del individuo considerado como "hombre" y distinto del "ciudadano". Esa esfera neutra, ámbito cerrado del que el hombre goza, constituiría el ejercicio de su libertad natural, que a su vez sería el derecho de buscar todo lo que el hombre pueda pretender para su satisfacción y para lo que Hobbes había denominado la *delightful life.* Y aunque el art. 2º de la Declaración, tras considerar que el fin de toda asociación política es la conservación de los derechos naturales e imprescriptibles del hombre, precisa que esos derechos son la libertad la propiedad, la seguridad y la resistencia a la opresión, estamos plenamente de acuerdo con Jaume[742], cuando señala que esa esfera trasciende los mencionados derechos para incluir asimismo la libre comunicación de pensamientos y opiniones. Ya mucho tiempo atrás lo había expuestro con toda claridad Paine en su *Rights of Man* (1791), en la que escribía: "Natural rights are those which appertain to man in right of his existence. Of this kind are all the intellectual

[741] Charles WALTON: *Policing Public Opinion..., op. cit.,* p. 91.

[742] Lucien JAUME: "Le public et le privé chez les Jacobins (1789-1794)", en *Revue Française de Science Politique,* Vol. 37, numéro 2, Avril 1987, pp. 230 y ss.; en concreto, pp. 231-232.

rights, or rights of the mind, and also all those rights of acting as an individual for his own comfort and happiness, which are not injurious to the natural rights of others"[743]. Vale la pena recordar, que tres años después de la Declaración, el alemán Wilhelm von Humboldt (1767-1835), bajo la inspiración de los aires revolucionarios, escribirá la que se ha considerado[744] como la obra maestra del individualismo político de la época romántica, lo que se explica porque, en realidad, el libro, aunque escrito en 1792 no se publicará, ya como obra póstuma, hasta 1851. Nos referimos a su *Ensayo sobre los límites en la acción del Estado,* obra en la que se trata de la manera más viva y atrayente de la eficacia de la libertad en la formación de la personalidad humana, poniéndose de relieve que la libertad constituye una condición para cualquier expansión de las fuerzas individuales, y que la intervención del Estado regulando los actos de la vida privada del hombre, daña el desenvolvimiento de sus facultades y aptitudes.

Esa apariencia abstracta de la Declaración a que anteriormente nos referíamos no parece haber sido recepcionada en su art. 11, pues si bien podría atisbarse en su primer inciso, cuando se contempla el derecho de toda persona a la libre comunicación de sus ideas, en modo alguno se puede apreciar en su inciso segundo, que alude particularizadamente a una serie de manifestaciones concretas de esa libertad de comunicación: libertad de la palabra, de la escritura y de los impresos, y en ello contrasta con la recepción de esta libertad por la Enmienda primera de la Constitución norteamericana, y también con la formulación acogida por la *Virginia Declaration of Rights.* Es asimismo un rasgo reseñable el de que, a diferencia de esos otros dos textos, que acogen la libertad sin alusión a límite alguno, el art. 11, mucho más si se pone en conexión con el art. 10, no contempla esta libertad en términos absolutos; el mero hecho de que prevea que su abuso genera una responsabilidad jurídica lo deja meridianamente claro. Y el artículo que le precede precisa bastante más al referirse al orden público establecido por la ley como limitación específica frente a la expresión de cualquier opinión, habilitando además con ello al legislador para que lleve a cabo la precisa delimitación de lo que ha de caer dentro de ese orden público que la ley se encarga de determinar a tales efectos. Es de destacar el común denominador de los dos mencionados preceptos de habilitar tan sólo al legislador para la determinación de los límites precisos de estas libertades.

Tanto el art. 11 de la Declaración como la Enmienda primera de la Constitución norteamericana, pretendían poner fin a abusos desde antiguo conocidos, tales como la censura previa, la autorización anterior a la publicación, la fianza, la represión de las opiniones, el establecimiento de jurisdicciones de excepción, la supresión del jurado... Con ello, claramente, la afirmación de estas libertades se dirigía, tenía como destinatarios, a las autoridades públicas; éstas habían de abstenerse de restringir la libre comunicación de las opiniones, que por lo demás se contemplaba como un derecho inherente a la persona humana. En coherencia con esta concepción, la abstención gubernamental y la libre concurrencia de los individuos en la difusión de las ideas, debían asegurar, como en otros ámbitos de la vida social, la armonía y el progreso[745].

[743] Thomas PAINE: *Common Sense and Rights of Man* (Bold-faced thoughts on revolution, reason, and personal freedom), edited by Laura Ross, New York, Sterling Publishing Co., Inc., 2011; *Rights of Man* en pp. 123 y ss.; el texto transcrito en pp. 180-181.

[744] Guido de RUGGIERO: *Historia del liberalismo europeo, op. cit.,* p. 174.

[745] Roger PINTO: *La liberté d´opinion et d´information* (Contrôle juridictionnel et contrôle administratif), Paris, Éditions Domat Montchrestien, 1955, p. 10.

C) Las *Anarchical Fallacies* de Jeremy Bentham: su implacable crítica al lenguaje de la Declaración

I. Vale la pena que nos hagamos eco con algún detalle de la implacable crítica que Jeremy Bentham (1748-1832) iba a hacer del lenguaje de la Declaración en su trabajo *Anarchical Fallacies: being and examination of the Declaration of Rights issued during the French Revolution,* obra que se desarrolla en forma de un comentario artículo por artículo de la Declaración[746]. Esta crítica puede ser articulada a través de cuatro puntos concretos[747]: a) la terminología de la Declaración es imprecisa y, como tal, abierta a equívocos y a malentendidos; b) desde el punto de vista lógico, el lenguaje utilizado se encuentra privado de significado y está lleno de contradicciones; c) desde el punto de vista moral, tal lenguaje, cuando, en el mejor de los casos, no es simplemente inútil, es dañoso; d) desde el punto de vista político, el lenguaje utilizado en la Declaración es peligroso en cuanto que se presenta como "revolucionario-terrorístico" y, como tal, conduce inevitablemente a la anarquía. Como puede verse, la crítica de Bentham se centra en un análisis eminentemente lingüístico. Burke vería en la Declaración la máxima expresión del racionalismo individual, oponiéndola a la tradición. Bentham no podía atacar ese principio racionalista, que también caracterizaba su doctrina, ni tampoco el principio de innovación, en cuanto él mismo propugnaba sensibles reformas jurídico-políticas; sólo le restaba censurar la Declaración desde la óptica lingüística.

En cualquier caso, su dura crítica ha de enmarcarse en las objeciones de Bentham a la doctrina de que el hombre posee derechos naturales, que había formulado con anterioridad a la Revolución francesa, pues, como recuerda Hart[748], muchas de las objeciones planteadas en las *Anarchical Fallacies* habían aparecido de forma abreviada en su más temprana crítica de la Declaración Americana de Independencia que había ofrecido a su amigo John Lind con la finalidad de que fuera usada en su respuesta a la Declaración de Independencia. El propio Profesor de Oxford cree que tras las objeciones benthamistas laten dos ideas fundamentales. En primer lugar, la idea de que los hombres poseen derechos que no son creados por el Derecho positivo, pero que podían usarse como crítica y oposición frente al mismo, se debió a una confusión conceptual importante; en segundo lugar, esta idea constituyó, en el uso semitécnico del término dado por Bentham, una "falacia política" como fuente de corrupción de la argumentación política y del pensamiento, especialmente cuando, incorporados en documentos políticos, pretendieron delimitar la acción de las legislaturas y del gobierno.

El filósofo británico no se opuso por principio a la Revolución Francesa; más aún, en su inicio pareció sentirse plenamente identificado con los ideales de la misma, viendo en el ámbito francés un terreno potencialmente fecundo para aplicar en él sus propias teorías de reforma jurídico-política que ya había desarrollado en numerosos escritos; de

---

[746] La obra, con el título de "Examen crítico de la Declaración de Derechos", puede verse en BENTHAM: *Antología,* edición de Josep M. Colomer, Barcelona, Ediciones Península, 1991, pp. 109 y ss.

[747] Lea CAMPOS BORALEVI: ""La Dichiarazione dei Diritti dell´Uomo nell´analisi critica di Bentham", en *I Linguaggi Politici delle Rivoluzioni in Europa XVII-XIX secolo,* a cura di Eluggero Pii, Città di Castello, Leo S. Olschki, 1992, pp. 319 y ss.; en particular, pp. 322-325.

[748] H. L. A. HART: "Derechos naturales: Bentham y John Stuart Mill", en *Anuario de Derechos Humanos,* (Instituto de Derechos Humanos, Universidad Complutense), nº 3, 1984-1985, pp. 137 y ss.; en concreto, p. 138.

ahí que se haya considerado[749] necesario separar la posición de Bentham de la de Burke en relación a la Revolución. De su inicial entusiasmo revolucionario nos da buena idea el que el padre del utilitarismo solicitó y obtuvo la nacionalidad francesa. Sin embargo, los excesos jacobinos le fueron alejando progresivamente del experimento revolucionario, inclinándose hacia posiciones cada vez más conservadoras; y en este contexto se ha de ubicar su furibunda crítica de los derechos naturales del hombre contenida en su obra *Falacias anárquicas.*

La crítica que el autor de la famosa *Deontología,* obra publicada con carácter póstumo (en 1834), va a formular del lenguaje de la Declaración se ha de ubicar inexcusablemente en la lucha por él emprendida contra la tradición iusnaturalista, una de sus constantes filosóficas. Piénsese que ya desde 1774, muy joven aún, Bentham inició su crítica del lenguaje iusnaturalista, que en un primer momento tendría a Blackstone como objetivo preferente de sus dardos. Como dice Pendás[750], para Bentham, hablar de derechos naturales es un *simple nonsense;* es incluso una *contradictio in terminis,* lo que se ha de poner en conexión con su negativa visión del Derecho natural, que sólo habita en el mundo de las ficciones, puesto que "no es más que una frase" o, peor todavía, un "disparate sin fundamento"[751]. Para el filósofo inglés, el único medio de demostrar que un acto se opone a las normas de la naturaleza es el carácter perjudicial del mismo; más aún, el único medio de probar la oposición de una ley positiva al Derecho natural es la inconveniencia de tal ley; por tanto, nadie puede proporcionarnos un criterio para distinguir las leyes que son contrarias al Derecho natural de aquellas otras que, sin oponerse al mismo, son simplemente inconvenientes. Por todo ello, el filósofo del utilitarismo considera necesario reemplazar el lenguaje del Derecho natural, que no puede desempeñar más que acaso un rol de referencia moral, por una alusión a la idea de garantía; dicho de otro modo, y en términos de Leroy[752], es deseable hablar el lenguaje del interés, pues cuando se trata de promover el interés del pueblo, es necesario proceder del mismo modo que cuando se busca servir a los intereses privados, es decir, es juicioso no invertir más que en inversiones seguras. En definitiva, para Bentham, la falacia principal de la Declaración reside en confundir el lenguaje prescriptivo con el descriptivo, la realidad con el deseo; y es que allí donde no existen leyes positivas ni Estado no hay ningún derecho, por lo que afirmar la existencia de unos derechos anteriores constituye una incongruencia, que se pone de manifiesto ante la propia necesidad de recurrir a la ley escrita para definir esos derechos naturales. Como dice Pérez Luño[753], quizá en el fondo de todo ello late el temor de Bentham a que la ideología de los derechos naturales del hombre conduzca inevitablemente a los excesos jacobinos; por eso cuando ve agitarse la bandera reivindicatoria de tales derechos vislumbra, como telón de fondo, un conjunto de puñales y de picas.

---

749 Lea CAMPOS BORALEVI: "La Dichiarazione dei Diritti dell´Uomo nell´analisi critica di Bentham", *op. cit.,* p. 320.

750 Benigno PENDÁS GARCÍA: *Jeremy Bentham: Política y Derecho en los orígenes del Estado Constitucional,* Madrid, Centro de Estudios Constitucionales, 1988, p. 309.

751 *Ibidem,* p. 135.

752 Marie-Laure LEROY: "Liberté, droits et démocratie dans l´utilitarisme de Bentham", en Jeremy Bentham, *Garanties contre l´abus de pouvoir,* traduction, annotation et postface de Marie-Laure Leroy, Paris, Éditions Rue d´Ulm de l´École normale supérieure, 2001, pp. 215 y ss.; en concreto, p. 221.

753 Antonio Enrique PÉREZ LUÑO: "Razón jurídica y libertades en la Constitución de Cádiz de 1812", en *Memoria de 1808: Las bases axiológico-jurídicas del constitucionalismo español,* Lorenzo Peña y Txetxu Ausín (coordinadores), Madrid, Plaza y Valdés Editores, 2009, pp. 155 y ss.; en concreto, p. 172

En lo que se refiere al art. 11, Bentham, un apasionado defensor de la libertad de prensa[754], no va lógicamente a censurar el fondo del precepto sino la filosofía implícita en el mismo, que a su juicio conduce a contradicciones inadmisibles[755]. Bentham comienza señalando que "la libre comunicación de opiniones es una faceta de la libertad, y ésta (según dispone el art. 2° de la Declaración) es uno de los cuatro derechos naturales del hombre contra los que no prevalecen las ordenanzas humanas". Aduce a renglón seguido el filósofo inglés, que existen dos formas de violar la libertad: por coacción física o corporal y por coacción moral o exhibición de la pena; ésta se aplica con anterioridad al ejercicio de la libertad, aquélla con posterioridad, en forma de penalización y, en el caso de que no se haya producido el efecto pretendido, en forma de prohibición. Así las cosas, el padre del utilitarismo se interroga acerca de en qué favorece el art. 11 a esta faceta de la libertad.

Para dar respuesta a tal interrogante, Bentham se plantea a su vez qué es abuso de libertad, para responder de inmediato: "Sencillamente su ejercicio, del modo que sea, cuando quien le confiere ese nombre no lo aprueba". En cuanto los abusos en esta faceta de la libertad quedan expuestos al castigo, la responsabilidad de cuya especificación se deja a futuros legisladores, ¿de qué sirve entonces la seguridad que se ofrece al individuo frente a las intrusiones del gobierno? ¿Qué entidad tiene la barrera que se pretende oponerle? La respuesta de Bentham es nítida: "Es una barrera cuya solidez se deja expresamente a placer del gobierno". Dicho de otro modo, el precepto puede estar garantizando la libertad de expresión frente a cualquier obstáculo anterior a su ejercicio, pero tras el mismo la deja expuesta a cualquier intromisión gubernamental.

Recuerda el filósofo inglés a continuación , que la idea más común sobre los delitos es que la prevención es mejor que la represión. Pero aquí se abjura de la primera y se abraza la segunda, si bien, de inmediato, admite que en el caso concreto de la libertad de transmitir opiniones hay ciertamente razones para desistir de su prevención, (caso contrario, Bentham estaría sin más propugnando la censura previa) y al elegir los medios para su represión, constreñir la actuación represiva del legislador a la acción punitiva, procedimiento no aplicable a otros delitos.

Bentham aborda asimismo el contenido de esta libertad de comunicación de pensamientos o ideas y opiniones, llegando a la conclusión de que no solamente se pueden transmitir opiniones, sino también, en cierto modo, alegatos falsos, –a sabiendas de que lo son– haciéndolos pasar por verdaderos, no obstante que dañan la reputación de personas; dicho en otros términos, se pueden transmitir calumnias de todo tipo, y en cualquier manera, ya sea oralmente, por escrito e incluso mediante impresos, sin que sea posible cerrar la boca, destruir el manuscrito o detener la impresión. Entonces, se interroga nuestro autor, ¿hay que entender que porque debe permitirse la libertad de publicar toda clase de opiniones sin sujeción a previa censura y sí solamente al castigo subsiguiente, debe permitirse igual libertad para publicar toda clase de alegatos tanto

[754] Recordemos que en 1821 Bentham dirigía a las Cortes españolas cuatro cartas abiertas a través de las cuales intentaba mostrar las bondades de la libertad de expresión y los perniciosos efectos de las tentativas de control de la opinión por el poder. En la primera de esas cartas, publicada en Londres el 7 de octubre de 1820, escribía: "Jamás se puede ser perseguido por haber escrito, sea lo que fuere, contra el gobierno o contra cualquiera de sus funcionarios". Las cartas pueden verse en Jeremy BENTHAM: *Garanties contre l´abus de pouvoir, op. cit.*, pp. 41 y ss.; el texto transcrito, en p. 45.

[755] El comentario del artículo 11 puede verse en BENTHAM: *Antología, op. cit.*, pp. 142-144.

verdaderos como falsos, así como ataques a la reputación de las personas cuando se saben sin base, e igual que los que se creen fundamentados? En el fondo, lo que Bentham está queriendo poner de relieve es que el precepto estaría conduciendo a la facultad de publicar todo lo que se quiera bajo la cobertura del término "opiniones". Y ante ello, deja planteado un interrogante final: "¿Es o no deseable, en Francia por ejemplo, que la autoridad competente adopte medidas para trazar una línea divisoria entre la protección debida a la libertad útil y las restricciones adecuadas frente a las licencias perniciosas de la prensa?" Pero claro está, su propio interrogante no deja de abrir sospechosas dudas acerca de cuál sería el ámbito de la libertad que Bentham pretende salvaguardar, pues ¿qué se puede entender por "libertad útil"? ¿No puede ser un subterfugio para reducir drásticamente esa misma libertad?

II. Conviene recordar finalmente, que aunque el texto de la Constitución de 3 de septiembre de 1791 se abre con la Declaración de Derechos, que es colocada de esta forma como preámbulo de aquélla, lo que respondió a una iniciativa del general La Fayette[756], lo cierto es que la Constitución vuelve a reiterar este derecho en su Título primero. "La Constitution –se puede leer en el mencionado Título– garantit pareillement, comme droits naturels et civils: –La liberté à tout homme de parler, d´écrire, d´imprimer et publier ses pensées, sans que les écrits puissent être soumis à aucune censure ni inspection avant leur publication, et d´exercer le culte religieux auquel il est attaché". El paralelismo con la primera Enmienda constitucional norteamericana hace acto de presencia al acogerse en estrecha conexión la libertad de expresión y la libertad de ejercicio del respectivo culto. Confrontando esta norma con el art. 11 de la Declaración, destacan, al menos, tres aspectos: el primero y más significativo de ellos es la expresa prohibición de todo tipo de censura previa; el segundo atañe al silencio que ahora se guarda respecto a la asunción de una responsabilidad por el ejercicio abusivo de esta libertad, lo que no significa en modo alguno que el texto constitucional esté eximiendo de tal responsabilidad; en fin, el tercero tiene que ver con el hecho de que mientras la Declaración se refiere al ciudadano a la hora de atribuirle el derecho a hablar, escribir e imprimir libremente, aunque previamente se ha referido también al hombre, la Constitución se limita a reconocer esta libertad al hombre, lo que creemos que ha de ponerse en conexión con la referencia inicial a que lo que se está garantizando por el constituyente es un derecho natural.

8. La Ilustración en España

A) ¿Existió en nuestro país el siglo educador?

La primera gran controversia que ha planteado el siglo XVIII en España, el siglo de la cultura o del cultivo de las masas populares, en definitiva, el siglo educador, como lo llamara Ortega, es la de su propia existencia o arraigo entre nosotros. Para nuestro pensador más insigne, cuanto más se medita sobre nuestra historia, más clara se advierte esta desastrosa ausencia del siglo XVIII. Nos ha faltado, concluye Ortega[757], el gran siglo educador. No es ésta, desde luego, una opinión pacífica entre nosotros. Valga como

[756] En tal sentido, Ana MARTÍNEZ ARANCÓN, en *La Revolución francesa en sus textos*, estudio preliminar, traducción y notas de la propia autora, Madrid, Editorial Tecnos, 1989, p. 5, nota 2.

[757] José ORTEGA Y GASSET: "El siglo XVIII, educador", en *Obras Completas*, tomo II (El Espectador, 1916-1934), Madrid, Revista de Occidente, 7ª ed., 1966, pp. 599-601, (el texto citado en p. 600).

significativo ejemplo el antagónico juicio de D´Ors, quien, refiriéndose al siglo XVIII, escribe: "Viajando por España, llega en ocasiones a parecer, a la simple observación ocular, que el Setecientos lo ha hecho aquí todo", para añadir poco después: "¿no encontramos ya una revelación profundamente significativa en este momento, cuando, a la luz de los elementos materiales de la civilización y por el aspecto de los mismos, España, dentro del fulgor de una especie de relámpago de ideas, nos aparece súbitamente como un país neoclásico?"[758]. La polémica distaba mucho de ser nueva. Ya Menéndez Pelayo, en su réplica a unos famosos artículos de Azcárate aparecidos en la *Revista de España,* había hecho de esa centuria una apología entusiasta. Y como dijera Marañón[759], dado el aplastante peso de la autoridad del gran polígrafo montañés, su argumentación sería invocada como juicio definitivo por buena parte de los que en los decenios posteriores han polemizado sobre la ciencia española. Un buen tiempo más tarde, Gómez de la Serna, haciéndose eco de la apreciación de Menéndez Pidal acerca de que el dinamismo introducido por la Razón que comenzó a operar en el XVIII tan sólo produjo en nuestro país "frutos tardíos", apostillaba que tardíos, pero no tanto como para afirmar, como hace Sureda Carrión con harta generalización, que durante el Setecientos, contrariamente a lo que estaba ocurriendo en los demás países europeos, "se consolida y perfecciona en España el ordenamiento mercantilista", es decir, el proteccionismo estatal a ultranza; la rígida reglamentación interna, gremial, industrial y comercial.... Eso, que pudo ser verdad en la primera mitad del siglo XVIII, va a dejar de serlo en la segunda, gracias precisamente a la obra de la Ilustración que incorpora los saberes económicos del siglo[760].

La polémica no ha desaparecido entre la doctrina más actual. Sin ánimo alguno de exhaustividad, podemos recordar que, a juicio de Artola[761], sin temor a pecar de exagerados, bien puede decirse que España no llegó a conocer siquiera el espíritu ilustrado. En este siglo XVIII, en que el racionalismo adquiere carta de naturaleza en toda Europa, incluso en la lejana Rusia, en este siglo en que el continente entero se considera ignorante y se educa con vistas a un futuro mejor, España, en la seguridad de su fe, permanece inalterable, se niega a verificar las transformaciones políticas, filosóficas y religiosas que caracterizan la época moderna y, en consecuencia, se sale de este modo de la universal corriente espiritual, continuando sola por su propia voluntad un camino eterno. No sólo nos falta el siglo educador, concluye Artola, sino que aún hay algo más, y es que antes nos falta la crisis religiosa, y sin ésta es imposible llegar al racionalismo. En una dirección similar, Moreno Alonso, que ha estudiado con intensidad esta época, cree que la penetración de la Ilustración en España fue muy superficial, y los logros obtenidos con la política de reformas a lo largo de todo el siglo se revelaron insignificantes[762]. Contrapuesta es la visión que sostiene Tierno[763], para quien el siglo XVIII se presenta como un cambio brusco, como

---

758 "Y cuenta –añade D´Ors– que nos limitamos, de intento, al aludir a los elementos de esta revelación, a aquellos generales y casi campesinos que al viajero le saltan al andar y ver. Prescindiendo de aquellos otros que hay que buscar adentrándose a la vida metropolitana, o reconstituyendo una historia. Prescindiendo de creaciones, como las Económicas de Amigos del País o el Observatorio de San Fernando". Eugenio D´ORS: *Cuando ya esté tranquilo,* Madrid, Renacimiento, 1930, pp. 229-230.

759 Gregorio MARAÑÓN: "Más sobre nuestro siglo XVIII", en *Revista de Occidente,* nº 48, 1935, pp. 278 y ss.; en concreto, p. 281.

760 Gaspar GÓMEZ DE LA SERNA: *Jovellanos, el español perdido, op. cit.,* vol. I, p. 195.

761 Miguel ARTOLA: *Los afrancesados,* Madrid, Alianza Editorial, 1989, p. 19.

762 Manuel MORENO ALONSO: *La generación española de 1808,* Madrid, Alianza Editorial, 1989, p. 31.

763 Enrique TIERNO GALVÁN: "Prólogo", en la obra de Benno von WIESE, *La cultura de la Ilustración, op. cit.,* pp. 7 y ss.; en concreto, pp. 12-14.

una súbita recepción de una nueva concepción cultural que se yuxtapone sin transición a otra que no sólo es distinta, sino que es antagónica; en otras palabras, se considera en general que en España la Ilustración se superpone al Barroco. En la medida en que en España ha habido siempre un contacto profundo, y en muchos casos plena coincidencia, con el genio europeo en sus aspectos más definidos (técnica, ciencia, racionalismo), nunca han faltado manifestaciones ilustradas, entendiendo con von Wiese que la Ilustración se inicia en el Renacimiento y se desvanece en el Romanticismo. Abundando en la misma cuestión, aunque planteada desde otra óptica, Vila refuta a quienes dicen que el siglo XVIII es un siglo de transición, pues eso equivale a decir que no tiene personalidad propia, siendo así que es el siglo con más personalidad de nuestra historia moderna[764].

La Ilustración, ha escrito Fernández Almagro[765], fue en nuestro país un anhelo minoritario, y difícilmente podía ocurrir de otra manera. Primero, porque el movimiento ilustrado fue en toda Europa un movimiento de minorías más o menos amplias. Segundo, porque difícilmente podía acontecer de otra forma en España, un país en el que la tasa de alfabetización no alcanzaba el 30 por 100[766], y en donde los ilustrados debieron además enfrentarse con una sociedad muy empantanada, hasta el extremo de que algún autor ha llegado a constatar[767] la existencia de una impermeabilidad española ante la Ilustración , tras lo que latiría una resistencia cultural de raigambre nacional a todo tipo de novedades, lo que a su vez se explicaría por diversas circunstancias, entre ellas: la existencia de una sociedad atrasada con formas de dominación social asentadas en los mecanismos de vinculación de la propiedad, la presencia de la Inquisición, como válvula de seguridad ideológica, y la fuerte presencia del clero, en la sociedad e incluso dentro del propio aparato del Estado. Hemos de admitir que tales circunstancias, en mayor o menor medida, dificultaron seriamente el arraigo del pensamiento ilustrado, pero en modo alguno hasta el extremo de poder negar la existencia en nuestro país de la Ilustración como movimiento cultural. Como ha escrito Hazard, a nuevas barreras, nuevas brechas, para añadir de inmediato, que incluso en el país menos permeable, España, acaba siempre

---

764 José VILA SELMA: *Ideario de Manuel José Quintana,* Madrid, Consejo Superior de Investigaciones Científicas, 1961, p. 81.

765 Melchor FERNÁNDEZ ALMAGRO: "Del Antiguo Régimen a las Cortes de Cádiz", en *Revista de Estudios Políticos,* nº 126, Noviembre/Diciembre 1962, pp. 9 y ss.; en concreto, p. 17.

766 Hablar de analfabetos y alfabetizados, sin más precisiones, en la España del Antiguo Régimen, según Viñao, carece de sentido, pues tal distinción ignora, por burda, la realidad de la semialfabetización (saber leer y no escribir) o el uso dificultoso y limitado de la escritura, a veces de la firma y poco más, algo no inusual en dicha época. Por lo demás, no se puede desconocer que los estudios sobre el analfabetismo o la alfabetización en nuestro país suelen tomar como primera referencia cuantitativa el censo de 1860, el primero en ofrecer información estadística. Antonio VIÑAO FRAGO: "Alfabetización, lectura y escritura en el Antiguo Régimen (siglos XVI-XVIII)", en *Leer y escribir en España. Doscientos años de alfabetización,* bajo la dirección de Agustín Escolano, Madrid, Fundación Germán Sánchez Ruipérez, 1992, pp. 45 y ss.; en concreto, pp. 45-46. Hernández Díaz nos facilita los datos de ese primer censo sobre el analfabetismo en la España de 1860. El número de analfabetos absolutos se situaba ese año muy próximo a los doce millones de personas, equivalente en tasa absoluta a un 75´5 por 100. José María HERNÁNDEZ DÍAZ: "Alfabetización y sociedad en la revolución liberal española", en *Leer y escribir en España...., op. cit.,* pp. 69 y ss.; en concreto, p. 72.

767 J. Carlos PEÑAS BERNALDO DE QUIRÓS: "El pensamiento reaccionario en las Cortes de Cádiz", en *Antiguo Régimen y liberalismo. Homenaje a Miguel Artola,* Pablo Fernández Albaladejo y Margarita Ortega López (eds.), Vol. 3 (Política y Cultura), Madrid, Alianza Editorial/Ediciones de la Universidad Autónoma de Madrid, 1995, pp. 539 y ss.; en concreto, pp. 539-540.

por penetrar el pensamiento heterodoxo, a veces en las formas menos previsibles[768]. Un perfecto conocedor de la época, como es el caso de Glendinning, ha escrito[769] que en la alta sociedad española del momento resultaba imposible introducirse sin unas ciertas nociones acerca de la Ilustración. Esto constituye, en parte, el resorte de dos sátiras: los *Eruditos a la violeta* de Cadalso (1772), que en cierto modo es la respuesta del autor de las *Cartas Marruecas* a la crítica que Montesquieu haría de España en sus *Lettres persanes* (1721)[770], y un manuscrito anónimo que contiene un ataque contra Olavide, llamado *El siglo ilustrado. Vida de Don Guindo Cerezo* (1776).

Pero aún hay algo más que nos conduce a considerar que la verdad requiere de muchas matizaciones, que presenta incluso cantidad de claroscuros, y que posiblemente deba de situarse a mitad de camino entre las posiciones extremas que simbolizan Ortega y D´Ors. Quizá sea Marañón quien más atinadamente la haya expresado cuando escribe[771]: "Ortega y Gasset dice que en la historia de la cultura, el siglo XVIII, tan fecundo en otros países, ha sido escamoteado en el nuestro. Es posible que sea así, porque si hubo –que sí lo hubo– entre nosotros y en el órden cultural, un auténtico siglo XVIII es lo cierto que no descendía apenas desde las esferas oficiales y aristocráticas para difundirse e infiltrarse en la gran masa de los españoles. España, tal vez, no se incorporó como nación al movimiento enciclopedista; que acaso fue en todas partes actitud de minorías selectas. Pero tuvo, como siempre, entre sus hombres, los grandes titanes aislados encargados de que no se rompiese la línea de continuidad de la civilización". Y es que nuestra patria ha sido, como admite nuestro insigne pensador, eterno teatro de las individualidades geniales que soportan sobre sus espaldas la faena gigantesca de toda una generación. Pero también es cierto que un cuarto de siglo antes de expresar este juicio, el mismo Marañón había escrito: "Sin duda hubo, en nuestro siglo XVIII, hombres de fino espíritu, de profundo saber y de ímpetu creador; mas eran, por lo menos al principio de la centuria, personalidades aisladas y perdidas en un ambiente hostil a todo progreso. Sin un ambiente de mediana densidad científica, no puede hablarse de cultura de una época, aun cuando cumbres elevadísimas emerjan, aquí y allá, de la llanura"[772]. Con el ponderado juicio que formula en los años sesenta, Marañón parece situarse a mitad de camino entre las posturas antitéticas ya mencionadas; así lo cree también, por poner un ejemplo, Sarrailh[773], para quien en ese punto intermedio se ha de ver la verdad.

---

[768] Paul HAZARD: *El pensamiento europeo...*, *op. cit.*, p. 92. Relata este autor un hecho paradójico, pero en todo caso revelador. Uno de los famosos libreros que favorecieron la difusión del pensamiento ilustrado, François Grasset, de Lausana, escribía a Rousseau el 8 de abril de 1765: "¿No sonreiréis, muy estimado compatriota, cuando sepáis que he visto quemar en Madrid, en la Iglesia principal de los dominicos, un domingo, a la salida de la misa mayor, en presencia de gran número de imbéciles y *ex cathedra*, vuestro *Émile*, en la figura de un volumen en cuarto? Lo cual incitó precisamente a varios señores españoles y a los embajadores de las cortes extranjeras a procurárselo a cualquier precio y hacérselo llegar por la posta".

[769] Nigel GLENDINNING: *Historia de la Literatura española. El siglo XVIII*, edición al cuidado de José-Carlos Mainer, Barcelona/Caracas/México, Editorial Ariel, 3ª reimpr. de la 3ª ed. corregida y aumentada, Abril 1981, p. 26.

[770] Sobre la respuesta de Cadalso a Montesquieu plasmada en *Los eruditos a la violeta*, cfr. Julián MARÍAS: *La España posible en tiempo de Carlos III*, Madrid, Sociedad de Estudios y Publicaciones, 1963, pp. 31-46.

[771] Gregorio MARAÑÓN: *Las ideas biológicas del Padre Feijóo*, Madrid, Espasa-Calpe, 4ª ed., 1962, p. 295.

[772] Gregorio MARAÑÓN: "Más sobre nuestro siglo XVIII", en *Revista de Occidente*, nº 48, 1935, pp. 278 y ss.; en concreto, pp. 289-290.

[773] Jean SARRAILH: *La España Ilustrada...*, *op. cit.*, p. 708.

Un juicio ponderado requiere, a nuestro modo de ver, de un conjunto inexcusable de matices. El primero de ellos es que quizá no sea del todo adecuado enjuiciar nuestro Setecientos como si fuera un todo homogéneo, cuando creemos que más bien se aproxima a todo lo contrario. El propio Marañón se refirió a la inconveniencia de hablar de la cultura de un siglo como si el siglo fuera un fragmento de tiempo de rigurosa unidad e independiente de los que le han precedido y le han seguido. El comienzo y el fin de los cien años son fechas arbitrarias que cortan a la historia de los hombres, no por las naturales coyunturas o articulaciones de sus diversas etapas, sino por donde caen[774]. La homogeneidad de nuestro siglo XVIII, a nuestro modo de ver, es difícilmente apreciable, pues si su primera mitad entronca más bien con el siglo XVII, los años que siguen a 1759 –por poner una fecha que, aun cuando pueda discutirse, encuentra su sustento objetivo en el inicio del reinado de Carlos III, un reinado que culturalmente va a marcar las bases de la profunda transformación de España, que se manifestará con un muy superior fulgor en el siglo XIX–, ese medio siglo que media hasta la Revolución de 1808, encuentran un entronque cultural mucho mayor con el siglo XIX que con la primera mitad del XVIII. Con ello no pretendemos decir que en la segunda mitad de nuestro Setecientos asistamos a un cambio radical. La mediocridad de la mayoría de nuestros escritores y el humilde desarrollo de nuestra ciencia ve acentuadas sus tonalidades si comparamos unos y otra con la producción y desarrollo científico existente en otros países europeos. Cierto es que en España, como dijera Marañón, también en el XVIII encontramos titanes aislados; cierto es igualmente que la Ilustración en ningún lugar de Europa fue un fenómeno cultural de masas, sino, bien al contrario, de minorías cultas y selectas. Pero en lo que ya se ha señalado late una diferencia abismal. El nivel cultural de una determinada etapa no puede medirse por la relevancia de unos cuantos hombres, por destacada que sea su obra, sino, como una vez más nos dice Marañón, por la instrucción del hombre del montón[775], y si atendemos a esta decisiva faceta lo que nos separa de Europa es abismal, aunque no quepa ignorar que también en este aspecto España avanzará significativamente durante el reinado de Carlos III. Que el pensamiento de la Ilustración penetró en la segunda mitad del XVIII en unas minorías cada vez más numerosas e intelectualmente inquietas es algo patente, que separa esta época de la primera mitad del siglo. Que la hostilidad al progreso de la primera mitad de la centuria disminuyó, también nos parece claro. Que en estos decenios de la segunda parte del siglo se gestó un pensamiento y una cultura que iban a terminar haciendo posible la Revolución liberal que finalmente plasmó en el constitucionalismo gaditano, con el cambio que ello supuso en todos los órdenes de la vida social y política, también nos resulta evidente. Pero que incluso en estos últimos decenios del siglo la masa continuó dominada por la irracionalidad, la superstición y los errores de todo orden es algo perfectamente constatable y de lo que ningún análisis social objetivo puede prescindir. El pensamiento de la Ilustración penetró entre nosotros, las luces, no sin dificultades, llegaron a circular entre minorías selectas, cada vez más ávidas de conocer las ideas que circulaban por Europa, pero el espíritu educador del siglo terminó por no fructificar entre la masa, y por tanto culminó en un fracaso.

Pero más allá incluso de esta visión, los numerosos estudios históricos que en los últimos lustros se han hecho sobre nuestro siglo XVIII han dado una imagen de nuestra Ilustración como un fenómeno cultural relativamente homogéneo que se apoya en el cre-

[774] Gregorio MARAÑÓN: "Más sobre nuestro siglo XVIII", *op. cit.*, pp. 281-282.
[775] Gregorio MARAÑÓN: "Más sobre nuestro siglo XVIII", *op. cit.*, p. 292.

cimiento económico de las décadas centrales del siglo[776]. Y en efecto, aunque los ilustrados fueran inicialmente una pequeña minoría, a partir de 1760 la renovación intelectual de la Ilustración iba a penetrar en amplias capas de la sociedad española[777]. No cabe duda de que en ello incidirá la deliberada decisión de la monarquía, particularmente de Carlos III, de transformar la vida de nuestro país en armonía con los ideales racionales que se difunden por toda Europa. En este marco relativamente ilustrado irá encontrando cada vez un mayor arraigo la reivindicación de la libertad de imprenta.

La prensa, las Universidades y, de modo muy especial, las Sociedades Económicas, respecto de las cuales don Marcelino se hace eco de que actuaron como "excelentes conductores de la electricidad filosófica y revolucionaria"[778], iban a contribuir a la propagación de las luces. Ciertamente, no iban a faltar notables restricciones, como ya nuestro recorrido por el devenir de la Inquisición en el siglo XVIII creemos que ha dejado puesto de relieve meridianamente. De ahí que pueda suscribirse la irónica imagen de Fabián Estapé cuando señala: "Sí, las luces llegaron, pero con muchas restricciones"[779].

La imagen transcrita pensamos que también sirve de marco de encuadre para la libertad de imprenta. Restringida por un régimen de censura previa y aún más por la visión cavernícola de la Inquisición, será, sin embargo, defendida con ardor, incluso con pasión, por una minoría de reformistas ilustrados y, conforme se vaya aproximando el final del siglo, por hombres de estirpe ideológica liberal; con el devenir del tiempo se irá acrecentando el número de sus adeptos, que encontrarán en los folletos y demás publicaciones de la época un medio idóneo en el que plasmar sus ideas, entre ellas la necesidad de una libertad de imprenta sin trabas. Cuando en 1808 estalle la Revolución, la plena libertad de imprenta que *de facto* se establecerá, tendrá mucho que ver con el sentimiento arraigado en amplias minorías de reformistas acerca de la bondad, si es que no de la inexcusabilidad, de esta libertad, lo que, como ya expusimos al inicio del trabajo, se fundamentará en argumentos muy dispares.

B) El despotismo ilustrado y la conversión de Carlos III en el "nervio principal de la reforma"

Los reinados de Fernando VI (1746-1759) y, sobre todo, Carlos III (1759-1788) representan la plenitud del fenómeno ilustrado. Más aún, para Marañón[780], entre nosotros, el auténtico siglo XVIII fue el que se condensó en los años que median entre Fernando VI y el Príncipe de la Paz. En cualquier caso, el reinado de Carlos III supuso la culminación del siglo XVIII español, lo que es tanto como decir, aquel momento en que la Ilustración española alcanzó su esplendor. Abellán no duda de que las características típicas del período (enciclopedismo, criticismo, optimismo individualista, iluminismo) quedan patentes en el caso español, aun cuando con algunas diferencias que lo tipifican[781]. Así, por

[776] Antonio ELORZA: *La modernización política en España* (Ensayos de historia del pensamiento político), Madrid, Ediciones Endymion, 1990, p. 17.

[777] Javier HERRERO: *Los orígenes del pensamiento reaccionario..., op. cit.*, p. 27.

[778] Marcelino MENÉNDEZ PELAYO: *Historia de los Heterodoxos..., op. cit.*, tomo II, p. 506.

[779] *Apud* Ernest LLUCH: *Las Españas vencidas del siglo XVIII* (Claroscuros de la Ilustración), Barcelona, Crítica (Grijalbo/Mondadori), 1999, p. 26.

[780] Gregorio MARAÑÓN: *Las ideas biológicas del Padre Feijóo, op. cit.*, p. 295.

[781] José Luis ABELLÁN: *Historia crítica del pensamiento español, op. cit.*, tomo III, p. 473.

ejemplo, la exaltación europea de la razón, como expresión ilustrada máxima de la lucha contra la ignorancia, la opresión y la reacción, queda en España instituida por la exaltación de la cultura, como instrumento básico para reeducar al pueblo y elevar la sociedad de su atraso secular, cortando a la par las amarras del prejuicio y la irracionalidad. También podemos apreciar en nuestro país, no sin ciertos matices, algunos de los otros rasgos con los que se ha caracterizado[782] al "despotismo ilustrado": el humanitarismo y la bondad, la beneficencia y la tolerancia, lo que, desde luego, no debe entenderse en el sentido de que hayan de considerarse desaparecidos el fanatismo y la intolerancia.

Es bien sabido que el significado último del despotismo ilustrado en nuestro país va a ser el de poner la maquinaria gubernamental al servicio de la racionalización de nuestra sociedad estamental, y aunque es cierto que en algunos casos (el de Jovellanos es paradigmático) las posiciones se encaminarán a combatir los privilegios económicos e institucionales de ciertos sectores, la nobleza y el clero de modo primigenio, en otros muchos no será así. El afán de reformas es un rasgo característico de la segunda mitad de nuestro siglo XVIII y parece dirigirse primariamente hacia el ordenamiento administrativo y el económico, al margen ya de hacia el plano educativo y cultural. La doctrina coincide por lo general en la apreciación de la centralidad del tema económico, al que se llega a considerar como el hilo conductor del despotismo ilustrado[783]. En su *Elogio de Carlos III* (1789), Cabarrús considerará el Ministerio de Hacienda como "el cargo más importante del Estado". La racionalización de la Administración en general, y de la Administración de justicia en particular (muy especialmente la uniformidad de los procedimientos), serán especialmente reivindicadas en Cádiz, pero se trataba de una reivindicación que, según Artola[784], entroncaba con una tradición reformista que tenía en España una tradición de decenios cuando no de siglos; consiguientemente, tales reformas ya se postulaban en la segunda mitad del siglo XVIII. A su vez, la regeneración económica se tratará de impulsar a través de un cierto liberalismo económico. Campomanes y Jovellanos, entre otros muchos, se situarán en esta dirección. Y habrá una convergencia generalizada entre nuestros ilustrados acerca de la inexcusabilidad de una reforma en profundidad de la educación, que debía orientarse a acabar con el predominio de la escolástica, de la especulación aristotélica, que se veía de muy poca utilidad. Las palabras pronunciadas por Jovellanos el 8 de noviembre de 1788 en su *Elogio de Carlos III* son harto significativas del espíritu ilustrado: "Ciencias útiles, principios económicos, espíritu general de ilustración: ved aquí lo que España deberá al reinado de Carlos III. Si dudáis que en estos medios se cifra la felicidad de un Estado, volved los ojos a aquellas tristes épocas en que España vivió entregada a la superstición y a la ignorancia. ¡Qué espectáculo de horror y de lástima!"[785]. El impulso de todas estas reformas iba a recaer en el Rey, en perfecta sintonía con el principio rector del sistema del despotismo ilustrado, y Carlos III iba a cumplir este rol de un modo verdaderamente eficiente. Un liberal tan alejado de ese sistema como Alcalá Galiano, en sus escritos autobiográficos, reconocería el ímpetu reformista de Carlos III,

[782] Albert DÉROZIER: *Escritores políticos españoles 1780-1854,* Madrid, Ediciones Turner, 1975, p. 22.

[783] Antonio ELORZA: "Los límites del reformismo ilustrado", *op. cit., p. 45.*

[784] Miguel ARTOLA: *Los Orígenes de la España Contemporánea,* Vol. I, Madrid, Instituto de Estudios Políticos, 1959, p. 355.

[785] JOVELLANOS : "Elogio de Carlos III". Puede verse en Patricio Peñalver Simó (Selección e introducción), *Jovellanos. Obras sociales y políticas,* Madrid, Publicaciones Españolas, 1962, pp. 69 y ss.; en concreto, p. 75.

al admitir que bajo su reinado prosperó España, y dio el entendimiento humano pasos largos en la carrera de las reformas[786].

El término despotismo, como señala Sánchez Agesta[787], tenía una música ingrata para los oídos del siglo XVIII. El propio Montesquieu había contribuido a ello al situar al gobierno despótico en la trilogía clasificatoria de sus formas de gobierno, caracterizándolo como el gobierno de una sola persona, sin ley y sin norma, que lleva todo según su voluntad y su capricho[788], encontrando como único principio de autoridad el temor[789]. Sin embargo, el sistema iba a encontrar su elemento dulcificador en su efecto lumínico, de ilustración, al pasar a convertirse en *le despotisme éclairé,* que entre nosotros se conocerá como despotismo ilustrado, otorgando ahora una razón de ser al poder omnímodo de la Monarquía, al transformarla en la principal impulsora de las reformas. León de Arroyal, en sus *Cartas al Conde de Lerena,* justificará con toda crudeza la conversión del Rey en "el nervio principal de la reforma":

> "Para el logro de las grandes cosas –escribe Arroyal[790]– es necesario aprovecharnos hasta del fanatismo de los hombres. En nuestro populacho está tan válido aquello de que el rey es señor absoluto de las vidas, las haciendas y el honor, que el ponerlo en duda se tiene por una especie de sacrilegio, y he aquí el nervio principal de la reforma. Yo bien sé que el poder omnímodo en un monarca expone la monarquía a los males más terribles; pero también conozco que los males envejecidos de la nuestra sólo pueden ser curados por el poder omnímodo".

Este sentir no era nada novedoso, aunque en el caso de nuestro país se hubieran de acentuar los rasgos negativos por el brutal atraso de amplias capas sociales, pues la visión del monarca como el nervio principal, el impulsor primigenio de la reforma, no suponía sino situarnos en la corriente de las ideas europeas, rompiendo la general tendencia de aislamiento del siglo XVII. El despotismo cambió de sentido en buena parte de Europa cuando se convirtió en el despotismo ilustrado. Hazard[791] describe el nuevo sistema con meridiana precisión: los déspotas ilustrados luchaban contra los privilegios, y de ahí nacía una comunidad de acción. Emprendían una amplia reforma igualitaria, destruyendo los vestigios, aún muy visibles, del feudalismo. Partidarios del progreso, tomaban todas las medidas económicas adecuadas para favorecer la prosperidad de sus pueblos. Las luces eran útiles para el esplendor de su reinado. Y por si todo ello fuera poco, la reforma administrativa, de sesgo básicamente centralizador, ponía orden en lugar de desorden, y el orden era un reflejo de la razón universal, por lo que, en último término, los déspotas

[786] Antonio ALCALÁ GALIANO: "Índole de la Revolución de España en 1808", en *Obras escogidas de D. Antonio Alcalá Galiano,* II, (Biblioteca de Autores Españoles, tomo 84), Madrid, Ediciones Atlas, 1955, pp. 307 y ss.; en concreto, p. 313.

[787] Luis SÁNCHEZ AGESTA: *El pensamiento político del despotismo ilustrado,* Sevilla, Secretariado de Publicaciones de la Universidad de Sevilla, 1979, p. 107.

[788] MONTESQUIEU: *Del Espíritu de las Leyes,* Madrid, Editorial Tecnos, 2ª ed., 1993, Libro II, Capítulo 1º, p. 11.

[789] Es preciso, escribe el barón de Montesquieu en el Capítulo noveno del Libro III de su clásica obra, "que el temor tenga todos los ánimos abatidos y extinga hasta el menor sentimiento de ambición". MONTESQUIEU: *Del Espíritu de las Leyes, op. cit.,* pp. 23-24.

[790] León de ARROYAL: *Cartas económico-políticas,* edición, prólogo y notas de José Caso González, Oviedo, Cátedra Feijoo, Universidad de Oviedo, 1971; Carta cuarta de la Primera Parte, en pp. 77 y ss.; en concreto, p. 114.

[791] Paul HAZARD: *El pensamiento europeo en el siglo XVIII, op. cit.,* p. 289.

ilustrados lo que hacían era racionalizar el Estado. El sistema, desde luego, no dejó de contar con críticos, de entre los que destacaría Herder, el teólogo luterano, quien le dirigiría una dura descalificación.

Entre nosotros, como antes decíamos, va a ser durante el reinado de Carlos III cuando se ponga el acento en el carácter ilustrado de la monarquía antes que en su caracterización como sistema despótico. Se va a tratar de esta forma de acentuar el efecto lumínico y educador de este sistema de gobierno, lo que casa a la perfección con una de las constantes del pensamiento ilustrado: la apreciación de una íntima conexión entre la ignorancia y falta de instrucción de la mayoría de la población y los males que aquejan a la sociedad. Y así, Jovellanos, al que Marx y Engels calificarían[792] como un reformista bienintencionado, un "amigo del pueblo" que esperaba conducir a éste hasta la libertad, afirmará constantemente la idea de progreso, formulándola incluso en un lenguaje similar al de Condorcet, al aplicarle el calificativo de "indefinido", aunque sus ideales políticos se encontraran muy alejados de la utopía radical[793], considerando al propio tiempo que la idea de la Ilustración queda compendiada en un empeño pedagógico dirigido a combatir la ignorancia del pueblo, logrando su regeneración a través de la instrucción.

No deja de ser curioso que en España, quizá por el significado poco grato del término "despotismo", nadie hable de tal. Los hombres de la minoría ilustrada parecen convencidos de vivir en una monarquía moderada y casi liberal[794]. Ciertamente, Carlos III, que acaso recordaba a los prototipos de los "reyes filósofos", Federico II y José II, coadyuvará a ello[795], lo que difícilmente podrá decirse de Carlos IV, pues aunque uno y otro reinado pueden reconducirse a ese sistema de gobierno que se identifica como "despotismo ilustrado", no hacen faltan muchos argumentos para captar que mientras en Carlos III puede ponerse el acento en el epíteto "ilustrado", en ese personaje insustancial y trivial que fue Carlos IV, de tener que subrayarse algo, más bien habría de acentuarse el sustantivo al que el epíteto viene a cualificar; nos bastará con confrontar el retrato que del Rey realizó Goya en esa obra maestra absoluta de la pintura universal que es "La familia de Carlos IV" (una despiadada y certera descripción psicológica de la familia real, ante la que un personaje menos bobalicón que el del Rey bien podría haber exclamado, al ver su retrato y el de la implacable María Luisa, como se dice que hizo el Papa Inocencio X tras contemplar el extraordinario retrato psicológico que le hizo Velázquez, hoy en la "Galleria Doria Pamphilj" de Roma, *troppo vero, troppo vero*) con cualquiera de los que de Carlos III hizo el propio pintor tras ser nombrado (junto a Ramón Bayeu) pintor del Rey. Carlos IV, desde luego, fue un hombre bienintencionado que dedicó muchas energías a los asuntos de Estado, pero que carecía de la determinación e ilustración de su padre, dejándose con

792 Karl MARX y Friedrich ENGELS: *Revolución en España,* Barcelona, Ediciones Ariel, 3ª ed., 1970, pp. 87-88.

793 Javier VARELA: *Jovellanos,* Madrid, Alianza Editorial, 1998, p. 228.

794 Así lo aprecia Jean SARRAILH: *La España Ilustrada..., op. cit.*, p, 579.

795 Un dato bien significativo es que Alcalá Galiano, que se describía a sí mismo como adepto a la filosofía francesa, o lo que es lo mismo, a los principios revolucionarios, en un trabajo sobre Jovellanos, reconocía que Carlos III, al igual que Fernando VI, "fueron inoculados por el espíritu de su edad", lo que suponía tanto como admitir que compartían el "espíritu de las luces". Y en relación a Carlos III, añadía nuestro autor que no sólo protegió a los regalistas, sino también a "algunos parciales de la novel filosofía francesa". Antonio ALCALÁ GALIANO: "Jovellanos", en *Obras escogidas de D. Antonio Alcalá Galiano* (Biblioteca de Autores Españoles, tomo 84), Madrid, Ediciones Atlas, 1955, pp. 427 y ss.; en concreto, p. 445.

frecuencia llevar por terceros, y de modo muy particular por su funesta mujer, todo lo cual conduciría a privarle del respeto popular de que gozó Carlos III.

A la postre, la crisis de fin de siglo iba a desencadenar la pérdida de fe en el despotismo ilustrado, esto es, en el ideal de un monarca absoluto libre de prejuicios, que guía a su pueblo hacia la justicia, la prosperidad y la felicidad. Desprestigio de la monarquía, despotismo ministerial, crisis económica..., todo se conjuga para, según Morales Moya[796], producir entre nosotros, de una parte, el enfrentamiento abierto contra todo lo que la Ilustración suponía, y de otra, la aparición de una ideología radical, que desborda el marco de la monarquía absoluta, a partir del impacto de los acontecimientos de Francia y de la propia frustración de sectores ilustrados, ante el fin de la política de reformas. Aun cuando permanezcan en el poder ministros del equipo ilustrado de Carlos III, éstos, Floridablanca, incluso Aranda, que le sustituye en 1792, abandonarán toda iniciativa reformista, cegando los "canales de la Ilustración". Tal juicio no deja de ser, a nuestro entender, excesivamente radical, por cuanto, como dice Defourneaux[797], el programa del despotismo ilustrado, con todo lo que implica de desconfianza frente a los privilegios del clero y de la Inquisición, no quedó desplazado en modo alguno tras la caída de Floridablanca y el breve retorno de Aranda al poder, encontrando además un activo defensor, hasta su primera caída, en Godoy, que se encaramó en el primer puesto gubernamental en 1792. Más ponderado creemos que sería decir, que durante el reinado de Carlos IV se produjo un proceso de oscilación entre los deseos de reforma de los ilustrados y los fuertes movimientos de reacción desencadenados por la Revolución.

La crisis de fin de siglo sí permite hablar de una destrucción del estado de ánimo para continuar con el sistema político del Antiguo Régimen; esta crisis, que Herr sitúa en nuestro país entre 1792 y 1801, supondrá entre nosotros tanto como la verdadera revolución de fines del XVIII[798]. Todo ello se traducirá en una acentuación de la aspiración, más o menos arraigada entre los ilustrados, a un régimen de libertades. Los abusos de Godoy harán que muchos reformistas consideren más necesario que nunca un régimen de libertad, e innecesario es decir que para los que comulgaban con el movimiento revolucionario liberal ese régimen siempre había sido una necesidad fuertemente sentida, pues no en vano los liberales se llamaban a sí mismos los "amigos de la libertad". Se trataba de una libertad más instintiva que doctrinal, como Quintana dejaba claro a lord Holland, relevante personaje sobre el que volveremos más adelante, cuando le escribía: "La libertad es para mí un objeto de acción y de instinto, y no de argumentos y de doctrina; y cuando la veo poner en el alambique de la metafísica, me temo al instante que va a convertirse en humo"[799]. Entre esas libertades, quizá ninguna se vería tan necesaria como la libertad de imprenta. Cierto es que muchos ilustrados, aún considerándola conveniente, preferían postergarla hasta que la población tuviese un grado mayor de formación, lo que contribuiría así a evitar los abusos en su ejercicio, y no es menos evidente que no faltaban sectores sociales radicalmente opuestos a esta libertad, que enlazaban con la larguísima

---

[796] Antonio MORALES MOYA: "Notas sobre la Revolución Francesa y el pensamiento histórico en España", en *Revolución, Contrarrevolución e Independencia* (La Revolución Francesa, España y América), Madrid, Turner, 1989, pp. 83 y ss.; en concreto, p. 84.

[797] Marcelin DEFOURNEAUX: *Inquisición y censura de libros..., op. cit.*, p. 99.

[798] Richard HERR: *España y la Revolución..., op. cit.*, p. 372.

[799] *Apud* Manuel MORENO ALONSO: *La forja del liberalismo en España* (Los amigos españoles de Lord Holland 1793-1840), Madrid, Congreso de los Diputados, 1997, p. 30.

tradición represiva de la Inquisición. El debate que había de tener lugar en las Cortes en 1810 sobre esta libertad nos situaría ante la confrontación de las dos posturas existentes desde tiempo atrás.

C) El avance de los conocimientos en la segunda mitad del Setecientos y el rol jugado en ello por la prensa

I. Del avance experimentado por los conocimientos en la segunda mitad del siglo XVIII podemos encontrar muestras muy diversas. Es opinión compartida que las frecuentes obras de economía política que van a aparecer en este siglo sentarán las bases de la ciencia económica, todo ello con la finalidad de mejorar la situación del país. Un dato destacable es el de que los escritores de "economía política" (expresión que acuña en 1615 Antoine Montchrètien con la publicación de su *Traicté de l´économie politique*) son filósofos, teólogos, políticos o funcionarios, esto es, no son profesionales de la materia y carecen de conocimientos específicos sobre ella. Sus obras son asistemáticas y versan, por lo común, sobre aspectos parciales de la vida económica nacional[800]. Refiriéndose a la Francia prerrevolucionaria, Senac de Meilhan recuerda[801] que la ciencia de la economía política comenzó muy pronto a ocupar los espíritus, publicándose sobre esta materia excelentes obras, con el resultado de que enciclopedistas y economistas se ayudaron mutuamente, y el espíritu filosófico y el de la administración, conjuntamente, hicieron rápidos progresos.

En nuestro país merece recordarse a los "proyectistas", un producto típicamente racionalista, que iban a inundar la España del siglo XVIII con sus escritos. El proyectismo del Setecientos sobrepasa su condición de género, para ser más bien una actitud mental, ligada como pocas al alma de una época[802]. Así, en 1775, Campomanes escribe su *Discurso sobre la educación popular,* libro que nace con un designio claro: el de ser un tratado de economía; sin embargo, el *Discurso* de Campomanes se iba a transformar en un programa de posibilidades españolas y en un guión de futuros proyectos. También la obra del abate de la Gándara, sobre la que volveremos más adelante, responde a esta caracterización. Pero más allá de esta literatura económica, se ha puesto de relieve[803] que cuando la prensa periódica se generalice, en la segunda mitad del Setecientos, también la preocupación económica prevalecerá en el contenido de la mayor parte de los *Correos* y de los *Diarios.*

Por otro lado, en fecha temprana se dejó sentir en España la influencia fisiocrática. La relevancia del pensamiento fisiocrático es sobradamente conocida. Los fisiócratas fueron

---

800 Jacinta MACÍAS DELGADO: "Estudio Preliminar", en Miguel Antonio de la Gándara, *Apuntes sobre el bien y el mal de España,* Madrid, Instituto de Estudios Fiscales, 1988, pp. XIII y ss.; en concreto, p. LI.

801 G. SENAC DE MEILHAN: *Des Principes et des causes de la Révolution en France,* édition présentée et annotée par Michel Delon, Paris, Les Éditions Desjonquères, 1987, p. 38.

802 José MUÑOZ PÉREZ: "Los proyectos sobre España e Indias en el siglo XVIII: el proyectismo como género", en *Revista de Estudios Políticos,* nº 81, Mayo/Junio 1955, pp. 169 y ss.; en concreto, p. 173. El proyectismo –nos dice este autor en otra parte de su trabajo (pp. 174-175)– es, sobre todo, una forma de ver, plantear y resolver los problemas, que es consustancial con el siglo. Esto hace que los dictámenes y representaciones de los fiscales y burócratas rebasen en ocasiones sus límites de trámite, y no sólo informen, sino que propongan medios. A veces obedece a la misma esencia del dictamen, pero puede advertirse con frecuencia una intromisión del proyectismo en esta esfera. Existen dictámenes que terminan hablando de otra serie de problemas distintos, proponiéndose soluciones para esa serie de asuntos incidentales.

803 Vicente PALACIO ATARD: *Los españoles de la Ilustración, op. cit.,* p. 111.

para Laski[804] los protagonistas del despotismo ilustrado. Pero importa darse cuenta de que para ellos el déspota no es un amo arbitrario que puede actuar como le dicte su capricho, sino el vasallo de leyes que se le imponen por la sanción de la naturaleza misma. El propósito de los fisiócratas lo dejó muy claro Quesnay cuando dijo que era "conseguir el mayor incremento posible de goces con la mayor disminución posible de gastos", o lo que es lo mismo, el ideal de cualquier economía. Pero además, y ello queda claro en Dupont de Nemours, la doctrina fisiocrática establece un orden natural de la sociedad en el que los derechos naturales del hombre tienen una relevante presencia. Las obras de los fisiócratas fueron conocidas y compartidos algunos de sus presupuestos. Una vez más, Jovellanos, el arquetipo de nuestra Ilustración, se nos muestra como ejemplo. A su llegada a Sevilla, muy joven aún, accede al pensamiento económico fisiocrático, hasta el extremo de que en 1775 traducirá la obra de Cantillón *Essai sur la nature du commerce en général*. Dos autores fundamentales en el pensamiento de la fisiocracia como Turgot y, sobre todo, Condillac, serán objeto de su estudio, hasta el extremo de haberse podido señalar que el libro del último, *Du commerce et du Gouvernement considerés rélativement l´un à l´autre,* se convertirá durante algún tiempo en su obra preferida, recomendándola con ahínco a sus amigos[805]. No ha de extrañar esta preocupación por esa literatura, por cuanto muchos ilustrados vieron en la economía política una solución para los numerosos problemas que aquejaban al país. Don Marcelino[806] no dejará de dirigir sus dardos hacia esta nueva ciencia, al considerar que la economía política del siglo XVIII era "hija legítima de la filosofía materialista que más o menos rebozada lo informaba todo, era un sistema utilitario y egoísta con apariencias de filantrópico".

Jovellanos, como otros ilustrados, pronto superaron los principios fisiocráticos para pasar a seguir de cerca los propios del liberalismo económico, del librecambismo, acuñados por Adam Smith y su escuela. En 1776 Adam Smith había publicado su monumental obra *An inquiry into the nature and causes of Wealth of Nations,* que entrañaba una ruptura con el pensamiento económico precedente y el inicio de una nueva era que iba a tomar como punto de referencia la doctrina smithiana de que la única fuente de riqueza es el trabajo de la persona. En el fondo, se trataba de ser coherente con la máxima *truth the people,* ten fe en el pueblo, verdadera quintaesencia del pensamiento liberal. La obra de Adam Smith se difundió por todo el mundo con enorme rapidez, habiéndose verificado que Jovellanos tenía en su biblioteca varias ediciones de la misma en francés e inglés. De hecho, en su *Informe dado a la Junta de Comercio y Moneda sobre el libre ejercicio de las artes* (1785), ya aparece reflejado con cierta claridad el pensamiento smithiano; y así, el *Informe* se abre reconociendo el derecho natural al trabajo que todo hombre tiene, al margen ya de que sobre la cuestión central de la libertad de las artes, el gijonés propugnará la supresión de los viejos gremios al entender que esa rígida articulación profesional no sólo trababa la libertad de trabajar, sino el mismo proceso de la industria. Ese mismo año 1785, recuerda Gómez de la Serna[807] que el prócer asturiano se volvería a pronunciar en el mismo sentido, aunque con respecto a la libertad de comercio, señalando asimismo como contrarios a la libertad de industria los monopolios y los privilegios exclusivos concedidos a determinados fabricantes, así como las tasas sobre las mercancías. Jovellanos parecía

---

804 Harold J. LASKI: *El liberalismo europeo, op. cit.*, p. 159.
805 Gaspar GÓMEZ DE LA SERNA: *Jovellanos, el español perdido, op. cit.*, vol. I, p. 196.
806 Marcelino MENÉNDEZ PELAYO: *Historia de los Heterodoxos..., op. cit.*, tomo II, p. 506.
807 Gaspar GÓMEZ DE LA SERNA: *Jovellanos, el español perdido, op. cit.*, vol. I, p. 199.

haber asumido ya en plenitud el pensamiento económico liberal, inclinándose, pues, por una política económica que estimulara la iniciativa privada, que acabara con las trabas que encadenaban a la propiedad y que suprimiera los obstáculos que impedían el libre juego del interés individual.

Ciertamente, no faltaron entre la minoría ilustrada más liberal quienes, como Cabarrús, que tras la muerte de Carlos III acaso sea el representante prototípico de esa corriente, consideraron que en el país había durísimas resistencias al progreso. En sus *Cartas* va a aludir a "aquella fatalidad inexplicable que retarda en todas partes los progresos de la verdad y hace tan costosa y difícil la felicidad de los hombres", bien que también admita que la resistencia contra el progreso de la razón es inútil, pues "la luz triunfa en todos los obstáculos"[808]. En sus palabras, como se ve, se halla presente ese valor característico de la cosmovisión ilustrada que es la felicidad de los súbditos, la felicidad pública, que ha de anteponerse siempre al interés particular, y que para Cabarrús debe ser el gran objeto de toda soberanía. Sea con mayores o menores obstáculos, lo cierto es que la nación, como el propio Argüelles reconocería[809], hizo tantos progresos en el siglo XVIII, que sin duda ninguna estaba preparada para una extensa reforma antes de la insurrección de 1808. Y aunque el gran político asturiano se refería fundamentalmente al aspecto político, no creemos que pueda caber duda de que esas reformas habían avanzado en todos los ámbitos de la vida social.

II. Nuestra minoría ilustrada se iba a interesar mucho por las nuevas ideas circulantes en Europa en el campo de la filosofía política. Después de Locke, comenzó a influir sobre nuestro pensamiento Condillac, que rápidamente alcanzó una cierta popularidad. Según Herr[810], los españoles veían en Condillac al heredero de Descartes y de Locke y no al amigo de los enciclopedistas. Buena muestra del interés despertado por el autor del *Tratado de las sensaciones* (1754), sin duda, el representante más conocido de la escuela sensualista, lo encontramos en las dos traducciones que se iban a hacer de la *Lógica* de Condillac, una de ellas por Bernardo Mª de Calzada, capitán de un regimiento de caballería, que sería por lo mismo procesado por el Santo Oficio como sospechoso de adhesión a los errores franceses; la otra por Valentín de Foronda, que, a diferencia del anterior, no se limitó a una traducción literal, sino que le adicionó varias reflexiones tomadas de la *Aritmética moral* de Buffon y de un tratado de la argumentación y del desenredo de sofismas, copiado de la *Enciclopedia metódica*[811]. El pensamiento de Voltaire encontró un resquicio de penetración a través del teatro, siendo la *Zaira,* una de sus obras más conocidas, objeto de varias versiones, una de ellas, por cierto, de Olavide. Por Asturias iban incluso a circular en 1801 algunos ejemplares de una versión castellana del *Contrato social* impresa en Londres dos años antes, y cuyo traductor elogiaba en una nota a Jovellanos, lo que, según

[808] *Apud* José Antonio MARAVALL: "Cabarrús y las ideas de reforma política y social en el siglo XVIII", en la obra del Conde de Cabarrús, *Cartas,* Madrid, Miguel Castellote Editor, 1973, pp. 11 y ss.; en concreto, pp. 17-18.

[809] Agustín de ARGÜELLES: *Examen Histórico de la Reforma Constitucional de España,* tomo I, Oviedo, Junta General del Principado de Asturias, 1999, p. 110.

[810] Richard HERR: *España y la Revolución del siglo XVIII, op. cit.,* p. 59.

[811] Marcelino MENÉNDEZ PELAYO: *Historia de los Heterodoxos..., op. cit.,* tomo II, pp. 524-525.

su más directo biógrafo[812], incomodaría mucho al ilustre prócer gijonés, sospechando que fuese alguna trampa preparada por sus enemigos. Es importante asimismo señalar, que el conocimiento de las obras extranjeras, particularmente de las francesas, no quedó supeditado entre la gran mayoría de los ilustrados a su previa traducción, por cuanto tras las recomendaciones realizadas por el Padre Feijoo en pro del estudio de la lengua francesa prioritariamente al del griego, el conocimiento del francés se amplió notablemente.

También se puede apreciar en los últimos lustros del siglo, entre algunos ilustrados, un notable interés por las ciencias modernas, como sería el caso de las ciencias naturales e incluso de las matemáticas, que, como sucede en algunos de sus más destacados representantes extranjeros, como Newton o el abate Nollet, pretenden fundarlas sobre principios nuevos, sobre la observación y la experiencia, liberándolas así de su sujeción a la autoridad. Recuerda Rodríguez Aranda[813], que la aparición de las ciencias naturales hizo comprender que la posibilidad de todo avance del conocimiento sólo era factible partiendo de la experiencia. Por eso se abandonaron prontamente las huellas cartesianas, ya que, aunque se estaba de acuerdo con el método racionalista, fundado y desenvuelto por él, sin embargo, recordaba demasiado a las especulaciones mentales de la escolástica, cuyas explicaciones consistían en deducciones pensadas y no observadas. De esta forma, Locke sustituyó a Descartes entre nosotros. La primacía concedida a la experiencia en la formación del conocimiento no sólo condicionó el sentido de la verdad, sino también el fundamento de la ciencia en general.

El dominio de la naturaleza, por utilizar los términos de Sánchez Agesta[814], esto es, lo que hoy llamaríamos la mejora de las comunicaciones, también constituyó una preocupación constante por parte de muchos ilustrados; Jovellanos nos ofrece un buen ejemplo de ello, aunque quizá sea Fray Martín Sarmiento el paradigma de esta preocupación, como revela su "Apuntamiento para un discurso sobre la necesidad que hay en España de unos buenos caminos reales y de su pública utilidad".

En esta atmósfera ilustrada, los periódicos iban a ejercer una importante labor divulgadora de la Ilustración, pues no en vano iban a responder a la dinámica histórica del momento, tratando de popularizar las nuevas ideas filosófico-políticas y económico-políticas, en perfecta armonía con la fórmula propugnada por Denis Diderot: "Hâtons-nous de rendre la philosophie populaire"[815]. La prensa iba asimismo a dar un buen testimonio del interés que por las ciencias manifestaba un sector cada vez más amplio de la sociedad, dando cabida con frecuencia a comunicaciones científicas relativas en su mayor parte a las ciencias aplicadas, pero a veces también a la teoría pura. Los diarios, pese a la vida efímera que la mayor parte de ellos tenían, no dejarán de intentar satisfacer la curiosidad científica de sus lectores. Valentín de Foronda, sobre el que volveremos en detalle más adelante, y el agustino coruñés Manuel Pardo de Andrade, capellán castrense, luego secularizado y

---

[812] Juan Agustín CEÁN BERMÚDEZ: *Memorias para la vida del Excmo. Señor D. Gaspar Melchor de Jove Llanos, y noticias analíticas de sus obras,* (Biblioteca Histórica Asturiana), Gijón, Silverio Cañada, Editor, 1989, p. 80.

[813] Luis RODRÍGUEZ ARANDA: *El desarrollo de la razón en la cultura española,* Madrid, Aguilar de Ediciones, 1962, pp. 199-200.

[814] Luis SÁNCHEZ AGESTA: *El pensamiento político..., op. cit.,* p. 131.

[815] Denis DIDEROT: *Pensées sur l´interprétation de la nature* (1754). Cit. por María Rosa SAURIN DE LA IGLESIA: "Introducción", en la obra de Manuel Pardo de Andrade, *Los artículos del <Diario de Madrid> (1794-1800),* selección de María Rosa Saurin de la Iglesia, La Coruña, (Fundación Pedro Barrié de la Maza, Conde de Fenosa), Galicia Editorial, (GAESA),1989, pp. 19 y ss.; en concreto, p. 30.

casado con una "chansonnière" en París, hombre de vida azarosa y novelesca, cultivador de las formas literarias más diversas y paladín de las libertades, por utilizar algunos de los rasgos con que lo caracteriza Figueira Valverde[816], podrían ponerse como ejemplos de tal labor. Pardo de Andrade no sólo fundó en 1808 el primer periódico de La Coruña, sino que colaboró profusamente en otros, como "El Censor" o el "Diario de Madrid", contribuyendo a difundir los grandes temas del mundo ilustrado, como por ejemplo el de la decadencia, tema que llegó a ser obsesivo en la España del siglo XVIII, y entrelazándose con tal preocupación, también se empeñó en alejar los estorbos que retardaban el progreso de las artes y de las ciencias[817]. El característico empirismo racionalista impregnó muchas páginas de los diarios de la época. Por otro lado, tras la muerte de Carlos III la prensa iba a empezar a tener un cierto rol político, al iniciarse su empleo como medio directo de apoyo al equipo dirigente y de crítica de la que los ilustrados consideran oposición[818], si bien será a partir de 1808 cuando ese rol político adquiera su más plena virtualidad. Todo ello contribuiría a poner de manifiesto la enorme relevancia de una prensa verdaderamente libre y, en coherencia con ello, la trascendencia de la libertad de imprenta.

La relevancia de la prensa no puede llevarnos a olvidar otra manifestación cultural relevante: el teatro. Nicolás Fernández de Moratín llegó a declarar que "después del púlpito" era el teatro el que podía ejercer la mayor influencia sobre las masas, pues en la medida en que la prensa alcanzaba tan sólo a una relativa minoría de lectores, la predicación y la comedia constituían, como diríamos hoy, los dos únicos *mass media* verdaderamente eficaces[819].

D) La lucha contra la ignorancia, la reforma de la educación, la divulgación de las luces y el logro de la felicidad, elementos básicos del ideario ilustrado español

a) Preocupación por el saber y reclamación de una política educativa

I. La relevancia social de la educación y la preferente atención hacia las exigencias de una política educativa son cuestiones muy repetidas en todos aquellos momentos en que la mentalidad de una época reclama una amplia transformación social, que cale hondamente en el sentir de la sociedad, una transformación que afecte tanto a los modos de comportamiento de los individuos como a los diferentes roles sociales, todo lo cual entrañará a la larga unos profundos cambios en la propia estructura de la sociedad. Como fácilmente puede comprenderse, la regeneración de España pretendida por muchos de nuestros ilustrados se encaminaba en esa misma dirección; de ahí a la idea de que esa regeneración exigía una lucha sin cuartel contra la ignorancia y, en estrecha sintonía con ello, una reforma en profundidad de la educación, mediaba un paso. Es perfectamente

---

816 José FIGUEIRA VALVERDE, en su "Presentación" de la obra de Manuel Pardo de Andrade, *Los artículos del <Diario de Madrid> (1794-1800), op. cit.*, pp. 13 y ss.; en concreto, p. 15.

817 María ROSA SAURIN DE LA IGLESIA: "Introducción", *op. cit.*, p. 56.

818 En tal sentido, Juan Antonio CABEZAS: *Jovellanos. El fracaso de la Ilustración,* Madrid, Silex, 1985, p. 49.

819 René ANDIOC: *Teatro y sociedad en el Madrid del siglo XVIII,* Madrid, Fundación Juan March/Editorial Castalia, 1976, p. 545.

comprensible por lo mismo que tales pretensiones constituyeran un elemento básico del ideario ilustrado.

Los pensadores de nuestra Ilustración celebrarán con un entusiasmo casi religioso los beneficios de la cultura y del saber. Bastará para constatarlo con recordar algunas de las palabras que Jovellanos pronunciará con ocasión de la inauguración, el 7 de enero de 1794, de su institución más querida, el Real Instituto de Gijón:

> "¿Hay por ventura sobre la tierra cosa más noble ni más preciosa que la sabiduría? Pues ved aquí que Carlos IV quiere domiciliarla entre vosotros. Ya no tendréis que abandonar vuestra patria para alcanzarla, ni que peregrinar en pos de ella, buscándola, como Pitágoras, en países remotos. Este Instituto de enseñanza que ahora inauguramos es un monumento que su mano benéfica levanta a las ciencias, para que en él sean perpetuamente cultivadas y honradas. Aquí tendrán siempre alimento y morada, y los depositarios de su doctrina se ocuparán continuamente en derramar sobre este suelo su luz y sus tesoros.
>
> ¿Y qué otro don pudiera ser más digno de vuestro reconocimiento? Sin duda que entre cuantos puede hacer a sus pueblos un monarca justo, ninguno es tan grande, tan provechoso como la ilustración. Si le queréis estimar justamente, pensad en los males que ha desterrado del mundo, y volved un instante los ojos a aquellos infelices pueblos que yacen todavía en su ignorancia primitiva. La tierra no produce para ellos sino malezas y abrojos"[820].

A la vista de lo expuesto no ha de extrañar que se haya llegado a decir[821], que de los filósofos españoles del siglo XVIII se apoderó una verdadera embriaguez de saber, lo que no dejaba de ser un vínculo con una serie de gloriosos antepasados. En efecto, no estamos ante un hecho absolutamente desconocido en el inmediato pasado anterior de España. Maravall lo ha puesto de relieve con toda nitidez al recordar que ya en el Renacimiento humanista español, con Nebrija y Luis Vives, o en el Barroco, con Saavedra Fajardo y Gracián, existía una preocupación similar. Si como aducía Vives, es el *totus homo* el que debe ser objeto de atenta ayuda y no solamente hay que reducirse a tratar de aquella necesidad que el humano puede experimentar de alimentos físicos, quiere decirse que la actividad que el Estado debe dedicar al hombre ha de ser mucho mayor y más amplia que la que hasta ese momento se venía considerando. Esa preocupación por "todo el hombre" o el "hombre entero", en la política, la moral, la pedagogía, el arte..., entrañará que se perfile como propio del Estado un nuevo fin, que no es sino el de la educación[822]. Cierto es que la preocupación por la política educativa se acentuará hasta niveles anteriormente inéditos en la segunda mitad del Setecientos, hasta el extremo de poderse visualizar nuestra Ilustración como una gran empresa de reforma educativa. Esta inquietud, como es obvio, en modo alguno sería exclusiva de nuestro país. Ya en la primera mitad del XVIII, el biólogo y filósofo francés Julien Offroy de La Mettrie (1709-1751), cuya obra cumbre, *L´Homme Machine,* desencadenó que fuera perseguido por sus ideas en Francia y los

---

[820] Gaspar M. de JOVELLANOS: "Oración inaugural a la apertura del Real Instituto Asturiano", en *Obras de D. Gaspar Melchor de Jovellanos,* (Biblioteca de Autores Españoles, tomo 46), Madrid, Ediciones Atlas, 1963; el texto de la "Oración inaugural" en pp. 318 y ss.; el texto transcrito, en p. 318.

[821] Jean SARRAILH: *La España Ilustrada..., op. cit.,* p. 157.

[822] José Antonio MARAVALL: *Estado moderno y mentalidad social* (Siglos XV a XVII), tomo II, Madrid, Alianza Editorial, 2ª ed., 1986, pp. 249-250.

Países Bajos, aunque al unísono le granjeó el aprecio de los filósofos[823], teniendo que refugiarse en la Corte de Federico II, quien le nombró bibliotecario y académico, escribía esto: "La nature nous avait donc faits pour être au-dessous des animaux, ou du moins pour faire par là même mieux éclater les prodiges de l´éducation, qui seule nous tire du niveau et nous élève enfin au-dessus d´eux"[824]. Sin embargo, entre nuestros ilustrados, como ya se ha dicho, hubo una tendencia generalizada a extremar la acción configuradora de la educación en la creencia de que la misma se terminaría imponiendo sobre otros factores incidentes en el comportamiento del ser humano, desde la herencia genética hasta los condicionamientos geográficos.

Ya el Padre Feijoo, que Tierno consideró un moderno, con una mentalidad modernizante, saliendo los antiguos, por lo común, malparados en las comparaciones que establecía[825], que tiene además el mérito de dar inicio a lo que se ha tildado de la "Iglesia ilustrada"[826], peculiar fenómeno de nuestro país que se manifiesta en el hecho de que una importante cantidad de clérigos del Setecientos iban a asimilar la nueva mentalidad europea, adecuándola a las condiciones de nuestra sociedad y de nuestras instituciones, atribuyó tan gran fuerza a la educación de los hombres y de los pueblos, que llegó a sostener que la nación era una cuestión de voluntad. En el primer discurso sobre "La voz del pueblo" de su *Teatro crítico universal,* como señala Stiffoni[827], hay un pasaje revelador de la concepción ilustrada de Feijoo, donde, por un lado, éste coloca la ignorancia de un vulgo incapaz de pensar por sí mismo, víctima de la superstición, y, por el otro, los intelectuales que lo iluminan, lo dirigen con las luces de la nueva filosofía experimental, la cual tiene como rumbo "buscar la naturaleza en sí misma, fiándose a la experiencia sola":

> "Es el pueblo –escribe el benedictino– un instrumento de varias voces, que sino por un rarísimo acaso, jamás se pondrán por sí mismas en el debido tono, hasta que alguna mano sabia las temple. Fue sueño de Epicuro pensar, que infinitos átomos, vagueando libremente por el aire al ímpetu del caso, sin el gobierno de alguna mente, pudiesen formar este admirable sistema del orbe. Pedro Gassendo[828], y los demás reformadores modernos de Epicuro, añadieron a ese confuso vulgo el régimen de la suprema Inteligencia. Y aun supuesto eso, no se puede entender cómo, sin formas que pulan la rudeza de la materia, produzca la tierra la más humilde planta. Poco se distingue el vulgo de los hombres del vulgo de los átomos. De la

[823] Cfr. al respecto, Blair CAMPBELL: "La Mettrie: The Robot and the Automaton", en *Journal of the History of Ideas* (University of Pennsylvania), Vol. 31, No. 4, October/December, 1970, pp. 555 y ss. "Although his major work, *L´Homme Machine,* –escribe Campbell (p. 556)– made La Mettrie an object of loathing and outrage among most of his contemporaries, it earned him great respect from the philosophes; indeed Voltaire openly borrowed from him. But as a result of his laters writings, La Mettrie was ostracized even by the philosophes". "It is doubtful –apostilla Campbell para fundamentar su idea de que La Mettrie era más que un científico, pues se trataba de un verdadero filósofo– that a mere scientist would have provoked such scorn and ridicule as were directed against La Mettrie by cleric and philosophe alike".

[824] *Apud* José Antonio MARAVALL: "Idea y función de la educación...", *op. cit.,* p. 689.

[825] Enrique TIERNO GALVÁN: *Tradición y modernismo,* Madrid, Editorial Tecnos, 1962, p. 141.

[826] *Ibidem,* p. 145.

[827] Giovanni STIFFONI: "Introducción biográfica y crítica", en Benito Jerónimo Feijoo, *Teatro crítico universal o Discursos varios en todo género de materias, para desengaño de errores comunes,* edición de Giovanni Stiffoni, Madrid, Editorial Castalia, 1986, pp. 9 y ss.; en concreto, p. 30.

[828] Pedro Gassendi (1592-1655) fue un filósofo francés que intentó conciliar la doctrina de Epicuro con la más rígida ortodoxia católica. Su teoría "corpusculista", como se la conocería entonces, tuvo mucha difusión en España, y Feijoo representa una de las más eficaces vías de penetración del gassendismo en la España de la primera mitad del siglo XVIII.

concurrencia casual de sus dictámenes apenas podrá resultar jamás una ordenada serie de verdades fijas. Será menester que la suprema Inteligencia sea intendente de la obra: pero ¿cómo lo hace? Usando, como de subalternos suyos, de hombres sabios, que son las formas que disponen y organizan esos materiales entes"[829].

En la última parte del mismo primer discurso, el benedictino gallego, aunque siempre afincado en su tranquila celda ovetense, parece entresacar una conclusión a su reflexión precedente cuando escribe: "Con que en la voz del pueblo estaba todo el error, y en la mente de pocos sabios se encarcelaba lo poco, o mucho, que había de verdad"[830].

Como acaba de señalarse, Feijoo defenderá con insistencia "el gran magisterio de la experiencia", al que dedicará incluso uno de sus discursos, el undécimo[831]. En él, con su inicial historia de Solidina e Idearia, plenamente acorde con el ideario ilustrado, se encuentra la más nítida exposición de la concepción feijooniana sobre la filosofía del momento, pudiéndose considerar como un manifiesto de adhesión a la filosofía experimental. El rechazo de la enseñanza especulativa se manifestará en Feijoo en todas las ramas de la ciencia. Particularmente atractivo será su programa de reforma de la enseñanza médica, que, como expondrá Marañón[832], es bien claro: debe suprimirse en absoluto la enseñanza de materias de mera especulación, las disputas filosóficas y teológicas, que nada tienen que ver con la ciencia de curar. Fuera, pues, la filosofía aristotélica, y con ella todas las demás. El médico debe saber, ante todo, Medicina. Lo demás puede ser accesorio agradable, ornamento del saber médico; mas siempre que no estorbe a lo directamente relacionado con el conocimiento del organismo humano, de sus enfermedades y de su curación.

II. La preocupación por la necesidad de una política educativa se acentuaba a la vista de la tristísima situación en que se encontraba gran parte de la población española[833]. Pero tampoco esta circunstancia era ni mucho menos algo exclusivo de nuestra sociedad. Ya Tocqueville, con carácter general, aunque teniendo a la vista básicamente al campesinado francés, había puesto de relieve que "en el siglo XVIII, un pueblo es una comunidad en que todos sus miembros son pobres, ignorantes y groseros; sus magistrados son tan incultos y despreciados como ella; su síndico es analfabeto; su recaudador, incapaz de efectuar por sí mismo las cuentas de las que dependen la fortuna de sus vecinos y la suya propia...."[834]. Y descendiendo al campesinado español, el panorama social del siglo XVIII no podía

---

829 Benito Jerónimo FEIJOO: *Teatro crítico universal..., op. cit.*, Discurso I (Voz del pueblo), I, p. 107.

830 *Ibidem*, Discurso I (Voz del pueblo), VIII, p. 122.

831 Puede verse en Benito Jerónimo FEIJOO: *Teatro crítico universal..., op. cit.*, pp. 332 y ss.

832 Gregorio MARAÑÓN: *Las ideas biológicas del Padre Feijóo*, Madrid, Espasa-Calpe, 4ª ed., 1962, p. 191.

833 Ya hemos tenido oportunidad con anterioridad de hacernos eco de la reflexión que al respecto lleva a cabo Viñao, para quien hablar de analfabetos y alfabetizados, sin más precisiones, en la España del Antiguo Régimen carece de sentido, pues tal distinción ignora, por burda, la realidad de la semialfabetización (saber leer y no escribir) o el uso dificultoso y limitado de la escritura. Como también señalamos, los estudios sobre el analfabetismo o la alfabetización en España suelen tomar como primera referencia cuantitativa el censo de 1860, el primero en ofrecer información estadística sobre el número de personas que sabían leer, que sabían leer y escribir o que desconocían ambas habilidades. Los cálculos para años anteriores no eran más que extrapolaciones y suposiciones aventuradas cuando no gratuitas (Antonio VIÑAO FRAGO: "Alfabetización, lectura y escritura en el Antiguo Régimen, siglos XVI-XVIII", *op. cit.*, pp. 45-46).

834 Alexis de TOCQUEVILLE: *El Antiguo Régimen y la Revolución, op. cit.*, p. 206.

ser más desolador. “La masa rural –escribe al respecto Sarrailh[835]– sufre de una miseria espiritual más temible aún que su estrechez económica, y que hace más trágico su destino. En todas partes reinan la ignorancia, la creencia en lo maravilloso y las supersticiones de toda índole. Si los españoles ilustrados reclaman a grandes voces la fundación de escuelas, si las Sociedades Económicas multiplican sus esfuerzos generosos por instruir a los campesinos y a sus hijos, esto se debe, justamente, a que el pueblo de los campos carece de los conocimientos más elementales. Es enorme el número de analfabetos”. La situación iría mejorando en alguna medida a lo largo del siglo, aunque no estamos seguros de que tanto como para que objetivamente pueda considerarse del todo justificada la reflexión, ya en un momento anterior aludida, que hacía Argüelles en la obra que iba a publicar en Londres en 1835, cuando constataba que el espíritu de libertad que España debía a sus antiguas instituciones, y que había permanecido dormido durante muchos años de usurpaciones, empezó a revivir con el giro que tomó la Ilustración en Europa al terminar el siglo XVII. Y aunque tal espíritu no pudo desplegarse sino con lentitud, por los muchos obstáculos que se le oponían, sin embargo, “la nación llegó a hacer tantos progresos en todo el siglo XVIII, que sin duda ninguna estaba preparada para una extensa reforma antes de la insurrección de 1808”[836].

La preocupación por la educación es consustancial a la totalidad de nuestros ilustrados. Nosotros nos vamos a detener tan sólo en tres de ellos, si bien especialmente significativos: Campomanes, Cabarrús y Jovellanos.

A) Inexcusable es recordar en este ámbito de la educación a Pedro Rodríguez Campomanes, quien llegaría a ser Gobernador del Consejo de Castilla (entre 1783 y 1791), entregado en su vida de gobernante a una función reformadora y educativa, en la que siempre puso el acento en el trabajo, no en el dinero. Quien, a la vista de algunos de sus *Memoriales,* puede ser considerado como el máximo exponente del regalismo español[837], escribiría rotundamente que la pretensión de apelar a un carácter nacional era insostenible. “Las naciones –escribía Campomanes– adquieren o deponen tales caracteres a medida que se ilustran o decaen. Es yerro suponer la existencia de tales caracteres: son efecto de aquella educación sofística que antepone los silogismos a las experiencias y las preocupaciones a las demostraciones matemáticas”[838].

El punto de partida de Campomanes es la característica tendencia pedagógica de los ilustrados. “Todo depende de la educación”, nos dice quien fuera Gobernador del

[835] Jean SARRAILH: *La España Ilustrada..., op. cit.,* p. 55.

[836] Agustín de ARGÜELLES: *Examen Histórico de la Reforma Constitucional,* Madrid, Imprenta de las Novedades, a cargo de A. Querol, 1865, pp. 77-78. En la versión publicada en los últimos años, *Examen Histórico de la Reforma Constitucional de España,* tomo I, Oviedo, Junta General del Principado de Asturias, 1999, p. 110.

[837] Para justificar esta apreciación nos bastará con recordar su *Tratado de la regalía de España,* obra redactada en 1752 que, sin embargo, se vio superada por la firma del Concordato con la Santa Sede de 11 de enero de 1753, permaneciendo inédita cerca de un siglo hasta que en 1830 fue finalmente editada. A ella se habría de añadir su *Tratado de la regalía de la amortización* (1765), relativo como es obvio a la amortización de los bienes eclesiásticos, obra que, a juicio de Sarrailh (en *La España ilustrada..., op. cit.,* p. 591), servirá de norma a la política real, si bien, como es sobradamente conocido, su doctrina no se aplicará en plenitud hasta el siglo XIX.

[838] Pedro RODRÍGUEZ CAMPOMANES: “Discurso preliminar sobre las fábricas”. *Apud* José Antonio Maravall: “Idea y función de la educación...”, *op. cit.,* p. 695.

Consejo en su célebre *Discurso sobre la educación popular de los artesanos y su fomento* (1775). Para el asturiano, "la educación es la norma de vivir las gentes, constituidas en qualquier sociedad, bien ordenada", y esta educación tiene "principios comunes a todos los individuos de la república: tales son los que respetan a la religión, y al orden público", concepto éste, el de orden público, que consiste "en el respeto paterno; en la fidelidad de los matrimonios; en la educación y buen ejemplo a los hijos; y en que cada uno cumpla con sus obligaciones particulares"[839].

La educación la concibe Campomanes con un carácter eminentemente funcional: su cometido es enseñar a cada uno lo necesario para que desempeñe satisfactoriamente el puesto que le está asignado en la sociedad. Desde este punto de vista, el criterio básico para juzgar la educación es el criterio de utilidad. No ha de extrañar por lo mismo que en el punto III de su *Discurso* Campomanes aborde "los conocimientos cristianos, morales, y útiles, en que conviene instruir la juventud, dedicada a los oficios y a las artes", conocimientos "que son precisos en el resto de la vida"[840]. El conde de Campomanes iba a expresar su deseo de que los trabajadores supieran leer, escribir y contar, así como el de que mejoraran su aseo y decencia en el vestir, algo que encontraba muy descuidado en estas gentes. Con una visión indiscutiblemente moderna, Campomanes consideraba que los españoles ilustrados habían de empeñarse en devolver a las mujeres una mayor dignidad. "La mujer, declaraba de modo terminante en el mencionado *Discurso,* tiene el mismo uso de razón que el hombre: sólo el descuido que padece en su enseñanza la diferencia, sin culpa suya"[841]. De ahí que nuestro insigne ilustrado postule que se dé a las mujeres una crianza que facilite los medios "de hacerlas con el tiempo generalmente laboriosas". "Si la educación en los hombres y mujeres fuera igual –concluirá Campomanes– podría resolverse el vano problema de si lo es también su entendimiento. Mientras subsista su instrucción en el pie actual, es una cuestión inútil y meramente especulativa"[842].

B) También Cabarrús, en su *Elogio del Conde de Gausa* (1785), y, por encima de todos, Jovellanos, tanto en su *Informe en el expediente de la Ley Agraria* (1784) como, y sobre todo, en su *Memoria sobre la educación pública*[843], mostrarán similares inquietudes

---

[839] Conde de CAMPOMANES: *El fomento de la industria popular (1774). Discurso sobre la educación popular de los artesanos y su fomento (1775),* Oviedo, Grupo Editorial Asturiano (GEA), 1991. El "Discurso" puede verse en pp. 103 y ss.; el texto transcrito, en p. 105.

[840] Conde de CAMPOMANES: *Discurso sobre la educación popular...,* en *Ibidem,* pp. 161 y ss.

[841] Conde de CAMPOMANES: *Discurso sobre la educación popular...,* apartado XVII ("De las ocupaciones mujeriles, a beneficio de las artes"), en *Ibidem,* pp. 261 y ss.; en concreto, p. 265

[842] *Ibidem,* p. 266.

[843] G. M. de JOVELLANOS: "Memoria sobre educación pública o sea Tratado teórico-práctico de enseñanza, con aplicación a las escuelas y colegios de niños" (Fragmentos), en el libro del propio autor, *Obras escogidas,* vol. II, edición de Ángel del Río, Madrid, Espasa-Calpe, 1966, pp. 51 y ss. En esta "Memoria" Jovellanos se interroga críticamente acerca de por qué el Estado, cuidándose tanto de multiplicar los individuos que concurren al aumento del trabajo, no se ha cuidado igualmente de multiplicar los que concurren al aumento de la instrucción, "sin la cual ni el trabajo se perfecciona, ni la riqueza se adquiere, ni se puede alcanzar ninguno de los bienes que constituyen la pública felicidad" (p. 60), para sostener más adelante, que el primer cuidado debe ser multiplicar las escuelas, que, aunque imperfectas, siempre producirán mucho bien (p. 67), precisando de inmediato que las primeras letras son la primera llave de toda instrucción (p. 67), subrayando asimismo, que la observación y la experiencia son las fuentes primitivas de la instrucción humana (p. 58), y en fin, consecuente con su defensa de una reforma progresiva, con su gradualismo reformista, concluyendo que los medios de reforma nunca deberán ser dirigidos a destruir, sino a mejorar (p. 124).

en relación al ámbito educativo. Ambos, por lo demás, trabarán una estrecha amistad a partir de 1795. La preocupación educacional del prócer gijonés conducirá a Sarrailh a considerarle[844] un precursor de Joaquín Costa y de la generación del 98. Nos ocupamos de inmediato de las posiciones respectivas de Cabarrús y Jovellanos.

Francisco Cabarrús es el eminente financiero y político de origen francés, aunque naturalizado español, que ante la devaluación de los "vales reales", propuso la creación de un banco nacional que los redimiese y operase como una fuerza financiera opuesta a la Compañía general y de comercio de los cinco gremios mayores de Madrid, propuesta que culminaría con éxito en 1782 con la creación del Banco de San Carlos, germen del futuro Banco de España. El conde de Cabarrús, que según Elorza encarna, quizá mejor que ningún otro, las contradicciones implícitas en su inserción dentro de los esquemas del despotismo ilustrado[845], como ilustrado que es, cree en el progreso y revela una concepción moderna de éste, como un movimiento impreso en la historia, que garantiza una continua asimilación o realización de valores[846], situándose en la misma línea de pensamiento que Jovellanos. En su *Elogio del Conde de Gausa,* pronunciado en la Junta General celebrada por la Real Sociedad de Amigos del País de Madrid el 24 de diciembre de 1785, Cabarrús se hacía eco laudatoriamente de cómo D. Miguel de Múzquiz, Conde de Gausa, "persuadido de la influencia que tienen las luces en la prosperidad de los Estados, creía que ellas solas derramadas por todas las Provincias podrían triunfar un día de los obstáculos que impiden su progreso"[847], añadiendo a continuación que el elogiado también se hallaba persuadido de que "las Sociedades económicas, a pesar de los defectos de su gobierno, iban a preparar en silencio esta revolución, que ha de restituir a España su antigua superioridad". Y a su vez, en su *Elogio de Carlos III, rey de España y de las Indias*, pronunciado en julio de 1789 en la Real Sociedad de Amigos del País de Madrid, Cabarrús expresará su creencia de que todos los males de la sociedad proceden de un déficit en el desarrollo racional, que sólo el incremento y difusión de las luces remediará. "Los delitos –llega a afirmar– nacen del error"[848].

En su *Carta sobre los obstáculos de opinión y el medio de removerlos* Cabarrús llega a hablar del "embrutecimiento casi universal de nuestra especie degradada"[849], ante la que sólo la meditación llevada a cabo por algunos les ha hecho descubrir aquellas verdades elementales, antes casi totalmente oscurecidas, "y la verdadera ciencia, apoyada en la duda y en el análisis, restituyó a la naturaleza sus luces primitivas". Los gobiernos, argumentará

---

844 Jean SARRAILH: *La España Ilustrada..., op. cit.,* p. 176. Entre nosotros, Martínez Quinteiro hace suya idéntica tesis. M. E. MARTÍNEZ QUINTEIRO: "Comentarios de texto", en la obra de Manuel José Quintana, *Quintana revolucionario,* Madrid, Narcea de Ediciones, 1972, pp. 125 y ss.; en concreto, p. 140.

845 Elorza compendia las radicales paradojas del conde de Cabarrús del siguiente modo: ilustrado y prerromántico, protagonista de la política económica de Carlos III y crítico liberal de su concepción política, burgués adversario de la nobleza y ennoblecido, gran señor y partidario de la igualdad, unido primero a los patriotas en 1808 y, poco después, afrancesado. Antonio ELORZA: *La ideología liberal en la Ilustración española,* Madrid, Editorial Tecnos, 1970, p. 139.

846 José Antonio MARAVALL: "Cabarrús y las ideas de reforma política y social en el siglo XVIII", *op. cit.,* pp. 14-15.

847 Francisco CABARRÚS: *Elogio del Excelentísimo Señor Conde de Gausa,* Madrid, Viuda de Ibarra, Hijos y Compañía, 1786, p. 40.

848 *Apud* José Antonio MARAVALL: "Cabarrús y las ideas de reforma...", *op. cit.,* p. 18.

849 Conde de CABARRÚS: "Carta sobre los obstáculos de opinión y el medio de removerlos con la circulación de luces, y un sistema general de educación", en la obra del propio autor, *Cartas,* (Estudio preliminar de José Antonio Maravall), Madrid, Castellote Editor, 1973, pp. 117 y ss.; en concreto, p. 119.

poco después el político de Bayona[850], tienen el mayor interés en el progreso de las luces, "pues nuestros pueblos, embrutecidos y contagiados por la opresión y el error, no son susceptibles de ninguna reforma pacífica mientras no se les cure, y como esta curación se puede tener por desesperada, es preciso dirigirse a la generación naciente, y tal es el objeto de la educación nacional".

En la misma carta anteriormente citada, Cabarrús iba a trazar, como con acierto señala Sarrailh[851], un plan completo y audaz de enseñanza, completamente impregnado del espíritu revolucionario francés. Y así, nuestro autor demanda que haya "en cada lugar una o más escuelas, según su población, destinadas a enseñar a los niños a leer, escribir, contar, los primeros elementos de la geometría y un catecismo político en que se comprendan los elementos de la sociedad en que viven y los beneficios que reciben de ella"[852]. Cabarrús reclama con toda rotundidad la generalización de la educación elemental:

> "Esta enseñanza elemental y tan fácil ha de ser por consiguiente común a todos los ciudadanos: grandes, pequeños, ricos y pobres; deben recibirla igual y simultáneamente. ¿No van todos a la Iglesia? ¿Por qué no irían a este templo patriótico? (....) Lejos de la infancia aquellas distinciones que la corrompen y estragan. Ningún niño pueda ser eximido, sea la que fuese su cuna, de esta concurrencia precisa, so pena de no poder conseguir empleo ni función pública, so pena de no ser ciudadano; sea necesario a todos ellos presentar la certificación de su concurrencia, y desde los seis años hasta los diez críense junto los hijos de una misma patria"[853].

Cabarrús reivindicará una educación física para los niños (el paseo, la carrera, la lucha y el nadar), una significativa elevación del *status* del maestro en cada pueblo, un fortalecimiento del estudio de las "bellas letras", un radical cambio en el sistema de exámenes, la gratuidad de la enseñanza, la impartición de la misma en edificios cómodos y espaciosos.... En definitiva, un cambio verdaderamente revolucionario.

C) Jovellanos no va a dudar ni un solo instante de que en la instrucción pública se encuentra el origen de la prosperidad social. El prócer asturiano es, sin duda, quien mejor personifica el talante reformista característico del siglo de las luces, no por supuesto desde una óptica revolucionaria, sino desde una posición de evolución progresiva, gradual, que, poniendo el punto de mira en una reforma económica asentada en los principios de la economía liberal, considera como antecedente necesario incidir en la educación en cuanto instrumento de reforma social. El gijonés, como señalara Elorza[854], expresa con mayor claridad que cualquier otro pensador español el ideal ilustrado de progreso. El progreso de la razón humana es inevitable, pero asimismo siempre gradual. Jovellanos cree que el progreso supone una cadena graduada, y el paso vendrá señalado por el orden de sus eslabones.

---

[850] *Ibidem,* p. 121.
[851] Jean SARRAILH: *La España Ilustrada..., op. cit.,* p. 216.
[852] Conde de CABARRÚS: "Carta sobre los obstáculos de opinión...", *op. cit.,* p. 128.
[853] *Ibidem,* pp. 129-130.
[854] Antonio ELORZA: *La ideología liberal en la Ilustración española, op. cit.,* p. 98.

Como buen ilustrado, Jovellanos ve en la educación el instrumento esencial del progreso en la sociedad y de la felicidad en el ámbito individual. "Establecido, pues, que el hombre puede perfeccionar su ser por medio de la instrucción, –escribe el asturiano en 1776[855]– fácil es de inferir que ella sola puede ser el primer instrumento de su felicidad". Y poco después, insiste: "la instrucción es la primera fuente de la felicidad individual del hombre". La trascendencia que para Jovellanos tiene la instrucción pública se halla fuera de cualquier duda, pero conviene precisar que el asturiano, al igual que Campomanes, vincula la instrucción pública a los conocimientos útiles: "Cuando hablo de instrucción pública, –escribe en sus *Memorias pedagógicas,* más concretamente, en su "Plan para arreglar los estudios de las Universidades" (1798)[856]– entiendo yo, no lo que generalmente puede este nombre, sino aquella especie de instrucción buena y provechosa que, por decirlo así, tiene en su mano las llaves de la prosperidad (...). Hablo, pues, de aquella instrucción que busca y alcanza los conocimientos útiles y sabe aplicarlos mejor al adelantamiento de las naciones".

Con todo, será en su *Memoria sobre la educación pública* (1802) donde mejor exprese el gijonés su posición sobre la materia educativa. En ella se reafirmará en algunas de las ideas ya expuestas, como la de que la instrucción pública es el primer origen de la prosperidad social, tesis que cree respaldada por la razón y la experiencia. "¿No es la ignorancia –se interroga Jovellanos[857]– el más fecundo origen del vicio, el más cierto principio de la corrupción? ¿No es la instrucción la que enseña al hombre sus deberes y la que lo inclina a cumplirlos? La virtud consiste en la conformidad de nuestras acciones con ellos, y sólo quien los conoce puede desempeñarlos". En perfecta coherencia con todo ello, Jovellanos, al igual que Cabarrús, considerará que la enseñanza gratuita de las primeras letras es una obligación del Estado.

La obsesión de nuestro gran prócer por la ignorancia es tal, que la eleva al rango de una causa general de interpretación histórica para explicar por la ignorancia el origen de las guerras[858]. En esta verdadera cruzada contra la ignorancia es donde Jovellanos se nos muestra más por entero dentro del espíritu del siglo XVIII, pues no sólo pretende reformar la educación, sino, más propiamente, servirse de ella, o lo que es igual, de la difusión de las luces como instrumento de reforma social. En cierto modo, por encima de cualquier otra faceta, el asturiano puede ser considerado un pedagogo que se afana en organizar una cultura nacional. Un pedagogo que lee, medita y redacta innumerables planes de enseñanza para facilitar la tarea educativa asignada al poder central.

Pero no sólo iban a ser nuestros grandes pensadores de la Ilustración quienes explicitasen su preocupación hacia la cuestión educativa. Escritores y artistas iban a mostrar asimismo su sensibilidad e inquietud al respecto. Así, José Cadalso, bien conocido por su discusión de numerosos tópicos de la Ilustración, y respecto del que, como dijera

[855] Gaspar Melchor de JOVELLANOS: "Introducción a un discurso sobre el estudio de la Economía civil", en *Obras publicadas e inéditas de Don Gaspar Melchor de Jovellanos,* tomo quinto, (Biblioteca de Autores Españoles, tomo 87), edición de Miguel Artola, Madrid, Ediciones Atlas, 1956, pp. 7 y ss.; en concreto, p. 17.

[856] Gaspar Melchor de JOVELLANOS: "Memorias pedagógicas (1790-1809)", en *Obras publicadas e inéditas..., op. cit.,* tomo quinto, pp. 293 y ss.; en concreto, p. 295.

[857] Gaspar Melchor de JOVELLANOS: "Memoria sobre educación pública" (1802) (fragmentos), en Patricio Peñalver Simó (Selección e introducción), *Jovellanos. Obras sociales y políticas,* Madrid, Publicaciones españolas, 1962, pp. 213 y ss.; en concreto, p. 220.

[858] Cfr. al respecto, Luis SÁNCHEZ AGESTA: *El pensamiento político..., op. cit.,* pp. 194-199.

Glendinning[859], no cabe dudar acerca de su creencia en los valores de la razón y en la discusión en cuanto medio de llegar a la certeza de lo que es válido y de lo que no lo es, en la Carta VI de sus *Cartas marruecas,* obra por la que corre un hilo fuertemente racional, escribe lo que sigue:

> "El atraso de las ciencias en España en este siglo, ¿quién puede dudar que procede de la falta de protección que hallan sus profesores? Hay cochero en Madrid que gana trescientos pesos duros, y cocinero que funda mayorazgos; pero no hay quien no sepa que se ha de morir de hambre como se entregue a las ciencias, exceptuadas las de *pane lucrando* que son las únicas que dan de comer"[860].

Entre los artistas, Goya es, sin duda, el ejemplo paradigmático. Como reconoce Maravall[861], el pintor iba a advertir que había otro camino para influir sobre la sensibilidad y aun sobre el pensamiento, a través de la lección visual de unas imágenes, pues también esto era educación. Es así como al pintor se le hace patente la vía educativa a la que corresponden los *Caprichos*, haciendo a través de los mismos una censura de los errores y vicios humanos. Como ha escrito un especialista en la pintura del genial aragonés, tanto por el carácter inconsciente de capricho o imaginación como por el aspecto distraído de estos cuadros, nos parece lícitos verlos como sueños, esto es, como pinturas que son la realización de un deseo del pintor[862]. Goya, añadiríamos por nuestra cuenta, pretende con los *Caprichos* y la sátira que envuelven poner de relieve los defectos de la sociedad a fin de que, siendo la misma consciente de ellos, puedan ser corregidos. Se trata de una pretensión absolutamente pedagógica.

En fin, innecesario es decir que la preocupación educativa a que acabamos de referirnos también será compartida en plenitud por la generación de nuestros pensadores y políticos liberales, como Argüelles, Quintana, Blanco White o Lista.

b) La generalizada pretensión entre nuestros ilustrados de un cambio en la educación tradicional

I. Los ilustrados no sólo iban a propugnar la necesidad de una política educativa, sino que iban a reclamar la inexcusabilidad de reformar la educación tradicional, preocupación que venía de tiempo atrás, al menos desde finales del siglo XVII. Se rechazaba una educación que había servido de base de sustentación de un modelo de sociedad que no es que se quisiera derribar mediante un impulso revolucionario, pero que sí se deseaba reformar por caminos presididos por la idea de progreso.

Esta pretensión de reforma de la educación tradicional no era exclusiva de nuestro país; también en Francia el problema era sentido como tal. En el artículo "Collège" de la

---

859 Nigel GLENDINNING: *Historia de la Literatura española. El siglo XVIII,* edición al cuidado de José-Carlos Mainer, Barcelona/Caracas/México, Editorial Ariel, 3ª reimpr. de la 3ª ed. corregida y aumentada, Abril 1981, p. 89.

860 José CADALSO: *Cartas marruecas. Noches lúgubres,* edición de Joaquín Arce, Madrid, Ediciones Cátedra, 12ª ed., 1989, p. 96.

861 José Antonio MARAVALL: "Idea y función de la educación...", *op. cit.,* p. 716.

862 Nigel GLENDINNING: "Perspectivas", en la obra *Goya. La Década de los Caprichos* (Retratos 1792-1804), Madrid, Real Academia de Bellas Artes de San Fernando, 1992, pp. 17 y ss.; en concreto, p. 31.

Encyclopédie, cuyo autoría correspondía a d´Alembert, se formulaba una severa crítica del estado de la educación en el siglo XVIII. El autor, al abordar la cuestión de "en qué consiste la educación de nuestros colegios y compararla con la educación doméstica", a título previo, apostillaba: "No hago la guerra a los hombres, sino a los abusos, a los abusos que hieren y afligen, como a mí, incluso a los mismos que contribuyen a mantenerlos, porque temen oponerse a la corriente"[863]. Y a los efectos de tal examen, d´Alembert iba analizando de modo sucesivo los cinco puntos a los que reducía la educación pública: las humanidades, la retórica, la filosofía, las costumbres y la religión, manteniendo al respecto un discurso notablemente crítico. Y Diderot, en su *Plan d´une université pour le gouvernement de Russie ou d´une éducation publique dans tous les sciences,* redactado en 1775-1776, lamentaba que "escuelas de educación pública bárbara y góticas se mantengan en medio de una nación ilustrada"[864]. Entre otras reformas, se iba a postular: quitar protagonismo a las lenguas muertas, con la consiguiente potenciación de las lenguas vivas; impulsar el estudio de las ciencias, entre ellas las de la naturaleza y también las ciencias matemáticas, con la consiguiente reducción del tiempo de estudio dedicado a las materias especulativas[865], y en fin, sin la más mínima pretensión de exhaustividad, atender no sólo a la razón, sino también a la experiencia.

El propio Feijoo escribía al respecto en su discurso undécimo ("El gran magisterio de la experiencia") lo que sigue:

> "Lo primero que a la consideración se ofrece, es el poco o ningún progreso que en el examen de las cosas naturales hizo la razón desasistida de la experiencia por el largo espacio de tantos siglos. Tan ignorada es hoy la naturaleza en las aulas de las escuelas como lo fue en la Academia de Platón y en el Liceo de Aristóteles"[866].

Refiriéndose a la enseñanza superior, el P. Sarmiento, en su *Discurso sobre el método,* sostenía que las Universidades "se fundaron en los siglos de la barbarie", así como las Academias "en los siglos de la charlatanería", para añadir el erudito y polémico benedictino que las Universidades "sólo son escuelas de vicios y ociosidades"[867]. No le iba a la zaga en la crítica Cabarrús, quien demandaba: "Ciérrense, por descontado, ciérrense aquellas

---

[863] DIDEROT—d´ALEMBERT: *La Enciclopedia,* Madrid, Ediciones Guadarrama, 1970; el artículo "Colegio" en pp. 49-61, el texto transcrito, en p. 50.

[864] *Apud* José Antonio MARAVALL: "Idea y función de la educación...", *op. cit.,* p. 701.

[865] En su *Elogio de Carlos III* (8 de noviembre de 1788) Jovellanos aludía a cómo "la filosofía de Aristóteles había tiranizado por largos siglos la república de las letras, y aunque despreciada y expulsa de casi toda Europa, conservaba todavía la veneración de nuestras escuelas. Poco útil en sí misma, porque todo lo da a la especulación y nada a la experiencia, y desfigurada en las versiones de los árabes, a quienes Europa debió tan funesto don, había acabado de corromperse a esfuerzos de la ignorancia de sus comentadores". Sus sectarios, añadía el asturiano, divididos en bandos, la habían oscurecido entre nosotros con nuevas sutilezas. Frente a tal situación, Carlos III "disipa, destruye, aniquila de un golpe estos partidos, y dando entrada en nuestras aulas a la libertad de filosofar, atrae a ellas un tesoro de conocimientos filosóficos que circulan ya en los ánimos de nuestra juventud y empiezan a restablecer el imperio de la razón". JOVELLANOS: "Elogio de Carlos III", en Patricio Peñalver Simó: *Jovellanos. Obras sociales y políticas, op. cit.,* pp. 71 y ss.; en concreto, pp. 79-80.

[866] Benito Jerónimo FEIJOO: *Teatro crítico universal..., op. cit.,* tomo V, Discurso XI, p. 337.

[867] *Apud* José Antonio MARAVALL: "Idea y función de la educación en el pensamiento ilustrado", *op. cit.,* p. 709.

universidades, cloacas de la humanidad y que sólo han exhalado sobre ella la corrupción y el error"[868].

II. Particularmente interesantes serán las reflexiones formuladas por Ibáñez de la Rentería, sobre el que volveremos con algún detalle más adelante, en relación a diversos aspectos relacionados con la educación. Según Fernández Sebastián[869], el ideal pedagógico de Rentería muestra en este campo una cierta influencia del autor del *Émile*, que se plasma en algunas propuestas para la mejora de los métodos de enseñanza, en concordancia con uno de los objetivos principales de la Real Sociedad Bascongada de Amigos del País, con la que tan vinculado estuvo Rentería. "La enseñanza de la juventud, –dirá el bilbaino en su *Discurso sobre la amistad del país o idea de una sociedad patriótica*– que es el primer medio que la Sociedad Bascongada, formada ya, ha proyectado en beneficio del público, exige la primera atención de los Amigos del País. La República que ha de tener buenos ciudadanos, necesita formarlos; siendo esta verdad tan patente que no necesita de prueba alguna"[870]. En su *Discurso sobre el gobierno municipal* aduciría[871], que "una tradición mal entendida reduce la instrucción de los primogénitos a una corta esfera de conocimientos, y no faltan estúpidos que creen suficientes los de latinidad; no es de maravillar que siguiendo este errado método se hallen las Repúblicas en algunas partes tan atrasadas" (es obvio que se está refiriendo a España). De inmediato, el bilbaíno expone los que, a su juicio, habrían de ser conocimientos convenientes para la instrucción de un buen ciudadano: la Gramática, acomodándola a la lengua nacional y a las demás; la Historia; la Geografía política, que considera necesaria para el mejor conocimiento de la Historia y de las noticias económicas; la Retórica, en cuanto que "la elocuencia dirigida a lo bueno es un don inestimable; este es el medio de lograr en las Repúblicas una autoridad que sea útil y gustosa al pueblo"; una Lógica con método, que se dirija a dar reglas de raciocinar, y la Matemática, "que es muy importante para cimentarse en las ideas económicas necesarias al gobierno de los pueblos". Ibáñez de la Rentería escribiría una disertación, premiada por la Sociedad Holandesa de Haarlem en 1762, "Sobre la educación de la juventud en punto a estudios", en la que, críticamente, pondrá de relieve que "el estudio de los jóvenes está lleno de muchas trabas: se ha hecho cuanto se ha podido para contradecir a la naturaleza los deseos y la disposición que nos ha dado para saber. La fatiga, el castigo, la obscuridad de las reglas, en general el método fastidioso y áspero de enseñarnos, es el que eficazmente promueve nuestra ignorancia y nos quita los deseos de salir de ella"[872]. Ibáñez de la Rentería considerará como primer estorbo para el estudio la fatiga, que resulta de la poca economía que se observa en el estudio a que destinamos a los niños. El abuso

---

[868] Conde de CABARRÚS: "Carta segunda: Sobre los obstáculos de opinión y el medio de removerlos con la circulación de luces, y un sistema general de educación", en *Cartas,* Madrid, Castellote Editor, 1973, pp. 117 y ss.; en concreto, p. 133.

[869] Javier FERNÁNDEZ SEBASTIÁN: "Estudio introductorio: Ibáñez de la Rentería y el pensamiento político de la Ilustración", en la obra *La Ilustración Política. Las "Reflexiones sobre las formas de gobierno" de José A. Ibáñez de la Rentería y otros discursos conexos (1767-1790),* edición de Javier Fernández Sebastián, Bilbao, Servicio Editorial de la Universidad del País Vasco, 1994, pp. 21 y ss.; en concreto, pp. 70-71.

[870] Este Discurso puede verse en la obra *La Ilustración Política..., op. cit.,* pp. 241 y ss.; el texto citado en p. 244.

[871] José A. IBÁÑEZ DE LA RENTERÍA: "Discurso sobre el Gobierno Municipal", en *La Ilustración Política..., op. cit.,* pp. 191 y ss.; en concreto, pp. 219-220.

[872] José A. IBÁÑEZ DE LA RENTERÍA: "Sobre la educación de la juventud en punto a estudios", en *La Ilustración Política..., op. cit.,* pp. 223 y ss.; en concreto, p. 225.

del castigo es el segundo obstáculo; con él se hace aborrecible a los niños el estudio. Otro medio que opera en la misma dirección es el mal método que se usa generalmente, así en el uso de las reglas, como en la aplicación de los ramos de enseñanza a la edad y genio de los jóvenes. En fin, nuestro autor considera como principios que operan como fundamento de todo: 1) "que nunca será bastante cuanto se discurra para facilitar la claridad en el estudio de las ciencias", y 2) "que la lengua vulgar es en general más clara para todos que la latina, aunque se haya hecho el estudio más grande de ésta"[873].

Ibáñez de la Rentería trata de facilitar algunas pautas para hacer frente a las trabas expuestas. Vale la pena aludir a algunas de ellas por la modernidad de sus consideraciones. Frente a la fatiga, resultante de la pretensión de someter a los niños a "un hartazgo de instrucción", sin atender a que las facultades del espíritu, así como las del cuerpo, son débiles en esa tierna edad, el vasco recuerda la famosa máxima de Juvenal, *Mens sana in corpore sano,* y a partir de ella aduce que la fortaleza del cuerpo es el cimiento de la fortaleza del entendimiento. En consecuencia, propugna que la instrucción de los niños empiece con un estudio que parezca diversión. Frente al abuso del castigo, que "hace aborrecible a los niños el estudio, arruinando igualmente su espíritu y su temperamento físico"[874], Ibáñez de la Rentería considera necesario no el completo destierro del castigo, sino simplemente economizarlo, agotando antes de llegar al castigo corporal cuantos medios sean posibles, como los consejos y reprensiones. Años después, el gran poeta y autor de comedias Leandro Fernández de Moratín (1760-1828) se pronunciaría de un modo muy semejante: "es menester (escribe en su traducción de *La escuela de los maridos* de Molière) instruir a la juventud con la risa en los labios, reprender sus defectos con grandísima dulzura y hacerla que ame la virtud, no que a su nombre se atemorice"[875]. En *El sí de las niñas* (1806), su más célebre obra, Moratín extraerá del hermoso dictamen anterior una consecuencia de carácter general: la existencia de peligros y daños en la educación resultante "del abuso de autoridad, de la opresión que la juventud padece".

En referencia específica al mal método seguido para la enseñanza, el vasco considera que la estupidez de muchos llega al extremo de creer que la Gramática es aprender latín, "no siendo, ni debiendo ser otra cosa que un método de hablar arregladamente los idiomas en general". A este errado cimiento sigue el edificio de nuestros estudios, criticando Ibáñez de la Rentería que "ciencias tan necesarias al bien de la humanidad" como el Derecho y la Medicina se estudien también en latín, "para que sean más dificultosas y menos los que las posean con perfección"[876]. Casa a la perfección la posición de Ibáñez de la Rentería con la del benedictino Fray Martín Sarmiento (1695-1771), amigo próximo del P. Feijoo, y un decidido partidario de la enseñanza en lengua nativa, como lengua de estudio.

---

[873] *Ibidem,* p. 232.

[874] "El abuso del castigo –escribe con una extraordinaria clarividencia Ibáñez de la Rentería– hace a los jóvenes mentirosos, falsos, viles; y los acostumbra a no gobernarse por motivos justos; ahoga en ellos los principios de honor y de vergüenza, que deben ser el principal móvil de sus acciones en la vida del mundo; el miedo es una pasión que, como las demás, crece en razón de los actos que se repiten de ella, se hace hábito y cuesta infinito desarraigarlo; es muy perjudicial al alma y al cuerpo de los jóvenes". "Y finalmente –escribe poco después el vasco– el mayor mal consiste en que el joven acostumbrado a ser bueno sólo por miedo, se cree autorizado al libertinaje en la hora que sale de la sujeción paterna o de los Maestros. Una triste experiencia confirma esta verdad". José A. IBÁÑEZ DE LA RENTERÍA: "Sobre la educación de la juventud...", *op. cit.*, p. 228.

[875] *Apud* José Antonio MARAVALL: "Idea y función de la educación...", *op. cit.,* pp. 703-704.

[876] José A. IBÁÑEZ DE LA RENTERÍA: "Sobre la educación de la juventud...", *op. cit.*, pp. 231-232.

También el P. Sarmiento protestará contra lo que se hacía en Universidades y Academias, en las que se seguía el latín para el estudio de disciplinas como la Lógica, la Física y la Metafísica, con lo que los estudiantes que salían con un título manejaban una jerga que comprendían mal, quedando casi desnudos de la lengua nativa. Con un radicalismo sorprendente, que Maravall considera[877] que está en contradicción con el pensamiento ilustrado, el benedictino afirma: "de modo que las verdades científicas, en las cuales se ha de fundar el joven, las ha de saber no en otra lengua que en la natural y vulgarizada".

No ha de extrañar después de lo expuesto que, tras los debates sobre la reforma de la enseñanza habidos bajo los reinados de Carlos III y Carlos IV, el problema de la mejor enseñanza se convirtiera en un deseo nacional, de cuya profundidad histórica y efectiva, según Juretschke[878], sólo se tiene una idea adecuada cuando se leen las memorias que en 1809 se enviaron a la Comisión de Cortes creada por la Junta Central durante su estancia en Sevilla.

c) La demanda de una libre circulación de las luces

La Inquisición, como ya tuvimos ocasión de decir, impidió la publicación de la traducción del *Émile*, lo que ya constituía un serio indicio de las dificultades que en España iba a encontrar la pretensión de un cambio radical en la educación tradicional, pero como recuerda Domínguez Ortiz[879], no por ello careció en España de lectores. Los obstáculos no iban, sin embargo, a impedir a los ilustrados seguir creyendo y postulando la conveniencia de una reforma del sistema educativo que lo hiciera más eficaz con el fin de abatir los obstáculos de carácter mental que impedían el progreso, tales como las supersticiones, los errores y la irracionalidad del pueblo. A tal efecto, la reivindicación de una libre comunicación de las luces se iba a ir acentuando con el paso de los años. "Comunicaciones y luces, he aquí lo que le falta (a Asturias)", escribía Jovellanos en su "Diario" del 31 de diciembre de 1796[880]. Por lo demás, el ilustre gijonés ligará la educación a "la circulación de las ideas (o de las luces)", y es evidente que tal circulación difícilmente podía existir sin la posibilidad de que esas ideas se expresaran y comunicaran libremente, lo que, como es obvio, presuponía la libertad de imprenta.

El durante muchos años íntimo amigo de Jovellanos, Cabarrús, compartiría por entero el planteamiento del gijonés. En la segunda de sus "Cartas", en la que analiza "los obstáculos de opinión y el medio de removerles con la circulación de luces, y un sistema general de educación", se manifiesta en favor de la más libre comunicación de las luces. "¡La libertad de las luces! –escribe[881]– Jamás, lo confieso, he podido comprender las dificultades de que se ha erizado este punto, tal vez demasiado sencillo a mis ojos. ¿Qué

---

877 José Antonio MARAVALL: "Idea y función de la educación...", *op. cit.*, p. 704.

878 Hans JURETSCHKE: *Los afrancesados en la Guerra de la Independencia,* Madrid, Ediciones Rialp, 1962, pp. 261-262.

879 Antonio DOMÍNGUEZ ORTIZ: *Carlos III y la España de la Ilustración,* Madrid, Alianza Editorial, 1ª reimpr. de la 1ª ed., 1988, p. 162.

880 Gaspar Melchor de JOVELLANOS: *Diarios,* selección y prólogo de Julián Marías, Madrid, Alianza Editorial, 1967, pp. 223-224. "Si no tiene buenas leyes –sigue escribiendo el asturiano en el "Diario" de ese mismo día– las tendrá, porque éste debe ser un efecto infalible de la propagación de las luces. Cuando la opinión pública las dicte, la autoridad tendrá que establecerlas, quiera o no".

881 Conde de CABARRÚS: "Carta II. Sobre los obstáculos de opinión y el medio de removerles con la circulación de luces, y un sistema general de educación", en *Cartas, op. cit.,* pp. 117 y ss.; en concreto, p. 123.

límites debe tener en la sociedad la libertad de las opiniones, de la palabra y de la escritura que la reproducen? El mismo que las acciones; esto es, el interés de la sociedad. Mi libertad cesa cuando ofendo o al pacto que me la asegura o a los demás garantes de ella". Y en la misma "Carta", algo más adelante, expresa Cabarrús su creencia en la compatibilidad "aún con nuestro sistema actual" de una buena ley sobre la circulación de las luces, "pero hasta ahora se ha creído más útil para preservarnos de ciertos excesos dejar circular y triunfar impunemente todos los errores opuestos, ¿y por ventura se consigue el fin? No por cierto: sólo se logra multiplicar la resistencia y hacer más funesto el choque y la explosión"[882]. Y ello por cuanto el conde de Cabarrús no alberga duda acerca de que la luz triunfa sobre todos los obstáculos, se introduce por todos los resquicios, y el gobierno, si no se anticipa a recibirla, si no prepara los ánimos, será víctima de la lucha sangrienta que hubiera podido evitar. En fin, para el fundador del Banco de San Carlos, los obstáculos de opinión que impiden el progreso de las sociedades políticas son grandes y sólo cederán "a la libertad de comunicación de ideas, a una educación elemental, simple y preservativa de errores, que toda una generación debe recibir, y que rectificando las enseñanzas, sólo útiles en cuanto son necesarias al Estado, en vez de la prodigalidad ciega que aquéllos consiguieron, preste auxilios a las que inmediatamente proceden la felicidad individual y la prosperidad común"[883].

El discurso del conde de Cabarrús expresa con notable claridad algunas de las constantes del pensamiento ilustrado de esos años. En primer término, el de que los obstáculos que impiden el progreso de la sociedad, en cuanto fruto de la ignorancia, el error y la superstición, requieren inexcusablemente la circulación de las luces, o lo que es lo mismo, la libre transmisión de las ideas, de las opiniones, del conocimiento, que no puede tener mas límite que el interés general de la sociedad. Pretender salvaguardar ese interés general obstaculizando la libre circulación de las ideas no logra impedir a la larga el conocimiento de las mismas, por cuanto las luces penetran por cualquier resquicio, con lo que la censura, con la que se trata, supuestamente, de impedir la difusión de ciertos excesos, a la larga, sólo logra fortalecer la resistencia de quienes se oponen a todo progreso social, haciendo más virulento el choque de quienes, en salvaguarda de sus propios intereses, se oponen a cualquier forma de progreso. Desde esta óptica ilustrada, la libre comunicación de ideas se une así estrechamente a la transmisión del saber, y una y otra precisan de la libertad de imprenta, sin la que carece de sentido todo lo demás. Tras estas reflexiones, al igual que tras las que hace Jovellanos, late esa visión de la Ilustración como verdadero empeño pedagógico, en el que la educación va a jugar un rol instrumental, el de genuino mecanismo de reforma social y aún política, rol que requiere a su vez de modo irrenunciable de la libre transmisión del conocimiento y de las ideas.

La prensa periódica, y más ampliamente las publicaciones de todo tipo, estaban llamadas de esta forma a desempeñar una función esencial en la viabilización de este designio ilustrado. Los diarios, como la educación, estaban llamados a operar como una verdadera arma en favor del progreso. Como en referencia a ese controvertido agustino gallego, y a la par periodista, que fue Manuel Pardo de Andrade, del que ya nos hemos hecho eco, escribe Saurin de la Iglesia[884], la fe en la educación y en sus posibilidades de liberar al hombre, tan característica de la Ilustración, iba a hacer de este fallido profesor

[882] *Ibidem,* p. 126.
[883] *Ibidem,* pp. 147-148.
[884] María Rosa SAURIN DE LA IGLESIA: "Introducción", *op. cit.,* p. 47.

un defensor apasionado de una reforma educativa que desde la cuna potenciase en el ser humano sus mejores virtudes sociales, y ello, añadiríamos por nuestra cuenta, lo iba a tratar de viabilizar a través de sus artículos en diversos medios, y de modo muy particular en el *Diario de Madrid*. Entre 1795 y 1799, Pardo de Andrade, y no se trata de un caso aislado, dedicaría un larguísimo elenco de artículos[885] a la cuestión educativa, refiriéndose a temas tales como: el objetivo principal de la educación, que no podía ser sino el de "criar hombres virtuosos"; la conveniencia de distinguir la educación de la instrucción, o sea, la educación moral de la literaria; la necesidad de omitir el castigo siempre que se pueda, "porque la frecuencia de éste envilece a los niños, hace desaparecer de ellos el respeto y la vergüenza y los hace duros e incorregibles"; el doble objeto de la educación, uno moral ("hacer el hombre sociable, civil y religioso") y otro físico ("hacerlo industrioso y disponerlo para ser sabio y útil a la sociedad en que vive particularmente"), y en fin, al mayor cuidado que debe tener quien se encarga de la educación de los hombres, que no puede ser otro sino el de hacerlos justos, pues "si se logra este precioso objeto será la obra sublime de la educación moral del hombre completa y feliz".

Ya iniciado el conflicto bélico contra los franceses, la reivindicación de las luces y la lucha contra la ignorancia seguirían estando presentes en múltiples foros, incluso en el artístico, como revelarían los *Disparates* de Goya, serie que parece que nuestro gran pintor inició en 1815, aunque no se hiciera pública hasta 1864, y que no había de constituir sino una nueva muestra de su exacerbación crítica. Estas manifestaciones artísticas y otras de diversa naturaleza, como las literarias, muestran con singular nitidez la sociedad española de la época. Con toda razón, Julián Marías pudo escribir que si queremos de verdad entender qué era la vida en España durante el siglo XVIII, tenemos que mirar las estampas de Goya o leer los sainetes, o las cartas y anotaciones de Moratín, o los libros de Cadalso[886].

El pensamiento liberal español –que Artola ha considerado[887] de escasa originalidad en cuanto a sus ideas fundamentales[888], aunque, como el propio autor matiza de inmediato, realmente era muy difícil que fuera original, después de la labor reformista llevada a cabo por nuestros ilustrados, y más aún después de los ejemplos de países como Inglaterra, Estados Unidos y Francia– iba a incorporar a su ideario este combate contra las tinieblas tan característico del pensamiento ilustrado, posiblemente con una vertiente más politizada que, entre otros aspectos, tendrá su reflejo en el valor político instrumental que los liberales otorgarán a la libertad de imprenta, en cuanto instrumento de combate contra el

---

885 Pueden verse en Manuel PARDO DE ANDRADE: *Los artículos del <Diario de Madrid> (1794-1800), op. cit.*, pp. 181 y ss.

886 Julián MARÍAS: "Prólogo", en la obra de Gaspar Melchor de Jovellanos, *Diarios, op. cit.*, pp. 7 y ss.; en concreto, p. 15.

887 Miguel ARTOLA: *La Revolución española (1808-1814)*, Madrid, Ediciones de la Universidad Autónoma de Madrid, 2010, p. 117.

888 En cualquier caso, concordamos con Fernández Sebastián, cuando cree evidente que el primer liberalismo español no fue en modo alguno una teoría política articulada y coherente. Del examen atento de las fuentes se desprende más bien que, para sus partidarios, el liberalismo era entonces apenas un puñado de principios y proposiciones asistemáticas y en buena medida improvisadas para dar una respuesta reformista a las excepcionales circunstancias por las que atravesaba la monarquía. Javier FERNÁNDEZ SEBASTIÁN: "Liberalismo en España (1810-1850). La construcción de un concepto y la forja de una identidad política", en Javier Fernández Sebastián (coord.), *La aurora de la libertad* (Los primeros liberalismos en el mundo iberoamericano), Madrid, Marcial Pons Historia, 2012, pp. 261 y ss.; en concreto, p. 263.

poder absoluto y coadyuvante al control del gobierno. En cualquier caso, ello no supondrá ignorar los adelantos que el siglo ya finiquitado había aportado al conocimiento español.

Buen ejemplo de esta visión la encontramos en las líneas que a continuación transcribimos del *Semanario Patriótico,* tal vez el periódico más representativo del período subsiguiente al levantamiento del Dos de Mayo, y el que más prestigio e influjo alcanzara[889], creación de Quintana y de su grupo, que primeramente vio la luz en Madrid el 1 de septiembre de 1808, aunque tras publicar tan sólo trece números habría de suspenderse, reapareciendo el 14 de mayo de 1809 en Sevilla. Sus primeras etapas, como reconoce Artola[890], constituyen la expresión doctrinal, clara y continuada, del ideario liberal revolucionario. Pues bien, en su edición del 7 de octubre de 1808, se podía leer algo de lo que parcialmente ya nos hicimos eco con anterioridad, pero que ahora reiteramos en su integridad:

> "El fundamento principal de este poder (absoluto) tan repugnante a la naturaleza, tan contrario al interés general de la nación y al particular de los individuos, consiste en la ignorancia. La ignorancia embrutece a los pueblos y los hace tener por derecho la usurpación y por deber la servidumbre. Así es que nada temen tanto los tiranos como la ilustración y se contemplan tan feos que quieren siempre rodearse de tinieblas"[891].

La metáfora de la "luz" contra la "oscuridad", tan querida a los ilustrados, hacía acto de presencia en la prensa liberal con una finalidad eminentemente política. *El Conciso,* en su edición del 9 de febrero de 1812, seguía recurriendo a ella como revelan estas reflexiones:

> "¿Por qué cierran los ojos a la luz y niegan la entrada a la verdad sino porque aquélla los descubre, ésta los desconcierta y las dos derriban el ídolo de la oscuridad con que ciegan, el de la falsedad con que engañan, el del misterio con que deslumbran y el de la hipocresía con que medran?"[892].

Los liberales seguirían esta visualización de la libertad de imprenta, y al acoger como un *prius* la defensa de la libertad, ampliamente concebida, comenzarían, sin ningún género de duda, por la libertad de la imprenta, que en sintonía con esa visión estaba llamada a actuar como eficaz mecanismo de freno del despotismo.

d) El objetivo último de alcanzar la felicidad

Nuestros ilustrados van a compartir plenamente ese principio de la cosmovisión ilustrada que es el ideal de la felicidad. La felicidad es un concepto clave en el pensamiento ilustrado, como lo será más tarde en el pensamiento liberal. Efectivamente, el mito de la felicidad, o por decirlo de modo más concreto, del bienestar, seguirá siendo considerado

---

[889] María Cruz SEOANE: *Oratoria y periodismo en la España del siglo XIX,* Madrid, Fundación Juan March/Editorial Castalia, 1977, p. 29.

[890] Miguel ARTOLA: *Los Orígenes de la España Contemporánea,* Vol. I, Madrid, Instituto de Estudios Políticos, 1959, p. 250.

[891] *Semanario Patriótico,* núm. 9, 7 de octubre de 1808.

[892] *Apud* María Cruz SEOANE: *Oratoria y periodismo..., op. cit.,* pp. 36-37.

por los miembros de la generación de 1808 el objetivo primigenio a alcanzar. Lo reflejará muy bien la propia Constitución de Cádiz cuando en su art. 13 exponga que el objeto del Gobierno es la felicidad de la Nación, puesto que el fin de toda sociedad política no es otro que el bienestar de los individuos que la componen. No ha de extrañar por lo mismo que Seoane[893] haya considerado el término "felicidad" como una palabra clave en el vocabulario de los liberales, como ya lo había sido en la terminología ilustrada.

Una vez más Jovellanos nos da cumplido testimonio de ello. Para el asturiano, una de las ideas clave de su pensamiento político-social, más aún, uno de los objetivos principales de la política, va a venir dado justamente por la idea de la felicidad. ¿Qué entiende nuestro prócer por felicidad? En el "Discurso económico sobre los medios de promover la felicidad de Asturias dirigido a su Real Sociedad"[894] (de Amigos del País), –el primer texto económico en el que nuestro autor abordará temas generales de economía política y de economía aplicada, referidos éstos al desarrollo aplicable a la región asturiana– lo va a aclarar con total nitidez: "Cuando digo que la Sociedad debe procurar la felicidad de Asturias, ya se ve –esgrime Jovellanos– que no tomo esta palabra en un sentido moral. Entiendo aquí por felicidad aquel estado de abundancia y comodidades que debe procurar todo gobierno a sus individuos. En este sentido la provincia más rica será la más feliz, porque en la riqueza están cifradas las ventajas políticas de un Estado"[895]. Y unas líneas después, el gijonés apostillará: "La verdadera riqueza de un país consiste principalmente en la cantidad y en el valor de sus producciones". En otro de sus escritos, el *Informe sobre el libre ejercicio de las artes,* con una visión de futuro absolutamente clarividente, el gijonés precisará: "La grandeza de las naciones ya no se apoyará, como en otro tiempo, en el resplandor de sus triunfos.... su espíritu marcial.... Todo es ya diferente.... El comercio, la industria y la opulencia que nacen de entrambos son, y probablemente serán por largo tiempo, los únicos apoyos de la preponderancia de un Estado y es preciso volver a éstos el objeto de nuestras miradas, o condenarnos a una eterna y vergonzosa dependencia"[896].

Quiere todo ello decir, que Jovellanos cifra en una categoría económica, alcanzar la mayor riqueza del país, el objetivo principal de la política, que de esta forma se visualiza desde una óptica eminentemente utilitarista. Nuestro gran ilustrado actuará siempre de modo absolutamente coherente con tal visión; basta con atender superficialmente a su ingente obra para constatar que la misma está trufada de dictámenes, informes y discursos cuyo norte es atisbar el modo más eficaz de promover la riqueza en nuestro país. Pero Jovellanos no limitará su visión de la felicidad a lo puramente material, pues para un espíritu como el suyo lo puramente materialista no era nada si no iba acompañado de la virtud, de la justicia y de la libertad.

---

[893] María Cruz SEOANE: *El primer lenguaje constitucional español* (Las Cortes de Cádiz), Madrid, Editorial Moneda y Crédito, 1968, p. 29.

[894] Acogemos el título que hace suyo Llombart, frente al tradicional de "Discurso dirigido a la Real Sociedad de Amigos del País de Asturias sobre los medios de promover la felicidad de aquel Principado", lo que el citado autor sustenta en que ese es el rótulo que figura al frente del Inventario realizado en 1901. Vicent LLOMBART I ROSA: "Edición crítica, estudio preliminar, prólogo y notas", en Gaspar Melchor de Jovellanos, *Obras Completas,* tomo X (Escritos económicos), Oviedo, Ayuntamiento de Gijón/Instituto Feijoo de Estudios del Siglo XVIII/KRK Ediciones, 2008, p. 267, nota 1.

[895] Gaspar Melchor de JOVELLANOS: *Obras Completas,* tomo X (Escritos económicos), *op. cit.*; el texto del "Discurso", en pp. 267 y ss.; el texto transcrito, en p. 279.

[896] *Apud* Gaspar GÓMEZ DE LA SERNA: *Jovellanos, el español perdido, op. cit.,* vol. I, p. 172.

Y junto a todo ello, la perspectiva más espiritual que nos da la educación, la instrucción, el saber y el conocimiento, de cuya relevancia en el pensamiento del asturiano ya nos hemos ocupado, no obstante lo cual recordaremos de nuevo que en su *Elogio de Carlos III* Jovellanos, ya hacia el fin de su discurso, va a subrayar de modo muy especial que el fruto de ilustración y de verdad hecho posible por el desaparecido Rey es la prenda más cierta de la felicidad de su pueblo: "Sí, españoles; ved aquí el mayor de todos los beneficios que derramó sobre vosotros Carlos III. Sembró en la nación las semillas de luz que han de ilustraros y os desembarazó los senderos de la sabiduría. Las inspiraciones del vigilante ministro, que encargado de la pública instrucción, sabe promover con tan noble y constante afán las artes y las ciencias, y a quien nada distinguirá tanto en la posteridad como esta gloria"[897].

Y adicionalmente, ¿quiénes eran los destinatarios de esa felicidad propugnada por Jovellanos? En coherencia con su sentido humanista y cristiano, y según Gómez de la Serna, más aún que humanista podría decirse que "hominista" o individualista[898], no podía ser otro más que el hombre concreto, es decir, no la totalidad de los hombres que componen la nación, como contemplará la Constitución de Cádiz, pues para el asturiano la felicidad de la nación estaba hecha de la suma de las felicidades individuales que confluyan en el todo social. En una carta que dirige a don Antonio Ponz, Jovellanos lo deja meridianamente claro: "Se trata mucho de la felicidad pública y poco de la de los particulares...".

9. La reivindicación en nuestro país de la libertad de imprenta

Este pensamiento ilustrado, que a grandes rasgos hemos tratado de mostrar, empeñado en expandir los conocimientos útiles a la sociedad, en extender la educación y en potenciar la circulación de las luces, posibilitará también en nuestro país, aún bastante tiempo antes de los acontecimientos revolucionarios de 1808, diferentes manifestaciones en favor, directa o indirectamente, de la libertad de imprenta. Por supuesto, no nos vamos a encontrar con ninguna gran construcción dogmática en favor de la libertad de pensamiento o de expresión al estilo de la *Areopagítica* de John Milton o de cualquier otra a las que ya nos hemos referido. Habrá más bien que esperar a los inicios del XIX para empezar a atisbar las más valiosas contribuciones en defensa de la libertad de imprenta, pero de ello no ha de inferirse que no encontremos en el Setecientos (particularmente en su segunda mitad) más que un gran terreno baldío sin manifestación en torno a esta libertad digna de aprecio. En absoluto va a ser así. No se tratará de grandes construcciones dogmáticas, sino de reivindicaciones más o menos elaboradas en pro de esta libertad. Como escribe Maravall[899], desde los últimos lustros del siglo XVII, en que un cambio de coyuntura anima tanto el mundo de la economía como el de la cultura, se descubre el interés por el tema de la libertad de pensar, afirmándose

897 Gaspar Melchor de JOVELLANOS: "Elogio de Carlos III", en *Obras de D. Gaspar Melchor de Jovellanos,* (Biblioteca de Autores Españoles, tomo 46), Madrid, Ediciones Atlas, 1963, pp. 311 y ss.; el texto transcrito, en p. 316.

898 Gaspar GÓMEZ DE LA SERNA: *Jovellanos, el español perdido..., op. cit.*, Vol. I, p. 174.

899 José Antonio MARAVALL: "Notas sobre la libertad de pensamiento en España durante el siglo de la Ilustración", en la obra del propio autor, *Estudios de Historia del pensamiento español,* tomo IV (Siglo XVIII), Madrid, Centro de Estudios Políticos y Constitucionales, 1999, pp. 593 y ss.; en concreto, p. 599.

enérgicamente en el terreno de la ciencia, aunque no se lleve a cabo ningún desarrollo doctrinal del mismo. Con mayor o menor amplitud y desplazando la cuestión a terrenos más amplios, aunque dejando expresamente por lo general algunos fuera (la religión, los actos del soberano, etc.) y, sobre todo, acentuando el tono polémico de la defensa de esa libertad, la cuestión de la libertad de expresión del pensamiento recorre todo el siglo XVIII. Por lo demás, no se puede ignorar que a partir de Milton, la libertad de pensamiento va a ocupar un lugar cada vez más relevante en las reivindicaciones de los ilustrados europeos, y nuestros ilustrados, aunque quizá no alcen tanto su voz, no van a ser una excepción. Y es bastante obvio que esa libertad se va a diversificar en una gran variedad de libertades públicas: libertad de conciencia, de enseñanza, de petición, de expresión y discusión de ideas y de creencias, pero, sobre todo, libertad de prensa y, junto a ella, según Maravall[900], la libertad de teatro, que siempre, una y otra, han sido objeto de una consideración muy particular, lo que les ha valido un tratamiento jurídico especial dentro de las modalidades de la libertad de pensamiento.

Un sector de la doctrina parece matizar la apreciación precedente cuando sostiene que, bien por temor a la propia censura, bien por creerla en alguna medida innecesaria, no fueron muchos los autores que públicamente se pronunciaron en favor de la libertad de imprenta[901]. Es ésta una opinión que nos parece, cuando menos, harto discutible, y no faltan quienes, sin matiz alguno, opinan justamente lo contrario[902]. Una cosa es que no se vislumbren entre nosotros grandes construcciones dogmáticas, y otra muy distinta que no existan reivindicaciones más o menos articuladas de esta libertad ampliamente entendida, esto es, en el sentido de *the freedom of the human mind* de que hablaba Jefferson. Por nuestra parte, no pretendemos elaborar una nómina exhaustiva de los pensadores que se manifestaron en favor de la libertad de imprenta en el Setecientos, sino centrar nuestra atención en las manifestaciones que creemos de un mayor interés y que, directa o indirectamente, impliquen una opción en favor de la libertad de expresión del pensamiento o, si así se prefiere, de la libertad de imprenta. Tales manifestaciones se produjeron en un número que, a nuestro parecer, no deja de ser harto significativo, más aún si se tienen en cuenta las difíciles circunstancias que se encuentran en algunos períodos de ese siglo llamado de la Razón, de las Luces o de la filosofía, aunque bien podría asimismo llamársele el siglo de la crítica. Es cierto que el vocablo "crítica" se había introducido en las primeras décadas del siglo XVII, apareciendo en un autor como Lope

---

[900] José Antonio MARAVALL: "La función educadora del teatro en el siglo de la Ilustración", en la obra del propio autor, *Estudios de Historia del pensamiento..., op. cit.*, tomo IV, pp. 537 y ss.; en concreto, p. 541.

[901] José ÁLVAREZ JUNCO y Gregorio DE LA FUENTE MONGE: *El nacimiento del periodismo político* (La libertad de imprenta en las Cortes de Cádiz, 1810-1814), Madrid, Ediciones APM, Editorial Fragua y otras instituciones, 2009, p. 29.

[902] A juicio de Fernández Sarasola, la libertad de imprenta contó con numerosos vindicadores en los orígenes de nuestro constitucionalismo, quienes veían en ella un mecanismo al servicio de un programa típicamente ilustrado (formar a los ciudadanos) como propiamente liberal (controlar el ejercicio del poder público). Ignacio FERNÁNDEZ SARASOLA: "Estudio preliminar", en la obra (de la que el propio autor es editor) de Valentín de Foronda, *Escritos políticos y constitucionales*, Bilbao, Universidad del País Vasco, 2002, pp. 9 y ss.; en concreto, p. 45. Ciertamente, Fernández Sarasola está enmarcando su reflexión "en los orígenes de nuestro constitucionalismo", pero, a nuestro juicio, y el caso de Foronda es significativo, ello no debe excluir las manifestaciones en favor de la libertad de imprenta surgidas, por ejemplo, en la segunda mitad del siglo XVIII, incluso, porqué no, en la totalidad de ese siglo.

de Vega, tan poco "crítico" en el sentido ilustrado. Pero como precisa Maravall[903], en el siglo XVIII se produciría en ese término un desplazamiento semántico muy importante[904].

Entre tales tomas de posición encontramos a autores notables, algunos de ellos de un elevadísimo calibre intelectual. Al Padre Feijoo, del que se ha de partir, se pueden añadir nombres tan egregios como los del conde de Cabarrús, en cierto modo, el propio Campomanes, también, desde luego, Jovellanos, además de Valentín de Foronda, León de Arroyal, el abate de la Gándara, Francisco Romá, Manuel de Aguirre, el Duque de Almodóvar, y ya en un momento posterior, Calvo de Rozas, Álvaro Flórez Estrada, José Isidoro Morales y hasta el propio Argüelles, enconado defensor de esta libertad. Pero además, como pusiera de relieve Sánchez Agesta[905], la libertad de imprenta, discutida anfibiamente como derecho individual y como instrumento de un gobierno democrático asentado en la opinión pública, iba a pasar a constituir, junto a la cuestión de la soberanía y el principio de igualdad, el tríptico de problemas que marcarán el contraste de las dos grandes corrientes iniciales de la política del siglo XIX: el espíritu moderno, conservador y reformador, que parte de la idea de una constitución tradicional de España, y el espíritu progresista, de estirpe revolucionaria. Más aún, quizá sea en el debate acerca de la libertad de imprenta donde el contraste entre esas dos posiciones políticas aparezca en un claroscuro más hiriente.

Y el hecho quizá más paradójico es el de que en nuestro país, por una serie de circunstancias que facilitaron durante una gran parte del siglo renacentista la iniciación de unas transformaciones que promovieron el carácter abierto y expansivo de la sociedad, la mentalidad de las gentes estaba preparada para incorporar actitudes cuya sedimentación constituía la preparación adecuada para servir de suelo en el que germinara la planta de la libertad de pensamiento. Maravall lo explica con toda nitidez cuando recuerda[906], que el auge económico y cultural del siglo XVI y el dinamismo de la primera sociedad precapitalista, promueven un cosmopolitismo con el que afronta el Estado, en un primer momento, su política en relación con una esfera de la educación que cada vez será de mayor importancia: la publicación de libros. Es sintomático el criterio de máxima amplitud que los Reyes Católicos anuncian a este respecto, demostrando, por una parte, considerar ésta como materia que cae de lleno dentro de los objetivos que definen la acción del Estado, y, por otra, reconociendo las ventajas sociales que la difusión educativa del libro trae consigo: el libro es un instrumento, como lo es la educación, del desarrollo y expansión que el gobernante ha de buscar. Ante estas consideraciones, como ya tuvimos ocasión de decir, en las Cortes de Toledo de 1480, los Reyes Católicos dieron una ley

[903] José Antonio MARAVALL: "El espíritu de crítica y el pensamiento social de Feijoo", en la obra recopilatoria de artículos del propio autor, *Estudios de Historia del Pensamiento Español,* tomo IV (Siglo XVIII), Madrid, Centro de Estudios Políticos y Constitucionales, 1999, pp. 269 y ss.; en concreto, p. 271.

[904] De "crítica" en el siglo XVIII se habla, por lo menos, en un triple sentido, en los que se ejerce la actividad de Feijoo: primero, como juicio sobre el gusto literario, en la medida en que se ajusta rectamente a unos patrones establecidos; segundo, en cuanto cuidadoso estudio sobre la veracidad de los documentos que el cultivador de la materia histórica maneja, y tercero, crítica es suspender la aceptación de un conocimiento de las cosas a los resultados de un riguroso y libre examen racional, "la crítica o juicio de las cosas", a la que se refería un poco de pasada el P. Flórez. En estos tres ámbitos de aplicación, que se correlacionan y se complementan, se someterá a examen y revisión un amplio elenco de materias. José Antonio MARAVALL: "El espíritu de crítica y el pensamiento social de Feijoo", *op. cit.*, p. 273.

[905] Luis SÁNCHEZ AGESTA: *El pensamiento político del despotismo ilustrado, op. cit.*, pp. 222 y 230.

[906] José Antonio MARAVALL: *Estado moderno y mentalidad social. (Siglos XV al XVII),* tomo II, Madrid, Alianza Editorial, 2ª ed., 1986, pp. 255-256.

decretando la más completa exención tributaria sobre los libros que se introdujeran en sus reinos , por el provecho y honra que de su estudio deriva para el país. ¿Qué impidió que nuestra sociedad, al advenir el Setecientos, no ofreciera un terreno adecuado para el desenvolvimiento enriquecedor de la libertad de pensamiento y de libre transmisión del mismo? El propio Maravall responde al interrogante cuando recuerda[907] que el siglo del Barroco sometió a dura represión todas las energías de expansión y libertad que hubieran podido fecundar las aspiraciones innovadoras. Es obvio, diríamos por nuestra parte, que el integrismo religioso, aunque quizá sería más adecuado hablar del fanatismo religioso, encauzado a través de la Inquisición, sería el responsable de ello. Uno de nuestros más grandes representantes del siglo XVII, Calderón de la Barca, en unos versos de *El gran teatro del mundo,* que el propio Maravall cree que bien podríamos titular como la "ley de represión del pensamiento", se encarga de enunciar la ley de esa etapa represora[908].

Es de todo punto obligado comenzar este recorrido por los autores españoles con el Padre Feijoo, bien que, con anterioridad al mismo, no falte algún autor que pueda ser traído a colación en el tema que nos ocupa. Tal sería el caso del matemático, arquitecto y filósofo valenciano P. Tomás Vicente Tosca (1651-1723)[909], que en Valencia llevó a cabo un combate de gran trascendencia en el terreno científico, que, pese a no ser universitario, alcanzó una gran influencia en la Universidad. Tanto Feijoo como el P. Isla lo elogiarían. Gregorio Mayans, en carta dirigida al ministro José Patiño (1734), y más tarde en cabeza del *Compendium philosophicum* de Tosca, –obra presidida por un criterio empirista y antiescolástico– reeditado por Mayans en 1754 (la primera edición era de 1721), le atribuyó haber introducido en la Universidad de Valencia la "libertad de filosofar", esto es, la libertad del pensador (científico, filósofo...) para, entre diversas ideas, poder elegir una u otra, sin más objetivo que el de seguir libremente la verdad. Incluso en otra de sus obras, anterior a la precedentemente mencionada, el *Compendio matemático* (1707), el P. Tosca sostiene abiertamente las tesis, conexas entre sí, copernicana, galilea, newtoniana, acerca del movimiento, dando a sus palabras un carácter polémico que implica un deliberado uso de la libertad científica. La libertad intelectual subyacente a esta línea de pensamiento qué duda cabe que suponía la apertura de una dirección renovadora que podía tener su influencia en la libertad de crítica, pudiéndose considerar como un germen remoto de la libertad que nos ocupa. Es bastante probable, y no debe extrañar que así aconteciera, que la *libertas philosophandi* del P. Tosca influyera en el pensamiento del P. Feijoo.

Quiere todo ello decir que, como ha señalado Maravall[910], la obra del P. Feijoo no es un meteoro pasajero en el cielo ennegrecido de la cultura española ni una anticipación imprevisible ni sin antecedentes. La historiografía de esa época, de modo harto significativo, ha adelantado el inicio del cambio histórico que el Setecientos va a traer consigo, fijándolo

[907] José Antonio MARAVALL: "Notas sobre la libertad de pensamiento en España...", *op. cit.*, p. 600.

[908] En estos versos, un personaje, el "Buen genio", no acepta emprender la carrera cabalgando sobre el "Pensamiento", sino con una condición: ".... que primero // le he de enfrentar de mi mano, // poniéndole rienda y freno // de obediencia, porque sólo // para tenerle sujeto, // compraré al Placer, fiado, // el bruto del Pensamiento".

[909] Sobre el Padre Tomás Vicente Tosca, cfr. José Antonio MARAVALL: "Notas sobre la libertad de pensamiento en España...", *op. cit.*, pp. 604-605.

[910] José Antonio MARAVALL: "El primer siglo XVIII y la obra de Feijoo", en la obra recopilatoria de ensayos del propio autor, *Estudios de Historia del pensamiento español, op. cit.*, tomo IV, pp. 447 y ss.; en concreto, p. 458.

en los últimos lustros del siglo XVII, y acuñándose así el concepto de "primer siglo XVIII", en el que el movimiento de los "novadores" adquirirá un significado protagonismo.

A) El "espíritu del siglo". El Padre Feijoo: de la "voz del pueblo" a la crítica incisiva de la situación económico-social y política

a) La obra de Feijoo, el primer esfuerzo importante para introducir en España las categorías en ese momento existentes en Europa

La minoría ilustrada había aceptado la utilidad de la crítica frente a la acción de gobierno; tal crítica presuponía una cierta libertad de discusión, y de ésta a la libertad de imprenta no había más que un corto paso. Y en esa opción por la crítica hemos de partir, inexcusablemente, de Benito Jerónimo Feijoo (1676-1764). Como escribiera ese enorme humanista que fue Marañón[911], el nombre de Feijoo aparece una y otra vez como máximo representante de esa virtud "que tanta falta hace en cualquiera de las banderías de España y del mundo": la ecuanimidad. Fue Feijoo un profesor benedictino de teología, que, aunque nacido en la provincia de Orense, pasó la mayor parte de su vida en la capital asturiana, explicando en la Universidad de Oviedo, en la que obtuvo diversas cátedras. De formación escolástica, Feijoo no escribe jamás sobre las materias que académicamente profesa y en su incansable campaña crítica aparece, de una parte, como debelador de toda la carga tradicional de errores, supersticiones, leyendas y superfluidades existentes en la sociedad de la época, y de otra, como un entusiasta introductor de las conquistas parciales del nuevo espíritu, de los adelantos técnicos y de los nuevos métodos de la ciencia[912]. La imagen de Feijoo se va a proyectar a lo largo de todo el Setecientos, primordialmente a través de su rol de educador , que se manifiesta en sus reflexiones y críticas sobre los muy diversos problemas de España. Como se ha puesto de relieve[913], el monje orensano se sintió siempre más inclinado hacia lo prometeico, es decir, hacia la prospección del futuro, que hacia el pasado, que no considera como ocupación fundamental.

En una obra ya clásica, Marañón se refiere a Feijoo poniendo de relieve que en la historia del pensamiento español hay un hombre admirable, no tanto por su obra, con ser de calidad excelsa, como por su actitud ante el error y la verdad. Este hombre, de fe intangible, vivió una parte de su larga y fecunda existencia enredado, desde un monasterio provinciano (el Monasterio ovetense de San Vicente), en singular batalla contra las supersticiones de su patria; pero su patria era, en realidad, el mundo entero, porque el "error común" que quería extirpar era y es habitante de toda la tierra[914]. Más adelante, el propio Marañón considera que la vida intelectual del benedictino de Oviedo es por sí misma un esquema de la crisis del espíritu español del siglo XVIII[915], si bien esta observación,

---

[911] Gregorio MARAÑÓN, en el "Prólogo de la tercera edición" de su obra, *Las ideas biológicas del Padre Feijoo,* Madrid, Espasa-Calpe, 4ª ed., 1962, p. 10.

[912] José Antonio MARAVALL: "Las tendencias de reforma política en el siglo XVIII español", en la obra de recopilación de artículos del propio autor, *Estudios de Historia del Pensamiento Español,* tomo IV (Siglo XVIII), Madrid, Centro de Estudios Políticos y Constitucionales, 1999, pp. 87 y ss.; en concreto, p. 93.

[913] Ángel-Raimundo FERNÁNDEZ GONZÁLEZ: "Introducción", en Benito Jerónimo Feijoo, *Teatro crítico universal,* Madrid, Ediciones Cátedra, 9ª ed., 2011, pp. 9 y ss.; en concreto, p. 17,

[914] Gregorio MARAÑÓN: *Las ideas biológicas del Padre Feijoo, op. cit,* p. 14.

[915] *Ibidem,* p. 15.

como con toda evidencia advierte Stiffoni[916], queda un poco en el aire al no responder a dos interrogantes fundamentales: cómo se estructura esta crisis y qué lugar ocupa la obra de Feijoo en el sistema de relaciones que la define. Sólo aclarando estas dos cuestiones será posible establecer una relación crítica entre la vida intelectual del benedictino y el movimiento alternativo de una crisis tan compleja como la sufrida por nuestra cultura y sociedad en la primera mitad del Setecientos.

Feijoo ha sido considerado como el "espíritu del siglo", por cuanto es el eje alrededor del cual se produce el gran cambio, enlazando, por un lado, con los "novatores" y "preilustrados" que le preceden (como Gassendi, Maignan, Saguens o el P. Tosca, en quienes a principios del Setecientos comienza a experimentarse un cambio de mentalidad), y, por otro, con los "ilustrados" que le siguen[917]. Y en lo que a la libertad que venimos examinando se refiere, también podríamos asignarle un papel central, pues, a nuestro modo de ver, es patente que la libertad de crítica feijoniana comenzará a desbrozar un camino salpicado por los innumerables obstáculos colocados fundamentalmente, aunque no sólo, por la Inquisición, que terminará abriendo paso a la libertad de imprenta gaditana. De hecho, la libertad de crítica feijoniana sólo iba a tener un límite infranqueable: la ortodoxia religiosa. En la misma dirección se pronunció Maravall[918], para quien Feijoo, enfrentado a los conservadores de su tiempo, llevó su atención y su ataque al terreno de las cuestiones naturales, sociales y políticas, llegando a contemplar la vertiente política de la libertad y concretamente la libertad de pensamiento.

Feijóo no comenzó a publicar sus obras hasta los cincuenta años[919], no obstante lo cual se iba a ver encumbrado en vida, pues su *Teatro crítico universal,* en ocho tomos y uno adicional de suplementos y adiciones, publicados a partir de 1726 y culminados en 1740, y sus *Cartas eruditas y curiosas,* en cinco volúmenes, que comenzarán a aparecer a partir de 1742, publicándose el último en 1760, con una dedicatoria al nuevo monarca, al que Feijoo llamó "Carlos el Sabio", tendrían un extraordinario impacto y una enorme difusión en la España de aquella época[920], pero no sólo entre nosotros, sino también en otros países, pues sus obras pronto serán traducidas a varios idiomas[921]. En su época, el benedictino orensano llegó a ser tan conocido en toda Europa como poco después lo serían Voltaire, Diderot o d´Alembert. En nuestro país, Feijoo llegó a tener una significativa influencia

916 Giovanni STIFFONI: "Introducción biográfica y crítica", en Benito Jerónimo Feijóo, *Teatro crítico universal* (o Discursos varios en todo género de materias, para desengaños de errores comunes), Madrid, Editorial Castalia, 1986, pp. 9 y ss.; en concreto, p. 9.

917 José Luis ABELLÁN: *Historia crítica..., op. cit.,* tomo III, p. 495.

918 José Antonio MARAVALL: "Notas sobre la libertad de pensamiento...", *op. cit.,* p. 607.

919 Recuerda Ceñal que su primer escrito, la "Apología del Escepticismo Médico", data de 1725. Ese mismo año el Padre Martín Sarmiento, su gran patrono y apologista, le ofrecerá la dirección de una traducción española del *Grand Dictionnaire Historique,* de Luis Moreri. Ramón CEÑAL, S. J.: "Feijoo, hombre de la ilustración", en *Revista de Occidente,* nº 21, 1964, pp. 313 y ss.; en concreto, p. 314.

920 El nombre de Feijoo, escribía Ceñal hace medio siglo, iba a llenar los ámbitos del mundo intelectual español. Ramón CEÑAL, S. J.: "Feijoo, hombre de la ilustración", *op. cit.,* p. 316.

921 En pocos años se multiplicó el número de ediciones de sus obras. Marañón llegó a fijar en 420.000 el número de volúmenes de Feijoo publicados a lo largo del siglo XVIII, una verdadera enormidad para la época. Además, sus obras se tradujeron al francés, italiano, alemán e inglés. José Luis ABELLÁN: *Historia crítica del pensamiento español,* tomo III, *op. cit.,* p. 507. También Herr proporciona algunos datos significativos de la popularidad de Feijoo: en el plazo de seis años se habían hecho cuatro reimpresiones del primer tomo de su *Teatro crítico.* Las primeras ediciones de los tomos V y VI fueron de 3.000 ejemplares, una tirada sorprendente en esos años. En fin, sólo hubo una obra que rivalizó en popularidad con la de Feijoo: el inmortal *Quijote.* Richard HERR: *España y la Revolución..., op. cit.,* p. 33.

sobre la que podríamos llamar generación de 1808, algunos de cuyos miembros lo llegaron a considerar como su maestro. Blanco White llegó a escribir al respecto, que "el contenido de sus páginas cayó en mi alma como las lluvias primaverales en una tierra sedienta"[922]. La historiografía tradicional ha llegado al extremo de considerar que el siglo XVIII no empezaba entre nosotros hasta el año 1726, con la publicación del primer volumen del *Teatro crítico,* por cuanto antes de esa fecha España era un desierto sumido en las más profundas tinieblas[923]. Tal apreciación no puede considerarse sino una exageración sin base real alguna, lo que no supone ni mucho menos dejar de admitir que el Padre Feijoo es una de las figuras clave de nuestro Setecientos. Con él triunfarán la razón crítica y el método experimental, instrumentos básicos de nuestra renovación intelectual. Ese gran escritor del siglo XVIII que fue Sempere y Guarinos (1754-1830), en su justamente célebre *Ensayo de una biblioteca española de los mejores escritores del reinado de Carlos III,* resumía así la deuda contraída por la nación con el benedictino:

> "Las obras de este sabio produxeron una fermentacion útil; hicieron empezar á dudar; dieron á conocer otros libros muy distintos de los que había en el pais; excitaron la curiosidad; y en fin abrieron la puerta á la razon, que antes habían cerrado la indolencia, y la falsa sabiduría"[924].

Y justamente por lo mismo, la obra de Feijoo, como señalara Tierno[925], significa el primer esfuerzo importante y consciente para dar a España una tradición al modo europeo, es decir, acorde con las categorías que en ese momento prevalecían en Europa. Los trabajos de Feijoo abren una nueva era en la vida intelectual de nuestra nación. Por todo lo expuesto, Feijoo llegó a ser, como reconoce el propio Menéndez Pelayo, no obstante los pequeños dardos con que a veces lo zahiere[926], un oráculo, "sobre todo, en aquellos últimos días del siglo XVIII y primeros del XIX, en que pareció que íbamos a olvidar hasta la lengua"[927].

La influencia de la obra feijoniana no se limitó a lo puramente abstracto; por poner un ejemplo concreto, Marañón ha subrayado su influjo en la cultura y en la práctica médicas, en el tono profesional de ejercicio de la medicina, incluso en la desaparición de los curanderos y exorcistas[928]. Tuvo además la obra del orensano de Casdemiro otro aspecto práctico reseñable: el de haber contribuido a la reforma de los estudios, aplicando a su tiempo las lecciones que Luis Vives había dado en el Renacimiento sobre la corrupción de las disciplinas y el modo de volverlas al recto sendero, por utilizar de nuevo los términos de don Marcelino[929].

---

922 *Apud* Manuel MORENO ALONSO: *La generación española de 1808,* Madrid, Alianza Editorial, 1989, p. 17, nota 2.

923 José Luis ABELLÁN: *Historia crítica..., op. cit.,* tomo III, p. 491. Abellán, por el contrario, considera que Feijoo está lejos de ser una figura solitaria o aislada en nuestro siglo XVIII; al revés, quizá él no es más que expresión suprema de ese estado de espíritu que es la Ilustración (*Ibidem,* p. 492).

924 Juan SEMPERE Y GUARINOS: *Ensayo de una biblioteca española de los mejores escritores del reinado de Carlos III,* Madrid, Imprenta Real, 1786 (el tomo III), tomo III, p. 24. Manejamos la edición facsímil en 3 tomos publicada en Salamanca por la Junta de Castilla y León, en 1997.

925 Enrique TIERNO GALVÁN: *Tradición y modernismo,* Madrid, Editorial Tecnos, 1962, p. 138.

926 Feijoo –escribe don Marcelino– vale no sólo por sí mismo y por lo que había aprendido en sus lecturas francesas, sino por lo mucho que recibió de la tradición española, a pesar de sus frecuentes ingratitudes". Marcelino MENÉNDEZ PELAYO: *Historia de los Heterodoxos..., op. cit.,* tomo II, p. 375.

927 Marcelino MENÉNDEZ PELAYO: *Historia de los Heterodoxos..., op. cit.,* tomo II, p. 376.

928 Gregorio MARAÑÓN: *Las ideas biológicas del Padre Feijoo, op. cit.,* p. 261.

929 Marcelino MENÉNDEZ PELAYO: *Historia de los Heterodoxos..., op. cit.,* tomo II, p. 376.

b) La adhesión del benedictino a la filosofía experimental

El benedictino, no obstante ser la suya una formación filosófica básicamente escolástica, se va a adherir a la filosofía experimental, lo que va a manifestarse de modo primigenio en la filosofía de la naturaleza, contemplando asimismo la investigación científica con una visión inequívocamente utilitarista. Para Rodríguez Aranda[930], por su apriorismo, Feijoo es un continuador del pensamiento tradicional, para el que existen normas jurídicas fundamentales, universales e inmutables. Esta creencia le hace ser un ardiente defensor del derecho natural frente a todo voluntarismo. Pero Feijoo es asimismo un producto de su tiempo, y en esta época la razón se ha secularizado o lo está haciendo hasta límites insospechados. De ahí que si por los fundamentos de sus doctrinas se ha de situar al benedictino entre los pensadores cristianos, por su empleo de la razón se le puede considerar como un hombre moderno. Pensemos que David Hume, en su *A Treatise on Human Nature* (1734), posiblemente su obra maestra, escribía: "And as the science of man is the only solid foundation for the other sciences, so, the only solid foundation we can give to this science itself must be laid on experience and observation. It is no astonishing reflection to consider, that the application of experimental philosophy to moral subjects should come after that to natural at the distance of above a whole century"[931]. El punto de vista de Hume respondía al criterio, común en su siglo, de identificar Naturaleza y Razón, en cuya identidad se armonizaban hombre y cosmos, pues como señalara Tierno[932], el estudio de la naturaleza humana llevaba indefectiblemente al descubrimiento de la razón general y objetiva con arreglo a la cual se gobernaba el Universo. En cualquier caso, como ha precisado Isaiah Berlin[933] la particular concepción de la filosofía como una "ciencia del hombre" empírica, que mantiene Hume, puede considerarse como el verdadero inicio de la moderna filosofía. La "ciencia del hombre" ha de ser dirigida por los métodos de las ciencias naturales: observación y generalización. Feijoo se insertará con meridiana claridad en esta moderna orientación.

Feijoo, un pensador moderno, escribía justamente en esos años su *Teatro crítico universal*. El mismo título del undécimo discurso del tomo V ("El gran magisterio de la experiencia") no deja resquicio a la duda en torno a la posición feijooniana. En él pueden leerse, entre otras muchas, las siguientes consideraciones:

> "Lo primero que a la consideración se ofrece, es el poco o ningún progreso que en el examen de las cosas naturales hizo la razón desasistida de la experiencia por el largo espacio de tantos siglos. Tan ignorada es hoy la naturaleza en las aulas de las escuelas como lo fue en la Academia de Platón y en el Liceo de Aristóteles. ¿Qué secreto se ha averiguado? ¿Qué porción ni aun pequeñísima de sus dilatados países se ha descubierto? ¿Qué utilidad produjeron en el mundo las prolijas especulaciones de tantos excelentes ingenios, como cultivaron la filosofía por la vía del raciocinio?

[930] Luis RODRÍGUEZ ARANDA: *El desarrollo de la razón en la cultura española, op. cit.*, pp. 211-212.

[931] David HUME: *A Treatise of Human Nature* (A critical edition), edited by David Fate Norton and Mary J. Norton, Vol. 1: Texts, Oxford, Clarendon Press, 2007, p. 4.

[932] Enrique TIERNO GALVÁN: "Prólogo", a la obra de David Hume, *Ensayos políticos,* traducción de Enrique Tierno Galván, Madrid, Centro de Estudios Constitucionales, 2ª ed., 1982, pp. VII y ss.; en concreto, p. XIII.

[933] Isaiah BERLIN: *The Age of Enlightenment* (The Eighteenth-Century Philosophers), Oxford/New York/ Toronto/Melbourne, Oxford University Press, 1979, p. 163.

¿Qué arte, ni mecánica, ni liberal, de tantas como son necesarias al servicio del hombre y al bien público, les debe no digo ya la invención mas ni aún el menor adelantamiento? ¿A qué labrador se ha conducido de las aulas documento alguno para beneficio de las tierras?"[934].

Y unas líneas más adelante añade el benedictino: "Aun en las facultades matemáticas, que pretenden fiarlo todo a teóricas demostraciones, no se pudiera (exceptuando las dos elementales aritmética y geometría) dar un paso sin llevar delante la luz de la experiencia. Ésta enseñó a la geografía la positura de las diversas partes del orbe; a la náutica la virtud directiva del imán; (....) a la mecánica o maquinaria el aumento de la potencia por la máquina; a la astronomía los movimientos y rumbos de los astros...."[935].

El Padre Feijoo va a dar a conocer entre nosotros la ciencia moderna, refiriéndose a los descubrimientos de Descartes y de Newton, aunque su opción preferencial parezca inclinarse por la figura de Francis Bacon[936], el gran enemigo del aristotelismo, hasta entonces proscrito en España por hereje; en sintonía con esta preferencia, la opción del benedictino por el método experimental rezumaba coherencia. El benedictino subraya "la brecha que en la doctrina de Aristóteles abrieron los (filósofos) experimentales", que "sirvió indirectamente a los sistemáticos; porque habiéndose manifestado a la luz de los experimentos, que las máximas aristotélicas flaqueaban en algunos puntos de la física, flaqueó asimismo la veneración del autor, que hasta entonces tenía casi del todo oprimida la libertad para filosofar; y persuadidos muchos a que como Aristóteles había errado en algunas cosas, en que veían contraria a él la experiencia, podía haber errado en otras muchas, empezaron a escuchar con atención y sin desprecio a Descartes, Gasendo, Maignan, etc. (....) Disipada con esto la antigua preocupación y hecha país libre la filosofía, no sólo cesó enteramente aquella gritería de <muera, muera> contra cualquiera que impugnaba a Aristóteles, pero empezó a oirse a todos en el tribunal de la razón"[937]. Constata pues Feijoo la libertad filosófica ("hecha país libre la filosofía"), para poco después expresar su propia posición independiente: "Así yo, ciudadano libre de la República Literaria, ni esclavo de Aristóteles, ni aliado de sus enemigos, escucharé siempre con preferencia a toda autoridad privada, lo que me dictaren

---

[934] Benito Jerónimo FEIJOO: *Teatro crítico universal,* edición de Giovanni Stiffoni, *op. cit.*, tomo V, Discurso XI (El gran magisterio de la experiencia), p. 337. Todas nuestras referencias a la obra de Feijoo se han de entender hechas a esta edición de Stiffoni, publicada por la Editorial Castalia.

[935] *Ibidem,* p. 338.

[936] "El canciller Bacon, –escribe en un momento dado Feijoo– que fue tan gran político como filósofo, dividió la política en alta y baja (Feijoo se refiere a la obra de Bacon, *De dignitate et augmentis scientiarum*). La política alta es la que sabe disponer los medios para los fines, sin faltar ni a la veracidad ni a la equidad ni al honor. La política baja, aquélla cuyo arte estriba en ficciones, adulaciones y enredos. La primera es propia de hombres en quienes se junta un corazón generoso y recto con un entendimiento claro y juicio sólido. (...) La segunda es de sujetos en quienes bastardea o el entendimiento o la voluntad. O el entendimiento es de tan escasa luz, que no muestra otra senda para el fin deseado, sino la de la trampa, o la voluntad está tan destemplada que sin repugnancia echa mano de lo inhonesto, como lo considere útil; o lo que más creo, en una y otra potencia está el vicio". Benito Jerónimo FEIJOO: *Teatro crítico universal, op. cit.;* Discurso IV ("La política más fina") del tomo I; el texto transcrito en pp. 131-132. Hemos plasmado en su integridad esta reflexión porque, a nuestro entender, los tres siglos transcurridos desde que fuera formulada no le han hecho perder ni un ápice de buen juicio, como corrobora la alternativa real ante la que nos sigue situando la política (y los políticos) de nuestro tiempo, mucho más reconducibles (en nuestro país al menos) a la categoría de la "política baja" que a la contrapuesta.

[937] Benito Jerónimo FEIJOO: *Teatro crítico universal, op. cit.*, tomo VII, Discurso XIII (Lo que sobra y falta en la física), pp. 424-425.

la experiencia y la razón"[938]. Si a ello unimos algunas otras consideraciones feijonianas, como la afirmación que hace en el "Prólogo" al tomo II de su obra: "Salgo al campo sin más armas, que el raciocinio y la experiencia"[939], y, sobre todo, esa otra trascendental reflexión que plasma en el "Prólogo al lector" del tomo VII: "en la mayor parte de ellos (de los asuntos que trata), y aun en casi todos, camino sin más luz que la del propio entendimiento"[940], podemos atisbar, particularísimamente en las últimas palabras, la dirección seguida por Voltaire en su *Osez penser par vous même,* o la consigna de guía del pensamiento ilustrado, de proclamación de la madurez de la razón humana, que unos años más tarde formulará Kant, ¡*Sapere aude*! ¡Ten el valor de servirte de tu propia razón! Sin duda, la aplicación de una incuestionable osadía en el pensamiento, al modo que Feijoo la ostenta, queda lejos de alcanzar los límites a que la llevan Voltaire y Kant, pues como apostilla Maravall[941], el benedictino excluye, precisamente, el campo de la religión a que aquéllos tratan sobre todo de extenderla. Pero de lo que no puede caber duda, a nuestro juicio, es de que la actitud feijoniana se sitúa en la misma onda intelectual de Voltaire y de Kant.

Añadamos que la voz innovadora feijoniana va por lo general acompañada de una estimación positiva, habiendo dicho Maravall[942] que en su obra late un programa de exaltación de la novedad. "La novedad de las cosas puramente filosóficas –escribe en el discurso I ("Guerras filosóficas") del tomo II de su *Teatro crítico*– no es culpable. Nadie hasta ahora fijó ni pudo fijar columnas con la inscripción *non plus ultra* a las ciencias naturales". Por eso justamente ha sido posible que los filósofos experimentales abrieran una amplia brecha en la doctrina aristotélica, posibilitando esa libertad de la filosofía de que antes hablábamos.

c) La demoledora crítica feijoniana del atraso cultural de España

I. Feijoo no sólo va a dar a conocer a sus contemporáneos el progreso científico, convirtiéndose en un decidido defensor de la ciencia moderna, sino que, a la par, va a llevar a cabo una demoledora denuncia del atraso cultural de España, caracterizado por una gran y peligrosa confusión de ideas debida fundamentalmente al hecho de no saber distinguir, en modo claro, ciencia y fe. "Ocasionan grave daño, –escribe el benedictino en su "Apología del Scepticismo médico"– no sólo a la Filosofía, más aun a la Iglesia, estos hombres que temerariamente procuran interesar la doctrina revelada en sus particulares sentencias filosóficas. De esto se asen los herejes para calumniarnos de que hacemos artículos de Fe de las opiniones de la Filosofía; y con este arte persuaden a los suyos ardua y odiosa nuestra creencia. En esto se fundan algunos estranjeros (*sic*), cuando dicen, que en España patrocinamos con la Religión el idiotismo"[943].

El contenido del *Teatro crítico universal* –cuyo subtítulo (*Discursos varios en todo género de materias, para desengaño de errores comunes*) resulta harto elocuente, expre-

---

[938] *Ibidem,* p. 427.

[939] Benito Jerónimo FEIJOO: *Teatro crítico universal, op. cit.,* tomo II, Prólogo, p. 166.

[940] Benito Jerónimo FEIJOO: *Teatro crítico universal, op. cit.,* tomo VII, Prólogo al lector, p. 404.

[941] José Antonio MARAVALL: "El primer siglo XVIII y la obra de Feijoo", *op. cit.,* p. 463.

[942] *Ibidem,* p. 463.

[943] Benito Jerónimo FEIJOO: "Apología del Scepticismo médico", en *Ilustración apologética al primero y al segundo tomo del Teatro Crítico,* Madrid, 1773, p. 213. Cit. por Giovanni STIFFONI: "Introducción biográfica y crítica", *op. cit.,* pp. 27-28.

sando felizmente su intención y carácter, por lo demás, plenamente acordes, como señala Ceñal[944], con el modo y el hacer literarios de su siglo[945]– es absolutamente heterogéneo; la obra sigue su curso sin orden aparente alguno, aunque, eso sí, presidida por una constante estilística[946]. El propio Feijoo lo admite en el mismo "Prólogo al lector", en el que reconoce que "no van los discursos distribuídos por determinadas clases, siguiendo la serie de las facultades, o materias a que pertenecen"[947]; más adelante, escribe: "De suerte que cada tomo, bien que el designio de impugnar errores comunes uniforme, en cuanto a las materias, parecerá un riguroso misceláneo. El objeto formal será siempre uno. Los materiales precisamente han de ser muy diversos"[948]. Aquella unidad aparece claramente puesta de manifiesto en el Discurso I ("Voz del pueblo") del tomo I, en el que Feijoo deja meridianamente clara la necesidad de separar dos planos por entero diferentes: el de la religión y el de la ciencia, algo que ya creemos que queda claramente explicitado en alguno de los párrafos que anteriormente hemos transcrito de la obra:

> "Aun en el Cielo no hay más que dos puntos fijos para dirigir los navegantes. Todo lo demás es voluble. Otros dos puntos fijos hay en la esfera del entendimiento: la revelación y la demostración. Todo el resto está lleno de opiniones que van volteando y sucediéndose unas a otras, según el capricho de inteligencias motrices inferiores. Quien no observare diligente aquellos dos puntos, o uno de ellos, según el hemisferio por donde navega, esto es: el primero en el hemisferio de la Gracia, el segundo, en el hemisferio de la Naturaleza, jamás llegará al puerto de la verdad"[949].

El descubrimiento de la verdad exige por otro lado huir de dos extremos erróneos:

> "Es menester –escribe Feijoo– huir de dos extremos, que igualmente estorban el hallazgo de la verdad. El uno es la tenaz adherencia a las máximas antiguas; el otro la indiscreta inclinación a las doctrinas nuevas. El verdadero filósofo no debe ser parcial ni de éste ni de aquel siglo. En las naciones extranjeras pecan mucho en el segundo extremo; en España casi todos en el primero"[950].

No deja de ser significativa la sutil distinción que efectua nuestro autor entre "adherencia" a las máximas antiguas e "inclinación" a las doctrinas nuevas. Con el primer término parece estar describiéndonos una actitud puramente pasiva, rutinaria, inmovilista, mientras que con la segunda palabra da la impresión de aludir a un movimiento casi

---

944 Ramón CEÑAL, S. J.: "Feijoo, hombre de la ilustración", *op. cit.*, p. 321.

945 Son bastantes las obras que podrían considerarse como precedentes de la del Padre Feijoo, en nuestra lengua y en otras. Así, el *Examen des Prejugés vulgaires pour disposer l´esprit à juger sainement de tout,* del jesuita Claudio Buffier. Con todo, la más relevante sin ninguna duda es el *Dictionnaire Critique et Historique* de Pedro Bayle, aunque el materialismo y el espíritu antirreligioso de este autor en poco coincida con el de Feijoo.

946 El Padre Feijoo, según Fernández González, fue de tonalidad armónica, no sólo en su personalidad, sino en el decurso de toda su obra literaria. Hay una constante estilística, o una voluntad de estilo, que lo hace inconfundible, aun dentro de la variedad voluntaria de los temas que trata en su obra enciclopédica. Lo que no varía nunca es su punto de vista y el tono de su escribir. Ángel-Raimundo FERNÁNDEZ GONZÁLEZ: "Introducción", *op. cit.*, p. 16.

947 Benito Jerónimo FEIJÓO: *Teatro crítico universal, op. cit.,* tomo I, Prólogo al lector, p. 100.

948 *Ibidem,* p. 101.

949 Benito Jerónimo FEIJOO: *Teatro crítico universal, op. cit.*, tomo I, Discurso I (Voz del pueblo), p. 108.

950 *Apud* Giovanni STIFFONI: "Introducción biográfica y crítica", *op. cit.*, pp. 40-41.

espontáneo, imbuido por el propio espíritu ilustrado del siglo, y el sentido de esta diferenciación parece acentuarse en la misma dirección si se atiende a que el concepto de "máxima" también presenta un carácter mucho más añejo y estático que la idea mucho más dinámica y evolutiva de "doctrina". Este equilibrio dinámico que está propugnando el permanente inquilino del Monasterio ovetense de San Vicente, aparece por lo demás reflejado en la obra feijoniana, que intenta separarse, sin llegar a una ruptura brusca, del pensamiento de nuestro Barroco y acercarse, sin que ello haya de entenderse como una adhesión incondicional, al nuevo pensamiento ilustrado que ya circula por Europa. Con todo, Juretschke ha llegado a hablar de la existencia de una simbiosis espiritual entre Francia y España desde los tiempos de Feijoo[951].

II. En el "Prólogo al lector" antes citado, Feijoo ya pone de relieve que su obra gira en torno a la crítica de los que denomina "errores comunes", queriendo identificar como tales los "que estén admitidos en el común del vulgo, o tengan entre los literatos más que ordinario séquito", siendo su intención proponer la verdad, aunque reconoce que en algunos asuntos quizá le falte penetración para conocerla; admitido esto, lo único que puede asegurar es "que nada escribo que no sea conforme a lo que siento". El benedictino asume pues, una actitud crítica hacia lo vulgarmente recibido, mostrando una preocupación por observar y anteponer los resultados a que llegue a través de su experiencia personal. El orensano de Casdemiro quiso que sus escritos produjeran en nuestro país un movimiento de renovación, de apertura hacia fuera, y a tal efecto, en sus *Cartas eruditas,* exhorta a los jóvenes maestros a que rompan la valla de la obstinada rutina de los viejos y "vayan introduciendo el buen gusto literario en las escuelas".

A Feijoo le preocupa España, particularmente el atraso cultural del país, lo que ha llevado a un sector de la doctrina a considerarle el primero en plantearse el "problema español"; si no ha sido el primero, por lo menos, como dice Abellán[952], ha sido el primero en plantearlo en términos modernos, llegando a enlazar con el "me duele España" de Unamuno cuando escribe: "El descuido de España lloro, porque el descuido de España me duele. ¡Cuán diferente es este siglo de los pasados! ¡Gotosa esta España!"[953]. En el fondo, diríamos que se trata de la actitud pesimista y crítica ante la realidad viviente, frente a la misma vida cotidiana, tan común en el espíritu racionalista de los hombres del Setecientos. Feijoo, ha escrito Marañón[954], fue el más genuino representante de la crítica experimental del siglo XVIII; pero, apostilla nuestro insigne humanista, con completa independencia de la trayectoria del enciclopedismo francés; enciclopédico, pues, no de Francia ni de ninguna otra parte, sino de la época. Por lo demás, con la expresión de tales sentimientos, Feijoo nos muestra que sus reflexiones van mucho más allá de un puro planteamiento científico, insertándose en esa perspectiva racionalista y crítica general que va a presidir el espíritu del siglo.

La profunda preocupación por España no deja de traslucir una visión en cierto modo regeneracionista. Feijoo pretende desterrar la ignorancia y la superstición tan comunes

---

[951] Hans JURETSCHKE: *Los afrancesados en la Guerra de la Independencia, op. cit.,* p. 17.

[952] José Luis ABELLÁN: *Historia crítica..., op. cit.,* tomo III, p. 503.

[953] "Cuando los labradores se hallan afligidos con su miseria y desnudez, –escribe el benedictino– se puede decir que el Príncipe o la República padecen mal de gota, que es la enfermedad propia de los pies: *Afflictus namque populus, quasi Principis podagram arguit, et convincit.* Eminentísimo señor, gotosa está España". Benito Jerónimo FEIJOO: *Teatro crítico universal, op. cit.,* tomo VIII. Discurso XII (Honra y provecho de la agricultura), p. 459.

[954] Gregorio MARAÑÓN: *Las ideas biológicas del Padre Feijoo, op. cit.,* p. 294.

en nuestro país, para lo que entiende necesario, como ya se ha dicho, renovar la filosofía, poniéndola en armonía con los avances de las ciencias de su tiempo; a tal efecto va a propugnar la apertura hacia lo nuevo, tratando de hacer perder el miedo hacia las nuevas ideas y combatiendo la filosofía aristotélica por considerarla, como también se ha señalado ya, el principal obstáculo para el progreso de la ciencia[955]. Feijoo es ciertamente un esforzado defensor de la libertad de la ciencia. Pero esto no significaba para él una actitud neutra, indiferente, un irenismo total con vigencia legítima en todas las esferas[956]. Feijoo proclama la libertad de la ciencia, la soberanía de la razón. Pero él, firmemente anclado siempre en la verdad intangible de sus creencias religiosas, sabe muy bien que esta razón tiene límites, que no le es lícito traspasar. La renovación que el benedictino intenta no le va a llevar a separarse de las matrices del pensamiento español[957], lo que puede explicarse por su creencia de que la tradición española, aunque diferente, es acoplable a la tradición europea[958].

En definitiva, el benedictino pretende llevar a cabo un programa de "desengaño de errores y demostración de la verdad". Feijoo hace suya pues, la trascendental empresa en aquella hora de España de deshacer errores. Y en un momento dado escribe:

> "El que lograse hacer patente al mundo, no digo todos, la mitad de los artificios con que el hombre engaña al hombre, merecería con más justicia que cuantos hubo de Adán acá el glorioso título de bienhechor del linaje humano"[959].

Y esa tarea la emprende el Padre Feijoo con plena conciencia, como él admite, de que la experiencia demuestra "que el que desengaña no sólo se malquista con el engañador, mas también con el engañado". Reconoce que es una "rara depravación", lo que no obsta para que sea "comunísima"; ello daría pie a nuestro gran Marañón para afimar: "Dudo que nadie haya escrito algo más claro sobre la psicología profunda de la polémica sobre los mitos y sus consecuencias"[960]. La importancia del benedictino reside justamente, como

[955] Estas ideas son compartidas por la práctica totalidad de la doctrina. Es el caso, por poner un ejemplo, de Guillermo FRAILE, en su *Historia de la Filosofía,* tomo III (Del Humanismo a la Ilustración, siglos XV-XVIII), Madrid, Biblioteca de Autores Cristianos, 2ª ed., 1978, p. 1028.

[956] Ramón CEÑAL, S. J.: "Feijoo, hombre de la ilustración", *op. cit.,* p. 327.

[957] En tal sentido, Luis SÁNCHEZ AGESTA: *El pensamiento político..., op. cit.,* p. 41.

[958] Feijoo, dirá de él Tierno Galván, no es un español torturado por el "caso de España", pues, a su juicio, nada fundamental, ni pasado, ni presente, impide la valoración europea de lo español en sentido positivo. El propio autor reconoce más adelante, que Feijoo quería sacudir la pereza nacional, pero recuerda que su idea rectora para este sacudimiento no era sólo la que se refiere a las facultades de los españoles, sino también y principalmente el incuestionable carácter europeo de la historia de España. Para el benedictino, España no era en ningún sentido ajena al concierto europeo y podía iniciar sin temores y con todos los títulos el camino que la razón y la crítica se estaban abriendo en Europa. Enrique TIERNO GALVÁN: *Tradición y modernismo, op. cit.,* pp. 136 y 140.

[959] *Apud* Gregorio MARAÑÓN: *Las ideas biológicas..., op. cit.,* p. 258.

[960] *Ibidem,* p. 259. "El mito –añade Marañón unas líneas después en unas reflexiones de una extraordinaria clarividencia– casi siempre tiene un sentido revolucionario, o, más concretamente, iconoclasta: el sentido de demoler y sustituir una verdad anterior que se imponía a los hombres; y éstos, hartos, sin saberlo, de su acatamiento, aceptan el nuevo mito como satisfacción al callado resentimiento que alimentaban en lo hondo de su alma contra lo consagrado: doctrina u hombre. Tal resentimiento –uno de los más enérgicos motores de la vida humana– impulsa a las gentes a adherirse al que se alza en la plaza pública para predicar la buena nueva, aunque sea disparatada, e impide que se juzgue la verosimilitud de ésta; porque lo esencial, aunque no se piense en ello, no es conquistar una verdad nueva, sino deshacer a la anterior". Si se nos permite el *excursus,* añadiríamos por nuestra cuenta, que si reflexionamos un poco podremos constatar la plena

bien dice Stiffoni[961], en su capacidad de sintetizar, en una operación editorial, anómala en relación con el carácter de la publicística de los *novatores* y de sus adversarios, la percepción ya difusa de la necesidad de una toma de conciencia crítica de la realidad de una situación cultural de crisis, y al mismo tiempo del desmoronamiento social que la condicionaba, y de preparar así, con esta base, un programa detallado de política cultural.

Podría pensarse que con sus dardos a veces zahirientes el orensano no hacía sino seguir los pasos de Quevedo o los de Gracián, que habían trazado con pluma llena de ironía, y a veces hasta de sarcasmo, un camino real para la crítica, abierto con el hacha y el fuego de la sátira. Pero como dice Sánchez Agesta[962], no será exactamente así, pues en su mismo estilo advertimos que hay algo nuevo trascendente. Cuando Feijoo zahiere con su ironía, aunque sus pullas recuerden la soflama mordiente de Quevedo, también se aprecia en ellas algo de enseñanza, de corrección y de doctrina; con ello da vida a un nuevo estilo de pensamiento político íntimamente vinculado a la nueva deidad del siglo, que obviamente no es sino la Razón. La crítica, como el propio benedictino reconoce en sus *Cartas eruditas,* es ahora "juicio recto de lo que se debe afirmar, negar o dudar en una materia", y como tal no depende de reglas, sino del buen uso de la razón natural y del entendimiento. Por lo demás, esa crítica se concibe con una función práctica, a la que imprime carácter su voluntad de producir un efecto[963]. Y con una función radicalmente política, en cuanto tiende a remover el espíritu de un pueblo, a formar o reformar una opinión con un tono polémico.

En definitiva, el Padre Feijoo tomó sobre sí la empresa ciclópea de arrancar de la mente de los españoles la infinita cantidad de supersticiones, errores y fantasías que la ahogaban. Antes de sembrar, pensaba el benedictino, había que preparar el terreno, roturándolo con energía. Pero además de su estudio insuperable de la ignorancia del alma popular, por utilizar los siempre adecuados términos de Marañón[964], trató Feijoo, con tino y minucia, de la organización de la enseñanza y de sus posibles remedios para poner fin a tanto atraso. Y la lectura de sus escritos equivale a un cuadro viviente y animado del lamentable estado de retraso de los españoles de su época.

---

validez de las reflexiones de nuestro gran humanista para calibrar en su justa medida algunas explosiones populares recientes habidas en alguna zona de España.

961 Giovanni STIFFONI: "Introducción biográfica y crítica", *op. cit.,* p. 42.

962 Luis SÁNCHEZ AGESTA: *El pensamiento político del despotismo ilustrado, op. cit.,* pp. 48-49 y 52.

963 Podrían traerse a colación muchos ejemplos, pero, por razones obvias, nos circunscribiremos a uno. En su Discurso "Amor de la patria y pasión nacional", ubicado dentro del tomo III (puede verse en Benito Jerónimo FEIJOO: *Teatro crítico universal, op. cit.,* pp. 235 y ss.), –que Tierno Galván (en *Tradición y modernismo, op., cit.,* p. 142) cree que, en su tiempo, no tiene equivalente en Europa, en cuanto que sólo concede un mínimo valor afectivo a la vinculación con la patria, las tradiciones patrias y las glorias nacionales– razona Feijoo de un modo que todavía es útil y conveniente recordar:

"…. para quien obra con conciencia son totalmente inútiles las recomendaciones de la amistad, del paisanismo, del agradecimiento, de la alianza de escuela, religión o colegio o otras cualesquiera. Pero la lástima es que en la práctica se palpa la eficacia de estas recomendaciones, aun en desigualdad de méritos. Por cuyo motivo, llegando el caso de una oposición, más trabajan los concurrentes en buscar padrinos, que en estudiar cuestiones, y más se revuelven las conexiones de los votantes que los libros de la Facultad. Llega a tanto el abuso, que a veces se trata como culpa el obrar rectamente" (Benito Jerónimo FEIJÓO: *Teatro crítico universal, op. cit.,* pp. 260-261). Quién le iba a decir a Feijoo que tres siglos después de formulada, su crítica, desgraciadamente, sigue teniendo plena validez en nuestro país, más allá de las solemnes afirmaciones jurídicas en contrario, que no hacen sino acentuar el cinismo de ciertas actitudes.

964 Gregorio MARAÑÓN: "Más sobre nuestro siglo XVIII", en *Revista de Occidente,* nº 48, 1935, pp. 278 y ss.; en concreto, p. 293.

d) El escepticismo de Feijoo ante la "voz del pueblo"

Se ha especulado acerca de que lo que Feijoo llamó a principios del XVIII la "voz del pueblo" iba a ser denominado en sus postrimerías por Jovellanos "opinión pública", con lo cual también en esto el benedictino parecía estar anticipándose a su tiempo. Sin embargo, sin pretender entrar ahora en esta cuestión de la opinión pública, sobre la que volveremos en un momento ulterior, sí conviene precisar que el de Casdemiro iba a mostrar su escepticismo sobre el valor de esa voz multiforme, a la que en modo alguno puede darse el significado que hallará el concepto de opinión pública hacia finales del siglo XVIII. En el Discurso I del tomo I, justamente sobre la "voz del pueblo", se manifiesta con extrema claridad.

Tras considerar un error "aquella mal entendida máxima, de que Dios se explica en la voz del pueblo", por cuanto la misma "autorizó a la plebe para tiranizar el buen juicio, y erigió en ella una potestad tribunicia, capaz de oprimir la nobleza literaria", el Padre Feijoo recuerda la máxima de Séneca, *aestimes judicia, non numerus,* o lo que es lo mismo, "el valor de las opiniones se ha de computar por el peso, no por el número de las almas. Los ignorantes, por ser muchos, no dejan de ser ignorantes"[965]. El orensano menciona la comparación que un sabio (cuyo nombre dice no recordar) hizo del vulgo con la luna, a razón de su inconstancia, añadiendo: "No hay dentro de este vasto cuerpo luz nativa con que pueda discernir lo verdadero de lo falso. Toda ha de ser prestada; y aun ésa se queda en la superficie: porque su opacidad hace impenetrable a los rayos el fondo"[966].

En último término, y como ya tuvimos oportunidad de señalar, en la más pura órbita del pensamiento ilustrado, el benedictino cree que "poco se distingue el vulgo de los hombres del vulgo de los átomos", pues "de la concurrencia casual de sus dictámenes apenas podrá resultar jamás una ordenada serie de verdades fijas", por lo que considera inexcusable que "la suprema Inteligencia sea intendente de la obra", lo que ha de hacer "usando, como de subalternos suyos, de hombres sabios"[967]. Son los ilustrados, en definitiva, quienes han de trasladar su luz a la gran masa ignorante del pueblo. De ahí la importancia de una libre comunicación de las luces y, en coherencia con todo ello, la vertiente política de esta libertad.

Digamos para concluir, que en su etapa final el benedictino, como toda voluntad quijotesca, no dejó de albergar dudas y de tener instantes de desfallecimiento. En 1742 escribía en una de sus *Cartas* lo que sigue:

> "Quince años ha que estoy continuamente declamando contra la fatua credulidad que reina en el mundo, y pienso que el mundo, a la reserva de pocos individuos, en cuanto a esta parte, está como estaba. Todos oyen mis voces y casi todos parece que están sordos a ellas"[968].

Es claro que Feijoo se equivocaba en cuanto a la eficacia de su labor. Baste con recordar algo ya dicho anteriormente. Para Menéndez Pelayo, el benedictino llegó a ser un verdadero oráculo.

---

[965] Benito Jerónimo FEIJÓO: *Teatro crítico universal, op. cit.*, p. 105.
[966] *Ibidem,* p. 106.
[967] *Ibidem,* p. 107.
[968] *Apud* Gregorio MARAÑÓN: *Las ideas biológicas del Padre Feijoo, op. cit.*, p. 260.

B) La primera reivindicación propiamente dicha de esta libertad por el abate de la Gándara

I. La primera reivindicación propiamente dicha de la libertad que nos ocupa se viene atribuyendo a Miguel Antonio de la Gándara (1719-1783), quien la formularía en la obra que publicaba en 1759, *Apuntes sobre el Bien y el Mal de España* (en que se proponen varios medios para restablecerla en su antiguo esplendor y opulencia)[969]. Creemos necesario, ante todo, facilitar algunos datos biográficos del abate de la Gándara, personaje no suficientemente conocido, para inmediatamente después referirnos a la obra citada, que se ubica en el marco del reformismo socioeconómico, siempre presente en la España moderna, pero que en el siglo XVIII, de resultas del declive económico de la centuria precedente, con la subsiguiente decadencia, va a cobrar una especial intensidad, destacando el pensamiento de los llamados "proyectistas", a los que ya tuvimos ocasión de referirnos[970]. En último término, como es obvio, abordaremos la concepción con que de la Gándara sustenta la libertad de escribir.

Nacido en el valle de Liendo (Santander) en 1719, Miguel Antonio de la Gándara murió encarcelado en la fortaleza de Pamplona en 1783, de resultas de haber sido vinculado con el motín de Esquilache, a raíz de la publicación de algunas sátiras políticas, encerrándosele de por vida en la ciudadela de Pamplona. Eclesiástico, economista y reformador, de la Gándara ha sido considerado como uno de los representantes típicos del "cristianismo ilustrado"[971], concepto acuñado por Hazard[972], que lo considera un movimiento europeo cristiano, que tiende a despojar a la religión de las estratificaciones que se habían formado alrededor de ella, a ofrecer una creencia tan liberal en su doctrina que nadie podría acusarla ya de oscurantismo; tan pura en su moral, que nadie podría ya negar su eficacia práctica. No se trataba de un compromiso, sino de la firme seguridad de que los mismos valores que durante dieciocho siglos habían fundado la civilización, valían aún y valdrían siempre. Estos pensadores comprendieron que el aristotelismo pertenecía a otra edad, aceptaron a Descartes cuando la generación precedente lo había desterrado, y le pidieron argumentos en favor de la espiritualidad; en fin, frecuentaron y admiraron a Locke, negándose a seguirlo en su agnosticismo, pero explotando las riquezas psicológicas que había descubierto. Aunque Hazard considera como figura más representativa de este "catolicismo ilustrado" al sacerdote Antonio Genovesi, incluye asimismo en él al Padre Feijoo, por quien reconoce que es difícil no tener debilidad, "tan franco, tan robusto:

[969] Entre otros autores que se manifiestan en tal sentido, María Cruz SEOANE COUCEIRO: "Libertad de imprenta: de <vehículo de las luces> a derecho del hombre", en *Prensa y libertad de imprenta* (Los periódicos en el Cádiz de las Cortes), Madrid, Sociedad Estatal de Conmemoraciones Culturales y otras instituciones, 2010, pp. 17 y ss.; en concreto, pp. 20-21.

[970] A juicio de Muñoz Pérez, un estudioso del tema, al que ya aludimos, los grandes "proyectistas" del siglo XVIII son Melchor Rafael de Macanaz, con sus *Auxilios para bien gobernar una Monarquía Católica;* Josef del Campillo, con su *Nuevo sistema de gobierno económico para la América;* Bernardo Ward, con su *Proyecto económico;* Campomanes, con su *Discurso sobre la Educación Popular,* y Jovellanos, con su *Informe sobre la ley agraria*. José MUÑOZ PÉREZ: "Los Proyectos sobre España e Indias en el siglo XVIII: el proyectismo como género", en *Revista de Estudios Políticos,* núm. 81, Mayo/Junio 1955, pp. 169 y ss.; en concreto, pp. 180-181.

[971] Jacinta MACÍAS DELGADO: "Estudio Preliminar", en la obra de Miguel Antonio de la Gándara, *Apuntes sobre el bien y el mal de España,* edición de la propia autora, Madrid, Instituto de Estudios Fiscales, 1988, pp. XIII y ss.; en concreto, p. XVII.

[972] Paul HAZARD: *El pensamiento europeo en el siglo XVIII, op. cit.,* pp. 83-84.

se llama a sí mismo ciudadano libre de la república de las letras, y el nombre está bien puesto"[973]. Entre nosotros, Sánchez Agesta situará junto a Feijoo a Jovellanos[974].

Formado en Cánones y en Leyes, de la Gándara tuvo mucho de autodidacta, habiéndose considerado que fue realmente la lectura de los muchos libros que, para la época, integraban su biblioteca, en la que había una clara predilección por la cultura francesa, lo que a la postre resultó decisivo en su formación[975]. Amante de las ciencias útiles y contrario a la filosofía puramente especulativa, Gándara, como Feijoo, se identificó con la visión científica y metodológica experimental.

En diciembre de 1750, Gándara era nombrado Agente de Preces en Roma[976], cargo cuya función consistía en el cuidado, solicitud y expedición de cualquier Bula que se pidiera en nombre del Rey, bien por la vía reservada o por las secretarías de los Consejos correspondientes a su Real Patronato o de cualquier otra naturaleza. El abate dinamizó con su eficacia las funciones del cargo, llegando a participar directamente en las negociaciones del Concordato de 1753. Tras el mismo se pensó en darle una plaza en el Consejo de Hacienda, pero la caída del marqués de la Ensenada y la desaparición de algunos de sus otros protectores, como José de Carvajal y Lancáster y el Padre Rávago, frustraron su ascenso, suponiéndole un duro golpe para sus aspiraciones. Al finalizar el ejercicio de su cargo en Roma, de la Gándara pasó dos largas temporadas en Nápoles (1758-1759), donde en aquel entonces todavía reinaba Carlos VII, hermano de Fernando VI y futuro Carlos III de España. Fue justamente en su segunda estancia napolitana donde escribió la obra que nos ocupa.

El cántabro se iba a ver supuestamente implicado en el motín de Esquilache, que como es sobradamente conocido, tuvo lugar en Madrid entre el 23 y el 26 de marzo de 1766, siendo su causa formalmente desencadenante las disposiciones de enero de ese año del marqués de Esquilache, siciliano al servicio del Rey de España, en contra de la utilización de las capas largas y los sombreros redondos, medidas que se atribuyeron a su carácter extranjero, si bien el motín respondió a causas mucho más profundas, como el encarecimiento de los artículos de consumo de primera necesidad. En cualquier caso, el proceso de nuestro escritor no sólo fue irregular, sino que se ha considerado que en él la arbitrariedad procedimental propia del Antiguo Régimen alcanzó su grado máximo[977]: fue procesado por meros indicios, le fue ignorada la jurisdicción que por su condición de eclesiástico le correspondía, y tras sobreseer su causa en 1770 el Consejo extraordinario, no se le concedió la libertad, sino que se pidió que continuase en su encierro de Pamplona, donde fallecería trece años más tarde.

---

[973] *Ibidem*, p. 85.

[974] Cfr. al respecto, Luis SÁNCHEZ AGESTA: *El pensamiento político...*, *op. cit.*, pp. 159-161.

[975] Jacinta MACÍAS DELGADO: "Estudio Preliminar", *op. cit.*, pp. XX-XXII. Recuerda esta autora que 30 de los 188 libros que componían la biblioteca de Gándara estaban incluídos en el listado de obras condenadas por la Inquisición. Entre ellos se encontraban obras de Rousseau, Voltaire, Montesquieu, Diderot, D´Alembert, Condillac, Raynald, Marmontel, Robinet... etc. Destaca Macías igualmente el importante número de obras de los economistas españoles de los siglos XVI y XVII: Luis Ortiz, Martínez de la Mata, Sancho de Moncada, Ustáriz, Fernández Navarrete... etc.

[976] Sobre el cargo y la actividad desempeñada por de la Gándara, cfr. Jacinta MACÍAS DELGADO: "Estudio Preliminar", *op. cit.*, pp. XXIV–XXVIII.

[977] Jacinta MACÍAS DELGADO: "Estudio Preliminar", *op. cit.*, p. XXVIII.

II. La obra del abate de la Gándara, como antes se dijo, fue escrita en la ciudad de Nápoles, donde va fechada el 7 de julio de 1759, siendo presentada al Rey en 1762 o 1765. En 1804 los *Apuntes* comenzaron a ser editados de nuevo en el *Almacén de frutos literarios inéditos de los mejores autores,* aunque la edición impresa no pudo concluirse por orden gubernamental, con lo que una parte de la obra quedó impresa y la otra manuscrita. Sin embargo, ese mismo año 1804 se completó una edición impresa en Lyon, volviendo a aparecer nuevas ediciones en Valencia (1811), Villanueva y Geltrú (1813) y Madrid (1820.). El 26 de octubre de 1810, en la Isla de León, *El Conciso,* anunciando su próxima reimpresión, recordaba su publicación completa en fascículos, con algunas adiciones, enjuiciándola en términos muy elogiosos:

> "Esta obra que sin disputa es de las más interesantes que en este género ha producido la España, –se podía leer en *El Conciso*– manifiesta los males del Estado y la declaración de sus remedios. Algunos cuadernos de ella se publicaron en Madrid en el *Almacén de frutos literarios,* pero Godoy, conociendo que combatía sus miras ambiciosas, la ahogó en su nacimiento –con harto dolor de los españoles–. Saldrá por cuadernos, y se admiten suscripciones..."[978].

Elorza ha subrayado el hecho de que una de las ediciones del libro se publicase en 1818, en pleno período absolutista de Fernando VII, bien que con la supresión de algunos pasajes, lo que contrastaría con las varias ediciones publicadas por los liberales antes de 1814, circunstancia que, según el mencionado autor[979], revelaría el doble sentido de los *Apuntes sobre el bien y el mal.* No tenemos datos concluyentes para refutar la existencia de esa edición de 1818, pero sí podemos señalar que en la edición de la obra de Gándara que manejamos, Macías Delgado, autora de una Tesis Doctoral en siete volúmenes (dos de ellos de documentación)[980] sobre nuestro abate, y editora de la obra, recoge en su estudio preliminar las portadas de las distintas ediciones del libro, a las que acabamos de referirnos, y como tales aparecen dos de 1759, una de 1804, otra de 1811, una más de 1813 y una última de 1820[981], ninguna por tanto de 1818. Tampoco terminamos de ver en la obra ese "doble sentido" a que se refiere Elorza. Los *Apuntes* de Gándara son la plasmación del pensamiento de un reformista, al que le disgusta la realidad española del XVIII y pretende reformarla. En el ámbito económico, obviamente el predominante en su obra, ésta actúa de puente[982], por cuanto si bien en ella hay una raigambre mercantilista, acoge conceptos propios de una nueva mentalidad económica, que no es otra sino la del liberalismo. No deja de ser llamativo que hace más de un siglo Gándara atrajese la atención de Desdevises du Dezert, un profesor de la Universidad de Clermont-Ferrand, quien comenzaba su trabajo subrayando el carácter instruído e inteligente del abate: "En dépit de sa physionomie confuse, des étrangetés et des audaces de son style, il est d´une

978 *Apud* María Cruz SEOANE COUCEIRO: "Libertad de imprenta: de <vehículo de las luces>...", *op. cit.,* p. 21.

979 Antonio ELORZA: *La ideología liberal en la Ilustración española,* Madrid, Editorial Tecnos, 1970, p. 43.

980 De ello se hace eco el Profesor Viñas, Director de la Tesis. Carmelo VIÑAS Y MEY: "Prólogo", en Miguel Antonio de la Gándara, *Apuntes sobre el bien y el mal..., op. cit.,* pp. VII y ss.; en concreto, p. X.

981 Jacinta MACÍAS DELGADO: "Estudio Preliminar", *op. cit.,* pp. CXLI, CXLII, CXLV, CXLVI, CXLVII y CXLVIII.

982 *Ibidem,* p. LII.

lecture intéressante et plus d´une idée originale et juste montre que l´auteur fut un homme instruit et intelligent"[983].

En la dirección a la que aludimos unas líneas atrás, en la segunda mitad del Setecientos la ciencia económica cobra un inusitado protagonismo. Como se ha escrito[984], el ilustrado esperará del conocimiento económico un resultado similar al que Newton alcanza respecto al mundo físico: ser capaz de formular las leyes fundamentales del funcionamiento del todo social. Además, la economía es la ciencia que favorece el crecimiento y, en tanto que este crecimiento, al persistir por el momento la visión mercantilista, tiene como eje el comercio y la industria, las exigencias burguesas encontrarán su primer cauce en las disertaciones económicas. Tres son los grandes temas que a lo largo del siglo XVIII dominan entre los "proyectistas": la reordenación de la Hacienda, el fomento de los recursos económicos y la rehabilitación del comercio español, especialmente del de Indias[985]. El libro del abate de la Gándara se presenta como un reflejo bastante fidedigno del referido espíritu proyectista[986], y, como su propio título ya indica, su contenido se nos ofrece como una crítica en ocasiones descarnada del mal funcionamiento de buena parte de las instituciones, desde la Hacienda hasta las instituciones educativas, de la pésima utilización de los recursos económicos y de los negativos hábitos del sistema absolutista, entre ellos la ausencia de libertad; *Lex Christi, est lex libertatis,* llega a decir de la Gándara[987] frente a la falta de libertad imperante. En definitiva, el abate santanderino expone los males de España y sus causas, proponiendo a la par una serie de reformas con las que tratar de superar la decadencia que arrastraba el país, al menos, desde los últimos lustros del siglo XVII, reformas que ni mucho menos circunscribe al plano económico, –aunque nuestro abate haya sido considerado como el portavoz más destacado de la autarquía económica en la segunda mitad del Setecientos– sino que también proyecta al plano político, aunque aquí se muestre el autor mucho más impreciso, a salvo su cerrada defensa de la libertad. Gándara ha sido asimismo calificado como un "estatista" ("un étatiste") con toda la fuerza del término, por cuanto quiere que no haya en España más que un rey, una ley, una moneda, un sistema de pesos y medidas, una lengua y una religión[988]. En esto, por ejemplo, se separará totalmente de Francisco Romà, al que nos referiremos después.

El abate comienza considerando que "para restituir a la Monarquía su antiguo y debido esplendor, es forzoso mudar de estilo. Volver el cuadro al revés. Abrir (digo) lo cerrado y cerrar lo abierto. *Claudite apertum: et aperite clausum.* Veis aquí ya los dos polos de la felicidad pública". Y de inmediato apostilla: "nada es más conforme al Derecho natural que distribuirse y consumirse los productos dentro de la Nación misma que los contribuye"[989]. El santanderino se refiere insistentemente a las "murallas que oprimen la libertad (entre

[983] G. DESDEVISES DU DEZERT: "Un réformateur au dix-huitième siècle. Don Miguel Antonio de la Gándara", en *Revista de Archivos, Bibliotecas y Museos,* 3ª época, Año X, Enero/Junio 1906, pp. 274 y ss.; en concreto, p. 274.

[984] Antonio ELORZA: *La ideología liberal..., op. cit.,* p. 43.

[985] José MUÑOZ PÉREZ: "Los proyectos sobre España e Indias en el siglo XVIII...", *op. cit.,* p. 190.

[986] Los *Apuntes,* escribe Macías, no constituyen un tratado sistemático de ciencia económica. Son, en su acepción más amplia, un Proyecto de reformas, en el que el tratamiento de los temas económicos ocupa un lugar prioritario tanto por la extensión que se le concede como porque se le considera el eje sobre el que giran y del que dependen todas las reformas. Jacinta MACÍAS DELGADO: "Estudio Preliminar", *op. cit.,* p. XLIII.

[987] Miguel Antonio de la GÁNDARA: *Apuntes sobre el bien..., op. cit.,* p. 195.

[988] G. DESDEVISES DU DEZERT: "Un réformateur au dix-huitième siècle...", *op. cit.,* p. 276.

[989] Miguel Antonio de la GÁNDARA: *Apuntes sobre el bien..., op. cit.,* p. 27.

las que ubica las murallas de las aduanas) y desangran incesantemente la sustancia de los pueblos". Reivindica a la nación, rechazando que sea holgazana. "Su desidia –escribe de la Gándara[990]– es un desmayo necesario que le han hecho adquirir con los errores de dos siglos", para añadir en un momento posterior que "tampoco la holgazanería es causa, sino efecto de la pobreza. ¿Quién ha de trabajar donde el trabajo no recompensa el sudor"[991].

Llegado el momento de proponer los "remedios para el bien", Gándara afirma, a título previo, y de modo general: "Rómpanse las cadenas que embarazan los progresos. Remuévanse los estorbos. Quítense a la Nación los grillos que se ha fabricado de los yerros de dos siglos, derríbense las murallas que quedan señaladas. Mírese la libertad en todas líneas como único fundamento de la felicidad pública"[992]. Ya en el plano de las medidas concretas, el abate propone infinidad de reformas: desde la apertura de canales y riegos en todas las provincias al establecimiento y reparto anual de premios a los que sobresalieren en alguna de las artes liberales o mecánicas; desde la reforma del abuso que presuponen los privilegios de la Mesta[993] hasta la construcción de vías públicas por todo el Reino; desde dar ocupación al millón o dos de mendigos, holgazanes y vagabundos en fábricas y hospicios hasta la conversión en vasallos útiles de 14 ó 15 millones de indios; desde el aumento de la "marina mercantil" de España hasta la moderación en el lujo de géneros extranjeros; en fin, desde el levantamiento de todas las tasas de cualquier naturaleza, siempre que sean perjudiciales al común, pues "de la libertad nace la abundancia y de ésta la baratez"[994], hasta la reforma de todos los estudios mayores y menores, de los abusos de las Universidades y del lujo y las costumbres de los estudiantes. De la Gándara llega a postular la fundación de cátedras de Derecho público, de leyes fundamentales del Reino, de Filosofía experimental, de Historia natural..., reclamando asimismo que se erijan "en todas las ciudades numerosas" Academias de la Lengua y de la Historia, de Arquitectura civil y militar, de Escultura, de Pintura y de Dibujo. En fin, reclama (en el epígrafe 95 de la obra) la formación por materias de "una nueva y completa Recopilación, en compendio, de todas nuestras Leyes del Reino con las notas correspondientes y de una manera sucinta, clara y metódica, de que hay suma necesidad"[995].

III. En el epígrafe inmediato posterior (el núm. 96) es donde de la Gándara aborda la cuestión que realmente nos interesa. El abate cántabro comienza defendiendo la libertad de escribir en los siguientes términos:

> "Se dejará más libertad a los escritores para que discurriendo, escribiendo, impugnando y criticando juiciosa y cortesanamente se aclaren y purifiquen y actifiquen las ideas excientíficas, (*sic*) los puntos históricos, las ciencias naturales, las materias opinales (*sic*), los derechos de Regalía, los artículos jurisdiccionales, las disputas legales, las controversias eclesiásticas, las cuestiones morales, los discursos políticos,

[990] *Ibidem*, p. 40.
[991] *Ibidem*, p. 70.
[992] *Ibidem*, p. 98.
[993] Como escribe Desdevises du Dezert, la Mesta era todavía tan poderosa que de la Gándara desecha la idea de postular su supresión, contentándose con reclamar la codificación de sus leyes y la supresión de algunos de sus abusos. G. DESDEVISES DU DEZERT: "Un réformateur au dix-huitième siècle...", *op. cit.*, p. 287.
[994] Miguel Antonio de la GÁNDARA: *Apuntes sobre el bien..., op. cit.*, p. 169.
[995] *Ibidem*, p. 190.

los juicios críticos: y en fin todas aquellas especies que pertenecen al raciocinio y son independientes del Dogma. *Vivescit vulnere verum*"[996].

Es de destacar la amplitud con que se contemplan las materias que de modo específico se mencionan como susceptibles de un debate y una crítica amplia, que requiere de una mayor libertad. En realidad, la alusión final de este párrafo entraña que cualquier materia sobre la que quepa razonar sea objeto de esa mayor libertad de escritura, exceptuándose tan sólo lo relativo al dogma, esto es, las cuestiones de naturaleza religiosa, salvedad que va a adquirir una presencia constante en la mayoría de los posicionamientos doctrinales en favor de la libertad de imprenta (con alguna excepción significativa, como sería el caso de Flórez Estrada) y que va a llegar incluso al Decreto gaditano de 10 de noviembre de 1810. Hecha la salvedad comentada, el abate admite que es necesario confesar de buena fe, "que hay entre nosotros, o demasiada facilidad, o algo de abuso, en prohibir cualquier discurso que no ligue con nuestras ideas. Y esto pide providencia superior. El discurrir, es país libre". La denuncia en el abuso de la prohibición de la libertad de escribir es hecha, como puede apreciarse, en términos bastante inequívocos, poniendo de relieve el abate que la razón de tal abuso, en lo básico, es el deseo de impedir las ideas que no cuadran con las propias. Pero es que, además, de la prohibición de la libertad de escribir se derivan patentes inconvenientes. A ellos se refiere el autor a continuación:

> "*Lex Christi, est lex libertatis,* y el impedir con exceso esta libertad natural, es causa de grandes atrasos literarios. Los hombres grandes, que podrían ilustrarnos como en las demás naciones, todos se abstienen en escribir, temerosos de la facilidad de las prohibiciones y este es un medio de tener a la Nación a obscuras, proteger la ignorancia, fundar el idiotismo, y hacer que los hombres no se iluminen más un día que otro. La decadencia de nuestra ilustración proviene en mucha parte de este principio".
>
> "Dos siglos ha que era España el depósito de la ciencia. De su seno se derivan a la Europa las luces de ella. Hoy nos consideran como a bárbaros aquellos mismos que entonces nos veneraban como a oráculos"[997].

Como puede apreciarse, el autor pone de relieve cómo la censura, con la subsiguiente posibilidad de prohibición de la obra, opera como una especie de arma psicológica que retrae a los autores, lo que conduce a un reducido número de publicaciones, de todo lo cual, a su vez, se deriva la obscuridad de la nación. El abate establece de modo implícito un estrecho vínculo entre la libertad de palabra y de impresión y la ilustración de la nación. Y el resultado final de esas restricciones de tales libertades lo expone de la Gándara con toda contundencia: el idiotismo de tantas gentes y la visión exterior de España como un país de bárbaros.

El problema de fondo para nuestro autor es siempre el mismo: la falta de libertad: "De la falta de libertad –nos dice el abate[998]– nació nuestra decadencia, de la decadencia resultó la corrupción de nuestro estilo[999]. Con la libertad refloreceremos, y de nuestro

---

[996] *Ibidem,* p. 194.

[997] *Ibidem,* p. 195.

[998] *Ibidem,* p. 219.

[999] Unas líneas antes de la Gándara ha puesto de relieve cómo "con la Lengua mejor de todas las vivas, somos hoy los que escribimos peor que todos", para añadir de inmediato: "Artes y ciencias siguen (hoy) el

florecimiento renacerá nuestra elocuencia[1000]. No hay que pensar en ser elocuente, filósofo, ni excientíficos (*sic*), ínterin que no se conceda más libertad a la razón, al espíritu, al discurso y a la pluma". Hacia el final de su obra, el abate muestra su optimismo de futuro para cuando la libertad acabe con el "tiempo de las decadencias". "Yo aseguro, –llega a escribir el cántabro[1001]– que tendrán envidia al castellano hasta las divinas plumas de los Fenelones, Racines, Fontainelles, Masillones, Montesquieux, Volterres y Rusos, (*sic*) etc., que a la verdad han escrito en su idioma poco o nada menos que los Homeros, Demóstenes, y Cicerones en los suyos". El abate, de alguna manera, está vinculando la libertad de expresión a la existencia de plumas tan excelsas como las que menciona. Los *Apuntes* de Gándara se van a cerrar insistiendo en la misma idea vertebradora de gran parte del discurso: "La corrupción de los tiempos no es culpa de los idiomas. Sin libertad no hay elocuencia. Los entendimientos abatidos y puestos en una especie de servidumbre, no aciertan a pensar en lo grande, maravilloso y sublime. Este es nuestro mal envejecido"[1002].

Es verdad que el abate cántabro pone el acento en la tierra y en el trabajo de los hombres, pues de aquélla y de éste brotan las riquezas de una nación, pero ello no le impide, por ejemplo, enjuiciar muy críticamente a ciertos grupos de la sociedad, como la nobleza. Como escribe Desdevises du Dezert[1003], "Gándara a sur la noblesse des idées presque révolutionnaires". Y al margen de ello, el abate estima ineludibles las reformas políticas. Y como común denominador de todas ellas, como guía directriz de las mismas, la libertad. Y en este contexto se ha de ubicar la defensa de la libertad de hablar y de imprimir que hace de la Gándara y que, como señala Elorza[1004], revela su sentido pre-liberal.

C) Francisco Romà y Rosell: la "libertad de escribir" y sus "utilidades"

El magistrado y economista catalán Francisco Romà y Rosell (1725-1784) es otro de los pioneros en revindicar en nuestro país la libertad de escribir. Abogado de Pobres del Principado de Cataluña (así se identifica en el libro al que ahora nos referiremos), y representante de los Colegios de Gremios de Barcelona, su pensamiento político iba a venir caracterizado por un claro alineamiento con el modelo político absolutista de Carlos III, capaz de actuar con decisión, pero también con moderación, esto es, sin despotismo y sin sobresaltos, y bajo los auspicios de las nuevas ideas propugnadas por los ilustrados[1005]. En *Las señales de la felicidad de España, y medios de hacerlas eficaces,* su más notable

---

sistema del círculo. Son damas de muy exquisito y delicado paladar, que giran de poderoso a poderoso y van a alojarse siempre en casa de la potencia dominante". Miguel Antonio de la GÁNDARA: *Apuntes sobre el bien..., op. cit.*, p. 219.

[1000] De la Gándara tiene la lengua española en gran estima y consagra el parágrafo 143 y último de su obra a una especie de estudio pedagógico acerca de los mejores métodos de aprender a leer y escribir bien el castellano, no sin antes mostrarse hipercrítico ante la situación del momento: "Con la lengua mejor de todas las vivas –nos dice, insistiendo de nuevo– somos al presente los que escribimos peor de todos: sin propiedad, sin pureza, sin claridad, sin limpieza, sin naturalidad, sin belleza, sin primor, sin unión, sin excitar, sin mover; y con un oracionado asiático, duro, obscuro, bronco". (*Apuntes..., op. cit.*, p. 258).

[1001] Miguel Antonio de la GÁNDARA: *Apuntes..., op. cit.*, p. 282.

[1002] *Ibidem,* p. 282.

[1003] G. DESDEVISES DU DEZERT: "Un réformateur au dix-huitième siècle...", *op. cit.*, p. 281.

[1004] Antonio ELORZA: *La ideología liberal..., op. cit.*, p. 44.

[1005] Roberto FERNÁNDEZ: "La herencia histórica del absolutismo borbónico", en Guillermo Pérez Sarrión (ed.), *Más Estado y más mercado. Absolutismo y economía en la España del siglo XVIII,* Madrid, Sílex Ediciones, 2011, pp. 17 y ss.; en concreto, p. 22.

obra, escribe Romà: "parece queda reservada para un Gobierno Monárquico, absoluto, moderado e ilustrado, la consumación de la grande obra ya empezada"[1006]. En el pensamiento político de Romà se aprecia también una defensa de ciertas medidas acordes con un principio de autonomía política para Cataluña[1007]; ello se hará especialmente patente en la redacción de la *Representación de los diputados de las ciudades de Zaragoza, Valencia, Barcelona y Palma* (documento también conocido como *Memorial de greuges*) que en 1760 iban a presentar a Carlos III, y en la que el peso en la redacción del documento iba a recaer fundamentalmente sobre el abogado de Figueres[1008], como corroboraría el hecho de que en su *Proyecto del Abogado General del Público* (firmado en Madrid el 27 de noviembre de 1767) –que contó con el apoyo del conde de Aranda y de Francisco Subiràs, el médico del Rey, ante Campomanes– iba a mostrar una gran coherencia con lo expuesto en la *Representación*. De los cambios propuestos sobresalen la reforma de la estructura política de los municipios y la petición de que los naturales de la Corona de Aragón tuvieran una representación proporcional en los altos cargos. Esta iniciativa, sin embargo, terminaría fracasando ante las resistencias políticas que suscitó.

En cuanto a su ideario económico, Romà emparenta con las ideas mercantilistas de Uztáriz Zabala[1009]. Muy significativo al respecto será la distinta concepción que del lujo mantendrá Romà, si se la compara con la sustentada por de la Gándara o con la del propio León de Arroyal. Para de la Gándara, debía moderarse el lujo de géneros extranjeros, y en algún otro género nacional si fuere necesario, pues "el exceso de lujo es un mal moral"[1010]. Arroyal era aún más rotundo en su condena del lujo cuando señalaba que "el lujo, a pesar de las aparentes ventajas que se le atribuyen por los que miran las cosas superficialmente, es la peste de las buenas costumbres y de la virtud pública"[1011]. Romà dedica la sección quinta del capítulo III (dedicado a las fábricas) de su libro al lujo, con el significativo rótulo de "El luxo aviva la Industria". En ella contrapone "la generosidad, la magnificencia y la profusión del Español civilizado" con "el sufrimiento, sobriedad y paciencia del Español humilde y rudo"[1012], viniendo más adelante a proponer la conveniencia de insuflar a este último tipo de hombres un cierto apetito por el lujo, por así decirlo[1013]. Romà y Rosell ha

---

[1006] Francisco ROMÀ Y ROSELL: *Las señales de la felicidad de España y medios de hacerlas eficaces*, Madrid, Imprenta de D. Antonio Muñoz del Valle, 1768, p. 137.

[1007] En el mismo sentido, Ernest LLUCH: *Las Españas vencidas del siglo XVIII* (Claroscuros de la Ilustración), Barcelona, Editorial Crítica, 1999, p. 18. Romà, recuerda el propio Lluch, fue la primera persona, tras la represión que sobrevino a partir de 1714, que solicitó, con un resultado adverso, que la Universidad retornara a Barcelona (*Ibidem*, p. 186).

[1008] Ernest LLUCH: *Las Españas vencidas del siglo XVIII, op. cit.*, p. 140.

[1009] Elorza lo considera, junto a Antonio de Capmany, como el ideólogo de la sociedad industrial barcelonesa del período. Antonio ELORZA: *La ideología liberal..., op. cit.*, p. 62.

[1010] Miguel Antonio de la GÁNDARA: *Apuntes sobre el bien..., op. cit.*, p. 166.

[1011] León de ARROYAL: *Cartas económico-políticas*, edición, prólogo y notas de José Caso González, Oviedo, Cátedra Feijoo, Universidad de Oviedo, 1971, p. 97.

[1012] Francisco ROMÀ Y ROSELL: *Las señales de la felicidad de España..., op. cit.*, p. 140.

[1013] "Mientras los hombres se contenten de lo más necesario, –escribe Romà *(Ibidem*, pp. 142-143)– serán muy limitados sus deseos, y por consiguiente su industria. El que está acostumbrado a un alimento grosero, no siente la falta de otros más delicados; ni discurrirá mucho para el adorno quien tratare solamente de no andar desnudo. Siempre que se les pudiere infundir a estos hombres, aptos para dar alimentos al luxo, un deseo ilimitado de gozar de todas las comodidades; se les facilitaren los medios, y pusieren cerca los exemplos, de que abunda España; y se les cortaren los pasos por donde ellos o sus hijos se desvian; quando ya no entienden de sufrimiento, desnudez y hambre; se verá que el luxo con los demás auxilios, es capaz de avivar la industria, aumentar la circulación, y restablecer la Agricultura, y las Fábricas del Reyno".

sido considerado[1014] como el forjador de la estructura del pensamiento económico catalán que estará vigente entre 1766 y la guerra con los franceses.

Destinado a la Chancillería de Valladolid en 1768, año de la publicación de su obra más famosa, la ya mencionada *Las señales de la felicidad de España,* el abogado de Figueres fue después destinado a la Audiencia de México, de la que llegó a ser su presidente, falleciendo en esa ciudad.

Se ha destacado como dato significativo[1015], que Romà sea el primero en inscribir en un título castellano la palabra "felicidad", tan integrada, como ya se ha visto, en la cosmovisión ilustrada, al igual que un año más tarde el militar alicantino Enrique Ramos, escribiendo bajo el pseudónimno de Antonio Muñoz, en su *Discurso sobre Economía Política,* inscribiría por primera vez en el título de un libro en castellano el concepto "economía política". En el caso del catalán, el recurso a tal valor del ideario ilustrado ya en el mismo título de su libro no hace sino poner de relieve su plena identificación con el pensamiento de la Ilustración.

En el Prólogo de su obra, Romà se detiene en lo que bien podríamos llamar las virtualidades o, según él mismo, "utilidades" de la libertad de escribir. Tras señalar que aquella potencia europea que tenga mayor número de hombres de Estado, y mejor sepa colocarlos, se convertirá en la más respetable, nuestro autor entra a referirse a la libertad de escribir:

> "Casi todas las Potencias –argumenta el catalán[1016]– han conocido que la libertad de escribir sobre la materia de que se trata, va formando de lexos los hombres de estado; instruye todas las clases, anima el amor a la patria, hace comunicables y útiles a toda la Sociedad las mejores ideas y descubrimientos de los particulares en las materias de Población, Agricultura, Fábricas, y Comercio; incita a que por la lectura y meditación se apuren los asuntos más importantes; desvía los mejores ingenios de asuntos frívolos, inútiles y tal vez perjudiciales, encaminándolos a los más interesantes; y entraña otras muchas utilidades, sin los inconvenientes que enmudecieron a muchos hombres de talentos en los siglos pasados".

Los potenciales beneficios de la libertad de escribir son para Romà notables: no sólo contribuye a formar verdaderos estadistas, cuya relevancia previamente ha sido puesta de relieve por el pensador catalán, sino que instruye a todos. En perfecta sintonía con el pensamiento ilustrado, Romà hace hincapié en que la libertad de escribir fomenta las luces, o lo que es lo mismo, posibilita la transmisión a toda la sociedad de las nuevas ideas y descubrimientos en ámbitos materiales muy diversos, como él mismo se cuida de mencionar ejemplificativamente. Particular interés tienen sus apreciaciones acerca de que esta libertad no sólo incita la reflexión, sino que contribuye a desviar la atención de lo frívolo, inútil e incluso perjudicial. No pretende Romà agotar la enunciación de todas las "utilidades", pero sí que viene a subrayar que esta libertad carece de los inconvenientes

---

[1014] Ernest LLUCH: *Las Españas vencidas del siglo XVIII, op. cit.,* p. 219, nota 7.

[1015] Ernest LLUCH: *Las Españas vencidas..., op. cit.,* p. 154.

[1016] Francisco ROMÀ Y ROSELL: *Las señales de la felicidad de España..., op. cit.,* pp. 4-5. Conviene precisar que en la edición original que manejamos la numeración de páginas empieza con la Introducción. El Prólogo (que es la parte clave en lo que nos interesa) carece de numeración. Consta en realidad de 12 páginas, que nosotros mismos hemos numerado.

que enmudecieron a muchos hombres en tiempos pretéritos. ¿A qué inconvenientes se está refiriendo el catalán? El párrafo subsiguiente parece aclararlo:

> "Los Escritores –sigue argumentando nuestro autor– ignoran los secretos más importantes del Estado, y quando los sepan (*sic*) se guardan bien de publicarlos. A excepción de ciertos puntos muy reservados, ¿de qué sirve hacer misterio de toda materia de Estado sino de mantener la Sociedad en una perpetua ignorancia, privada de las noticias que más instruyen e interesan, hasta aquellas que se hallan en los Libros Estrangeros (*sic*) cien años después que éstos las adquirieron y aprovecharon?"[1017].

El magistrado catalán parece identificar los inconvenientes de la libertad de escribir en el peligro de revelar información secreta, pero tal disfunción, por así llamarla, es neutralizada con base en dos argumentos bien dispares: uno es el de que es difícil que un escritor, un periodista, revele tales secretos, y el otro lo que hace es cuestionar la utilidad de tales informaciones reservadas, por utilizar una expresión de nuestro tiempo. La reserva, el secreto, no hace sino impedir la transmisión de las luces, y por lo tanto a lo único que conduce es al mantenimiento de la ignorancia. No escapan a Romà los posibles excesos a que puede conducir esta libertad, pero también frente a los mismos ofrece una argumentación concluyente:

> "El Gobierno, sin cuya licencia no pueden imprimir las Obras, sabe moderar al Escritor que se propasa, tomando un medio entre la indulgencia, que dé lugar a sediciones, escándalos y mal exemplo (*sic*), y la escrupulosidad, que eterniza la ignorancia, retrae a los hombres de ingenio, dexa sin reprehensión los vicios, y sin desengaño las preocupaciones"[1018].

Estas consideraciones, a las que añade el autor con patente modestia, aunque con evidente razón, la de que "cualquier Obrilla es capaz de incitar a que se compongan otras mejores", son las que, según confiesa Romà, le han animado a escribir la obra que comentamos.

El catalán, esto parece indudable, aborda el tema que nos ocupa de un modo marginal, en una obra de impronta básica y esencialmente económica, como revelan los contenidos de sus cinco capítulos y de las diferentes secciones en que se articulan. Quizá ello explique que sea en el Prólogo en donde Romà aborde la cuestión relativa a la libertad de escribir. Es cierto que el magistrado catalán no se pronuncia con claridad en favor de la libertad de imprenta, ni en sus reflexiones se atisba un rechazo de la censura; es más, el último párrafo transcrito da la impresión de partir de una evidencia que no parece cuestionarse, como es la de que para la impresión se requiere la licencia gubernamental. Con todo, como hemos podido ver, con anterioridad, Romà y Rosell ha encomiado la libertad de escribir, poniendo de relieve sus beneficios, sus utilidades, y es obvio que la libertad de escribir presupone la inexigencia de censura previa, o lo que es lo mismo, la libertad de imprenta. De ahí su inclusión entre quienes defienden tal libertad en nuestro país.

[1017] *Ibidem,* pp. 6-7.

[1018] *Ibidem,* pp. 7-8.

D) La defensa de la libertad de pensar, de escribir y de hablar por León de Arroyal: de sus *Cartas económico--políticas* a su *Oración apologética en defensa del estado floreciente de España* (*Pan y Toros*)

a) La reivindicación de una reforma política como *prius* respecto de una reforma económica

La hasta no hace muchas décadas poco conocida figura de León de Arroyal[1019] (1755-1813) ha sido considerada[1020] como aquella con la que se alcanza la manifestación más lograda de la corriente de pensamiento político que en la década de 1780 comienza a poner en tela de juicio la viabilidad del reformismo absolutista y a pensar en una alternativa constitucional. Para Maravall[1021], las páginas de las *Cartas político-económicas al Conde de Lerena* contienen la más extremada reclamación de reformas en la estructura política del país, antes de la directa influencia de la Revolución Francesa. En esta obra los ilustrados van a dar el paso definitivo de la libertad económica a la libertad política. Pero si a tal conclusión se puede arribar tras el examen de la primera parte de las *Cartas* (única publicada cuando escribe Maravall), cuando se atiende a la segunda parte de sus *Cartas económico-políticas,* redactadas entre 1792 y 1795, esa conclusión aún va a adquirir unas tonalidades más acentuadas.

Arroyal puede considerarse el prototipo del ilustrado: dotado de un alto nivel de formación, que adquirió inicialmente en Salamanca, de espíritu crítico, tendencia hacia la filantropía y orientación reformista. Nacido en Gandía en 1755, hijo de un magistrado, Arroyal estudiará Leyes en Salamanca, en donde, entre otros, entrará en contacto con Meléndez Valdés, participando en el círculo de José Cadalso. La doctrina ha subrayado[1022] que Arroyal, como Meléndez Valdés y otros ilustrados de ese círculo, va a desarrollar desde el principio y a lo largo de toda su vida, dos preocupaciones simultáneas: las de índole humanístico-literarias y las de naturaleza jurídica, todo ello desde una posición de entusiasmo radical.

La actividad intelectual de Arroyal es enorme y muy heterogénea, abarcando desde sus traducciones de textos litúrgicos, como la versión castellana del *Oficio de Difuntos,* hasta una amplia obra poética en la que nos encontramos con sus *Odas, Epigramas* y *Sátiras.* Serán numerosos los tropiezos del valenciano con la censura; así, por poner un ejemplo significativo, en 1785 le será negada la licencia para imprimir el tomo segundo de la *Versión parafrástica de la Santa Misa,* no obstante haberle sido concedida la pertinente autorización el año anterior para la publicación del primer tomo. También en 1785 Arroyal presentará a censura un volumen de *Sátiras* que, tras un largo proceso, nunca podrá ver la luz. En 1798, Arroyal intentaría de nuevo la publicación de las *Sátiras* con el mismo resultado. Todo ello le conducirá a ir progresivamente ascendiendo por los peldaños de un

[1019] Jean Sarrailh, al transcribir unos versos de León de Arroyal, se refiere a él como "un poeta mal conocido, pero de espíritu extraordinariamente libre". Jean SARRAILH: *La España Ilustrada..., op. cit.,* p. 523.

[1020] Antonio ELORZA: "El temido árbol de la libertad", *op. cit.,* p. 106.

[1021] José Antonio MARAVALL: "Las tendencias de reforma política en el siglo XVIII español", en la obra de recopilación de artículos del propio autor, *Estudios de Historia del pensamiento español. Siglo XVIII,* tomo IV, Madrid, Centro de Estudios Políticos y Constitucionales, 1999, pp. 87 y ss.; en concreto, p. 109.

[1022] José PALLARÉS MORENO: *León de Arroyal o la aventura intelectual de un ilustrado,* Granada, Universidad de Granada/Instituto Feijoo de la Universidad de Oviedo, 1993, p. 16.

radicalismo cada vez más acentuado en su crítica de las bases del sistema socio-político, crítica en la que ocupará un lugar destacado su repudio de la censura.

Es la obra en prosa de Arroyal la que ofrece interés en relación al tema que nos ocupa, y en ella se han de destacar prevalentemente las *Cartas económico-políticas*[1023] y la llamada *Oración apologética en defensa del estado floreciente de España,* más conocida con el sobrenombre de *Pan y Toros*[1024]. Las cartas responden a la idea ilustrada de que era posible incidir en la marcha del país proponiendo reformas que debían llevarse a cabo, por muy radicales que fueran, contando con los poderes establecidos y con el auspicio interesado de éstos[1025]. Las cartas tienen un destinatario concreto, pero se redactan de modo tal que puedan ser leídas y aprovechadas por otros; no pueden por lo mismo ser visualizadas desde la óptica habitual de la correspondencia particular, pues poseen un carácter abierto que se manifiesta en una hipotética pluralidad de destinatarios, si bien, en el contexto social de la época, esos destinatarios no podían otros que los miembros de la minoría ilustrada.

Si los escritos del diario *El Censor,* al que ya nos referimos, confirman que a fines de la década de los ochenta ya existe una toma de conciencia pre-revolucionaria entre amplios sectores de la incipiente burguesía, las *Cartas* de León de Arroyal encarnan ese momento de la ideología burguesa anterior a la Revolución en que, consciente de su poder y de su valor, habiendo recibido de los *philosophes* una cierta concepción del mundo, estima como interés propio transformar el Antiguo Régimen, algo que además considera de todo punto justo[1026]. En perfecta coherencia con ello, esta obra obliga a revisar algunas ideas fundamentales sobre el siglo XVIII español, contribuyendo asimismo a establecer su hilación con el siglo XIX, pues una tesis tan tradicional en nuestra historiografía como la de que el espíritu crítico del siglo XVIII interpretó nuestra decadencia como un fenómeno exclusivamente económico pueda ser matizada a la vista de las *Cartas* de Arroyal, particularmente, según Sánchez Agesta[1027], de la segunda parte de las mismas, las que dirige a don Francisco de Saavedra, en las que formula la novedosa tesis de la inexcusabilidad de una reforma política como *prius* respecto a una reforma económica. Pero aún diríamos, ya por nuestra cuenta, que no es preciso esperar a la segunda parte de las *Cartas* para constatar la tesis antes mencionada. En la primera parte de sus *Cartas,* las dirigidas al Conde de Lerena, Arroyal es inequívoco en la necesidad de una reforma constitucional. "Nuestra Constitución –escribe en la primera de las *Cartas* de esta parte[1028]– está muy viciada; nuestros tribunales apenas sirven para lo que fueron creados; los cuerpos del derecho se aumentan visiblemente, y visiblemente se disminuye la observancia de las leyes; la demasiada justificación hace retardar demasiado las providencias justas". Unas

[1023] Las *Cartas* pueden verse en León de ARROYAL: *Cartas económico-políticas,* edición, prólogo y notas de José Caso González, Oviedo, Cátedra Feijoo, Universidad de Oviedo, 1971. Las referencias que hacemos en el texto a las *Cartas* van tomadas de este libro.

[1024] La *Oración apologética* puede verse en *Si no hubiera esclavos no habría tiranos* (Proclamas, artículos y documentos de la Revolución española. 1789-1837), edición a cargo de Juan Francisco FUENTES, Madrid, Ediciones El Museo Universal, 1988, pp. 8 y ss. Asimismo, en *Pan y Toros y otros papeles sediciosos de fines del siglo XVIII,* recogidos y presentados por Antonio ELORZA, Madrid, Editorial Ayuso, 1971, pp. 17 y ss. Las referencias que hacemos en el texto a *Pan y Toros* van tomadas de la primera obra.

[1025] José PALLARÉS MORENO: *León de Arroyal o la aventura..., op. cit.,* p. 202.

[1026] Antonio ELORZA: *La ideología liberal..., op. cit.,* p. 236. Este autor sigue a su vez en tal consideración a Albert Soboul.

[1027] Luis SÁNCHEZ AGESTA: *El pensamiento político..., op. cit.,* pp. 316-317.

[1028] León de ARROYAL: *Cartas económico-políticas,* edición de José Caso González, *op. cit.,* p. 12.

líneas después, Arroyal es aún más demoledor al escribir: "Yo comparo nuestra monarquía, en el estado presente, a una casa vieja sostenida a fuerza de remiendos, que los mismos materiales con que se pretende componer un lado, derriban el otro, y sólo se puede enmendar echándola a tierra y reedificándola de nuevo..."[1029].

En la carta segunda, de las también identificadas como dirigidas al Conde de Lerena, insistiendo en la misma dirección, escribe Arroyal: "Si vale hablar verdad, en el día no tenemos constitución, es decir, no conocemos regla segura de gobierno; bien que ni se ha conocido en Castilla de muchos siglos a esta parte. Nuestra grandeza, enriquecida con las piedras que ella misma ha hecho saltar de la corona, está como el pavo real, mucha pluma y poca carne; los medios que se han tomado para templar su demasiado poder, han servido a inutilizarla, mas no a corregirla"[1030]. Y en fin, en la carta cuarta, también de la primera parte, de modo paradójico, hace una exaltación del poder absoluto con la finalidad última de limitarlo, acudiendo al Rey como "nervio principal de la reforma", tal y como ya tuvimos oportunidad de indicar, con vistas a utilizar su poder omnímodo para la reforma del sistema político, lo que Arroyal justifica en la consideración de que "para el logro de las grandes cosas es necesario aprovecharnos hasta del fanatismo de los hombres"[1031]. Arroyal, pues, se inclina por la ineludibilidad de la reforma política mucho antes de que en la segunda parte de sus cartas formule el texto de una constitución. En definitiva, Arroyal nos muestra cómo un sector del pensamiento del Setecientos considera que no basta con la reforma económica para la regeneración de nuestro país; para lograrla se requiere con carácter previo una reforma político-constitucional.

El valenciano ya se había mostrado enormemente crítico frente al sistema político, y asimismo frente a la propia sociedad de la época, en su obra poética, particularmente en *Las Sátiras,* el último eslabón de la misma, dentro de un proyecto que Arroyal parece concebir como un ataque, que se va radicalizando de modo progresivo, contra los pilares básicos de la sociedad del Antiguo Régimen, aunque el espectro de los satirizados es muy amplio[1032]. Pero en Arroyal no había tan sólo denuncia de la insinceridad de ese sistema socio-político, sino que además proponía claves para su transformación. Y ello habría de culminar en las *Cartas,* que son uno de los diversos ejemplos que podrían aportarse acerca de esa idea del pensamiento ilustrado de que es posible incidir en el sistema del país a través de la propuesta de reformas a llevar a cabo por los propios poderes establecidos. En sintonía con la referida idea, Arroyal intenta, aunque sea de modo subterráneo, seguir teniendo presencia con su pensamiento en los álgidos momentos en que transcurre su existencia. En las líneas de apertura de la primera carta de las dirigidas al Conde de Lerena, Arroyal dice: "Aborrezco el nombre de proyectista, y nada me es tan contrario como el

[1029] *Ibidem,* p. 13. Como dice Maravall a la vista del párrafo transcrito, es obvio que Arroyal no se está conformando con parches de corto reformismo económico y administrativo, sino que está proponiendo una reforma de raíz, total, y por tanto, todo un programa político de renovación con un discernible rumor revolucionario. José Antonio MARAVALL: "Notas sobre la libertad de pensamiento en España", *op. cit.,* p. 598.

[1030] León de ARROYAL: *Cartas económico-políticas, op. cit.,* p. 56.

[1031] *Ibidem,* p. 114.

[1032] Los satirizados son los nobles, los malos religiosos, los pseudo-intelectuales, el estamento militar, los abogados, quienes aprovechan la superstición popular para unas prácticas lucrativas, religiosas sólo en apariencia. En resumen, las sátiras apuntan claramente a la moral y a las costumbres derivadas de una determinada forma social y a sus clases dominantes, así como a los que de una u otra manera sirven al mantenimiento de la opresión, o a los grupos subalternos surgidos de la misma. Antonio ELORZA: *La ideología liberal..., op. cit.,* pp. 240-241.

entrometimiento cortesano; pero ya que una casualidad me proporciona la ocasión de ser tal vez útil a mi patria y complaciente a V. E., no juzgo razonable el perderla por un ridículo encogimiento"[1033].

El contenido de las propuestas de Arroyal ha dado pie a valoraciones en alguna medida contradictorias. Y así, Sánchez Agesta considera la obra de este autor, el mejor exponente de las contradicciones internas del pensamiento del siglo XVIII, que exalta el poder para limitarlo, que enaltece la tradición para mostrar su concordancia con la razón revolucionaria, que critica la Iglesia con testimonios evangélicos y con el orden de la naturaleza que revela un Creador, que destaca el valor de la experiencia y construye un sistema de Derecho deducido de la filosofía natural y que libera la propiedad y la denuncia como el origen de la desigualdad humana[1034]; frente al juicio precedente, Pallarés cree que las *Cartas* plantean un conjunto de pensamientos audaces en unos casos, curiosos en otros, a veces contradictorios. Sin embargo, globalmente considerados, están caracterizados por una coherencia enorme acorde con la finalidad de transformar radicalmente el sistema propio del Antiguo Régimen y abrir paso hacia unas estructuras propiamente burguesas[1035]. Por nuestra parte diríamos que Arroyal tiene clara la finalidad regeneradora que pretende alcanzar con la formulación de una nueva constitución, única vía con la que a su entender se puede lograr la felicidad del reino, pero a la hora de ofrecer soluciones concretas sus dudas e incongruencias son patentes.

Al margen ya de su valor político testimonial, las *Cartas* de Arroyal han sido integradas por Caso González[1036] en la tríada de obras importantes en prosa no narrativa del medio siglo que va de 1759 a 1808, en unión del *Informe en el expediente de la Ley Agraria* (1795) de Jovellanos y de *El Evangelio en triunfo* (1797-1798) de Pablo de Olavide, lo que nos da una idea de la relevancia que por lo menos un notable sector de la doctrina les ha atribuido.

b) Las vicisitudes de las *Cartas* de Arroyal

Las *Cartas* de Arroyal han sufrido a lo largo del tiempo numerosas vicisitudes, la primera y más sorprendente de ellas, las dudas que han suscitado acerca de su autoría, habiéndoseles atribuído la misma a diversos autores. No deja de soprender asimismo que la segunda parte, que integra siete cartas, frente a las cinco que componen la primera, haya permanecido inédita hasta 1971.

Las cinco cartas integrantes de la primera parte fueron conocidas como las *Cartas político-económicas al Conde de Lerena*. Hoy, la doctrina recuerda con todo detalle las diversas vicisitudes sufridas por la obra[1037]. Inéditas en vida del autor, hubieron sin

[1033] León de ARROYAL: *Cartas económico-políticas, op. cit.*, p. 5.

[1034] Luis SÁNCHEZ AGESTA: *El pensamiento político..., op. cit.*, p. 327.

[1035] José PALLARÉS MORENO: *León de Arroyal o la aventura..., op. cit.*, p. 245.

[1036] José Miguel CASO GONZÁLEZ: "La literatura de 1759 a 1808", en *Historia de España* (fundada por Ramón Menéndez Pidal), José Mª Jover Zamora (dir.), Tomo XXXI (La época de la Ilustración), Vol. I (El Estado y la cultura, 1759-1808), Madrid, Espasa-Calpe, 1987, pp. 543 y ss.; en concreto, p. 583.

[1037] Cfr. al respecto, José CASO GONZÁLEZ: "Prólogo" a la obra de León de Arroyal, *Cartas económico-políticas, op. cit.*, pp. V y ss. Cfr. asimismo, José PALLARÉS MORENO: *León de Arroyal o la aventura..., op. cit.*, pp. 201-205.

embargo de circular en manuscritos, que debieron de ser muy apreciados[1038]. En sus dos primeras ediciones en el siglo XIX (en 1841 y en 1878) se atribuyeron, respectivamente, a don Francisco Cabarrús y a Campomanes. Sin embargo, ya Manuel Colmeiro, antes incluso de la segunda edición de la obra, en su *Biblioteca de los economistas españoles de los siglos XVI, XVII y XVIII* (1861), adscribía la autoría a León de Arroyal. Y Menéndez Pelayo rechazó de plano la autoría de Campomanes[1039]. Sánchez Agesta, en 1949, sin entrar en muchas profundidades, también se alineó con Colmeiro, atribuyendo la autoría a Arroyal, tanto por las ideas expuestas en las *Cartas* como por la residencia en Vara de Rey de su autor[1040].

En 1967, François López resultó determinante en la confirmación de esa autoría, y ello porque, como el propio autor aduciría[1041], si bien era cierto que algunos eruditos habían aceptado en el momento en que él escribía la tesis de Colmeiro, nadie había intentado fundamentarla, quizá porque Arroyal era un personaje del que se sabía demasiado poco como para afirmar o negar su autoría. López iba a buscar los fundamentos de la atribución de la autoría de las *Cartas* a Arroyal. López atiende a la fecha de las cartas (la primera es del 25 de enero de 1786 y la última del 4 de enero de 1790) y constata que en la misma época León de Arroyal (que en su testamento, formalizado ante un notario de Madrid el 30 de marzo de 1785, manifiesta su intención de retirarse definitivamente en Vara de Rey, donde ya residía, al margen ya de haber encontrado el profesor francés diversos documentos que testimonian que a partir de 1786 Arroyal vivía en el mencionado pueblo conquense) y la persona que se comunicaba con Lerena vivían en el mismo lugar, en Vara de Rey, un pequeño pueblo situado en el límite meridional de la provincia de Cuenca[1042]. López procede asimismo a examinar el contenido de las *Cartas,* y, entre otras apreciaciones, entresaca de ello que "la vision du monde de l´auteur des *Cartes*... est celle d´un indépendant et d´un petit ou moyen propriétaire terrien en contact avec la classe la plus déshéritée, celle des travailleurs journaliers des campagnes"[1043]. Para el estudioso francés, el autor de las *Cartas a Lerena* piensa en una revolución más que en unas reformas; no puede engañar al respecto pese a las precauciones que se ve forzado a adoptar; en materia eclesiástica se muestra partidario de una Iglesia nacional y desea ver aplicar en España reformas análogas a las que acababa de realizar el Emperador austriaco José II[1044]. En fin, el investigador francés aporta un último argumento en favor de la atribución a Arroyal de la autoría de las *Cartas*. De las citas que esmaltan el discurso de las *Cartas* hay una que más que un indicio constituye la prueba determinante para tal atribución. La hallamos en la mención del siguiente díptico:

[1038] Sánchez Agesta recuerda que en el siglo XIX se encontraron sin mención del autor en bibliotecas de personalidades tan destacadas como Jovellanos. Luis SÁNCHEZ AGESTA: *El pensamiento político..., op. cit.,* p. 315.

[1039] "Que no son de Campomanes estas cartas, –escribe nuestro gran polígrafo– ni por las ideas ni por el estilo, parece indudable. Mucho se parecen a las de Cabarrús". Marcelino MENÉNDEZ PELAYO: *Historia de los Heterodoxos..., op. cit.,* tomo II, p. 513, nota 48.

[1040] Luis SÁNCHEZ AGESTA: "Sobre las supuestas cartas de Campomanes al conde Lerena", en *Boletín de la Universidad de Granada,* 1949. Cit. por el propio autor en su obra *El pensamiento político..., op. cit.,* p. 316.

[1041] François LÓPEZ: "León de Arroyal auteur des *Cartas político-económicas al Conde de Lerena",* en *Bulletin Hispanique,* Tome 69, numéro 1-2, 1967, pp. 26 y ss.; en concreto, p. 29.

[1042] *Ibidem,* pp. 31-32.

[1043] *Ibidem,* p. 48.

[1044] François LOPEZ: "León de Arroyal auteur des *Cartas*...", *op. cit.,* pp. 51-52.

"El texto de la ley vale un pepino
En no habiendo doctrinas y opiniones".

Nuestro autor acaba de citar una sátira, como hace habitualmente en la obra, pero en esta ocasión López constata que la sátira no es sino del propio Arroyal, y está extraída de la tercera sátira ("Contra los malos Abogados") de sus *Sátiras*. No cabe duda, pues. Este espíritu independiente, atormentado, intrépido, mantendría durante toda su vida "un combat sans espoir et prêcherait dans le désert"[1045]. Y ese espíritu no era otro que el de León de Arroyal. En 1968, Elorza publicaba la primera parte de las *Cartas* ya como obra de Arroyal.

La cuarta edición de esta obra, bajo los auspicios de Caso González, en 1971, iba a presentar la novedad de incluir la segunda parte de estas *Cartas*, texto hasta ese momento inédito, ahora bajo el rótulo de *Cartas económico-políticas*, e integrado, como antes se dijo, por siete cartas, fechadas también entre San Clemente y Vara de Rey, entre el 1° de octubre de 1792 (la primera) y el 3 de marzo de 1795 (la séptima). Esta segunda parte va dirigida a don Francisco de Saavedra, Consejero de Guerra y después Ministro de Hacienda, justamente en el período en que Jovellanos lo sería de Justicia. Que las dos partes son una misma obra es cosa que no ofrece la menor duda[1046]. Baste con decir que en el Prólogo de la segunda parte ("Al que leyere") comienza diciendo el autor: "Al escribir la última carta del tomo anterior tuve la dicha de que muriese Lerena....". Y el segundo párrafo de la carta primera se abre con esta afirmación: "Cuando yo escribí al Conde de Lerena las *Cartas Económico-políticas* que han merecido los encomios imparciales de Usted...."[1047]. Es justamente el título que el propio Arroyal da a la primera parte de sus *Cartas*, lo que conduce a Caso González a titular su manuscrito *Cartas económico-políticas*, en vez del rótulo antes dado a la primera parte de las cartas, *Cartas político-económicas*.

c) Su visión iusnaturalista de la libertad civil

Llegados aquí es el momento de centrarnos en el tema que nos interesa, la defensa de la libertad de imprenta, por decirlo en términos coherentes con nuestro estudio, que lleva a cabo León de Arroyal. Pero, a título previo, creemos del mayor interés exponer su visión iusnaturalista de la que denomina libertad civil, en la que se han de enmarcar todos los derechos de que goza el hombre.

En la carta tercera de la segunda parte nuestro autor se plantea la cuestión de los derechos del hombre. Arroyal comienza rechazando que la justicia haya de buscarse en las leyes humanas, esto es, en el Derecho positivo, reivindicando al efecto la ley de la naturaleza:

> "El principado –se puede leer en la citada carta– es consecuencia del mayor poder y siempre le posee el que más bien puede mantenerle con la fuerza; y si las leyes que de él dimanan fuesen las que calificasen la justicia, no siendo dable que el príncipe promulgue las que no le sean útiles o puedan traerle detrimento, es visto

[1045] *Ibidem*, p. 54.
[1046] José CASO GONZÁLEZ: "Prólogo", *op. cit.*, p. VII.
[1047] León de ARROYAL: *Cartas económico-políticas, op. cit.*, pp. 149 y 151, respectivamente.

que sólo aquello sería justo que él quisiera que lo fuese. El hombre, preocupado o por su amor propio o por los principios de su educación, confunde muy a menudo lo justo con lo útil, lo honesto con lo deleitable, y forma una quimera de la virtud y el vicio; así, que de sus acciones nunca podremos sacar una idea exacta de la justicia, y no teniendo ésta, tampoco podremos decidir cuáles son justas y cuáles injustas, por faltarnos el principal miembro de la comparación por donde sólo las podemos comprender, y en este caso es necesario buscarle en el orden eterno del universo"[1048].

Poco antes de la reflexión transcrita, Arroyal ha recordado la posición ciceroniana: "Cicerón conoció que la justicia de las leyes no se debía traer de los ordenamientos de los hombres, sino buscarla en lo íntimo de la naturaleza", y es que "lo bueno y lo malo, principios de la virtud y el vicio, no dependen de nuestra aprehensión o modo de concebir, sino de la rectitud o desarreglo de nuestras operaciones comparadas con las de Dios"[1049]. Arroyal llega a incluso a criticar con acritud el intento de haber querido fijar los derechos del hombre por las constituciones e institutos de los hombres, considerando que eso es tanto como "haber querido autorizar con este nombre sagrado los más ridículos despropósitos". El hombre puede percibir a través de los sentidos el mundo natural, que no es sino una manifestación de la esencia divina; en él coexisten los brutos y los hombres, entre los que sólo hay una diferencia: en los unos obra Dios sin que ellos puedan conocer lo que obran ni dejar de obrar, mientras que a los seres humanos Dios les deja libertad para elegir lo bueno o lo malo, que por su racionalidad pueden conocer y elegir.

El orden natural es, pues, el punto de referencia de nuestro autor. Ahora bien, ¿cuáles son las bases de tal orden? En síntesis, podría decirse que el instinto de conservación que se manifiesta en la conservación de la propia vida y en la apetencia de cada hombre para comunicar su ser a través de la reproducción. Y ese orden es perfectamente coherente con el principio del *Génesis,* "creced, multiplicad, henchid la tierra", tríptico de preceptos de la ley eterna del universo, que sin discrepancia vemos observar a toda la naturaleza, y que "son como fuentes de donde nacen infinitos derechos indispensables para su observancia (....), de modo que cuanto sea opuesto a su cumplimiento otro tanto es nulo, inicuo e insostenible por la vía de la justicia"[1050].

En la carta tercera de las dirigidas al Conde de Lerena, Arroyal ya iba a establecer una clara vinculación entre el contrato social, que "apenas es entendido por dos de un mismo modo" y la libertad civil, esto es, "aquel derecho que cada ciudadano tiene a obrar según su voluntad en todo lo que no se opone a los de la sociedad en que vive"[1051], pues la libertad natural, esto es, aquella voluntad libre del hombre corrompida por el primer pecado, debe moderarse para disfrutar los bienes sociales. El pacto social supone pues, la renuncia a la omnímoda libertad individual original, el sacrificio de una parte de la misma bajo unas determinadas condiciones, con el fin de conservar una parte de ella[1052].

[1048] *Ibidem,* pp. 189-190.

[1049] *Ibidem,* p. 189.

[1050] *Ibidem,* p. 198.

[1051] *Ibidem,* pp. 59 y 60, respectivamente.

[1052] "Expuestos los hombres a los funestos efectos de la desigualdad de la fuerza, –escribe Arroyal– y viéndose obligados a vivir en compañía para socorrer sus necesidades mutuas, hubieron forzosamente de conformarse en ciertas coartaciones de la omnímoda libertad que gozaban o pudieran gozar en el estado incorrupto de la naturaleza; quiero decir, para conservar una parte de su libertad privada hubieron de

El pensador de Gandía, en coherencia con lo anterior, establece una correspondencia entre el poder dado por los hombres a sus gobernantes y el depósito que asimismo en ellos se hace de parte de su libertad natural con vistas a la conservación de la libertad civil, para precisar de inmediato que "este depósito ni fue ni pudo ser de aquella que tenida por los particulares no pudiese dañar el orden público, sino de la que es contraria a éste", manifestando el autor de seguido su más absoluto rechazo del absolutismo, idea a la que no renunciará por muchos textos de la Sagradas Escrituras que se hayan esgrimido "para corroborar el despotismo y fabricar en la tierra tantos dioses como soberanos". No por esto, precisa Arroyal, se ha de creer que sea contrario a las prerrogativas de los príncipes: "sé bien –argumenta[1053]– que el orden público no puede existir sin ellos, y que para conservarle es preciso estén revestidos de una grandísima autoridad; pero jamás tendré ésta por ilimitada, ni la concederé más amplitud que hasta donde necesario sea para la felicidad pública, y no más adelante". Nuestro escritor deja meridianamente claro que el pacto social no se traduce en el otorgamiento a los gobernantes de un poder absoluto y, por lo tanto, despótico; bien al contrario, a ese pacto se anudan una serie de obligaciones recíprocas que Arroyal compendia en estas pocas palabras: "La autoridad del rey es tanta cuanto es necesaria para el orden público. La libertad del vasallo es en todo, menos en lo que se opone al orden público. El rey es dueño de obligar al vasallo a que obre conforme a razón, pero el vasallo es libre en obrar según ella"[1054].

d) La pragmática defensa de las libertades de pensar, de escribir y de hablar

En la cuarta de las cartas dirigidas al Conde de Lerena Arroyal se va a pronunciar de modo inequívoco en favor de la libertad que nos ocupa. No deja de ser curioso el contexto en el que se va a hacer eco de ella. Nuestro autor se está refiriendo al comercio, que, a su juicio[1055], se resiente por lo más mínimo, "y el más mínimo resentimiento del comercio trastorna el estado de la república", con lo que las contribuciones que se le imponen directamente siempre traen fatales consecuencias. En Inglaterra, aduce nuestro autor, conocen esta verdad, pues no en vano en este país "hay tantos políticos economistas como ciudadanos". En España deberíamos intentar vernos en similares circunstancias, y para que ello pudiese ser así, al margen ya de otros factores a los que se refiere el autor, es necesario la libertad de pensar, la libertad de escribir y la libertad de hablar, por cuanto estas libertades, argumenta Arroyal en implícita referencia a Inglaterra, "crean hasta en el bajo pueblo un espíritu de confianza e interés mutuo, que nosotros apenas podemos comprender"[1056]. Y a fin de tratar de explicarlo, el autor desarrolla esta cuestión, contrastando las antitéticas situaciones de los ingleses y de los españololes:

> "Los partidos de oposición, principal fuente de la felicidad inglesa, no dejan pasar cosa sin controvertirla ni permiten providencia que antes no se haya examinado y desmenuzado por todas partes; y como el público es testigo de las grandes deliberaciones del Parlamento, y sólo por un acaso se oculta a su vista algún pequeño

---

sacrificar otra al orden público, cuya administración confiaron a una o más personas, que bajo ciertas condiciones ejerciesen autoridad sobre ella". León de ARROYAL: *Cartas económico-políticas, op. cit.*, p. 60.

[1053] León de ARROYAL: *Cartas económico-políticas..., op. cit.*, p. 63.

[1054] *Ibidem,* p. 66.

[1055] *Ibidem,* p. 80.

[1056] *Ibidem,* p. 81.

manejo del gabinete, jamás desconfía ni le queda ocasión de cavilar sobre ellas. Un inglés está seguro de que el método ordinario del gobierno no se inmutará sin el consentimiento de la nación, que no se le impondrá un ochavo sin la aprobación del pueblo, y que, sabiendo por ápices el estado de la hacienda de su patria, podrá tomar en tiempo las medidas convenientes a su interés. Pero un español, al contrario: toda la vida la pasa entre la desconfianza y el temor, sospechando cada instante una tormenta. La impenetrabilidad del ministerio le trae siempre alterado; en cada preámbulo ministerial se le figura una innovación, en cada reglamento de superintendencia recela una nueva carga, y en cada urgencia de la corona trasluce una bancarrota de la real hacienda; y he aquí la causa primera del mal éxito de nuestras tentativas para imitar los establecimientos ingleses"[1057].

Es con base en argumentos políticos tan pragmáticos como los expuestos como Arroyal sustenta su defensa de esta libertad, que contempla en términos muy amplios: como libertad de pensar, de escribir y de hablar. No será por lo demás la única ocasión en que lo haga, pues en el párrafo final de la carta quinta de la segunda parte, carta en la que expone su constitución, señala que "la controversia es el crisol de las verdades"[1058], e innecesario es decir que bajo esta capacidad de controversia pública, que es lo que antes ha destacado del sistema inglés, subyace la libertad de expresión y la libertad política de la imprenta. Y en sintonía con ello, poco después de su defensa de estas libertades, manifiesta que "la España debe tomar unas medidas adaptables a su constitución, no dejándose arrastrar de lisonjeras esperanzas, que por lo común salen fallidas", alusión en la que creemos puede verse una reivindicación del reconocimiento de esa libertad en nuestro país, en el que la "impenetrabilidad del ministerio" impide todo debate, frustrando el desarrollo de una opinión pública cultivada.

Recuerda Maravall[1059], que un planteamiento similar al expuesto se encuentra en un pasaje del prólogo que el traductor anónimo de la *Aritmética política* de Davenant insertó en la cabecera del volumen de Arriquibar, *Recreación política. Reflexiones sobre el amigo de los hombres en su tratado de población* (Vitoria, 1779), en que la *Aritmética* se publica: la libertad de pensamiento y discusión en Inglaterra –puede leerse– permite que allí "uno discurre sobre un asunto; otro sobre otro; lo que aquél yerra, lo impugna y reforma éste; la misma variedad de opiniones contribuye eficazmente a que renazca la verdad, acrisolada en la controversia de cualquier punto".

e) La Constitución de León de Arroyal

En la carta quinta de las dirigidas a don Francisco de Saavedra, suscrita en San Clemente el 3 de marzo de 1795, aunque también, complementando la anterior, en la sexta y séptima, Arroyal diseña una constitución que va precedida de una "Exposición de derechos naturales" que abarca 36 puntos, a la que sigue una segunda parte, por así considerarla, bajo el genérico rótulo de "División y orden del Reino". Las reflexiones que preceden al texto bien podrían considerarse un ejemplo paradigmático de las contradicciones a las

[1057] *Ibidem,* pp. 81-82.
[1058] *Ibidem,* p. 248.
[1059] José Antonio MARAVALL: "Notas sobre la libertad de pensamiento...", *op. cit.,* p. 617.

que aludía Sánchez Agesta y de las que ya nos hicimos eco[1060]. Estas son algunas de las reflexiones del valenciano:

> "Aseguro a usted que al escribir *constitución* me ha temblado el pulso y mi imaginación ha sido asaltada de una multitud de especies, que he necesitado todo mi espíritu para mantener la pluma en la mano; pero me tranquiliza la rectitud de mi conciencia. ¿Podré yo acaso temer el ser contado con la pérfida chusma que se dice oponerse a todo orden social? (....). Nuestro siglo infeliz ha producido hombres capaces de abusar de las luces de la filosofía; pero ¿habremos de abandonar por esto la filosofía? Porque algunos hayan dado en el extremo del libertinaje, ¿caeremos nosotros en el opuesto del despotismo? ¿No será lícito presentar a los ojos de los príncipes el camino recto de la equidad y las reglas seguras del buen orden? (....). Mi intento es delinear una constitución monárquica, retrayendo en cuanto sea compatible con los inmutables derechos de la naturaleza, las reglas fundamentales de nuestra antigua y primitiva constitución y las loables costumbres y establecimientos de nuestros padres"[1061].

Como puede apreciarse, las dudas corroen a Arroyal, al asociar la idea de constitución con los todavía recientes terribles acontecimientos de Francia. Aún así, el escritor de Gandía no duda de la necesidad de proponer una constitución. En la carta segunda de las dedicadas al conde de Lerena, había escrito con toda convicción que "es verdad incontrovertible que la felicidad o infelicidad de un reino proviene de su mala o buena constitución, de la cual depende el gobierno bueno o malo de él, y de éste las acertadas o erradas providencias que influyen inmediatamente en el fomento o decadencia de la agricultura, las artes y el comercio, que es en lo que consiste la felicidad o infelicidad temporal de los hombres: y por consiguiente, cualquier trastorno en la constitución trae consigo grandes felicidades o infelicidades"[1062]. Quiere ello decir que, puesto que en alguna otra de sus cartas, como ya señalamos, Arroyal había expresado lo viciada que estaba nuestra constitución, sólo con una nueva constitución se podía alcanzar la regeneración del reino, y con ella su felicidad. No deja de ser curioso que Arroyal, anticipando en cierto modo algo de lo que harán después los constituyentes gaditanos, haga suya esa posición historicista por la que pretende presentar su constitución como un intento de armonización de "las reglas fundamentales de nuestra antigua y primitiva constitución" con "los inmutables derechos de la naturaleza". Más aún, una vez delineada la constitución, Arroyal añade, "que en sus principales puntos es la verdadera y antigua constitución española"[1063]. Ello no obstante, nuestro autor había precisado en un momento anterior que "en el estilo o método seguiré el de la Constitución francesa del año ochenta y nueve, pues aunque sea obra de nuestros enemigos, no podemos negar que es el más acomodado; y no repararé tampoco de valerme de lo bueno que encuentre en ella, puesto que la razón no conoce partidos ni rivalidades"[1064].

[1060] También en este previo *excursus* ve Pallarés un paradigma de las contradicciones de un ilustrado radical. José PALLARÉS MORENO: *León de Arroyal o la aventura..., op. cit.*, p. 240.

[1061] León de ARROYAL: *Cartas económico-políticas, op. cit.*, p. 226.

[1062] *Ibidem,* pp. 15-16.

[1063] *Ibidem,* p. 244.

[1064] *Ibidem,* p. 227.

De la constitución propuesta nos interesan de modo particular los "derechos naturales" que contempla. Nuestro autor insiste en la idea rousseauniana del pacto social; acoge el principio de igualdad ante la ley y, en sintonía con ello, declara contrario a la ley cualquier privilegio; reclama que toda ley se dirija a proporcionar la seguridad, la justicia y la abundancia en la sociedad; requiere la libertad de los particulares para hacer todo lo que no les prohíbe la ley, que a su vez "no puede prohibir sino aquellas cosas que, siendo contra razón y justicia, pueden turbar el buen orden y armonía de la república"; contempla el principio de legalidad penal; acoge la libertad de cualquier hombre de defender sus derechos ante los magistrados; establece la inviolabilidad de "las casas de los ciudadanos", y la obligación de éstos de contribuir a los gastos públicos. En cuanto a la libertad de imprenta, ciertamente, no aparece contemplada entre estos derechos naturales, si bien no nos cabe duda que podía perfectamente considerarse implícita en las previsiones de los puntos décimo y undécimo de la exposición de derechos. En el primero de ellos se disponía que "los particulares son libres en hacer todo lo que no les prohíbe la ley". El propio punto reconocía la facultad de la sociedad de prohibir a los particulares el uso de la libertad, pero ello se supeditaba a que de tal uso pudiera venir "perjuicio al común"; insistiendo en esa dirección, en el punto undécimo se decía que la ley no podía prohibir "sino aquellas cosas que, siendo contra razón y justicia, pueden turbar el buen orden y armonía de la república". Por tanto, dentro del marco así delimitado, la libertad de imprenta no sólo podía ser ejercida por los particulares, sino que no debía de ser prohibida por la autoridad. En cualquier caso, no deja de ser una cierta contradicción el que después de haber hecho una cerrada defensa de las virtualidades benéficas que acompañan a la libertad de pensar, de escribir y de hablar en Inglaterra, no recoja Arroyal en la enunciación de derechos que antecede a la constitución tales libertades de forma expresa. La incongruencia se acentúa si se advierte que en un momento dado el autor de la constitución señala que "esta constitución ha de ser el resultado de todo lo que hay en las cartas anteriores"[1065], y en ellas, aunque sean las de la primera parte (como ya dijimos, en el prólogo de la segunda parte conecta unas con otras), ha reconocido la relevancia de la libertad que nos ocupa.

Las *Cartas* de Arroyal pueden considerarse como la más radical oposición política que entre nuestros ilustrados se puede atisbar respecto del sistema del despotismo ilustrado entonces vigente. Su impacto iba a ser, sin embargo, menor por una razón fácilmente comprensible: permanecieron inéditas hasta 1841, por lo que, en su momento, tan sólo circularon como manuscritos más o menos subrepticiamente, no obstante lo cual, como ya se dijo, se iban a encontrar en las bibliotecas de algunos relevantes ilustrados.

f) Su *Oración apologética*

Hemos de hacer una referencia final a un panfleto satírico que aunque no se habría de publicar hasta 1812, al hilo de la pasión desencadenada en Cádiz, fue escrito, como muy tarde, hacia 1793, comenzando a circular ese año profusamente, aunque de modo clandestino, lo que no le impidió convertirse en la publicación más difundida de esos momentos finales del siglo, y de modo muy particular de los años de la guerra de España con la Convención (1793-1796). Tras su publicación, su éxito sería enorme, llegando a

[1065] *Ibidem,* p. 226.

cifrarse en diecisiete el número de ediciones impresas en muy diversas ciudades, desde Barcelona hasta México[1066], lo que da una idea de su gran difusión. Nos referimos a la ya citada *Oración apologética en defensa del estado floreciente de España,* que al ser publicada en 1812 apareció con el antetítulo de *Pan y toros,* con el que se le conoce comúnmente. También en su momento se discutió su autoría, atribuyéndosele al ya mencionado profesor salmantino Ramón de Salas, y llegándosele incluso a atribuir a Jovellanos[1067]; de hecho, todas las ediciones a partir de la de 1812 refirieron a nuestro ilustre prócer asturiano la autoría, lo que no dejaba de resultar enormemente sorprendente a la vista del contenido del panfleto. En la misma dirección, Alcalá Galiano, en su trabajo sobre Jovellanos, advertía su sorpresa de que cuando escribía todavía hubiera quien tuviera *Pan y toros* como obra del gijonés, para añadir: "Bastan la materia, el estilo, la dicción del folleto a que aludimos, para acreditar que salió de cabeza más caliente, de juicio menos maduro, de erudición menos pura, que los del insigne asturiano, del cual dista infinito quien tomó su nombre en conocimiento y pureza de lenguaje"[1068]. Menéndez Pelayo, en forma similar a las *Cartas,* apuntó hacia la autoría de Arroyal; sin embargo, como recuerda Elorza[1069], sólo en 1969, el hispanista francés de la Universidad de Burdeos, François López, probó que *Pan y toros* se debía a uno de los personajes ilustrados más marginados y al propio tiempo más sobresalientes de nuestra Ilustración, que no es otro sino León de Arroyal.

El folleto, ya desde su mismo título, aparecía como una parodia de la *Oración apologética por la España y su mérito literario,* escrita por Juan Pablo Forner, en la que éste, al hilo del artículo que en su momento se consideró como muy denigratorio para España[1070], aparecido en 1783 en la *Encyclopédie méthodique*[1071], refutó los ataques lanzados contra

[1066] José PALLARÉS MORENO: *León de Arroyal o la aventura..., op. cit.,* p. 249, nota 2.

[1067] Recuerda Rumeu de Armas la existencia de una instancia de don Santiago Fernández, digna de mención por los elogios que se permitía hacer de Jovellanos, para imprimir un manuscrito titulado *Pan y toros,* como "obra de un español sabio que por sus talentos es digno del afecto de sus compatriotas". La instancia sería admitida y remitido el folleto a la censura de don Leandro Fernández de Moratín el 12 de diciembre de 1809. Antonio RUMEU DE ARMAS: *Historia de la censura literaria gubernativa en España* (Historia – Legislación – Procedimientos), Madrid, M. Aguilar Editor, 1940, p. 133.

[1068] Antonio ALCALÁ GALIANO: "Jovellanos", en *Obras escogidas de Don Antonio Alcalá Galiano,* II (Biblioteca de Autores Españoles, tomo 84), Madrid, Ediciones Atlas, 1955, pp. 427 y ss.; en concreto, p. 439.

[1069] Antonio ELORZA: "Nota introductoria", en la obra *Pan y Toros y otros papeles sediciosos de fines del siglo XVIII,* recogidos y presentados por el propio Antonio Elorza, Madrid, Editorial Ayuso, 1971, pp. 7 y ss.; en concreto, p. 10.

[1070] Hace medio siglo, Julián Marías relativizó notablemente la relevancia del artículo de Masson de Morvilliers y su supuesto carácter denigratorio para nuestro país. Para Marías, el artículo en cuestión tenía muy poco interés; su información, aunque considerable en algunos aspectos, era casi siempre superficial, con errores que después, en una reimpresión hecha en Parma, se pusieron de relieve. La fortuna excepcional que tuvo se debió casi exclusivamente a la insolencia y el descaro de su famosa pregunta: "Que doit-on à l´Espagne? Et depuis deux siècles, depuis quatre, depuis dix, qu´a-t-elle fait pour l´Europe?". Esto, y sólo esto, según Marías, desencadenó las respuestas, que habían de irse convirtiendo automáticamente en apologías. Julián MARÍAS: *La España posible en tiempo de Carlos III,* Madrid, Sociedad de Estudios y Publicaciones, 1963, p. 47.

[1071] La *Encyclopédie méthodique*, que iba a editar Panckoucke, intentó seguir la estela exitosa de la *Enciclopedia* de Diderot. En 1783 apareció el primer volumen, dedicado a la geografía, en el que uno de los artículos, obra de Nicolas Masson de Morvilliers, estaba dedicado a España. Nuestro país representaba todo lo que los *philosophes* refutaban. Masson de Morvilliers, inspirado entre otras obras por *L´essaie sur les moeurs* de Voltaire, iba a lanzar un descarnado ataque contra nuestro país, haciendo hincapié en la ignorancia y pereza de España, incapaz de sacar provecho de sus propias riquezas ante la ineptitud del Gobierno y el fanatismo del clero, y, sobre todo, ante la crueldad y tiranía de la Inquisición. "¿Qué es lo que se debe a España? –se preguntaba Masson– ¿Qué ha hecho por Europa en los dos últimos siglos, en los últimos cuatro o diez?". La respuesta era obvia para los postulados del francés. Como fácilmente puede suponerse, cuando nuestro país y contraatacó contra los *philosophes*. La imparcialidad y el equilibrio están ausentes en la Apología de Forner, y como botón de muestra nos bastará con transcribir este párrafo:

> "Hay entre nosotros quienes creen muy de corazón que todo se sabe en España, y que nuestros métodos de enseñar son los mejores del mundo; y hay otros que todo creen que se ignora y nos ven como hundidos en una lastimosa barbarie. Yerran unos y otros imprudentemente, porque ni todo lo que se sabe en España es lo mejor ni tampoco se deja de saber lo necesario, lo conveniente, y aun mucha parte de lo superfluo".

Como apuntara Marías[1072], Forner dice nada menos, que en España se sabe cuanto hace falta y aun más. Con apariencia de "justo medio" ha tomado ya la posición extrema, apenas disfrazada, una táctica que se convertirá en la predilecta de todo un linaje de escritores españoles que tendrán en Forner a uno de sus antepasados. Por lo demás, el núcleo central merecedor de un más intenso juicio crítico en la *Oración apologética* forneriana es el que tiene que ver con la inadmisible idea de la ciencia de Forner o, mejor dicho, con su desconocimiento de las exigencias que la constituyen[1073].

Retornando al discurso de Arroyal, cabe decir que el mismo ha sido considerado[1074] como el final de la polémica sobre las apologías, aunque no pueda prescindirse de la muy diferente fecha de una y otra *Oración apologética*: la de Forner se escribió en 1785, publicándose el año siguiente; la de Arroyal, como antes se dijo, debió escribirse, como muy tarde, en 1793. En ese momento, la polémica suscitada por el artículo de Masson de Morvilliers se hallaba prácticamente extinguida.

Pan y toros no aporta ningún contenido doctrinal que Arroyal no hubiera expuesto ya en sus *Cartas*. Si algo puede caracterizar a este panfleto es la violencia de la sátira, que, a diferencia del texto de Forner, apunta hacia un blanco mucho más amplio que el estrictamente literario, ya que es un ataque demoledor contra las instituciones y costumbres del sistema absolutista[1075], y no sólo contra el despotismo político, sino también frente al religioso. La mordacidad y acritud del texto, que realmente puede considerarse como transmisor del mensaje revolucionario, lo que es tanto como decir, del ideario liberal tras él subyacente, quizá no sea tan sólo el fruto de la identificación de Arroyal con el pensamiento revolucionario francés, sino también de sus sucesivas frustraciones, pues, como ya se ha señalado, gran parte de su obra, en verso y en prosa, fue tumbada

---

el artículo se leyó en España causó una general indignación, incluyendo al propio Carlos III. El Gobierno incitó las respuestas a Masson y la propia Academia ofreció un premio a la mejor "Apología o defensa de la nación, ciñéndose solamente a sus progresos en las ciencias y en las artes". Floridablanca premió la mejor refutación del artículo de Masson, publicándola en la Imprenta Real, y el agraciado por el premio de 6000 reales fue Juan Pablo Forner (1756-1797) por su *Oración apologética,* en la que aprovechó la ocasión para formular un ataque en toda regla contra los *philosophes* en general. Para Forner, los filósofos verdaderos eran los que empleaban su sabiduría en bien de la humanidad, como Pericles, Licurgo y Sócrates, no pensadores ociosos como Platón o Epicuro, categoría, innecesario es decirlo, en la que ubicaba a los *philosophes,* por cuanto de los filósofos modernos sólo dos entraban en esa categoría de descubridores de conocimientos útiles: Luis Vives y Francis Bacon. (*Apud* Richard HERR: *España y la Revolución..., op. cit.,* pp. 182 y ss.).

[1072] Julián MARÍAS: *La España posible en tiempo de Carlos III, op. cit.,* pp. 61-62.

[1073] *Ibidem,* p. 79.

[1074] José PALLARÉS MORENO: *León de Arroyal o la aventura..., op. cit.,* p. 250.

[1075] *Ibidem,* p. 254.

por la censura, impidiéndosele su publicación. Quizá este hecho tenga bastante que ver con la demolición en plena regla regla que Arroyal hace en su escrito de España, de sus instituciones, de la Iglesia y de la propia sociedad. Como escribe Elorza[1076], al término del breve texto del panfleto, apenas queda pieza de la España de Floridablanca y de Godoy que no haya sido desmontada: el fracaso del despotismo ilustrado, la falta de preparación de un ejército que pronto será arrollado por el de la Convención, el sistema de enseñanza escolástico, el predominio de la superstición sobre la auténtica fe religiosa, el absurdo sistema fiscal de las rentas provinciales, el exceso de reglamentos y, presidiendo el conjunto, la atonía política que tolera el sistema de gobierno implantado bajo los auspicios de Carlos IV y María Luisa.

Como se acaba de decir, *Pan y Toros* no aporta novedades doctrinales, ni, en lo que ahora interesa, reivindica la libertad de pensar, de escribir y de hablar, pero esto es sólo formalmente, porque algunas de las duras críticas de la obra sólo se justifican justamente por la ausencia de esas libertades. La censura a la ignorancia y falta de instrucción bien puede ser un ejemplo:

> "Me ha presentado (la llegada a Madrid del autor) una España muchacha, sin instrucción y sin conocimientos: un vulgo bestial; una nobleza que hace gala de la ignorancia; unas escuelas sin principios; unas universidades fieles depositarias de las preocupaciones de los siglos bárbaros; unos doctores del siglo X y unos premios destinados a los súbditos del emperador Justiniano y del Papa Gregorio IX"[1077].

La crítica a la superstición y al apartamiento del "tribunal de la razón" nos aporta otro buen ejemplo:

> "Me ha mostrado una España decrépita y supersticiosa, que pretende encadenar hasta las almas y los entendimientos. La ignorancia ha engendrado siempre la superstición, así como la soberbia la incredulidad. Entre nosotros ha estado por muchos siglos en un miserable abandono el estudio de las Santas Escrituras, que son las fuentes y el cimiento de nuestra creencia...".
>
> "En cuanto toca a la Iglesia se ha tenido por incompetente al tribunal de la razón y se ha tratado de herético todo aquello que no se acomoda con las máximas de Roma. La demasiada libertad en escribir de los extranjeros ha hecho que nosotros hayamos sido en leer esclavos. El culpadísimo desprecio con que han tratado los protestantes la disciplina dogmática de la Iglesia nos ha determinado a venerar los más perjudiciales abusos de los siglos bárbaros..."[1078].

En fin, la falta de una libre transmisión de las luces, a juicio de Arroyal, también ha obscurecido la claridad de la palabra de Dios:

> "La sencillez de la palabra de Dios se ha oscurecido con los artificiosos comentarios de los hombres: aquello que el Señor dijo para que todos lo entendiesen se ha creído que apenas uno u otro doctor lo puede entender, y dando tormento a

[1076] Antonio ELORZA: "Nota introductoria", en la obra *Pan y Toros..., op. cit.*, p. 8.

[1077] León de ARROYAL: "Oración apologética en defensa del estado floreciente de España", en la obra *Si no hubiera esclavos no habría tiranos, op. cit.*, pp. 8 y ss.; en concreto, p. 10.

[1078] *Ibidem*, p. 15.

las expresiones más claras se las ha hecho servir hasta erigir sobre ellas el ídolo de la tiranía. Millares de santurrones apócrifos han llenado el mundo de patrañas ridículas, milagros increíbles y de visiones, que contradicen a la terrible majestad de nuestro gran Dios"[1079].

El final de la sátira es plenamente coherente con el estado de cerrilismo existente entre la mayor parte de la población: "Pan y toros es la comidilla de España. Pan y toros debes proporcionarla para hacer en lo demás cuanto se te antoje *in secula seculorum*"[1080].

Nuestro autor, como puede apreciarse por los pocos párrafos de su panfleto transcritos, describe con tonos agudos y de una gran mordacidad la irracionalidad de nuestra sociedad, en la que la ausencia de luces es determinante, una obscuridad fomentada por los gobernantes, que, antes de optar por instruir al pueblo, por dar libertad al pensamiento, por fomentar los avances científicos, como hacen otros gobernantes extranjeros, prefieren desviar su atención, anestesiarlo cultural y mentalmente, con fiestas tan bárbaras, crueles y salvajes como la de los toros, todavía hoy, no conviene olvidarlo, nuestra "fiesta nacional" por excelencia.

E) La reivindicación de la libertad de escribir, "el árbol de la vida social", por Valentín de Foronda

I. Valentín de Foronda (1751-1821) es uno de los representantes característicos de nuestra burguesía ilustrada, no por cierto muy numerosa. Justamente la ausencia entre nosotros de una clase burguesa potente y las dificultades de todo tipo que hubieron de arrostrar nuestros ilustrados puede contribuir a explicar la soledad en que se desarrolló la vida de este vasco, que al final de sus días, no obstante su espíritu de lucha, mostrará su desencanto, como revela el que, una vez retirado de todo, confiese: "mis delicias han sido mis libros, y son las únicas que tengo en mi senectud"[1081].

Nacido en 1751 en Vitoria, iba a tener, una activa presencia en la vida cultural y política vasca desde 1776, a lo que uniría una dilatada experiencia diplomática. Muy próximo a Cabarrús y decidido defensor del Banco de San Carlos, Foronda fue nombrado en abril de 1801 cónsul de España en Venecia. Ya antes había viajado por buen número de países europeos. Unos meses más tarde, en septiembre, sería designado cónsul general en los Estados Unidos, con residencia en Filadelfia, adonde llegó a principios de 1802, permaneciendo allá hasta el año 1809, los últimos treinta meses en calidad de encargado de negocios. Recuerda Smith[1082] que durante toda la etapa de su servicio diplomático, las relaciones entre los dos países estuvieron tirantes y en 1806-1807 llegaron a un punto muy cercano a la ruptura. Ello no obstante, nuestro diplomático mantuvo unas excelentes relaciones personales, trabando amistad con Jefferson, y siendo nombrado en 1804 miembro de la ya por entonces prestigiosa *American Philosophical Society.* Como escribe

[1079] *Ibidem,* p. 16.

[1080] *Ibidem,* p. 21.

[1081] M. BENAVIDES y C. ROLLÁN: *Valentín de Foronda: los sueños de la razón,* edición de los propios autores, Madrid, Editora Nacional, 1984, p. 34.

[1082] Robert Sidney SMITH: "Valentín de Foronda, diplomático y economista", en *Revista de Economía Política,* Vol. X, nº 2, Mayo/Agosto 1959, pp. 425 y ss.; en concreto, p. 427.

Spell[1083], no fue la vida social de Filadelfia lo que atrajo al vasco, sino la compañía de hombres con intereses intelectuales comunes, y en ello, añadiríamos por nuestra cuenta, se sustenta la intensidad de sus relaciones personales. Ese mismo año de 1804 publicó unos *Apuntes ligeros sobre los Estados Unidos de América Septentrional,* pudiendo de esta forma ser considerado como el primer español en publicar algo sobre esa joven nación que por aquel entonces era los Estados Unidos.

Como más adelante veremos, ya desde los años 1780 el ilustrado alavés se había mostrado como un firme defensor de la libertad de escribir. No ha de extrañar por lo mismo que en varios de sus escritos redactados en los Estados Unidos se haga eco de la extraordinaria libertad de prensa existente en el nuevo país. Para Foronda, la libertad general de que gozaban los ciudadanos de la República resultó verdaderamente una revelación. No debe sorprender por lo tanto que en 1803, en su "Carta sobre lo que debe hacer un Príncipe que tenga colonias a gran distancia"[1084], se refiriera a cómo desde hacía 24 años, "arrastrado del seductor amor a la verdad" y sin reflexionar acerca de los grandes peligros a que se exponía, había emprendido la redacción de unas "cartas económico-políticas", "suponiendo que aconsejaba a un príncipe imaginario para atacar con más libertad los errores garrafales adoptados por nuestro gobierno, como verdades benéficas"; sin embargo, conocedor del riesgo a que se exponía, había debido suspender su obra, guardando alguna de las cartas que de vez en cuando escribía sobre economía política. Una de ellas versaba justamente sobre lo que debía de hacer un príncipe con sus colonias, cuya impresión no había solicitado, temiendo que el Gobierno la desaprobara, "mas hallándome en Philadelphia donde la libertad de imprenta está en su colmo, me resolvía a publicar mis ideas". No ha de creerse, sin embargo, que Foronda visualizara la libertad de escribir como un derecho absoluto; nunca fue así; bien al contrario, la contemplaba como una libertad limitada. De ahí que no deba sorprender en exceso que al referirse en otro escrito al ejercicio, a su juicio abusivo, que de esta libertad se hacía en los Estados Unidos, se muestre notablemente crítico al respecto:

> "La libertad de la Prensa según se experimenta aquí, –escribe Foronda[1085]– no es libertad, sino una licencia desmesurada, un frenesí. A nadie se respeta, la Francia, la Inglaterra, la España y sus Gobiernos, son insultados, son mofados sin término. Su mismo Presidente, el Sr. Jefferson, está continuamente abatido, hollado, vilipendiado".

Al hilo de esta opinión crítica, podemos recordar que también Tocqueville se sentirá enormemente atraído, quizá incluso sorprendido, por la extraordinaria licencia de la libertad de la prensa en los Estados Unidos, a la que dedicará un capítulo de su gran obra *La democracia en América* (1835)[1086]. Al inicio del capítulo, Tocqueville señalaba

[1083] J. R. SPELL: "An Illustrious Spaniard in Philadelphia, Valentín de Foronda", en *Hispanic Review* (University of Pennsylvania), Vol. 4, Issue 2, April, 1, 1936, pp. 136 y ss.; en concreto, p. 137.

[1084] La "Carta sobre lo que debe hacer un Príncipe" puede verse en Valentín de FORONDA: *Escritos políticos y constitucionales,* edición de Ignacio Fernández Sarasola, Bilbao, Servicio Editorial de la Universidad del País Vasco, 2002, pp. 245-260.

[1085] Valentín de FORONDA: "Apuntes ligeros sobre los Estados Unidos de América Septentrional" (selección), en la obra de Valentín de Fonda, *Escritos políticos y constitucionales, op. cit.,* pp. 115 y ss.; en concreto, p. 116.

[1086] Alexis de TOCQUEVILLE: *La democracia en América,* Madrid, Alianza Editorial, 2ª reimpr. en "El Libro de Bolsillo", 1989, vol. 1, Capítulo III de la 2ª Parte, pp. 168-176.

que "la libertad de prensa no sólo deja sentir su poder sobre las opiniones políticas, sino también sobre todas las opiniones de los hombres. No modifica únicamente las leyes, sino a la vez las costumbres". El gran pensador parisino confiesa a renglón seguido no sentir por la libertad de prensa "ese amor rotundo e instantáneo que se concede a las cosas soberanamente buenas por naturaleza", para precisar de inmediato: "La amo por la consideración de los males que impide mucho más que por los bienes que aporta". En fin, para el francés, no hay término medio entre libertad y servidumbre: "Si alguien me indicara, –esgrime Tocqueville– entre la independencia completa y la servidumbre total del pensamiento, una posición intermedia en la que mantenerse, quizá la adoptara; pero ¿quién es capaz de descubrir esa posición intermedia?".

Más adelante, Tocqueville establecerá un paralelismo entre la soberanía del pueblo y la libertad de prensa, considerándolas dos cosas enteramente correlativas, mientras que, de modo paralelo, entenderá que la censura y el sufragio universal son, por el contrario, dos cosas que se contradicen, y no pueden mantenerse largo tiempo en las instituciones políticas de un mismo pueblo. Y frente al sentir de muchos franceses, que imaginan "que la violencia de la prensa es el origen de nuestra inestabilidad en el estado social, de nuestras pasiones políticas y del malestar general que de todo ello se deriva", Tocqueville constatará cómo en América "la prensa tiene las mismas aficiones destructoras que en Francia y emplea la misma violencia sin parecidas causas para la cólera". En fin, el pensador francés apostillará por último, que "en América como en Francia, la prensa es esa potencia extraordinaria, tan extrañamente compuesta de bienes y males que sin ella la libertad no podría vivir, y con ella apenas puede mantenerse el orden".

Foronda no se decantará por la conclusión que años más tarde formulará Tocqueville, quien, como hemos visto, deja claro que no existe una posición intermedia entre libertad y servidumbre, por lo que la opción por las indudables ventajas que entraña la libertad de prensa lleva consigo la aceptación de sus inconvenientes; en cualquier caso, la experiencia vivida en los Estados Unidos, con la desmesurada licencia de la prensa, con los abusos de la misma, no hará decaer a Foronda en su apasionada defensa de esta libertad, siempre contemplada, eso sí, como una libertad no carente de límites. Menos aún lo iba a hacer a su retorno a España en 1809, momento en el que sus ideas se iban a radicalizar un tanto[1087]. En 1811, este "Condorcet español", como lo caracteriza Elorza[1088], dedicaría sus más encendidos elogios a la libertad de prensa, ya establecida desde el año anterior por las Cortes de Cádiz, considerándola como una de las grandes aportaciones hechas por los liberales gaditanos, llegando a denominarla en un artículo publicado por *El Patriota Compostelano,* el "árbol de la vida social"[1089].

[1087] Un dato significativo del liberalismo radical del alavés en esta época es el de que en sus "Apuntes ligeros sobre la nueva Constitución, proyectada por la Majestad de la Junta Suprema Española, y reformas que intenta hacer en las leyes", que publica en Filadelfia en 1809, el año de su definitivo retorno a España, se muestra partidario de que antes de elaborar una nueva constitución, o lo que es lo mismo, antes de hacer un contrato nacional entre los conciudadanos, "es menester una convención de los nacionales para unirse a fin de formar su contrato, y a esta reunión se le dará el nombre de Cortes, o de Asamblea Nacional, o de <Junta Ynterprete (*sic*) de la Voluntad General>". Foronda manifiesta su preferencia en favor de este último nombre, "pues de lo que se deba tratar en esta Magestuosa (*sic*) reunión de los españoles, es de exâminar qual es su voluntad". Valentín de FORONDA: *Escritos políticos y constitucionales, op. cit.*,; pp. 133 y ss.; el texto transcrito, en pp. 134-135.

[1088] Antonio ELORZA: *La ideología liberal en la Ilustración española, op. cit.*, p. 123.

[1089] Ignacio FERNÁNDEZ SARASOLA: "Estudio preliminar", en Valentín de Foronda, *Escritos políticos y constitucionales, op. cit.*, pp. 9 y ss.; en concreto, pp. 46-47.

II. La trayectoria de Foronda anterior a su carrera diplomática había sido brillante en ámbitos bien distintos, entre ellos, desde luego, en el plano intelectual, pero también en el político, pues con sólo veintiséis años ya era concejal en Vitoria. En 1782 fue nombrado profesor del Seminario de Vergara, donde explicó economía política, por aquel entonces, como recuerda Herr[1090], considerada como la tan buscada "ciencia natural de la sociedad", cuyas leyes mostraban el camino que debía seguir el hombre para vivir y prosperar, de acuerdo con los dictados de la razón; Foronda se esforzó por introducirla en España. Cuatro años después, fue distinguido como miembro de la *Academie des Sciences et Inscriptions de Bordeaux*, ciudad en la que parece (aunque el dato no está completamente confirmado) que cursó sus primeros estudios, como en la época era habitual entre los hijos de la burguesía vasca, en la que residió algunos años, y con la que siempre mantuvo una estrecha relación. De hecho, en 1782, publicó en ella la traducción de una parte de las *Institutions politiques*, obra que el escritor alemán barón Jacob Friedrich von Bielefeld (1717-1770) había publicado en lengua francesa en 1760, y que tendría un gran impacto en buena parte de Europa[1091]. En el prólogo de esta obra el ilustrado alavés combinaba la adhesión a ideas predominantemente mercantilistas con algunos puntos de vista fisiocráticos; sin embargo, unos años más tarde, Foronda se situaría entre los más incondicionales expositores del *laissez faire*[1092].

Se ha dicho[1093] que Foronda se distingue de otros ilustrados por su talante apostólico, lo que se refleja en su estilo, más cercano del panegírico, de la arenga o de la lección que del trabajo elaborado, lento y discursivo propio de los escritores de la época. Es verdad que algunas de sus mayores obras están integradas por series de cartas unidas por un tema único o relativas a asuntos diversos que son, sin embargo, conjuntados. Así, por ejemplo, su *Miscelánea, o colección de varios discursos,* que incluye una heterogénea serie de disertaciones y cartas[1094], entre ellas la disertación presentada a la Sociedad Histórico-Geográfica de Valladolid sobre la libertad de escribir, que examinaremos con algún detalle más adelante. En mayo de 1788, el vasco comenzó a escribir en el prestigioso periódico *Espíritu de los mejores diarios literarios que se publican en Europa,* una serie de cartas sobre diversas cuestiones económicas y sociales, que finalmente vieron la luz en forma de libro. Siguiendo una línea interpretativa procedente de Mercier de la Rivière, también se ha dicho que Foronda podría ser considerado no sólo como ilustrado, sino también como iluminado[1095], es decir, como un intelectual agobiado e incapaz de sistematizar coherentemente el cúmulo de ideas renovadoras que procedían del extranjero y de encontrar los canales políticos e institucionales apropiados para desarrollarlas, imagen a cuya consolidación contribuyó, sin duda, la falta de realismo y extravagancia de algunas de sus iniciativas.

[1090] Richard HERR: *España y la Revolución…, op. cit.*, p. 48.

[1091] Domingo de la Torre y Mollinedo se adelantó a Foronda en la obtención del permiso para publicar esta obra en España (*Instituciones políticas,* 6 vols., Madrid, 1761-1801), y con la finalidad de evitar la controversia, el alavés decidió publicar en Francia tan sólo los capítulos referentes a España y Portugal.

[1092] Robert Sidney SMITH: "Valentín de Foronda, diplomático y economista", *op. cit.*, pp. 444 y 451.

[1093] M. BENAVIDES y C. ROLLÁN: "Introducción", *op. cit.*, p. 33.

[1094] Cfr. al respecto, Robert Sidney SMITH: "Valentín de Foronda, diplomático y economista", *op. cit.*, pp. 436-437.

[1095] José Manuel BARRENECHEA: "Estudio Preliminar", en la obra de Valentín de Foronda, *Cartas sobre los asuntos más exquisitos de la Economía Política y sobre las Leyes Criminales,* Vitoria-Gasteiz, Departamento de Economía y Hacienda, Gobierno Vasco, 1994, pp. XV y ss.; en concreto, p. LXXIII.

Con los datos ya expuestos se puede apreciar que la producción del vasco es muy numerosa. En el tratamiento de los muy diversos temas que abordó podrá debatirse el nivel de su profundización, pero lo que no admite discusión alguna es su extraordinaria erudición. En 1794, tal y como ya tuvimos ocasión de indicar, Foronda tradujo y adaptó en forma de diálogo *La Logique* de Condillac, resumen de la filosofía sensualista del XVIII, adicionándole un pequeño tratado sobre toda clase de argumentos y de sofismas, con varias reflexiones sobre la *Aritmética moral* de Buffon, sobre la valoración de las cosas inciertas, sobre el modo de apreciar las relaciones de verosimilitud, los grados de probabilidad, el valor de los testimonios, la influencia de las casualidades, el inconveniente de los riesgos y sobre el modo de formar el juicio acerca del valor real de nuestros temores y esperanzas, todo ello extraído de la *Enciclopedia metódica*. Cinco años antes había publicado el primer tomo de las *Cartas sobre los asuntos más exquisitos de la economía política y sobre las leyes criminales* (1789), obra en la que el autor reconocería abiertamente su giro hacia la economía liberal, dejando atrás los principios de los fisiócratas, adjudicando a los mercantilistas ingleses y a Colbert la tardanza en aceptar las nuevas ideas y decantándose ahora de cerca por el ideario de Adam Smith. Foronda también tradujo el *Belisario* de Marmontel, novela que en su momento llamó enormemente la atención, según don Marcelino[1096], por el hecho de haber censurado la Sorbona uno de sus capítulos, en los que el autor defendía a las claras la tolerancia religiosa.

En fin, en 1814, en La Coruña, donde se encontraba desde su nombramiento como miembro de la Junta de Censura de Galicia, y muy poco antes de ser detenido y trasladado a Madrid, donde sería procesado como reo del delito de crimen contra el Estado, sometido a juicio en marzo de 1815, y condenado en junio al destierro a Pamplona durante diez años, falleciendo en la ciudad navarra en 1821[1097], publicaría sus *Cartas sobre el Contrato Social de Rousseau*[1098]. En esta obra, siguiendo obviamente a Rousseau, fundamentará el origen de la sociedad civil en el contrato social. Al no poderse alcanzar la felicidad sin asociarnos con nuestros semejantes, argumentará Foronda, "es indispensable que contratemos nuestras obligaciones mutuas y éstas llegarán sin duda al colmo de su perfección cuando no exija cada uno de los otros asociados sino lo que cada uno pide para él: pues su consentimiento será entonces completo". El pacto social se verifica pues, entre todos aquellos sujetos que se hallan en un estado de naturaleza:

> "Este acto de asociación –escribe Foronda– produce ya un cuerpo moral y colectivo, compuesto de tantos miembros, cuantos votos tiene el congreso, el cual recibe de este mismo acto su unidad: su yo común, su vida y voluntad; esta persona pública que se forma de la unión de todas las demás se llamaba en otros tiempos ciudad, y ahora república o cuerpo político".

[1096] Marcelino MENÉNDEZ PELAYO: *Historia de los Heterodoxos..., op. cit.*, vol. II, p. 525.

[1097] En el propio año 1821, poco antes de fallecer, Foronda sería objeto de una reivindicación por las Cortes, que iban a ensalzar "las luces y talentos de este ciudadano benemérito, sus grandes trabajos en obsequio de la literatura y honor de la Nación, su infatigable celo por ilustrarla, los riesgos que en todo tiempo ha incurrido por esta causa". *Apud* Robert Sidney SMITH: "Valentín de Foronda, diplomático y economista", *op. cit.*, p. 435.

[1098] El título exacto del libro, bien significativo por cierto, era el de *Cartas sobre la obra de Rousseau titulada: Contrato Social, en las que se vacía todo lo interesante de ella y se suprime lo que pueda herir la Religión Católica, Apostólica Romana por el ciudadano Valentín de Foronda.*

El acto de asociación entre los individuos que se hallan en ese estado de naturaleza produce consiguientemente ese nuevo cuerpo moral o colectivo. Si se examina lo que solicitará cada uno para incorporarse a ese pacto, según el vasco, se podrá ver "que es la conservación de aquellos derechos que no le concede la naturaleza, sino la razón soberana, de seguridad, de propiedad, de libertad y de igualdad"[1099]. La idea rousseauniana del pacto social no era en absoluto nueva en Foronda, que la había hecho suya tiempo atrás, sustentándola, por ejemplo, en sus *Cartas sobre los asuntos más exquisitos de la economía política,* en las que también consideraría "que los derechos de propiedad, libertad, seguridad e igualdad, son los cuatro manantiales de la felicidad de todos los Estados"[1100], si bien el derecho de igualdad, como el propio Foronda precisaba en el "Prólogo" a la 3ª edición, lo añadiría en esta última edición[1101].

En sintonía con su identificación con el pensamiento rousseauniano, el ilustrado alavés se decantará por el principio de la soberanía popular, al que dedicará incluso un artículo publicado en *El Patriota Compostelano* en junio de 1811[1102]. En él, sustenta que mediante la adopción de esta doctrina "se sabría (....) que los Reyes no deben separarse del camino que les señale el Pueblo reunido en Cortes, y que deben estar sujetos a las leyes como los Regentes, trabajar como ellos... etc., etc., pues al cabo es un Regente en vez de tres".

Identificado con la visión característica del iusnaturalismo racionalista, Foronda tendrá el mérito de otorgar un muy relevante protagonismo a los derechos, configurándolos como punto de referencia del sistema político[1103]. En la segunda de las Cartas incluidas en la obra a que acabamos de aludir, publicada anteriormente, en 1788, bajo el rótulo de "cartas político-económicas", en el por entonces muy prestigioso periódico *Espíritu de los mejores diarios literarios que se publican en Europa,* al que ya tuvimos oportunidad de referirnos, Foronda establecía la entre nosotros muy novedosa tesis de que la propiedad, la libertad y la seguridad eran los fundamentos del orden político, dando a ese concepto de seguridad, no la versión tradicional que la considera como función del poder frente a las agresiones que los individuos pudieran sufrir por parte de otros, sino la versión moderna, liberal, que la concibe como seguridad del individuo frente a las extralimitaciones de la autoridad gobernante. Como escribiera Maravall[1104], esos derechos son como las palancas en la mecánica, como las leyes newtonianas de la gravitación en astronomía. En ellos se encuentran los únicos principios demostrables del buen gobierno.

1099 *Apud* M. BENAVIDES y C. ROLLÁN: "Introducción", *op. cit.*, pp. 278-279.

1100 Valentín de FORONDA: *Cartas sobre los asuntos más exquisitos de la economía política y sobre las leyes criminales,* tomo I, Pamplona, Imprenta de Ramón Domingo, 1821, p. 4. Manejamos la edición publicada en Vitoria-Gasteiz, con un estudio preliminar de José Manuel Barrenechea, por el Departamento de Economía y Hacienda del Gobierno Vasco, 2004, p. 28.

1101 *Ibidem,* p. XXI de la edición original (p. 21 de la edición del Gobierno Vasco del año 2004).

1102 El artículo lleva por título "Sobre la soberanía popular", y va suscrito en La Coruña el 12 de junio de 1811, publicándose en el nº 182 de *El Patriota Compostelano,* edición de 21 de junio de 1811. Puede verse en Valentín de FORONDA: *Escritos políticos y constitucionales, op. cit.*, pp. 203-206; el texto transcrito, en p. 205.

1103 Apunta Fernández Sarasola, que la primera mención expresa y categórica sobre las libertades se halla en Foronda en fechas muy tempranas, en un escrito de 1780, publicado nueve años más tarde en *El espíritu de los mejores diarios* (edición del 6 de julio de 1789). Allí menciona que "la propiedad, la libertad y la seguridad (...) (son las) tres basas sagradas sobre las que descansa mi edificio político". Ignacio FERNÁNDEZ SARASOLA: "Estudio preliminar", *op. cit.*, p. 28.

1104 José Antonio MARAVALL: "Las tendencias de reforma política en el siglo XVIII español", en la obra recopilatoria de trabajos del propio autor, *Estudios de Historia del pensamiento español. Siglo XVIII,* tomo IV; Madrid, Centro de Estudios Políticos y Constitucionales, 1999, pp. 87 y ss.; en concreto, pp. 113-114.

El 15 de mayo de 1788 suscribía en Vergara un escrito que, aunque no sería publicado hasta noviembre de 1811 por el mismo periódico, *Espíritu de los mejores diarios,* corroboraba esa visión de los derechos[1105]. Para el vasco, "los derechos de propiedad, libertad y seguridad son los tres manantiales de la felicidad de todos los Estados". Tras definir cada uno de esos derechos, siendo de subrayar que por derecho de seguridad entiende Foronda, "que no puede haber fuerza ninguna que me oprima por ningún tipo, y que jamás puedo ser víctima del capricho o del rencor del que manda", el vasco precisa que "en estos principios está cifrado el acierto de los gobiernos, ellos son los elementos de las leyes", pues "el Monarca de la naturaleza los ha escrito sobre el hombre, sobre sus órganos y sobre su entendimiento, y no sobre débiles pergaminos que pueden ser despedazados por el furor de la superstición o de la tiranía", considerándolos poco después inseparables.

En el escrito a que nos acabamos de referir, fechado en 1788, Foronda entendía por derecho de libertad "la facultad de usar como uno quiera de los bienes adquiridos, y de hacer todo aquello que no vulnere la propiedad, la libertad y la seguridad de los demás hombres". Sin embargo, en la carta que fecha en Lisboa el 29 de julio de 1810, "sobre el modo que tal vez convendría a las Cortes seguir en el examen de los objetos que conducen a su fin, y dictamen sobre ellos"[1106], que se publicaría en Cádiz en 1811, Foronda contempla el derecho de libertad con un muy superior detalle. El vasco insiste en cifrar los cimientos de la felicidad pública en el tríptico de los derechos de seguridad, propiedad y libertad, a los que añade ahora el derecho a la igualdad. Por el derecho de libertad entiende "la facultad de usar como uno quiera de los bienes adquiridos, y de hacer todo aquello que no vulnere la seguridad, la propiedad, la igualdad y la libertad a que tienen derecho sus conciudadanos". Pero al abordar casi de inmediato los "corolarios del derecho de libertad", Foronda aporta la novedad de incluir entre ellos la libertad de escribir, a la que vuelve a considerar "el árbol de la vida social", que aporta unos preciosísimos frutos "cuyo alimento robustece, vigoriza, enriquece y hace felices los Estados". Recuerda a renglón seguido, que "en el tiempo del despotismo (hace) ahora veinte años, tuve la indiscreta temeridad de publicar una disertación sobre lo beneficiosa que era dicha libertad", y termina subrayando que "la libertad de imprenta la considero como inseparable del derecho de libertad, y como el único antemural del poder arbitrario"[1107].

En cualquier caso, no deja de sorprender que un año antes de la carta inmediatamente antes referida, en los "Apuntes ligeros sobre la nueva Constitución, proyectada por la Majestad de la Junta Suprema Española, y reformas que intenta hacer en las leyes", que Foronda publica en Filadelfia en 1809, refiriéndose a la libertad de prensa, escriba[1108]:

> "La licencia de la prensa se considera por los que han examinado el extravío de las pasiones humanas, como un tosigo[1109] (*sic*) corrosivo del orden; así como se

[1105] "Sobre que los derechos de propiedad, libertad y seguridad deben ser la basa de las leyes" (Vergara, 15 de mayo de 1788). Puede verse en Valentín de FORONDA: *Escritos políticos y constitucionales, op. cit.*, pp. 97-100.

[1106] Esta Carta puede verse en Valentín de FORONDA: *Escritos políticos y constitucionales, op. cit.*, pp. 165-177.

[1107] *Ibidem*, pp. 172-173.

[1108] Los "Apuntes ligeros sobre la nueva Constitución" pueden verse en Valentín de FORONDA: *Escritos políticos y constitucionales, op. cit.*, pp. 133-145. El texto que se transcribe, en p. 142.

[1109] Entendemos que Foronda se está refiriendo a la palabra "tósigo", hoy muy poco utilizada, que equivale a veneno o ponzoña.

> reputa su libertad por el mejor baluarte contra el Despotismo, si hemos de creer a los que han escrito constituciones en los 30 años últimos; pero no puedo menos de confesar que no me atrevo a dar mi parecer sobre este punto".

Es un tanto extraño que Foronda no se atreva a pronunciarse sobre esta cuestión, pues aunque ciertamente ya vimos su crítica hacia la "licencia desmesurada" con la que, a su juicio, se ejercía la libertad de prensa en los Estados Unidos, y también nos hemos referido ya a cómo el ilustrado vasco siempre concibió el ejercicio de esta libertad como sujeto a ciertos límites, ahora también parece mostrar alguna indecisión llegado el momento de reputar la libertad que nos ocupa como "el mejor baluarte contra el despotismo", pues este juicio lo está atribuyendo a quienes han escrito las constituciones de los últimos años, y frente al mismo Foronda confiesa que no se atreve a dar su parecer.

III. Llegados aquí hemos de ocuparnos ya de la primera y más rotunda defensa de la libertad de escribir hecha por Foronda, para lo que hemos de retroceder en el tiempo y pasar a examinar la "Disertación presentada por Don Valentín de Foronda, individuo de la Academia de Ciencias de Burdeos, a una de las Sociedades del Reyno (Sobre la libertad de escribir)"[1110], concretamente la Sociedad Histórico-Geográfica de Valladolid. El discurso se pronunció en 1786, pero había sido redactado en 1780[1111], y se publicaría en la edición del lunes 4 de mayo de 1789 del *Espíritu de los mejores diarios*.

Nuestro autor toma como premisa de su disertación, "que si no hay libertad de escribir y decir cada uno su parecer en todos los asuntos, a reserva de los dogmas de la Religión Católica y determinaciones del Gobierno, todos nuestros conocimientos yacerán en un eterno olvido". Foronda se manifiesta en sintonía con la orientación general de la época, que visualiza la libertad de imprenta básicamente como libertad política, excluyendo por tanto del ámbito de la misma "lo religioso", por así identificarlo, o dicho de otro modo, lo relativo al dogma. Pero para nuestro autor los límites de esta libertad no se circunscriben al ámbito de los dogmas religiosos, sino que se expanden a "las determinaciones del Gobierno", expresión, innecesario es decirlo, de una indeterminación patente. Cierto es que más adelante intentará precisar algo más al referirse a aquellas determinaciones que son "acreedoras a nuestro respeto y silencio", pero tampoco con ello contribuía a esclarecer mucho las cosas. ¿Qué decisiones gubernamentales debían ser acreedoras al silencio de la prensa? En el fondo, y a la vista de su crítica al ejercicio frenético de la libertad de prensa en los Estados Unidos, nos atreveríamos a decir que lo que Foronda parecía estar postulando no era tanto el secreto de ciertas decisiones del ejecutivo, cuanto

---

[1110] Esta Disertación puede verse en Valentín de FORONDA: *Escritos políticos y constitucionales, op. cit.*, pp. 101-113. Asimismo, en Valentín de FORONDA: *Los sueños de la razón,* edición de M. Benavides y C. Rollán, *op. cit.*, pp. 495-509.

[1111] Tales son los datos que creemos correctos, en cuanto que son corroborados por el propio Valentín de Foronda en el "Prólogo" del tomo I de sus *Cartas sobre los asuntos más exquisitos de la economía política y sobre las leyes criminales,* Pamplona, Imprenta de Ramón Domingo, 1821, p. XX. Manejamos la edición de esta obra publicada en Vitoria-Gasteiz, por el Gobierno Vasco, 1994, p. 20 (de esta edición). Análogos datos ofrece Javier FERNÁNDEZ SEBASTIÁN: "El imperio de la opinión pública según Álvaro Flórez Estrada", en Joaquín Varela Suanzes-Carpegna (coord.), *Álvaro Flórez Estrada (1766-1853). Política, economía, sociedad,* Oviedo, Junta General del Principado de Asturias, 2004, pp. 335 y ss.; en concreto, p. 346, nota 20. Difiere acerca de esos datos Elorza, quien señala que la disertación se pronunció en la Academia vallisoletana en 1780. Antonio ELORZA: *La ideología liberal..., op. cit.,* p. 128.

que no se incurriera en esa desmesurada licencia, en esos abusos de la prensa que él había censurado.

Tras la mencionada premisa, el escritor vasco comienza haciendo un recorrido histórico sobre los trastornos, errores y falsos intereses por los que han sido arrastrados los hombres en todas las naciones y en todas las épocas, viendo como motivo de estos trastornos la prohibición de decir la verdad:

> "Desengañémonos y convengamos de buena fe –argumenta Foronda– que mientras no haya libertad de escribir (a excepción de los asuntos que miran a las verdades reveladas, a los puntos de nuestra Santa Religión, que no admiten discusiones, y a las determinaciones del Gobierno, acreedoras a nuestro respeto y silencio) y de manifestar con franqueza aquellas opiniones extravagantes y primeras ideas que ha identificado con nosotros la educación, las quales conservamos toda la vida y no nos chocan porque las hemos mamado en nuestra infancia y las vemos autorizadas por el exemplo, por la opinión pública, por las leyes, y particularmente quando las vemos pertrechadas con el sello de la antigüedad, permanecerán siempre los Reynos en un embrutecimiento vergonzoso".

No deja de llamar la atención el hecho de que nuestro autor acuda a la libertad de escribir como antídoto con el que combatir las ideas arraigadas en cada individuo al hilo de una educación errónea, ideas que el paso del tiempo e incluso la propia opinión pública se ha encargado de grabar con letras indelebles en cada persona. Y también resulta sorprendente que, en un alegato en favor de la libertad de imprenta, Foronda apoye la misma para combatir una cierta opinión pública. Con todo ello, el vasco acentúa la vertiente ilustrada de su visión de la libertad de imprenta, en detrimento de la óptica liberal de la misma, o lo que es igual, centra su argumentación en la vertiente educadora de esta libertad, en su estrecha conexión con la "circulación de las luces", con la particularidad de que esta vertiente educativa también va dirigida a cambiar una "opinión" que aunque el ilustrado alavés denomine "pública", en realidad se halla más próxima a la idea de la "voz del pueblo" feijooniana, esto es, a la opinión de una mayoría puramente numérica de la que está ausente la razón, "opinión" que hasta los últimos años del siglo XVIII, como recuerda la doctrina[1112], se identificaba con los términos de "común", "popular" o "vulgar".

> "Sin la noble libertad de decir cada uno su parecer –aduce poco después el vasco– y oponerse al torrente de las ideas admitidas en nuestra educación intelectual todos nuestros conocimientos se mantendrán en un estado deplorable. Las escuelas de primeras letras se dirigirán como ahora por gentes sin talentos que no cuidan de imprimir en los corazones de cera de los jóvenes sólidas máximas de religión, horror a la indolencia, mucho pundonor, exactitud en el cumplimiento de las palabras, respeto a las leyes, amor a su Soberano, y aborrecimiento a la glotonería y embriaguez, como orígenes de las hambres y miseria que padecen por lo general muchas familias artesanas"[1113].

[1112] Ignacio FERNÁNDEZ SARASOLA: "Opinión pública y <libertades de expresión> en el constitucionalismo español (1726-1845)", en *Historia Constitucional* (revista electrónica), nº 7, 2006, pp. 159 y ss.; en concreto, p. 162. Puede verse en http://hc.rediris.es/07/index.html.

[1113] Valentín de FORONDA: "Disertación sobre la libertad de escribir", en *Escritos políticos y constitucionales, op. cit.*, pp. 101 y ss.; en concreto, p. 109.

Pero no sólo eso, sino que también el estudio de las diversas ciencias se resentirá sin esta libertad. Y para corroborarlo Foronda se va refiriendo a algunos de los errores que la ausencia de la libertad de escribir seguirá generando en las distintas ciencias: las aulas de gramática y humanidades continuarán fiadas, según el vasco, a "sujetos destitutidos de un gusto delicado, y cuya latinidad se parece más al lenguaje de los bárbaros que al idioma de Cicerón"; en la lógica se separarán de la sencillez del método de Condillac, y se continuará dictando amplios tratados del ente de razón, esto es, se seguirá prefiriendo la lógica escolástica; en la física, se mantendrá la falta de aprecio por Newton, Fontana y Franklin; en la metafísica, se continuará siguiendo a Aristóteles y despreciando a Locke; en la cirugía se continuará sustentando esa máxima bárbara de que el cirujano ha de ser cruel, y se ignorará a Petit, al igual que en la botánica se desconocerá la senda de los Linneo; en las leyes, "se malgastará el tiempo en saber las que tenían los Romanos, y no se instruirán de las del Reyno"; las criminales serán crueles y sanguinarias si se cierran los oidos a Beccaria o Filangieri; en fin, la historia natural se tendrá por un objeto inútil y se reirán al oir el nombre respetable de Buffon. En pocas palabras, el conocimiento tradicional seguirá imponiéndose al resultante de la Ilustración. Más aún, también la política, que Foronda define como "aquella ciencia profunda que sabe distribuir con equidad las cargas de un Estado, que conoce los resortes del comercio, de la industria, de la agricultura y los medios de hacer opulenta una Nación", "se mantendrá sobre un pie lamentable". En definitiva, para nuestro autor, "todo perecerá, todo se aniquilará ciertamente si los conciudadanos, semejantes a aquellas aves nocturnas a quienes les incomoda la luz, se arrojan con furia sobre aquellos mortales bienhechores que les brindan con luces incombinables con ojos acostumbrados a las tinieblas"[1114].

Tras todo lo dicho, Foronda se plantea un interrogante en el que más que formularse una pregunta lo que nos está haciendo es darnos una rotunda respuesta: "¿No se ve que cerrar obstinadamente el oido a la verdad sin mas fundamento que el que se opone a las ideas de nuestros abuelos es querer renunciar (a) la razón, solicitar cegarse voluntariamente y pretender ocuparse de quimeras?"[1115]. El ilustrado alavés termina manifestando su optimismo hacia el futuro, pues "a pesar de todos los esfuerzos de la tiranía", "la raza humana se ilustrará; las Naciones conocerán sus verdaderos intereses; una multitud de rayos esparcidos formarán algún día una masa inmensa de luz". En definitiva, para Foronda no hay duda, la luz se terminará imponiendo sobre las tinieblas. Con ello puede decirse que su discurso culmina con una apología de la Ilustración en triunfo.

En el "Prólogo" a la 3ª edición de sus *Cartas sobre los asuntos más exquisitos de la economía política y sobre las leyes criminales,* edición que se publicó en Pamplona en 1821, Foronda aún mostraba su asombro ante la evolución de los acontecimientos en torno a esta libertad, y, a la par, venía a dar a entender que su posición cuarenta años atrás era favorable a una total libertad de imprenta, y que si había excluído de ella lo relativo a "los dogmas de la religión católica" y a las "determinaciones del gobierno" lo había hecho en prevención a las actuaciones de la Inquisición:

[1114] *Ibidem,* p. 111.

[1115] "No nos opongamos, pues, –concluye Foronda su disertación (en *Ibidem,* p. 113)– a los que nos quieren desengañar de nuestros errores; demos pábulo a los que trabajan en instruirnos; dexémos a sus plumas libertad; levantemos monumentos literarios que depongan que hemos hecho mas que gravitar sobre la tierra; no fomentemos las censuras de la ignorancia; no protexamos los furores de la envidia; no temamos abrir los ojos para ver la luz, y mucho menos permitamos el que la ignorancia confunda a la sabiduría".

"Cuando escribía en 1780, sobre la libertad de imprenta –nos dice– y que presenté mi disertación a la Sociedad de Valladolid en el año 1786, qué distante no estaba de esperar la berificación (*sic*) de mis deseos; pero yo sembraba, y puse a mi campo un custodio, en un paréntesis que se puede quitar dando más rapidez al período, en vez de enervárselo; pero me cubría entonces en algún modo de los tiros de la inquisición y del gobierno: pues decía, que iva (*sic*) a probar que si no había libertad de escribir, y de decir cada uno su parecer, en todos los asuntos (a reserva de los dogmas de la religión católica y determinaciones del gobierno) todos nuestros conocimientos yacerían en un eterno olvido"[1116].

En 1811, ya después por tanto de haberse aprobado el Decreto sobre la libertad de imprenta, en un artículo publicado en *El Patriota Compostelano,* el vasco insistía acerca de la importancia de las libertades de expresión y de prensa, cuya negación hacía posible la pervivencia de los sistemas absolutistas. La limitación de estos derechos, diría Foronda, "no deja crecer el árbol de la vida social" e impide "que se puedan recoger sus preciosísimos frutos, cuyo alimento vigoriza, enriquece y hace felices a los estados"[1117].

IV. El ejemplo de Foronda, como el de Manuel Aguirre, al que nos referiremos más adelante, o el de otros varios, contribuye a mostrar que el pensamiento del despotismo ilustrado convivió con un despuntar progresivo de posiciones liberales que, como con toda razón sostiene Elorza[1118], invalida la imagen tradicional, forjada sobre la base de una monolítica moderación reformista en nuestros ilustrados. No muy distante de esa idea es la apreciación de Maravall[1119] de que entre el pensamiento de la Ilustración y el de la Revolución no hay una separación tajante que los incompatibilice entre sí, tesis que creemos perfectamente válida para nuestro país, donde la apertura a unas concepciones de orientación democrática se liga en alguna medida con el desenvolvimiento histórico del despotismo ilustrado. De esta manera, se pasa de una visión autocrática y transpersonalista de la potestad de gobierno político, a una justificación individualista y de base democrática, la cual nace y se desarrolla sobre presupuestos teóricos de la etapa precedente. Ello, claro está, no significa que podamos establecer un *continuum* entre uno y otro pensamiento. El liberalismo doceañista, en lo básico, será deudor del iusnaturalismo racionalista y del pensamiento revolucionario francés, pero no se puede negar su engarce con el pensamiento ilustrado[1120], aunque no faltará quien, como Jovellanos, se resista a

[1116] Valentín de FORONDA: *Cartas sobre los asuntos más exquisitos de la economía política..., op. cit.,* Prólogo, pp. XX-XXI (pp. 20-21 de la edición del Gobierno Vasco de 1994).

[1117] *El Patriota Compostelano,* nº 165, 14 de junio de 1811, pp. 679-680. Cit. por José Manuel BARRENECHEA: "Estudio Preliminar", *op. cit.,* p. LVIII.

[1118] Antonio ELORZA: *La ideología liberal en la Ilustración española, op. cit.,* p. 292.

[1119] José Antonio MARAVALL: "Cabarrús y las ideas de reforma política y social en el siglo XVIII". Estudio Preliminar a la obra del Conde de Cabarrús, *Cartas,* Madrid, Castellote Editor, 1973, pp. 11 y ss.; en concreto, pp. 12-13.

[1120] En una posición creemos que no muy lejana se sitúa Varela Suanzes-Carpegna cuando escribe, que el pensamiento de la Ilustración no influyó en el liberalismo doceañista más que en aquellos planteamientos extrapolíticos y extraconstitucionales. No obstante, la filosofía de la Ilustración, su concepción del mundo, se percibe indirectamente en la teoría constitucional de los liberales doceañistas. Joaquín VARELA SUANZES-CARPEGNA: *Política y Constitución en España (1808-1978),* Madrid, Centro de Estudios Políticos y Constitucionales, 2007, p. 60.

ver en la reforma política del siglo XIX, teñida ya de un impulsao romántico, la heredera del espíritu racionalista de reforma del siglo XVIII[1121].

En cualquier caso, lo que sí parece fuera de toda duda es que, al menos un cuarto de siglo antes del levantamiento de 1808, ya se pueden rastrear claros indicios del que habrá de ser el nuevo pensamiento revolucionario decimonónico. Un buen número de escritos de la década de los ochenta, a algunos de los cuales ya hemos tenido ocasión de aludir y comentar, confirma que en esos años la toma de conciencia pre-revolucionaria ya se hallaba ampliamente extendida. Y este dato no sólo lo corroboran los escritos; pensemos en las tertulias, como la de Quintana, radicalmente opuesta a Godoy y proclive al pensamiento enciclopedista y revolucionario francés, como corroboraría en sus *Recuerdos* Alcalá Galiano, quien, como ya señaláramos, aducía que la literatura madrileña estaba en 1806 casi dividida en dos bandos, a cuyo frente se situaban Leandro Fernández de Moratín y Manuel José Quintana, para añadir que en la tertulia del último militaban hombres cuyas "ideas eran las de los filósofos franceses del siglo XVIII, y las de la revolución del pueblo nuestro vecino"[1122].

F) Los *Discursos* de Campomanes: la importancia de la discusión para la acción de gobierno

I. Existe una amplísima convergencia doctrinal acerca del decisivo rol que entre los reformistas ilustrados va a desempeñar Pedro Rodríguez Campomanes, que algunos[1123] consideran la inteligencia más preclara del siglo XVIII español. Campomanes, señala Aguilar[1124], es el alma del movimiento reformista durante el reinado de Carlos III, con una ejecutoria personal impar hasta los sucesos revolucionarios de 1789, basada en sus indiscutibles méritos personales y en el constante esfuerzo de una vida consagrada íntegramente a la prosperidad y al progreso de España. Entre los patriotas ilustrados que hacia fines del siglo XVIII intentan despertar a España, Pedro Rodríguez Campomanes merece, según Desdevises du Dezert[1125], el primer lugar, tanto por la perfecta dignidad de su vida y la extensión de sus conocimientos como por la osadía de su espíritu y la originalidad de su estilo. También Sarrailh ha considerado al asturiano como "el mejor ejemplar de estos reformadores que quieren transformar el país gracias a una instrucción práctica y técnica,

[1121] Luis SÁNCHEZ AGESTA: *El pensamiento político del despotismo ilustrado, op. cit.*, p. 221.

[1122] Antonio ALCALÁ GALIANO: "Recuerdos de un anciano", en *Obras escogidas de D. Antonio Alcalá Galiano,* I (Biblioteca de Autores Españoles, tomo 83), Madrid, Ediciones Atlas, 1955, pp. 1 y ss.; en concreto, pp. 26-27.

[1123] Tal es el caso, por ejemplo, de Alejandro ALVARGONZÁLEZ DÍAZ TREACHER: "Relaciones entre dos ilustrados: Campomanes y Jovellanos", en Dolores Mateos Dorado (ed.), *Campomanes doscientos años después,* Oviedo, Instituto Feijoo de Estudios del Siglo XVIII, Universidad de Oviedo, 2003, pp. 737 y ss.; en concreto, p. 737.

[1124] F. AGUILAR PIÑAL: "Prólogo", en la obra de Pedro Rodríguez de Campomanes, *Discurso sobre la educación popular,* edición preparada por F. Aguilar Piñal, Madrid, Editora Nacional, 1978, pp. 7 y ss.; en concreto, p. 11.

[1125] G. DESDEVISES DU DEZERT: "Les Lettres Politico-Économiques de Campomanes", en *Revue Hispanique,* Vol. IV, 1897, pp. 240 y ss.; en concreto, p. 240. Es bien patente que en este trabajo el autor francés, en línea con lo que ya dijimos que aconteció en una determinada época con las *Cartas* de Arroyal, está atribuyendo a Campomanes la autoría de las mismas, pero ello no empece al rigor de algunas de las reflexiones que vierte sobre el conde de Campomanes.

y a un régimen económico liberal"[1126], viniendo a representar en la España de Carlos III la fuerza de ese "tremendo cuerpo de abogados" de que hablara León de Arroyal en sus *Cartas,* fuerza de la razón en definitiva que, entre otras muchas reformas, defendería la renovación de las enseñanzas en todas sus ramas y grados[1127]. Bien es verdad, y no le falta la razón en ello a Herr[1128], que el Fiscal asturiano no puede ser considerado un pensador sistemático, sino un alto consejero que trata cuestiones de Estado urgentes y a menudo conflictivas. Sus tres obras más conocidas, el *Tratado de la Regalía de Amortización,* el *Discurso sobre el fomento de la industria popular* y el *Discurso sobre la educación popular de los artesanos,* están dirigidas en lo básico a promover políticas específicas, no hallándose en ellas explícita una determinada filosofía política u ontológica.

Quizá convenga indicar ya desde este mismo momento que Campomanes no puede considerarse en sentido estricto un defensor de la libertad de imprenta, a diferencia, por ejemplo, de Arroyal o de Foronda; sin embargo, es perfectamente sustentable que su inequívoca opción en favor de la conveniencia de la crítica de la acción de gobierno presupone de algún modo esa libertad, como parece bastante obvio. En ese atisbo de libertad de discusión o de crítica que vamos a encontrar en su *Discurso sobre la educación popular,* nos parece ver la presencia del pensamiento de Feijoo, que, por lo demás, influiría sobremanera sobre Campomanes. Si a ello se unen algunos de los muy diversos posicionamientos de este hombre esencialmente polifacético, creemos encontrar bases suficientes como para que merezca ser objeto de un específico tratamiento en este trabajo.

Nacido en el pueblo asturiano de Santa Eulalia de Sorribas, Concejo de Tineo, en julio de 1723, en el seno de una familia hidalga de nivel medio, a los diecinueve años ya se había licenciado en Derecho por la Universidad de Salamanca; en 1746 abría su despacho de abogado en Madrid, ejerciendo la abogacía durante trece años. Con la llegada al trono en 1759 de Carlos III su ascensión fue realmente fulgurante: ministro del Consejo de Hacienda (1760); fiscal de lo civil del Consejo de Castilla (1762), cargo en el que permaneció a lo largo de veinte años, desempeñando una ingente actividad, y consejero de Estado (1791). Cuando tras el motín de Esquilache Carlos III encomiende el cargo de Gobernador del Consejo de Castilla al conde de Aranda, Campomanes, mucho menos brillante e impetuoso que el célebre capitán general, pero también más enérgico y muchísimo más instruido[1129], pasará a compartir sus ideas con aquél, al coincidir ambos en la conveniencia de que el poder real se mantuviera independiente de la autoridad eclesiástica. Bien es verdad que el Consejo fue el laboratorio donde germinó y se desarrolló el antagonismo entre Aranda y Campomanes, por cuyas manos pasaban todas las disposiciones reformistas del reinado de Carlos III, que propiciaron frecuentes choques entre el presidente y el fiscal, que veían el gobierno y la administración desde puntos de vista no sólo diferentes, sino a veces encontrados[1130]. Tras el cese en la presidencia del Consejo de Aranda, nombrado Embajador en París, en una suerte de dulce destierro, y la muerte de Manuel Ventura

[1126] Jean SARRAILH: *La España Ilustrada..., op. cit.,* p. 586.

[1127] Santos M. CORONAS GONZÁLEZ: "Estudio Preliminar", en Pedro Rodríguez Campomanes, *Inéditos Políticos,* Oviedo, Junta General del Principado de Asturias, 1996, pp. IX y ss.; en concreto, pp. XXIV-XXV.

[1128] Richard HERR: "Campomanes y la Ilustración", en Dolores Mateos Dorado (ed.), *Campomanes doscientos años después, op. cit.,* pp. 749 y ss.; en concreto, p. 749.

[1129] Jean SARRAILH: *La España Ilustrada..., op. cit.,* p. 586.

[1130] José Antonio FERRER BENIMELI: "Aranda y Campomanes: dos condes antagónicos", en Dolores Mateos Dorado (ed.), *Campomanes doscientos años después,* Oviedo, Instituto Feijoo de Estudios del Siglo XVIII, Universidad de Oviedo, 2003, pp. 387 y ss.; en concreto, pp. 392-393.

Figueroa y de quien a su vez le había sucedido durante unos meses, Campomanes fue nombrado Decano gobernador interino (1783-1789) y finalmente Gobernador del Consejo (1789-1791), lo que le convertía en la segunda persona en dignidad del reino. Entre 1791 y 1802, año de su muerte, Campomanes fue consejero de Estado.

A los mencionados cargos públicos se ha de añadir el significativo dato de que en plena juventud fue nombrado miembro de muy diversas Academias. A los veinticinco años, como consecuencia de la publicación de sus *Disertaciones,* era elegido miembro de la Real Academia de la Historia, de la que llegaría a ser su director entre 1764 y 1791. En 1763 accedió a la Real Academia de la Lengua. También la Sociedad Filosófica de Filadelfia lo honró designándole miembro correspondiente, recibiendo la noticia de tal distinción a través de una carta del propio Benjamin Franklin, el gran filósofo, físico y político norteamericano, lo que da cumplida idea de su prestigio intelectual[1131]. En fin, en 1780, en reconocimiento de sus servicios, Carlos III le ennobleció, nombrándole conde de Campomanes.

Como jurista no cabe duda de que el de Tineo se formó en el ámbito de la poderosa corriente del iusnaturalismo racionalista de Arnold Vinnius (Vinnio, 1588-1657) y sobre todo de Johann Gottlieb Heinecke (Heinecio, 1681-1741), cuyas síntesis jurídicas, como recuerda Pérez-Prendes[1132], protagonizaron la vida de las escuelas de Derecho desde 1725-1727, al menos con la aparición de los *Elementa iuris civilis* según las *Instituciones* y los *Digestos* de Justiniano. Con ese bagaje intelectual Campomanes tendría que asumir la tarea de realizar su concepto de Estado, a base de aplicar medidas de tipo casuístico ante los problemas que le irían surgiendo entre 1762, en que accedería al cargo de Fiscal del Consejo de Castilla, y 1791, en que cesaría en su cargo de Gobernador del propio Consejo.

Suárez Fernández ha compendiado la ingente tarea llevada a cabo por Campomanes, señalando que, a través de ella, iba a fortalecer las dimensiones y estructuras de la Monarquía, no para hacer de ella un poder personal arbitrario, sino para que, abarcando todo el abanico institucional, pudiera conferir a la sociedad una mayor libertad racional, aquella que conduce a lo que llamamos "el bien común"[1133]. El modelo político de Campomanes, se ha dicho asimismo[1134], consistía en una Monarquía "absoluta" en el sentido de "libre por su propia esencia"; esa "liberación" implicaba actuar como una Monarquía "desreligificada" precisamente para conseguir emanciparse de las decisivas fuerzas religiosas que, a fin de cuentas, se encontrarían siempre como gobernantes en la cúspide del Estado, pese a ser agentes exteriores a él. Ese carácter "absoluto" entrañaba asimismo la liberación de la Monarquía de las fuerzas internas que trataban de arrebatarle competencias en beneficio de segmentos sociales celosos ante todo de su propio poder en cuanto grupo. Campomanes fue, en definitiva, un ilustrado en el más pleno sentido de la palabra, un intelectual que

[1131] A ello se referiría Juan SEMPERE Y GUARINOS: *Ensayo de una biblioteca española de los mejores escritores del reynado de Carlos III,* 6 tomos, Madrid, Imprenta Real, 1785-1789; en particular, tomo II, p. 107. Manejamos la edición facsímil en 3 tomos del año 1997, hecha en Salamanca por la Junta de Castilla y León, Consejería de Educación y Cultura.

[1132] José Manuel PÉREZ-PRENDES MUÑOZ-ARRACO: "Campomanes y la idea de Estado: ocho hipótesis", en Julio A. Fernández Lamuño y otros autores, *Campomanes, vida, obra y época,* Oviedo, Real Instituto de Estudios Asturianos, Principado de Asturias, 2004, pp. 109 y ss.; en concreto, p. 112.

[1133] Luis SUÁREZ FERNÁNDEZ: "Los precedentes de las Cortes. Jovellanos en relación con Campomanes: la racionalidad de la Ilustración española", en *Cortes y Constitución de Cádiz 200 años,* dirección de José Antonio Escudero, Madrid, Espasa, 2011, tomo I, pp. 54 y ss.; en concreto, p. 64.

[1134] José Manuel PÉREZ-PRENDES MUÑOZ-ARRACO: "Campomanes y la idea de Estado: Ocho hipótesis", *op. cit.,* p. 116.

siempre intentó dejarse guiar por las luces de su siglo, entre otras razones, para tratar de superar los muchos errores cometidos en nuestro país en tiempos pasados. Como hombre de gran erudición, nunca abandonó los estudios históricos y filosóficos que inició en sus años jóvenes. Entre los muchos temas que suscitaron su interés, pueden recordarse: su preocupación por limitar el incremento de las propiedades eclesiásticas, su pretensión de liberalizar el mercado de granos, su intención de distribuir las tierras comunales entre los campesinos modestos, su pretensión de establecer las colonias agrícolas, de fomentar la participación de las mujeres en los distintos oficios..., todos ellos dirigidos a mejorar el bienestar de la sociedad, pero también a aumentar los ingresos de la Corona[1135]. En fin, en Campomanes creemos que se da uno de esos casos poco frecuentes en que el intelectual y el político se armonizan en síntesis casi perfecta.

Particular importancia en el pensamiento reformista de corte liberal de la época van a tener los *Discursos* de Campomanes. Cabe decir a título previo, que las "memorias" y "discursos" dieron origen a finales del siglo XVIII a una forma especial de prosa, que Glendinning[1136] identifica como la discusión apasionada, que los aparta de los teorizantes del siglo XVII como Navarrete o Fernán Núñez. Jovellanos y Forner pueden servir como ejemplos de esta dirección , el primero en su *Informe sobre la Ley agraria,* el segundo, en su *Discurso sobre el amor de la patria* (1794). Pero también Campomanes puede insertarse en la misma.

II. La visión reformista del de Tineo se va a manifestar de modo muy señalado en el plano económico. El punto de partida de su pensamiento económico ha de residenciarse en la gran confianza mostrada por el asturiano en la economía política, en la difusión de los estudios económicos, para conseguir la prosperidad de un país[1137]. Nuestro personaje insistirá una y otra vez en que el conocimiento de la economía era una condición previa para conseguir la prosperidad de un país. Campomanes se halla bastante influido por los fisiócratas, particularmente por Quesnay, Turgot y Necker, a los que Desdevises du Dezert cree[1138] que debe sus ideas sobre la riqueza pública. Sea como fuere, lo cierto es que a lo largo de su vida tendrá la oportunidad de proponer en numerosas ocasiones un conjunto muy diverso de reformas encaminadas justamente a propiciar el progreso económico del país. Su defensa de la libertad de comercio y de los productos agrícolas se expuso brillantemente en el dictamen que en su condición de fiscal presentó ante el Consejo de Hacienda, *Respuesta fiscal sobre abolir la tasa y establecer el comercio de grano* (1764), dictamen que hizo suyo el citado Consejo. Es conocido asimismo su ataque a los gremios, en cuanto generadores de unas disfuncionales barreras a la libre competencia, lo que se traducía en un freno para el desarrollo. Resultantes de sus informes serían, como recuerda Suárez Fernández[1139], las cuatro Ordenanzas dictadas por Carlos III (en los años 1777, 1779, 1783 y 1784) que, sin eliminar el enorme poder que habían alcanzado los gremios madrileños, introducían nuevas posibilidades en la libertad de actuación. Leyendo

---

[1135] Richard HERR: "Campomanes y la Ilustración", *op. cit.,* p. 750.

[1136] Nigel GLENDINNING: *Historia de la Literatura española. El siglo XVIII, op. cit.,* p. 93.

[1137] Vicent LLOMBART: "Campomanes, ¿economista a la moda del tiempo?", en Dolores Mateos Dorado (ed.), *Campomanes doscientos años después, op. cit.,* pp. 455 y ss.; en concreto, p. 465.

[1138] G. DESDEVISES DU DEZERT: "Les Lettres politico-économiques...", *op. cit.,* p. 260.

[1139] Luis SUÁREZ FERNÁNDEZ: "Los precedentes de las Cortes. Jovellanos en relación con Campomanes...", *op. cit.,* p. 69.

las ideas económicas de Campomanes, según Rodríguez Aranda[1140], se comprende su posición política, ya que si por necesidades prácticas tuvo que mostrarse en ocasiones absolutista, en cambio, a la vista de las medidas por las que aboga, nos marca el tránsito de una economía rígida, autoritaria, a la economía liberal. A partir de Campomanes, y hasta al menos la Revolución de 1808, libertad política y libertad de comercio serán conceptos sinónimos.

Es sobradamente conocida la inequívoca opción del asturiano en favor de la supresión de las "manos muertas" y las vinculaciones, declarándolas a extinguir. En esta materia, su aportación a la ciencia histórico-jurídica respecto del poder regio en relación con la propiedad inmobiliaria residenciada en las "manos muertas" iba a ser notablemente importante. Con la expresión "manos muertas", proveniente, como recuerda la doctrina[1141], de las fuentes jurídicas longobardas, se designaba en el Derecho germánico al individuo jurídicamente incapaz, o al menos con capacidad restringida, en cuanto estaba indisolublemente ligado a la tierra y no podía enajenar sus bienes ni disponer de los mismos por testamento más que dentro de ciertos límites. A partir de entonces se denominaron "hombres de mano muerta" aquellos individuos que formaban las corporaciones y comunidades, especialmente religiosas, en cuanto, al entrar a formar parte de una congregación o de un colegio, se despojaban de sus derechos y se convertían personalmente en incapaces. Las corporaciones religiosas comenzaron a llamarse posteriormente con este nombre, dado que se componían de aquéllos, y puesto que estas comunidades no morían, sino sólo los individuos que las integraban, dicha denominación se extendió por analogía a los entes e instituciones que sobrevivían a la muerte de sus miembros. En este ámbito, Campomanes fue un señalado partidario de restringir los privilegios del clero y de la nobleza[1142].

Las ideas reformistas del asturiano no se iban, sin embargo, a limitar a esa reforma. En efecto, en el programa ilustrado de modernización, tan vigorosamente impulsado por Campomanes, hay una gran diversidad de ideas que van desde la libertad económica hasta la racionalización de la Hacienda, desde la modernización de la agricultura hasta la de la Administración[1143]. Pero quizá por encima de todas ellas haya que señalar la relevancia que iba a atribuir a la educación y su inequívoca opción en favor de la reforma de la enseñanza. El asturiano intervino de manera muy activa en la creación de las llamadas "escuelas populares", en las que se ha visto la persecución de una triple finalidad[1144]: la formación moral y religiosa, la felicidad colectiva e individual y la formación de una mano de obra cualificada, esto es, la formación técnica y económica.

[1140] Luis RODRÍGUEZ ARANDA: *El desarrollo de la razón en la cultura española, op. cit.*, pp. 238 y 237.

[1141] Justo GARCÍA SÁNCHEZ: "El Tratado de la Regalía de Amortización", en *Campomanes en su II Centenario,* Gonzalo Anes y Álvarez de Castrillón (Coordinador), Madrid, Real Academia de la Historia, 2003, pp. 251 y ss.; en concreto, p. 257.

[1142] "Les privilèges –escribe Desdevises du Dezert– ont trouvé dans Campomanes un redoutable adversaire. Le clergé lui paraissant plus dangereux que la noblesse, c´est surtout à lui qu´il s´est attaqué". G. DESDEVISES DU DEZERT: "Les Lettres politico-économiques de Campomanes", *op. cit.*, p. 241.

[1143] Manuel Jesús GONZÁLEZ Y GONZÁLEZ: "El Conde de Campomanes ante la modernización del Antiguo Régimen", en *Campomanes en su II Centenario,* Gonzalo Anes y Álvarez de Castrillón (Coordinador), Madrid, Real Academia de la Historia, 2003, pp. 175 y ss.; en concreto, p. 178.

[1144] Olegario NEGRÍN FAJARDO: "La reforma ilustrada de la educación popular al servicio del desarrollo económico en Campomanes", en Dolores Mateos Dorado (ed.), *Campomanes doscientos años después, op. cit.*, pp. 529 y ss.; en concreto, p. 537.

La publicación del *Discurso sobre el fomento de la industria popular* en 1774, discurso que fue encargado por el Rey y por el Consejo de Castilla, y en el que, según puede apreciarse, recoge algunas ideas del abate de la Gándara[1145], significó un hito singular en la historia del pensamiento económico de España. La ayuda de fondos públicos permitió una excepcional tirada de 30.000 ejemplares, que en parte se distribuyó entre las distintas autoridades, civiles, militares y eclesiásticas. Es difícil encontrar texto alguno de tono ilustrado o liberal hasta cerca de la mitad del siglo XIX en que este *Discurso* de Campomanes no sea citado elogiosamente.

El Fiscal del Consejo se esforzó por fomentar el desarrollo de los oficios, elevando su rango en la consideración social e intentando borrar la distinción entre los usuarios del título de "don" que practicaban las artes liberales y el simple trabajador de un taller de tejer. Junto a ello, se ha considerado una constante del Fiscal su defensa de los labradores modestos[1146]. Apelando a la justicia o a la equidad, los defendió frente a los propietarios nobles, eclesiásticos o del estado llano; frente a los acaparadores de tierras arrendables o frente a los ganaderos. La visión del desarrollo económico sustentada por nuestro personaje en el mencionado *Discurso,* y su enorme admiración por la Sociedad Bascongada de Amigos del País, le condujo asimismo a propiciar el establecimiento de Sociedades Económicas, instituciones que iban a surgir en buen número. Como recuerda Gonzalo Anes, al *Discurso sobre el fomento de la industria popular* se atribuye el mérito, entre otros varios, de haber dado impulso a la fundación de un gran número de Sociedades Económicas, sin ir más lejos desencadenó que los ilustrados de Guipúzcoa se erigieran en Amigos del País[1147]. El propio Campomanes tendrá el protagonismo decisivo en la creación de la Sociedad Económica Matritense de Amigos del País. Estas instituciones estaban a llamadas a cumplir unos fines de gran relevancia en el pensamiento ilustrado, desde convertirse en escuelas de economía, difundiendo los conocimientos útiles, hasta operar como instrumentos de apoyo de la estrategia económica gubernamental.

En 1765 la Imprenta Real publicaba una importante obra anónima, el *Tratado de la regalía de amortización,* obra que se ha considerado una de sus aportaciones fundamentales a la modernización del pensamiento político español[1148], a la que seguirían sendos *Discursos* sobre el Patronato Real y sobre el pase regio o *Exequatur.* Floridablanca y Campomanes habían sostenido como propia una posición inequívocamente regalista, encaminada a garantizar el predominio del Estado sobre la Iglesia, en perfecta armonía con el regalismo político que iba a inspirar el reinado de Carlos III. Ello podía propiciar alguna duda acerca de la autoría de ese *Tratado.* Sin embargo, la realidad nos situaba ante el hecho de que era un secreto a voces que el autor de esa obra no podía ser otro que el fiscal del Consejo de Castilla Pedro Rodríguez Campomanes. Regalista furibundo y radical, en contraste con el regalismo mucho más ponderado y moderado de Floridablanca, su trabajo tenía por objeto refutar la pretensión de la Iglesia de poder acaparar bienes raíces sin limitación, bienes que iban a unas manos muertas, con lo que tal situación

[1145] En tal sentido, Jacinta MACÍAS DELGADO: "Estudio Preliminar", *op. cit.,* p. CXXXI.

[1146] Concepción de CASTRO: "Campomanes: Estado y reforma social", en Dolores Mateos Dorado (ed.), *Campomanes doscientos años después, op. cit.,* pp. 599 y ss.; en concreto, p. 608.

[1147] Gonzalo ANES: "Prólogo", en la obra del Conde de Campomanes, *El fomento de la industria popular. La educación popular de los artesanos,* Oviedo, Grupo Editorial Asturiano, 1991, pp. 7 y ss.; en concreto, p. 7.

[1148] Santos M. CORONAS GONZÁLEZ: "Campomanes: abogado y fiscal del Consejo de Castilla", en Dolores Mateos Dorado (ed.), *Campomanes doscientos años después, op. cit.,* pp. 183 y ss.; en concreto, p. 193.

tenía de disfuncional para la economía del país. Innecesario es decir que ello sería causa suficiente para que ese monstruo arbitrario y despótico que era la Inquisición procediera a investigarlo. Más aún, se ha especulado que Pablo de Olavide fue objeto de su autillo porque el Santo Oficio no pudo inculpar, como hubiera querido, ni a Campomanes, ni a Aranda[1149]. El *Tratado* de Campomanes marcará la dirección a seguir en la materia por la política real, si bien la doctrina propuesta en él habrá de esperar al siglo XIX para su puesta en práctica. Por lo demás, se puede añadir que la posición regalista del asturiano no era nada extraña; todo lo contrario, pues como constata Sarrailh[1150], la minoría selecta española es tan "regalista" como el Rey. Y en cuanto al monarca, innecesario es decir que no sólo pretendía que se respetara su preeminencia, sino también dirigir hacia el tesoro real las enormes sumas que iban hacia Roma.

Tampoco la Inquisición escapó al intento de reforma, incluso supresión, de Campomanes. Éste, en unión del fiscal de lo criminal, don José Moñino, más adelante conde de Floridablanca, en su condición de fiscales del Consejo de Castilla, iban a elaborar una Memoria, fechada el 3 de marzo de 1768, en la que se señalaba el ultramontanismo del Santo Oficio mientras estuvo en manos de los jesuitas, concluyendo: "En el día, los tribunales de inquisición componen el cuerpo más fanático a favor de los regulares expulsos de la Compañía de Jesús; que tienen total conexión con ellos en sus máximas y doctrinas, y, en fin, que necesitan reformación"[1151]. Entre esas reformas, se proponía al Rey limitar los poderes y funciones de la Inquisición, haciendo que la justicia eclesiástica volviera al punto de partida, es decir, que se convirtiera en una jurisdicción sobre asuntos internos de la propia Iglesia con sentencias puramente penitenciales, por utilizar los términos de Suárez Fernández[1152], en las que nada tuviera que ver el Estado. Paralelamente se debía conseguir que la autoridad de los obispos se limitara a cuestiones pastorales. No ha de extrañar por lo mismo que Llorente, como ya se ha dicho, el más relevante historiador de la Inquisición, vea un conato de supresión de la misma en los años 1768 y 1769 (además ya de en el año 1767), de resultas de la instrucción que Carlos III recibió del Consejo extraordinario de obispos "sobre jesuitas y cosas análogas", y de los grandes hombres que tuvo a su lado, cuales fueron el marqués de Roda, el conde de Aranda, el de Floridablanca y el de Campomanes[1153].

III. En el ámbito más estrictamente político, Campomanes considera que el mal del país está en lo que él denomina su "constitución política", y que ésta es la que hay que reformar. El asturiano llama "constitución política" a lo que nosotros identificaríamos más bien con el nombre de estructura social. Así, en su *Discurso sobre el fomento de la industria popular,* refiriéndose a Andalucía, el autor escribe: "(H)allándose en pocas

[1149] Por poner un ejemplo, para Abellán, cuando en 1778 Pablo de Olavide es delatado a la Inquisición y se promueve un auto de fe contra él, que de algún modo iba dirigido contra todos los ilustrados innovadores, según nos ha transmitido Llorente, "no se atrevieron los inquisidores a prender a Campomanes y se contentaron con hablarle al corazón por los medios indirectos de convidarle al auto de fe de Olavide". José Luis ABELLÁN: *Historia crítica del pensamiento español, op. cit.,* tomo III, pp. 556-557.

[1150] Jean SARRAILH: *La España Ilustrada..., op. cit.,* p. 591.

[1151] *Apud* Richard HERR: *España y la Revolución..., op. cit.,* p. 23.

[1152] Luis SUÁREZ FERNÁNDEZ: "Campomanes: la racionalización de la Ilustración", en *Campomanes en su II Centenario, op. cit.,* pp. 161 y ss.; en concreto, p. 168.

[1153] Juan Antonio LLORENTE: *Historia crítica de la Inquisición en España,* tomo IV, Madrid, Libros Hiperión, 1980, pp. 117-118.

manos estancada la agricultura, sus habitantes por lo común son unos meros jornaleros, que sólo tienen ocupación precaria a temporadas y en el resto del año gimen en la miseria, sumergidos en la inacción (....). Ciudades y pueblos viven a expensas de la caridad de los eclesiásticos y de otras personas, llenos de una lastimosa escasez que no corresponde a la feracidad del suelo y que no depende, seguramente, de pereza de los naturales, sino de la constitución política". En un momento algo posterior, el conde de Campomanes escribe que "(h)ay provincias reducidas a la labranza y a alguna cría de ganados, que no emplean toda su gente. Y mientras quedan habitadores desocupados en un país es defectuosa e imperfecta su constitución"[1154]. Para hacer frente a las reformas estructurales ineludibles para cambiar esa "constitución", Campomanes cree que hace falta un poder despótico, entendiendo por tal un poder que pueda disponer libremente sobre las estructuras asentadas en el Derecho privado, a fin de que pueda vencer todas las resistencias. En sus *Reflexiones sobre la política exterior*, escritas en mayo de 1792, el fiscal del Consejo de Castilla muestra claramente su opción política cuando contrapone el modelo constitucional francés al inglés. Estas son algunas de sus reflexiones:

> "La conducta de la nación francesa esencialmente se ha dirigido a establecer un gobierno democrático o popular, disminuyendo considerablemente el poder legítimo de la autoridad real. El fundamento sobre que se ha erigido la nueva Constitución (se refiere Campomanes a la Constitución francesa de 1791) es el abuso de la libertad atribuida al hombre, cuyo principio vicioso aniquila el apoyo de las sociedades establecidas dexando al pueblo el arbitrio indefinido de destruir mañana lo que hoy se establece y así sucesivamente".
>
> Unos párrafos más adelante, y ya en referencia a Inglaterra, puede leerse: "En la formación de las leyes han guardado los ingleses la precaución de conservar las antiguas; declarar éstas quando lo necesitan y establecer las nuevas según las cosas lo pidan. Por este orden prudente y sucesivo han ido mejorando su Constitución, guardando al rey el decoro y autoridad necesaria para evitar la anarquía, tomando las disposiciones nuevas que exige la ocurrencia de las cosas..." [1155].

Campomanes deja bastante clara su opción preferencial, censurando lo que tilda de abuso de libertad francés. No cabe duda tampoco acerca de su preferencia por la reforma acompasada de los ingleses frente a los cambios bruscos de Francia.

Las licencias administrativas para la impresión de libros no iban a quedar al margen del pronunciamiento de Campomanes; bien al contrario, en sus *Observaciones sobre lo que conviene arreglar para el exacto cumplimiento de las leyes del Reino acerca de las licencias de imprimir*, el fiscal, tras exponer la necesidad de elaborar una nueva Instrucción para los censores, destacando la importancia de editar libros sabios y provechosos, salió en defensa de las competencias del Consejo de Castilla, pidiendo la restitución plena de sus antiguas atribuciones en materia de licencias para imprimir libros[1156].

[1154] Conde de CAMPOMANES: *Discurso sobre el fomento de la industria popular (1774). Discurso sobre la educación popular de los artesanos y su fomento (1775)*, prólogo de Gonzalo Anes, Oviedo, Grupo Editorial Asturiano (GEA), 1991, pp. 53 y 57, respectivamente.

[1155] Pedro RODRÍGUEZ CAMPOMANES: "Reflexiones sobre la política exterior", en la obra recopilatoria de trabajos del propio autor, *Inéditos Políticos*, Oviedo, Junta General del Principado de Asturias, 1996, pp. 157 y ss.; el texto transcrito, en pp. 163 y 165-166.

[1156] Santos M. CORONAS GONZÁLEZ: "Estudio Preliminar", *op. cit.*, p. XXXIV.

A este respecto se ha dicho, no sin alguna razón, que Campomanes era tan autoritario como todo el despotismo ilustrado español o europeo. Este autoritarismo no se iba a manifestar sólo en la preocupación prioritaria por el orden público y en la represión inmediata de toda alteración del mismo, sino también en el control civil sobre la expresión de las ideas. Y aunque se reconocen las medidas adoptadas en los inicios del reinado de Carlos III con el fin de impulsar el arte de imprimir, se pone de relieve que la censura previa del Consejo de Castilla, paso obligado para obtener una licencia de impresión, sigue teniendo la misma finalidad que en el siglo XVI: la defensa de la religión católica en toda su pureza, la de la moralidad de las costumbres y la de las regalías en toda su integridad[1157]. Pero siendo esto formalmente cierto, la responsabilidad de ello no se puede atribuir sin más a Campomanes. Para el asturiano, en coherencia con lo anteriormente expuesto, era importante la sumisión del Juez de Imprentas al Consejo, y aunque tratara de impulsar la imprenta y las publicaciones, nunca, se dice[1158], se planteó la censura civil del Consejo como algo perjudicial, entre otras razones, porque el absolutismo no podía prescindir de la censura. No terminamos de compartir esta interpretación. No vamos a decir que Campomanes abogó abiertamente por la supresión de la censura, pero, como vamos a abordar de inmediato, en su *Discurso sobre la educación popular* encontramos atisbos que, cuando menos, nos llevan a poner en cuestión las afirmaciones precedentes.

IV. En 1775, como ya se ha dicho antes, Campomanes publicaba su bien famoso *Discurso sobre la educación popular de los artesanos y su fomento*[1159]. Este texto puede perfectamente encontrar su complemento en el ya mencionado *Discurso sobre el fomento de la industria popular*, muy próximo además en el tiempo al anterior, aunque el *Discurso sobre la educación popular* se ha venido considerando una obra de mayor alcance intelectual que la que le precede en tan sólo un año. En ambos discursos encontramos observaciones e ideas convergentes. El de Tineo, que conocía bien las miserias del mundo de los trabajadores y de los campesinos, iba a postular la necesidad de que unos y otros supieran leer, escribir y contar, lo que, entre otras ventajas, les libraría de la sujeción a los escribanos públicos, popularmente llamados "plumistas". Para nuestro autor, "las costumbres, por medio de una buena educación, son las que mantienen pujantes los Estados. Hay superfluidades vanas y ridículas, que merecen advertencia: mas nunca las providencias han de extinguir las artes, porque una vez perdidas, no se vuelven a recobrar"[1160].

Ya en el primero de los dos Discursos, el relativo al fomento de la industria popular, el asturiano había abordado la necesidad de un cambio en el planteamiento tradicional de la educación, dándole un carácter más científico[1161]; a tal efecto responde el siguiente pasaje:

[1157] Concepción de CASTRO: *Campomanes. Estado y reformismo ilustrado,* Madrid, Alianza Editorial, 1996, pp. 251-252.

[1158] *Ibidem,* p. 254.

[1159] Pedro RODRÍGUEZ CAMPOMANES: *Discurso sobre la educación popular de los artesanos y su fomento,* Madrid, Imprenta de D. Antonio de Sancha, 1775.

[1160] *Ibidem,* p. 340.

[1161] Campomanes, como recuerda Desdevises du Dezert, inspiró el plan de estudios de los *Reales Estudios* de Madrid, introduciendo en dicho plan las matemáticas, la física, la química, las lenguas vivas y la historia natural. G. DESDEVISES DU DEZERT: "Les Lettres politico-économiques...", *op. cit.,* p. 242.

"Columela[1162] reparaba en que la agricultura carecía de escuela, y lo mismo debe decirse de los oficios. Siglos han pasado desde entonces sin que nadie creyese que tales industrias necesitaban sólida enseñanza y auxilios no vulgares. Toda la atención se ha llevado al estudio de las especulaciones abstractas, y aun en éstas ha habido la desgracia de que en las materias de ningún uso y vanas haya solido ponerse más ahinco que en los conocimientos sólidos y usuales. Así lo reparó Petronio en tiempo de los Césares.

Nuestra edad, más instruida, ha mejorado las ciencias y los hombres públicos no se desdeñan de extender sus indagaciones sobre los medios de hacer más feliz la condición del pueblo sobre cuyos hombros descansa todo el peso del Estado.

Las gentes de letras tienen en la República el encargo que en las tropas los Oficiales. ¿Mas a qué provecho pagar éstos si no se cuidase de tener disciplinado Ejército a que aplicar sus experiencias y talentos militares?"[1163].

En el *Discurso sobre la educación popular de los artesanos y su fomento,* Campomanes lleva a cabo un canto a la necesidad del respeto e intercambio con los extranjeros. "Todos los hombres –escribe[1164]– nos necesitamos, y tememos recíprocamente. Así el despreciarlos (a los extranjeros), es falta de conocimiento político de las naciones". Y unas líneas después nos dice: "El verdadero estrangero (*sic*) en su patria es el ocioso, y una pesada carga: tanto más insoportable, a medida que es mayor el número de los inútiles"[1165].

Será en este mismo *Discurso* donde Campomanes admita la relevancia de la libertad de crítica para la acción de gobierno. En el propio texto del *Discurso* ya encontramos una alusión a la crítica reflexiva, con la que se debe moderar y templar la aprobación de unas ordenanzas. Esta es, según el asturiano, la mayor obligación y cargo de un Fiscal del Consejo[1166]. Será, sin embargo, en la parte primera del *Apéndice a la educación popular,* donde Campomanes desarrolle la cuestión con cierto detenimiento[1167]. Dado el interés del tema transcribiremos con algún detalle las reflexiones del Campomanes. Es al hilo de la reflexión que subsigue, en la que el de Tineo reivindica el conocimiento y castigo de las mentiras para alcanzar el camino de la verdad, como Campomanes reenvia a una nota a pie de página en la que se hace eco elogiosamente, a modo de ejemplo a seguir, de lo que al respecto hacen ingleses y franceses.

"Señor: –escribe el fiscal del Consejo– el único remedio para lograr el mayor acierto es: haber hallado un modo fácil para que se sepa el engaño de qualquier persona, que dixere mentira en todas materias de gobierno, en todos los reynos, y señoríos. Si las mentiras se saben y castigan, por fuerza todos tratarán verdad. Por este camino de verdad alcanzará

[1162] Lucius Iunius Moderatus Columella fue un escritor latino del siglo I, nacido en Cádiz. Tras dedicarse al ejercicio de las armas se retiró a Italia donde pasó a ocuparse del cultivo de las tierras que había adquirido y a la lectura de los autores clásicos. Sus estudios sobre el campo se reflejaron en su obra en doce volúmenes *Sobre la agricultura*.

[1163] Conde de CAMPOMANES: *Discurso sobre el fomento de la industria popular (1774)..., op. cit.*, edición del Grupo Editorial Asturiano, p. 24.

[1164] Pedro RODRÍGUEZ CAMPOMANES: *Discurso sobre la educación popular de los artesanos y su fomento,* Madrid, Imprenta de D. Antonio de Sancha, 1775, p. 19.

[1165] *Ibidem,* p. 20.

[1166] *Ibidem,* p. 327.

[1167] Pedro RODRÍGUEZ CAMPOMANES: *Apéndice a la educación popular. Parte primera* (que contiene las reflexiones conducentes a entender el origen de la decadencia de los oficios y artes en España, durante el siglo pasado; según lo demostraron los escritores coetáneos, que se reimprimen en este apéndice o cuyos pasages se dan a la letra), Madrid, Imprenta de D. Antonio de Sancha, 1775.

a V. M. y a todos sus ministros el don de consejo"[1168]. Y es justamente aquí donde el texto reenvía a una nota a pie de página (la nº 82), en la que puede leerse lo siguiente:

> "Entre los Ingleses y Franceses, todos los hechos tocantes al aumento o decadencia de los ramos de agricultura, de artes, de navegación... etc. se escriben en los papeles públicos y periódicos.
>
> Se examinan pro y contra las razones, y a fuerza de discusión se deshacen los supuestos falsos; se realizan los hipotéticos; se destruyen las vulgaridades, contrarias al bien general; y se aplauden o critican los escritos según su mérito.
>
> De esta presencia de hechos y comunicación de reflexiones, resulta la verdad; y nadie se equivoca en lo que conviene al común para aumentar su población y prosperidad.
>
> Decía muy bien Osorio, que sin apurar la verdad de los hechos, y de las reflexiones, no puede resolverse con acierto; cuyo complexo de combinaciones en un letrado, u hombre público, es lo que él llama con razón <don de consejo>.
>
> La educación y los buenos estudios ilustran una nación. El espíritu de escuela y del partido combaten toda innovación, como perjudicial a sus particulares intereses. El incauto no repara en que este perjuicio sólo tiene respecto a los que causan el daño, y que debe prevalecer el bien común.
>
> Podría proponer un gran número de tales problemas sostenidos por el interés particular, contra el bien común. Mientras el público no esté instruido, mal puede tomarse partido seguro, ni libertarse la nación de los perjuicios que la atrasan, y hacen titubear en el medio que la conviene adoptar en muchos expedientes gubernativos, que influyen en el bien general. De todo deduzco, que la ignorancia es la que causa el daño; porque el interés de pocos mantiene en obscuridad los hechos, que deberían iluminar a muchos. Esto es lo que yo entiendo hablando por la verdad, y por el bien de todos.
>
> La inestabilidad y la contrariedad de los dictámenes y determinaciones, es una consecuencia de subsistir en España, como problemas, las verdades; cuyo conocimiento nos importa tener de antemano, para acertar en el partido que corresponde elegir en cada caso, sin caer en el error. Este es el medio de desterrar las mentiras, y de que los oyentes penetren los fines"[1169].

Los párrafos transcritos creemos que son harto significativos. Campomanes censura la ignorancia como causa del daño que entraña que el interés de unos pocos pueda prevalecer sobre el interés general. Y frente a la obscuridad reivindica las luces, que no sólo han de venir de la educación, sino también del debate y de la discusión, que pueden encontrar en los papeles públicos, pero también en los periódicos, su sede idónea, como acontece en Inglaterra y en Francia. La discusión, el aplauso o la crítica en función del mérito de cada posición, contribuye decisivamente a arrojar luz sobre todos, y el resultado de todo ello es la verdad, lo que es tanto como decir, el bien general. ¿Qué otra cosa supone esto sino una defensa de la libertad de expresión del pensamiento en la prensa? En sus reflexiones Campomanes se está adscribiendo a una posición proclive a la libertad de discusión y de crítica, particularmente relevante en los asuntos de gobierno, que a todos afectan. En similar dirección, Sánchez Agesta señaló tiempo atrás, que Campomanes, tan autoritario y dogmático, estaba sugiriendo la importancia de la crítica para la acción de gobierno[1170].

[1168] *Ibidem,* p. 413.

[1169] *Ibidem,* pp. 414-415.

[1170] Luis SÁNCHEZ AGESTA: *El pensamiento político..., op. cit.,* p. 230.

La minoría ilustrada, no precisamente muy atenta a la "voz del pueblo", parecía estar admitiendo esta libertad de crítica, y qué duda puede caber de que en ella se hallaba implícita la libertad de imprenta, si bien no es menos cierto que la prevención con la que Campomanes miraba los abusos de la libertad cometidos en Francia contribuyen a no despejar del todo su posición al respecto. En todo caso, según Anes[1171], en 1798, el viejo conde de Campomanes, de quien suele decirse que era reaccionario en los últimos años de su vida, seguía fiel a sus ideas propicias a difundir en el Reino la actitud crítica.

G) La postulación de la libertad de las luces por el conde de Cabarrús

I. El pensamiento de Francisco Cabarrús (1752-1810), al que ya hemos hecho alguna alusión marginal, tiene una particular importancia entre nosotros, no sólo por sus ideas económicas, que le condujeron a fundar el Banco de San Carlos, precedente del Banco de España, a impulsar la Compañía de Filipinas, con la finalidad de reorganizar el comercio colonial, y a poner en circulación los llamados "vales reales", con los que, al facilitar la circulación del dinero, consideraba que podían contribuir a la prosperidad del reino, sino por las ideas que iba a plasmar en sus *Cartas sobre los obstáculos que la naturaleza, la opinión y las leyes oponen a la felicidad pública*. En la segunda de ellas el conde de Cabarrús (ennoblecido por Carlos IV en 1789) abordará directamente la cuestión que nos ocupa. Las *Cartas* de Cabarrús tenían inicialmente como destinatario a su buen amigo Jovellanos, quien, por cierto, tras ser acusado Cabarrús de malversación de fondos públicos, convencido de su inocencia, pretendió involucrarse en agosto de 1790 en la defensa de Cabarrús, intercediendo por su amigo ante Campomanes, Gobernador del Consejo de Castilla, lo que se ha considerado que marcaría el inicio del tránsito del asturiano desde la cima a la sima[1172]. Escritas hacia el año 1792, hallándose Cabarrús en prisión[1173], las *Cartas* no fueron publicadas hasta 1808, en Vitoria, ya bajo el gobierno de José Bonaparte, de quien fue Ministro de Hacienda. Las *Cartas* fueron prohibidas por la Inquisición, con base en la consideración de que al reivindicarse en ellas la libertad de

---

[1171] Gonzalo ANES: "España y la Revolución Francesa", *op. cit.*, p. 17.

[1172] Silverio SÁNCHEZ CORREDERA: "Estudio Preliminar", en *Cartas de Jovellanos y Lord Vassall Holland sobre la Guerra de la Independencia (1808-1811)*, Vol. 1, Oviedo, Junta General del Principado de Asturias, 2009, pp. XI y ss.; en concreto, p. XLVII.

[1173] Cabarrús fue denunciado ante la Inquisición por las ideas enciclopedistas que había expuesto en su *Elogio de Carlos III* (1789), que, según recuerda la doctrina (Manuel ÁLVAREZ-VALDÉS Y VALDÉS: *Jovellanos: vida y pensamiento*, Oviedo, Ediciones Nobel, 2012, p. 179) fue calificado asimismo de "sátira disfrazada". Pero como señala Cabezas (Juan Antonio CABEZAS: *Jovellanos. El fracaso de la Ilustración*, Madrid, Sílex, 1985, p. 51), la Inquisición también le atribuyó ofensas a la Reina que no pudieron probarse, pero que le señalaban como el enemigo de la que ya empezaba a detentar el poder, enemistad que, en el oscuro ánimo de María Luisa, se extendió contra Jovellanos y todos los partidarios de la reforma ilustrada. A Cabarrús se le acusó también de malversación de fondos públicos por el Ministro Lerena, de resultas de la compra por el Banco de San Carlos de una cantidad importante de fondos públicos franceses. No cabe descartar que en esta última acusación pesaran de alguna manera los ataques dirigidos contra Cabarrús por parte de los cinco Gremios Mayores, cuyos intereses financieros se resintieron tras la creación y subsiguiente predominio del Banco de San Carlos. De resultas de todo ello, en 1790, Cabarrús dimitía como director del Banco de San Carlos y, poco después, en junio de ese mismo año, Floridablanca, muy posiblemente por su "pánico ante los acontecimientos revolucionarios de Francia", ordenó su encarcelamiento e incomunicación primero en el cuartel de Inválidos de Santa Isabel, y más tarde en el castillo de Batres, donde permaneció casi tres años en unas condiciones de extrema dureza, a instigación, según parece, del propio Lerena. Finalmente, y en gran medida por la influencia conjunta del conde de Aranda y de Godoy, Cabarrús fue liberado en diciembre de 1792.

opinión, lo que algunos llamaban el "tolerantismo", se pretendía "una libertad de hablar y de escribir que discurre contra la religión, la monarquía y las leyes fundamentales. Se trata de una empresa revolucionaria, en definitiva, porque si todo ciudadano sostiene su propio modo de pensar, la ruptura del orden está garantizada"[1174].

La publicación integraba un total de cinco cartas precedidas por otra, escrita en diciembre de 1795, dirigida al Príncipe de la Paz. La segunda de ellas, que es la que tiene un mayor interés para el objeto de nuestro trabajo, llevaba por título "Sobre los obstáculos de opinión y el medio de removerlos con la circulación de luces, y un sistema general de educación"[1175]. A juicio de Maravall[1176], aunque Cabarrús no es un creador de teorías, su manera de combinar los elementos teóricos que recoge, enseña mucho sobre el estado de España en los últimos quince años del siglo XVIII, en esa etapa en que se supera el pensamiento de la Ilustración, transformado democráticamente en el pensamiento de la Revolución. También Gil Novales considera que Cabarrús no es un filósofo, es decir, su pensamiento no es original; se limita a incorporar a España las ideas nuevas vigentes en la Europa de su tiempo[1177].

No fue el anterior el único tropiezo tenido por Cabarrús con la Inquisición. A la muerte de Carlos III la Real Sociedad Económica de Madrid le encargó la redacción de un discurso que honrase la memoria del Rey fallecido y fundador de la propia Sociedad. La lectura por Cabarrús de su *Elogio de Carlos III* tuvo lugar en la Junta General de la Sociedad el 25 de julio de 1789. El *Elogio* no mereció objeción alguna de la Sociedad, que lo mandó imprimir en octubre, pero el texto fue denunciado ante la Inquisición. Ésta no tenía precisamente la mejor opinión de este tipo de escritos, pues según uno de los calificadores a los que se encomendó el examen y censura de la obra:

> "... la tradicional costumbre de dar a conocer oraciones fúnebres encomiásticas, hasta entonces propias del ceremonial religioso, había pasado a ser hábito de la elocuencia profana, <donde se avecindaron a favor de la adulación y complacencia que fueron sus introductores>, con lo que el antes usual homenaje hacia la figura desaparecida, se había convertido en mera oportunidad de lucimiento y protagonismo para el encargado de la composición del discurso"[1178].

Nada menos que tres calificaciones hubieron de hacerse del *Elogio*. En él, Cabarrús, entre otras muchas consideraciones, ponía de relieve lo imperfecta que resultaba la educación de las masas populares, cuestión sobre la que se volvería a pronunciar en términos muy duros en sus *Cartas*, si bien también censuraba la educación de los príncipes, haciendo suya, eso sí, la idea rousseauniana de ser preferible en este último caso la

---

[1174] *Apud* Enrique ÁLVAREZ CORA: "Iusnaturalismo racionalista y censura del Santo Oficio", *op. cit.*, p. 271.

[1175] Conde de CABARRÚS: *Cartas*, Madrid, Castellote Editor, 1973. La Carta II, la que para nosotros presenta un mayor interés, puede verse en pp. 117-148.

[1176] José Antonio MARAVALL: "Cabarrús y las ideas de reforma política y social en el siglo XVIII" (Estudio preliminar), en la obra del Conde de Cabarrús, *Cartas*, *op. cit.*, pp. 11 y ss.; en concreto, p. 12.

[1177] Alberto GIL NOVALES: *Las pequeñas Atlántidas* (Decadencia y regeneración intelectual de España en los siglos XVIII y XIX), Barcelona, Editorial Seix Barral, 1959, p. 78.

[1178] *Apud* Ovidio GARCÍA REGUEIRO: *Francisco de Cabarrús. Un personaje y su época*, Madrid, Centro de Estudios Políticos y Constitucionales, 2003, p. 293.

ignorancia al error[1179]. En fin, en febrero de 1793, más de tres años después de su inicio, el Consejo de la Inquisición acordó la suspensión del expediente de calificación inquisitorial. El tropiezo de Cabarrús con el Santo Oficio confirma, a juicio de la doctrina[1180], lo difícil que resultaba desde mediados del Setecientos encontrar puntos de acuerdo, sentimientos compartidos o actitudes conciliables entre los dos sectores –renovador y tradicional– en que comenzaba a escindirse el pensamiento español.

II. Nacido en Bayona en 1752, a los diecinueve años ya se encontraba en Zaragoza, desde donde pasaría a Madrid, donde pronto obtendría la protección de Campomanes, ingresando en la Sociedad Económica matritense En 1781 se naturalizaba español. El 2 de junio de 1782, después de que su *Memoria sobre la formación de un banco nacional,* que se publicó en 1783, fuera asumida por el Rey, se creó el Banco Nacional de San Carlos, del que Cabarrús fue nombrado director. Tras ser liberado de su arbitrario encarcelamiento en diciembre de 1792, Cabarrús retornaría en 1797 al primer plano de la vida política como consejero de Godoy, influyendo, según parece, en los nombramientos como ministros, entre otros, de Jovellanos, Saavedra y Urquijo, así como en el ascenso de Meléndez Valdés como fiscal del tribunal de Madrid; él mismo sería nombrado en 1798 Embajador en París, aunque el Directorio se negó a darle el *placet,* con base en que era francés.

En mayo de 1808, Cabarrús, como otros ilustrados, se verá ante la tesitura definitiva de tener que optar entre los invasores y los invadidos. Su proclividad por algunos aspectos del proceso revolucionario francés la había dejado clara en la tercera de sus cartas, en la que escribe: "Aquella asamblea constituyente de Francia (se refiere obviamente a la que aprobó la Constitución de 1791), la mayor y más célebre agregación de talentos y de grandes conocimientos que tal vez haya honrado a la humanidad"[1181]. Por otra parte, siendo francés de nacimiento, su opción parecía más fácil que la de otros, pero los recuerdos de Jovellanos no parecen corroborar esta primera impresión. En su *Memoria en defensa de la Junta Central,* el egregio gijonés, al aludir a las persuasiones de diversos personajes para que se incorporara al "partido francés", se hace eco de cómo entre ellos estuvo su antiguo amigo el conde de Cabarrús, "que poco después vino a Madrid nombrado ministro de Hacienda y muy distinguido por el rey intruso". Expone Jovellanos[1182], que las cartas de Cabarrús "traían todo el calor y vehemencia que a su fogoso carácter y a nuestra antigua familiaridad convenían", para añadir a continuación: "me representó, me exhortó, me rogó cuanto cabía en la fuerza de la elocuencia y en los tiernos sentimientos de la amistad, y no, según decía, para arrastrarme a una acción infame, sino, como él se pensaba, o por lo menos afectaba pensar, para asociarme al designio de hacer feliz a España y salvaguardarla de los horribles males que la amenazaban"[1183], bien que de inmediato el prócer asturiano

[1179] *Ibidem,* p. 306.

[1180] *Ibidem,* p. 316.

[1181] Conde de CABARRÚS: "Carta tercera: "Sobre los obstáculos de legislación, respectivos a la circulación de los frutos y a las imposiciones", en la obra del propio autor, *Cartas, op. cit.,* pp. 149 y ss.; en concreto, p. 171.

[1182] Gaspar Melchor de JOVELLANOS: *Memoria en defensa de la Junta Central,* tomo I (Memoria), estudio preliminar y notas de José Miguel Caso González, Oviedo, Junta General del Principado de Asturias, 1992, pp. 142-143.

[1183] Según recuerda Sánchez Agesta, Cabarrús explicaría a Jovellanos que se unía al partido de "este nuevo Rey filósofo" (digamos por nuestra cuenta, que José Bonaparte se presentará en su Proclama de 12 de julio de 1808 como el mensajero de aquellos principios que venía propugnando el despotismo ilustrado apostille que "tal era entonces el lenguaje de todos los apóstatas de la patria, si en alguno de buena fe, en los demás para dorar su perfidia". Y centrándose ya de modo directo en Cabarrús, escribe el asturiano:

> "Yo no sé si Cabarrús, hombre extraordinario, en quien competían los talentos con los desvaríos, y las más nobles calidades con los más notables defectos, era o no sincero en sus persuasiones. Lo que sé es que pocos días antes, habiéndonos encontrado y abrazado a mi paso por Zaragoza, al cabo de diez años de persecuciones y ausencia, le hallé tan decidido por la gloriosa causa de nuestra libertad, que sus lágrimas corrieron y se mezclaron con las que me vio derramar por el peligro en que se hallaba mi patria; demostración que en un hombre disimulado y doble pudiera ser ambigua, pero que me pareció decisiva en uno en quien la franqueza de carácter pasaba ya a ser indiscreción"[1184].

Sea como fuere, lo cierto es que la conversión bonapartista de Cabarrús parece que fue plena, pues recuerda Artola[1185], que el más explícito de todos los ministros josefinos que, en octubre de 1808, tras la derrota francesa de Bailén (19 de julio de 1808), trataron de influir en el ánimo imperial por mediación de su embajador cerca de José, acerca de "la necesidad de un gran ejército francés para apoyar las negociaciones, reducir a España a la obediencia o actuar de una manera mixta, según las circunstancias", fue Cabarrús. Quizá la explicación de esta actuación pueda hallarse en la atinada observación de Maravall[1186], para quien muchos ilustrados anticipan la idea fundamental del benthamismo, la reducción de la política a una aritmética de bienes y males; éstos son insuprimibles, por lo que se trata de limitarlos al mínimo necesario.

Llamado "el Rousseau español"[1187], quizá por la fogosidad con que sigue al ginebrino, el conde de Cabarrús, además de aparecer como uno de los grandes expertos de la hacienda pública de su época, iba a ser un reformador sensible, de cuya inteligencia se ha dicho[1188] que estaba siempre en movimiento. A través de sus conversaciones y de sus escritos, Cabarrús contribuirá a difundir en España el gusto y el conocimiento de los autores franceses. Innecesario es decir que no faltan entre nosotros los juicios críticos frente al banquero de Bayona; el más demoledor es el de nuestro polígrafo por excelencia, don Marcelino, cuya objetividad en este caso brilla por su ausencia. Enjuiciando las *Cartas* de Cabarrús, el santanderino escribe que en todo lo que no es economía política, Cabarrús delira, "como quien había leído el *Contrato social* sin digerirle", para añadir más adelante que "el estilo declamatorio y panfilista de estas cartas las denuncia a tiro de cañón como hijas legítimas o bastardas de Rousseau y del abate Mably"[1189].

---

español, como los de mérito y virtud para el acceso a los empleos públicos o el de libre comercio sin las trabas fiscales que lo venían obstaculizando), considerando que esa era "la única tabla en que la Nación puede salvarse". Luis SÁNCHEZ AGESTA: *El pensamiento político..., op. cit.*, p. 215.

[1184] Gaspar Melchor de JOVELLANOS: *Memoria en defensa de la Junta Central, op. cit.*, tomo I, p. 143.

[1185] Miguel ARTOLA: *Los afrancesados*, Madrid, Alianza Editorial, 1989, p. 113.

[1186] José Antonio MARAVALL: "Cabarrús y las ideas de reforma política...", *op. cit.*, p. 22.

[1187] Jean SARRAILH: *La España Ilustrada..., op. cit.*, p. 507.

[1188] *Ibidem*, p. 326.

[1189] Marcelino MENÉNDEZ PELAYO: *Historia de los Heterodoxos..., op. cit.*, Vol. II, pp. 513 y 514, respectivamente. En otros párrafos próximos, Menéndez Pelayo añadirá: "El ánimo se abisma al considerar que un hombre tan ligero y tan vano, predicador sentimental de los más absurdos delirios antisociales, llegó a ser ministro y a regir las riendas de esta pobre nación bajo un gobierno que se decía católico y absoluto. ¡Qué España la de Carlos IV! (*Ibidem*, p. 514).

III. La Carta dirigida al Príncipe de la Paz se ha de situar en el proyecto del conde de Cabarrús de sujetar "a este coloso de presunción y orgullo", por utilizar los términos de Ceán Bermúdez[1190], a la dirección y consejo de dos hombres, él mismo y Jovellanos, –su amigo por antonomasia, como lo consideran algunos de los biógrafos del gijonés[1191]– cuyos principios e intenciones eran diametralmente opuestos a los suyos. No en vano Cabarrús, como Jovellanos, pretendió remover los obstáculos que la naturaleza, la opinión y la legislación oponían a la felicidad pública, situándose de esta forma, según un sector de la doctrina[1192], en la dirección del abate de la Gándara, que, como ya expusimos, hablaba de remover "los estorbos" y derribar las murallas de los impuestos, de la legislación y de las aduanas, aunque, a nuestro modo de ver, más allá de alguna semejanza, las diferencias entre los pensamientos de uno y otro personaje son sensibles. En el texto que, dirigido a Godoy, sirve de prólogo a las *Cartas sobre los obstáculos que se oponen a la felicidad pública,* Cabarrús comienza poniendo de relieve que con sus cartas tan sólo pretende exponer "la multiplicidad de los males de nuestra administración pública, y la sencillez de los remedios que pide"; no se trata de una crítica dirigida a tal o cual ministro, ni a una época concreta, por cuanto "la antigüedad del error se pierde en la noche de los tiempos"[1193]. Más adelante, señala que el sistema de las cartas subsiguientes es muy sencillo. "El hombre –nos dice el político nacido en Francia[1194]– quiere naturalmente ser feliz, y deja de serlo, o porque se equivoca en los medios, y tales son los obstáculos de opinión, o porque la naturaleza opuso obstáculos insuperables a sus fuerzas aisladas, y por esto las unió con las de sus semejantes, o, en fin, porque la sociedad, obra de esta unión, le agobia en vez de auxiliarle y tales son los obstáculos de la legislación".

Jovellanos y Cabarrús convergerán en los remedios con los que derribar los mencionados obstáculos. Contra los provenientes de la naturaleza, que impiden la relación entre los pueblos, la apertura de nuevas vías de comunicación y la libertad de comercio aparecen como los remedios idóneos. En su *Elogio del conde de Gausa* (1786), esto es, del ministro Múzquiz, Cabarrús iba a abogar por la libertad de comercio interior y exterior. Pero años antes, en 1778, recuerda Elorza[1195] que en una intervención pública ante la Sociedad Económica de Madrid, nuestro personaje habló de la libertad de comercio con la América meridional, pero de paso se reafirmó también en la del comercio interior de granos, y en la base de esta posición, sus reiteradas ideas de pacto social, propiedad, igualdad y crítica de la nobleza. Frente a los obstáculos derivados de la opinión, la fórmula de solución no podía provenir sino de la libre circulación de las luces. Recuerda Maravall[1196], que en el mencionado *Elogio del conde de Gausa,* Cabarrús habla del "electricismo de las opiniones", con anterioridad a que la voz "eléctrico" se recoja en el *Diccionario* de Terradas y Pando. De ahí que pase a formular ya en ese Discurso un principio general de gran alcance polí-

---

1190 Juan Agustín CEÁN BERMÚDEZ: *Memorias para la vida del Excmo. Señor D. Gaspar Melchor de Jove Llanos y noticias analíticas de sus obras,* Gijón, Silverio Cañada Editor, 1989, p. 68.

1191 Manuel ÁLVAREZ-VALDÉS Y VALDÉS: *Jovellanos: vida y pensamiento,* Oviedo, Ediciones Nobel, 2012, p. 181.

1192 Jacinta MACÍAS DELGADO: "Estudio Preliminar", *op. cit.,* pp. CXXXV-CXXXVI.

1193 Conde de CABARRÚS: "Carta al Excelentísimo Señor Príncipe de la Paz", en la obra del propio autor, *Cartas, op. cit.,* pp. 57 y ss.; en concreto, p. 58.

1194 *Ibidem,* p. 75.

1195 Antonio ELORZA: *La ideología liberal..., op. cit.,* p. 144.

1196 José Antonio MARAVALL: "Cabarrús y las ideas de reforma política...", *op. cit.,* p. 41.

tico: el de que se debe conceder la mayor libertad en la discusión. Cabarrús y Jovellanos se identificaban, pues, plenamente con la idea de que las "luces" habían de tener una enorme influencia benéfica en la prosperidad de los Estados. En fin, para hacer frente a los obstáculos provenientes de las leyes, se había de emprender la tarea de corregir a través de la misma legislación los abusos que las leyes habían permitido o propiciado.

En la carta que dirige a Godoy, el fundador del Banco de San Carlos, siguiendo de cerca el pensamiento rousseauniano, considera que la destrucción de las sociedades políticas, o la anarquía más o menos completa de todas ellas, nace de la usurpación por el interés particular de la expresión de la voluntad común. Y esta reflexión general se particulariza al caso español cuando el autor pone de relieve "la distancia espantosa que hay de la expresión y de la voluntad general, que constituyen la ley, a nuestros reglamentos efímeros, arbitrarios, inejecutables e inejecutados, formados por informes clandestinos y no verificados, por extractos diminutos o infieles, sin discusión, sin deliberación, sin ninguno de aquellos socorros que el legislador y el juez sacan del choque instantáneo de las opiniones"[1197]. Es claro que el político y pensador de Bayona apunta al grave déficit que dimana de la falta de la discusión y debate y de la libre circulación de opiniones con vistas a que la ley pueda considerarse fiel expresión de la voluntad general. En el fondo de tal déficit se halla la ausencia de una representación política.

De la trascendencia que para Cabarrús tiene la armonización del sistema político con la voluntad general nos da idea su consideración de que todas las instituciones que no se fundan en la razón[1198] y en la utilidad común son muy efímeras. Más aún, para el político de origen francés, "el único medio de perpetuar y asegurar las monarquías es el reconciliarlas con el interés y la voluntad general, o con el objeto del pacto social"[1199]. Con ello, Cabarrús, alineándose en la dirección liberal revolucionaria, apunta a la inexcusabilidad de buscar fórmulas de conciliación entre el poder monárquico y la representación política de la nación si se quiere preservar la monarquía.

Nuestro autor, y vale la pena recordarlo, hará asimismo especial hincapié en la necesidad de que los tribunales de justicia administren justicia con plena independencia, pues así, "la seguridad y la propiedad individual tendrán todo aquel amparo que las concedieron las leyes en la responsabilidad de los jueces, recusación de ellos, careo e impugnación de testigos, visitas de cárceles, publicidad de la defensa y solemnidad del juicio"[1200]. Cabarrús reivindicaba una administración de justicia independiente cuya ausencia él había sufrido en sus propias carnes.

IV. Es en la tantas veces mencionada carta segunda, "sobre los obstáculos de opinión y el modo de removerlos con la circulación de luces", donde Cabarrús va a abordar de modo frontal la cuestión que nos ocupa. El gran financiero parte de la consideración de que el descubrimiento de la imprenta ha aunado los diversos esfuerzos, antes dislocados por la distancia de los países y de los siglos, dándoles una continuidad e impulso que

[1197] Conde de CABARRÚS: "Carta al Excelentísimo Señor Príncipe de la Paz", *op. cit.*, p. 65.

[1198] Apunta Elorza que, en la línea de Voltaire, Cabarrús ve el progreso de su época como vuelta a la racionalidad primitiva de la que la costumbre y demás elementos irracionales apartaron al hombre. Antonio ELORZA: *La ideología liberal...*, *op. cit.*, p. 149.

[1199] Conde de CABARRÚS: "Carta al Excelentísimo Señor Príncipe de la Paz", *op. cit.*, p. 66.

[1200] *Ibidem*, p. 71.

nunca tuvieron; de resultas de ello "nació una luz inmensa que, iluminando poco a poco todas las naciones, ha de disipar infaliblemente las tinieblas del error"[1201]. Ya antes de estas cartas, en su *Elogio del Conde de Gausa,* Cabarrús había señalado que "uno de los mayores males de la opresión es que el Pueblo desconozca sus verdaderos intereses, y que esta ignorancia le arme contra toda novedad, por provechosa que sea"[1202]. Y en España, la base social de esta disociación no era otra que la ignorancia, de modo que sólo con la educación y la libre circulación de las luces, de las ideas, podría lograrse que el pueblo supiera apreciar realmente lo que era de su interés. De nuevo en su *Elogio del Conde de Gausa,* y refiriéndose al conde, D. Miguel de Múzquiz, escribe laudatoriamente Cabarrús: "Persuadido de la influencia que tienen las luces en la prosperidad de los Estados, creía que ellas solas derramadas por todas las Provincias podrían triunfar un día de los obstáculos que impiden su progreso"[1203]. De igual forma, con el apoyo de la educación y de esa libre circulación de las luces podría propiciarse progresivamente la creación de una opinión pública llamada a ser un resorte de gran utilidad para el gobierno, al margen ya de considerarla Cabarrús "el único freno de que es capaz la autoridad"[1204]. El financiero de origen francés no duda pues, en visualizar la opinión pública como un freno eficaz frente al poder. En sintonía con todo ello, Cabarrús va a considerar que el más precioso interés de "la ciencia de los gobiernos" reside en acelerar el progreso de esa luz inmensa nacida al hilo de la imprenta, impidiendo "que esta llama vivífica no produzca por las resistencias que encuentre explosiones siempre funestas" y procurando por el contrario "que penetre insensiblemente los ánimos y dilate los corazones con su dulce calor"[1205].

La comunicación de las ideas es, según el político de Bayona, una de las primeras consecuencias del estado de sociedad, sin la que tal estado no habría existido, pues, ¿cómo tratar con los demás sin comprenderlos y sin ser comprendidos? De allí nace el idioma o el uso de la palabra. "Escribir no es más que el arte de hablar a mayor distancia de tiempo y de lugar, pero –se interroga nuestro autor[1206]– ¿de qué serviría la escritura si no se supiese leer? En fin, entre los hombres reunidos hay relaciones inmediatas de distancia, de cantidades que se deben medir y aclarar". Cabarrús considera que leer, escribir, contar y medir son los sencillos conocimientos elementales que todo hombre puede exigir de la sociedad, que ésta debe a todos sin distinción, y sin los cuales quebranta la esencia de su pacto, y a partir de ahí se ha de dejar obrar a la actividad de los hombres, y pronto, en medio de ellos, aparecerán uniformemente preparados individuos que leerán en los astros el rumbo a seguir sobre el océano. Para este y otros milagros, dirá Cabarrús, bastará la comunicación de las ideas, siempre que nada altere su curso. Esta argumentación deja bastante claro que para nuestro autor la libertad de comunicación no es una concesión estatal, sino algo exigido por la propia naturaleza social del hombre, y que por lo mismo se incorpora a ese pacto o contrato social que da origen al Estado.

[1201] Conde de CABARRÚS: "Carta segunda: Sobre los obstáculos de opinión y el medio de removerlos con la circulación de luces, y un sistema general de educación", en la obra del propio autor, *Cartas, op. cit.,* pp. 117 y ss.; en concreto, p. 120.

[1202] Francisco CABARRÚS: *Elogio del Excelentísimo Señor Conde de Gausa* (que en Junta General celebrada por la Real Sociedad de Amigos del País de Madrid en 24 de diciembre de 1785 leyó el socio D. Francisco Cabarrús), Madrid, Viuda de Ibarra, Hijos y Compañía, 1786, nota XIX, p. 83.

[1203] Francisco CABARRÚS: *Elogio del Excelentísimo Señor Conde de Gausa, op. cit.,* p. 40.

[1204] *Ibidem,* p. 47.

[1205] Conde de CABARRÚS: "Carta segunda: Sobre los obstáculos de opinión...", *op. cit.,* p. 120.

[1206] *Ibidem,* p. 122.

La conclusión de todo lo anterior es que la sociedad debe a sus conciudadanos, por una parte, la más libre comunicación de sus luces, y por otra, los auxilios que deben prometerse de su formación. Y dicho esto, entremezclando los conceptos propios de la Ilustración (libertad de las luces) con los del liberalismo (libertad de opinión, de palabra y de escritura) añade Cabarrús[1207]:

> "¡La libertad de las luces! Jamás, lo confieso, he podido comprender las dificultades de que se ha erizado este punto, tal vez demasiado sencillo a mis ojos. ¿Qué límites debe tener en la sociedad la libertad de las opiniones, de la palabra y de la escritura que la reproducen? El mismo que las acciones; esto es, el interés de la sociedad. Mi libertad cesa cuando ofendo o al pacto que me la asegura o a los demás garantes de ella".

Admite nuestro autor que pueda objetarse frente a su argumentación el famoso dilema que condenó a las llamas la Biblioteca de los Tolomeo, esto es, que si las opiniones respectivas al gobierno son conformes a lo que hace, serán inútiles, y si opuestas, perjudiciales, frente a lo que responde que basta una cierta buena fe para no equivocar los consejos dados al gobierno y la crítica de sus operaciones con los atentados cometidos contra él. Los consejos siempre serán útiles y necesarios, mientras que la crítica podrá ser provechosa si fuese fundada, siendo despreciada en caso contrario, y si la misma excediese de sus justos límites y degenerase en insulto, siempre cabrá su persecución y castigo de conformidad con las leyes. Con ello, Cabarrús defiende una doble virtualidad para la libre comunicación de ideas: como instrumento de consejo y orientación al poder gubernamental y como mecanismo de crítica al mismo, perspectiva dual que, en último término, persigue un mismo objetivo: la articulación del medio social con el poder gubernamental, o si así se prefiere, de la sociedad con el Estado.

El ilustre hacendista parece relativizar el tipo de gobierno, priorizando los objetivos que el mismo ha de perseguir, cuando escribe:

> "Llámese mi gobierno como se quisiera, les diría: dejémonos de nombres y tratemos de la esencia de las cosas: lo que exijo es la seguridad de las personas, la propiedad de los bienes y la libertad de las opiniones, este fue el objeto de toda sociedad"[1208].

Más adelante, Cabarrús parece mostrarse optimista sobre la situación de nuestro país, al considerar compatible con el sistema entonces vigente una buena ley sobre la circulación de las luces, aunque reconoce que "hasta ahora se ha creído más útil para preservarnos de ciertos excesos dejar circular y triunfar impunemente todos los errores opuestos", y con ello no sólo no se ha conseguido el fin pretendido, sino que tan sólo se ha logrado multiplicar la resistencia frente a la luz, ignorando que "la luz triunfa de todos los obstáculos, se introduce por todos los resquicios, y el gobierno, si no se anticipa a recibirla, si no prepara los ánimos, (....) será víctima de la lucha sangrienta que hubiera podido evitar"[1209]. El ilustre financiero demanda que se impida degradar la razón de los

[1207] *Ibidem,* p. 123.
[1208] *Ibidem,* p. 121.
[1209] *Ibidem,* p. 126.

hombres; que se inspire en ellos el amor a las leyes de su patria y a sus conciudadanos, y que después de todo ello se les deje aprovecharse de las luces de la libertad de imprenta y del progreso del espíritu humano.

En definitiva, el conde de Cabarrús finaliza su carta segunda poniendo de relieve que los obstáculos que la opinión opone frente a la felicidad pública son mucho mayores que los que derivan de la naturaleza, y que sólo cederán de resultas de la libertad de comunicación de ideas y de una educación elemental, simple y preservativa de errores, que toda una generación debe recibir. Como puede advertirse, circulación de las luces y educación van íntimamente entrelazadas, pero no cabe olvidar que, como creemos que deja claro lo antes expuesto, la circulación de las luces también puede y debe servir de instrumento de conexión entre el sentir social y la actuación gubernamental. Con ello, Cabarrús, sin abandonar totalmente los postulados ilustrados, hace suyos asimismo los ideales del liberalismo. Maravall va incluso más allá cuando afirma[1210], que el perfil por él mismo trazado de Cabarrús permite comprender en qué medida nuestro personaje deja atrás el despotismo ilustrado en que siempre se le encierra, para llegar a posiciones de democracia liberal.

En cualquier caso, hay una convergencia bastante amplia entre la doctrina a la hora de poner de relieve lo paradójica y contradictoria de la personalidad de Cabarrús. Su pensamiento, diáfanamente racional, era, se dice[1211], contradictorio con la práctica de su comportamiento. En el burgués aspirante a una titulación nobiliaria se da la paradoja de su pretensión de ennoblecimiento en contraposición con su ácido juicio sobre el papel de la nobleza. Pero las paradojas de nuestro personaje no terminan aquí, como revelan al menos estas otras contradicciones: Cabarrús es un francés hispanizado que termina como afrancesado, por decirlo de alguna manera; será asimismo una persona clave en nuestra Hacienda Pública, posteriormente detenido como reo de delitos contra la misma, a cuya cima se elevará después como Ministro. Demasiadas y muy chirriantes contradicciones.

H) Manuel de Aguirre, "el militar ingenuo": su requerimiento de una "sensata libertad de imprenta" en el *Discurso sobre Legislación*

I. En la década de 1780, como ya tuvimos oportunidad de indicar, en gran medida por la tarea llevada a cabo por *El Censor*, un periódico semanal verdaderamente pionero, que obtuvo además la protección de Floridablanca, comenzaron a aparecer panfletos y periódicos que no se limitaban a publicitar el progreso de las ciencias y los avances de la filosofía en los países europeos, sino que comenzaban a cuestionar los tímidos avances en las reformas llevadas a cabo por el gobierno ilustrado. Puede hablarse pues, en estos años, de un proceso de radicalización de la ideología ilustrada que se acerca con rapidez a los posicionamientos propios de la ideología revolucionaria liberal. En este ámbito, como señala Elorza[1212], jugarán un rol determinante los nuevos periódicos que siguen de cerca las huellas de Luis Cañuelo, editor de *El Censor* entre 1781 y 1787. Entre los medios más influyentes cabe recordar algunos periódicos ya mencionados en distintos momentos de

[1210] José Antonio MARAVALL: "Cabarrús y las ideas de reforma política...", *op. cit.*, p. 41.

[1211] Ovidio GARCÍA REGUEIRO: *Francisco de Cabarrús...*, *op. cit.*, p. 41.

[1212] Antonio ELORZA: "Estudio preliminar", en la obra de Manuel de Aguirre, *Cartas y Discursos del Militar Ingenuo al Correo de los Ciegos de Madrid,* edición de Antonio Elorza, (Patronato "José María Quadrado"), San Sebastián, Editorial Izarra, 1974, pp. 9 y ss.; en concreto, pp. 11-12.

nuestra exposición como *El Correo de los Ciegos* (1786-1791), de José Antonio de Manegat, el *Espíritu de los mejores diarios* (1787-1791), de Cladera, o *El Observador* del joven Marchena (1788); en todos ellos el predominio de la ideología liberal es determinante.

El *Correo de los Ciegos,* con posterioridad llamado *Correo de Madrid,* experimentará su fase ideológica más radical entre 1786 y 1788, justamente los años en que hace destacado acto de presencia en sus páginas un autor que firma sus artículos bajo el pseudónimo de "el militar ingenuo", que publica de forma continuada desde finales de 1786[1213] hasta septiembre de 1788. En el mencionado período, este militar de incógnito formula una defensa abierta del esquema teórico del *Contrato social* y de la filosofía enciclopedista a través de una serie de textos que, en un tono cercano al que emplearían los más radicales *cahiers de doléances* en los momentos prerrevolucionarios, a juicio de Elorza[1214], desmiente la supuesta moderación de ideas de los ilustrados españoles antes de 1789. Un ejemplo de ello lo podemos encontrar en las siguientes consideraciones del "militar ingenuo":

> "... también quise yo meterme a comentador y calculando (....) por el número de acaudalados y exentos, creí hallar que de las cuatro partes de los bienes o haciendas de nuestro reino las tres se ven en manos exentas o inútiles a la formación del erario. ¿No es preciso que éste se forme de la comida, de la sangre y de la libertad quitada a los infelices pecheros, que perecen y disminuyen de día en día?"[1215].

A la vista de un texto como el transcrito, resulta bastante evidente que Aguirre se halla mucho más próximo a las posiciones del liberalismo radical gaditano que a los esquemas ideológicos de los más relevantes personajes reformistas del despotismo ilustrado del momento, como Campomanes o Floridablanca.

Durante bastante tiempo, de los numerosos escritos publicados bajo pseudónimo en el mencionado periódico tan sólo se conocía que el autor de los envíos epistolares era una persona que residía en Algeciras. Esta situación se truncó con la aprobación por el Consejo de Castilla de un Reglamento de 12 de septiembre de 1788, aprobado finalmente por Carlos III mediante Real Resolución de 2 de octubre[1216]. En su punto cuarto este Reglamento disponía que en las traducciones o discursos de obras nacionales o extranjeras que se insertasen en los papeles periódicos, "se pondrá el nombre o cita del autor o libro de donde se haya sacado"; además, la disposición prohibía toda sátira contra dignidades o estados, así como toda expresión contraria al gobierno. A partir del mismo, el autor de estos escritos iba a espaciar sus publicaciones, limitándolas a temas militares, y se iba además a conocer su identidad, que no era otra que la de don Manuel María de Aguirre y Landázuri.

[1213] Parece que la primera colaboración del "militar ingenuo" en el *Correo de los Ciegos* se produjo en el número del 26 de diciembre de 1786 con un artículo sobre "Salud pública". Puede verse en Manuel de AGUIRRE: *Cartas y Discursos del Militar Ingenuo..., op. cit.,* pp. 109-111.

[1214] Antonio ELORZA: *La ideología liberal..., op. cit.,* p. 278. En otro momento (*Ibidem,* pp. 263-264), Elorza manifiesta que, a su juicio, los escritos del "militar ingenuo" aparecen como más sensiblemente avanzados que los retratos de filósofos que se publican en el mismo *Correo,* e incluso que la defensa de los derechos individuales que hace Foronda.

[1215] Manuel de AGUIRRE: "Carta sobre exenciones". Publicada en *El Correo de Madrid,* nº 73, 30 de junio de 1787, p. 306. Puede verse en la obra de Manuel de AGUIRRE: *Cartas y Discursos del Militar Ingenuo..., op. cit.,* pp. 133-134; en concreto, p. 133.

[1216] Ley III, Título XVII, Libro VIII. Puede verse en *Novísima Recopilación de las Leyes de España, op. cit.,* tomo IV, pp. 150-151.

Nacido probablemente en Munguía en 1748, y fallecido en 1800, según los datos que facilita Elorza[1217], la mayor parte de su vida militar transcurrió en el Regimiento de Caballería de Borbón, la unidad a la que en sus últimos años perteneció Cadalso, con quien es claro que mantendría una relación de amistad. En su "Introducción" a las *Noches lúgubres* de Cadalso, Glendinning se refirió a distintos aspectos que probarían la relación entre un editor del *Correo de Madrid,* oficial del mismo Regimiento, que no era otro que Manuel Aguirre, y José Cadalso, del que recuerda que había comprado el grado de capitán, en 1764, mediante la presentación a su regimiento de veinte reclutas y otros tantos caballos[1218]. En 1794 Aguirre pasó a ser Coronel en jefe del Regimiento de la Reina y, muy poco tiempo después fue ascendido sucesivamente a los empleos de brigadier y mariscal. Todo indica que debió ser fuerte la vinculación de Aguirre a la profesión castrense que ejercía, manifestándose su interés por los temas militares en algunas de sus cartas escritas para el *Correo.*

Manuel de Aguirre se vinculó desde 1770, muy joven por lo tanto, siendo aun cadete de su Regimiento, a la Real Sociedad Bascongada de los Amigos del País, circunstancia que muy probablemente resultó determinante en su adscripción al movimiento reformista ilustrado. El alejamiento de las actividades de la Sociedad por obvias razones profesionales no impidió que desde muy pronto interviniese en las Juntas generales celebradas anualmente mediante la presentación de memorias y escritos sobre diversos temas De hecho, en septiembre de 1776, con las Juntas reunidas en Vergara, presentó un *Discurso sobre el lujo*[1219], en el que abordaría el, en esa época, tan debatido tema de si era útil o no a la sociedad el lujo. Sarrailh se hace eco[1220] de cómo los *Extractos* de la Sociedad Bascongada del año 1776 estudian el candente problema del lujo, que por todas partes divide a los pensadores en dos campos: el de los defensores y el de sus adversarios. Al año siguiente presentaría un *Discurso sobre la educación*[1221], en el que comenzaría señalando que "la educación es el secreto y el más fácil medio para corregir los errores de los hombres y remediar los estragos y miserias que siguen al imperio de la preocupación". En las Juntas generales de 1779 la intervención de Aguirre versaba sobre la *Idea de un príncipe justo, o bien, elogio de Felipe V, rey de España*[1222]. Bien significativas son las palabras que Aguirre dedica a ensalzar la lucha emprendida por el Rey contra la ignorancia de gran parte de la población:

> "La ignorancia, –escribe– este asqueroso origen y manantial de la pobreza, esclavitud y debilidad del hombre y de las naciones, fue perseguida principalmente desde que subió Felipe por segunda vez a esparcir bienes sobre la tierra. Favoreciendo los maestros de primeras letras y los colegios; llamando artistas y hombres científicos, que introdujeron el gusto de las ciencias prácticas, de las observaciones físicas, de los cálculos y descubrimientos matemáticos, y estableciendo escuelas públicas de estas admirables indagaciones, atacó el torpe dominio que estaba disfrutando la

[1217] Antonio ELORZA: *La ideología liberal..., op. cit.,* p. 264.

[1218] Nigel GLENDINNING: "Introducción", en José Cadalso, *Noches lúgubres,* Madrid, Espasa Calpe (Colección Austral), 1993, pp. 11 y ss.; en concreto, pp. 18-19.

[1219] Puede verse en Manuel de AGUIRRE: *Cartas y Discursos del Militar Ingenuo..., op. cit.,* pp. 167-174.

[1220] Jean SARRAILH: *La España Ilustrada..., op. cit.,* p. 243.

[1221] Puede verse en Manuel de AGUIRRE: *Cartas y Discursos del Militar Ingenuo..., op. cit.,* pp. 143-150.

[1222] Puede verse en *Ibidem,* pp. 267-286.

imaginación que como otro Critias[1223] había desterrado de entre nosotros el arte y costumbre de raciocinar"[1224].

La comunicación social, enormemente valorada por los ilustrados, no iba a dejar de hallarse presente en el pensamiento de nuestro autor. En un discurso pronunciado ante la Sociedad Aragonesa, Aguirre se hacía eco de la importancia de esta cuestión, capaz de contribuir a formar una generación completamente renovada, y de coadyuvar a llenar el vacío existente entre el pueblo y los ilustrados. Sus palabras ya entrañan una clara defensa de la libre comunicación de las luces:

> "¿Qué importa, señores, –argumentaba Manuel de Aguirre– que viváis imbuidos de las mejores máximas y que procuréis comunicar la luz de que os veis penetrados a los pocos que os rodean en vuestros asilos, si os falta para verificar vuestros gloriosos intentos el medio y conductos por donde esparcir (*sic*) el pueblo las útiles ideas? (....) En la Inglaterra, Francia, república Americana y otras naciones apenas puede encontrarse población, por reducida que sea, en donde no haya un café o casa de concurrencia, abastecida de papeles públicos, dirigidos a la instrucción de los hombres y a desterrar sus fatales preocupaciones"[1225].

II. La culminación de las colaboraciones de Aguirre con el *Correo* se encuentra en el llamado *Discurso sobre legislación,* que por su extensión se publica a lo largo de diez números de la publicación (del núm. 102, correspondiente al 13 de octubre de 1787, al núm. 111, correspondiente al 14 de noviembre), que reproducen con pocas variantes el texto original presentado bajo el anagrama "Leunam d´Erriuga" a la Real Sociedad Económica Matritense de los Amigos del País[1226]. Con este *Discurso* el vasco culmina su cuestionamiento de la Monarquía del Antiguo Régimen, y a él se referirá con frecuencia en otros escritos posteriores, aludiendo siempre a lo que llama "discurso de Leunam".

El *Discurso sobre legislación* fue redactado para concursar en la convocatoria de un premio llevada a cabo en 1786 por el Cónsul español en Lisboa sobre el siguiente sofisticado tema: "¿Cuál debe ser el verdadero espíritu de la legislación para fomentar con el fruto la Agricultura, la Industria, las Artes y el Comercio en un gran reino, contrayendo las reglas que se indiquen a la extensión de los dominios de España con relación a la diversidad de sus climas, de sus producciones naturales y el carácter nacional de sus habitadores?"

De modo harto significativo el *Discurso* se abre con un párrafo extraído del *Discurso sobre el origen de la desigualdad* de Rousseau, que no suscita la más mínima duda en

1223 Kritias o Critias es el más conocido de los treinta tiranos (450-404 a. J. C.). Alumno de Sócrates y tío de Platón, que dio su nombre a uno de sus Diálogos. Desterrado de Atenas durante la guerra del Peloponeso, volvió cuando fue tomada por Lisandro, distinguiéndose por sus crueldades y rapiñas.

1224 Manuel de AGUIRRE: *Cartas y Discursos del Militar Ingenuo..., op. cit.,* p. 283.

1225 *Apud* Antonio ELORZA: "Estudio preliminar", en la obra de Manuel de Aguirre, *Cartas y Discursos del Militar Ingenuo..., op. cit.,* p. 26.

1226 El texto del "Discurso sobre legislación" puede verse en Manuel de AGUIRRE: *Cartas y Discursos del Militar Ingenuo..., op. cit.,* pp. 175-202. El texto de las Leyes Constitucionales que incorpora al final del Discurso puede verse también en Ignacio FERNÁNDEZ SARASOLA: *Proyectos constitucionales en España (1786-1824),* Madrid, Centro de Estudios Políticos y Constitucionales, 2004, pp. 9-14.

cuanto a su autoría al cerrarse la cita con la siguiente referencia: "J. J. R. Orig. de l´ineg. parmi les hom.". El párrafo es el siguiente:

> "Malgré tous les traveaux des plus sages législateurs, l´État Politique demeura toujours imparfait, parce qu´il étoit l´ouvrage du hazard, et que, mal commencé, le temps, en decouvrant les défauts et suggérant des remèdes, ne put jamais réparer les vices de la constitution; on raccommodoit sans cesse, au lieu qu´il eût fallu commencer par néttoyer l´aire et écarter tous les vieux matériaux, comme fit Licurgue à Sparte, pour élever ensuite un bon édifice"[1227].

El discurso toma como punto de partida el principio de que "la salud del pueblo debe ser la suprema ley en la política y los medios de verificarla los que nos indican la naturaleza o el sistema ordenado, con que dispuso el Supremo Hacedor de todas las cosas". "La solución de los problemas políticos –se argumenta más adelante– se asemeja en grande manera a la de los matemáticos: cuanto mayor sea la sencillez en la de éstos, se dice que ha sido más elegante y mayor su utilidad; pero sólo se llega a este deseado punto después de mucho saber y de profundas reflexiones"[1228]. Aguirre elogia en el discurso las reformas emprendidas por algunos países como Inglaterra, Holanda, Prusia y, particularmente, "la brillante y poderosa república americana", de la que menciona explícitamente a algunos de sus hombres ilustres: White y Jefferson, Washington, Franklin, Adams y Hancoock. Aguirre reivindica la libertad individual frente al poder y el liberalismo económico ("dejad que disfruten libremente los hombres los productos de su trabajo e industria; dejad que no encuentren óbices o se aleje el particular interés, cuando se aspira al de la sociedad; ellos se multiplicarán, cultivarán la tierra y llevarán las artes, manufacturas y comercio al más elevado punto").

Elorza subraya la asociación establecida con carácter general en sus escritos por "el militar ingenuo" entre estado de naturaleza, igualdad y virtud y las variantes de la degradación en el estado social, con el predominio de la desigualdad y la opresión[1229]. Y en el *Discurso sobre legislación,* la insistencia se vuelca sobre el régimen político nacido del contrato social. Y en este régimen Aguirre se ocupa en primer término de la libertad de imprenta, "que se hallaba establecida, con harto beneficio del interés general". "Era mirada esta libertad de imprenta –argumenta nuestro autor[1230]– como un tribunal que tenía el público para graduar los servicios de todos los particulares, corresponder con elogios a los del que se afanaba por su bien y era útil a la nación, y para avisarla de su peligro, poniendo en claro los insidiosos pasos del que aspira a engañarla o a su ruina". También la educación ocupa un lugar predominante para Aguirre: "En un estado en que tanto aprecio se hacía del hombre, de cada individuo por el bien que éste podía acarrearle con su industria y modo de pensar, ¿cómo se olvidaría jamás el gobierno de que la educación es el seguro y eficaz medio de que sea virtuoso el pueblo, esto es, observante de las leyes y de la sana moral; amante de su patria, de cada conciudadano y de los hombres; fiel

---

1227 Manuel de AGUIRRE: *Cartas y Discursos del Militar Ingenuo..., op. cit.,* p. 175.

1228 *Ibidem,* pp. 178-179.

1229 Antonio ELORZA: "Estudio preliminar", en la obra de Manuel de Aguirre, *Cartas y Discursos del Militar Ingenuo..., op. cit.,* p. 62.

1230 Manuel de AGUIRRE: *Cartas y Discursos del Militar Ingenuo..., op. cit.,* p. 186.

en sus contratos, enemigo del ocio, puntual en el cumplimiento de sus obligaciones e inseparable de la verdad?"[1231].

Nuestro autor ve en la desigualdad una de las causas determinantes de la ruptura de ese orden armónico por él mismo caracterizado, y no ve otra forma de solución que el establecimiento de un régimen constitucional conforme al modelo de racionalidad resultante del contrato social. Las siguientes reflexiones de Manuel de Aguirre resultan meridianamente claras:

> "Borrar todos los decretos, pragmáticas y leyes dadas según los tiempos; redigir un nuevo código sobre sus leyes constitucionales, creando un cuerpo, depósito incorruptible en que éstas se conservaran ilesas y a la vista de los monarcas y del pueblo; restituir a la soberanía todos sus derechos; sacar a los vasallos (mirados como de inferior naturaleza durante los tiempos de la ignorancia armada del poder) a un estado de hombres con libertad; de manifestar a los tribunales y a sus conciudadanos, por escrito, los males y violencias que sufrían y de agenciar su felicidad; contener el número y las usurpaciones de los cuerpos y jerarquías; alejar para siempre la arbitrariedad y errores en la administración de la justicia, simplificando sus fórmulas, y decidirse finalmente a favor de la reproducción y aumento del género humano, reputando por el mayor mal la pérdida de cada individuo, hubiera sido el principio de la regeneración y vida de esta república y era el único medio para que fuese subsistente y verificable la idea de su restauración"[1232].

En coherencia con estas reflexiones, Aguirre articula unas "Leyes constitucionales cuya observancia es una obligación inviolable para todos los individuos de la sociedad". En el artículo decimoquinto y último de esas Leyes contempla la libertad de imprenta en estos términos:

> "Un medio seguro de que el gobierno se vea instruido de todos los males y violencias que sufre el pueblo, de los auxilios que necesite y de los oscuros pasos y solicitudes hipócritas de los que aspiran a la subversión del orden; un camino directo para que se establezca la crítica fina y un sistema de ciencias y artes, el más ventajoso a la causa pública; una defensa de la libertad civil; un muro contra las fatales consecuencias, que el fanatismo acarrea con la oscura ignorancia y silencio temeroso, que lo acompañan siempre; un publicador de los desvelos del Jefe de la patria, de sus Consejos, de los tribunales e individuos empleados en el servicio de la sociedad (de cuyos procedimientos, patrióticos afanes y esmeros debe el público ser instruido en papeles y obras periódicas, que sólo callen los arcanos de estado, cuya publicación sería perjudicial a la misma nación), y un tribunal, en fin, que censure las costumbres viciosas, los excesos del lujo y sus extravagancias, los errores en la moral y máximas de los que pretenden introducir novedades dañosas en la jurisprudencia de las naciones, es la sensata libertad de la imprenta. Establézcanla el gobierno y la sociedad (no tolerando el imprudente abuso contra la honra de los ciudadanos) si quieren que sea ésta dichosa y menos expuesta a la corrupción. Sólo aborrece la luz el que procede mal"[1233].

[1231] *Ibidem,* p. 188.
[1232] *Ibidem,* p. 201.
[1233] *Ibidem,* p. 195.

Como puede apreciarse, Aguirre contempla la conveniencia de establecer una "sensata libertad de imprenta", sensata porque deja claro que ni el gobierno ni la sociedad pueden permitir un ejercicio abusivo de la misma que dañe la honra de los ciudadanos. Nuestro autor se refiere con carácter previo a las virtualidades positivas de esta libertad que van desde operar como medio seguro de información del gobierno hasta posibilitar la crítica (como, por ejemplo, mediante la censura de las costumbres viciosas o de los errores morales), o desde actuar como una barrera frente al fanatismo resultante de la ignorancia hasta publicitar los desvelos de los distintos poderes del Estado al servicio de la sociedad. Harto elocuente es, por lo demás, la afirmación con la que se cierra este artículo: "Sólo aborrece la luz el que procede mal". Son patentes la riqueza de significados y las virtualidades instrumentales que Manuel de Aguirre atribuye a la libertad de imprenta. Su contemplación en el último de los artículos de estas Leyes constitucionales no deja de tener un simbolismo: el "militar ingenuo" atisba en esta libertad la garantía última del marco social que diseña con su Constitución.

III. En los núms. 161, 162 y 163 del *Correo de Madrid,* correspondientes a los días 7, 10 y 14 de mayo de 1788, esto es, con posterioridad a la publicación del discurso anterior, Aguirre publicaba una serie de tres discursos bajo el rótulo general de *Sobre el tolerantismo*[1234]. Los dos primeros números del periódico fueron denunciados ante el Santo Oficio y prohibidos justamente por razón del discurso de Aguirre, que se consideró que estaba lleno de doctrinas falsas y temerarias y formalmente heréticas, sediciosas, seductoras de los pueblos e inductoras de rebeliones[1235].

Los tres discursos a que ahora nos referimos podrían en cierto modo considerarse continuadores de su anterior escrito, *Demostración de la perjudicial filosofía de Roselli,* publicado en el núm. 133 del *Correo de Madrid* correspondiente al 30 de enero de 1788[1236]. En este escrito, Aguirre se opone frontalmente al estudio de las máximas de la filosofía escolástica, defendido por el escolástico italiano, pero que el vasco considera contrarias al progreso intelectual y conducentes a la intolerancia. En abril de 1789, en el prestigioso periódico *Espíritu de los mejores diarios que se publican en Europa,* se publicaba un trabajo titulado "La intolerancia civil", fechado el 3 de junio de 1788 en Sevilla con las iniciales: "L. D. P. L. B.", que ha sido objeto de un detenido estudio por Julián Marías[1237], quien considera que su autor probablemente era un eclesiástico , pudiéndose también pensar que formaba parte de alguna comisión de censura, de la Inquisición o del Consejo de Castilla, y cuyo objeto era la crítica agria de los tres discursos publicados por Aguirre

[1234] Puede verse en Manuel de AGUIRRE: *Cartas y Discursos del Militar Ingenuo..., op. cit.,* pp. 307-330.

[1235] Los discursos de los núms. 161 y 162 eran prohibidos por causa del discurso de Aguirre aun para los poseedores de licencia "por estar llenos de doctrinas respectivamente falsas, temerarias, *sapientes haeresim,* erróneas y formalmente heréticas, sediciosas, seductivas de los pueblos, inductivas a rebeliones y a sacudir todo yugo de legislación eclesiástica y civil, destructivas de la moral cristiana, fomentadoras del tiranicidio y dirigidas a establecer la total libertad de conciencia e independenmcia de las Supremas Potestades". *Apud* Manuel de AGUIRRE: *Cartas y Discursos del Militar Ingenuo..., op. cit.,* p. 307, nota (de Antonio Elorza). Asimismo, en Lucienne DOMERGUE: *Censure et lumières dans l´Espagne de Charles III, op. cit.,* p. 176.

[1236] Esta "Demostración" contraria a Roselli puede verse en Manuel de AGUIRRE: *Cartas y Discursos..., op. cit.,* pp. 239-251.

[1237] Julián MARÍAS: *La España posible en tiempo de Carlos III,* Madrid, Sociedad de Estudios y Publicaciones, 1963, pp. 148-165.

en mayo de 1788. Entre otros apasionados argumentos en favor de la intolerancia, se afirma lo que sigue:

> "Dichosa ignorancia la nuestra si ella no nos ha producido otros males que la falta de unas obras como las que condena nuestra Religión, y dichosa la barrera que contiene la libertad del entendimiento de los españoles para no haber corrido por los precipicios de la impiedad.
>
> Examinen, pues, nuestros atrevidos eruditos los progresos de la razón en todos los siglos y Naciones, y hallarán los horribles monstruos que ha producido entre las más cultas y civilizadas y verán con cuánto motivo procura España ponerla freno"[1238].

Retornando a los tres discursos *Sobre el tolerantismo,* en ellos Aguirre hace una cerrada defensa de la tolerancia civil, "que tan felices y pobladas hace a todas las posesiones de los príncipes católicos, eclesiásticos y protestantes de Alemania, a la fuerte y rica Inglaterra, a la industriosa Holanda, al envidiable país de los suizos, a la naciente ya poderosa república americana"[1239]. A lo anterior une un duro fustigamiento de la intolerancia, "horrible monstruo criado en el corazón del hombre, no por el benigno autor de la naturaleza, sino por las execrables pretensiones de que es capaz el amor propio, que abriga en sus tortuosas interioridades"[1240]. Y es que, argumenta nuestro autor, el hombre que con poder y dominio vio que los demás no seguían sus opiniones se dijo:

> "¿Cómo?, yo, que con mi extraordinario talento y singular comprensión no puedo errar jamás, ni padecer engaños en mis ideas y creencias, ¿he de sufrir que no reconozcan todos esta superioridad que logro sobre sus luces, este particular regalo que me hizo la naturaleza y que con su desaprobación o diferentes ideas (que todo es uno) mortifiquen mi justa persuasión, pretendiendo que yo dude de mis invariables aciertos, al ver que no lo parecen a los ojos de los demás? ¿Para qué es mi fuerza y poder? Muera el necio, el insolente que se atreva a dudar que la sabiduría y el acierto reinan en mis opiniones. ¿Quiénes son ellos, gente soez, para creer que pueden pensar por sí y dudar de mis infalibles decisiones?"[1241].

En el fondo, Aguirre está visualizando la intolerancia como una consecuencia de la extremada soberbia y egoísmo de los poderosos. Y a su vez, el militar vasco atisba en la ignorancia el mejor sustento del despotismo, apuntando que para quienes dominan sobre la torpe muchedumbre no ha habido ni hay medio más seguro ni más directo de procurar que la muchedumbre desconozca toda la inconsecuencia de su constitución y su desgraciada suerte, que el de hacer creer a aquélla "que era incapaz de pensar por sí y que no tenía derecho de discurrir sobre lo que se la decía como cosa cierta y dictada por la sabiduría de los estudiosos doctores y hombres constituidos en los altos puestos. Y establecida esa creencia de la muchedumbre, ¿no quedaba al arbitrio de los que dirigían el esparcir doctrinas, el crear sistemas y el dictar medios que los enriquecieran y proporcionasen una vida poco afanosa y rodeada de comodidades, del público obsequio y de universales acatamientos? ¿Todo esto –se interroga finalmente Aguirre– no merecía

---

[1238] *Apud* Julián MARÍAS: *La España posible..., op. cit.,* p. 152.
[1239] Manuel de AGUIRRE: *Cartas y Discursos del Militar Ingenuo..., op. cit.,* p. 311.
[1240] *Ibidem,* p. 320.
[1241] *Ibidem,* pp. 328-329.

el cuidado que ponían en que no se introdujera la luz o el derecho de pensar a deshacer un plan tan acomodado?"[1242]. Aguirre apunta de modo implícito hacia el clero y sus injustificados privilegios. No ha de extrañar que sus discursos fueran censurados.

Si en sus *Discursos sobre el tolerantismo* el vasco se enfrentó con ferocidad con los defensores a ultranza del Antiguo Régimen, recuerda Elorza[1243], que en sus últimas *Cartas* publicadas en el *Correo* en agosto de 1788, iba a entrar en conflicto con uno de los ilustrados moderados más relevantes, el clérigo mallorquín Cristóbal Cladera, que veinte años más tarde sería uno de los firmantes de la Constitución de Bayona. Éste pronunció una disertación sobre el origen de las sociedades civiles en la Real Academia de Santa Bárbara, que posteriormente publicó en su periódico los días 2 y 9 de junio de 1788. El objeto de su disertación era poner a prueba la validez de las teorías sobre el contrato social, manteniéndose al efecto en una posición de equilibrio. La respuesta de Aguirre no se haría esperar, publicando en tres números de el *Correo de Madrid* (entre el 30 de julio y el 6 de agosto de 1788) un *Discurso erudito del Militar ingenuo (sobre el contrato social)*[1244]. Nuestro autor se reafirmará en su posición completamente favorable a las tesis rousseaunianas.

I) Eduardo Malo de Luque, pseudónimo del Duque de Almodóvar: su *Constitución de Inglaterra* y su difusión entre nosotros de la libertad de la prensa inglesa

I. En la primavera de 1778 llegaba a Londres en calidad de Embajador extraordinario ante la Corte británica don Pedro Francisco de Góngora y Luján, en ese momento marqués de Almodóvar del Río. Al declararse ese mismo año la guerra, regresará pronto a Madrid. No obstante su breve estancia en la ciudad londinense, el marqués de Almodóvar escribirá una obra sobre la Constitución de Inglaterra. Como señala Vallejo[1245], se trata de la primera obra de género expresa y directamente constitucional elaborada, publicada e impresa en castellano, la primera también de un autor español. La constitución inglesa presentaba un particular interés para los ilustrados españoles, entre otras razones, porque reconocía y garantizaba un amplio conjunto de libertades individuales, entre ellas, la libertad de imprenta. Almodóvar pudo disponer no sólo de la obra del ginebrino Jean Louis De Lolme, *Constitución de Inglaterrra,* publicada en francés en 1771 y en inglés en 1775, sino también de los primeros volúmenes de los *Commentaries on the Laws of England* de William Blackstone, que comenzaron a publicarse en 1765, cerrándose la publicación de los cinco volúmenes en 1769, obra ésta la del profesor de Oxford que también constituyó una fuente primigenia de información para De Lolme.

Antes de continuar, quizá convenga facilitar algunos datos sobre el primer Duque de Almodóvar del Río (Madrid, 1727-1794), título que se le concedió en 1780[1246]. De entrada, lo primero que habría que señalar es que fueron muchos los nombres o pseudónimos

[1242] *Ibidem,* p. 329.

[1243] Antonio ELORZA: *La ideología liberal..., op. cit.,* p. 284.

[1244] Puede verse en Manuel de AGUIRRE: *Cartas y Discursos del Militar Ingenuo..., op. cit.,* pp. 349-357.

[1245] Jesús VALLEJO: "Estudio preliminar: Escritura, contexto y memoria de la Constitución de Almodóvar", en la obra del Duque de Almodóvar, *Constitución de Inglaterra,* Madrid, Centro de Estudios Políticos y Constitucionales—Boletín Oficial del Estado, 2000, pp. XV y ss.; en concreto, p. XVI.

[1246] Recordemos que desde tiempo atrás ostentaba los títulos de Marqués de Almodóvar y de Conde de Canalejas.

que empleó llegado el momento de publicar sus diferentes obras; tan sólo recordaremos uno: el de Eduardo Malo de Luque, según Llorente, anagrama de "el duque de Almodobar" (*sic*), pues sus letras son las mismas, lo que habría que precisar que, evidentemente, no es así. El mencionado autor viene a sugerir que la ocultación de su nombre, aunque el duque no cuidó de negar que fuera su autor, pues llegó a presentar un ejemplar de la obra al propio Carlos III, se pudo deber al deseo de protegerse frente a la Inquisición, pues la obra fue delatada ante ésta, tomando los inquisidores muchos informes secretos sobre las opiniones religiosas del duque y formando "sumaria" contra él, de la que, sin embargo, no resultó suficiente motivo para la prisión[1247]. Hombre bien conocido en su tiempo, como revela el hecho de que Juan Sempere y Guarinos, en el tomo IV de su relevante obra sobre los escritores del reinado de Carlos III, publicado en 1787, se hiciera eco de él[1248], o los pronunciamientos favorables que su obra encontró, entre otros, en Jovellanos, lo cierto es que el paso del tiempo condujo, prácticamente, a su absoluto olvido. En el ostracismo en que cayó el duque de Almodóvar pudo incidir su posible, aunque no verificada, participación en la llamada "conspiración de Picornell", que, pretendiendo reformar la monarquía de Carlos IV en un sentido constitucional, fue abortada en 1795. Recuerda Vallejo[1249] que nuestro personaje fue adscrito al círculo sevillano de Pablo de Olavide, que, como ya hemos tenido ocasión de decir, mantenía una estrecha relación, entre otros, con el conde de Aranda, con Campomanes, O´Reilly, Ricardos y Roda. El duque de Almodóvar tuvo una importante actividad diplomática, pues antes de Londres ejerció tales funciones ante la Corte imperial rusa (1761-1763) y en Lisboa (1765-1778). A su retorno a Madrid tras su breve gestión en Londres, nuestro personaje concentró su atención en la actividad intelectual. En 1792 sucedió a Campomanes en la dirección de la Real Academia de la Historia, dato que ilustra significativamente acerca de su reconocimiento intelectual.

Almodóvar iba a llevar a cabo diferentes traducciones de obras extranjeras, pero las mismas estaban salpicadas de comentarios, apostillas y críticas a la obra original, hasta el extremo, diríamos, de no saberse muy bien si el libro resultante era una traducción o se trataba de una obra original. De esta forma, como se ha señalado[1250], Almodóvar se aficionó a la disgresión y al excurso, actitud de la que él mismo se mofa como si fuera fatalidad de su carácter. Así las cosas, concienciado de la necesidad de dar a conocer la *Histoire Philosophique et Politique des Établissements et du Commerce des Européens dans les deux Indes,* obra del abate Guillaume Thomas Raynal, que en su edición de 1795 constaba de diez volúmenes, el duque iba a emprender la redacción de su propio libro, que no llegaría a finalizar, no obstante haber podido publicar cinco volúmenes entre 1784 y 1790, con el título de *Historia de los Establecimientos ultramarinos de las naciones europeas*. Recuerda Vallejo[1251], que a fines de 1783 el duque de Almodóvar obtenía la licencia de impresión para el primer tomo de su obra, que incluía los dos primeros libros del abate Raynal. El segundo tomo, aparecido en 1785, quedaba integrado por el tercer libro de la *Histoire*

[1247] Juan Antonio LLORENTE: *Historia crítica de la Inquisición de España,* tomo V, París, Librería de Rosa, 1825, p. 294.

[1248] Cfr. al respecto Juan SEMPERE Y GUARINOS: *Ensayo de una biblioteca española de los mejores escritores del reinado de Carlos III,* tomo IV, Madrid, Imprenta Real, 1787, pp. 1-8. Manejamos la edición facsímil de esta obra en 3 tomos hecha en Salamanca por la Junta de Castilla y León, Consejería de Educación y Cultura, en 1997 (el original tomo IV en el tomo II de la nueva edición).

[1249] Jesús VALLEJO: "Estudio preliminar: Escritura, contexto y memoria...", *op. cit.,* p. XXIII.

[1250] *Ibidem,* p. XXVI.

[1251] Jesús VALLEJO: "Estudio preliminar: Escritura, contexto y memoria...", *op. cit.,* pp. XXXVI-XXXVII.

de Raynal, acerca de la presencia inglesa en la India, y por un extensísimo añadido que era rotulado con este larguísimo título: *Apéndice al Libro tercero de la Historia de los establecimientos ultramarinos de las naciones europeas,* por Eduardo Malo de Luque, añadiéndose de inmediato: "Contiene la Constitución de Inglaterra, y la continuación de los asuntos de la Compañía inglesa de las Indias Orientales"[1252].

La *Constitución de Inglaterra* (título con el que ha sido publicado ulteriormente entre nosotros el mencionado Apéndice al libro tercero[1253]) presentaba el interés de que el original de que partía, la *Histoire* de Raynal, se había cerrado en 1778, tan sólo dos años antes de que expiraran los privilegios de explotación concedidos a la Compañía. Sin embargo, aunque la obra parece presentarse como algo subordinado a la continuación de los asuntos de la Compañía inglesa de las Indias Orientales, no es éste el único, ni siquiera el más importante, asunto abordado, siendo lo atinente a la Constitución el asunto principal y el relativo a la mencionada Compañía, el secundario. Basta para comprobarlo con atender al Índice del Apéndice que, estructurado en doce artículos, a lo largo de más de 200 páginas, aborda todos los grandes aspectos constitucionales del sistema inglés, incluyendo un artículo VI con el rótulo de: "Análisis de los principales puntos constitucionales: libertad de la prensa"[1254].

El influjo del libro de De Lolme sobre el de Almodóvar es patente y profundo; Almodóvar lo utiliza profusamente, citándolo unas veces y en otras ocasiones omitiendo cualquier referencia a De Lolme, aunque la idea provenga del ginebrino. Bien es verdad que, en determinadas partes de su obra, Almodóvar va a estar más influido por Blackstone que por De Lolme, pero ese no es justamente el caso del tratamiento del capítulo relativo a la libertad de prensa[1255]. Sin embargo, rectificando con ello algo que dijimos en otro lugar[1256], no se trata ni mucho menos de una traducción en el sentido clásico, pero tampoco nos sitúa Almodóvar ante una construcción original; bien podría decirse que en su capítulo sobre la libertad de prensa lo que hace en realidad es un resumen de las ideas vertidas por De Lolme

---

[1252] El texto que de este Apéndice manejamos, digitalizado por *Google,* al margen ya de las páginas de la "Tabla del Apéndice" y de las "Piezas anexas al Apéndice", se halla integrado por un total de 213 páginas, a las que se han de añadir otras 109, que son las que componen las "Piezas anexas".

[1253] DUQUE DE ALMODÓVAR: *Constitución de Inglaterra,* Madrid, Centro de Estudios Políticos y Constitucionales/Boletín Oficial del Estado, 2000.

[1254] En la edición original digitalizada por *Google* de que disponemos, el Art. VI se halla en las pp. 73-83. En la edición del CEPC del año 2000 de la *Constitución de Inglaterra,* que también manejamos, el punto que ahora aparece como número V, aunque con igual título, se puede ver en pp. 47-54.

[1255] Blackstone será mucho más escueto que De Lolme en su tratamiento de la *liberty of the press,* a la que considera esencial a la naturaleza de un Estado libre, precisando a continuación que esta libertad "consists in laying no previous restraints upon publications, and not in freeedom from censure for criminal matter when published". Admite Blackstone a renglón seguido, que cada hombre libre tiene un indudable derecho a exponer ante el público los sentimientos que le complazcan ; prohibir esto es destruir la libertad de la prensa, pero si publica lo que es inadecuado ("improper"), dañino ("mischievous") o ilegal ("illegal"), debe asumir las consecuencias de su propia temeridad. En fin, Blackstone incide más en los límites de esta libertad de lo que lo hace De Lolme, como revela esta última reflexión que de él traemos: "to punish (as the law does at present) any dangerous or offensive writings, which, when published, shall on a fair and impartial trial be adjudged of a pernicious tendency, is necessary for the preservation of peace and good order, of government and religion, the only solid foundations of civil liberty". William BLACKSTONE: *Commentaries on the Laws of England* (A Facsimile of the First Edition of 1765-1769), Vol. IV (Of Public Wrongs. 1769), Chicago and London, The University of Chicago Press, 1979, pp. 151-152.

[1256] Francisco FERNÁNDEZ SEGADO: "El camino hacia el reconocimiento de la libertad política de la imprenta por las Cortes de Cádiz", en *Revista de las Cortes Generales,* nº 86, segundo cuatrimestre 2012, pp. 7 y ss.; en concreto, pp. 74-75.

en sus dos capítulos dedicados a esta libertad. En lo que ahora interesa, baste de momento con decir, como apunte significativo de esa inspiración en De Lolme, que también la obra del ginebrino iba a dedicar dos capítulos del Libro II (los capítulos duodécimo y decimotercero) a la libertad de imprenta[1257]. En cualquier caso, de lo que no cabe duda alguna es de que el duque de Almodóvar iba a trasladar a nuestro país las ideas inglesas acerca de la libertad de prensa o imprenta, anticipándose en ello al directo conocimiento de la obra de De Lolme. La más conocida versión en castellano de este último libro, vertida a nuestra lengua por el Catedrático de Derecho español de la Universidad de Alcalá de Henares don Juan de la Dehesa, se publicó en Oviedo en 1812, dedicándola el traductor a las Cortes generales y extraordinarias el 24 de diciembre de ese mismo año[1258]. Es cierto que Clavero, editor y autor del "Estudio introductorio" del libro a que venimos refiriéndonos, lleva a cabo una rectificación importante al final del mismo, haciéndose eco de que ya con la obra casi impresa tuvo noticia de otra traducción castellana del libro de De Lolme, llevada a cabo por don F. de la Dehesa, que databa de 1807, si bien constata no haber podido acceder a esa obra[1259].

Las dudas que puede suscitar la existencia de una edición de la obra de De Lolme en el año 1807 derivan del hecho de que a fines de ese mismo año, a instancias del Juzgado de Imprentas, se abría por la Inquisición expediente de calificación de la obra "intitulada *Constitution de l´Angleterre par M. de Lolme,* 2 tomos, imp. en *Genève* en 1793", emitiéndose el pertinente dictamen el 30 de noviembre, en el sentido de que "no se le dé curso para su publicación". El argumento fundamental utilizado para censurar la obra era el de que en ella se hallan muchas

> "proposiciones que indirectamente se rozan contra la autoridad de los Soberanos y demás potestades distintas de las de Inglaterra. El objeto casi único de estos libros es demostrar las ventajas de la legislación Inglesa sobre los demás Gobiernos, suponiendo para su apoyo como derecho nato en el hombre la resistencia a todo gobierno Monárquico, como opresivo y contrario a la libertad y felicidad de los Pueblos. A esta doctrina contraria a Santo Tomás, y otros muchos Doctores acompañan pruebas subversivas de toda dominación Monárquica con espresiones (*sic*) frecuentes de tiranía y despotismo sumamente perjudiciales a los incautos, y de motivos de insurrección a los libertinos"[1260].

Aunque el Inquisidor Fiscal no vería motivo para impedir la publicación de la obra, al entender que cualquier determinación que hubiere de adoptarse al respecto sería más propia del Ministerio que del Santo Oficio, lo cierto sería que la resolución final de 18 de diciembre de 1807 era la de prohibición de la publicación "por contener proposiciones subversivas y anti-Monárquicas". Sea como fuere, la obra del Duque de Almodóvar es bastantes años anterior, pues como ya se ha dicho los cinco volúmenes que publicó aparecieron entre 1784 y 1790[1261].

[1257] Jean Louis DE LOLME: *Constitución de Inglaterra,* edición de Bartolomé Clavero, Madrid, Centro de Estudios Constitucionales, 1992; los capítulos 12 y 13 del Libro II pueden verse en pp. 222-232.

[1258] En la p. 103 de la versión castellana de la obra de De Lolme, publicada por el CEC, puede verse reproducida la portada del libro en su edición de 1812, y en la p. 107 la dedicatoria de Juan de la Dehesa a las Cortes.

[1259] Bartolomé CLAVERO: "Rectificación importante", en Jean Louis DE LOLME, *Constitución de Inglaterra, op. cit.,* p. 527.

[1260] *Apud* Jesús VALLEJO: "Estudio preliminar: escritura, contexto...", *op. cit.,* LXXXV-LXXXVI.

[1261] Fernández Sebastián da como fecha precisa del segundo tomo, que es el que para nosotros presenta interés, la del año 1785. Javier FERNÁNDEZ SEBASTIÁN: "El imperio de la opinión pública según Álvaro

II. Vamos en nuestra exposición a referirnos primeramente al tratamiento dado a la libertad de imprenta por Jean Louis De Lolme, y sólo después a lo que sobre tal libertad nos dice el duque de Almodóvar, y ello por cuanto, como podrá apreciarse, las más de las veces el último se limita a transcribir lo que el primero ha escrito. El autor nacido en Ginebra en 1741 inicia el primero de los capítulos dedicados a la libertad de imprenta refiriéndose a la que denomina "autoridad censoria", a cuyo través los hombres de varios Estados "han intentado buscar un expediente que pudiese suplir los defectos inevitables de las providencias legislativas, y que empezase por obrar, por decirlo así, desde el punto en que cesasen éstas"[1262]. De Lolme reconoce que tal autoridad puede producir efectos muy grandes, para precisar de inmediato que su ejercicio contrario al de la potestad legislativa es menester que se deje al pueblo. Como sólo la opinión de los individuos opera como freno de la autoridad censoria, ésta "no podrá nunca producir el efecto a que se dirige, sino en quanto se declare y sepa la opinión pública". Por lo mismo, un "tribunal particular censorio frustra esencialmente el fin de su creación, y trae además gravísimos inconvenientes".

En armonía con lo expuesto, De Lolme considera como una prueba más de la solidez de los principios en que se funda la Constitución inglesa, "el haber dado al pueblo mismo el encargo de examinar y acusar sin rebozo la conducta de los que tienen qualquiera ramo de autoridad pública, y el haber puesto en manos de todo el pueblo el exercicio de la potestad censoria"[1263]. Y es que en Inglaterra cualquier súbdito tiene no sólo el derecho de representar al Rey o a las Cámaras del Parlamento, sino también el de exponer al público sus quejas y observaciones por medio de la prensa. "Derecho formidable para los que gobiernan –dirá el ginebrino– y el qual disipando continuamente la nube de magestad (*sic*) que los rodea, los iguala con el resto del género humano, y ataca los principios mismos de su autoridad"[1264]. No ha de extrañar por lo mismo que ninguno de los privilegios que el pueblo ha conseguido frente al poder ejecutivo le haya costado tanto trabajo ni tiempo como este derecho de crítica al poder público. La historia abunda en ejemplos del rigor con que la Cámara Estrellada trataba a quienes osaban escribir sobre asuntos públicos. Además, sin la aprobación de un juez nombrado por la propia Cámara no se podía publicar ningún libro. A todo ello había de unirse el que el citado tribunal actuara sin intervención de un jurado. Incluso tras la abolición de la Cámara Estrellada, el Parlamento Largo renovó los reglamentos contra la libertad de imprenta. Sólo en 1694, después por tanto de la *Glorious Revolution,* de resultas de no acceder el Parlamento a que continuase la prohibición, se estableció definitivamente la libertad de imprenta.

¿En qué consiste –se interroga poco después De Lolme– esta libertad? No desde luego en publicar cuanto a uno se le ocurra, calumniando y denigrando a quien quiera, pues las mismas leyes que protegen la persona y bienes del individuo, han asegurado también su reputación, e imponen a los autores de libelos, cuando lo son realmente, penas semejantes a las que se les imponen en otras naciones. Pero desde luego, y a diferencia de otros Estados, subraya De Lolme, que lo que las leyes inglesas no permiten es que se

---

Flórez Estrada", en Joaquín Varela Suanzes-Carpegna (coord.), *Álvaro Flórez Estrada (1766-1853). Política, economía, sociedad,* Oviedo, Junta General del Principado de Asturias, 2004, pp. 335 y ss.; en concreto, p. 352, nota 29.

[1262] Jean Louis DE LOLME: *Constitución de Inglaterra, op. cit.,* pp. 222-223.

[1263] *Ibidem,* p. 223.

[1264] *Ibidem,* p. 224.

considere a uno delincuente tan sólo por publicar un impreso, mandando castigar tan sólo al que haya impreso cosas criminales, y siempre que sea declarado reo de esto por un jurado de doce personas de su clase. En definitiva, la libertad de imprenta, según se halla establecida en Inglaterra, consiste en "que ni los tribunales de justicia, ni otros jueces, sean los que fueren, pueden informarse anticipadamente de lo que se va a imprimir; sino que tienen que ceñirse a lo que está ya impreso, y en estos casos deben proceder por juicio de jurados"[1265]. De la extraordinaria importancia que De Lolme da al *jury trial* da cuenta su consideración de que la exigencia del juicio de jurados "es la que más particularmente constituye la libertad de imprenta", pues si fuesen los magistrados los únicos jueces de la criminalidad de los escritos que se publicasen, podría suceder fácilmente (más aún en un punto como éste, que tantos celos da a la autoridad gubernativa) que actuasen con tanta firmeza, "que consiguiesen al cabo cortar de raíz todas las cabezas de la hidra". La garantía de la intervención del jurado se refuerza aún más si se tiene en cuenta que es al propio jurado a quien pertenece decidir sobre el hecho y el derecho. Y aunque las leyes de Inglaterra no permiten a quien haya sido acusado de haber publicado un libelo ofrecer pruebas de los hechos que contiene, pues ello quizá trajera consecuencias aún más perniciosas, la acusación ha de expresar que los hechos publicados son falsos o maliciosos, y frente a ello siempre será el *jury* quien tendrá la última palabra, siendo además dueño de la declaración, esto es, pudiendo fundarla en las consideraciones que quieran.

Las consecuencias de este régimen jurídico de la prensa son patentes para De Lolme: "la suma seguridad con que qualquiera puede en Inglaterra comunicar sus sentimientos al público, y el interés que necesariamente toman todos en asuntos relativos al gobierno, han multiplicado maravillosamente toda especie de papeles periódicos"[1266].

Esta notoriedad de todas las cosas, viene a concluir nuestro autor, es lo que constituye esa autoridad supletoria (en un primer momento llamada "autoridad censoria"), o freno que tan útil es "para remediar la inevitable insuficiencia de las leyes, y para contener dentro de sus respectivos límites a todos los que tienen alguna parte en el mando", pues como unas líneas después añade el ginebrino, "sean quales fueren los abusos en que tengan la tentación de incidir los que gobiernan, están convencidos de que en un orden de cosas tal como éste, inmediatamente se divulgarán sus excesos"[1267]. Estas palabras no han perdido un ápice de su valor pese a los casi dos siglos y medio transcurridos desde que fueron escritas.

En el capítulo decimotercero, De Lolme aborda la operatividad política de la libertad de imprenta, que compendia en la idea de que la misma coadyuva a "que el pueblo puede valerse efectivamente de los medios que le ha dado la constitución para influir en las operaciones del gobierno"[1268]. A través de esta libertad el pueblo se congrega, por así decirlo, y delibera toda la nación, lentamente, desde luego, pero de un modo regular y seguro. ¿Cómo podrá obrar el pueblo inglés, –se interroga De Lolme– una vez que se haya formado opiniones que puedan llamarse suyas, cuando juzgue que tiene justos motivos para quejarse del gobierno? La respuesta es clara: valiéndose del derecho de nombrar

[1265] *Ibidem,* p. 225.
[1266] *Ibidem,* p. 226.
[1267] *Ibidem,* p. 227.
[1268] *Ibidem,* p. 229.

sus representantes , y del mismo modo que se ha informado por medio de los papeles públicos de los objetos de sus quejas, podrá también aplicar el remedio conveniente.

La visión liberal de esta libertad resplandece con intensa luz en las páginas de De Lolme. La libertad de imprenta se concibe no tanto como un privilegiado vehículo para la transmisión de las luces cuanto como un instrumento de freno, de límite frente a los posibles abusos del poder, que, enmarcado en un sistema representativo en el que el pueblo elige a sus representantes, alcanza el cénit de su operatividad.

III. El duque de Almodóvar dedica una mucho menor extensión a tratar esta libertad, siguiendo muy de cerca el tratamiento dado a la misma por el ginebrino. Comienza su exposición propiamente dicha de esta libertad, apoyándose en De Lolme para señalar que los ingleses han conocido "los inconvenientes o poco fruto de un Tribunal de censura, como el famoso de los antiguos romanos, que tanto ponderan Montesquieu, Rousseau y otros escritores; y en su lugar han substituido la libertad de la prensa, que perennemente vigila sobre la permanencia constitucional"[1269]. Almodóvar se refiere a continuación al contenido de esta libertad que tiene el pueblo de examinar y censurar la conducta del Gobierno, que "no solamente asegura a cada particular el derecho de hacer sus representaciones al Rey o a las Cámaras, sino que le dan el de apelar con sus quexas y sus varias observaciones al Tribunal del público por la via de la imprenta". Reitera Almodóvar, siguiendo al ginebrino, que se trata de un derecho formidable que, sin embargo, tiene sus límites, reproduciendo resumidamente lo expuesto por De Lolme.

El duque alude inmediatamente después a "algunos casos modernos", entremezclando, quizá por fallarle la memoria, dos casos conocidos en su época, que Vallejo se encarga de precisar[1270]. Almodóvar se hace eco a continuación, siguiendo de nuevo el juicio del ginebrino, de cómo la perfecta seguridad con que cada uno puede comunicar sus ideas, y el interés que cada cual tiene en cuanto se refiere a los asuntos de gobierno, ha contribuido a multiplicar extraordinariamente toda especie de papeles públicos.

El duque cierra su capítulo sintetizando las ideas vertidas por De Lolme en el capítulo decimotercero de su libro, refiriéndose, pues, a la operatividad política de la libertad de imprenta. Recuerda al efecto la enorme publicidad de los votos y resoluciones de las Cámaras parlamentarias, e incluso de los discursos pronunciados en ellas, recordando

---

[1269] Duque de ALMODÓVAR: *Constitución de Inglaterra,* transcripción e índices de Jesús Vallejo, Madrid, Centro de Estudios Políticos y Constitucionales/Boletín Oficial del Estado, 2000, p. 51.

[1270] La precisión la hace Jesús Vallejo en la nota 4 de la p. 52 de la obra del Duque de Almodóvar, *Constitución de Inglaterra.* Creemos que vale la pena recordar el primero de esos casos. John Wilkes (1725-1797), un conocido político y periodista, miembro del Parlamento, emprendió en 1762 como autor del *North Briton* una dura campaña contra Lord Bute, que tanto éste como el propio Rey Jorge III pudieron considerar ofensiva. El ataque llevado a cabo en el nº 45 de esa publicación fue especialmente furibundo, desencadenando un procedimiento judicial impulsado por los condes de Halifax y Egremont. En virtud de un *general warrant* (un genérico mandamiento judicial de detención, sin especificación de las personas que deben ser arrestadas), Wilkes fue encarcelado en la Torre de Londres, siendo puesto en libertad una semana después por intervención del *Lord Chief Justice* en razón a entender que su inmunidad parlamentaria había sido conculcada. Wilkes y otros implicados actuaron judicialmente contra Halifax, en un proceso de especial trascendencia, no sólo para Wilkes, que fue indemnizado, sino, mucho más ampliamente, por la declaración general de ilegalidad de cualquier mandamiento indeterminado de detención. Una maniobra política ulterior desencadenó la expulsión de Wilkes del Parlamento, su posterior juicio en rebeldía, dado que huyó a París, y su condena por la publicación de un libelo sedicioso.

la gran circulación de todos estos papeles, con la consecuencia última que se anuda a esta libertad de la prensa, "poner al pueblo en estado de emplear los legítimos medios que le ha dado la constitución de influir en el Gobierno". Por esta via, añade el duque, "tiene la Nación una especie de Consejo general, y (al modo de decir) delibera, aunque a la verdad lentamente; pues una Nación no se instruye como una junta de Jueces; pero sí, con toda seguridad, y en la mejor forma posible"[1271]. No solamente conoce el pueblo, por intermedio de esta libertad, las disposiciones de la Cámara de los Comunes, sino que "la publicidad de todas las cosas" le hace conocer también los sentimientos de gran número de sujetos cuya situación les puede posibilitar acceder a la Cámara; con ello, "aprovechando las ocasiones de vacante, particularmente en los casos de elección, purifica (el pueblo) sucesivamente o de un golpe la Asamblea legislativa que le representa: de suerte, que sin mudar de Gobierno reforma sus principios"[1272].

Innecesario es decir que la publicación de la obra del duque de Almodóvar debió suponer un aldabonazo más en el intento de concienciar por lo menos a las minorías cultas acerca de la enorme trascendencia que para la vida pública podía tener una libertad como la de imprenta. Según Vallejo[1273], puede dudarse de la verdadera intención reformadora del duque de Almodóvar con la publicación de su obra, pero como el propio autor aduce, ¿hace realmente falta considerarla? ¿No es ya suficiente que se publicara y circulara su texto en 1785? ¿No puede generar ya sus propios efectos, independientes de la voluntad del autor la publicación de esta *Constitución de Inglaterra?*

J) Otras manifestaciones directa o indirectamente anticipatorias o proclives a esta libertad

a) De la postulación de la libertad filosófica por Gregorio Mayans a la opción en favor de una sabia libertad en la literatura por Juan Pablo Forner

I. Al margen ya de las posiciones doctrinales específicamente señaladas, en la época a que venimos refiriéndonos encontramos una pluralidad de manifestaciones adicionales directa o indirectamente relacionadas con la libertad de imprenta. En unos casos se reivindica directamente la libertad de imprenta, en otros, la libertad de pensamiento, lo que implícitamente presupone la libertad de su expresión. Hay otros casos en que, aún no aludiéndose a esta libertad, se llega a una defensa de la misma a través del rechazo del absolutismo monárquico y de la defensa de una "constitución", término con el que, aunque quizá no se esté propugnando un texto escrito o una declaración de derechos, sí se está rechazando a un monarca despótico y poniendo el acento en una nueva planta política en la que no puede caber duda de que han de hacer destacado acto de presencia los derechos y, entre ellos, de modo muy particular, la libertad de expresión del pensamiento, tan en boga en los últimos lustros del siglo, no sólo en Europa, también en nuestro país. Los libros, y de igual forma los papeles periódicos, serán los cauces privilegiados de defensa de esta libertad.

[1271] Duque de ALMODÓVAR: *Constitución de Inglaterra, op. cit.*, p. 53.
[1272] *Ibidem*, p. 54.
[1273] Jesús VALLEJO: "Estudio preliminar: escritura, contexto...", *op. cit.*, p. LVII.

Entre los autores que se pueden traer a colación al respecto, hemos de mencionar en primer término al erudito y profesor de Derecho de la Universidad valenciana Gregorio Mayans y Siscar (1699-1781), quien, como recuerda Maravall[1274], iba a seguir un camino en el que postularía la libertad filosófica. En páginas precedentes ya tuvimos la oportunidad de señalar que Mayans, elogiosamente, atribuyó al P. Vicente Tosca justamente el haber introducido en la Universidad de Valencia la "libertad de filosofar". En 1734, ante el Ministro José Patiño y no sin cierto atrevimiento, señalaba que si la filosofía (término que en esa época abarcaba un amplio espectro de contenidos) era una ciencia que pedía larga contemplación y experiencia, necesitaba no menos libertad en profesarla, o lo que es lo mismo, no tenía que atenerse por imposición a ninguna escuela, debiendo guiarse tan sólo por la libre investigación. Con ello, Mayans, como hicieran algunos otros de los "novadores"[1275] en su momento, postulaba la "libertad filosófica", concepto que, bajo una formulación parcial, entraña la primera forma de reivindicación de la libertad de pensamiento. Tal sería una de las batallas librada por Mayans (que en sus *Pensamientos literarios,* publicados en 1724, ya fustigó el barroquismo) con un evidente trasfondo político, porque por debajo de esa reclamación, los partidarios de la tradición social y de su ideología inmovilista vieron el primer paso para la constitución de una fuerza social que en el futuro les sería difícil de vencer si la dejaban crecer. En uno de sus primeros escritos salmantinos (Mayans estudió en Barcelona, Valencia y Salamanca) nuestro autor se manifestó con toda nitidez al escribir: *Ego cum veritate adversus omnes.* Cierto es que el concepto de verdad está lejos de ser un concepto ilustrado, pudiéndose adscribir a cualquier forma de pensamiento no presidida por el relativismo; lo que podrá ser ilustrado será el camino conducente a la verdad. Pero con su formulación, lo que Mayans está en realidad reivindicando es la libertad de la ciencia.

En 1742, Mayans fundó en Valencia la Academia Valenciana, sujetándola, como se ha puesto de relieve[1276], a los más rigurosos criterios de la historiografía crítica. La institución, que se sostenía con las aportaciones de los académicos, apuntaba a una definitiva reforma de la historiografía española, que Mayans no veía correctamente atendida por la institución equivalente de Madrid. Las dificultades, que se le iban a acumular al fundador, contándose entre ellas una denuncia ante el Santo Oficio, el embargo de su edición de la *Censura de historias fabulosas* de Nicolás Antonio y el ataque del cardenal Molina, que llamó a Mayans antiespañol, hicieron fracasar tan acertada iniciativa, y en 1751 la Academia Valenciana cesó en su actividad. Ese mismo año, en una carta escrita al nuncio Enríquez, motivada por su continuada campaña contra los infundios de la venida del Apóstol Santiago a

[1274] José Antonio MARAVALL: "G. Mayans y la formación del pensamiento político de la Ilustración", en la obra recopilatoria de sus artículos, *Estudios de Historia del Pensamiento Español,* tomo IV (Siglo XVIII), Madrid, Centro de Estudios Políticos y Constitucionales, 1999, pp. 497 y ss.; en concreto, p. 520.

[1275] Al período en que termina la vigencia general del Barroco, aunque en modo alguno las supervivencias parciales del mismo, que se mantienen más o menos en contradicción con los avances del nuevo período cultural que se abre, François López le dió la denominación de *temps de novateurs,* puesto que los portadores de un mensaje efectivamente renovador son los "novadores". Maravall propondría a su vez que se tradujera la expresión de López por la de "época de los novadores", utilizando ese neologismo de "época", en el que se vierte el concepto de *temps* en la acepción en que López lo emplea. Añadamos que esa época abarca los últimos años del siglo XVII, años en los que, según considera Smith en su libro *The Enlightenment, 1687-1776,* se inicia la Ilustración. No deja de ser al respecto bien significativo, que en 1687 aparezcan los *Principios matemáticos de la ciencia física* de Newton. José Antonio MARAVALL: "G. Mayans y la formación del pensamiento...", *op. cit.,* p. 501.

[1276] María-Dolores ALBIAC BLANCO: *Razón y sentimiento. El siglo de las Luces (1692-1800),* (vol. 4º de la *Historia de la literatura española,* dirigida por José-Carlos Mainer), Barcelona, Editorial Crítica, 2011, p. 335.

España, el valenciano escribía: "En España hay un celo excesivo en prohibir muchos libros de hombres eruditísimos que expurgados pudieran ser muy provechosos". Como dice Maravall[1277], ello implicaba una prudente aceptación de una censura limitada, contra la que esos primeros ilustrados no se atreverán a arremeter en sus representaciones oficiales. Pero no puede dejar de verse en el posicionamiento de Mayans una exaltación de la libertad de crítica, que en el primer pensamiento ilustrado equivaldrá a un libre ejercicio de la actividad intelectual. Con ello, Mayans se aproxima al Padre Feijoo, aunque es bien sabido que con el benedictino mantendría serias desavenencias. Mayans no reivindica explícitamente la libertad de imprenta; incluso parece admitir una cierta censura, pero en su defensa de esa libertad filosófica y en su opción por la libertad de crítica encontramos en ciernes aquella otra libertad.

Por lo demás, Mayans y los *novatores* se jactan, en su calidad de "ciudadanos libres de la República literaria", de que en dicha República de las letras, sobre cualquier principio de autoridad, debe prevalecer "la sentencia de los hombres sabios", esto es, el dictamen surgido de una crítica libre y del debate racional entre los eruditos, y unos años después el Padre Juan Andrés, con más amplio criterio, incluirá ya entre las instancias de esa crítica "las gacetas y diarios, que, anunciando al público las obras literarias que van saliendo a la luz, se erigen en jueces, y quieren proferir sentencias decisivas sobre su mérito". Tras estas tomas de posición subyace una defensa más o menos consciente no sólo de la libertad de crítica, sino también de la conveniencia de erigir a la opinión de una minoría culta e ilustrada en juez último del valor de esas obras integrantes de la "República literaria". De ahí que la doctrina[1278] haya podido señalar que la opinión pública comienza su moderno reinado en el ámbito literario; después, innecesario es decirlo, se adueñará del ámbito político.

II. Puede quizá resultar un tanto sorprendente hacernos eco aquí a continuación de un escritor digamos que tan peculiar y, sobre todo, contradictorio[1279], como Juan Pablo Forner (1756-1797), que daría incluso pie a una mordaz crítica de alguien tan ponderado como Jovellanos[1280], un escritor a quien se suele colocar en un lugar destacado de la nómina de

[1277] José Antonio MARAVALL: "G. Mayans y la formación del pensamiento...", *op. cit.*, p. 521.

[1278] Juan Francisco FUENTES y Javier FERNÁNDEZ SEBASTIÁN: *Historia del periodismo español, op. cit.*, p. 32.

[1279] Es difícil calificar –escribe Albiac Blanco– a un gran pensador erudito que se aviene a escribir y dar al público un escrito que sabe es parcial, injusto y se opone al rigor de otras obras suyas y a la filosofía ilustrada cuya Razón elogió. La respuesta quizá esté en la humana contradicción que en Forner llegó a establecer un radical divorcio entre aspectos de su pensamiento y de su actividad; en él hay, sin duda, una cierta venalidad intelectual que por resentimiento, por afán de ganar dinero, de promocionarse profesional y socialmente, lo impulsó a comportamientos poco edificantes. María Dolores ALBIAC BLANCO: *Razón y sentimiento. El siglo de las Luces (1692-1800), op. cit.*, pp. 608-609.

[1280] En su Diario del jueves 23 de marzo de 1797, Jovellanos se refiere a la muerte de Juan Pablo Forner en los siguientes términos: "Murió D. Juan Pablo Forner, tan desamado en el foro, como en el Parnaso: era valenciano; estudió en Salamanca; vínose a Madrid; empezó a distinguirse con la sátira del *Asno erudito,* atroz, amarga y llena de injurias y personalidades, contra D. Tomás Iriarte y sus hermanos, y señaladamente, contra las *Fábulas literarias* publicadas por el primero, es decir, contra lo mejor que produjo aquel joven". Y tras hacer un breve recordatorio de su obra, continua escribiendo: "Al fin quiso acogerse a la abogacía, pero presentado a examen, llevó por dos veces calabazas. Protegido por Lema, fue nombrado asesor de la casa de Altamira, y por Lerena y Floridablanca, fiscal de la Audiencia de Sevilla; allí se introdujo con el Asistente actual y su señora, y por su medio logró el favor del señor Príncipe de la Paz. Lisonjeóle, con composiciones de su agrado: un poema a la paz; otro al caballo *Mon plaisir,* y no se qué romances, cuya lectura acabada, dijo el Príncipe: <Es menester hacer a este poeta Fiscal de Castilla para que asenderee a

los "apologistas", esto es, de quienes tratan de reivindicar nuestra literatura del Siglo de Oro con la finalidad de hacer frente a los avances de la Ilustración, de lo que constituirá un ejemplo paradigmático su *Oración apologética por la España y su mérito literario* (1786), obra que, como ya se dijo, resultó ganadora en el concurso convocado para responder al famoso, y muy controvertido en España, artículo que Masson de Morvilliers publicara en la *Encyclopédie Méthodique* (1784), obra esta, la *Oración*, que ha sido considerada como una pieza nacionalista rancia[1281], en la que, con ciertas dosis de irracionalidad, se desprecian gran parte de la filosofía y de la ciencia modernas, si bien, desde otra perspectiva, también se haya estimado que la erudición que exhibe su autor, destacando figuras españolas del pasado que realizaron aportaciones memorables a la cultura occidental, es apreciable, y es un rasgo digno de ser tomado en consideración[1282]. Por lo demás, Forner, en sintonía con el pensamiento de su siglo, reivindicará con insistencia la crítica por principios a la luz de la verdad y la utilidad, de lo que puede dar ejemplo su sátira menipea[1283], rótulo que acompaña a su obra *Exequias de la lengua castellana*, y con el que pretende llamar la atención hacia unas muy precisas señas de identidad de género[1284].

Maravall ha roto una lanza en favor de Forner al visualizarlo como una figura clave del pensamiento español del siglo XVIII, al que de ordinario, con desenfoque perturbador, se le cita poco menos que como un reaccionario que asumió una postura "casticista", hostil a la Ilustración. Para el gran maestro de la historia del pensamiento español, lo que cuenta es el plano en que Forner sitúa el tema, la actitud de fondo que adopta, las últimas concepciones que entran para él en juego, relativamente a lo español y a lo no español[1285]. Y resulta que este acalorado autor de una *Apología* que ha dado lugar a que se le tache de castizo y de ciego defensor de lo propio contra las novedades de fuera, aparte de que no es esto nunca lo que dice, es, además, un convencido del hecho de la "decadencia" de España y esta idea constituye una pieza esencial en la visión del país y del tiempo en que vive[1286]. Por lo demás, con la profunda vivencia de solidaridad del ilustrado, el extremeño considera "íntimamente enlazados el interés de cada individuo con el de la nación toda". De ahí que su atención al bienestar del individuo parta de estimar que no cabrá por

---

aquellos viejos>. Dicho y hecho. Murió repentinamente el 16 de éste. Corre que le sucederá Meléndez; y tan manchada queda su silla que no lo deseo". Gaspar Melchor de JOVELLANOS: *Diarios*, selección y prólogo de Julián Marías, Madrid, Alianza Editorial, 1967, pp. 231-232.

1281 María-Dolores ALBIAC BLANCO: *Razón y sentimiento. El siglo de las Luces..., op. cit.*, p. 608.

1282 Jesús CAÑAS MURILLO: "Introducción", en la obra de Juan Pablo Forner, *Oración Apologética de la España y su Mérito Literario*, edición de Jesús Cañas Murillo, Departamento de Publicaciones, Diputación Provincial de Badajoz, Badajoz, 1997, pp. 11 y ss.; en concreto, p. 27.

1283 Por "sátira menipea" se identifica un escrito satírico de carácter especialmente político o religioso, a imitación de los atribuidos al poeta y filósofo griego de la escuela cínica Menipo (siglos IV-III a. C.), inicialmente esclavo de origen fenicio, liberado más tarde por su dueño. Justamente, el personaje de Menipo dará lugar a una bien conocida obra de Velázquez, que incluso lleva el título de *Moenipus*, aunque también aparece identificada en uno de los inventarios reales como "Retrato de un filósofo", y a cuyos pies coloca Velázquez sobre una plancha de madera que descansa sobre dos piedras una jarra que, según López-Rey, uno de los grandes especialistas en la pintura velazqueña, vendría a simbolizar el escepticismo de su filosofía, liberada de las contingencias humanas. José LÓPEZ-REY: *Velázquez. La obra completa*, Madrid/ Köln, Taschen/Wildenstein Institute, 1999, p. 126.

1284 Marta Cristina CARBONELL: "Introducción", en la obra de Juan Pablo Forner, *Exequias de la lengua castellana*, Madrid, Ediciones Cátedra, 2003, pp. 9 y ss.; en concreto, pp. 60 y 44.

1285 José Antonio MARAVALL: "El sentimiento de la nación en el siglo XVIII: la obra de Forner", en la obra recopilatoria de artículos del propio autor, *Estudios de Historia del Pensamiento Español*, tomo IV (Siglo XVIII), Madrid, Centro de Estudios Políticos y Constitucionales, 1999, pp. 59 y ss.; en concreto, p. 63.

1286 *Ibidem*, p. 65.

parte de cada uno buscar tal bienestar, sin favorecer de paso el de la universalidad de los coasociados. En su *Discurso sobre el modo de escribir y mejorar la Historia de España,* escribirá Forner que "en la sociedad civil no es fácil vivir con felicidad si no es feliz en sí el conjunto de la nación toda"[1287].

La posición de Juan Pablo Forner, nacido en Mérida en 1756, no deja con todo de resultar chocante si se tiene en cuenta que el extremeño había aprendido de Cadalso y de Mayans a desconfiar de quienes pretendían obtener ventajas para la propia patria, en detrimento de otras, y con todos los matices que se quiera, esto fue lo que vino a hacer él mismo en su *Apología*. Sea como fuere, lo cierto es que, no sin alguna cautela en su pronunciamiento, en la segunda parte de su *Oración Apologética,* refiriéndose al Emperador romano Trajano, nacido en España, el pacense escribía lo que sigue: "Algo influye en los progresos de la literatura la sabia libertad, que, sin permitir los precipicios del entendimiento, le deja espaciarse arbitrariamente; y Roma jamás la tuvo mayor que cuando, por rara felicidad de los tiempos, vistiendo la púrpura imperial el ciudadano de Itálica, se pudo decir libremente lo que se sentía, y a nadie se le obligó a arrepentirse de sus expresiones"[1288]. Forner parece estar decantándose, por lo menos de modo implícito, por la libertad de expresar libremente las propias opiniones. Bien es verdad que en las Notas de la propia *Oración Apologética* escribe Forner, que no se puede dejar de tener en cuenta "que si por libertad de pensar se quiere dar a entender la libertad de enseñar y publicar cada uno lo que se le antoje, puede la potestad suprema modificar también esa libertad y dirigirla del modo que le parezca más conducente para que no dañe y para que sea útil"[1289]. Es patente que, no obstante su "indudable carácter de ilustrado", por utilizar los términos de Maravall[1290], consideración igualmente sustentada por François López, aunque en alguna de sus obras, como se acaba de señalar, pretenda en realidad contrarrestar el pensamiento de la Ilustración, y no obstante su posición avanzada, por ejemplo en lo relativo a la estructura estamental, Forner tan sólo admite un muy reducido espacio de libertad, pero en cualquier caso él parece estar reivindicando esa libertad por estrecha que la misma deba ser.

b) De la difusión de la libertad de prensa inglesa por Cristóbal Cladera al pensamiento de José Agustín Ibáñez de la Rentería

I. El 29 de noviembre de 1787, en el nº 65 del ya varias veces citado periódico *Espíritu de los mejores diarios literarios que se publican en Europa,* Cristóbal Cladera, su editor, publicaba un artículo de considerable extensión que tendría continuidad en los cuatro números siguientes y que, situado en la sección correspodiente a "Alemania", llevaba el siguiente título: "Examen de esta qüestion: ¿En qué se diferencia la monarquía inglesa, en quanto monarquía, de todas las demás monarquías conocidas? Artículo sacado de la obra intitulada: *Constitución de Inglaterra,* e inserto en una obra periódica"[1291]. El artículo

[1287] *Apud* José Antonio MARAVALL: "El sentimiento de la nación en el siglo XVIII: la obra de Forner", *op. cit.,* p. 70.

[1288] Juan Pablo FORNER: *Oración Apologética de la España y su Mérito Literario,* edición de Jesús Cañas Murillo, Badajoz, Departamento de Publicaciones, Diputación Provincial de Badajoz, 1997, pp. 138-139.

[1289] Juan Pablo FORNER: *Oración Apologética de la España y su Mérito Literario, op. cit.,* p. 171.

[1290] José Antonio MARAVALL: "Notas sobre la libertad de pensamiento...", *op. cit.,* p. 613.

[1291] Para un mayor detalle, cfr. Jesús VALLEJO: "Estudio preliminar: escritura, contexto...", *op. cit.,* pp. LXXII y ss.

parece reproducir o extractar la reseña que un diario o semanario alemán había publicado poco tiempo antes a propósito de una edición también alemana de la obra indicada, cuyo autor, por cierto, en ningún momento es identificado, aunque no puede ser sino De Lolme.

Vallejo pone de relieve la cuidadosa elección del capítulo porque, siendo de recapitulación y resumen, incluye en breve espacio diversos elementos sustanciales de la obra de De Lolme[1292]. Así, se destaca que la cuestión sostenida en toda la obra es "que la libertad visible de que goza la nación inglesa, se debe en su esencia a la imposibilidad en que se hallan todos sus magnates, y en general todos los que pueden alguna cosa, de apoderarse del menor ramo de poder executivo". Establecida la causa esencial de la libertad de la nación, se entra en la conformación histórica del Parlamento, con derivación expresa al terreno de las libertades, subrayándose al respecto "la libertad extraordinaria de que goza el pueblo inglés a expensas del gobierno", para hacerse eco a continuación de los juicios por jurados y de la libertad de la prensa, que "es otra de las ventajas de que gozan los Ingleses". Innecesario es decir que publicaciones como ésta suponían, implícitamente, una decidida toma de posición en favor de, entre otras libertades, la que ocupa nuestra atención.

II. Uno de los pensadores políticos del que, sin reivindicar de modo específico la libertad de imprenta, podemos entender que en su obra hay una inequívoca posición, por lo menos implícita, en favor de la misma es el vasco José Agustín Ibáñez de la Rentería (1751-1826). Nacido en Bilbao, miembro destacado del movimiento ilustrado de Vizcaya y, según Sarrailh[1293], uno de los activos reformadores de la muy relevante Real Sociedad Bascongada de Amigos del País, institución con la que, como vimos, también estaría muy vinculado Foronda, con quien Ibáñez de la Rentería compartiría una posición política que podríamos ubicar en el liberalismo político. A lo largo de su vida el vasco ejerció diversos cargos en la administración municipal (fue Alcalde de Lequeitio con tan sólo 24 años de edad) y provincial, no traspasando, sin embargo, ese umbral. Justamente su obra más famosa fue el fruto de un discurso pronunciado ante la mencionada Sociedad, las *Reflexiones sobre las formas de gobierno,* que ha sido considerada como un pequeño monumento aislado del que apenas pueden encontrarse antecedentes ni continuadores en su inmediato entorno[1294]. Sus diversos discursos ante la Sociedad fueron pronunciados en los primeros años de la década de 1780 y publicados en Madrid en 1790.

En este discurso el bilbaíno, notablemente influido por *L´esprit des lois* de Montesquieu[1295], aunque también, desde luego, por Rousseau, aborda, entre otras cuestiones, la relativa al "gobierno legítimo en general". Es de interés reproducir algunas de sus reflexiones, claramente deudoras del pensamiento rousseauniano. Refiriéndose a las leyes, aduce Ibáñez de la Rentería:

1292 *Ibidem,* p. LXXIV.

1293 Jean SARRAILH: *La España Ilustrada..., op. cit.,* p. 248.

1294 Javier FERNÁNDEZ SEBASTIÁN: "Presentación", en la obra *La Ilustración Política. Las "Reflexiones sobre las formas de gobierno" de José A. Ibáñez de la Rentería y otros discursos conexos (1767-1790),* Bilbao, Servicio Editorial de la Universidad del País Vasco, 1994, pp. 9 y ss.; en concreto, p. 10.

1295 Señala Elorza que la discusión sistemática del pensamiento de Montesquieu en la doctrina de la época correspondió justamente a Ibáñez de la Rentería. Antonio ELORZA: *La ideología liberal..., op. cit.,* p. 74.

"Si son el verdadero carácter de un gobierno formal, si son el vínculo que reúne a los hombres en sociedad con un interés recíproco de seguridad y defensa y si sólo ellas pueden autorizar aquel sacrificio de una parte de libertad, que hace todo individuo al público para lograr la más apreciable de ella, es menester confesar que son tan esenciales en cualquiera constitución de Estado, que faltando su existencia debe mirarse como disuelto"[1296].

La ley no sólo debe tener un objeto general, sino que el vasco entiende que debe ser justa, algo que "es axioma de derecho natural que no necesita la prueba de ninguna ley positiva", de tal modo que "unas leyes injustas, opresivas y desproporcionadas, no deben llamarse tales"[1297]. Se refiere asimismo Rentería a "las que se llaman leyes fundamentales", que "son las que arreglan la forma del Estado", señalando que se sitúan "sobre el mismo Legislador, no pudiendo o no debiendo éste tocarlas, porque de ellas recibe la investidura de tal". Nuestro autor defiende una monarquía establecida sobre "la puntual observancia de leyes justas y equitativas", considerando que nuestra seguridad pende de la existencia y ejecución de las leyes, y que es mucho más apreciable "ser esclavo de la ley en un gobierno reglado para poder verdaderamente ser libre". Ibáñez de la Rentería rechaza la consideración del despotismo, cuyo principio es el temor, como una forma de gobierno, apostillando que "es un error imaginar que el despotismo sólo se halla en el gobierno de uno solo: muchas veces la aristocracia y alguna vez la democracia se hallan aliadas con este vicio"[1298]. Dicho de otro modo, el despotismo no es sino uno de los vicios posibles de toda forma de gobierno. Como señala Maravall[1299], Ibáñez de la Rentería trata de hacer patente la importancia que tiene en la marcha de un Estado una "buena constitución de gobierno", hasta el punto de que conseguir la mejor debe ser "el objeto principal de los hombres reunidos en sociedad" y una vez establecida promover deliberadamente su perfección y conservación.

Para Fernández Sebastián[1300], el primer Rentería, que maneja ya con soltura valores y conceptos que pertenecen al universo intelectual del liberalismo, sería un exponente de esos hombres a un tiempo avanzados y rezagados del absolutismo que deben combatir en dos frentes: de una parte, frente a los nostálgicos de los viejos y buenos tiempos de las "libertades" aristocráticas y, de otra, frente a los utopistas que, volcados hacia el futuro, pretenden construir un sistema político alternativo sobre bases enteramente nuevas. Ibáñez de la Rentería se mueve, desde luego, en un equilibrio difícil de mantener; y así, si en sus Discursos no pronuncia ni una sola crítica contra la Monarquía española, el contexto global de sus reflexiones y, de modo muy particular, su rechazo de las leyes opresivas y desproporcionadas, parecen estar reivindicando una nueva era política en la que las libertades hagan acto de presencia, e innecesario es decir que entre ellas siempre ocupará un lugar de privilegio la libertad de imprenta.

[1296] Las "Reflexiones sobre las formas de gobierno" pueden verse en *La Ilustración Política..., op. cit.*; pp. 157 y ss.; el párrafo transcrito, en p. 163.

[1297] *Ibidem,* pp. 164-165.

[1298] *Ibidem,* p. 161.

[1299] José Antonio MARAVALL: "Las tendencias de reforma política en el siglo XVIII español", *op. cit.*, p. 106.

[1300] Javier FERNÁNDEZ SEBASTIÁN: "Estudio introductorio: Ibáñez de la Rentería y el pensamiento político de la Ilustración", *op. cit.*, p. 149.

c) La reivindicación de la libertad de expresión por Pedro Mariano Ruiz en las *Conversaciones de Perico y Marica*

Una publicación cuya razón de ser es la decidida reivindicación de la libertad de expresión ampliamente considerada, y en la que, además, se nos muestra la existencia de una conciencia crítica, confusa en sus objetivos y en su armazón teórica, pero muy radical, tanto frente a la sociedad estamental como ante un posible crecimiento de corte capitalista, es la llamada *Conversaciones de Perico y Marica*[1301], obra periódica que publica Pedro Mariano Ruiz (aunque inicialmente apareció sin el nombre de su autor) en la segunda mitad de 1788. Marías consideró estas *Conversaciones* como un texto mediocre, bastante premioso y discursivo, pero que no carece de interés en cuanto revela ciertas actitudes que no se suelen tener presentes, sobre todo respecto a la libertad del escritor y sus riesgos[1302]. Y es que, efectivamente, el *leit motiv* de estas *Conversaciones,* constantemente repetido, es la reivindicación de la libertad de expresión con el objeto de favorecer la ilustración del pueblo. Marginalmente, se hacen alusiones al pacto social, a la ciega obediencia al monarca, a la acción recusable de los apologistas y al sentido negativo de la acumulación de riqueza. Las *Conversaciones* están compuestas en forma de un diálogo en el que Perico encarna la posición racionalista, con el convencimiento de que el Gobierno hará suyas las necesarias reformas, y Marica la creencia popular, pronta a caer en el tópico, pero también en la desconfianza.

En el trasfondo de la primera de las conversaciones que mantienen estos dos personajes late la idea de que el gobierno tiene que permitir la libertad de instrucción, pues, de no hacerlo así, estará trasluciendo su carácter de autoridad pública al servicio de los poderosos y contraria al pueblo contra lo que el propio poder viene proclamando. Ello nos sitúa ante un rasgo significativo, subrayado por Elorza[1303]: para el autor de estas *Conversaciones,* la libertad de expresión es el medio que conduce, explícitamente, a superar la desigualdad social y, de forma más velada, a la anulación del despotismo. La tríada sabiduría-libertad-felicidad viene a presentarse así como el contrapunto de la formada por la ignorancia-esclavitud-pobreza. Recogiendo la contraposición de los dos primeros elementos de la misma, en un momento dado afirma Perico: "por la ignorancia ni por la esclavitud no puede venir a los hombres bien alguno y cuando viniese, siempre sería menor que el bien de la sabiduría y de la libertad".

La obra no deja de incidir sobre la inutilidad de las apologías hechas desde dentro, –lo que no deja de suponer una descalificación de Forner, el "apologeta por excelencia"– que más bien se destruyen a sí mismas, puesto que prueban la ignorancia de la nación. El autor nos viene a decir que no debe uno elogiarse a sí mismo; si los ataques contra uno son falsos, se deben despreciar; además, hay un medio mejor de defenderse, y es "el de adquirirse una gloria mayor, una gloria que no puede de ninguna manera adquirirse por medio de las apologías"[1304].

La publicación de esta obra en 1788 no dejaba de ser una sorpresa a la vista de la intransigencia de la censura; posiblemente se debió a la benevolencia del censor Centeno,

---

[1301] Sobre esta obra, cfr. Antonio ELORZA: *La ideología liberal..., op. cit.,* pp. 258-263.
[1302] Julián MARÍAS: *La España posible en tiempo de Carlos III, op. cit.,* p. 85.
[1303] Antonio ELORZA: *La ideología liberal..., op. cit.,* p. 260.
[1304] *Apud* Julián MARÍAS: *La España posible..., op. cit.,* p. 87.

que encontró en el libro una cierta utilidad para la instrucción pública. Pero la denuncia no había de tardar mucho. En enero de 1790 un calificador del Santo Oficio de Valladolid presentaba la obra ante la Inquisición, estimando que en ella había "motivos suficientísimos para su prohibición". La censura decidida por el regente del Colegio vallisoletano de San Gregorio, fray José García, se basará en que el periódico "es uno de estos escritos formados para inspirar el afecto de una libertad arrogante, tanto en materias de religión, como relativamente a la obediencia debida a las leyes y legisladores". Considerar que las leyes tienen que ser justas para ser obedecidas, se argumentará más adelante, es tanto como decir que no se obedezcan y llevarles a juzgar algo que no deben. En suma, según el censor, la noción de obediencia sustentada por el autor era "impía, blasfema, a más de sediciosa"[1305]. Es increíble que en puertas del siglo XIX, personajes de tan escasa capacidad mental y tanto fanatismo tuvieran todavía alguna capacidad decisoria en el ámbito que nos ocupa. El contraste con Inglaterra es realmente demoledor. Innecesario es añadir que la obra en cuestión fue prohibida en su totalidad y ordenada su recogida en junio de 1790, si bien la recogida parece que finalmente no tuvo efecto. En octubre de 1806 la prohibición inquisitorial volvía a ser acordada, esta vez con carácter definitivo.

10. Jovellanos, nuestro más insigne ilustrado

A) Algunas reflexiones previas

No nos cabe duda de que al célebre académico y escritor de temas artísticos Juan Agustín Ceán Bermúdez (1749-1829) le asiste toda la razón cuando, escribiendo sobre quien fuera su gran amigo, Jovellanos, en el "Prólogo" de la quizá más célebre biografía de éste, –aunque no fuera la primera, que curiosamente la escribió Isidoro de Antillón[1306]– nos dice que "entre los españoles ilustres que más honor han hecho a su patria en estos últimos tiempos, merecerá un lugar muy distinguido en la posteridad el Excmo. Señor Don Gaspar Melchor de Jove Llanos y Ramírez, ya se consideren sus virtudes políticas y morales, ya sus altos empleos y destinos, ya su próspera y adversa fortuna, y ya finalmente su vasta instrucción"[1307]. Sin lugar a dudas, Jovellanos (1744-1811) es, de lejos, la figura intelectual más importante de nuestro siglo XVIII, y en ello existe una amplia convergencia doctrinal[1308]. Jovellanos se va a convertir en cierto modo en el sucesor de

[1305] *Apud* Antonio ELORZA: *La ideología liberal..., op. cit.,* p. 262.

[1306] Gil Novales recuerda esta circunstancia, haciéndose eco de los datos de la obra: Isidoro de Antillón y Marzo, *Noticias históricas de D. Gaspar Melchor de Jovellanos. Conságralas a sus respetables cenizas,* Y. M. de A. M., Palma, Imprenta de Miguel Domingo, 1812. Alberto GIL NOVALES: "La formación de un historiador: el conde de Toreno, y su *Noticia* en 1820", Prólogo a la obra del Conde de Toreno, *Noticia de los principales sucesos del gobierno de España (1808-1814),* Pamplona, Urgoiti Editores, 2008, pp. VII y ss.; en concreto, p. XXV y nota 71.

[1307] Juan Agustín CEÁN BERMÚDEZ: *Memorias para la vida del Excmo. Señor D. Gaspar Melchor de Jove Llanos, y noticias analíticas de sus obras,* Gijón, Silverio Cañada Editor, 1989, primera página del Prólogo sin numeración. (Citaremos esta obra a partir de ahora como *Memorias para la vida de Jovellanos,* que es, por lo demás, la recogida en la portada del libro).

[1308] Sin ánimo ni mucho menos de exhaustividad, recordaremos que así lo sostiene Julián MARÍAS (en el "Prólogo" a la obra de Gaspar Melchor de Jovellanos, *Diarios,* Madrid, Alianza Editorial, 1967, pp. 7 y ss.; en concreto, p. 7). Análogo es el juicio de Abellán, para quien la figura de Jovellanos llena y da sentido a todo el XVIII español, siendo probablemente la más representativa de nuestra Ilustración. Y esto, añade Abellán, no es sólo una opinión personal, sino una visión generalizada de todos los estudiosos, hoy unánimemente

Campomanes, pero no cabe duda de que lo sobrepasará tanto por su ingente obra escrita como por el prestigio que desde los primeros momentos de su vida le acompañará. Bien podría decirse que la figura del asturiano es doblemente simbólica: de un lado, porque como se admite de modo muy amplio, simboliza el reformismo crítico de buen número de los ilustrados del Setecientos, como ya se admitió en su época[1309] y se admite también hoy[1310]; aún muy joven, el gijonés iba a demostrar que sería uno de los referentes de la Ilustración reformista que, particularmente durante el reinado de Carlos III, aspiraba a la transformación gradual del Estado a través del acomodo a nuestra realidad social de las fecundas ideas progresistas que llegaban de otros países de nuestro continente. Y de otro, porque simboliza toda la arbitrariedad de esa etapa del despotismo ilustrado; como escribiera Gómez de la Serna[1311], el asturiano fue el gran sacrificado entre la revolución y la reacción; el español perdido en la discordia que vino después.

Con Jovellanos el racionalismo alcanza entre nosotros sus máximas consecuencias[1312]. Los conceptos claves de la Ilustración, como los de "razón", "naturaleza" y "cultura", intervienen en el esquema mental jovellanista con tal intensidad que parecen llamados a compensar el cúmulo de irracionalidades característico de aquel momento histórico. Para el prócer asturiano, la ley se presenta como la "razón común", pero no todas son iguales, pues junto a las leyes inmutables del Derecho de gentes, hallamos las que regulan las relaciones entre los individuos, que se caracterizan por su mutabilidad. Y entre unas y otras, la legislación del Estado, que debe tender hacia la inmutabilidad y ser mutable tan sólo mediante "un movimiento reflexivo, tranquilo", que la lleve hacia su mejora. Aparece aquí, posiblemente, el rasgo característico por excelencia del reformismo jovellanista: su gradualismo, su opción en favor de una implantación gradual y progresiva de las reformas necesarias para la progresiva transformación de la sociedad española, entre las que tendrían un destacadísimo protagonismo las reformas educativas, y todo ello, como buen ilustrado que era, con la vista puesta en alcanzar la mayor felicidad para el pueblo.

---

admitida. (José Luis ABELLÁN: *Historia crítica del pensamiento español, op. cit.*, tomo III, p. 527). Tampoco don Marcelino escatima elogios al gijonés, al que se refiere así: "Un gran nombre (....), y sin duda el más glorioso de todos; el de Jovellanos" (Marcelino MENÉNDEZ PELAYO: *Historia de los Heterodoxos..., op. cit.*, vol. II, p. 563). Estos juicios no son ni mucho menos exclusivos de autores llamémosles de nuestra época. Alcalá Galiano ya le dedicó los mayores elogios; en él, escribiría, "ha venido a hermanarse la fama de honrado e ilustrado político con la de escritor filósofo y elocuente", para añadir más adelante que su fama "no ha quedado reducida a los estrechos límites de su patria, sino que, volando a naciones extrañas, se ha difundido por Europa". Y para corroborarlo, recuerda que en Rusia había salido a la luz una traducción francesa de su *Informe sobre la ley agraria.* Antonio ALCALÁ GALIANO: "Jovellanos", en *Obras escogidas de Don Antonio Alcalá Galiano,* II (tomo 84 de la Biblioteca de Autores Españoles), Madrid, Ediciones Atlas, 1955, pp. 427 y ss.; en concreto, p. 427. En fin, para Gómez de la Serna, como intelectual, como magistrado, como hombre de gobierno, Jovellanos resulta el prototipo de hombre de la Ilustración. Gaspar GÓMEZ DE LA SERNA: "Jovellanos entre cuatro fuegos", en *Revista de Estudios Políticos,* nº 133, Enero/Febrero, 1964, pp. 85 y ss.; en concreto, p. 88.

1309 Alcalá Galiano ya se refirió a esta faceta reformista de Jovellanos: "Creóse una escuela de reformadores en todas las naciones cultas, –escribe– y no dejó de haberla en España, donde Carlos III, aunque de limitado entendimiento, (....) era amante de las reformas moderadas en todos los ramos, así como celoso protector de las ciencias y artes. De la escuela española que citamos, fue Jovellanos el principal discípulo, y después la más brillante lumbrera". Antonio ALCALÁ GALIANO: "Jovellanos", *op. cit.*, p. 429.

1310 Entre otros muchos, Santos M. CORONAS GONZÁLEZ: "Jovellanos, jurista ilustrado", en *Anuario de Historia del Derecho Español,* Tomo LXVI, Madrid, 1996, pp. 561 y ss.; en concreto, p. 608.

1311 Gaspar GÓMEZ DE LA SERNA: *Jovellanos, el español perdido, op. cit.*, vol. I, p. 12.

1312 Antonio ELORZA: "El temido Árbol de la Libertad", *op. cit.*, p. 90.

La felicidad, como no podía ser de otro modo, hará acto destacado de presencia en el pensamiento de Jovellanos como una categoría esencialmente económica. En modo alguno ha de extrañar que sea así por cuanto, aunque la idea de felicidad se integra plenamente en el núcleo del repertorio de los valores ilustrados, dentro de la misma se introducirá una noción nueva que le otorgará un carácter económico, tal y como ya tuvimos oportunidad de señalar. Por eso, como recuerda Maravall[1313], algunos moralistas que se ocupan ampliamente de economía, responden a este planteamiento: Adam Smith, David Hume, Cesare Beccaría y, entre los nuestros, el propio Jovellanos. En todos ellos y en tantos más, la idea de felicidad es el punto de unión entre moral y economía. Implica una estimación moral de ésta, pero, a un tiempo, el desarrollo terrenal y autónomo de ambas, tal y como ya tuvimos ocasión de exponer en un momento anterior. En su *Discurso económico sobre los medios de promover la felicidad de Asturias dirigido a su Real Sociedad*[1314], el gijonés procede a identificar qué entiende por "felicidad". Aunque ya algo dijimos al respecto, recordaremos de nuevo de modo sumario algunas de las reflexiones del insigne asturiano en relación al concepto de "felicidad":

> "No tomo esta palabra – dirá Jovellanos– en un sentido moral. Entiendo aquí por felicidad aquel estado de abundancia y comodidades que debe procurar todo buen gobierno a sus individuos. En este sentido, la provincia más rica será la más feliz, porque en la riqueza están cifradas las ventajas políticas de un Estado"[1315].

De su moderación y opción por las reformas graduales bien podría constituir una muestra su radical rechazo de ciertos aspectos del pensamiento de Mably, que explicita en sus *Diarios*[1316]. Innecesario es decir, que tal gradualismo también tendrá su reflejo

[1313] José Antonio MARAVALL: "La idea de felicidad en el programa de la Ilustración", en la obra recopilatoria de ensayos del propio autor, *Estudios de Historia del pensamiento español,* tomo IV (Siglo XVIII), Madrid, Centro de Estudios Políticos y Constitucionales, 1999, pp. 231 y ss.; en concreto, p. 237.

[1314] Frente al título con que habitualmente se conoce este texto, *Discurso dirigido a la Real Sociedad de Amigos del País de Asturias sobre los medios de promover la felicidad de aquel Principado,* optamos por el rótulo que figura al frente del "Inventario" de obras de Jovellanos realizado en 1901, siguiendo de este modo a Vicent Llombart y Joaquín Ocampo. El texto puede verse en Gaspar Melchor de JOVELLANOS: *Obras Completas,* tomo X (Escritos económicos), edición crítica, estudio preliminar, prólogo y notas de Vicent Llombart i Rosa y Joaquín Ocampo Suárez-Valdés, Oviedo, Ayuntamiento de Gijón/Instituto Feijoo de Estudios del Siglo XVIII/KRK Ediciones, 2008, pp. 267 y ss.

[1315] *Apud* Gaspar Melchor de JOVELLANOS: *Obras Completas,* tomo X, *op. cit.,* p. 279.

[1316] En su Diario del 25 de junio de 1794, aludiendo al correo que había de despachar, y tras mencionar a Jardines, escribe: "que no apruebo sus ideas religiosas, ni es posible dejar de reconocer las que predica la naturaleza y abraza tan agradablemente la razón, ni tampoco las que defiende Mably, cuya opinión en cuanto a guerra civil, detesto. Que jamás creeré que se debe procurar a una Nación más bien del que puede recibir; llevar más adelante las reformas, será ir hacia atrás". Gaspar Melchor de JOVELLANOS: *Diarios,* selección y prólogo de Julián Marías, Madrid, Alianza Editorial, 1967, p. 117. Puede verse asimismo en Gaspar Melchor de JOVELLANOS: *Obras Completas,* tomo VI (Diario 1°), edición crítica, introducción y notas de José Miguel Caso González con la colaboración de Javier González Santos, Oviedo, Instituto Feijoo de Estudios del Siglo XVIII/Ilustre Ayuntamiento de Gijón, 1994, p. 597.

Añadamos ya por nuestra cuenta, que el abate Mably (1709-1785), hermano de madre de Condillac, autor, entre otras varias obras de una de título, *Des droits et des devoirs du citoyen,* escrita en 1753, aunque no se publicara hasta 1789, tras la muerte de Mably, y que como en otro lugar de este trabajo comentamos, traduciría al castellano Flórez Estrada, una obra, por lo demás, que en nuestro país sería condenada por la Inquisición, seguirá a Locke y a Rousseau, combatiendo el optimismo de los ilustrados y sus reformas, preconizando una vuelta al comunitarismo primitivo y llegando a defender la revolución si no hay otro medio para liberarse de la esclavitud. Su pensamiento influiría significativamente sobre los revolucionarios franceses.

en su visión de la libertad de imprenta, como vamos a ver más adelante. Con todo, en algunos de sus Informes, como sería el caso del *Informe a la Junta general de comercio y moneda sobre la libertad de las artes*[1317] (1785), late una tan rotunda manifestación de liberalismo económico, que no sólo sitúa al prócer asturiano en una órbita muy próxima a la de Adam Smith, sino que se ha llegado a considerar que en este punto se aproxima al pensamiento de los jacobinos de la década siguiente[1318].

Quizá la imagen fidedigna que de nuestro ilustre prócer reflejara su gran amigo Goya en ese magnífico retrato (que realizara en 1798, poco después de ser nombrado Ministro de Gracia y Justicia) que cuelga en el Museo del Prado, tan reproducido como poco observado, pueda contribuir a explicar su talante político: la postura un tanto abandonada de Jovellanos es el símbolo de su profunda melancolía, que parece acentuar la presencia de la estatuilla de Minerva, la diosa de la sabiduría y protectora de las artes (también Jovellanos sería protector y mecenas de las artes, al margen ya de modesto coleccionista), que a su vez pareciera mirar a nuestro personaje y extenderle la mano. Se ha dicho[1319], que en ese retrato la imagen de Jovellanos es la personificación de la impotencia lúcida, y que detrás de esa impotencia luchadora inmortalizada por Goya había mucho trabajo. Y efectivamente, el gijonés fue un trabajador incansable a lo largo de toda su vida. Y de la importancia que atribuía al trabajo daba buena cuenta la siguiente anotación que hace en sus *Diarios* el 31 de diciembre de 1796: "la posteridad no me juzgará por mis títulos,

---

[1317] También llamado *Informe sobre el libre ejercicio de las artes*. Seguimos el rótulo con que se recoge en Gaspar Melchor de JOVELLANOS, *Obras Completas*, tomo X (Escritos económicos), *op. cit.*, pp. 509 y ss.

[1318] En este *Informe* Jovellanos lleva a cabo una crítica demoledora de los gremios, poniendo de relieve los perjuicios de toda índole causados por los mismos. Parte el asturiano de una premisa: "El hombre debe vivir de los productos de su trabajo. Esta es una pena de la primera culpa, una pensión de la naturaleza humana, un decreto emanado de la boca de su mismo Hacedor". De este principio se deriva, siempre según nuestro autor, "el derecho que tiene todo hombre a trabajar para vivir; derecho absoluto, que abraza todas las ocupaciones útiles y tiene tanta extensión como el de vivir y conservarse". Consiguientemente, "poner límites a este derecho es defraudar la propiedad más sagrada del hombre, la más inherente a su ser, la más necesaria para su conservación". Sobre este principio, reflexiona el asturiano con claras reminiscencias rousseaunianas, se apoya todo pacto social y sobre él debe fundarse también la santidad de toda ley. "La renuncia de este derecho no puede suponerse. Sería nula aunque de hecho se verificase". Es por ello mismo por lo que las leyes gremiales, "en cuanto circunscriben al hombre la facultad de trabajar, no sólo vulneran su propiedad natural sino también su libertad civil". En fin, Jovellanos, adicionalmente, considera que los gremios son un estorbo para el aumento de la población y para el progreso de la industria, censurando asimismo el "espíritu gremial". Vale la pena subrayar la relevancia que el gijonés otorga al derecho al trabajo, que aparece como un derecho absoluto, como la propiedad sagrada del hombre, como el derecho más inherente a su ser y el más necesario para su conservación. El contenido de este derecho se manifiesta en el ejercicio inalienable y sin trabas legales de una actividad laboral por todo hombre, aunque previamente Jovellanos se ha mostrado partidario de modo inequívoco de que también la mujer tenga libre acceso al ejercicio de ciertos trabajos, en justificación de lo cual el gijonés reclama volver la vista por un instante a las sociedades primitivas: "observemos aquellos pueblos donde la naturaleza conserva sin menoscabo sus derechos y donde ninguna distinción, ninguna prerrogativa desiguala los sexos, sólo distinguidos por las funciones relativas al gran objeto de su creación. Allí veremos a la mujer compañera inseparable del hombre, no sólo en su casa, mas también en el bosque, en la playa, en el campo, cazando, pescando, pastoreando, cultivando la tierra y siguiéndole en los demás ejercicios de la vida". Los dos valores tan queridos de la cosmovisión ilustrada, naturaleza y razón, hacen acto de presencia en estas reflexiones del asturiano. El texto entresacado del *Informe* de Jovellanos, en Gaspar Melchor de JOVELLANOS: *Obras Completas*, tomo X (Escritos económicos), *op. cit.*, pp. 516 y 511.

[1319] Silverio SÁNCHEZ CORREDERA: "Estudio Preliminar", en la obra *Cartas de Jovellanos y Lord Vassall Holland sobre la Guerra de la Independencia (1808-1811)*, con prólogo y notas de Julio Somoza García-Sala, Oviedo, Junta General del Principado de Asturias, 2009, pp. XI y ss.; en concreto, p. LVII.

sino por mis obras"[1320]. Y sus obras serán verdaderamente ingentes; y en ellas, como atento espectador de la realidad de su tiempo, Jovellanos reflejará los notabilísimos cambios sociales que se van produciendo.

B) Su profunda opción en favor de la regeneración de España

a) Sus posicionamientos en materia de reforma pedagógica y su visión de la educación como instrumento de reforma social

I. Jovellanos personaliza el espíritu de reforma económica y pedagógica del siglo XVIII. No debe extrañar por ello mismo su gran admiración por Turgot[1321], cuya biografía, escrita por Condorcet, será uno de sus libros de cabecera[1322]. Puede asimismo establecerse una equiparación del asturiano con Condorcet, por cuanto Jovellanos afirmará constantemente la idea de progreso, formulándola incluso, según Varela[1323], en un lenguaje similar al de Condorcet, al aplicarle el calificativo de "indefinido", aunque es obvio que sus ideales políticos se hallaban muy alejados de la utopía radical del francés. Tampoco ha de sorprender que Sarrailh considere a nuestro gran prócer un precursor de Costa y de la generación del 98. Sintiendo que el problema de España es primariamente el problema de la escuela, como lo será todavía para la generación del 98 y para Giner de los Ríos y Manuel B. Cossío, Jovellanos es, ante todo, un pedagogo que se afana en organizar una cultura nacional. Un pedagogo que lee, medita, redacta innumerables planes de enseñanza para facilitar la tarea que ha de llevar a cabo el poder político[1324]. Para el asturiano, la reforma económica es de enorme importancia, pero previa a la misma, como antecedente inexcusable de ella, sitúa a la reforma educativa. Su *Memoria sobre educación pública,* que se fecha en 1802, y que debió de escribir durante su reclusión en Mallorca (de hecho comienza dirigiéndose a la "Ilustre Sociedad Mallorquina"[1325]) es la prueba fehaciente de la ilusión de ilustrados como Jovellanos y Olavide que creen que la única esperanza para la realización de esos sueños de progresiva libertad y bienestar, compartidos por los reformistas, consiste en un masivo esfuerzo educador que alcance no ya a las élites del despotismo ilustrado, sino a las nuevas clases medias y al pueblo mismo[1326]. Bien significativas al respecto son las

[1320] Gaspar Melchor de JOVELLANOS: *Diarios,* (selección de Julián Marías), *op. cit.,* p. 224.

[1321] Recordemos que Turgot, barón de l'Eaulne (1727-1781), autor de unas "Cartas sobre la tolerancia" y colaborador de la *Enciclopedia,* destacaría particularmente por sus ideas económicas, influidas por los fisiócratas. Turgot defendió en lo básico posiciones propias de un liberalismo económico, propugnando, e instituyendo en 1774 en su condición de controlador general de Finanzas, la libertad de comercio y de circulación de granos; suprimió asimismo las organizaciones de tipo gremial y sustituyó la prestación personal al Rey por un impuesto en metálico.

[1322] Justamente, en su diario del viernes 23 de mayo de 1794, escribe el asturiano: "Largo paseo, leyendo la *Vida de M. Turgot,* escrita en francés por Condorcet y traducido al inglés, enviada por Jardines; pondré al fin su juicio". Gaspar Melchor de JOVELLANOS: *Diarios,* (selección de Julián Marías), *op. cit.,* pp. 113-114.

[1323] Javier VARELA: *Jovellanos,* Madrid, Alianza Editorial, 1988, p. 228.

[1324] Jean SARRAILH: *La España Ilustrada..., op. cit.,* pp. 176 y 192. Martínez Quinteiro hace suyo plenamente el juicio de Sarrailh. M. E. MARTÍNEZ QUINTEIRO: "Comentarios de texto", en la obra de Manuel José Quintana, *Quintana revolucionario,* Madrid, Narcea de Ediciones, 1972, p. 140.

[1325] Gaspar Melchor de JOVELLANOS: "Memoria sobre educación pública, o sea Tratado teórico-práctico de enseñanza, con aplicación a las escuelas y colegios de niños", en *Obras publicadas e inéditas de D. Gaspar Melchor de Jovellanos,* tomo primero, (Biblioteca de Autores Españoles, tomo XLVI), Madrid, Ediciones Atlas, 1963, pp. 230 y ss.

[1326] Javier HERRERO: *Los orígenes del pensamiento reaccionario español, op. cit.,* pp. 139-140.

reflexiones que Jovellanos hace en su *Memoria sobre educación pública,* a algunas de las cuales ya hemos tenido oportunidad de aludir:

> "¿Es la instrucción pública el primer origen de la prosperidad social? Sin duda. Esta es una verdad no bien reconocida todavía, o por lo menos no bien apreciada; pero es una verdad. La razón y la experiencia hablan en su apoyo.
>
> Las fuentes de la prosperidad social son muchas; pero todas nacen de un mismo origen, y este origen es la instrucción pública. Ella es la que las descubrió, y a ella todas están subordinadas....
>
> ¿No es la instrucción la que desenvuelve las facultades intelectuales y la que aumenta las fuerzas físicas del hombre? Su razón sin ella es una antorcha apagada; con ella alumbra todos los reinos de la naturaleza, y descubre sus más ocultos senos, y la somete a su albedrío"[1327].

En la difusión de las luces se ve la panacea de un progresivo cambio de la terrible realidad social de nuestro país. Quiere ello decir que la educación es operativizada como un instrumento de reforma social, tal y como ya tuvimos oportunidad de señalar, lo que adquiere su plena comprensión a la vista de que es en la ignorancia donde se aprecia la causa de todo el mal. Con su visión, Jovellanos no se separa de la tendencia general que se puede detectar entre los escritores españoles de la Ilustración, caracterizada por extremar la acción configuradora de la educación, que prácticamente deja sin vigor a todos los demás factores que pueden incidir sobre la formación de la persona (la herencia genética, los condicionamientos geográficos, las disponibilidades del medio...). Como aduce Maravall[1328], en el fondo, esta estimación de la acción educadora se debe en los ilustrados a una supervivencia de la vieja imagen aristotélica del hombre como tabla rasa, originariamente, sobre la cual se graban las imágenes que representan las enseñanzas recibidas. Jovellanos coincide con otros relevantes personajes públicos de su época, como Floridablanca o Campomanes, en otorgar una extraordinaria relevancia a la educación, pero sin embargo se separa de ellos en un aspecto enormemente importante, al que se ha referido un gran experto jovellanista como es Caso González[1329]: cuando reformistas como los mencionados hablan de educación, se están refiriendo a la preparación de los individuos para rendir lo más posible en beneficio del Estado; sin embargo, cuando un ilustrado, como lo es Jovellanos, habla de educar a todos los ciudadanos, está pensando fundamentalmente en la libertad del individuo, es decir, en su capacidad de opción entre las diversas posibilidades que se le presentan.

No nos detendremos en los diversos aspectos tratados en su *Memoria* por el ilustre gijonés, pues ya nos referimos a ellos. Sí añadiremos, sin embargo, que en el plan de reforma de la enseñanza que propone al Rey, Jovellanos se esfuerza en mostrar que la instrucción que persigue la adquisición de conocimientos útiles es el referente a seguir para la prosperidad de las naciones. Sus planes de reforma académica se proyectarán asi-

[1327] Gaspar Melchor de JOVELLANOS: "Memoria sobre educación pública o sea Tratado teórico-práctico de enseñanza", *op. cit.,* pp. 230-231.

[1328] José Antonio MARAVALL: "Idea y función de la educación en el pensamiento ilustrado", en la obra de recopilación de ensayos del propio autor *Estudios de Historia del pensamiento español,* tomo IV (Siglo XVIII), Madrid, Centro de Estudios Políticos y Constitucionales, 1999, pp. 685 y ss.; en concreto, p. 690.

[1329] José Miguel CASO GONZÁLEZ: *Jovellanos,* edición de María Teresa Caso, Barcelona, Ediciones Ariel, 2ª ed., 2002, p. 31.

mismo a la enseñanza universitaria, particularmente a las Facultades Mayores, de Teología y Cánones, que diseñará de modo acorde a los seguidos en la Universidad salmantina. El gijonés considerará "como verdadera desgracia de los jóvenes destinados al estudio del derecho civil y canónico que en el plan interino de la universidad no se les haya señalado algún plazo, aunque brevísimo, para dedicarse al conocimiento elemental del derecho patrio, tan esencial para el profesor español, pero singularmente para los que se hubieren de aplicar algún día al ejercicio de la judicatura. ¿Quién se atreverá dentro de España –se pregunta Jovellanos– a decidir como juez ni aconsejar como patrono, sea la que fuere la materia de sus juicios y consultas, sin saber las leyes del estado en que vive y de que es miembro, y contra las cuales nada debe ni puede juzgar ni aconsejar?". Consecuentemente, nuestro prócer pedirá que se enseñe el derecho nacional a los estudiantes eclesiásticos del colegio de Calatrava, con objeto de que conozcan la "constitución" del país, una constitución "en que está acogida la Iglesia, admitida y protegida su jerarquía, y con cuya legislación debe llevar conformidad y consonancia su régimen y gobierno particular"[1330]. Y en 1790, con ocasión de su visita al Colegio imperial de Calatrava, en Salamanca, llamará la atención acerca de la grave laguna que entrañaba la casi inexistencia en nuestro país de obras consagradas al Derecho público, que podían contarse casi con los dedos de la mano. Unos años después, en una carta al Profesor Prado, Catedrático de Derecho de la Universidad ovetense, deplorará que el plan de estudios provisional de esa Universidad no reserve un lugar, por modesto que sea, al estudio del Derecho nacional[1331], lo que considerará un gran y pernicioso vacío para los futuros juristas, magistrados e incluso teólogos. Desde otro punto de vista, recuerda la doctrina[1332] que, de acuerdo con Bacon, Jovellanos señalará que el estudio de las ciencias se había de cifrar en el de su historia, en las verdades adquiridas por la ciencia misma, en la investigación de las cuestiones sometidas a discusión y en las posibilidades de descubrir nuevos campos de investigación.

II. Particular importancia en el marco de su preocupación educativa iba a tener la fundación del Real Instituto Asturiano. Recuerda Ceán[1333], que Jovellanos concibió la idea de formar en Asturias una escuela de matemáticas en 1782; y así, propuso a la Sociedad de Amigos del País de Oviedo la creación de una escuela de navegación y mineralogía con el fin de contribuir al desarrollo de las fuentes básicas de riqueza del territorio. Al Rey le planteó la misma idea en 1789 y el monarca la adoptó en 1791. Por último, la aprobación quedó formalizada por medio de una Real Orden de 12 de diciembre de 1792. Ello, es obvio, casaba a la perfección con la constante preocupación que la instrucción pública le suscitaría a lo largo de toda su vida. Son tantísimos los estudios, ensayos, discursos, cartas, diálogos e informes que escribió sobre tan importante materia que, como de nuevo dice su biógrafo por excelencia, parece haber sido la única que le ocupó durante su vida[1334]. El 1° de diciembre de 1793 se dictaba la Ordenanza reguladora de la nueva

[1330] Gaspar Melchor de JOVELLANOS: "Reglamento literario e institucional" (Extendido para llevar a efecto el plan de estudios del Colegio Imperial de Calatrava en la ciudad de Salamanca), en *Obras publicadas e inéditas de D. Gaspar Melchor de Jovellanos,* tomo primero, (Biblioteca de Autores Españoles, tomo 46), Madrid, Ediciones Atlas, 1963, pp. 169 y ss.; el punto relativo a "Del estudio del derecho nacional", al que pertenecen los párrafos transcritos, en pp. 211-212.

[1331] Jean SARRAILH: *La España Ilustrada..., op. cit.,* pp. 573-574.

[1332] Gaspar GÓMEZ DE LA SERNA: *Jovellanos, el español perdido, op. cit.,* Vol. I, p. 243.

[1333] Juan Agustín CEÁN BERMÚDEZ: *Memorias para la vida de Jovellanos, op. cit.,* p. 187.

[1334] *Ibidem,* p. 200.

Escuela de matemáticas, física, química, mineralogía y náutica de Gijón. Y al fin, el 7 de enero de 1794, Jovellanos pronunciaba la *Oración inaugural*[1335], a la que hace continuas referencias en sus diarios del mes de diciembre de 1793, pues no terminaría el borrador de lo que llama "Introducción a la apertura de los estudios" hasta el día 27 de ese mes, y el texto definitivo hasta dos días más tarde[1336].

La *Oración* es un resumen de toda la filosofía jovellanista, lo que es tanto como decir del espíritu del pensamiento ilustrado. Jovellanos pone de relieve que con la nueva institución que se crea, "un Instituto de enseñanza que es a la vez un monumento a las ciencias", Carlos IV enriquece a los asturianos con el más precioso de todos los dones: la sabiduría, pues, se pregunta: "¿Hay por ventura sobre la tierra cosa más noble ni más preciosa que la sabiduría? Pues ved aquí –sigue argumentando nuestro prócer– que Carlos IV quiere domiciliarla entre vosotros. Ya no tendréis que abandonar vuestra patria para alcanzarla, ni que peregrinar en pos de ella, buscándola, como Pitágoras, en países remotos"[1337]. Más adelante, Jovellanos insiste en la misma idea: "¿Y qué otro don pudiera ser más digno de vuestro reconocimiento? Sin duda que entre cuantos puede hacer a sus pueblos un monarca justo, ninguno es tan grande, tan provechoso como la ilustración. Si le quereis estimar justamente, pensad en los males que ha desterrado del mundo, y volved un instante los ojos a aquellos infelices pueblos que yacen todavía en su ignorancia primitiva". El gijonés ensalza igualmente "el amor al trabajo como la primera fuente de la felicidad individual"[1338].

Nuestro prócer se iba a detener en su exposición en describir cómo la humanidad había superado la larga noche de la superstición y la ignorancia y cómo España había quedado atrasada en ello, pues mientras aquí habíamos quedado deslumbrados con el esplendor de las ciencias intelectuales, esto es, de la filosofía y de la teología, otros países se habían dedicado a promover el estudio de la naturaleza. Eran los pueblos más adelantados de Europa, "los que hacen la guerra a la ambición de las clases poderosas, encaramadas sobre las débiles, sólo para oprimirlas y conculcar sus derechos". A continuación, ensalzaba el camino de la redención por la ilustración como el más eficaz y

[1335] En su Diario del martes 7 de enero de 1794, entre otras muchas cosas, escribe el prócer asturiano: "El discurso empezó a las nueve; estaba yo bastante sereno, y a juzgar por el efecto fue bien leído, porque sacó algunas lágrimas de ternura. Yo mismo me sentí muchas veces forzado a reprimirlas, y alguna vez me obligó a interrumpirle, pero con grande aumento del interés general". Recuerda Jovellanos igualmente el sermón que con posterioridad al acto académico pronunció el Párroco, Dr. D. José Carlos Bances, en la ceremonia religiosa, sermón del que muy significativamente escribe: "muy oportuno, pues fue sobre el ejercicio de la caridad pública y sobre la conformidad que tienen con ella los instintos que destierran la ignorancia y la ociosidad". Gaspar Melchor de JOVELLANOS: *Diarios*, (selección de Julián Marías), *op. cit.*, pp. 91-92.

[1336] Gaspar Melchor de JOVELLANOS: *Diarios*, (selección de Julián Marías), *op. cit.*, pp. 88-89.

[1337] Gaspar Melchor de JOVELLANOS: "Oración inaugural a la apertura del Real Instituto Asturiano", en *Obras publicadas e inéditas de D. Gaspar Melchor de Jovellanos*, tomo primero, (Biblioteca de Autores Españoles, tomo 46), Madrid, Ediciones Atlas, 1963; la "Oración inaugural" en pp. 318 y ss.; el texto transcrito, en p. 318.

[1338] Jovellanos destaca cómo "la instrucción de los pueblos fue entre los sabios de la antigüedad el primer objeto de la legislación". "Desde Confucio a Zoroastro, y desde Solon hasta Numa Pompilio, cultivar el espíritu y formar el corazón de los hombres fue el grande fin de las instituciones políticas". Para corroborar esta apreciación, el asturiano aduce: "Leed los fragmentos de sus leyes, y los hallaréis más henchidos de máximas de educación que de reglamentos de policía". Todas esas leyes "se dirigen a engrandecer las almas", y si algunas lo hacían a perfeccionar las facultades físicas del cuerpo, endureciéndole y acostumbrándole a la agilidad y a la fatiga, "era sólo para arraigar en los ciudadanos aquellas dos grandes virtudes sobre que descansan los estados: el valor, como el primer apoyo de la seguridad pública, y el amor al trabajo, como primera fuente de la felicidad individual". Gaspar Melchor de JOVELLANOS: "Oración inaugural...", *op. cit.*, p. 318.

el único posible, cuya vía no era otra que el "grande objeto de los buenos estudios (...), promover los conocimientos útiles para perfeccionar las artes lucrativas, para presentar nuevos objetos al honesto trabajo, para dar nueva materia al comercio y la navegación, para aumentar la población y la abundancia, y para fundar sobre una misma base la seguridad del Estado y la dicha de sus miembros"[1339].

Jovellanos ve en la explotación de la naturaleza por medio del trabajo del hombre una posibilidad inagotable, pero los dones que la instrucción y la enseñanza otorgan al hombre para conseguir el dominio de la naturaleza no pueden convertirse en instrumentos de opresión y de ruina. "Reconozcamos, pues, –argumenta– que no teniendo otra superioridad (sobre la naturaleza) que la de nuestra razón, si por ella dominamos en la naturaleza, debemos también dominar según ella".

En definitiva, en la *Oración inaugural* Jovellanos expresaba sus ideas avanzadas en torno a la educación y a la virtualidad de la misma como instrumento de reforma social, propiciando la enseñanza y el trabajo honrado el progresivo ascenso social. Como escribiera Herr[1340], el discurso de Jovellanos resumía la utopía ilustrada de los días de Carlos III: reverencia de Dios, progreso mediante los estudios científicos modernos y despotismo ilustrado. El ideal pervivía aún en 1794, pues Jovellanos no estaba haciendo otra cosa que enunciar el programa completo del pensamiento ilustrado. El problema era si no se trataba ya en ese momento de un pensamiento periclitado.

III. No deja de resultar un hecho si se quiere anecdótico, pero no por ello menos significativo de la terrible situación española, el que el 8 de noviembre de ese mismo año 1794, Jovellanos pidiera permiso al Inquisidor general, el cardenal Lorenzana, para que el Real Instituto pudiese disponer en su biblioteca de libros científicos prohibidos por el Santo Oficio para que sus profesores pudiesen manejarlos. Pasado un año llegó a Gijón la respuesta negativa a tal solicitud. El jueves 6 de agosto de 1795, en su Diario, con la benevolencia de juicio que caracterizaba al prócer asturiano, pues otra persona hubiera podido utilizar legítimamente epítetos de mucho mayor calibre, escribía:

> "El tonto del cardenal Lorenzana insiste en negar la licencia de tener libros prohibidos en la Biblioteca del Instituto, aunque circunscrita a jefes y maestros. Dice que hay en castellano muy buenas obras para la instrucción particular y enseñanza pública (....), y añade en postdata que los libros prohibidos corrompieron a jóvenes y maestros, en Vergara, Ocaña y Ávila; pero ¿serían los libros de Física y Mineralogía para que pedíamos la licencia? Y ¿se hará sistema de perpetuar nuestra ignorancia? Este monumento de barbarie debe quedar unido al Diario. ¿Qué dirá de él la generación que nos aguarda, y que a pesar del despotismo y la ignorancia que la oprimen, será más ilustrada, más libre y feliz que la presente? ¡Qué barreras podrán cerrar las avenidas de la luz y la ilustración!"[1341].

Domergue se ha planteado la cuestión de por qué el Inquisidor se mostró tan intratable, tan rígido, respecto del Instituto, pues no puede olvidarse que otras peticiones

[1339] Gaspar Melchor de JOVELLANOS: "Oración inaugural...", *op. cit.,* p. 320.
[1340] Richard HERR: *España y la Revolución..., op. cit.,* p. 296.
[1341] Gaspar Melchor de JOVELLANOS: *Diarios,* (selección de Julián Marías), *op. cit.,* p. 192.

semejantes habían obtenido la autorización demandada. La profesora francesa esgrime el crítico momento en que todo ello acontece: "la Terreur a jeté l´effroi au-delà des Pyrénées, y compris chez bon nombre d´*ilustrados*". Y de resultas de ello, el Santo Oficio ha dado mucha guerra a los universitarios, tanto estudiantes como profesores[1342]. Pero además, la creación del Instituto no ha sido vista con buenos ojos por todos. Y desde luego, a nuestro modo de ver, no puede olvidarse lo reciente que estaba el *Informe sobre la ley agraria* realizado por el asturiano, en el que, como expondremos más adelante, se manifestaba sin ambages en contra de la amortización de los bienes eclesiásticos. En definitiva, es difícil precisar si las dificultades puestas a la Biblioteca del Real Instituto fueron fruto de la reacción frente a las graves circunstancias que se habían vivido tras los Pirineos o si, por el contrario, todo se enmarcaba en una infame trama de persecución contra nuestro gran prócer. Sea como fuere, lo cierto es que el 30 de julio de 1795 se recibe en Valladolid la orden de llevar a cabo una investigación sobre la biblioteca gijonesa, y el 5 de agosto, los inquisidores encargan la investigación a don Francisco López, cura de Somió y comisario del Santo Oficio[1343]. El 4 de septiembre de 1795, un mes después de que el gijonés anotara en su Diario lo que anteriormente transcribimos, Jovellanos recibía un aviso de que un comisario de la Inquisición, el cura de Somió, que, como tantos otros, en vez de velar por la salud espiritual de sus feligreses, se dedicaba a intentar exterminar cualquier vestigio de civilización o de avance en nuestra cultura, estaba realizando preguntas fiscalizadoras acerca de los libros que integraban la biblioteca del Real Instituto. Había razones para preocuparse, pues el siguiente día Jovellanos encontraba al cura leyendo una "pecaminosa" obra de John Locke. Como recuerda Sarrailh[1344], por una vez, el fundador del Instituto prescindió de su perfecta cortesía, previniéndole que, sin licencia suya, no volviera a entrar en la biblioteca.

El 16 de abril del año siguiente el cura de Somió remitía su informe al Tribunal de Valladolid, excusándose de su retraso, y enviando un listado de las obras que había podido examinar hasta ese día, pero añadía, y esto, como apostilla Domergue[1345], debió de seducir a los inquisidores, que en un gabinete contiguo a la sala de lectura, se encontraban muchos otros libros, escritos en su mayor parte en francés e inglés, que no había podido examinar. El 27 de abril los inquisidores vallisoletanos transmitieron al Inquisidor general una copia de la carta del sacerdote de Somió, recomendando la continuación de la investigación. El 18 de mayo, el órgano inquisitorial supremo aprobaba este modo de proceder y una semana más tarde el cura de Somió era nuevamente enviado al Instituto. El 2 de julio de 1796 la investigación se encargaba a otra persona, al comisario de Gijón don Antonio González Vigil, al que Jovellanos conoce bien y le llama con el significativo apodo de "Machacón". En su diario del 18 de julio Jovellanos escribe:

> "Visita de Vigil, comisario del Santo Oficio; orden para remitir lista de los libros reservados de la biblioteca, pidiéndola al bibliotecario; que no lo permitiré; que se entienda conmigo por oficio, y le responderé". Dos días después, refleja en su diario: "Correo: al Inquisidor de Valladolid, Mata, que extraño no se entiendan conmigo; que no creo haya libros defendidos; que los separados, lo están, para que jóvenes

[1342] Lucienne DOMERGUE: *Les démêlés de Jovellanos avec l´Inquisition et la Bibliothèque de l´Instituto*, Oviedo, Cátedra Feijoo, Facultad de Filosofía y Letras, Universidad de Oviedo, 1971, p. 16.

[1343] Según los datos que facilita Lucienne DOMERGUE, en *Les démêlés de Jovellanos..., op. cit.*, p. 17.

[1344] Jean SARRAILH: *La España Ilustrada..., op. cit.*, p. 306.

[1345] Lucienne DOMERGUE: *Les démêlés de Jovellanos..., op. cit.*, pp. 18-19.

y profesores no se distraigan a lecturas impertinentes; que se entiendan conmigo, que les enviaré las listas que quieran..."[1346].

El lamentabilísimo incidente iba a culminar con el envío por Jovellanos de un inventario de los libros al fiscal Mata Linares, del Tribunal de la Inquisición vallisoletana. Tras el examen del mismo, el fiscal constatará no haber encontrado más que una sola obra incluida en el Índice Expurgatorio de la Inquisición: un libro de Pufendorf. El 14 de septiembre el Inquisidor general adoptará la resolución definitiva: rehusar la licencia para esta última obra y retirarla de la biblioteca del Instituto[1347]. Diversas contrariedades de este tipo se irán acumulando sobre Jovellanos con el paso del tiempo, lo que puede explicar que el optimismo inicial de los primeros momentos pasados en Gijón tras su cese en el Ministerio, en su supuesto "destierro gijonés", se vaya trocando en progresivo pesimismo.

IV. Al margen ya del penoso incidente descrito, hemos de recordar, pues ya nos hicimos eco de ello con anterioridad, que en el ya referido *Informe a la Junta General de Comercio y Moneda sobre la libertad de las artes,* escrito en 1785, bastante antes, pues, de que se iniciara la andadura del Instituto, Jovellanos ya había razonado con una clarividencia y visión de futuro extraordinarias: "No nos engañemos. –escribe– La grandeza de las naciones ya no se apoyará , como en otro tiempo, en el esplendor de sus triunfos, en el espíritu marcial de sus hijos, en la extensión de sus límites ni en el crédito de su gloria, de su probidad o de su sabiduría. Estas dotes bastaron a levantar grandes imperios cuando los hombres estaban poseídos de otras ideas, de otras máximas, de otras virtudes y de otros vicios. Todo es ya diferente en el actual sistema de la Europa. El comercio, la industria y la opulencia que nace de entrambos son, y probablemente serán por largo tiempo, los únicos apoyos de la preponderancia de un Estado, y es preciso volver a estos objetos nuestras miras o condenarnos a una eterna y vergonzosa dependencia, mientras que nuestros vecinos libran su prosperidad sobre nuestro descuido"[1348]. Y parece obvio que esa actividad industrial y comercial exige de un sustento, de un soporte educativo, y ello, lógicamente, otorga un protagonismo relevante a la educación y a la transmisión de las luces; sin una y otra parece casi imposible que tales actividades puedan ejercerse fructíferamente. El propio gijonés así lo reconoce de inmediato: "Las luces, –sigue escribiendo– se dice, son en la política lo que en la física los medicamentos. Unos alteran la libertad, como otros la salud; pero por su medio el cuerpo moral y el cuerpo humano se libran de la extenuación y de la muerte".

En fin, en 1799, con ocasión de la inauguración del primer "curso de historia natural" del Instituto, Jovellanos pronunciaba una hermosa *Oración sobre el estudio de las ciencias naturales,* en la que trazaba un panorama del desarrollo de las diversas ciencias y hacía de ellas un elogio entusiasta. Jovellanos, en la más pura senda feijoniana, podía censurar a Aristóteles con base en que "el método de investigación señalado por Aristóteles extravió la filosofía del sendero de la verdad. Este método era precisamente lo contrario de lo que debió ser, pues que trataba de establecer leyes generales para explicar los fenómenos natu-

[1346] Gaspar Melchor de JOVELLANOS: *Diarios,* (selección de Julián Marías), *op. cit.,* pp. 218-219.

[1347] Lucienne DOMERGUE: *Les démêlés de Jovellanos..., op. cit.,* p. 21.

[1348] Gaspar Melchor de JOVELLANOS: *Obras Completas,* tomo X (Escritos económicos); el texto del *Informe,* en pp. 509 y ss.; el texto transcrito, en p. 522.

rales, cuando sólo de la observación de estos fenómenos podía resultar el descubrimiento de aquellas leyes". "Es sin duda muy ingenioso –añade el fundador del Real Instituto– su sistema de categorías y predicamentos, y lo es también el artificio de sus silogismos; pero la aplicación de uno y otro fue equivocada y perniciosa"[1349]. Si se recuerda que no hacía ni un cuarto de siglo que Cadalso, que compuso su obra en Salamanca entre mayo de 1773 y agosto de 1774, en la Carta LXXVIII de sus *Cartas marruecas,* con un sentido acentuadamente crítico, había escrito que un "verdadero sabio escolástico", no de aquellos que se instruyen de las verdaderas ciencias positivas, estudiando a Newton en su cuarto y explicando a Aristóteles en su cátedra, "sino de los que creen en su fuero interno que es desatino físico y ateísmo puro todo lo que ellos mismos no enseñan a sus discípulos y no aprendieron de sus maestros", podía declarar que "la física moderna es un juego de títeres", replicando a la observación de que "no hay arte mecánica que no necesite de dicha física para subsistir y adelantar" o a la de que "en todo el universo culto se hace mucho caso de esta ciencia y de sus profesores", que eras un hereje[1350], evidentemente, se puede constatar el enorme adelanto experimentado en nuestro país. Ahora bien, si se atiende a la siguiente reflexión plasmada por el propio Cadalso en su Carta LXX:

> "Las ciencias, que parecen influir dulzura y bondad, y llenar de satisfacción a quien las cultiva, no ofrecen sino pesares. ¡A cuánto se expone el que de ellas saca razones para dar a los hombres algún desengaño, o enseñarles alguna verdad nueva! ¡Cuántas pesadumbres le acarrea! ¡Cuántas y cuán siniestras interpretaciones suscitan la envidia o la ignorancia, o ambas juntas, o la tiranía valiéndose de ellas!"[1351].

Y si tal reflexión se conecta con las propias terribles vicisitudes por las que hubo de pasar nuestro prócer menos de dos años más tarde, tras ser detenido en la madrugada del 13 de marzo de 1801, trasladado a Mallorca, privado de su libertad primero en el Monasterio de Valldemossa, y después encarcelado e incomunicado en el castillo de Bellver, y todo ello sin formación de causa alguna, y nada menos que hasta el año 1808, la conclusión a la que se llega es que, un cuarto de siglo después, las consideraciones de Cadalso, lamentablemente para este bárbaro país, seguían teniendo plena vigencia.

b) El *Elogio a Carlos III,* paradigma de su talante reformista

I. Pocas obras de Jovellanos son tan expresivas de su talante reformista como su *Elogio a Carlos III,* que leerá el 8 de noviembre de 1788, tras la muerte del Rey, en la Sociedad Económica Matritense. En su discurso, el gijonés se muestra enteramente identificado con la política de reforma ilustrada seguida por el monarca, a cuya sabiduría no se ocultaba "que las leyes más bien meditadas no bastan de ordinario para traer la prosperidad a una nación y mucho menos para fijarla en ella". El desaparecido rey captó cuál era el espíritu que faltaba a la nación, que Jovellanos compendia en el lema: "Ciencias útiles, principios económicos,

[1349] Gaspar Melchor de JOVELLANOS: "Oración pronunciada en el Instituto Asturiano, sobre el estudio de las ciencias naturales", en *Obras publicadas e inéditas de D. Gaspar Melchor de Jovellanos,* tomo primero, (Biblioteca de Autores Españoles, tomo 46), Madrid, Ediciones Atlas, 1963, pp. 335 y ss.; el texto transcrito, en p. 336.

[1350] José CADALSO: *Cartas marruecas. Noches lúgubres,* edición de Joaquín Arce, Madrid, Ediciones Cátedra, 12ª ed., 1989, pp. 270-272.

[1351] *Ibidem,* p. 255.

espíritu general de ilustración; ved aquí lo que España deberá al reinado de Carlos III". Añade de inmediato Jovellanos que, "si dudáis que en estos medios se cifra la felicidad de un Estado, volved los ojos a aquellas tristes épocas en que España vivió entregada a la superstición y a la ignorancia. ¡Qué espectáculo de horror y de lástima! La religión, enviada desde el cielo a ilustrar y consolar al hombre, pero forzada por el interés a entristecerlo y eludirlo; la anarquía, establecida en lugar del orden; el jefe del Estado, tirano o víctima de la nobleza; los pueblos, como otros tantos rebaños, entregados a la codicia de sus señores; la indigencia, agobiada con las cargas públicas; la opulencia, libre enteramente de ellas y autorizada a agravar su peso; abiertamente resistidas o insolentemente atropelladas las leyes; menospreciada la justicia; roto el freno de las costumbres y abismados en la confusión y el desorden todos los objetos del bien y el orden público; ¿dónde, dónde residía entonces aquel espíritu a quien debieron después las naciones su prosperidad?"[1352].

Constata después el gijonés, que hasta el reinado del fallecido monarca no encontró lugar la economía civil, "ciencia que enseña a gobernar, cuyos principios no ha corrompido todavía el interés, como los de la política, y cuyos progresos se deben enteramente a la filosofía de la presente edad". Aunque la ignorancia todavía defendía sus trincheras, Carlos III terminará derribándolas. "La verdad lidia a su lado, y a su vista desaparecerán del todo las tinieblas". Durante su reinado, el monarca logrará acabar con la filosofía aristotélica, que "había tiranizado por largos siglos la república de las letras y, aunque despreciada y expulsa de casi toda Europa, conservaba todavía la veneración de nuestras escuelas". A juicio del asturiano, la filosofía de Aristóteles era "poco útil en sí misma, porque todo lo da a la especulación y nada a la experiencia, y desfigurada en las versiones de los árabes a quienes Europa debió tan funesto don, había acabado de corromperse a esfuerzos de la ignorancia de sus comentadores"[1353]. Frente a ello, el Rey dio entrada en nuestras aulas a la libertad de filosofar, llevando a ellas "un tesoro de conocimientos filosóficos que circulan ya en los ánimos de nuestra juventud y empiezan a restablecer el imperio de la razón", y "deseoso de hacer en su reino esta especie de regeneración, empieza promoviendo las enseñanzas de las ciencias exactas, sin cuyo auxilio es poco o nada lo que se adelanta en las investigaciones de las verdades naturales"[1354].

También la enseñanza de la ética, del derecho natural y público establecida por Carlos III coadyuvará a mejorar la ciencia de nuestros jurisconsultos. "También ésta –recuerda Jovellanos– había tenido sus escolásticos que la extraviaran en otro tiempo hacia los laberintos del arbitrio y la opinión. Carlos la eleva al estudio de sus orígenes, fija sus principios, coloca sobre las cátedras el derecho natural, hace que la voz de nuestros legisladores se oiga por primera vez en nuestras aulas, y la jurisprudencia española empieza a correr gloriosamente por los senderos de la equidad y la justicia"[1355]. Mas otra ciencia, seguía argumentando el asturiano, era todavía necesaria. "Su fin es apoderarse de estos conocimientos, distribuirlos útilmente, acercarlos a los objetos del provecho común y, en una palabra, aplicarlos por (medio de) principios ciertos y constantes al gobierno de los pueblos". El gijonés considera que ésta es la verdadera ciencia del Estado, la ciencia del

[1352] JOVELLANOS: "Elogio de Carlos III, leído en la Real Sociedad Económica de Madrid el día 8 de noviembre de 1788", en Gaspar Melchor de Jovellanos: *Obras Completas,* tomo X (Escritos económicos), *op. cit.,* pp. 669 y ss.; el texto transcrito, en p. 674.

[1353] *Ibidem,* p. 677.

[1354] *Ibidem,* p. 678.

[1355] *Ibidem,* pp. 677-678.

magistrado público, y no es otra que la "economía civil"[1356]. La economía civil está llamada a ser la ciencia superior que sustituirá a la política, pues es la que enseñará a gobernar a los hombres y a hacerlos felices y toda reforma estará presidida por el principio supremo de la razón.

En fin, el fruto de ilustración y de verdad dado por las tiernas plantas sembradas por el monarca será la prenda más cierta de la felicidad del pueblo. Y este es el mayor de los beneficios que derramó sobre su pueblo Carlos III: "sembró en la nación las semillas de luz que han de ilustraros y os desembarazó los senderos de la sabiduría". Poco después, al término ya de su *Elogio,* Jovellanos entona un canto optimista a la obra ilustrada, que le lleva a decir no sin la ingenuidad que en muchas ocasiones le caracterizó: "En ninguna época ha sido tan libre su circulación (la de la verdad), en ninguna tan firmes sus defensores, en ninguna tan bien sostenidos sus derechos. Apenas hay ya estorbos que detengan sus pasos"[1357]. En todo su *Elogio,* como bien se ha puesto de relieve[1358], bulle el sincero deseo jovellanista de salvar la obra política de Carlos III; o, si se quiere mejor, un ansia de que así fuera, como un llamamiento a la serenidad. La última reflexión viene pues a ser una suerte de compendio de su más íntimo deseo: que, desaparecido el monarca, continúe la circulación de las luces.

Muy próximo en el tiempo a este discurso, que más que un panegírico fue un estudio político y económico[1359], en el que bien podría entenderse que quedó reflejado el núcleo medular del pensamiento reformista ilustrado, Jovellanos pronunció su *Elogio del arquitecto Ventura Rodríguez*[1360], que marcó una etapa en las tendencias clasicistas de nuestra arquitectura e incluso de nuestro urbanismo; fallecido en 1785, el discurso sobre el relevante arquitecto es una brillante pieza para la historia de la arquitectura española[1361]. En modo alguno ha de extrañar tal circunstancia, y no sólo por la universalidad de su saber, sino por la profundidad de sus conocimientos artísticos, de los que constituye una buena muestra sus *Reflexiones y conjeturas sobre el boceto original del cuadro llamado "La familia"* (1789), que como es obvio se refiere a esa obra maestra absoluta de la pintura universal que es *Las Meninas* de Velázquez. No nos resistimos a dejar de plasmar esta penetrante reflexión de Jovellanos, reveladora de la profundidad de su sensibilidad artística:

> "¿Quién se ha elevado tanto como Velázquez? Puede ser Juanes más dulce, Morales más patético, Murillo más gracioso y Cano más exacto; pero ¿qué pincel, aunque entren en la lid los de Tiziano y Tintoretto, ha sido tan fuerte, tan expresivo,

---

[1356] *Ibidem,* pp. 678-679.

[1357] *Ibidem,* p. 683.

[1358] Manuel FERNÁNDEZ ÁLVAREZ: *Jovellanos. Un hombre de nuestro tiempo,* Madrid, Espasa Calpe, 1988, p. 70.

[1359] Juan Antonio CABEZAS: *Jovellanos. El fracaso de la Ilustración,* Madrid, Silex, 1985, p. 44.

[1360] Gaspar Melchor de JOVELLANOS: "Elogio de don Ventura Rodríguez, Arquitecto Mayor de esta Corte, pronunciado en la Sociedad Económica de Madrid, y adicionado con notas del mismo autor", en *Obras publicadas e inéditas de D. Gaspar Melchor de Jovellanos,* tomo primero, *op. cit.,* pp. 369 y ss.

[1361] No podemos por menos de recordar aquí sus *Memorias histórico-artísticas sobre arquitectura,* escritas entre 1805 y 1808, durante su cautiverio mallorquín, en las que incluirá una serie de escritos que van desde una "Descripción histórico-artística del castillo de Bellver" hasta un "Estudio sobre la arquitectura inglesa y la llamada gótica". Algunos de estos estudios pueden verse en *Obras publicadas e inéditas de Don Gaspar Melchor de Jovellanos,* Tomo V, (Biblioteca de Autores Españoles, tomo 87), Madrid, Ediciones Atlas, 1956, pp. 344 y ss.

tan veraz como el de Velázquez? ¿Quién graduó con más inteligencia las luces y las sombras? ¿Quién marcó más fuertemente las distancias y los términos? ¿Quién entonó con más armonía, quien combinó con más tino con los fondos, los colores y tintas? De él se dice que llegó a pintar hasta lo que no se ve, esto es, hasta lo que se ve más bien con el espíritu que con los ojos"[1362/1363].

Maestro en el arte de componer Elogios, el que escribió sobre Ventura Rodríguez se ha considerado acaso el más representativo de todos ellos, por no concurrir en el personaje ningún otro atributo que hiciera depender el aprecio de su excelencia de toda otra cosa que no fuera la consideración exclusiva de su mérito[1364]. Por lo demás, los dos discursos de elogio tuvieron una gran difusión, contribuyendo a dar al gijonés fama de brillante orador.

II. Particular relevancia se ha dado igualmente a sus *Diarios,* que son un total de nueve y abarcan los años 1790 a 1801. Ceán Bermúdez cree que, con más propiedad, se les debiera llamar "sus confesiones", porque refieren con sinceridad y franqueza los sentimientos de su corazón[1365]. Y el propio don Marcelino se adscribe a esa denominación, al aludir a esa especie de confesión o examen de conciencia que Jovellanos hacía de sus actos y hasta de sus más recónditos pensamientos[1366]. A su vez, Caso González considera que se trata, en general, de un texto plagado de informaciones de todo tipo sobre la España de finales del siglo XVIII, y ahí radica su principal interés. No sólo destacan las referencias artísticas y también las notas sobre las minucias de la vida cotidiana de don Gaspar, los datos económicos y sociales y la información sobre la Iglesia y el clero, su situación y sus rentas, sino también es de subrayar la constante presencia de la naturaleza en las páginas del *Diario,* y como de nuevo dice ese encomiable investigador que creara el relevante ovetense Instituto Feijoo, pocos autores españoles del siglo XVIII expresan, como lo hace Jovellanos, un sentimiento real frente a la naturaleza[1367].

En su "Prólogo" a los *Diarios,* Julián Marías expresaba hace medio siglo su opinión de que "cada vez parece más claro que la obra capital de Jovellanos, desde la perspectiva

---

[1362] Gaspar Melchor de JOVELLANOS: "Reflexiones y conjeturas sobre el boceto original del cuadro llamado <La familia>", en *Obras publicadas e inéditas de Don Gaspar Melchor de Jovellanos, op. cit.*, pp. 153 y ss.; en concreto, p. 155.

[1363] Aun a sabiendas de la nula relación de esta reflexión con el objeto de nuestro trabajo, no nos resistimos a dejar de poner de relieve que esta concisa y a la par espléndida caracterización, no sólo de Velázquez, sino de otros geniales pintores españoles, no hace sino corroborar la exquisitez de la sensibilidad artística de Jovellanos. Dos siglos y medio después de sus líneas, quizá el mayor experto en Velázquez, Camón Aznar, en la obra más clásica escrita sobre el pintor sevillano, corroboraría algunas de las apreciaciones de nuestro ilustrado. Así, por ejemplo, para Camón Aznar, la luz mediatiza la composición de esta obra maestra absoluta; la profundidad no la sugiere, como en otras pinturas velazqueñas, sólo el alejamiento espacial, sino la mancha envaguecida que suscita la sensación de distancia, lo que ha dado pie a que se haya llegado a decir que en "Las Meninas" Velázquez llega a captar hasta el aire que surca la gran sala ahora ocupada por Velázquez por razón de su función como aposentador real, pero antes, hasta su fallecimiento en 1646, ocupada por el príncipe Baltasar Carlos. Cfr. al respecto, José CAMÓN AZNAR: *Velázquez,* Vol. 2, Madrid, Espasa-Calpe, 1964, pp. 829 y ss.; en particular, p. 830.

[1364] Javier BARÓN THAIDIGSMANN: "Prólogo", en la obra de Juan Agustín Ceán Bermúdez, *Memorias para la vida de Jovellanos, op. cit.,* pp. VII y ss.; en concreto, p. X.

[1365] Juan Agustín CEÁN BERMÚDEZ: *Memorias para la vida de Jovellanos, op. cit.,* p. 248.

[1366] Marcelino MENÉNDEZ PELAYO: *Historia de los Heterodoxos..., op. cit.,* Vol. II, p. 567.

[1367] José Miguel CASO GONZÁLEZ: *Jovellanos,* edición de María Teresa Caso, Barcelona, Ediciones Ariel, 2ª ed., 2002, p. 142.

actual, son los *Diarios*"[1368], y es que en ellos se percibe el sabor de una vida del siglo XVIII, reflejado posiblemente por la mejor mente de esa centuria, que expone con toda sinceridad sus ideas más personales[1369]. De ello no puede caber la más mínima duda; el propio asturiano escribe en su diario del 24 de mayo de 1794: "A Jardines, prevenciones sobre nuestra correspondencia: que no se puede tratar de todo; que sólo privada y confidencialmente se deben exponer libremente las ideas"[1370]. En fin, Sarrailh considera a Jovellanos, el más completo e imparcial de los memorialistas y a sus *Diarios,* una mina de preciosos informes[1371]. De la certeza de esta apreciación no nos cabe la menor duda, y a lo largo de este texto creemos que quedará una prueba fehaciente de ello.

c) Su inequívoca opción en favor de la reforma del régimen de la propiedad de la tierra: el *Informe sobre la ley agraria*

No podemos abordar la perspectiva regeneracionista de nuestro prócer sin aludir, siquiera sea fugazmente, a su *Informe sobre la ley agraria* (1794), por el que, como recordaba Ceán Bermúdez, tan famoso se hizo en toda Europa y América[1372]. Fue la crisis que atravesó nuestra agricultura en los años 1765 y 1766 la que desencadenó que el Consejo de Castilla iniciara un *Expediente general* sobre el estado de la agricultura y sus remedios. En junio de 1777, a instancias de Campomanes, se remitió el *Expediente de la Ley Agraria* a la Real Sociedad Económica de Amigos del País de Madrid a fin de que formulara un Informe, que habría de demorarse nada menos que diecisiete años. Un decenio demoró la Sociedad en decidir quién había de elaborar el Informe requerido. En septiembre de 1787, decidió encargárselo a Jovellanos, quien lo concluyó el 26 de abril de 1794, siendo finalmente publicado en 1795. En su rotunda e impactante conclusión, Jovellanos reclamará "derogar de un golpe las bárbaras leyes que condenan a perpetua esterilidad tantas tierras comunes; las que exponen la propiedad particular al cebo de la codicia y de la ociosidad; las que prefiriendo las ovejas a los hombres han cuidado más de las lanas que los visten que de los granos que los alimentan; las que estancando la propiedad privada en las eternas manos de pocos cuerpos y familias poderosas, encarecen la propiedad libre y sus productos, y alejan de ella los capitales y la industria de la nación; las que obran el mismo efecto encadenando la libre contratación de los frutos, y las que gravándolos directamente en su consumo reúnen todos los grados de funesta influencia en todas las demás"[1373].

1368 Julián MARÍAS: "Prólogo", en la obra de Gaspar Melchor de Jovellanos, *Diarios, op. cit.,* p. 9.

1369 La más completa transcripción de los *Diarios* puede verse en Gaspar Melchor de JOVELLANOS, *Obras Completas* (dirigidas por José Miguel Caso González), tomo VI, 2 vols. (Diario 1° y Diario 2°), edición crítica, introducción y notas de José Miguel Caso González, con la colaboración de Javier González Santos (el Diario 1°) y de María Teresa Caso Machicado y Javier González Santos (el Diario 2°), Oviedo, Instituto Feijoo de Estudios del Siglo XVIII/Ilustre Ayuntamiento de Gijón, 1994 y 1999, respectivamente.

1370 Gaspar Melchor de JOVELLANOS: *Diarios,* (selección de Julián Marías), *op. cit.,* p. 114.

1371 Jean SARRAILH: *La España Ilustrada..., op. cit.,* p. 123.

1372 Juan Agustín CEÁN BERMÚDEZ: *Memorias para la vida de Jovellanos, op. cit.,* p. 27.

1373 Gaspar Mechor de JOVELLANOS: "Informe sobre la ley agraria" (fragmentos), en Patricio Peñalver Simó, *Jovellanos. Obras sociales y políticas, op. cit.,* pp. 93 y ss. ; en concreto, p. 205. Las referencias posteriores son siempre a este texto; en cualquier caso, el texto completo del Informe puede verse en Gaspar Melchor de JOVELLANOS: *Obras Completas,* tomo X (Escritos económicos), edición crítica, estudio preliminar, prólogo y notas de Vicent Llombart i Rosa y Joaquín Ocampo Suárez-Valdés, Oviedo, Ayuntamiento de Gijón/Instituto Feijoo de Estudios del Siglo XVIII/KRK Ediciones, 2008, pp. 693 y ss.

Parece bastante claro que el triunfo de las ideas fisiocráticas en Francia, con Turgot, tan admirado por Jovellanos, y Quesnay, entre otros, con su defensa del valor primordial de la tierra como fuente de riqueza, debió de influir notablemente en las ideas del asturiano llegado el momento de elaborar el Informe. Si se tiene en cuenta que en el Antiguo Régimen la estructura económica se hallaba sustentada en la propiedad de la tierra, se comprende con prontitud el rápido arraigo que en nuestro país encontraron las ideas fisiocráticas. No faltan, sin embargo, apreciaciones, como la de Lluch[1374], que relativizan el remedio liberalizador propuesto por Jovellanos en su *Informe,* considerándolo muy alejado de los principios doctrinarios del *laissez faire laissez passer,* al entender que consistía tan sólo en una libertad atemperada a las características de cada caso.

El *Informe,* como ha escrito Abellán[1375], es el texto fundamental para entender el sentido y el alcance que tenían los proyectos de reforma económica ilustrada, a través de los cuales se intenta pasar de una sociedad estamental a una sociedad de clases. El *Informe* no era ni mucho menos el primero en materia económica elaborado por el gijonés, ni tampoco era el primero en el que nuestro prócer proyectaba la idea de libertad sobre la actividad económica. Recuérdese que en el *Informe sobre la extracción de aceites a reinos extranjeros,* el primer escrito económico que se conoce de Jovellanos, que éste elevó al Consejo de Castilla en mayo de 1774, siendo ministro de la Audiencia de Sevilla, mencionó la conocida frase de que "la libertad es el alma del comercio"[1376]. La auténtica originalidad del trabajo de Jovellanos, según Caso González[1377], está en la coordinación de las ideas, en la estructuración de los problemas y en las soluciones que en conjunto pretende dar al grave asunto de la reforma y mejora de la agricultura española.

La inmovilización de la tierra en "manos muertas", pero privilegiadas, la amortización civil y eclesiástica, el poderoso Concejo de la Mesta y los mayorazgos fueron las cuatro cuestiones principales abordadas por Jovellanos en su *Informe.* En él, nuestro prócer iba a partir de la idea de que "la agricultura se halla siempre en una natural tendencia hacia su perfección", por lo que las leyes sólo pueden favorecerla animando esta tendencia; "en una palabra, que el único fin de las leyes respecto de la agricultura debe ser proteger el interés de sus agentes separando todos los obstáculos que pueden obstruir o entorpecer su acción y movimiento"[1378].

Jovellanos critica los baldíos, que no sólo disminuyen el número de propietarios particulares, habiendo dejado sin dueños ni colonos una porción de las tierras cultivables de España, como asimismo las "tierras concejiles". Unas y otras se hallan abandonadas, sin

[1374] Ernest LLUCH: *Las Españas vencidas del siglo XVIII, op. cit.,* p. 208. En otro momento, el propio Lluch *(Ibidem,* pp. 214-215) escribe que las ideas políticas y económicas del asturiano son mucho menos liberales y librecambistas de lo que dice la historiografía oficial asturcastellana cuando nos centramos en la política aplicada. Citarle como un metaliberal, concluye el catalán, es una quimera.

[1375] José Luis ABELLÁN: *Historia crítica..., op. cit.,* tomo III, p. 565.

[1376] "Quisiéramos –argumenta Jovellanos en este Informe– restituir del todo la libertad, que es el alma del comercio, la que da a las cosas comerciables aquella estimación que corresponde a su abundancia o escasez, y la que fija la justicia natural de los precios con respecto a la estimación de las mismas cosas". Gaspar Melchor de JOVELLANOS: "Informe del Real Acuerdo de Sevilla al Consejo Real de Castilla sobre la extracción de aceites a reinos extranjeros, extendido por el autor, siendo Ministro de aquella Audiencia", en *Obras Completas,* tomo X (Escritos económicos), *op. cit.,* pp. 397 y ss.; el texto transcrito, en p. 402.

[1377] José Miguel CASO GONZÁLEZ: *Jovellanos,* edición de María Teresa Caso, Barcelona, Ediciones Ariel, 2ª ed., 2002, p. 169.

[1378] Gaspar Melchor de JOVELLANOS: "Informe sobre la ley agraria", *op. cit.,* p. 104.

cultivar. La solución propuesta no es sino la de la enajenación de estas tierras. Al abordar el tema de la Mesta, Jovellanos comienza interrogándose: "Por ventura, ¿podrán sostenerse a su vista los monstruosos privilegios de la ganadería trashumante?" La respuesta no deja resquicio a la duda: "Las leyes, los privilegios de este cuerpo, cuanto hay en él marcado con el sello del monopolio o derivado de una protección exclusiva, merecerá su justa censura"[1379]. Jovellanos, a la vista de la notoriedad del mal causado, reclama su urgente remedio, pues la tardanza del mismo será tan contraria a la justicia como al bien de la agricultura. La solución requiere de una regulación asentada en principios de equidad y de justicia, que en todo caso exigen la restitución a la propiedad de todos sus derechos.

La amortización de las tierras es tratada en dos partes diferenciadas: la amortización eclesiástica, o del clero regular y secular, y la amotización civil, a través de las vinculaciones y mayorazgos. El asturiano parte del principio de que "no se puede negar que la acumulación de la tierra sea un mal; pero, sobre ser un mal necesario, tiene más cerca de sí el remedio. Cuando todo ciudadano puede aspirar a la riqueza, la natural vicisitud de la fortuna la hace pasar rápidamente de unos en otros; por consiguiente, nunca puede ser inmensa en cantidad ni en duración para ningún individuo"[1380]. Sin embargo, los diversos tipos de amortización existentes en nuestro país impiden de hecho lo anterior en cuanto "que sacan continuamente la propiedad territorial del comercio y circulación del Estado; que la encadenan a la perpetua posesión de ciertos cuerpos y familias; que excluyen para siempre a todos los demás individuos del derecho de aspirar a ella, y que uniendo el derecho indefinido de aumentarla a la prohibición absoluta de disminuirla, facilitan una acumulación indefinida y abren un abismo espantoso, que puede tragar con el tiempo toda la riqueza territorial del Estado"[1381]. De resultas de todo ello, constata nuestro prócer que las tierras han llegado en España a un precio escandaloso, que no es sino la resultante de su escasez en el comercio, que a su vez deriva principalmente de la enorme cantidad de ellas que está amortizada. Como bien se ha señalado[1382], Jovellanos estaba poniendo el dedo en la llaga sangrante de lo que la Revolución francesa amenazaba con llevar a la práctica con más radicales procedimientos. Ante la situación descrita, Jovellanos es tajante: "Cortemos, pues, de una vez los lazos que tan vergonzosamente encadenan nuestra agricultura".

En cuanto a los mayorazgos, la crítica del asturiano no es menos acerada: "Apenas hay institución –nos dice en alusión a la misma– más repugnante a los principios de una sabia y justa legislación"; de inmediato, añade que "es preciso confesar que el derecho de transmitir la propiedad en la muerte, no está contenido ni en los designios ni en las leyes de la naturaleza"[1383]. Critica más adelante que "el vulgo de nuestros jurisconsultos, supersticioso venerador de los institutos romanos" pretenda derivar de ellos los mayorazgos, justificándolos con el ejemplo de las sustituciones y fideicomisos, poniendo de relieve que no hay nada en común entre ellos. Para Jovellanos, conceder a un ciudadano el derecho de "quitar para siempre a su propiedad la comunicabilidad y la transmisibilidad, que son sus dotes más preciosas; librar la conservación de las familias sobre la dotación de un individuo en cada generación y a costa de la pobreza de todos los demás, y atribuir esta

[1379] *Ibidem,* p. 152.
[1380] *Ibidem,* p. 166.
[1381] *Ibidem,* p. 167.
[1382] Juan Antonio CABEZAS: *Jovellanos. El fracaso de la Ilustración,* Madrid, Silex, 1985, p. 117.
[1383] Gaspar Melchor de JOVELLANOS: "Informe sobre la ley agraria", *op. cit.,* p. 186.

dotación a la casualidad del nacimiento, prescindiendo del mérito y la virtud, son cosas no sólo repugnantes a los dictámenes de la razón y a los sentimientos de la naturaleza, sino también a los principios del pacto social y a las máximas generales de la legislación y la política"[1384]. De resultas de todo lo expuesto, Jovellanos concluye que debe cesar la facultad de vincular por contrato entre vivos, y por testamento por vía de mejora, de fideicomiso, de legado o en cualquier otra forma, "de manera que reservándose a todos los ciudadanos la facultad de disponer de todos sus bienes en vida y muerte, según las leyes, sólo se les prohiba esclavizar la propiedad territorial con la prohibición de enajenar ni imponerle gravámenes equivalentes a esta prohibición".

La crítica jovellanista a un régimen de tan injusta propiedad de la tierra es verdaderamente demoledora; la denuncia de los privilegios eclesiásticos y estamentales no le va a la saga. Por lo mismo, no debe extrañar ni el intento de envenenamiento de que fue objeto Jovellanos, ni que el Santo Oficio dirigiera sus venenosos dardos contra él. Más aún, como recuerda don Marcelino[1385], la *Ley agraria* pasó a figurar en el Índice de Roma desde el 5 de septiembre de 1825, momento en que se prohibió también *La regalía de amortización* de Campomanes. Para Roma, la propiedad eclesiástica seguía siendo "sagrada", y como tal, tenía que seguir eternamente en manos de la Iglesia, con independencia de que ello generase flagrantes injusticias.

En su conclusión, Jovellanos reclamaba remover con mano poderosa los estorbos que se oponían a la prosperidad, intentando conseguir tan sublime fin "no por medio de proyectos quiméricos, sino por medio de leyes justas"; se trataba más de derogar y corregir que de mandar y establecer. En definitiva, "trátase sólo de restituir la propiedad de la tierra y del trabajo a sus legítimos derechos y de restablecer el imperio de la justicia sobre el imperio del error y las preocupaciones envejecidas"[1386].

Bien podríamos finalizar el tratamiento de esta cuestión, señalando que las propuestas de Jovellanos se enmarcan en ese profundo frente de batalla al que se refiriera Sánchez Agesta[1387], propuesto como problema esencial de la política española de la segunda mitad del siglo XVIII, cifrada en la interpretación económica de nuestra decadencia y de la empresa de regeneración de España. Este es, por lo demás, el nervio central del sistema del despotismo ilustrado, y a él hay que referir sus más logradas realizaciones. El espíritu del siglo está aquí presente. Y la famosa "Instrucción reservada" que Floridablanca redacta en los años postreros del siglo para la dirección y orientación de la "Junta de Estado", el gobierno de la época, no hace sino corroborar esta visión.

C) Su visión de la libertad de imprenta en el marco de su posición proclive a las reformas graduales

Hemos tenido oportunidad ya de referirnos al gradualismo reformista de Jovellanos, que si, por un lado, le separó de personajes como Floridablanca, sumido en su última etapa en la Junta Central en la pura reacción conservadora, por otro, le dejó bastante al margen de las posiciones un tanto románticas y exaltadas de los liberales doceañistas.

[1384] *Ibidem,* pp. 188-189.
[1385] Marcelino MENÉNDEZ PELAYO: *Historia de los Heterodoxos..., op. cit.,* Vol. II, p. 563.
[1386] Gaspar Melchor de JOVELLANOS: "Informe sobre la ley agraria", *op. cit.,* p. 204.
[1387] Luis SÁNCHEZ AGESTA: *El pensamiento político..., op. cit.,* pp. 115-116.

Buena prueba de ello podría ser la de que, no obstante ser el prócer gijonés dentro de la mencionada Junta el elemento más relevante con que contaban los partidarios de las reformas[1388], ello no le condujo a defender una fórmula revolucionaria para la discutida convocatoria de Cortes, sino que propugnó que fuera la Regencia la que llevara a cabo tal convocatoria, por cuanto tal fórmula le parecía la más acorde con nuestro Derecho histórico, reflejado en este caso en las Leyes de Partida. Con ello pretendía dar a la futura reforma un elemento de continuidad jurídica, muy en la línea de su pensamiento, siempre proclive a aprovechar las estructuras del viejo edificio constitucional para la construcción del nuevo[1389].

No pretendemos ahora analizar de modo exhaustivo las diferentes tomas de posición que acerca de la libertad de imprenta mantendría Jovellanos, pues buena parte del debate habido al respecto se enmarca en el período subsiguiente a la Revolución de mayo de 1808, y de ello nos ocuparemos en una segunda parte de esta obra. Sí anticiparemos, no obstante, que desde la muy significativa, casi simbólica, presidencia de la Junta de Instrucción Pública, Jovellanos promovió la discusión sobre la libertad de imprenta, uno de cuyos resultados fue la aprobación de la Memoria escrita por don José Isidoro Morales, favorable a tal libertad y proclive a las posiciones más liberales. Es cierto que él y Floridablanca habían coincidido antaño en condenar la desenfrenada libertad de imprimir que germinó en la Revolución Francesa[1390]; también lo es que el conde de Floridablanca y Jovellanos eran los personajes de mayor relieve intelectual y prestigio popular de la Junta Central, pero, como se admite de modo generalizado[1391], mientras el murciano representaba el sentido más conservador, la perspectiva innovadora correspondía al asturiano. Y no es casual que mientras Floridablanca siempre se mostró decididamente en contra de la libertad de imprenta[1392], tal no fue en absoluto el caso de Jovellanos. Al asturiano, no nos cabe la más mínima duda de ello, hay que situarlo entre los partidarios de la libertad de

1388 En análogo sentido, entre otros muchos autores, Manuel MORÁN ORTÍ: "La formación de las Cortes (1808-1810)", en Miguel Artola (ed.), *Las Cortes de Cádiz*, Madrid, Marcial Pons Historia, 2003, pp. 13 y ss.; en concreto, p. 21.

1389 La dualidad del pensamiento político del prócer asturiano sobre esta cuestión ya se había puesto en alguna medida de relieve en su discurso de recepción en la Real Academia de la Historia, que versó "sobre la necesidad de unir al estudio de la legislación el de nuestra historia y antigüedades", y que pronunció en 1780, en el que, según Antonio Elorza (en *La ideología liberal..., op. cit.*, pp. 106-107), se contiene la primera exposición del esquema de la constitución histórica que desarrollará con ocasión de la crisis de 1808. En él, por poner un ejemplo, será perfectamente perceptible la recepción de la terminología política de Rousseau y de Montesquieu, que emplea en relación a nuestras instituciones históricas. Y así, al hablar de nuestras Cortes medievales, Jovellanos las viene a considerar como expresión de la voluntad general: "Todo el mundo sabe –aduce el asturiano– cuánto contribuían entonces estas asambleas para conservar la paz interior del reino, (....); en ellas se reunía la voluntad general por medio de los representantes de cada estado". En fin, el gijonés vendrá a concluir que "sin la historia no se puede tener un cabal conocimiento de nuestras constituciones y nuestras leyes, y confesemos también que sin este conocimiento no debe lisonjearse el magistrado de que sabe el derecho nacional". JOVELLANOS: "Discurso leído por el autor en su recepción a la Real Academia de la Historia, sobre la necesidad de unir al estudio de la legislación el de nuestra historia y antigüedades", en *Obras de D. Gaspar Melchor de Jovellanos* (Biblioteca de Autores Españoles, tomo 46), *op. cit.*, pp. 288 y ss.; los textos transcritos, en pp. 294 y 297, respectivamente.

1390 De ello se hace eco, entre otros, Luis SÁNCHEZ AGESTA: *El pensamiento político..., op. cit.*, p. 231.

1391 Así, entre otros muchos, Juan Antonio CABEZAS: *Jovellanos. El fracaso de la Ilustración, op. cit.*, p. 198.

1392 En una carta sin fecha dirigida al conde de Fernán Núñez, embajador de España en París, en respuesta a una de éste de 1788, en la que comunicaba noticias un tanto alarmantes acerca del espíritu que iba a animar la reunión de los Estados Generales, José Moñino, conde de Floridablanca, entonces al frente de la Junta de Estado (que hoy identificaríamos con el Consejo de Ministros), afirmaba: "Nosotros no deseamos imprenta, pero como vamos a tratar de demostrar ahora, en perfecta coherencia con su visión gradualista de las reformas, se muestra decididamente proclive a que esta libertad se consagre con posterioridad a una formación e instrucción pública mínimamente consistentes. Educación e instrucción primero, y luego libertad de imprenta. Se ha dicho de Jovellanos que es apóstol del cambio sin ruptura[1393]. Prefiere el cambio evolutivo. Su horror al vacío le hace defender una especie de cambio controlado, y ese horror se acentúa ante el peligro que él entrevé de ejercicio abusivo de la libertad de imprenta a causa de una deficiente ilustración. Pocos testimonios de nuestro personaje, excepción hecha de su *Memoria en defensa de la Junta Central,* ilustran más a las claras sobre su posición al respecto, que nunca por cierto cambió, que los párrafos que a continuación transcribimos, entresacados de la carta que Jovellanos escribe a lord Holland desde Muros de Noya, lugar de detención forzosa en su viaje desde Cádiz a Gijón, fechada en diciembre de 1810:

> "Nada diré de sus resoluciones, –se refiere Jovellanos a las resoluciones adoptadas por los constituyentes gaditanos– que hasta ahora parecen buenas, aunque algo precipitadas. Mucho que celebrar, porque al fin han consagrado la libertad de imprenta, aunque no sé todavía cómo está concebida la ley. No por eso dejaré de decir que la resolución me parece muy precipitada, y que temo que los primeros que se aprovecharán de esta libertad para enredar y turbarnos acá y en América, serán los franceses. Esta libertad no puede ser buena sino bajo de una buena Constitución, y para que lo sea la nuestra, no debe empezar por aquí. Dirá Vm. que sin ella no se puede formar una buena Constitución; mas yo creo que sí.
>
> No son luces adquiridas de repente las que deban sugerir su plan; luces, estudios, observaciones hechas muy de antemano deben concebirle, proponerle, demostrar su bondad y obtener su sanción. Fuera de que, hablando en general, Vm. debe reconocer que no somos muy sabios en política, que sin escritores, sin imprentas, sin compradores de libros, la luz que nos puede venir por este medio, es escasa y tardía.
>
> La ley, pues, será buena y obrará su efecto en adelante; pero en el día puede ser dañosa, si nuestro enemigo con los poderosos medios que tiene en la mano, compra escritores que perviertan la opinión pública y perturben la paz interior, cosa no muy difícil, pero muy peligrosa en medio de la actual fermentación y exaltación del espíritu público"[1394].

La clave de su relativamente negativo enjuiciamiento de la legalización gaditana de la libertad de imprenta se encuentra en su convencimiento de lo precipitado de tal regulación, no porque el asturiano repruebe esa libertad, sino porque entiende que ha sido adoptada antes del momento oportuno. Como acertadamente escribe Gómez de la Serna[1395], para el viejo sentido pedagógico de Jovellanos, no eran luces repentinas y deslumbrantes lo que el país necesitaba en política, y menos en tan críticos momentos, cuando no sólo no poseía suficiente sabiduría en estas materias, sino que ni tenía imprentas, ni

aquí tantas luces, ni lo que de ellas resulta: la insolencia de los actos, de las palabras y de los escritos contra los poderes legítimos". *Apud* Jean SARRAILH: *La España Ilustrada..., op. cit.,* pp. 601-602.

1393 Manuel Jesús GONZÁLEZ Y GONZÁLEZ: "Estudio preliminar", en la obra de recopilación de escritos de Álvaro Flórez Estrada, *Escritos políticos,* Oviedo, Junta General del Principado de Asturias, 1994, pp. IX y ss.; en concreto, p. XLIV.

1394 Puede verse en la obra *Cartas de Jovellanos y Lord Vassall Holland sobre la guerra de la Independencia (1808-1811),* con prólogo y notas de Julio Somoza García-Sala, Vol. II, Madrid, Imprenta de los Hijos de Gómez Fuentenebro, 1911; Jovellanos, Carta CV, pp. 519-523; el texto transcrito, en p. 520.

1395 Gaspar GÓMEZ DE LA SERNA: *Jovellanos, el español perdido, op. cit.,* Vol. II, p. 292.

escritores, ni tampoco compradores de libros. La luz que podía venir por este medio era escasa y tardía. Sólo las luces provenientes del estudio meditado y científico de la materia política podían ilustrar objetiva y responsablemente al país. Las luces de los estudiosos, de los magistrados, de los hombres de ciencia, eran las únicas que realmente podían alumbrar el porvenir , no las plasmadas improvisada y precipitadamente en los periódicos, producto de la superficialidad, de la interpretación ligera o excesivamente apasionada, sin ningún sustento intelectual serio ni consistente. Su visión, como cualquier otra, puede ser discutible; de ello no nos cabe la menor duda, pero al sustentarla, Jovellanos no hacía otra cosa que ser perfectamente coherente con la médula vertebral que daba vida a todo su pensamiento: su opción por el gradualismo de las reformas. Extraer de la misma la conclusión del rechazo jovellanista a la libertad de imprenta no sería otra cosa que falsear la realidad.

a) La insistente petición de legalización de la libertad de imprenta por parte de Lord Holland

I. Acabamos de referirnos a Lord Holland. No podemos detenernos con el detalle que quizá mereciera esa atractiva figura de la época que fue Henry Richard Vassall Fox, tercer lord Holland (1773-1840)[1396], uno de los líderes del partido *whig*. Educado en Eton y después en Oxford, hombre de mundo, viajero incansable (ya a los 18 años visitó París, donde fue presentado, entre otros, a La Fayette y Talleyrand, entablando amistad con casi todos los hombres relevantes del momento) y de un enorme bagaje cultural, cuya hispanofilia es sobradamente conocida por cualquier mínimo conocedor de esta crucial etapa histórica. Holland tuvo un conocimiento directo de las tierras y hombres de España, adonde viajó en varias ocasiones, la primera de ellas en 1793, la segunda en 1805, entablando en esta ocasión en Madrid una tupida red de amistades que abarcaba a políticos, escritores, militares, aristócratas de varias edades y tendencias e intimando con Quintana y su círculo[1397]. A su regreso a Londres en 1806, tras la muerte de Pitt, pasó a formar parte del nuevo Gobierno con el cargo de Lord del Sello Británico. Retornó a España en 1809, pasando el matrimonio Holland la primera mitad de ese año en Sevilla, donde, recuerda Moreno Alonso[1398], que vivieron con verdadera intensidad el problema de la libertad, empezando por la cuestión de la libertad de imprenta. Nuestro país atrajo magnéticamente a los Holland, hasta el punto de ser acusados (él y su esposa, tan apasionada por nuestro país como él) de "españolados", según propia confesión[1399].

Lord Holland siempre se mostró especialmente interesado por los temas constitucionales. Atento a los cambios producidos en Europa a partir de la Revolución francesa y testigo más o menos directo de los numerosos intentos de reforma liberal ensayados en buen número de países europeos, su conocimiento del constitucionalismo inglés, pero también

[1396] Entre las muchas obras que, directa o indirectamente, el Profesor Moreno Alonso, de la Universidad de Sevilla, ha dedicado a la figura de lord Holland, que trata con admiración y rigor, nos remitimos a Manuel MORENO ALONSO: *La forja del liberalismo en España* (Los amigos españoles de Lord Holland, 1793-1840), Madrid, Congreso de los Diputados, 1997.

[1397] Fernando DURÁN LÓPEZ: *José María Blanco White o la conciencia errante,* Sevilla, Fundación José Manuel Lara, 2005, p. 135.

[1398] Manuel MORENO ALONSO: *La forja del liberalismo en España, op. cit.*, p. 158.

[1399] Manuel MORENO ALONSO: "Lord Holland y los orígenes del liberalismo español", en *Revista de Estudios Políticos,* nº 36 (nueva época), Noviembre/Diciembre 1983, pp. 181 y ss.; en concreto, p. 191.

del francés, español o napolitano, por poner algunos ejemplos, era notable[1400]. Identificado con la visión inglesa de la constitución histórica, esto es, con una idea en la que la constitución aparece como la resultante de un conjunto de hábitos, de reglas consuetudinarias, no ha de extrañar en exceso que el lord inglés, conforme avanzaba el proceso constituyente gaditano, se mostrara muy en desacuerdo con el mismo[1401]. Holland dió en 1809 a sus amigos españoles de Sevilla unas sugerencias constitucionales[1402], aunque en realidad las sugerencias más elaboradas, las *Suggestions on the Cortes* (*Insinuaciones respecto a las Cortes*) no fueron obra suya sino de su acompañante y amigo, John Allen[1403], y ese texto sería traducido don Andrés Ángel de la Vega Infanzón, aunque también por Alcalá Galiano, quien lo atribuyó erróneamente a lord Holland[1404]. Por supuesto, no faltan críticas entre

---

[1400] Sobre el pensamiento constitucional de lord Holland, cfr. Manuel MORENO ALONSO: "Lord Holland y los orígenes...", *op. cit.*, pp. 199-203.

[1401] En una carta escrita a Jovellanos por el lord inglés desde la *Holland House,* el 6 de noviembre de 1809, refiriéndose a los escritos muy críticos vertidos en Londres, en *El Español,* por José María Blanco White, sobre los primeros esbozos de lo que un año después habrá de ser el inicio del proceso constituyente, escribe: "En quanto a la soberanía, y lo demás de la metafísica de Argüelles, él (Blanco White) se burla de ella, y me parece (....) que en eso Vms. convendrán bastante". "En toda esa parte de la conducta de Cortes, hay poco tino y mucha pedantería, y me parece que la satiriza muy bien el *Juan-sin-Tierra* (un articulista que firmaba con ese pseudónimo) de *El Español*". Puede verse la carta en *Cartas de Jovellanos y Lord Vassall Holland sobre la Guerra de la Independencia (1808-1811),* Vol. II, con prólogo y notas de Julio Somoza García-Sala, Madrid, Imprenta de los Hijos de Gómez Fuentenebro, 1911, la carta en pp. 405-407; el texto transcrito en p. 406.

La carta en cuestión, como fácilmente se aprecia, encierra una clara crítica a Argüelles. Lord Holland no parece que viera con muy buenos ojos al gran parlamentario gaditano. Recuerda Moreno Alonso, que en sus *Foreign Reminiscences,* al referirse al gran ascendiente sobre sus colegas en las Cortes del "líder del partido popular" (así lo identifica) en la Asamblea, le achaca que por "la pasión por el aplauso" cometió muchos errores como legislador y hombre de Estado. Manuel MORENO ALONSO: "Confesiones políticas de Don Agustín de Argüelles", en *Revista de Estudios Políticos,* nº 54 (nueva época), Noviembre/Diciembre 1986, pp. 223 y ss.; en concreto, p. 226.

[1402] Varela Suanzes compendia los trazos esenciales del constitucionalisamo inglés que Lord Holland defendió ante su selecto grupo de intelectuales españoles amigos en los siguientes: espíritu moderado y conciliador entre el pasado y el presente, rechazo de las concepciones metafísicas y abstractas, monarquía limitada, en la que la Corona, al menos ante el derecho escrito, participaba de forma decisiva en todas las funciones estatales, Parlamento bicameral, activismo judicial en defensa de las libertades individuales... Joaquín VARELA SUANZES: "Un precursor de la monarquía parlamentaria: Blanco-White y <El Español> (1810-1814)", en *Revista de Estudios Políticos,* nº 79 (nueva época), Enero/Marzo 1993, pp. 101 y ss.; en concreto, p. 103.

[1403] John Allen era el médico de la familia Holland y persona muy adicta a tan noble casa, tal vez, según Julio Somoza García-Sala (en su "Prólogo" a la obra *Cartas de Jovellanos y Lord Vassall Holland..., op. cit.,* Vol. 1, edición de 1911, volumen que manejamos en la edición de 2009, en cuyas pp. 7 y ss. se recoge el Prólogo de Somoza; en concreto, p. 39), secretario y bibliotecario general de ella. En el seno de la familia estuvo desde 1801 hasta su fallecimiento. Tradujo al inglés la *Ley Agraria* y escribió un libro sobre las *Cortes de España.* Moreno Alonso recuerda que Allen fue muy apreciado por los amigos españoles de Holland, lo que no tenía nada de particular si se tiene en cuenta la capacidad de respeto que suscitaba entre los asiduos a los almuerzos y cenas de la *Holland House.* El propio Lord Byron habría de decir de él que era el "hombre mejor informado y uno de los más capaces que había conocido en su vida, un devorador de libros y un observador de hombres". Manuel MORENO ALONSO: "Sugerencias inglesas para unas Cortes españolas", en *Materiales para el estudio de la Constitución de 1812,* edición al cuidado de Juan Cano Bueso, Madrid, Editorial Tecnos/Parlamento de Andalucía, 1989, pp. 499 y ss.; en concreto, p. 512.

[1404] En sus *Memorias* Alcalá Galiano se refiere a este hecho, sobre el que escribe: "Un extranjero muy entendido en las cosas de España y muy amante de nuestra nación, lord Holland, quiso entrar en la misma cuestión (la cuestión de la convocatoria de las Cortes) como ilustrado consejero, y publicó un folleto intitulado *Insinuaciones respecto a las Cortes* (*Suggestions on the Cortes*). Diéronmele a traducir y lo hice, si bien cuando pensaba publicar mi versión salió a luz otra, hecha por mano muy hábil, que era la de don Andrés Ángel de la Vega Infanzón.... En verdad, el tratadito de lord Holland era superficial, aunque juicioso, algún sector de nuestra doctrina, como es el caso de Federico Suárez, en relación al tono cada vez más exigente y perentorio que a su regreso a Inglaterra (tras embarcarse en Lisboa el 18 de julio, llega a Portsmouth el 12 de agosto), tras su prolongada estancia entre Sevilla y Cádiz en la primera mitad de 1809, muestra, hasta el punto, según el mencionado autor[1405], de que hay momentos en que parece menos un amigo cordialmente interesado por los problemas y difíciles pruebas por las que atravesaba España, que un acreedor que grita y pone condiciones con la altanería del superior que regaña y amenaza a un inferior. En absoluto creemos que se pueda suscribir este juicio tan negativo de Holland, mucho menos si, como es obligado para un enjuiciamiento de tal naturaleza, se atiende al conjunto de su voluminosa correspondencia.

La figura más admirada de la España que conoció lord Holland fue Jovellanos, según referiría el propio lord en sus *Foreign Reminiscences*[1406]. No obstante la notable diferencia de edad que les separaba (Jovellanos era treinta años mayor que Holland), entre ambos se gestó una profunda amistad, en sintonía con la cual se cruzaron una densa y amplia correspondencia[1407], que tiene como puntos respectivos de partida, la carta escrita por Jovellanos desde Jadraque, lugar donde pasó un mes (del 16 de agosto al 17 de septiembre) tras su liberación de la prisión del castillo de Bellver y posterior llegada a la península a través de Barcelona, fechada el 16 de agosto de 1808, y la respuesta a la misma de lord Holland desde la *Holland House,* datada el 12 de septiembre del mismo año[1408]. Esta correspondencia, en la que Jovellanos trasladaba a su amigo inglés una especie de boletín sobre la marcha de la guerra con los franceses, tiene, como ya se ha dicho, un especial interés para nuestro tema. Holland, que tuvo unas estrechas relaciones con diversos dirigentes españoles y con un buen número de escritores de la época, llegando alguno de ellos a dedicarle un libro, como sería el caso de Antonio Capmany con su obra *Centinela contra franceses*[1409], insistió en su correspondencia con

reduciéndose a proponer para España una Constitución muy semejante a la británica, esto es, un Parlamento de que un cuerpo aristocrático fuese muy principal parte". Antonio ALCALÁ GALIANO: "Memorias de D. Antonio Alcalá Galiano publicadas por su hijo", en *Obras escogidas de D. Antonio Alcalá Galiano,* I, prólogo y edición de Jorge Campos, (Biblioteca de Autores Españoles, tomo 83), Madrid, Ediciones Atlas, 1955, pp. 249 y ss.; en concreto, p. 376.

[1405] Federico SUÁREZ: *El proceso de la convocatoria a Cortes (1808-1810),* Pamplona, Ediciones Universidad de Navarra, 1982, pp. 162-163.

[1406] Manuel MORENO ALONSO: "Lord Holland y los orígenes...", *op. cit.,* pp. 203-204.

[1407] Recuerda Caso González que fue Julio Somoza quien consiguió descubrir en Gijón las cartas originales de lord Holland a Jovellanos, y en Londres las de Jovellanos a lord Holland, publicando después, en 1911, el conjunto de esa correspondencia (*Cartas de Jovellanos y Lord Vassall Holland sobre la guerra de la Independencia, 1808-1811,* obra que ya hemos citado), que incluía un total de 111 cartas de Jovellanos y 74 de lord Holland, además –añadiríamos ya por nuestra cuenta– de una útil "Tabla epistolar para la colocación de las cartas según las recibió Jovellanos con expresión de las pérdidas" (en el Vol. II, pp. 597-599). José Miguel CASO GONZÁLEZ, en una nota previa a la correspondencia de Jovellanos con Lord Holland, en Gaspar Melchor de Jovellanos, *Obras Completas,* tomo IV (Correspondencia, 3°. Abril, 1801 – Setiembre, 1808), edición crítica, introducción y notas del propio José Miguel Caso González, Oviedo, Instituto Feijoo de Estudios del Siglo XVIII/Ilustre Ayuntamiento de Gijón, 1988, p. 567.

[1408] Ambas cartas pueden verse reproducidas en Gaspar Melchor de JOVELLANOS: *Obras Completas,* tomo IV (Correspondencia, 3°, Abril, 1801 – Setiembre, 1808), edición crítica, introducción y notas de José Miguel Caso González, Oviedo, Instituto Feijoo de Estudios del Siglo XVIII/Ilustre Ayuntamiento de Gijón, 1988, pp. 568-572.

[1409] Antonio de CAPMANY: *Centinela contra franceses,* edición, con introducción, notas y apéndices documentales de Françoise Etienvre, London, Tamesis Books Limited, 1988. La dedicatoria (en pp. 79-80) es: "Al Excelentísimo Señor Don Enrique Holland, Lord de la Gran Bretaña". Va seguida de unos párrafos y fechada en Madrid el 16 de Setiembre de 1808. También lord Holland tenía muy presente a Antonio sus amigos españoles (no sólo, por supuesto, con Jovellanos) en la necesidad de viabilizar determinadas reformas políticas, entre ellas, la rápida implantación por la Junta Central de la libertad de imprenta (idea sobre la que vuelve machacona e insistentemente en sus cartas a Jovellanos) y la no menos urgente convocatoria de Cortes, eso sí, como recuerda casi toda la doctrina que se ha ocupado de este relevante personaje inglés[1410], intentando que se convenciera a los españoles de la conveniencia de alejar la reforma política de los principios del jacobinismo francés, de las teorías contractualistas rousseaunianas y del dogma abstracto de la soberanía nacional.

II. La ya referida insistencia del lord inglés acerca de la enorme relevancia de la libertad de imprenta[1411] y, en sintonía con ello, de la conveniencia de legalizarla velozmente, hace acto de presencia por vez primera en una carta que Holland dirige a Jovellanos y que fecha en Sevilla el 24 de febrero de 1809, en la que escribe: "Sin una entera libertad de la imprenta, o un congreso numeroso en diputados cuyas discusiones sean públicas, no tienen las quejas del pueblo ni la ambición de los turbulentos, otro desahogo sino en alborotos y en excesos"[1412]. La idea la reitera el noble inglés en dos nuevas cartas escritas la primera de ellas en Sevilla, en abril de 1809, y la segunda en Cádiz, el 19 de mayo del mismo año. En ellas puede leerse, sucesivamente, lo que sigue:

> "¿Cómo se puede averiguar qué es opinión pública o qué no lo es? Sin representación popular, y grande libertad de hablar y de escribir, *je reviens toujours à mes moutons,* muy persuadido que no se ha de gobernar una grande nación en tiempo de revolución como si lo fuese"[1413].
>
> Y en la carta de 19 de mayo argumenta Holland: "Fusiles, Cortes, imprenta libre, y actividad, estos son los medios para levantarla (a España) al alto grado de esplendor que ha tenido algún día, y a tantos títulos ha derecho de tener"[1414].

Capmany; y así, en una carta escrita a Jovellanos desde Cádiz, el 31 de mayo de 1809, poco antes de iniciar el viaje de regreso a Inglaterra, refiriéndose a la recopilación de datos históricos acerca del antiguo sistema de convocatoria de Cortes en Castilla, le escribe:

"Me parece que para tal trabajo se puede sacar mucho del auxilio de Don Antonio Capmany. Cuando se trata de principios de Gobierno, y aún más de lengua, es algo caprichoso y muy porfiado en sus ideas; pero prescindiendo de que es muy buen español, y tiene una pluma mordaz, en cuanto a los hechos de tiempos antiguos, y a lo que llaman los franceses *recherches* (investigaciones), me parece que es uno de los más útiles del día, y tal vez, a un cierto punto, el padre de esa ciencia en España".

La carta puede verse en la obra *Cartas de Jovellanos y Lord Vassall Holland sobre la Guerra de la Independencia (1808-1811),* Vol. 1, estudio preliminar de Silverio Sánchez Corredera, Oviedo, Junta General del Principado de Asturias, 2009; la carta en pp. 243-248; el texto transcrito, en p. 245.

[1410] Valga como referencia, Fernando DURÁN LÓPEZ: *José María Blanco White..., op. cit.,* p. 136.

[1411] Moreno Alonso ha sugerido que la insistencia con que Holland defendió, durante su estancia en Sevilla, la libertad de imprenta en sus reuniones con Quintana y sus amigos, empeñados entonces en el *Semanario Patriótico,* quizá pudo tener algo que ver con la pronta elaboración por parte de uno de los amigos de Quintana, el canónigo Isidoro de Morales, de la celebrada *Memoria sobre la libertad política de la Imprenta.* Manuel MORENO ALONSO: *La forja del liberalismo en España, op. cit.,* p. 148.

[1412] *Apud* Manuel MORENO ALONSO: *La forja del liberalismo..., op. cit.,* p. 131.

[1413] Puede verse la carta en la obra *Cartas de Jovellanos y Lord Vassall Holland..., op. cit.,* Vol. 1, (edición de 2009), p. 127.

[1414] La carta puede verse en *Ibidem,* pp. 200-201. El texto transcrito, en p. 201.

En sus comunicaciones sucesivas lord Holland insiste con reiteración acerca del tema. En la carta que envía a Jovellanos desde la *Holland House* el 6 de septiembre (siempre de 1809) se muestra ciertamente crítico con la situación española:

> "También me dicen aquí, –escribe– hablan de las Cortes, hablan de reformas, pero ¿qué, de todo eso, se ha hecho? Ni tienen General en Xefe que tenga opinión, ni tienen Gobierno executivo que tenga unidad o autoridad, ni tienen tampoco libertad de discusión, que puede fomentar el entusiasmo en el pueblo, amedrentar a los intrigantes y estimular a los perezosos"[1415].

La crítica se agudiza en una nueva carta escrita tan sólo dos días más tarde, el 8 de septiembre, como revelan las siguientes palabras del lord inglés:

> "Aquí no quieren creerme, quando les aseguro que de veras se llamarán las Cortes; todos claman: ¿y por qué tanta lentitud?, y entretanto, ¿qué se ha hecho en la Hacienda, en las leyes, o en el punto más principal de todos, la libertad de imprenta? (....) El rezelo que ha tenido el Gobierno, o por lo menos que se supone que tenga del Duque de Alburquerque en lo militar, y del Duque del Infantado, en lo político, no ha gustado en Inglaterra; y a mi parecer (y aquí menciona Holland hasta cinco condiciones diferentes, incluyendo la que sigue) (....) hasta que la libertad de la imprenta sea enteramente establecida, y sin reserva, (....) no dexará de rezelar la resulta de la contienda el público aquí"[1416].

Holland se mantiene impertérrito en sus ideas, no obstante el paso del tiempo. Y así, el 1º de noviembre, desde Londres, se lamenta: "¡Ay Dios mío! quánto tiempo, y qué precioso, se ha dexado escabullir, y mientras Bonaparte ha conquistado a Alemania, Vms. no han podido arreglar el llamamiento de las Cortes y establecer la libertad de la imprenta"[1417]. El 12 de noviembre, el inglés, de modo crítico, insiste en el tema:

> "Se retiran los franceses, y los que después de haber rehusado todo a los ingleses, lo franqueron a los franceses, no se castigan. Esto no proviene de la falta de buena intención del Gobierno, no, pero sí de su poca autoridad; recíprocamente resulta a la vez (efecto) y causa del poco vigor y poca osadía con que se atreve obrar en cosas políticas, y del temor que siente de la voz pública y de la libertad de imprenta"[1418].

La figura de lord Holland no dejó de desempeñar un rol incentivador de la institucionalización de la libertad de imprenta, pues aunque no lograra que la Junta Central diera luz verde a tal libertad, sí ejerció un cierto influjo sobre algunos de sus miembros en relación a su concienciación acerca de la trascendencia de esta libertad.

[1415] La carta puede verse en la obra *Cartas de Jovellanos y Lord Vassal Holland..., op. cit.,* Vol. 2 (edición de 1911), pp. 371-373; el texto transcrito, en pp. 371-372.

[1416] La carta puede verse en *Ibidem,* pp. 374-378; el texto transcrito, en pp. 376-377.

[1417] La carta puede verse en *Ibidem,* pp. 403-404; el texto transcrito, en esas mismas páginas.

[1418] La carta puede verse en *Ibidem,* pp. 431-433; el texto transcrito, en p. 432.

b) La cauta posición de Jovellanos: educación y constitución primero, libertad de imprenta después

I. Jovellanos, como creemos que se desprende de todo lo expuesto hasta aquí, siempre se mostró proclive a la libertad de imprenta, en cuanto cauce privilegiado de comunicación de las luces. De su interés por el tema de esta libertad constituyen una prueba fehaciente sus *Diarios*[1419]. En el correspondiente al domingo 10 de abril de 1796, apunta el gijonés que le visita en su casa el cónsul de Francia, Louis Mornard, llevándole unos *Monitores,* a los que va a dedicar unos días de lectura. De hecho, en el *Diario* del 12 de abril refleja que sigue con esas lecturas y se hace eco de los excelentes discursos de Jean-Baptiste Louvet contra la libertad de la prensa, y de Pierre Pastoret y François-Antoine Boissy d´Anglas en favor de la misma, discursos unos y otros que se enmarcan en el debate sobre el tema habido en la Asamblea Nacional los días 19 y 20 de marzo. Más aún en su *Diario* de 15 de abril refleja el prócer asturiano: "Traducción de un discurso del ciudadano Boissy d´Anglas, consejero de los Quinientos en la República Francesa, del *Monitor* de 20 de marzo de este año sobre *La libertad de la imprenta:* no se acabó". Finalmente, en el *Diario* del domingo 17 de abril, refleja Jovellanos la conclusión de la traducción del discurso de Boissy[1420]. Como se acaba de decir, el asturiano elogia los tres discursos pronunciados en la Asamblea Nacional; significativamente, dos de ellos son a favor de la libertad de imprenta, y justamente el que traduce será el de Boissy d´Anglas, favorable a la misma[1421]. Una interpretación superficial y ligera podría llevarnos a la errónea conclusión de que Jovellanos estaba alineándose claramente en favor de la conveniencia de una rápida introducción entre nosotros de la libertad de imprenta, pero tal interpretación sería por entero inadecuada. La posición de Jovellanos no iba a cambiar. La prudencia por la que se conduce inspira su percepción del tratamiento a dar al tema. La libertad de imprenta no había de ser un *prius,* sino un *posterius;* dicho de otro modo, no había de preceder a la reforma política, sino ser subsiguiente a la misma.

Ni siquiera un enfoque de la libertad en cuestión desde la óptica más puramente ilustrada, que como es bien sabido vinculaba esta libertad a la transmisión de las luces, en definitiva, a la educación, le haría cambiar de criterio. Jovellanos no dudaba de las grandes virtualidades que en ese sentido encerraba la libertad de imprenta, pero para

---

1419 Pueden verse en Gaspar Melchor de JOVELLANOS: *Obras Completas,* tomo VII (Diario 2º) (desde el 1 de setiembre de 1794 hasta el 18 de agosto de 1797), edición crítica, prólogo y notas de María Teresa Caso Machicado y Javier González Santos, Oviedo, Instituto Feijoo de Estudios del Siglo XVIII/Ilustre Ayuntamiento de Gijón, 1999, p. 529.

1420 *Ibidem,* pp. 530-531.

1421 François Antoine Boissy d´Anglas (1756-1826) formó parte de los Estados Generales. Miembro del Comité de Salvación Pública, presidía la Convención el día del motín del 1º *prairial* (21 de mayo de 1795), en el que aconteció el macabro hecho de que le fuera presentada en una pica la cabeza del diputado Féraud, circunstancia ante la que reaccionó levantándose y saludando respetuosamente. Nombrado miembro de la llamada "Comisión de los once", encargada de elaborar una nueva Constitución, Comisión que culminó su trabajo en agosto de 1795, le fue atribuida la paternidad del nuevo texto constitucional, la llamada Constitución del año III (de 22 de agosto de 1795), que los opositores iban a denominar *Constitución Babebibobu,* en mofa de su tartamudeo, aunque, como precisa Fayard, si bien Boissy d´Anglas fue el ponente, en realidad fue Daunou quien defendió el texto ante la Convención. Amnistiado por Napoleón, presidiría el Tribunal y más tarde el Senado, siendo en 1808 nombrado conde del Imperio. Jean François FAYARD (con la colaboración de Alfred FIERRO y Jean TULARD): "Diccionario de la Revolución", en la obra de esos mismos autores, *Historia y Diccionario de la Revolución Francesa,* Madrid, Ediciones Cátedra, 1989, pp. 531 y ss.; en concreto, pp. 591-592.

nuestro personaje la libertad de imprenta no podía, por sí sola, lograr el objetivo de ilustrar a las masas. Como bien se ha apuntado[1422], ello no habría dejado de ser incongruente con la omnipresente preocupación de Jovellanos acerca de la educación, de la que encontramos una expresiva manifestación en los múltiples reglamentos educativos y planes de instrucción pública por él elaborados y, sobre todo, en la gran labor académica que iba a desarrollar en el Instituto por él creado en Gijón. En definitiva, Jovellanos no albergaría la más minima duda acerca de que la libertad de imprenta, al igual que la creación de una ponderada opinión pública, requerían de una sociedad instruida, formada, culta; sólo cuando esta realidad social se alcanzase mínimamente debía regularse esta libertad, y a ello no obstaba el reconocimiento de que la misma podía ser de gran utilidad en ese mismo ámbito o plano educativo.

II. A los diversos datos que acabamos de aducir podría añadirse la posición que el asturiano iba claramente a explicitar en las *Bases para la formación de un plan general de instrucción pública* (1809), que escribió en su condición de miembro de la Junta Central. En tales *Bases* iba a sistematizar un conjunto de ideas defendidas por él desde muchos años atrás, con vistas a su inmediata aplicación. En la parte final de este texto Jovellanos encomiaba la importancia de la imprenta como elemento auxiliar para la difusión de la instrucción pública, reivindicando la conveniencia de su multiplicación. Y a continuación, proyectaba esa relevancia también a los papeles periódicos, escribiendo al respecto: "Entre las obras que pueden salir de estos depósitos y fuentes de sabiduría se deben conocer como muy convenientes para difundir la instrucción los escritos periódicos, los cuales, por su misma brevedad y variedad, son más acomodados para la lectura de aquel gran número de personas que no habiendo recibido educación literaria ni dedicándose a la profesión de las letras, tampoco se acomodan bien a una lectura seguida y sedentaria; pero sin embargo gustan de leer por curiosidad o entretenimiento de esta especie de obras sueltas y agradables; razón por (la) que si fuesen bien escritas y sabiamente dirigidas y protegidas, serán muy a propósito para extender la instrucción y mejorar la opinión pública en la nación"[1423]. Y de inmediato, añade el gijonés: "La libertad de opinar, escribir e imprimir se debe mirar como absolutamente necesaria para el progreso de las ciencias y para la instrucción de las naciones". Pocos posicionamientos encontramos en su ingente obra en los que Jovellanos se manifieste de modo más rotundo e inequívoco en favor de la libertad de imprenta.

Bien es verdad que su espíritu temeroso y cauto le conduce en los convulsos años que siguen al levantamiento de Mayo de 1808 a acentuar sus ya habituales acendradas precauciones y cautelas[1424]. Al asturiano siempre le preocupó el mal uso que de esta libertad pudiere hacerse. El abusivo ejercicio que de ella se hizo en Francia, y la conexión

[1422] Ignacio FERNÁNDEZ SARASOLA: "Estudio preliminar: El pensamiento político de Jovellanos", en Gaspar Melchor de Jovellanos, *Obras Completas,* tomo XI (Escritos políticos), edición crítica, estudio preliminar, prólogo y notas de Ignacio Fernández Sarasola, Oviedo, Ayuntamiento de Gijón/Instituto Feijoo de Estudios del Siglo XVIII/KRK Ediciones, 2006, pp. XXXV y ss.; en concreto, p. LXXXIX.

[1423] JOVELLANOS: "Bases para la formación de un plan general de instrucción pública", en *Obras de D. Gaspar Melchor de Jovellanos,* (Biblioteca de Autores Españoles, tomo 46), *op. cit.,* pp. 268 y ss.; el texto transcrito, en p. 275.

[1424] De hecho, en las "Bases" a que acabamos de aludir, inmediatamente después de su inequívoca toma de posición en favor de la libertad de opinar, escribir e imprimir, señala que "es de esperar que la Junta de Legislación medite los medios de conciliar el gran bien que debe producir esta libertad con el peligro que

que se estableció entre tal circunstancia y los sangrientos acontecimientos revolucionarios, siempre constituyó una preocupación casi obsesiva para nuestro personaje. Sus cartas a lord Holland constituyen un testimonio palpitante y vivo de estos sentimientos. Una idea persistente en Jovellanos será la de que allí donde falta la ilustración, donde el pueblo es ignorante, la opinión pública se nos revela como absolutamente manipulable, pues se halla al arbitrio de pocos. En un Borrador manuscrito de Jovellanos sobre la opinión pública (del que se desconoce con certeza la fecha de su redacción, calculándose que debió escribirse en el último decenio del XVIII), sobre el que volveremos más adelante, nuestro ilustrado escribe: "Donde falta la instrucción, no hay opinión pública, porque la ignorancia no tiene opinión decidida; y los pocos que saben, bien o mal, dan la suya a los que no la tienen. Desde entonces, la opinión pública está, por decirlo así, al arbitrio de estos pocos". "Veréis –añade casi de inmediato– cómo aquellos pocos, a quienes respeta, lisonjeando, intrigando y poniendo en movimiento esta opinión, disponen de su fuerza"[1425]. Este testimonio revela de modo implícito, pero con nitidez meridiana, la desconfianza que en el gijonés suscita una libertad de imprenta que no se asiente en una colectividad social con un soporte cultural mínimamente consistente.

Adicionalmente, podríamos recordar que en una carta que Jovellanos le escribe al lord inglés desde Sevilla y que fecha el 3 de octubre de 1809, el asturiano recurre a la opinión pública para ponerle de relieve a Holland que aunque las Cortes tienen siempre enemigos, "la opinión pública está con ellas"[1426]. En otra carta sin fecha, aunque Somoza aventura la de 14 de octubre de 1809, el prócer gijonés comunica a su amigo inglés la negativa por la Junta Central del establecimiento de una Regencia, con la contrapartida, sin embargo, de la posible aprobación de un plan en el que se contempla la aprobación de una comisión ejecutiva, que podría producir el mismo efecto. Marginalmente, Jovellanos escribe: "Entretanto, puedo asegurar a Vm. que en nuestra Juntilla de Cortes no estamos muy lejos de sus excelentes ideas, salvo en quanto a los estamentos privilegiados"[1427], lo que conduce a presuponer que el asturiano estaba transmitiendo al inglés la existencia de un acuerdo en la Junta de Instrucción pública, que él presidía, acerca de la cuestión que más preocupaba a Holland: la libertad de imprenta. El 6 de diciembre, en una nueva misiva a Londres, Jovellanos vuelve a hacerse eco de la libertad de imprenta, para poner de relieve ante su amigo inglés que, *de facto,* existe esa libertad en España: "No hay libertad legal de prensa; –escribe– pero Vm. ve que la hay de hecho. Los periódicos se cruzan, y todo el mundo los deja discurrir"[1428]. Y anexa junto a la carta unos números de *El Espectador,* cuyo autor era el presbítero don Alberto Lista (1775-1848), quizá el poeta más relevante de la lírica hispalense de fines del XVIII y fundador de la Academia sevillana de las Buenas Letras, que como afrancesado hubo de permanecer en el exilio durante unos años, siendo a su retorno profesor del colegio madrileño de San Mateo, en el que se formarían algunos de los escritores que después formarían parte de nuestra primera

pueda resultar de su abuso". JOVELLANOS: "Bases para la formación de un plan general de instrucción pública", *op. cit.,* p. 275.

1425 JOVELLANOS: "Borrador de reflexiones sobre la opinión pública", en Gaspar Melchor de Jovellanos, *Obras Completas,* tomo XI (Escritos políticos), *op. cit.,* pp. 15 y ss.; el texto transcrito, en pp. 16-17.

1426 La carta puede verse en la obra, *Cartas de Jovellanos y Lord Vassall Holland..., op. cit.,* Vol. 2 (edición de 1911), pp. 378-381; la referencia transcrita en p. 380.

1427 La misiva puede verse en la obra, *Cartas de Jovellanos y Lord Vassall Holland..., op. cit.,* Vol. 2, (edición de 1911), pp. 389-390; la referencia comentada, en p. 390.

1428 La carta puede verse en *Ibidem,* pp. 427-428; el comentario transcrito, en p. 428.

generación romántica, como Espronceda, Escosura y Ventura de la Vega. Poco antes de que finalice el año 1809, Jovellanos transmite una excelente noticia a su amigo inglés, a través de una carta de 20 de diciembre. En ella le comunica las diversas ocupaciones que le trae la Comisión de Cortes:

> "Mi comisión de Cortes me trae un poco ocupado: en ella, en la Junta de Legislación y en la de Instrucción pública, que yo presido, está acordada la libertad de imprenta. No sé lo que acordará la Junta (se refiere a la Junta Central). Quizá no se atreverá a hacer la ley; pero a lo menos, la propondrá a las Cortes, y entretanto, protegerá de hecho la libertad"[1429].

No ha de extrañar a la vista de todo lo expuesto que se haya podido escribir[1430], que todos los esfuerzos de Jovellanos se encaminaron a la realización de tres ideas fundamentales: Cortes, libertad de imprenta y establecimiento de un sistema moderno de educación. Cierto es que, como ya se ha dicho con reiteración, el logro de la libertad de imprenta no era considerado como la prioridad principal, pues la instrucción pública debía antecederle y la evolución natural de las cosas conduciría a la situación idónea para el establecimiento de la misma.

III. En su *Memoria en defensa de la Junta Central,* Jovellanos se iba a ocupar lógicamente de esta cuestión. Sin ánimo de entrar ahora a analizar la totalidad de reflexiones que en relación al tema que nos ocupa hace en su *Memoria,* algo que haremos en la segunda parte de esta obra, sí recordaremos las reflexiones que hace acerca de su posición sobre esta libertad, que expone con bastante detalle, quizá para dejar nítidamente aclarada su postura, en un tema en el que, como él mismo admite, la Junta Central fue muy censurada.

Al hilo de la Memoria leída en la Junta de Instrucción Pública por el canónigo don Isidoro Morales, en la que sostuvo elocuentemente la libertad de imprenta, logrando el respaldo de la citada Junta, Jovellanos, no obstante no haber tenido la Junta Central la oportunidad de pronunciarse en torno a la controvertida cuestión, de resultas de que "crecían la priesa y la muchedumbre de nuestras atenciones", considera como un deber indicar "lo que sobre esta grave materia se había conferido y pensado en nuestras sesiones".

"No había entre nosotros –aduce el prócer gijonés[1431]– quien no estuviese penetrado de la excelencia y necesidad de esta nueva ley (sobre la libertad de imprenta), pero no tanto de su conveniencia momentánea. Desde luego opinábamos que la Junta Central no tenía bastante autoridad para establecerla, puesto que no representando a la nación, sino al soberano, no podía ni debía hacer otras leyes que las que fuesen necesarias para la defensa y seguridad nacional, mucho más cuando, hallándose tan próxima la reunión de las Cortes, nuestro deber no podía ser estatuir, sino proponer esta nueva ley. Que además no se podía decir necesaria, cuando la libertad de escribir sobre materias políticas, aunque sujeta a ciertas formalidades, existía de hecho, y cuando el gobierno mismo había, por

---

[1429] La carta puede verse en *Ibidem,* pp. 437-438; el texto transcrito, en p. 437.

[1430] Ángel DEL RÍO: "Introducción", en Jovellanos, *Obras escogidas,* I, Madrid, Espasa-Calpe, 1965 (reimpresión de la edición de 1935), pp. VII y ss.; en concreto, p. CX.

[1431] Gaspar Melchor de JOVELLANOS: *Memoria en defensa de la Junta Central,* tomo I (Memoria), Oviedo, Junta General del Principado de Asturias, 1992, pp. 209-211.

decirlo así, provocado a los sabios para que lo hiciesen en todos los puntos de reforma y mejora pública. Fuera de que la instrucción que era de desear en el día para estas materias no es de aquellas que se adquieren de repente en obras y proyectos políticos, formados y leídos depriesa, sino una instrucción sólida, adquirida de antemano en el profundo estudio de la política, y madurada con serias meditaciones y perfeccionada con la atenta observación de los bienes y males que vienen a otros pueblos de su constitución política. Por último, opinábamos algunos que la libertad de imprenta nunca sería más útil ni menos peligrosa que cuando se estableciese para apoyo y defensa de una buena constitución, y por consiguiente, que no debía preceder, sino acompañar, a la reforma de la nuestra, como uno de sus principales apoyos. Porque siendo tan peligroso el abuso como provechoso el buen uso de esta libertad, y siendo mayor aquel peligro en sus principios, cuando no sólo la malicia, sino también la temeridad, la ligereza, la instrucción superficial y la ignorancia hacen que el primer uso de ella decline hacia la licencia y corra desenfrenadamente por ella, la sana razón y la sana política aconsejaban que no se anticipase este peligro en una época en que las asechanzas de los enemigos exteriores y de los agitadores y ambiciosos internos, fomentando el hervor de las pasiones, podían extraviar las opiniones y las ideas, y exaltar en demasía los sentimientos del público; y que, por tanto, no convenía aventurar tan grave providencia hasta que con madura y tranquila deliberación se hubiese asegurado una buena y sabia reforma constitucional. Porque, al fin, la experiencia de los pasados y de nuestros días ha demostrado en otras naciones que semejante libertad sólo puede existir y ser compatible con una buena constitución, y que de cualquiera modo que una constitución sea imperfecta y mala, sus mismos vicios la destruirán tantas veces cuantas se pretenda establecer".

La enorme importancia de su posicionamiento nos ha conducido a transcribir en su integridad estas reflexiones del prócer asturiano, bien reveladoras por lo demás de su pensamiento en torno a esta libertad. Sus ideas pueden ser sistematizadas como sigue:

1°) El gijonés, a modo de premisa, deja muy claro el sentimiento existente entre los miembros de la Junta que presidía (lo que muy posiblemente pueda proyectarse a los miembros de la Comisión de Cortes) respecto de esta libertad: acuerdo generalizado acerca de su bondad y conveniencia. La no legalización no será pues, fruto de su rechazo, sino de considerarse momentáneamente inconveniente por diversas razones.

2°) La primera de esas razones es de legitimidad: la Junta Central no es un órgano representativo, no representa a la nación, sino tan sólo al Rey, por lo que su autoridad debe quedar circunscrita a cuanto atañe a la defensa nacional; consecuentemente, no parece ser el órgano idóneo para aprobar una ley sobre la libertad de imprenta. Esta misma argumentación, si bien formulada con más amplitud, hará acto de presencia en el Dictamen elaborado por Jovellanos (conjuntamente con el Arzobispo de Laodicea, don Francisco Castanedo, don Rodrigo Riquelme y don Francisco Javier Caro) acerca del anuncio de las Cortes[1432]. El argumento acentúa sus aristas si se advierte la proximidad de la reunión de las Cortes. Por todo ello, Jovellanos entiende que la Junta lo que ha de hacer (y finalmente hará) es proponer a las Cortes la adopción de esta ley, no estatuirla *per se*.

[1432] En el punto noveno de ese Dictamen se puede leer: "Que (....) no reside en la Suprema Junta poder bastante para alterar esta constitución, aun cuando alguna razón de utilidad la aconsejase; porque en negocio tan grave, el Soberano mismo, cuyo poder representa, no podría ni debería hacer tal alteración sin la concurrencia de las Cortes". El texto del dictamen, entre otras diversas obras, puede verse en Gaspar Melchor de JOVELLANOS: *Obras Completas,* tomo XI (Escritos políticos), *op. cit.,* pp. 681-684.

3º) Una segunda razón conducente a la no legalización es puramente fáctica: no hay necesidad de regular la libertad de imprenta por cuanto ésta, bien que sujeta a ciertas formalidades, existe de hecho, hasta el punto de haberse convocado por la Junta una "consulta al país" encaminada a conocer la opinión de muchas personas e instituciones acerca de la reforma constitucional que se pretende llevar a cabo.

4º) Una nueva razón es más bien de tipo coyuntural. Cree Jovellanos que el adecuado ejercicio de la libertad de imprenta, mucho más en cuestiones relacionadas con una reforma constitucional, que, dado el momento que se vivía en España, serían las que acapararían gran parte del debate informativo, requiere de una sólida instrucción y de una madura meditación, a la que tan sólo se llega a través de un profundo estudio de la política. Al no darse tales circunstancias en nuestro país, el ejercicio de esa libertad sería más nocivo que positivo.

5º) Una razón muchísimo más discutible es la de que la libertad de imprenta había de acompañar, no preceder, a la constitución o a su reforma. El soporte en que se sustenta esta tesis es de una gran debilidad; en síntesis, sería el de que, adoptada la constitución, el peligro de ejercicio abusivo de esta libertad sería menor; tampoco contribuye a fortalecer esta tesis el argumento de que no convenía anticipar este peligro ante las asechanzas de los enemigos exteriores y de los agitadores internos que se cernían sobre la Junta. Jovellanos omitía que el debate público propiciado por esta libertad podía contribuir de modo decisivo a ilustrar a los constituyentes sobre temas constitucionales, pues qué duda cabe que existía en España una minoría culta y versada en las doctrinas políticas, además ya de contribuir a ilustrarles acerca del sentir de la opinión pública en esos temas. Tampoco es de recibo la última reflexión del gijonés en el sentido de que esta libertad "sólo puede existir y ser compatible con una buena constitución". Por lo demás, si la libertad existía de hecho, como reconocía Jovellanos, esos hipotéticos peligros y males ya existían, y no parece que de su regulación se hubiera debido derivar un acentuamiento de tales peligros; más bien hubiera debido de propiciar justamente lo contrario, esto es, su minoración.

IV. La actitud de Jovellanos no iba a dejar, sin embargo, de suscitar críticas. El detenimiento con que trata el tema de la posición de la Junta Central ante la libertad de imprenta lo corrobora cumplidamente; más aún, como ya se ha dicho, el propio gijonés justifica ese detalle en su *Memoria* por lo censurada que fue la Junta al respecto.

Esas críticas llegaron ante el propio lord Holland. Pueden mencionarse al efecto sendos escritos que le fueron remitidos por Quintana y por el duque del Infantado. En una carta al lord inglés fechada en Madrid el 10 de junio de 1809, Quintana, quien, como ya se señaló, estableció una estrecha relación con los Holland, refiriéndose a Jovellanos, escribe: "Yo le amo, le estimo y le admiro, pero digo y diré siempre que su carácter, amigo de la circunspección y de la formalidad, quita a cierta clase de negocios la marcha rápida que las circunstancias y la situación actual de las cosas exigen". Parece que lo que más preocupaba a Quintana era la convocatoria de Cortes, pero no cabe descartar que su crítica tuviera también que ver con la posición sostenida por Jovellanos en el tema de la libertad de imprenta. Es significativo al respecto que en el Dictamen que Jovellanos expidió (mayo de 1809) con ocasión de la minuta de Decreto de convocatoria a Cortes que había redactado Quintana a raíz de la propuesta sobre el mismo asunto realizada por Calvo de Rozas el 15 de abril de 1809, en un larguísimo informe en el que el gijonés justificaba jurídicamente la posición política de Quintana, proclive a la convocatoria de Cortes, termine refiriéndose a la libertad que nos ocupa en estos términos: "¿(Q)uién ignora que todos los males de aquella revolución (la Revolución Francesa) fueron efecto de la imprudencia de su gobierno? ¿No fue él quien empezó abriendo la puerta a la desenfrenada libertad de imprimir; quien provocó y dio impulso a tantas y tan monstruosas teorías constitucionales?"[1433]. El asturiano parece estar sugiriendo que una autorización imprudente de la libertad de imprenta puede ir seguida de unas disparatadas propuestas constitucionales. Esta advertencia, expresada con insistencia, nos permite entrever, según Dérozier[1434], lo que serán las discusiones posteriores sobre la libertad de imprenta, observación que parece estar situando a Jovellanos entre los que en la Junta Central aparecían como contrarios a la adopción de esta libertad. Como ya hemos tenido alguna ocasión de señalar, no compartimos en absoluto esta apreciación, pues aun siendo conscientes de los recelos y vacilaciones mostrados por el gijonés en torno a la conveniencia de un pronto establecimiento de esta libertad, y de su más bien clara opción en favor de retardar su introducción legal, no creemos que Jovellanos pueda ser alineado en ningún caso entre aquellos miembros retrógrados de la Junta, como Floridablanca, que rechazaban de modo frontal la legalización de la libertad de imprenta. Presidiendo la Junta de Instrucción Pública, el prócer asturiano posibilitó que ésta y, posteriormente, la Comisión de Cortes respaldaran la Memoria de Isidoro de Morales, en cierto modo, un esbozo de reglamento. Es harto dudoso si, en otras circunstancias menos críticas, la Junta Central hubiera dado el paso definitivo de regular esta libertad; no creemos que quepa descartar de raíz que hubiera podido ser así; en cualquier caso, esta especulación a nada conduce, pues lo cierto es que la vida de la Junta fue efímera y de poco tiempo pudo disponer para una hipotética culminación de su labor en este ámbito.

También el Duque del Infantado, en una carta escrita desde Sevilla, el 10 de diciembre de 1809, a lord Holland, se iba a mostrar crítico con Jovellanos. Quien desde hacía unos meses era el presidente del Consejo de Castilla, posiblemente una compensación por la pérdida del mando del ejército del centro, tras manifestar su pesar por el hecho de que "yacemos sumergidos en todos los males del mismo despotismo de antaño", decía de Jovellanos: "¡Quién lo creyera! Jovellanos nuestro amigo, por quien tengo rotas muchas lanzas contra gentes que no participaban al buen concepto que a nosotros merecía, es el primero que se opone y entorpece la libertad de imprenta, apoya y aprueba las medidas más arbitrarias, me cuesta el decirlo, pero es la verdad"[1435]. Es bastante posible que tras estas críticas estuviera subyacente el malestar del Duque por las censuras que él mismo había recibido en la Junta acerca de su deficiente dirección de las operaciones militares, que culminó con la derrota de Uclés, que a su vez desencadenó su cese al frente del ejército (febrero de 1809). En una carta escrita desde Muros por Jovellanos a lord Holland, el 22 de agosto de 1810, le comentaba que acababa de recibir el "Manifiesto " que el duque del Infantado había publicado, para añadir poco después:

[1433] El texto de este dictamen, bajo el rótulo de "Consulta sobre la convocación de las Cortes por estamentos", puede verse en Gaspar Melchor de JOVELLANOS: *Obras Completas,* tomo XI (Escritos políticos), *op. cit.,* pp. 685 y ss.; el texto transcrito, en p. 699.

[1434] Albert DÉROZIER: *Manuel José Quintana y el nacimiento del liberalismo en España,* Madrid, Ediciones Turner, 1978, pp. 540-541.

[1435] *Apud* Manuel MORENO ALONSO: *La forja del liberalismo..., op. cit.,* p. 278.

"Vm. quisiera ver al Duque reintegrado en su honor, y yo también, pues aunque no espero de él tanto como Vm., ya sabe, no sólo que no fui parte en los desaires que recibió de la Junta, sino que hice quanto estuvo en mi mano por evitárselos, y poner su estimación en buen lugar. Ahora llega el tiempo de las verdades"[1436].

No parece, y la alusión de Jovellanos a ello apunta, que las críticas del Duque respondieran a la actitud en la Junta de nuestro prohombre en torno a la libertad de imprenta. Esa fue posiblemente la excusa en la que se apoyó, pero su crítica más aparenta ser fruto del resquemor frente a los integrantes de la Junta, por su cese como alto mando militar y las críticas previas al mismo que en la propia Junta se vertieron contra él, que de cualquier otra consideración.

La desilusión en relación a las cautelas reformadoras de Jovellanos alcanzaría asimismo a muchos otros jóvenes con ideas más o menos revolucionarias, como sería en un primer momento el caso, por poner el ejemplo más significado, de José María Blanco White. El en aquel entonces editor en Londres de *El Español* se fue distanciando día a día de la Junta Central y también del asturiano, y con él su propio medio escrito de comunicación. El problema venía muy probablemente de antaño, y en particular del choque que se produjo en la segunda etapa de vida del *Semanario Patriótico* en Sevilla, publicación de la que, al hallarse Quintana, su fundador, trabajando como oficial de la Secretaría general de la Junta Central, hubieron de encargarse Antillón y el propio Blanco White, etapa que se cerró con el nº XXXII, del 31 de agosto de 1809, tras un choque con la Junta[1437]. En ese último número, Blanco insertaba un "Aviso al público" que culminaba con lo que sigue: "Cedamos, pues, a las circunstancias: nuestros amigos (tales llamamos a quienes nos han honrado con su aprecio) sufrirán mejor que se interrumpa el *Semanario* que verlo mudado en otra cosa que lo que hasta ahora ha sido"[1438]. Blanco, según recuerda Moreno Alonso[1439], rechazaría asimismo el ofrecimiento de Jovellanos de nombrarle miembro de la Comisión que había de preparar la convocatoria de Cortes, y desde entonces el distanciamiento fue cada vez mayor. El periódico londinense se iba a mostrar muy crítico con la Junta Central y muy disconforme con la defensa que de la misma hiciera Jovellanos, quien, con posterioridad, reprobaría a su vez la conducta de Blanco en una carta escrita a Holland, en la que decía lo que sigue:

"Hemos visto ya aquí, algún número del papel que Blanco publica en esa, y temo mucho que censurando los errores de nuestra Junta, se olvide de los que, lejos de ser parte en ellos, los han combatido. En quanto a mí, creo que me conozca bastante

[1436] La carta puede verse en la obra *Cartas de Jovellanos y Lord Vassall Holland..., op. cit.*, Vol. 2 (edición de 1911), pp. 502-504; el texto transcrito, en p. 503.

[1437] Cfr. al respecto, Vicente LLORÉNS: "Jovellanos y Blanco", en la obra recopilatoria de ensayos del propio autor, *Literatura, Historia, Política,* Madrid, Ediciones de la Revista de Occidente, 1967, pp. 89 y ss.

[1438] *Apud* Vicente LLORÉNS: "Jovellanos y Blanco", *op. cit.*, pp. 107-108. Recoge este mismo autor (en p. 108) un comentario al aviso precedente, añadido por Blanco algún tiempo después (en el nº X de *El Español,* correspondiente al mes de enero de 1811), en el que se podía leer: "Los que están acostumbrados a la franqueza de los países donde hay libertad de imprenta, acaso pensarán que este anuncio era demasiado oscuro para que el público se impusiera en lo que se quería decir. Pero los que así piensen deberán recordar que los pueblos sometidos a gobiernos que no les permiten expresarse libremente, tienen la viveza de los mudos para entenderse por señas".

[1439] Manuel MORENO ALONSO: *Divina Libertad. La aventura liberal de Don José María Blanco White, 1808-1824,* Sevilla, Ediciones Alfar, 2002, p. 74.

para que no me confunda con la muchedumbre. Con todo (*qui semel fines verecundia transierit benè et naviter oportet esse impudentem*) ruego a Vm. que le recuerde mi nombre, para que le honre si cree que lo merece, y sinó, que no le ofenda"[1440].

V. El panorama expuesto, que debe complementarse por la posición proclive a esta libertad, que analizaremos en la segunda parte de esta obra, de figuras bien relevantes, como es el caso muy particular de Flórez Estrada, creemos que corrobora la apreciación que hicimos al iniciar el estudio de las más relevantes reivindicaciones que de la libertad de imprenta encontramos en nuestro país en el siglo XVIII. Como hemos podido ver, ya mucho antes del levantamiento contra los franceses, en realidad, a lo largo de gran parte de la segunda mitad del Setecientos, en un proceso secuencial que se va acentuando conforme se aproxima el cambio de siglo, encontramos un sustrato intelectual reivindicativo de la libertad de imprenta, que buscará su fundamentación en apoyos diversos, unas veces propios del iusnaturalismo racionalista, otras del pensamiento ilustrado, y en ocasiones, también del liberalismo más radical. Se ha dicho que estas reivindicaciones tuvieron un eco muy restringido[1441]; quizá pueda pesar en esa valoración, un tanto subrepticiamente, el hecho de que estas aspiraciones, algunas de ellas de corte más o menos revolucionario, no desencadenaran ningún movimiento consistente contra la monarquía absoluta de Carlos IV, pues la conspiración de Picornell[1442], también llamada de San Blas, no puede considerarse como tal. Sin embargo, y en relación específica con la libertad que venimos tratando, no creemos que a la larga fuera exactamente así, pues la espectacular eclosión de publicaciones que se produce por doquier tras el levantamiento de Mayo de 1808 parecería indicar justamente lo contrario. En cualquier caso, para concluir, lo que importa destacar es que cuando las Cortes regulen en Cádiz esta libertad, ni mucho menos estarán procediendo a normativizar una idea sentida tan sólo por los liberales doceañistas, teñida por lo mismo de un sesgo tan sólo revolucionario. Bien al contrario, estarán dando vida jurídica a una aspiración sentida en ámbitos muy plurales de pensamiento desde muchos lustros antes.

11. Los primeros pasos del proceso hacia la legalización de la libertad de imprenta (1808)

A) La libertad de imprenta, una realidad *de facto* tras el levantamiento

a) Una sacudida telúrica súbita

La generalizada reacción popular contra el invasor francés –que en el fondo significaba el divorcio entre la autoridad oficial, sujeta a Murat, y el pueblo[1443], que con certero instinto

[1440] Carta de Jovellanos a lord Holland, fechada en Muros el 30 de agosto de 1810. Puede verse en la obra *Cartas de Jovellanos y Lord Vassall Holland..., op. cit.*, Vol. 2 (edición de 1911), pp. 508-510; el texto transcrito, en pp. 509-510.

[1441] Esther MARTÍNEZ QUINTEIRO: "Los derechos del hombre: el papel de los principios en la crisis del Antiguo Régimen, 1808-1814", en Pablo Fernández Albaladejo y Margarita Ortega López (eds.), *Antiguo Régimen y liberalismo. Homenaje a Miguel Artola*, Vol. 3 (Política y Cultura), Madrid, Alianza Editorial/ Universidad Autónoma de Madrid, 1995, pp. 243 y ss.; en concreto, p. 245.

[1442] Sobre la conspiración de Picornell, cfr. Antonio ELORZA: *La ideología liberal..., op. cit.*, pp. 304 y ss.

[1443] Angel MARTÍNEZ DE VELASCO: *La formación de la Junta Central*, Pamplona, Ediciones Universidad de Navarra/CSIC, 1972, p. 53.

se negó a obedecer a una Junta de Gobierno que comenzó a actuar contra los intereses del país, sometiéndose a los dictados de Napoleón, y en la que pronto los franceses vieron la existencia de un hilo conductor entre ella y el motín de Aranjuez del mes de marzo, interpretación que ha hecho suya una cierta historiografía[1444]– es sobradamente conocida. Goya, aunque circunscribiéndose a la capital del reino, la inmortalizaría en uno de sus grandes lienzos, "El dos de mayo de 1808 en Madrid", que ya Théophile Gautier en 1845 mencionaba con admiración, y que a su vez encuentra su *alter ego* en esa obra maestra absoluta que es "Los fusilamientos en la montaña de Príncipe Pío", obras con las que el universal pintor aragonés quiso mostrar los comienzos de la heroica resistencia nacional. Y en el ámbito de lo poético, Quintana, con sus dos *Odas a España libre,* y Nicasio Gallego, con su *Elegía sobre el Dos de Mayo,* se disputaron, como recuerda Alcalá Galiano[1445], la palma del fervor popular. El elocuentísimo, entusiasta de las nuevas corrientes y patriota enfervorizado por la noble causa que sus conciudadanos, al igual que él, defienden[1446], Francisco Martínez de la Rosa, en su breve ensayo sobre *La revolución actual de España,* escrito entre febrero y marzo de 1810, y publicado por Blanco White en Londres, en el nº VII de *El Español,* el 30 de octubre del mismo año, también se hacía eco con palabras impactantes –que nos dan pie para rotular este epígrafe– que vale la pena reproducir, del carácter generalizado del movimiento insurreccional:

> "Sólo al sacudimiento súbito de un terremoto es comparable el movimiento de insurrección que casi en el mismo día conmovió todos los puntos de esta vasta Monarquía y se comunicó de uno en otro pueblo con la misma velocidad que los estremecimientos de la tierra.
>
> Este es uno de los fenómenos más admirables de nuestra revolución y que prueba hasta la evidencia cuán expresa era la voluntad general de la nación a favor de su independencia"[1447].

Fue, pues, el pueblo llano quien asumió el primer protagonismo en este movimiento revolucionario de índole primigeniamente social, con lo que puede suscribirse la consideración de Moreno Alonso[1448] de que el estallido de la revolución popular de 1808 no fue consecuencia de una revolución ideológica previa, pues la crítica ilustrada más radical de fines del XVIII (Arroyal, Cañuelo...) distó mucho de haber ejercido tal efecto. La sublevación y la guerra que desencadenó representan una reacción del pueblo y de lo específico peculiar del mismo, que vincula la idea de libertad al sentimiento de nación, dando a la guerra un carácter plenamente romántico. De ahí que, como ha escrito Abellán[1449], liberalismo y

[1444] Así lo recuerda Juan Francisco FUENTES, en *El fin del Antiguo Régimen (1808-1868). Política y sociedad,* Madrid, Editorial Síntesis, 2007, p. 15.

[1445] Antonio ALCALÁ GALIANO: "Recuerdos de un anciano", en *Obras escogidas de D. Antonio Alcalá Galiano,* I (Biblioteca de Autores Españoles, tomo 83), prólogo y edición de Jorge Campos, Madrid, Ediciones Atlas, 1955, pp. 1 y ss.; en concreto, p. 42.

[1446] Utilizamos los términos de Fernando JIMÉNEZ DE GREGORIO: "La convocación a Cortes Constituyentes en 1810. Estado de la opinión española en punto a la reforma constitucional", en *Estudios de Historia Moderna,* Vol. V, 1955, pp. 223 y ss.; en concreto, p. 225.

[1447] Francisco MARTÍNEZ DE LA ROSA: "La Revolución actual de España", en *Obras de D. Francisco Martínez de la Rosa,* tomo 4º, edición y estudio preliminar de Carlos Seco Serrano (Biblioteca de Autores Españoles, tomo 151), Madrid, Ediciones Atlas, 1962, pp. 367 y ss.; en concreto, p. 375.

[1448] Manuel MORENO ALONSO: *La generación española de 1808, op. cit.,* p. 123.

[1449] José Luis ABELLÁN: *Historia crítica del pensamiento español,* tomo IV (Liberalismo y romanticismo. 1808-1874), Madrid, Espasa-Calpe, 1984, pp. 91-92.

romanticismo van juntos en los patriotas españoles, no siendo cierto que el romanticismo no se inicie entre nosotros hasta 1835 con el estreno del *Don Álvaro o la fuerza del sino,* del duque de Rivas. El respaldo popular en la lucha contra nuestros vecinos fue total, pudiéndose apreciar en todos los rincones del país; no en vano la generalizada antipatía hacia todo lo francés, preexistente al inicio de las hostilidades, se convirtió en odio visceral hacia los franceses. No ha de extrañar que no faltaran quienes, como Capmany, saludaran con cierto alborozo a la guerra ("terrible, pero saludable, instrumento para nuestra eterna prosperidad"), pues con ella "volveremos a ser españoles rancios a pesar de la insensata currutaquería"[1450], con ella "nos libraremos de la molestia y asco de dar oídos a la fastidiosa turba de sabihondos, ideólogos-filósofos-humanistas y politécnicos, todo en una pieza"[1451], y en coherencia con todo ello, puede decirse que cuando los diputados proclamaban en Cádiz el principio de la soberanía nacional no estaban haciendo otra cosa mas que reconocer lo que ya el pueblo, por la vía puramente fáctica, había manifestado. Blanco White lo dejó brillantemente expresado, aunque fuera de modo implícito, en sus "Reflexiones generales sobre la Revolución española", breve ensayo publicado en el nº 1 de *El Español,* en Londres, en abril de 1810. Es del mayor interés recordar algunas de sus palabras:

> "Cuando la España alzó el grito de la independencia, sola entre las naciones del continente que habían sido ya esclavizadas o iban a serlo bien pronto, todos los amantes del bien volvieron admirados los ojos hacia ella, y esperaron prodigios de un atrevimiento tan glorioso como no imaginado"[1452].

Y el 30 de noviembre de 1810, en *El Español,* aún lo dejaba más claramente expresado en las palabras que siguen:

> "La declaración de la soberanía de la nación, no sólo es conforme a todos los principios de la verdadera filosofía, sino, lo que es más práctico e importante en el caso presente, es una medida de seguridad de España, es una medida directamente anti-francesa, y anti-napoleónica"[1453].

Bien es verdad que poco después de esta explosión popular, cada provincia optó por constituir una Junta provincial que asumiría el mando político, civil y militar de su distrito, proliferando por tanto una serie de Juntas que terminarían constituyendo una Junta Central, lo que, según alguna doctrina[1454], vendría a corroborar que el principio federativo, a partir del cual se produce la fundación de un nuevo cuerpo político, es una constante de la dinámica revolucionaria. Frente a tal dinámica nada pudo hacer el Consejo

---

[1450] Antonio de CAPMANY: *Centinela contra franceses,* edición, con introducción, notas y apéndices documentales, de Françoise Etienvre, London/Madrid, Tamesis Books Limited/Editorial Castalia, 1988, p. 89. Según el *Diccionario de la Lengua Española,* de la Real Academia (20ª ed., Madrid, 1984, tomo I, p. 418), el adjetivo "currutaco", que también puede utilizarse como sustantivo, define a alguien "muy afectado en el uso riguroso de las modas".

[1451] *Ibidem,* p. 92.

[1452] *Apud* José María BLANCO WHITE: *Antología de obras en español,* edición, selección, prólogo y notas de Vicente Lloréns, Barcelona, Editorial Labor, 1971; el artículo en pp. 223-242; el texto transcrito, en p. 223.

[1453] *Apud* Manuel MORENO ALONSO: *La Constitución de Cádiz. Una mirada crítica,* Sevilla, Ediciones Alfar, 2011, p. 62.

[1454] Manuel PÉREZ LEDESMA: "Las Cortes de Cádiz y la sociedad española", en Miguel Artola (ed.), *Las Cortes de Cádiz,* Madrid, Marcial Pons Historia, 2003, pp. 167 y ss.; en concreto, p. 171.

de Castilla cuando, tras la batalla de Bailén (julio de 1808) y la posterior evacuación de la Corte por parte de los ejércitos imperiales, intentó establecer su autoridad, una autoridad diríamos que se hallaba bastante deslegitimada. Con evidente razón en aquel momento, Flórez Estrada se mostraría furibundamente crítico hacia este órgano "por donde el despotismo de nuestros reyes, desde que no han conocido otro freno que su capricho, acostumbraba también a comunicar y autorizar todos los decretos que querían anunciar a la nación como leyes", un órgano que "para extender su autoridad y su consideración, en ninguna época dudó arrogarse el nombre de la nación"[1455].

b) La libertad de imprenta como cauce de exaltación del fervor patriótico

La sublevación era la chispa que encendía la mecha que en poco tiempo terminaría haciendo explosionar el sistema político del Antiguo Régimen. Marx y Engels iban a efectuar al respecto una aguda reflexión. Todas las guerras por la independencia dirigidas contra Francia –escribían[1456]– llevan simultáneamente en sí la impronta de la regeneración mezclada con la de la reacción; pero en ninguna otra parte se presenta el fenómeno con la intensidad con que lo hace en España. Entre nosotros, ya Argüelles había puesto de relieve en su examen de la reforma constitucional[1457], que el movimiento insurreccional destruyó en sus mismos fundamentos un régimen usurpador y repugnante a la índole de nuestra monarquía, a la par que la formación de la Junta Central se había de convertir en un triunfo de la opinión pública y en el primer paso hacia "la restauración del gobierno representativo".

Innecesario es decir que el grito de libertad iba a impregnarlo todo. Cada cual lo iba a interpretar a su modo. Y así, en sus *Memorias,* Quintana escribía al efecto[1458]: "El partido, pues, que yo tomé, desde luego irrevocablemente, fue el de contribuir con todos los medios que estuviesen a mi alcance para libertar a mi patria de la tiranía de Bonaparte y de toda especie de tiranía. Así se lo dije a Antillón, manifestándole que era llegada la época de corregir los males políticos de España". Con esta disposición y tal espíritu, hallándose aún los franceses en Madrid, Manuel José Quintana escribió las dos *Odas a España libre,* ya anteriormente mencionadas. Con ello seguía la pauta iniciada con su *Oda al combate de Trafalgar* (1805), que ya le había dado un gran renombre, connotando su trayectoria intelectual que, a la postre, le convertiría en un destacado miembro de la primera generación romántica, como corroboraría su presencia en ese icono pictórico del romanticismo español que es el lienzo "Los poetas contemporáneos. Una lectura de Zorrilla en el estudio del pintor" (1846), obra de Antonio María Esquivel que cuelga de las paredes del Prado. Es perfectamente coherente con todo ello que, en este contexto, la libertad de imprenta se convirtiera en una realidad indiscutible.

[1455] Álvaro FLÓREZ ESTRADA: *Historia de la Revolución de España,* Madrid, Espasa-Calpe/Fundación Dos de Mayo, Nación y Libertad, 2009 (reimpresión de la obra que, bajo el título *Introducción para la Historia de la Revolución de España,* publicara el autor en Londres, en la Imprenta de R. Juigné, en 1810), pp. 167-168.

[1456] Karl MARX y Friedrich ENGELS: *Revolución en España,* Barcelona, Ediciones Ariel, 1970, p. 80.

[1457] Agustín de ARGÜELLES: *Examen Histórico de la Reforma Constitucional de España,* tomo I, Oviedo, Junta General del Principado de Asturias, 1999, p. 108.

[1458] QUINTANA: *Memoria del Cádiz de las Cortes,* edición de Fernando Durán López, Cádiz, Servicio de Publicaciones, Universidad de Cádiz, 1996, pp. 83-84.

La libertad de imprenta, como escribiera Gómez Aparicio[1459], fue en sus comienzos un movimiento de expresión popular, espontánea y patriótica. La perfidia francesa había lanzado a las armas a los que podían sostenerlas, y a las plumas, a los que sabían manejarlas, y las imprentas, vueltas de espaldas a todo lo anteriormente legislado, volcaron sobre el país toda una tempestad de proclamas, de letrillas, de romances, de papeles sueltos, de relaciones y de sátiras, redactadas por clérigos, letrados, oficinistas y menestrales. La libertad de imprenta no estaba ni mucho menos legalizada, pero los hechos le habían dado una vida plena[1460]. Es una evidencia incontrastable, que el levantamiento popular fue seguido casi de inmediato por una libertad de imprenta que trajo consigo una extraordinaria proliferación de periódicos[1461] y folletos de todo tipo. La libertad de imprenta, admite Menéndez Pelayo en alusión a la situación existente en el país en el momento en que Calvo de Rozas propuso ante la Junta Central su legalización, existía de hecho, y pronto renacieron de sus cenizas *El Semanario Patriótico, El Espectador Sevillano* y el *Voto de la Nación,* con miras y tendencias idénticas[1462]. Libre Madrid de la ocupación francesa, –escribe a su vez Rumeu de Armas[1463]– después de la derrota de Bailén, y constituida la Junta Central Suprema Gubernativa de España e Indias, la censura siguió radicando, como en tiempo de la ocupación, en el Consejo de Castilla. Pero de hecho ésta no se ejercía. La exaltación del fervor patriótico había llegado a extremos de locura, y éste no tenía mejor medio de expresarse que a través de la prensa. Cierto es que algunos autores[1464] han puesto el acento a la hora de explicar el ejercicio por doquier de esta libertad más en la parálisis de las instituciones resultante de la invasión napoleónica, que no hizo factible el control de las publicaciones, que en el propio impulso popular.

[1459] Pedro GÓMEZ APARICIO: *Historia del periodismo español* (Desde la "Gaceta de Madrid", 1661, hasta el destronamiento de Isabel II), Madrid, Editora Nacional, 1967, p. 71.

[1460] Constituye un común denominador doctrinal este reconocimiento del establecimiento de la libertad de imprenta por la vía de lo puramente fáctico. En tal sentido, por poner tan sólo algunos ejemplos, Miguel ARTOLA: *Los Orígenes de la España Contemporánea,* Madrid, Instituto de Estudios Políticos, 1959, tomo I, p. 243. María Cruz SEOANE: *Historia del periodismo en España,* Vol. 2 (El siglo XIX), Madrid, Alianza Editorial, 4ª reimpr., 1996, p. 27. Fernando CENDÁN PAZOS: *Historia del Derecho español de prensa..., op. cit.,* p. 89. Enrique GÓMEZ-REINO Y CARNOTA: *Aproximación histórica al Derecho de la imprenta y de la prensa en España (1480-1966),* Madrid, Instituto de Estudios Administrativos, 1977, p. 80. Carlos BARRERA (editor): *El periodismo español en su historia,* Barcelona, Editorial Ariel, 2000, p. 16. Alicia FIESTAS LOZA: "La libertad de imprenta en las dos primeras etapas del liberalismo español", en *Anuario de Historia del Derecho Español,* tomo LIX, Ministerio de Justicia, Madrid, 1989, pp. 351 y ss.; en concreto, p. 360.

[1461] Refiriéndose a la prensa española de finales del año 1808 y del año 1809, Artola ha establecido diferentes grupos, diferenciando primero entre los periódicos que tienen un carácter oficial, como la *Gaceta del Gobierno,* órgano oficial de la Junta Central, en cuya dirección se sucedieron Capmany y Antillón, siendo Quintana el encargado de supervisar y aprobar los textos que publicaba y Diego Clemencín el redactor titular, y los que son debidos a la iniciativa privada, dentro de los cuales establece a su vez una neta diferencia entre los que son meramente noticiosos, como la *Gaceta de Valencia* o el *Diario de Málaga,* y aquellos otros que, de una forma más o menos específica y continuada, se dedican a tratar temas políticos, entre los que parece que el primero en publicarse fue el *Diario de la Coruña,* cuyo primer número es de junio de 1808, aunque, como ya se ha dicho, es el *Semanario Patriótico,* con diferencia, el más conocido de los periódicos políticos de la época. Miguel ARTOLA: *Los Orígenes de la España Contemporánea,* I, *op. cit.,* pp. 247-250.

[1462] Marcelino MENÉNDEZ PELAYO: *Historia de los Heterodoxos Españoles, op. cit.,* tomo II, p. 695.

[1463] Antonio RUMEU DE ARMAS: *Historia de la censura literaria gubernativa en España* (Historia - Legislación – Procedimientos), Madrid, M. Aguilar, 1940, p. 135.

[1464] Tal es el caso, entre otros, de Jaume RIBALTA HARO: "Justicia en tiempos de revolución: una libertad sin garantías (La libertad política de imprenta y el *affaire* de <El Robespierre español> (1811-1814)", en *Rechtsprechung. Materialen und Studien* (Veröffentlichungen des Max-Planck-Instituts für Europäische Rechtsgeschichte, Frankfurt am Main), Band 8, 1994, pp. 487 y ss.; en concreto, pp. 493-494.

Ciertamente, ambos elementos se conjugaron, pero a nuestro juicio pesó más el impulso popular que el descontrol institucional.

Pocos libros se escribían entonces, pero esta escasez era compensada por la multitud de periódicos, papeles, noticias y coplas que a todas horas y en todos lados se vendían en Madrid. Lo que se afirma de Madrid se podría decir de todas las provincias no ocupadas por los franceses; en ellas, con independencia de que haya más o menos datos, puede presuponerse que la libertad de imprenta fue total. El propio Argüelles se haría eco de este fenómeno inédito de generalizada libertad cuando escribía: "La imprenta adquirió de hecho la libertad que no había tenido nunca, y desde los primeros momentos empezó a ejercer el ascendiente que era inseparable de la exaltación a que habían llegado los ánimos, a pesar de los esfuerzos que hacían las autoridades en muchas partes para reprimirle"[1465]. Innecesario es decir, que la condena sin reservas del período anterior constituirá un *leitmotiv* de las publicaciones que abordan la reforma política[1466].

Refiriéndose a la situación existente en Madrid a partir de los últimos días de mayo de 1808, un protagonista tan relevante de aquellas jornadas como sería Alcalá Galiano reconocía[1467], que casi quedó establecida, bien que por plazo breve, la libertad de imprenta, no obstante que el Consejo de Castilla, nada amigo de ella, trató de ponerle impedimento; pero en algún tiempo no lo consiguió, aunque lo mandase. Había censores, pero o no ejercían la censura, o no se hacía caso de ella, ni se necesitaba. Una censura había, y era terrible, que era la seguridad de ser hecho pedazos si algo se decía o se insinuaba siquiera contra el punto principal de todos los pensamientos: la causa de la nación contra el enemigo. En los demás, era la discordancia de opiniones tan grande cuanto cabe serlo, y pocos reparaban en ello, no viéndose ni aun disputas entre las doctrinas de libertad política llevada casi al extremo, y la poco menos que irreligión del *Semanario Patriótico,* y otras producciones rebosando fanatismo y toda especie de ideas rancias en punto a gobierno, y la mezcla singular de máximas favorables al patriotismo español y contrarias a la civilización europea y general, contenidas en la extravagante *Centinela contra franceses,* de Capmany; obra que compartía con los escritos de Quintana el favor popular en primer grado.

El auténtico alud de panfletos y escritos de todo tipo que iba a inundar nuestro territorio durante la guerra con los franceses iba a propiciar el nacimiento de un nuevo y poderoso sujeto político, hasta entonces sólo pergeñado por el pensamiento de algunos de nuestros ilustrados: la opinión pública, al que a partir de este momento los partidos iban a apelar con notable frecuencia, llegando a considerarlo, como señala Álvarez Junco, como una auténtica instancia suprema[1468]. Al pueblo, que actúa ahora como soberano, se dirige ese aluvión de publicaciones que intentan ilustrarle y adoctrinarle. Los periódicos fueron el principal vehículo de instrucción a lo largo de toda la guerra. Estos maestros

[1465] Agustín de ARGÜELLES: *Examen Histórico de la Reforma Constitucional de España, op. cit.,* tomo I, p. 108.

[1466] Así lo constata Elorza, quien añade que el "infame Godoy" y el "insolente despotismo del último reinado", por tomar las expresiones de Jovellanos, constituyen el binomio simbólico en que se fundamenta la exigencia de un nuevo ordenamiento político. Antonio ELORZA: "El temido Árbol de la Libertad", *op. cit.,* p. 115.

[1467] Antonio ALCALÁ GALIANO: "Recuerdos de un anciano", *op. cit.,* p. 42.

[1468] José ÁLVAREZ JUNCO: "Capmany y su Informe sobre la necesidad de una Constitución (1809)", en *Cuadernos Hispanoamericanos,* nº 210, 1967, pp. 520 y ss.; en concreto, pp. 525-526.

universales, dirá de ellos Alcalá Galiano, "enseñaron a la muchedumbre mil doctrinas antes de ellos ignoradas"[1469]. La guerra va a ser la oportunidad desencadenante de que la prensa asuma en plenitud una función de formación ideológica de los lectores. Se trata pues, de formar, encauzar y dirigir esa opinión pública, y a ello se dirige esta prensa auroral del siglo[1470]. Así las cosas, los periódicos van a adquirir un poder hasta entonces desconocido. Refiriéndose a ellos, Alcalá Galiano hablaría de un "poder tribunicio" (expresión que no deja de recordarnos la de "potestad tribunicia" que acuñara el P. Feijoo en el primer discurso del tomo primero de su *Teatro crítico universal*[1471]), tan nuevo en nuestra patria como el adquirido por las Juntas provinciales[1472]. Como ya tuvimos oportunidad de decir al inicio de esta obra, pero vale la pena repetirlo, el propio Quintana, el 22 de septiembre de 1808, reflejaba en el *Semanario Patriótico* lo extraordinario del cambio experimentado al respecto:

> "Si alguno hubiera dicho a principios de octubre pasado que antes de cumplirse un año tendríamos la libertad de escribir sobre reformas de Gobierno, planes de Constitución, examen y reducción del poder, y que apenas se publicaría escrito en España que no se dirigiese a estos objetos importantes, hubiera sido tenido por un hombre falto de seso, a quien tal vez se privara de su libertad por la que profetizaba a los otros"[1473].

En definitiva, si con anterioridad al levantamiento la prensa siempre estuvo controlada, no sólo por la censura, que Godoy –no obstante, como ya se dijo, la un tanto cínica autoreivindicación que en sus *Memorias* hace de haber siempre facilitado la circulación de las luces– había acentuado para neutralizar las críticas que sus caprichosos actos provocaban, sino también por la Inquisición, que en muchísimas ocasiones proyectó su actuación con visos claramente políticos, tras el Dos de Mayo, la libertad *de facto* que siguió propició no sólo la aparición de cientos de periódicos[1474] y miles de folletos[1475], sino asimismo,

[1469] *Apud* María Cruz SEOANE: *Historia del periodismo en España, op. cit.*, Vol. 2 (El siglo XIX), p. 27.

[1470] María Cruz SEOANE: *Oratoria y periodismo en la España del siglo XIX*, Madrid, Fundación Juan March/Editorial Castalia, 1977, p. 25.

[1471] "Aquella mal entendida máxima, –escribe Feijoo– de que Dios se explica en la voz del pueblo, autorizó (a) la plebe para tiranizar el buen juicio, y erigió en ella una potestad tribunicia, capaz de oprimir la nobleza literaria. Es éste un error de donde nacen infinitos; porque asentada la conclusión de que la multitud sea regla de la verdad, todos los desaciertos del vulgo se veneran como inspiraciones del Cielo". Benito Jerónimo FEIJOO: *Teatro crítico universal, op. cit.*, p. 105.

[1472] Antonio ALCALÁ GALIANO: "Índole de la Revolución de España en 1808", en *Obras escogidas de D. Antonio Alcalá Galiano*, II, prólogo y edición de Jorge Campos (Biblioteca de Autores Españoles, tomo 84), Madrid, Ediciones Atlas, 1955, pp. 307 y ss.; en concreto, p. 320.

[1473] *Semanario Patriótico*, núm. 4, edición del 22 de septiembre de 1808. *Apud* Javier VARELA: *Jovellanos*, Madrid, Alianza Editorial, 1988, p. 204.

[1474] Gómez Imaz, en su meticulosa recopilación de los periódicos que se publicaron en nuestro país durante la Guerra de la Independencia, que ordena por orden alfabético, desde "La Abeja" hasta el "Zelador patriótico", incluye un total de 329 periódicos. Cfr. al respecto Manuel GÓMEZ IMAZ: *Los periódicos durante la Guerra de la Independencia. 1808-1814*, Madrid, Tipografía de la Revista de Archivos, Bibliotecas y Museos, 1910. Manejamos la edición facsimil publicada en Sevilla por la Editorial Renacimiento, 2008, con prólogo de Manuel Moreno Alonso.

[1475] La *Colección Documental del Fraile*, que con tal nombre se conoce, consta de más de un millar de volúmenes de folletos y periódicos publicados en gran parte con ocasión de la guerra, y en su gran mayoría entre 1808 y 1825. Su subtítulo ilustra a la perfección acerca de la variedad de escritos que acoge: "Colección general de proclamas, exhortaciones, alarmas, pastorales, sermones, diarios, noticias, historias, avisos, relaciones, manifiestos, apologías, observaciones, críticas, sátiras, muchos periódicos y papeles de todas como pusiera de relieve Solís[1476], un notable cambio de orientación del periodismo, pues si el anterior a las Cortes de Cádiz tenía un evidente matiz literario, el propiciado por esta peculiar libertad de hecho y por los nuevos aires políticos del liberalismo que soplaban por España, vendrá insuflado por una orientación decididamente política, que propiciará que se empiece a hablar de la prensa como un nuevo poder (recordemos el "poder tribunicio" de que habla Alcalá Galiano, al que nos referíamos unas líneas atrás), y convertirá la anterior concepción del periodismo en pura arqueología. Por poner una fecha concreta a este trascendente cambio de orientación , se ha fijado el año 1810, pues el 24 de agosto de ese año, casi coincidiendo con la apertura de las Cortes, hará acto de aparición en Cádiz el notable periódico liberal *El Conciso,* que tras el traslado de las Cortes a Madrid a fines de 1813, a causa de la epidemia que asolaba a la ciudad gaditana, pasará a publicarse en la capital entre enero y mayo de 1814 (el 11 de mayo aparecería su último número).

c) La prensa como medio propagandístico

I. Iniciada la guerra, cambió radicalmente en España el concepto sobre la utilidad y fines del periódico, considerado ya éste, de uno y otro lado, como elemento indispensable e insustituible de la propaganda[1477]. Fueron, naturalmente, los franceses quienes, por su mayor experiencia de aquella utilidad, se anticiparon a poner los periódicos al servicio de su causa. Pero también en el bando patriótico, en perfecta armonía con esa visión de la prensa, en esos años de conflicto bélico se ha podido constatar la aparición de lo que se ha llamado una "literatura de combate o literatura popular"[1478], que presupone como es obvio una literatura propagandística, de la que la prensa sería el indicador paradigmático, aunque también encontremos libros muy representativos. Lo que con ello se quiere decir es que, a través de la literatura en general y de la prensa muy en particular, las autoridades, primero las francesas y más tarde las españolas, iban a llevar a cabo un despliegue propagandístico sin precedentes. El objetivo era claro: ganarse a la opinión pública. Recuerda Dérozier en su espléndida monografía sobre Quintana, la entrevista que mantuvo con el general O´Farrill, quien le invitó a intervenir para intentar ganar a la opinión pública para la causa francesa[1479]. Es un ejemplo bien significativo de la finalidad pretendida.

Napoleón, conocedor de la importancia de la prensa como principal instrumento de control ideológico, preparó con cuidado este aspecto mediante el control de la *Gazeta de Madrid.* Según Cabanis[1480], España sería el país al que el Emperador dedicó más atención

---

clases, autores, imprentas y pueblos, que han salido a luz con motivo de la presente guerra entre España y Francia, empezada gloriosamente por Dios, el Rey y la Patria, en el año 1808".

[1476] Ramón SOLÍS: *El Cádiz de las Cortes,* Madrid, Sílex, 1987, p. 319.

[1477] Pedro GÓMEZ APARICIO: *Historia del periodismo español,* Madrid, Editora Nacional, 1967, p. 64.

[1478] J. MARCO: "Reacción frente al francés en la literatura popular en España", en la obra colectiva, *La invasió napoleònica. Economía, Cultura i Societat,* Barcelona, Publicacions de la Universitat Autònoma de Barcelona, 1981, p. 168. Cit. por Antonio J. PIQUERES DÍEZ: "El <rey Intruso> y la *Gazeta de Madrid:* la construcción de un mito (1808-1810)", en *El Argonauta Español,* nº 6, 2009, p. 2 (del texto al que se accede a través de esta dirección electrónica: http://argonauta.imageson.org/document115.html).

[1479] Alber DÉROZIER: *Manuel José Quintana y el nacimiento del liberalismo en España,* Madrid, Ediciones Turner, 1978, p. 367.

[1480] A. CABANIS: *La presse sous le consulat et l´empire (1799-1814),* Paris, Société des Études Robespierristes, 1975, p. 278. Cit. por Juan LÓPEZ TABAR: "Los medios de captación del régimen josefino. La en lo que respecta a la preparación de la opinión pública, preocupación que transmitió a sus generales y al propio Rey José, a quien de regreso a Francia, tras su fulgurante campaña militar en la Península, escribía: "portez votre attention sur vos journaux, et faites faire des articles qui fassent bien comprendre que le peuple espagnol est soumis et se soumet". Entre los medios utilizados, como acaba de señalarse, el periódico paradigmático lo constituyó la *Gazeta de Madrid.* Como órgano oficial gubernamental, su difusión no se circunscribió a Madrid, sino que contó con la suscripción de municipios de toda España. Más aún, a través de una Orden de 20 de junio de 1809, se ordenó a todos los sacerdotes que leyeran desde los púlpitos determinados artículos de la *Gazeta,* justamente los que señalara el gobierno. Uno de los principales ideólogos de la *Gazeta* fue el P. José Marchena, más conocido como el abate Marchena, que se dedicó a refutar los argumentos de la causa popular en el periódico[1481]. La *Gazeta* se convirtió así en el órgano de propaganda del régimen josefino[1482]. Sería justamente la *Gazeta* la que presentaría a José I como "el Rey benéfico" y "el Rey filósofo"[1483], en base, respectivamente, a su supuesto carácter humanitario y condescendiente, preocupado por las dificultades de sus conciudadanos, y a sus inquietudes en favor de la educación y la cultura. Ello casaba a la perfección con el hecho de que José Bonaparte convirtió la publicidad en el medio básico a cuyo través intentar consolidarse en la corona española. De la misma forma, la *Gazeta* intentó sacralizar la figura de Napoleón, insistiendo en una de las ideas más reiteradas por el Emperador para justificar su intervención en España, la de "regeneración".

Innecesario es decir que el contenido de estas publicaciones estaba controlado por una férrea censura. López Tabar recuerda[1484] que tales contenidos eran mirados con lupa por las autoridades dependientes del Ministerio de Policía General (órgano contemplado por la Carta de Bayona, que en nuestro país entrañaba una completa novedad, pues hasta ese momento todo lo relativo a la seguridad y al orden público era de la competencia de diferentes tribunales dependientes del Consejo de Castilla), aunque la censura más intensa era la referente a las noticias de España y al desarrollo de la guerra. En esta dirección, el Gran Duque de Berg hizo pública una proclama en cuyo artículo VII se prevenía:

> "Los autores, distribuidores o vendedores de libelos impresos o manuscritos que provoquen a la sedición serán considerados como agentes de Inglaterra, y fusilados".

El gobierno josefino fomentó también la creación de nuevos periódicos allí donde no existían, poniéndolos en manos de afrancesados, como ya había hecho con la redacción de los ya existentes. Entre los nuevos medios tendrá particular importancia *El Imparcial,* que se diseñó justamente con esa finalidad de legitimar el fundamento constitucional del poder

propaganda afrancesada", en Alberto Gil Novales (ed.), *La revolución liberal,* Madrid, Ediciones del Orto, 2001, pp. 27 y ss.; en concreto, p. 28.

1481 Txetxu AUSÍN y Lorenzo PEÑA: "Diferencias y similitudes entre la guerra de sucesión y la guerra de la independencia", en Lorenzo Peña y Txetxu Ausín (coordinadores), *Memoria de 1808* (Las bases axiológico-jurídicas del constitucionalismo español), Madrid, Plaza y Valdés, 2009, pp. 23 y ss.; en concreto, p. 38.

1482 Cfr. al respecto Antonio J. PIQUERES DÍEZ: "El "rey Intruso" y la *Gazeta de Madrid..., op. cit.,* pp. 4-5.

1483 Cfr. al respecto, Antonio J. PIQUERES DÍEZ: "El <rey Intruso> y la *Gazeta de Madrid...", op. cit.,* pp. 13-14 y 16-17.

1484 Juan LÓPEZ TABAR: *Los famosos traidores. Los afrancesados durante la crisis del Antiguo Régimen (1808-1833),* Madrid, Biblioteca Nueva, 2001, p. 35.

de José Bonaparte. A tal efecto, Pedro Estala –que en 1805 había publicado sus *Cuatro cartas de un español a un anglómano en que se manifiesta la perfidia del gobierno de Inglaterra,* obra en la que se refería a la "farsa parlamentaria" inglesa, y que reeditaría en 1809– redactó justamente en 1809 cuarenta números de este periódico, subtitulado como *Gazeta Política y Literaria,* a través de los cuales intentó convencer a sus compatriotas de que la verdadera causa patriótica era la de la Constitución de Bayona e ilustrarlos sobre las ventajas de un régimen constitucional[1485].

El papel protagonista en esa labor propagandística del régimen josefino hay que dárselo, según López Tabar[1486], a Juan Antonio Llorente, –al que don Marcelino tilda[1487] de "canonista áulico de José", sugiriendo que la rebeldía de este sacerdote fue el resultado de la pérdida de "sus antiguas esperanzas de obispar"– cuya tarea divulgadora comenzó muy tempranamente con dos *Cartas de un verdadero español,* publicadas en junio de 1808, en las que muestra el derecho de José a ocupar el trono y la inutilidad de una resistencia a los ejércitos imperiales. En 1812, en sus *Observaciones sobre las dinastías de España,* se esforzará en buscar un origen francés a todas las familias reinantes en nuestro país, mostrando que, extinguidos los Borbones, lo lógico es que fueran reemplazados por los Bonaparte. A su vez, en 1814, en sus *Memorias para la Historia de la Revolución Española, con documentos justificativos,* Llorente calificó todo el movimiento popular de las Juntas Provinciales como una pura ficción hija de unos cuantos atrevidos que se alzaron en dictadores[1488]. Es cierto que Llorente, desde tiempo atrás, se había mostrado muy crítico con las actuaciones del gobierno de Carlos IV, más aún aquéllas que tenían que ver con el ámbito educativo y cultural. Y así, al hablar de su residencia en Madrid a partir de 1805, no puede por menos que dolerse de la "barbarie, digna del siglo décimo", con la que poco tiempo después fueron suprimidas las Universidades de Toledo, Ávila, Sigüenza, Orihuela, Osuna, Gandía y otras, escribiendo al respecto:

> "¿Se podría creer que a principios del siglo XIX se disminuiría en España el número de las casas de instrucción pública? ¿No es prueba de un deseo de igualar a los españoles con los hotentotes para tenerlos esclavos?"[1489].

La gran obsesión de Llorente fue la Inquisición, (de la que fue secretario general en 1789) que pone como ejemplo de la locura española, y a la que dedicaría una detenida investigación cuyo fruto sería la *Histoire critique de l´Inquisition,* escrita en lengua francesa entre 1817 y 1818, duante su estancia en París; sin embargo, ya en 1813, cuando los franceses comenzaron a retirarse de España, tenía escritos en castellano dos volúmenes en forma de *Anales.* La retirada francesa le obligó a suspender la obra, llevando consigo a Francia gran parte de los archivos de la Inquisición de Aragón. Finalmente, su

---

1485 Jean-Baptiste BUSAALL: "Le discours constitutionnel dans <El Imparcial> de Pedro Estala (1809)", en *El Argonauta Español,* nº 5, 2008, p. 1 del texto al que se accede a través de esta dirección electrónica: http://argonauta.imageson.org/document109.html.

1486 Juan LÓPEZ TABAR: *Los famosos traidores. Los afrancesados durante la crisis..., op. cit.,* p. 37.

1487 Marcelino MENÉNDEZ PELAYO: *Historia de los Heterodoxos..., op. cit.,* tomo II, pp. 675-676.

1488 Fernando JIMÉNEZ DE GREGORIO: "La convocación a Cortes Constituyentes en 1810 (Estado de la opinión española en punto a la reforma constitucional)", en *Estudios de Historia Moderna,* Vol. V, 1955, pp. 223 y ss.; en concreto, p. 235.

1489 Juan Antonio LLORENTE: *Noticia biográfica (Autobiografía),* con una "Nota crítica" de Antonio Márquez, Madrid, Taurus Ediciones, 1982, p. 110.

publicación en París desencadenó un enorme escándalo, dando pie a que el arzobispo de París le quitara a Llorente las licencias de confesor y de prédica, prohibiéndosele más tarde incluso la enseñanza privada del castellano. En cualquier caso, la obra de Llorente constituiría el punto de partida de la moderna historiografía sobre la funesta institución. La gran erudición de Llorente no ha sido óbice para que este personaje suscite los más adversos juicios. Valga como ejemplo el de Juretschke[1490], para quien Llorente "inspira repugnancia moral como patriota y sacerdote, cuyo vil rendimiento frente al conquistador nos certifican las cartas publicadas por Grandmaison". Como muchos otros, entre ellos Moratín, Llorente tampoco tuvo más tarde el valor suficiente para responder de sus ideas y de sus actos, y, al contrario de O´Farrill o de Azanza, trata de justificarse con fintas y trampas. Su obra autobiográfica constituye, a este respecto, un escandaloso ejemplo de mentiras y tergiversaciones.

La distribución geográfica de los medios de comunicación josefinos, como era por entero lógico al tratarse de una prensa de ocupación, siguió los avatares de la guerra, por lo que sólo pudo desarrollarse allí donde la presencia francesa estaba bien asentada. Así, la *Gazeta de la Coruña* pervivió lo que las tropas francesas en la ciudad (de enero a mayo de 1809), mientras que el avance de las tropas napoleónicas permitió en algunos territorios, como por ejemplo en Andalucía, la creación de nuevas publicaciones. Se ha puesto de relieve[1491] lo bajo de las tiradas de esos periódicos, y el hecho de que en algunos casos las autoridades, en un intento de potenciar esa escasa difusión, obligaran a ayuntamientos y corporaciones a suscribirse, como sucedería con la *Gazeta de Sevilla*.

La censura seguía aún vigente. Pero como el Consejo de Castilla, a quien en teoría correspondía ejercerla, había seguido a la Junta Central en su traslado a Sevilla, el Gobierno josefino se encontró sin un organismo capacitado para el ejercicio de la misma. Y en ese mismo momento, las exigencias de la guerra hacían inexcusable el mantenimiento de una autoridad fuerte en materia de control de la prensa. Al Corregidor de Madrid le fue encomendada por el Gobierno la concesión de las licencias de impresión y la vigilancia frente a las publicaciones clandestinas de la Corte. Pero este régimen interino desapareció al encargarse directamente el Ministerio del Interior de la concesión de las licencias de impresión. Creado en febrero de 1809, este Ministerio absorbió la potestad administrativa y política del Consejo de Castilla, abarcando por ello múltiples y difusas atribuciones, entre ellas la que nos ocupa. El abate Marchena, al que ya hemos tenido oportunidad de referirnos, llegó a España en 1808 como secretario de Murat, incorporándose desde el principio al organigrama de este Ministerio (que por cierto será el antecedente directo del que en 1832 se creará con el nombre de Ministerio de Fomento). Ferviente afrancesado, simultaneó su trabajo con una activa labor propagandística desde la prensa afrancesada. Recuerda Rumeu de Armas[1492] que los censores que más intervinieron fueron Leandro Fernández de Moratín, Pedro Estala y Juan Antonio Melón (anterior Juez de Imprentas, como ya vimos), el famoso triunvirato protegido por el Príncipe de la Paz, que a su caída, perseguidos por Fernando VII, se aferraron al nuevo régimen napoleónico, siguiéndolo en los vaivenes de su actuación.

[1490] Hans JURETSCHKE: *Los afrancesados en la Guerra de la Independencia, op. cit.*, pp. 211-212.

[1491] Juan LÓPEZ TABAR: "Los medios de captación del régimen josefino. La propaganda afrancesada", *op. cit.*, p. 31.

[1492] Antonio RUMEU DE ARMAS: *Historia de la censura literaria gubernativa en España* (Historia – Legislación – Procedimientos), Madrid, M. Aguilar Editor, 1940, pp. 132-133.

II. Desde el bando patriótico, también la prensa aparecerá muy pronto como el mejor medio de difusión de las ideas patrióticas. Recuerda la doctrina al respecto[1493], que en los días que siguieron a su formación, a fines de mayo de 1808, las Juntas Provinciales se sirvieron de la prensa para dirigirse a la población a fin de explicar los cambios en el gobierno de la ciudad. Pero junto a la propaganda, la prensa se va a utilizar asimismo, particularmente del lado español, para tratar de incentivar la lucha contra el invasor. Se ha podido hablar así de "la guerra de pluma" y de una "literatura de combate". Con el inicio de la guerra, la pluma se convierte en un arma de notable importancia para combatir al enemigo y mantener encendido el patriotismo[1494]. Los propios medios periodísticos fueron plenamente conscientes de la necesidad de mantener esta guerra sin cuartel a través de la pluma. *El Observador,* en su edición del 1° de octubre de 1809, llamaba a esta singular contienda la "guerra de los principios", y *El Conciso,* ya en enero de 1814, reconocía su eficacia contra Napoleón, mientras que el *Semanario Patriótico,* en agosto de 1811, se refería a otra lucha, esta vez ideológica y entre españoles, la guerra político-literaria entre liberales y serviles. En perfecta coherencia con esta visión, Capmany, en su *Centinela contra franceses* (1808), que no es desde luego una gloria de la literatura ni del pensamiento, ni podía serlo, pues como se ha dicho, fue escrita con las prisas del momento , *sine studio et cum ira*[1495], escribía que "desde hoy todos somos soldados, los unos con la espada, los otros con la pluma"[1496]. Más aún, algún sector de la doctrina ha llegado a considerar que la misma legalización de esta libertad por las Cortes de Cádiz tuvo como motivo fundamental e inmediato, casi el de la pura estrategia militar[1497]. La importancia de la prensa, y también de los discursos políticos, como instrumentos de primera magnitud al servicio de la revolución fue tal que un sector de la doctrina[1498] ha podido catalogar el siglo XIX, desde este punto de vista, como el siglo del periodismo y de la oratoria.

La libertad de prensa introducida por la vía puramente fáctica no iba ni mucho menos a hacer declinar a sus cada vez más numerosos partidarios de la necesidad de reconocerla jurídicamente, de darle estado legal. Como es de sobra conocido, no habría de ser así hasta que lo hicieran las Cortes. La Junta Central omitió hacerlo, aunque bien pudiera haber llevado a cabo este reconocimiento jurídico. Y no es casual que así sucediera, sino que, en gran medida, es el resultado de los numerosos recelos, si es que no rechazos,

---

[1493] Richard HOCQUELLET: "La aparición de la opinión pública en España: una práctica fundamental para la construcción del primer liberalismo (1808-1810)", en *Historia Contemporánea* (Revista del Departamento de Historia Contemporánea. Universidad del País Vasco), n° 27, 2003, pp. 615 y ss.; en concreto, p. 616.

[1494] En sentido análogo, Beatriz SÁNCHEZ HITA: "La imprenta en Cádiz durante la Guerra de la Independencia y su relación con la prensa periódica", en Marieta Cantos Casenave, Fernando Durán López y Alberto Romero Ferrer (editores), *La guerra de pluma* (Estudios sobre la prensa de Cádiz en el tiempo de las Cortes. 1810-1814), tomo I, Cádiz, Universidad de Cádiz, 2006, pp. 31 y ss.; en concreto, p. 40.

[1495] Francisco José FERNÁNDEZ DE LA CIGOÑA y Estanislao CANTERO NÚÑEZ: *Antonio de Capmany (1742-1813). Pensamiento, obra histórica, política y jurídica,* Madrid, Fundación Elías de Tejada y Erasmo Percopo, 1993, p. 77.

[1496] *Apud* Vicente LEÓN NAVARRO: "Papel y poder de la prensa en la Guerra de la Independencia (1808-1809). El caso valenciano", en *El Argonauta Español,* n° 7, 2010, p. 13 del texto al que se accede a través de la siguiente dirección electrónica: http://argonauta.imageson.org/document146.html.

[1497] José BARRAGÁN BARRAGÁN: "Libertad de imprenta", en la obra recopilatoria de ensayos del propio autor, *Temas de Derechos Humanos en las Cortes españolas de 1810-1813,* Guadalajara (México), Universidad de Guadalajara, 2ª ed., 1997, pp. 1 y ss.; en concreto, pp. 4-5.

[1498] Clara ÁLVAREZ ALONSO: "Catecismos políticos de la primera etapa liberal española", en Pablo Fernández Albaladejo y Margarita Ortega López (eds.), *Antiguo Régimen y liberalismo. Homenaje a Miguel Artola,* Vol. 3 (Política y Cultura), Madrid, Ediciones de la Universidad Autónoma, 1995, pp. 23 y ss.; en concreto, p. 23.

que esta libertad seguía desencadenando en los ámbitos políticos y de pensamiento más apegados al Antiguo Régimen. Antes hemos mencionado cómo Argüelles se hacía eco de los esfuerzos de algunas autoridades para reprimir el ejercicio de esta libertad, pues, no obstante el efluvio de publicaciones, "la imprenta –como escribiría el propio Argüelles– conservaba cuantas restricciones y trabas la habían encadenado en España"[1499]. No será una mera coincidencia ni mucho menos que otro relevante actor de la época, Alcalá Galiano, se hiciese eco también de las trabas que el Consejo de Castilla intentó imponer sobre esta libertad, de lo que ya dimos cuenta con anterioridad. La realidad nos muestra que las Juntas de gobierno, los jefes militares y las demás autoridades con capacidad coercitiva, ejercieron sin duda un control fuerte, aunque informal, sobre la circulación de los papeles impresos, persiguiendo los escritos subversivos[1500].

En este marco contextual se iba a abrir un proceso encaminado, ante todo, a llenar con autoridades legítimas el vacío de poder dejado por la ausencia del Rey, intentando centralizar el poder en un órgano que pudiera ser capaz de dirigir eficazmente la lucha contra los ejércitos napoleónicos, función que habría de corresponder a la Junta Central y más tarde a la Regencia. Simultáneamente, se iba a tratar de viabilizar la convocatoria de unas Cortes llamadas a llevar a cabo, en nombre de la Nación, la obra jurídico-política reformadora ya considerada inexcusable. En paralelo, uno de los temas siempre recurrentes, y siempre fallidos, iba a ser el de la legalización de la libertad de imprenta. A ello dedicaremos la segunda parte de esta obra, plasmada en un nuevo libro. Hemos de detenernos ahora, siquiera sea brevemente, en ese nuevo sujeto político al que la guerra va a dar carta de nacimiento: la opinión pública. Y antes de finalizar, abordaremos asimismo, bien que de modo sumario, la Constitución de Bayona, pues aunque su aprobación el 8 de julio de 1808 forme parte de un proceso bastante al margen del que aquí nos ocupa, no deja de tener un evidente interés aludir al tratamiento que este texto dará a la libertad de imprenta.

B) La aparición de un nuevo y relevante sujeto político: la opinión pública

a) Breve incursión por la prehistoria del tópico "opinión pública"

Será en el seno de la burguesía alfabetizada de la Europa protestante del siglo XVII donde haga acto de aparición la primera opinión pública, siendo en Holanda e Inglaterra, los dos países con un mayor nivel de alfabetización, donde la burguesía inicie su rol de fuerza política enfrentada a la nobleza tradicional y decidida a obtener un poder político a sumar al poder económico con el que ya contaba[1501]. En otros países, no faltan quienes, también en el Seiscientos, de una forma aún rudimentaria, apelan a una suerte de opinión pública. Tal será en Francia el caso de Descartes quien, en su *Discurso del método* (1637), en su sexta parte (Cosas requeridas para proseguir en la investigación de

[1499] Agustín de ARGÜELLES: *Examen Histórico de la Reforma..., op. cit.*, tomo I, p. 105.

[1500] José ÁLVAREZ JUNCO y Gregorio DE LA FUENTE MONGE: *El nacimiento del periodismo político. La libertad de imprenta en las Cortes de Cádiz (1810-1814),* Madrid, Ediciones APM, Fragua Libros y otras editoriales, 2009, p. 37.

[1501] Alejandro MUÑOZ ALONSO: "Génesis y aparición del concepto de opinión pública", en Alejandro Muñoz Alonso y otros, *Opinión pública y comunicación política,* Madrid, EUDEMA (Ediciones de la Universidad Complutense), 1ª reimpr., 1992, pp. 23 y ss.; en concreto, p. 31.

la naturaleza), se manifestaba en el sentido de "invitar a los claros ingenios a tratar de seguir adelante, contribuyendo, cada uno en la medida de sus inclinaciones y aptitudes, a las observaciones realizadas, y en cualquier caso comunicando a la opinión pública todos sus descubrimientos y hallazgos, a fin de que, comenzando los últimos donde sus precursores hubieren terminado, avanzasen todos juntos mucho más de lo que cada uno en particular podría hacerlo"[1502]/[1503]

Ya en el siglo XVIII, David Hume, cuya enorme influencia sobre James Madison, de la que ya nos hemos hecho eco, está desde hace mucho tiempo admitida[1504], en *De los principios primordiales del gobierno*, dejaba meridianamente claro que todo gobierno se hallaba fundamentado en la opinión, escribiendo al respecto:

> "Nothing appears more surprising to those who consider human affairs with a philosophical eye than the easiness with which the many are governed by the few; and the implicit submission with which men resign their own sentiments and passions to those of their rulers. When we inquire by what means this wonder is effected, we shall find that, as Force is always on the side of the governed , the governors have nothing to support them but opinion. It is, therefore, on opinion only that government is founded; and this maxim extends to the most despotic and most military governments as well as to the most free and popular. The soldan of Egypt, or the emperor of Rome, might drive his harmless subjects, like brute beasts, against their sentiments and inclination. But he must, at least, have led his mamalukes or praetorian bands, like men, by their opinion". (Nada les parece más sorprendente a quienes contemplan los asuntos humanos con mirada filosófica que la facilidad con la que los pocos gobiernan a los muchos , y la implícita sumisión con la que los hombres someten sus propios sentimientos y pasiones a los de sus gobernantes. Cuando indagamos por qué medios llega a efectuarse este milagro nos encontramos con que, al estar la fuerza siempre del lado de los gobernados, los gobernantes no tienen nada en que apoyarse sino la opinión. Por lo mismo, es sobre la opinión tan sólo sobre lo que el gobierno está fundamentado, y esta máxima se extiende a los gobiernos más despóticos y más militares, lo mismo que a los más libres y populares. El sultán de Egipto o el emperador de Roma podrían conducir a sus inofensivos súbditos como a bestias, contra sus sentimientos e inclinaciones. Pero al menos a sus mamelucos o a su guardia pretoriana, tendría que saberlos conducir como a hombres, atendiendo a su opinión"[1505].

[1502] René DESCARTES: *Discurso del método. Reglas para la dirección de la mente,* Barcelona, Ediciones Orbis, 1983, pp. 99-100.

[1503] También Böckelmann se hace eco del precedente de Descartes. Cfr. al respecto, F. BÖCKELMANN: *Formación y funciones sociales de la opinión pública,* Barcelona, Editorial Gustavo Gili, 1983, p. 12.

[1504] "The most creative and philosophical disciple of the Scottish school of science and politics in the Philadelphia Convention –escribe Adair– was James Madison". Y poco después, añade: "It was David Hume´s speculations on the <Idea of a Perfect Commonwealth>, first published in 1752, that most stimulated James Madison´s thought on factions. In this essay Hume disclaimed any attempt to substitute a political Utopia for <the common botched and inaccurate governments> which seemed to serve imperfect men so well. Nevertheless, he argued, the idea of a perfect commonwealth <is surely the most worthy curiosity of any the wit of man can possibly devise". Douglas ADAIR: "<That Politics May Be Reduced to a Science: David Hume, James Madison and the Tenth *Federalist*", en *Huntington Library Quarterly,* Vol. 20, January, 1956, pp. 343 y ss.; en concreto, pp. 348-349.

[1505] David HUME: "De los principios primordiales del gobierno", en su obra *Ensayos morales, políticos y literarios,* edición y prólogo de Eugene F. Miller, Madrid, Editorial Trotta, 2011, p. 66.

En esta revisión, que bien podríamos decir que atiende a la prehistoria de la opinión pública, es necesario recordar, entre otros, a Locke, que eregirá la *law of opinion and reputation* en juez de virtudes y vicios, restaurando la significación originaria de *opinion:* la idea que de uno tienen los demás. También a Rousseau, quien fue el primer autor en utilizar la expresión *opinion publique* en su *Discurso sobre las artes y las ciencias,* y aunque el ginebrino utilizará la nueva noción en el sentido tradicional de la *opinion,* el atributo *publique* ya estará marcando un cambio en la percepción del concepto. También hemos de traer al recuerdo en esta primera fase histórica a Edmund Burke. Habermas[1506] se hace eco de una carta, *On the Affairs of America,* escrita tres años después del celebérrimo *Discurso a los electores de Bristol* (1774), dirigido a esos mismos electores, en la que, entre otras cosas, escribe: "that it is not only the invidious branch of taxation that will be resisted, but that no other given part of legislative right can be exercised without regard to the general opinion of those who are to be governed. That general opinion is the vehicle and organ of legislative omnipotence". Pero lo cierto es que ya antes de la carta a que alude Habermas, en 1770, en un folleto titulado *Pensamientos sobre las causas del actual descontento,* en el que el dublinés hacía un estudio de la situación política inglesa, Burke escribía: "No tengo nada que decir aquí acerca del valor abstracto de la voz del pueblo. Pero mientras la reputación , que es la posesión más preciosa de cada individuo, y la opinión, el gran apoyo del Estado, dependan únicamente de esa voz, no podrá ser considerada nunca como cosa de poca monta, ni para los individuos ni para el gobierno"[1507]. La opinión es, pues, para Burke el gran punto de apoyo del Estado. Y la *general opinion* de Burke, por un cierto paralelismo con el *public spirit,* tomaba el nombre de *public opinion,* que era registrado por vez primera en 1781, en el *Oxford Dictionary.* Y en la creación de esa opinión pública, como reconocerá Burke en sus *Reflexiones sobre la Revolución Francesa,* los escritores, sobre todo si obran en conjunto y en el mismo sentido, tienen una gran influencia[1508]. Que los escritores, pero no cualesquiera, sino justamente los filósofos, dirigieran la opinión pública era justamente lo que buscaban algunos de los monarcas más representativos del Siglo de las Luces, como sería el caso de Federico el Grande o el de Catalina II. Se ha dicho[1509] que estos reyes consideraron que el primer deber de los filósofos era dirigir la opinión pública, por cuanto es ésta la que acaba por dominar a todos los hombres, a la tierra entera. No en vano entendían que la opinión pública esclarecida, iluminada, era la que debía regular la legislación de los Estados.

A mediados del siglo XVIII hará acto de presencia en Francia la expresión correspondiente, *opinion publique,* si bien su significado apenas variará respecto del de *opinion.* La escuela fisiocrática, a la que, según Heller[1510], se debe la primera formulación de la doctrina, imputará la *opinion publique* al *public éclairé,* esto es, a los ilustrados, por lo

---

[1506] J. HABERMAS: *Historia y crítica de la opinión pública* (La transformación estructural de la vida pública), Barcelona, Editorial Gustavo Gili, 8ª tirada de la 1ª ed., 2004, p. 128.

[1507] El texto del folleto "Pensamientos sobre las causas del actual descontento" puede verse en Edmund BURKE: *Textos políticos,* México, Fondo de Cultura Económica, 1ª reimpr. de la 1ª ed., 1984, pp. 259 y ss.; el texto transcrito, en p. 261.

[1508] Edmund BURKE: *Reflexiones sobre la Revolución Francesa,* traducción de Enrique Tierno Galván, Madrid, Instituto de Estudios Políticos, 1954, p. 273.

[1509] Bernard GROETHUYSEN: *Filosofía de la Revolución francesa, op. cit.,* p. 121.

[1510] Hermann HELLER: *Teoría del Estado,* México, Fondo de Cultura Económica, 6ª ed. en español, 1968, p. 190. Según Heller, fue Mercier de la Rivière quien se valió de la doctrina de la *opinion publique,* en 1767, para defender al absolutismo, al decir que también en esta forma de gobierno quien manda no es en realidad el rey, sino el pueblo por medio de la opinión pública.

que, según Habermas[1511], en último término, la *opinion publique* será el resultado ilustrado de la reflexión común y pública sobre los fundamentos del orden social. Puede decirse pues, que a partir de entonces, el concepto adoptará el significado de una opinión que, a través de una discusión crítica y pública, esto es, con publicidad, acaba por destilar la opinión verdadera Así pues, aunque a mediados del siglo XVIII ya nos encontramos en presencia del concepto, será en el último tercio del siglo cuando empecemos a hallar en muchos escritos declaraciones enfáticas acerca del rol político que debe corresponderle a la *opinion publique,* lo que, como se ha señalado[1512], indica bien a las claras la irrupción en escena de una fuerza emergente que pronto iba a constituirse en un concepto clave de la modernidad.

En las últimas décadas del Setecientos escritores y políticos alabarán con reiterada frecuencia la opinión del público, entendida, como dice Fernández Sebastián[1513], como criterio casi infalible de verdad social, siendo uno de los grandes impulsores de la consagración del concepto en Francia el Ministro de Finanzas de Luis XVI, el banquero ginebrino Jacques Necker, quien, ya finalizando el Setecientos, en sus consideraciones sobre la Revolución francesa, al hacerse eco de las grandes transformaciones sociales que habían tenido lugar desde la última reunión de los Estados Generales (en 1614), mencionaba el cambio de las costumbres, el estado de espíritu, los sentimientos de temor y respeto al poder real, el caudal de conocimientos, la expansión de la riqueza, "y, sobre todo, surgió una autoridad que no existía hace dos siglos y con la que hay que tratar necesariamente, la autoridad de la opinión pública"[1514].

El propio Tocqueville, en *El Antiguo Régimen y la Revolución,* se hace eco de la relevancia adquirida en Francia en los años previos a la Revolución por la opinión pública. El rey –escribe Tocqueville[1515], en referencia a Luis XVI– seguía hablando como señor, pero en realidad obedecía a una opinión pública que lo inspiraba o lo arrastraba todos los días, opinión a la que él consultaba, temía y adulaba continuamente; absoluto por la letra de la ley, limitado por su práctica. Y si del monarca pasamos a Necker, en 1784 el banquero ginebrino, en la dirección que se acaba de apuntar, decía en un documento público: "A la mayor parte de los extranjeros les cuesta trabajo darse una idea de la autoridad que hoy en día ejerce en Francia la opinión pública: difícilmente comprenden lo que representa este poder invisible que manda hasta en el palacio real. Y sin embargo así es".

En cuanto a Estados Unidos, ya tuvimos oportunidad de referirnos en páginas anteriores al particular valor que Madison iba a otorgar a la opinión. El virginiano llegará a considerar esa nueva forma de Estado que era la república como "institutionalized opinion"[1516]. En el nº 49 del *Federalista,* reconocía que todos los gobiernos se apoyaban en la opinión[1517], y en un artículo publicado en la *National Gazette* el 19 de diciembre de

[1511] J. HABERMAS: *Historia y crítica..., op. cit.,* p. 130.

[1512] Javier FERNÁNDEZ SEBASTIÁN: "El imperio de la opinión pública según Álvaro Flórez Estrada", en Joaquín Varela Suanzes-Carpegna (coord.), *Álvaro Flórez Estrada (1766-1853). Política, economía, sociedad,* Oviedo, Junta General del Principado de Asturias, 2004, pp. 335 y ss.; en concreto, pp. 338-339.

[1513] *Ibidem,* p. 345.

[1514] *Apud* Hermann HELLER: *Teoría del Estado, op. cit.,* pp. 190-191. Heller sigue a su vez a Tönnies.

[1515] Alexis de TOCQUEVILLE: *El Antiguo Régimen y la Revolución*, México, Fondo de Cultura Económica, 1ª reimpr. de la 1ª ed. española, 1998, pp. 254-255.

[1516] Ernst VOLLRATH: "That All Governments Rest on Opinion", en *Social Research,* Vol. 43, No. 1, Spring 1976, pp. 46 y ss.; en concreto, p. 47.

[1517] Alexander HAMILTON, James MADISON y John JAY: *El Federalista, op. cit.,* p. 215.

1791, relativo justamente a la opinión pública, del que ya nos ocupamos, quien habría de ser el cuarto Presidente norteamericano encumbraba a la opinión pública como el verdadero soberano de todo gobierno libre: "Public opinion sets bounds to every government, and is the real sovereign in every free one"[1518].

En definitiva, hacia la segunda mitad del siglo XVIII, se puede afirmar que en bastantes países no sólo existe una opinión pública, sino que el gobierno ha perdido su control, ya que ésta comienza a desenvolverse con independencia del poder y, frecuentemente, frente al poder. Del Vecchio ha sostenido al respecto, que durante esa época, y de modo más concreto, durante el reinado de Luis XV, mientras las angustias económicas crecían desmedidamente, y la corrupción y arbitrariedad de los gobiernos se desenfrenaban cada vez más, la agitación de la conciencia se propagaba, y la multiplicada actividad del pensamiento se convertía en un arma de crítica general y en un verdadero poder revolucionario"[1519]. La prehistoria de la opinión pública acababa de este modo con la articulada significación que esa noción alcanzaba a fines del Setecientos[1520], donde a través de diversas instituciones se debatía y discutía sobre la política y sobre los más variados temas.

Como resultado de la evolución que puede percibirse en los breves trazos expuestos, a finales del siglo XVIII[1521], el concepto de opinión pública se había enriquecido con una serie de matices que lo habían alejado notablemente de su idea original vinculada con la reputación de cada persona, hasta conducirlo a identificar una forma más o menos difuminada de control del poder y, a la par, de influjo sobre el mismo, asentado en un intercambio general de opiniones llevado a cabo con publicidad.

b) La recepción del concepto en el Setecientos español

a´) Las reflexiones sobre la "opinión pública" de Jovellanos

I. En España, innecesario es decir por obvio, que la opinión pública, más allá de algunos escritores concretos, no tendrá el más mínimo interés en el sistema político del despotismo ilustrado. Ni siquiera el concepto iba a hacer acto de presencia hasta los últimos lustros del siglo XVIII. Aproximadamente, hasta la década de 1790, en nuestra Ilustración, como ya tuvimos ocasión de decir, se acudía a expresiones como las de "opinión común", "opinión popular" y "opinión vulgar" para referirse por igual a una opinión caracterizada por la falta de racionalidad[1522].

[1518] James MADISON: *Writings,* Jack N. Rakove (editor), New York, The Library of America, 1999, p. 500.

[1519] Jorge DEL VECCHIO: "La Declaración de los derechos del hombre y del ciudadano en la Revolución Francesa", en la obra recopilatoria de ensayos del autor, *Persona, Estado y Derecho,* prólogo de Manuel Fraga Iribarne, Madrid, Instituto de Estudios Políticos, 1957, pp. 45 y ss.; en concreto, p. 78.

[1520] J. HABERMAS: *Historia crítica de la opinión pública, op. cit.,* p. 124.

[1521] Como escribe Manin, con carácter general, en una obra clásica, "desde finales del siglo XVIII, la representación se ha vista acompañada de la libertad de los gobernados en todo momento para conformar y expresar opiniones políticas fuera del control del gobierno". Bernard MANIN: *Los principios del gobierno representativo,* Madrid, Alianza Editorial, 3ª reimpr., 2010, p. 206.

[1522] Ignacio FERNÁNDEZ SARASOLA: "Opinión pública y <libertades de expresión> en el constitucionalismo español (1726-1845)", en *Historia Constitucional* (Revista electrónica), nº 7, 2006, pp. 159 y ss.; en concreto, p. 162, del texto al que se accede a través de la siguiente dirección electrónica: http://hc.rediris.es/07index.html.

Puede pensarse en que fue el P. Feijoo el primero en aproximarse al concepto de opinión pública al acuñar el concepto de "voz del pueblo", pero realmente no es así. Como deja meridianamente claro en su discurso "Voz del pueblo", para el benedictino tal concepto es puramente cuantitativo, numérico, y ello no le otorga un valor específico, como revela el siguiente párrafo:

> "*Aestimes judicia, non numeres,* decía Séneca. El valor de las opiniones se ha de computar por el peso, no por el número de las almas. Los ignorantes, por ser muchos, no dejan de ser ignorantes"[1523].

Feijoo considera finalmente "que la voz del pueblo está enteramente desnuda de autoridad, pues tan frecuentemente la vemos puesta de parte del error"[1524]. Bien es verdad, sin embargo, que desde otra perspectiva el público aparece como motivo de preocupación. En el Prólogo de su tomo II, el benedictino alude a cómo "el público me ha favorecido liberalísimamente y esto basta para que yo, bien lejos de desistir de lo empezado, continúe más fervorosamente en servir a su diversión y utilidad"[1525]. Según Rospir, en esta época todavía perdura una reticencia a dirigirse al público como destinatario de la obra intelectual. La separación entre el pueblo y el público todavía no se ha realizado conceptualmente[1526]. En la misma línea, el Padre Isla dedicará su célebre obra *Fray Gerundio* (1758) "al público, poderosísimo lector".

Ese público, inicialmente tan sólo lector, se irá convirtiendo con el devenir del siglo XVIII en sujeto activo de la opinión pública; el pensamiento ilustrado tendrá mucho que ver en esa transformación, y también una cierta mentalidad burguesa que comienza a expandirse entre nuestra sociedad. Las instituciones que inician el cambio (prensa, tertulias, academias, sociedades económicas de amigos del país....) son las mismas que sirven de plataforma permanente para su extensión, afianzamiento e identificación como público político. Quiere ello decir que ya en el pensamiento ilustrado vamos a encontrar inequívocas tomas de postura en favor de la conveniencia de atender a este nuevo sujeto político que se vislumbra en la opinión pública. La doctrina[1527] ha hablado de una "revolución silenciosa" para referirse a la aparición de la opinión pública como fuerza políticamente relevante, apreciando que en la última década del XVIII la cultura política registra una transformación del sentido de esa noción clave que ha venido gestándose lentamente a lo largo del siglo.

Será desde luego el pensamiento liberal el que ya con toda rotundidad apele a la opinión pública y a la publicidad, o lo que es lo mismo, a esa esfera pública donde los individuos utilizan su razón para discutir los asuntos del gobierno, y todo ello frente al secreto característico del sistema absolutista. Pero no habrá que esperar a Cádiz para ver entronizado este concepto. La revolución que supuso el levantamiento popular contra los franceses lo consagró. Martínez de la Rosa lo dejaba muy claro cuando escribía: "...la opi-

---

1523 Benito Jerónimo FEIJOO: *Teatro crítico universal, op. cit.,* tomo I, Discurso I, p. 105.

1524 *Ibidem,* p. 121.

1525 Benito Jerónimo FEIJOO: *Teatro crítico universal, op. cit.,* tomo II, Prólogo, p. 161.

1526 Juan Ignacio ROSPIR: "La opinión pública en España", en Alejandro Muñoz Alonso y otros, *Opinión pública y comunicación política,* Madrid, EUDEMA (Ediciones de la Universidad Complutense), 1ª reimpr., 1992, pp. 84 y ss.; en concreto, pp. 94 y 96.

1527 Juan Francisco FUENTES y Javier FERNÁNDEZ SEBASTIÁN: *Historia del periodismo español* (Prensa, política y opinión pública en la España contemporánea), Madrid, Editorial Síntesis, 1998, p. 31.

nión pública, cuya fuerza, nula bajo la tiranía, empezó desde el principio de la revolución a tener un poderoso influjo en los pueblos; pues luego mostraron un vehemente deseo de instruirse en los negocios públicos y en los fundamentos de la ciencia del gobierno"[1528].

II. Acabamos de decir que en el pensamiento ilustrado iba a encontrar recepción el concepto de opinión pública. Fue precisamente Jovellanos uno de los autores que en mayor medida se iba a preocupar por elaborar una construcción llamada a precisar el rol que en un futuro había de desempeñar la opinión pública. Más aún, en cuanto que el concepto de "nación" tenía para el asturiano un significado ambivalente, con el que no sólo se identificaba a la nación en Cortes, sino a la nación como opinión pública, lo que se manifiesta con claridad meridiana en su *Memoria en defensa de la Junta Central*[1529], antes de la reunión de Cortes, la voz de la nación sólo podía expresarse a través de esa opinión, que venía de esta forma a suponer un freno para el ejecutivo. Con ello, según Fernández Sarasola[1530], el asturiano empezaba a superar la idea más propia del despotismo ilustrado de responsabilidad meramente moral del gobernante, dando cabida también a una responsabilidad "difusa". Avanzando en esta idea, el propio autor ha puesto de relieve[1531] que Jovellanos iba a desarrollar el concepto de opinión pública al concederle un doble valor, que asumirían también los liberales: la opinión como guía de orientación de las decisiones políticas, pero también como cauce de crítica y control de las mismas. En similar dirección, Rospir cree[1532] que Jovellanos merece especial atención en la historia de la opinión pública. Su lúcida aportación supone el adiós al espíritu público y al viejo concepto de opinión, y el comienzo de una incipiente pero firme conceptualización y descripción del régimen de opinión. En Jovellanos, la opinión pública es descrita y entendida como fuerza política.

Es del mayor interés a este respecto un "Borrador de reflexiones sobre la opinión pública" manuscrito por Jovellanos[1533], que dejó sin terminar a su muerte, y del que se hacía eco Ceán Bermúdez al enumerar algunos temas sobre los que Jovellanos había escrito diversas reflexiones (al margen ya de los "muchos encargos que desempeñó, pertenecientes a la economía pública"), entre ellos, el relativo a la opinión pública[1534].

[1528] Francisco MARTÍNEZ DE LA ROSA: "La revolución actual de España", *op. cit.*, p. 379.

[1529] En las primeras páginas de la *Memoria* puede leerse lo que sigue: "Así es que a ninguna parte podía yo dirigir mis quejas, y que de ninguna podía esperar mi desagravio, sino de mi nación, pero mi nación tampoco podía oirme; las autoridades que la representaban me hacían enmudecer. Era preciso que se hallase solemnemente congregada, para que a su vista se humillase y a su voz enmudeciese toda autoridad, y para que a su sombra pudiese la inocencia producir sus quejas y esperar su desagravio. Este deseado momento se acerca, y mis quejas van a ser oídas de mis conciudadanos. Estas quejas no irán ahora encaminadas a los augustos representantes de mi nación, sino a la nación misma. No los busco ahora como a mis jueces, sino como a mis protectores...". Gaspar Melchor de JOVELLANOS: *Memoria en defensa de la Junta Central,* estudio preliminar y notas de José Miguel Caso González, tomo I (Memoria), Oviedo, Junta General del Principado de Asturias, 1992, p. 12.

[1530] Ignacio FERNÁNDEZ SARASOLA: *Poder y libertad: Los orígenes de la responsabilidad del Ejecutivo en España (1808-1823),* Madrid, Centro de Estudios Políticos y Constitucionales, 2001, pp. 322-323.

[1531] Ignacio FERNÁNDEZ SARASOLA: "Estudio preliminar: El pensamiento político de Jovellanos", en Gaspar Melchor de Jovellanos, *Obras Completas,* tomo XI (Escritos políticos), *op. cit.*, pp. XXXV y ss.; en concreto, p. XCI.

[1532] Juan Ignacio ROSPIR: "La opinión pública en España", *op. cit.*, p. 100.

[1533] El texto del "Borrador" puede verse en Gaspar Melchor de JOVELLANOS: *Obras Completas,* tomo XI (Escritos políticos), *op. cit.*, pp. 15-17.

[1534] Juan Agustín CEÁN BERMÚDEZ: *Memorias para la vida de Jovellanos, op. cit.*, p. 130.

El asturiano comienza planteándose la cuestión relativa a de dónde viene a la opinión pública el "espantoso influjo" que tiene en la suerte de las sociedades, para responder de inmediato que tal influjo dimana de tres factores: 1) de su fuerza; 2) del modo con que obra esta fuerza, que está en razón de las voluntades de que dispone y de los medios que se hallan a la disposición de estas voluntades; y como diciendo "opinión pública" se dice opinión de la mayor masa de individuos del cuerpo social, se ve que esta fuerza es superior a todas las sumas de fuerzas de que puede disponer la sociedad y aun a todos los medios que pueda emplear, y 3) del hecho de que esta fuerza obra a un mismo tiempo en todos los puntos del territorio social, y de aquí la extensión de su influjo; juzga todos los actos del Gobierno, y de aquí la generalidad de su influjo; en fin, decide sobre la inclinación de todas las voluntades, y de aquí la infalibilidad de su influjo. Ante el enorme impacto que atribuye a la opinión pública, Jovellanos, en perfecta armonía con uno de los aspectos esenciales de su pensamiento, puede exclamar: "Cuando, pues, esta opinión es ilustrada, justa, moderada, ¡qué bienes!; cuando siniestra, preocupada, violenta... ¿qué males no puede producir?" Para añadir de inmediato algo de lo que ya nos hicimos eco, pero que recordamos de nuevo: "Donde falta la instrucción, no hay opinión pública, porque la ignorancia no tiene opinión decidida; y los pocos que saben, bien o mal, dan la suya a los que no la tienen. Desde entonces, la opinión pública está, por decirlo así, al arbitrio de estos pocos". Esos pocos a quienes el pueblo respeta, lisonjeando, intrigando y poniendo en movimiento esta opinión, disponen de su fuerza. Y así constata el gijonés cómo se han podido producir excesos tales como la conversión de la superstición en fanatismo, poniendo como ejemplo de ello las persecuciones de los judíos y al fin su expulsión. Si contra tamaño mal hay algún remedio, no puede estar sino en la instrucción.

Las líneas que el asturiano dedica al tema son pocas, pero en ellas parece dejar clara su visión de la opinión pública como fuerza política. Es esta opinión la que enjuicia todos los actos del Gobierno y la que contribuye a inclinar en uno u otro sentido todas las voluntades. ¿No está definiendo el gijonés de esta forma una verdadera fuerza política?

Y por si aún hubiese alguna duda, con la apreciación subsiguiente, Jovellanos viene de hecho a coincidir con James Madison cuando sustenta la idea de que los gobiernos se apoyan en la opinión. En efecto, del "Proyecto de dictamen sobre la institución del gobierno interino" (26 de septiembre – 7 de octubre de 1808) se puede extraer la siguiente relevante idea: "Para todo el mundo –escribe Jovellanos[1535]– es necesaria la opinión pública; lo es en más alto grado para los cuerpos políticos que no pueden contar con el respeto y la obediencia sin el apoyo de ella, pero lo es sobre todo para el alto gobierno y para un cuerpo que ella misma ha creado y en quien cualquiera nota de ambición o interés degradarían su autoridad, menguaría su decoro y la expondría a la más amarga censura".

El posicionamiento de Jovellanos sobre la opinión pública, como no podía ser de otro modo, se acomoda a la perfección con el sustentado en relación a la libertad de imprenta. El prócer gijonés admite de modo inequívoco la potencialidad de esta opinión, pero está lejos de manifestarse de modo incondicionado acerca de la bondad de seguir sus

[1535] El texto de este "Proyecto de Dictamen" puede verse en Gaspar Melchor de JOVELLANOS: *Obras Completas,* tomo XI (Escritos políticos), *op. cit.,* pp. 78 y ss.; el texto transcrito, en p. 86.

designios. Pone de relieve el peligro, verdaderamente real, de manipulación de esa opinión cuando la masa carece de toda instrucción, pues entonces es la opinión de una minoría, normalmente una opinión interesada, la que termina apareciendo como opinión pública, corrompiéndose así el verdadero significado del concepto. Para el prócer gijonés, el único antídoto frente a este peligro es la instrucción, la educación de la población, también reivindicada como inexcusable *prius* para el libre ejercicio de la libertad de imprenta. De ahí que pueda considerar que cuando, al fin, una opinión es ilustrada, y pareciera que para nuestro autor, siéndolo, habría de ser asimismo justa y moderada, los bienes de su seguimiento serán grandes. Pero no dándose estas circunstancias, los males de actuar en concordancia con una opinión espuria son inimaginables. Quiere todo ello decir, que la opinión pública en abstracto está lejos de ser para Jovellanos un faro de referencia a través de cuya luz dejarse guiar.

Un ejemplo de esta manipulación de la opinión lo transmitirá Jovellanos a lord Holland en una carta fechada en Muros el 1° de mayo de 1810, en la que escribe:

> "Salvándonos del naufragio en este puerto, pasamos los primeros días en mucha tranquilidad, esperando en él, o mejores noticias de Asturias, o aviso de la Regencia para volver a la Isla. Pero entretanto, las calumnias inventadas en Sevilla y en Cádiz contra la Junta, cundiendo por todas partes, levantaban contra nosotros la opinión pública, y nos exponían a la persecución y al desprecio"[1536].

b´) La atribución de un rol estelar al respetable "tribunal de la opinión pública" por parte de Cabarrús

I. No será Jovellanos ni mucho menos el único ilustrado en preocuparse por la opinión pública. En la ya comentada *Disertación sobre la libertad de escribir,* Valentín de Foronda, recordémoslo, aducía que mientras no hubiera libertad de escribir y de manifestar con franqueza "aquellas opiniones extravagantes y primeras ideas que ha identificado con nosotros la educación", que conservamos toda la vida y no nos resultan chocantes por haberlas mamado en nuestra infancia y verlas autorizadas "por el exemplo, por la opinión pública, por las leyes, y particularmente quando las vemos pertrechadas con el sello de la antigüedad", permanecerían los "Reynos" en un embrutecimiento vergonzoso. Es, pues, a través de la libertad de expresión y de imprenta como podrán superarse, según el alavés, los viejos prejuicios adquiridos en la infancia y consolidados por la costumbre e incluso por la opinión pública. No deja de resultar sorprendente que en una argumentación en favor de la libertad de imprenta se efectúe una alegación a contracorriente de la opinión pública. Pero como señala Fernández Sebastián[1537], tal actitud en modo alguno cabe considerarla insólita, pues no sólo otros autores ilustrados insisten en un parecido sentido, sino que incluso Condorcet, a comienzos de la década de 1790, en su obra *Sur l´instruction publique,* califica a la opinión del vulgo de "incertaine, partagée, chancelante".

[1536] *Apud Cartas de Jovellanos y Lord Vassall Holland..., op. cit,* Vol. 2 (edición de 1911), pp. 478-479.

[1537] Javier FERNÁNDEZ SEBASTIÁN: "El imperio de la opinión pública según Álvaro Flórez Estrada", *op. cit.,* pp. 346-347, nota 20.

II. Será fundamentalmente Francisco Cabarrús quien en su *Elogio del Excelentísimo Señor Conde de Gausa*[1538], leído en la Junta general celebrada por la Real Sociedad de Amigos del País de Madrid el 24 de diciembre de 1785, otorgará un papel estelar al que denomina respetable "tribunal de la opinión pública", lo que no deja de recordarnos a ese Tribunal de la Opinión Pública que iba a contemplar Bentham como uno de los elementos esenciales de su *Código constitucional* (para uso de todas las naciones y todos los Estados que profesen opiniones liberales)[1539], Tribunal al que, entre otras funciones, le iba a atribuir una función censora y otra inspiradora de mejoras, tribunal que, como se ha apuntado[1540], "joue un rôle central dans le prévention des abus de pouvoir, et Bentham considère qu´il est doté d´une force irrésistible". El fundador del Banco de San Carlos también atribuiría un papel muy destacado a ese respetable "tribunal de la opinión pública". Vale la pena reproducir algunas de sus observaciones:

> "Levantóse entonces un Tribunal, tanto más respetable, quanto se cimenta y fortifica más con los golpes ciegos que se dirigen a su ruina: el tribunal de la opinión pública que, superior a todas las gerarquías, las contiene con el miedo de la vergüenza o de la execración, y que juzgándolas con imparcialidad, fixa la reputación que han de tener en la posteridad más remota; no como aquella aura que nace y muere en un día, y es por lo común hija de la ignorancia o de la envidia, la utilidad permanente, inseparable de la justicia, es su ley inmutable, y sus irrefragables decretos se confirman por la voz de los siglos y de las naciones"[1541].

Nuestro autor ve de esta forma al "tribunal de la opinión pública" como quien ha de tener la última palabra en cuanto a la reputación póstuma de los gobernantes. En otro momento, Cabarrús se referirá a la opinión pública como "el único freno de que es capaz la autoridad"[1542], con lo que vendrá a concebir también a la opinión como una barrera o freno frente a la arbitrariedad del poder. Más aún, en las Notas con las que se cierra esta publicación, refiriéndose al tribunal de la opinión pública, escribe Cabarrús: "Este Tribunal es tanto más poderoso quanto es más ilustrado el Público acerca de sus verdaderos intereses: él solo basta para inutilizar quantas leyes le chocan", y en la misma Nota I, a modo de cierre de la misma, añade: "¡Infeliz del que se obstinare contra la opinión pública! Sus decretos son irrefragables, respecto a que juzga por el gran principio de la utilidad duradera, en que caben pocas equivocaciones"[1543]. El fundador del Banco de San Carlos, en la Nota XV, da un paso más y considera como una de las

---

[1538] Don Miguel de Múzquiz, conde de Gausa y marqués de Villar del Ladrón (1719-1785), pasó a ocupar la Secretaría de Hacienda en sustitución de Esquilache tras el motín contra este último (1766). Impulsó decididamente los proyectos de Cabarrús acerca de los vales reales y del Banco de San Carlos. Fue el inspirador de las leyes de libertad de comercio con América (1778), oponiéndose a la creación en 1785, el año de su muerte, de la Compañía de Filipinas.

[1539] El texto de ese Código constitucional puede verse en BENTHAM: *Antología,* edición de Josep M. Colomer, Barcelona, Ediciones Península, 1991, pp. 193 y ss.

[1540] Marie-Laure LEROY: "Liberté, droits et démocratie dans l´utilitarisme de Bentham", en la obra de Jeremy Bentham, *Garanties contre l´abus de pouvoir et autres écrits sur la liberté politique,* Paris, Éditions Rue d´Ulm/Presses de l´École normale supérieure, 2001, pp. 215 y ss.; en concreto, p. 244.

[1541] Francisco CABARRÚS: *Elogio del Excelentísimo Señor Conde de Gausa,* Madrid, Viuda de Ibarra, Hijos y Compañía, 1786, pp. 4-5.

[1542] *Ibidem,* p. 47.

[1543] *Ibidem,* Nota I, p. 61.

"obligaciones que envuelve la administración general del Reyno" la de calcular las opiniones, mudarlas, dirigirlas"[1544].

En fin, en su *Elogio del Conde de Gausa,* tal y como ya vimos, Cabarrús termina reivindicando la libertad de expresión y de discusión, a cuyo través se contribuye a conformar la opinión pública. Bien significativas al respecto son estas palabras:

> "La suma desconfianza que una Nación contrae hacia las operaciones del Gobierno sin analizarlas, es efecto de la ignorancia. Los poco instruidos son como los niños: *trepidant in tenebris.* Por esto se debe conceder la mayor libertad en la discusión de estas operaciones. La opinión pública se va formando; nunca se preocupa, porque examina; y una vez señalados los caracteres de la verdad y del error distingue los que merecen su confianza de los que quieren usurparla. Este tacto que van adquiriendo las Naciones es el resorte más útil de un buen Gobierno"[1545].

También en sus *Memorias para la formación de un Banco nacional* (1782) apelará a la publicidad y a la opinión pública, lo que se ha considerado que se enmarca en la contundente reivindicación del poder político que lleva a cabo Cabarrús[1546].

En su *Elogio de Carlos III,* que Cabarrús lee el 25 de julio de 1789, en la Junta general económica de Madrid, al que ya hemos tenido oportunidad de referirnos, el ilustre hacendista subrayará el importante rol que corresponde a las Sociedades Económicas de Amigos del País como focos de opinión pública en auxilio del gobierno. El banquero nacido en Bayona expresa con claridad su confianza en que la libre circulación de las luces permitirá a las élites hacer prevalecer una opinión ilustrada que, gracias al desarrollo de la educación, terminará por imponerse con la fuerza de la evidencia[1547]. Y en su *Carta sobre los obstáculos de opinión y el medio de removerlos,* ya analizada con cierto detalle en páginas precedentes, Cabarrús deja meridianamente claro que tales obstáculos se han de enfrentar a través de la comunicación de las ideas o libertad de las luces, medio fundamental para que la nación se ilustre, y una vez expedita esa libre circulación, el gobierno debe facilitar a la nación "los auxilios consiguientes a toda asociación de hombres que ponen en un común depósito y se trasladan de unos a otros sus luces y conocimientos, y esta es la educación"[1548]. En definitiva, libertad de las luces y educación, esos son los antídotos con los que remover los obstáculos de opinión. La libre comunicación de ideas y opiniones como modo de contrarrestar los añejos errores de opinión, en sintonía con lo ya propugnado por Condorcet.

III. Hemos de aludir finalmente al duque de Almodóvar y a la difusión que entre nosotros iba a llevar a cabo de la importancia que la opinión pública había alcanzado en Inglaterra. Lo iba a hacer, como ya expusimos en páginas anteriores con algún detalle, al hilo de su libérrima traducción de la obra del abate Guillaume Thomas Raynal. En el Apéndice al Libro tercero de la *Historia de los establecimientos ultramarinos de las naciones*

[1544] *Ibidem,* Nota XV, p. 77.
[1545] *Ibidem,* Nota XXIV, p. 86.
[1546] Juan Ignacio ROSPIR: "La opinión pública en España", *op. cit.,* p. 99.
[1547] *Ibidem,* p. 348.
[1548] Conde de CABARRÚS: *Cartas,* Madrid, Miguel Castellote Editor, 1973, p. 126.

europeas, como ya referimos, y vale la pena volver a mencionarlo, el duque de Almodóvar escribe que la libertad que tiene el pueblo inglés de examinar y censurar la conducta del Gobierno, no sólo asegura a cada particular el derecho de hacer sus representaciones al Rey o a las Cámaras, sino que le otorga asimismo el derecho de apelar con sus quejas y observaciones "al Tribunal del público por la via de la imprenta"[1549], un derecho que el propio autor tilda de formidable. "Esta libertad de prensa –añade Almodóvar– causa igualmente el considerable efecto de poner al pueblo en estado de emplear los legítimos medios que le ha dado la constitución de influir en el Gobierno. Por esta via tiene la Nación una especie de Consejo general , y (al modo de decir) delibera, aunque a la verdad lentamente; pero sí, con toda seguridad, y en la mejor forma posible"[1550].

En definitiva, en los últimos lustros del siglo XVIII se asiste en nuestro país a un *iter* discursivo sobre la opinión pública, íntimamente entrelazado con las reflexiones que se suceden sobre la libertad de imprenta. A través de un dispar conjunto argumental, que en ocasiones va unido a una serie de figuras alegóricas, se da vida a un concepto nuevo al que se atribuye un poder un tanto enigmático al que se recurre con progresiva frecuencia y como fuente última de autoridad.

c) El alumbramiento de la opinión pública libre como verdadero sujeto político durante la guerra

I. En el marco doctrinal descrito no debe extrañar lo más mínimo que el levantamiento popular contra los franceses y el subsiguiente vacío de poder que acarrea hagan las veces de una espoleta desencadenante de la explosión de la que va a surgir un nuevo y muy relevante sujeto político: la opinión pública, sobre cuya fuerza y potencia se hacen todo tipo de comparaciones. "La opinión pública –proclamaba con unción y orgullo el *Semanario Patriótico* en un Prospecto de 1808– es mucho más fuerte que la autoridad malquista y los ejércitos armados"[1551]. También *El Conciso,* y con él el liberalismo español, iba a entender rápidamente la incontrolable fuerza de esta opinión pública[1552], descubriendo que era el momento adecuado para introducir el liberalismo en España, la mejor oportunidad histórica que hasta el momento se había presentado. Desde luego, como ya debe estar claro por lo expuesto, la idea del dominio que podía ejercer la opinión pública estaba lejos de ser novedosa, pero nunca antes había alcanzado ni de lejos la intensidad que ahora se le dio. En *El Tribuno del Pueblo español,* el periódico de Flórez Estrada, en enero de 1812, se ponía de relieve la doble función, positiva y negativa, que debía asumir la opinión pública: positivamente, se encargaba de orientar las decisiones de las Cortes; negativamente, exigía responsabilidad al Ejecutivo, pudiendo manifestar sus discrepancias

[1549] Duque de ALMODÓVAR: *Constitución de Inglaterra, op. cit.,* p. 51.

[1550] *Ibidem,* p. 53.

[1551] *Apud* Alberto GIL NOVALES: *Prensa, guerra y revolución* (Los periódicos españoles durante la Guerra de la Independencia), Madrid, Consejo Superior de Investigaciones Científicas/Ediciones Doce Calles, 2009, p. 25,

[1552] Iván MARISCAL CHICANO: "Reflexiones sobre la libertad de imprenta y la opinión pública a través de las páginas de *El Conciso",* en *Cuadernos de Ilustración y Romanticismo,* nº 7, 1999, pp. 93 y ss.; en concreto, p. 95.

con las Cortes; en definitiva, la opinión pública debía de ser instrumento de orientación, pero también de control[1553].

Por lo demás, los periódicos iban a asumir un genérico rol de intermediarios entre la nación y las Cortes; la comunicación que al efecto se había de establecer era biunívoca, en un sentido y en el otro. Innecesario es decir, que los diferentes periódicos, que representaban a las diversas facciones y grupos en presencia, se iban a arrogar el monopolio de la auténtica opinión pública; todos se apropian de ella y nadie la representa en puridad; todos pretenden orientarla con su propia opinión cualificada y ello terminará propiciando en las crónicas periodísticas un estilo polémico y analítico que, por lo menos en lo que se refiere al *Semanario Patriótico,* es lo que, según Durán[1554], les otorga su valor más caracterizado.

En su un tanto tosco discurso patriótico, Antonio Capmany, también en 1808, en su *Centinela contra franceses,* se refería a la opinión como "la reina de los hombres"[1555], anticipándose así a la celebérrima consideración de Flórez Estrada de la opinión como "la reina del mundo", aunque los postulados ideológicos de uno y otro más bien se situaran en las antípodas. En cualquier caso, la originalidad no presidía la formulación de las respectivas ideas de uno y otro autor. Conviene recordar, como señaláramos en un momento anterior, que ya Pascal, en el Artículo XXIII, punto VI de sus *Pensamientos,* había escrito, no sin un evidente pesimismo, que: "El imperio fundado en la imaginación y la razón reina algún tiempo, y es dulce y voluntario; el de la fuerza reina siempre. Así la opinión es como la reina del mundo pero la fuerza es el tirano"[1556].

Cuando las Cortes se reúnan en Cádiz, algunos medios como el *Semanario Patriótico,* al inicio de su tercera época, a partir de la idea de que por encima de las propias Cortes actúa la voluntad nacional, y con el fin de evitar la identificación mimética entre Cortes y voluntad nacional, dado que ésta se expresa a través de las Cortes, entenderán necesario explicitar otra vía de formulación de la voluntad nacional, que pasará a ser la opinión pública expresada, casi sacralizada, a través de la prensa. Era ésta una noción nueva e incómoda aún en 1810, que costó mucho de aceptar por parte de los propios diputados; el *Semanario* gastará muchas páginas en hacer pedagogía sobre el derecho a la censura política, lo que habría de causar no pocos conflictos[1557]. Como todos los demás periódicos, el *Semanario* aspiraba a recordar los derechos de la justicia, siendo portavoz de la opinión pública, "esa hidra de infinitas cabezas siempre escurridiza, y (que) nunca parece tener

[1553] *Apud* Ignacio FERNÁNDEZ SARASOLA: "El pensamiento político-constitucional de Álvaro Flórez Estrada a través de la prensa", en Joaquín Varela Suanzes-Carpegna (coord.), *Álvaro Flórez Estrada (1766-1853)..., op. cit.*, pp. 211 y ss.; en concreto, p. 241.

[1554] Fernando DURÁN LÓPEZ: "Estudio preliminar", en la obra *Crónicas de Cortes del Semanario Patriótico (1810-1812),* edición de Fernando Durán López, Cádiz, Fundación Municipal de Cultura, Ayuntamiento de Cádiz (Biblioteca de las Cortes de Cádiz / 2), 2003, pp. 13 y ss.; en concreto, p. 52.

[1555] "La opinión es la reina de los hombres, y ésta la veo apagada, o muy fría, en mis compatriotas, quienes parece que han olvidado la nobleza de su origen, la grandeza de su tierra y la gloria de sus antiguas hazañas, desde que han perdido sus costumbres, sus usos, sus modales, su traje, su idioma y hasta sus preocupaciones...". Antonio de CAPMANY: *Centinela contra franceses, op. cit.,* p. 116.

[1556] Blaise PASCAL: *Pensamientos sobre la religión y otros asuntos,* traducción de Eugenio D´Ors, Madrid/ Buenos Aires, Editorial Losada, 2003, pp. 308-309.

[1557] Fernando DURÁN LÓPEZ: "Estudio preliminar", *op. cit.,* pp. 47-48.

dudas acerca de cuál es el sentir general, que, según vicio común, identifica sin rubor con sus propias creencias"[1558].

En las propias Cortes, en pleno debate del Decreto regulador de la libertad de imprenta, en la sesión del 17 de octubre de 1810, el Sr. Muñoz Torrero, en una réplica al diputado Sr. Creus, partidario de establecer algún tipo de censura previa para evitar la publicación de errores y difamaciones, esgrimía que era necesaria una salvaguarda para enfrenar la voluntad de las Cortes y del poder ejecutivo, en caso de que quisieran separarse de la voluntad de la nación, y que esta salvaguarda no podía ser otra que "el tribunal pacífico de la opinión pública", es decir, la facultad de hablar y de escribir, "que es la barrera del despotismo y del poder inmenso de la Corona"[1559]. También en las Cortes, en sus sesiones del 6 y 9 de octubre de 1811, varios diputados declararán que los ministros deben sostenerse con el permanente apoyo de la opinión, siempre sujetos a "la censura pública" y al "incorruptible tribunal de la opinión pública", y que en ningún caso pueden "resistirse al imperio de la opinión"[1560].

En 1811, en un libro publicado en Cádiz cuya autoría correspondía a don Gonzalo Luna, se podía leer lo que sigue:

> "Desde que por la extensión de los estados se ha inventado la representación, no ha podido menos de tener lugar de lei (*sic*) menos solemne el juicio público, que se forma de la declaración de los particulares, tomando el nombre de opinión pública.
>
> Vease pues qué lugar tan sobresaliente no ocupará en una sociedad la opinión pública. Es tan distinguido el lugar que se merece, que debe ser la más importante de todas las leyes, pues es la que forma la verdadera constitución del estado, es la que cada día toma más fuerza, y la que al paso que las demás leyes se envejecen, o las reanima o las suple, conserva a un pueblo entero en el espíritu de su institución, y sustituye insensiblemente la fuerza del hábito a la de la autoridad"[1561].

II. En fin, antes de finalizar hemos de referirnos a la que, sin duda, ha de considerarse la formulación más contundente de las hechas en favor de la opinión pública. Escapa desde luego al tracto temporal que enmarca nuestro trabajo, pero su relevancia es de tal calibre, que no creemos debamos prescindir de ella, aunque la examinemos de modo sucinto. Se trata de la *Representación hecha a S. M. C. el Señor Don Fernando VII en defensa de las Cortes* y, más particularmente aún, de la "Carta aneja a la Representación"[1562].

En la *Representación* Flórez Estrada trata de contraargumentar frente a los argumentos manejados por Fernando VII en su Decreto de 1814, anulatorio de toda la obra liberal. En su tercera y última parte, el asturiano (Flórez había nacido en Pola de Somiedo en 1766)

[1558] *Ibidem*, p. 50.

[1559] *Apud* D. A. LUQUE Y VICENS: *Las Cortes Españolas*, tomo I, Madrid, Establecimiento Literario-Tipográfico de D. Saavedra y Compañía, 1850, p. 47.

[1560] Javier FERNÁNDEZ SEBASTIÁN: "El imperio de la opinión pública...", *op. cit.*, p. 361.

[1561] Gonzalo LUNA Y MONTEJO: *Censura de las Cortes y derechos del pueblo español y de cada uno de los miembros que lo componen con respecto al Congreso Nacional y a los que lo forman*, Cádiz, Imprenta de D. Manuel Quintana, 1811, pp. 24-25.

[1562] El texto de la Representación y de la Carta aneja a ella pueden verse en Álvaro FLÓREZ ESTRADA: *Escritos políticos*, estudio preliminar y notas de Manuel Jesús González, Oviedo, Junta General del Principado de Asturias, 1994, pp. 27 y ss. Nuestras referencias a ambos documentos están entresacadas de este libro.

recomienda al Rey, si es que desea evitar su propia ruina y pretende asegurar la felicidad de sus pueblos, la adopción de varias resoluciones, una de las cuales es la de "declarar inmediatamente permitida la libertad de la imprenta hasta la determinación de las futuras Cortes, sometida a las leyes establecidas por las últimas", siendo otra de ellas, la abolición del Tribunal de la Inquisición, al que con toda justicia Flórez califica en la *Representación* como "aquel tribunal de horror y de sangre, cuyo instinto es asesinar a cuantos osan opinar diferentemente de lo que dictan sus inexorables ministros"[1563].

Es en la "Carta aneja a la Representación" donde el de Somiedo se manifiesta con especial clarividencia y brillantez acerca de la libertad de imprenta y de la opinión pública. La *Carta,* firmada en Londres el 8 de octubre de 1818, comienza con un tono de moderado consejo al monarca, al que recomienda que sustituya los cortesanos de la camarilla secreta que le rodea, "que pretenden hacer retrogradar la naturaleza, resistir el torrente de la opinión y convertir la noche en día". Más adelante, recomienda al Rey que consulte a la opinión pública, y para justificar el por qué de tal recomendación, Flórez Estrada reflexiona primeramente sobre la relevancia de la prensa en toda la Europa ilustrada:

> "La imprenta –aduce el asturiano– es un órgano por cuyo medio se hacen escuchar los hombres sabios e imparciales de todos los países y por él se conoce perfectamente cuál es la verdad. Por fortuna las ideas expresadas en mi representación después de cuatro años forman el principal asunto de los periódicos de toda la Europa ilustrada, que son el verdadero termómetro de la opinión general"[1564].

El liberal asturiano destaca ante el Rey a continuación la inutilidad de que esos "hombres tenebrosos" que le rodean tilden de ideas subversivas a "las únicas capaces de proporcionar la tranquilidad del pueblo y de asegurar vuestra existencia política tan amenazada", como también de que la Inquisición redoble su furor y sus anatemas, y ello por cuanto "ningún monarca puede consolidar su poder, ni reinar tranquilamente, a no ser conformándose con las opiniones dominantes. La historia –añade Flórez Estrada– no ofrece un solo hecho que desmienta la exactitud de esta observación. Los reyes verdaderamente grandes no fueron otros que los que han logrado percibir el espíritu de la época en que vivían y ceder al impulso de su siglo. Por el contrario, todos aquellos que, inatentos al progreso de la civilización han procurado resistir la opinión, han tenido reinados débiles, agitados y desastrosos". Tal dependencia de los reinados y los gobiernos respecto de la opinión se explica porque, para Flórez, "la opinión es la reina del mundo, cuyo único imperio es indestructible. Saber crearla supone un gran genio; para dirigir su marcha basta tener prudencia y poder; despreciarla supone depravación de costumbres; mas empeñarse en resistir su torrente, demuestra el cúmulo de la insensatez o de la desesperación"[1565]. En perfecta armonía con esa irresistible fuerza de la opinión, esgrime el asturiano:

> "Ella (la opinión) es la que salvó la independencia de España, y ella será la que restablecerá la monarquía constitucional española, la que aniquilará el Tribunal de la Inquisición, que tanto detesta, y la que destruirá vuestra persona y vuestra dinastía si os obstináis en resistirla de lleno".

[1563] Álvaro FLÓREZ ESTRADA: *Escritos políticos, op. cit.,* p. 108.
[1564] *Ibidem,* p. 30.
[1565] *Ibidem,* pp. 31-32.

Llama la atención sobremanera en el texto transcrito la confianza ciega que Flórez demuestra poseer hacia la opinión pública; su clarividencia acerca de la potencialidad de esa opinión, que terminará estableciendo una monarquía constitucional, es premonitoria, pues en año y medio eso será una realidad. Y su célebre y celebrada afirmación acerca de que la opinión es la reina del mundo, aunque, como ya se ha puesto de relieve precedentemente, no encierre la novedad que algunos le han querido dar, es lo cierto que no deja de encerrar un desafío en toda regla ante quien le había condenado a muerte no muchos años atrás.

Fernández Sebastián se ha interrogado acerca de qué habla Flórez cuando invoca la fuerza de la opinión[1566]. ¿A qué se refiere cuando alude a consultar a la opinión pública? Es claro que, como el propio autor señala, el de Somiedo estaba manejando una noción equívoca y difusa, un concepto político en proceso de gestación, cuyo sentido estaba entonces en disputa. Para Flórez la opinión más bien parecía ser un eficaz arma de lucha contra el despotismo fernandino, en el que el liberal deposita su absoluta confianza. De ahí que se haya visto su concepción de la opinión como esencialmente negativa[1567], que mira hacia un horizonte de libertades: la opinión como ariete, como punta de lanza, como vanguardia en la lucha contra el despotismo. Con el liberalismo la opinión pública pasará a tener, como es obvio, una significación positiva. En cualquier caso, el posicionamienro de Flórez Estrada nos sitúa ante una de las más apasionadas y vibrantes exposiciones metafóricas de la lucha contra el absolutismo.

12. La recepción de una libertad de imprenta "congelada" por el Estatuto de Bayona y su nula influencia sobre los constituyentes gaditanos

A) La Asamblea de Bayona, culminación del falso montaje escenográfico napoleónico

I. El 19 de marzo de 1808, Carlos IV abdicaba en su hijo Fernando VII. Tan sólo cuatro días después, hacía su entrada en Madrid Joachim Murat al frente de un importante ejército. Prestigiado por sus éxitos militares con el Ejército de Oriente, su ya cercana relación con Napoleón se estrecharía aún más en enero de 1810 al contraer matrimonio con su hermana, Carolina Bonaparte. No ha de extrañar por todo ello que tras el Tratado de Fontainebleau (octubre 1807), cobertura formal para la entrada de tropas francesas en la península[1568], supuestamente para la anexión de Portugal, y su nombramiento en febrero de 1808 como comandante en jefe del ejército francés, a lo que se unió su nombramiento por Carlos IV como Lugarteniente general del Reino de España (4 mayo), un título de la

[1566] Javier FERNÁNDEZ SEBASTIÁN: "El imperio de la opinión pública según Álvaro Flórez Estrada", *op. cit.*, pp. 372-373.

[1567] *Ibidem*, p. 375.

[1568] El Tratado de Fontainebleau adquiría un significado particular, que no era el de un compromiso cerrado, como se correspondería a un tratado internacional entre dos Estados, sino el de un hito en la orientación dada previamente a las intenciones imperiales. De ahí que, como dice Roura, la entrada de tropas francesas en la Península (a partir de noviembre de 1807) cuando todavía no se habían estampado las firmas sobre aquel tratado, lejos de una "felonía", constituía, pues, una muestra de su coherencia. Lluís ROURA I AULINAS: "Un Estado muerto, pero una sociedad llena de vida. Napoleón y la diversidad española", en Alberto Gil Novales (ed.), *La revolución liberal*, Madrid, Ediciones del Orto, 2001, pp. 13 y ss.; en concreto, p. 14.

antigua Monarquía francesa completamente extraño a la tradición española[1569], que sería confirmado por José Bonaparte dos días después de que su hermano, el 8 de junio de 1808, lo nombrara Rey de España, Murat, quizá con la soterrada pretensión inicial de ser él mismo el designado como Rey (de hecho, el 1 de agosto de 1808 fue proclamado Rey de Nápoles en sustitución de José Bonaparte), asumiera un especial protagonismo en los acontecimientos españoles. Sanz Cid calificaría a Murat como un espíritu optimista e impresionable, que fue ganado a las mejores ilusiones sobre el éxito de la empresa a la que servía, desde la calurosa acogida de que fue objeto[1570]. Una muestra adicional del protagonismo al que antes aludíamos iba a ser el hecho de que Murat fuera puesto a la cabeza de la Junta de gobierno nombrada por Fernando VII antes de su partida hacia Francia.

En este contexto, y según señalara hace más de un siglo Conard[1571], y más recientemente ha precisado Juretschke[1572], aconsejado por determinados españoles y a fin de superar las últimas resistencias, el gran duque de Berg iba a proponer al Emperador actuar de modo acorde con el principio de legitimidad en la cuestión sucesoria, lo que exigía el asentimiento de las Cortes, y con la convocatoria de una asamblea nacional, tornar simultáneamente en provecho de los designios franceses el deseo de reforma constitucional que ese bobo e inepto absoluto que fue Carlos IV había dejado tras de sí. La idea es muy posible que le fuera sugerida a Murat por O´Farrill y Azanza, con los que ya había hablado a mediados de abril en este sentido. Y así, el 14 de abril escribía Murat al Emperador:

> "Permitidme comunicaros una idea que, según yo, produciría un gran efecto, fijaría las incertidumbres, reuniría las opiniones, halagaría el amor propio nacional y conduciría al objeto que Vuestra Majestad quiere alcanzar. Sería la convocatoria de una dieta española en Bayona o Burdeos, compuesta de clero, nobleza y estado llano"[1573].

Mientras la iniciativa llegaba a Napoleón, es más que probable que Murat mantuviera conversaciones frecuentes con ambos ilustrados, convencidos de la necesidad de dar una constitución a España, de lo que se haría eco el duque de Berg en una nueva carta al Emperador fechada el 17 de abril, en la que le informaba de que "O´Farrill y Azanza quieren como todo buen español una constitución de V. M. de la que todos sienten la necesidad". No parece, sin embargo, que Napoleón, que como apuntaran Marx y Engels consideraba a España como un cuerpo inanimado[1574], fuera especialmente proclive a la idea que le estaba siendo sugerida. Sólo tras las reiteradas indicaciones de Murat pareció sensibilizarse hacia ella.

[1569] Pere MOLAS RIBALTA: *Del absolutismo a la Constitución* (La adaptación de la clase política española al cambio de régimen), Madrid, Sílex Ediciones, 2008, p. 107.

[1570] Carlos SANZ CID: *La Constitución de Bayona,* Madrid, Editorial Reus, 1922, p. 65.

[1571] Pierre CONARD: *La Constitution de Bayonne (1808). Essai d´édition critique,* Paris, Édouard Cornély et Cie, Éditeurs, 1910, p. 28.

[1572] Hans JURETSCHKE: *Los afrancesados en la Guerra de la Independencia, op. cit.,* pp. 40-41.

[1573] *Apud* Carlos SANZ CID: *La Constitución de Bayona, op. cit.,* p. 66.

[1574] Karl MARX y Friedrich ENGELS: *Revolución en España,* prólogo, notas y traducción de Manuel Sacristán, Barcelona, Ediciones Ariel, 3ª ed., 1970, p. 76.

Hacia mediados de mayo el plan de diseño de esta Asamblea ya parecía perfilado. Los españoles iban a tener noticia de él a través de una copia de la circular dirigida a la convocatoria que se publicó en la *Gaceta de Madrid* del 24 de mayo[1575]. Se decía en ella que el 15 de junio habían de reunirse en Bayona 150 representantes del país entresacados por partes prácticamente iguales de la aristocracia, del clero y de las otras clases de la nación española, o lo que es igual, del estado llano, para "ocuparse de las leyes de felicidad de toda España, reconocer sus desgracias, que el antiguo régimen ha ocasionado, proponer las reformas y los remedios, para impedir la vuelta, sea para la nación en general, sea para cada provincia en particular"; en definitiva, teóricamente, se trataba de deliberar y decidir sobre la regeneración y suerte futura de España. Los diputados de las clases privilegiadas, que desde largo tiempo no habían gozado de una proporción tan favorable en las Cortes, eran nombrados en gran parte por el propio texto de la convocatoria. Juretschke[1576] explica la ventajosa posición de las clases privilegiadas en la Asamblea de Bayona por haber corrido la redacción definitiva de la convocatoria a cuenta del anterior ministro de Justicia bajo Godoy, ese personaje intrigante, reaccionario e infame que fue don José Antonio Caballero, marqués de Caballero, un déspota que tiene en su triste haber el ser uno de los principales responsables de los padecimientos de Jovellanos durante su prisión mallorquina. A la Asamblea se dio la denominación de "Diputación General de Españoles", pero en realidad, como hace más de un siglo apostillara Andrés Borrego, en una obra durante mucho tiempo considerada clásica, aunque hoy olvidada, no era otra cosa que un simulacro de Cortes[1577].

La convocatoria de la Asamblea estaba muy lejos de pretender reunir a una representación española para que debatiera libremente una constitución para España. Una cierta doctrina francesa ha hecho hincapié en los términos formales de la convocatoria para justificar que lo que Napoleón pretendía con la Asamblea era que sus miembros fueran portadores de los deseos y quejas de sus comitentes. En tal sentido, escribe Busaall: "La convocation des députés indiquait qu´ils devaient être porteurs de voeux et dóleances de leurs commettants afin de pouvoir poser les bases <de la nouvelle constitution qui doit gouverner la monarchie>"[1578]. Esta consideración parece dejarse guiar por un texto formal al que convierte en dogma de fe, por lo que creemos que ha de ser relativizada por entero. Lo que pudiera decir la convocatoria no era sino un formalismo con el que encubrir las aviesas intenciones del Emperador, que, básicamente, no eran otras sino las de que la Asamblea legitimase la ilegítima transmisión de la Corona a José Bonaparte y convalidase con su autoridad el cambio dinástico, para añadir de esta forma una pieza europea más al morral napoleónico. Es más, el propio autor francés anteriormente mencionado termina admitiendo la realidad cuando escribe: "Napoléon qui détermina le contenu final de la constitution, avait cherché à garantir ses intérêts en s´assurant que Joseph, premier dans l´ordre de succession impériale en France, aurait les moyens de mettre la Monarchie espagnole au service de son système européen".

[1575] Las "Instrucciones para la convocatoria de una Asamblea en Bayona" pueden verse en Carlos SANZ CID: *La Constitución de Bayona, op. cit.,* pp. 74-80.

[1576] Hans JURETSCHKE: *Los afrancesados en la Guerra..., op. cit.,* pp. 42-43.

[1577] Andrés BORREGO: *Historia de las Cortes de España durante el siglo XIX,* Madrid, Imprenta de Alfonso Rodero, 1885, tomo II, p. 64.

[1578] Jean-Baptiste BUSAALL: "Le discours constitutionnel dans <El Imparcial> de Pedro Estala (1809)", en *El Argonauta Español,* nº 5, 2008, p. 2 del texto al que se puede acceder a través de esta dirección electrónica: http://argonauta.imageson.org/document109.html.

Es cierto, desde luego, que en un segundo momento, que Sanz Cid concreta en la fecha del 12 de mayo[1579], quizá para contrarrestar la forma irregular de las renuncias reales de Bayona y aún más para borrar la honda impresión producida por la sangrienta jornada del 3 de mayo en Madrid, con la salvaje represión llevada a cabo por las hordas francesas, asesinando indiscriminadamente a los patriotas que se habían sublevado el día anterior y a inocentes ciudadanos que no habían participado en la sublevación, suceso que tan genialmente inmortalizara Goya, Napoleón decidió ampliar la misión de la proyectada Asamblea, en el sentido de concederle atribuciones para que propusiese reformas políticas que, según las palabras que el propio Napoleón refleja en una carta del 12 de mayo, no se harían sino "de buen grado de los españoles y según sus luces y opiniones". Pensar que esas buenas palabras traslucían un auténtico deseo del Emperador de respetar la voluntad constituyente de los representantes españoles reunidos en Bayona sería de una absoluta ingenuidad. Como escribe Fernández Sarasola[1580], nada más lejos de la realidad que Napoleón desease pactar con la Asamblea de Bayona el contenido del Estatuto; adicionalmente, si se tiene en cuenta la rapidez con que se debatió el proyecto constitucional (menos de una semana), se nos revela la conformidad de una Asamblea cuyos miembros eran conscientes del limitado papel que estaban llamados a desempeñar. Por todo ello, hay que entender que con esa Asamblea supuestamente constituyente, pero en la realidad férreamente controlada por Napoleón, éste se proponía rodear el Trono de su hermano de una aureola moral, presentándolo bajo el prestigio de un sabio reformador[1581].

Lo que se acaba de decir no debe conducirnos a descartar de modo radical que al pretender otorgar una carta constitucional a los españoles no existiera en el ánimo napoleónico un cierto deseo regeneracionista. ¿Pretendía verdaderamente el Emperador regenerar a la monarquía española?, se pregunta Conard. Ya en su retiro forzoso de Santa Helena, Napoleón apuntaba con satisfacción hacia esta finalidad para legitimar su ruda intervención en los asuntos de España. "La nation –decía a Las Cases en 1816– méprisait son gouvernement". "Je me crus appelé à entreprendre, je crus digne de moi d´accomplir en paix un si grand événement; (....) je délivrai donc les Espagnols de leurs hideuses institutions; je leur donnai une constitution libérale"[1582]. Sin embargo, interrogándose acerca de si los escritos y los actos del Emperador en 1807 y 1808 mostraban la misma preocupación, el propio Conard responde rotundamente: "On peut, sans aucune hésitation, donner à cette question une réponse absolument négative pour toute la période préparatoire, qui va jusqu´au jour où Napoléon connaît l´essentiel des événements d´Aranjuez"[1583].

La conclusión, a la vista de todo ello, no puede ser sino la de que la finalidad última que Napoleón intentó alcanzar a través de la escenografía montada en Bayona no fue otra sino la de conseguir una cierta legitimación en el arbitrario acceso al trono español de su hermano, algo que le era necesario para inclinar irreversiblemente a España en su órbita, sustrayéndola de toda posible influencia británica, apropiándose a la par

[1579] Carlos SANZ CID: *La Constitución de Bayona, op. cit.*, pp. 68-69.

[1580] Ignacio FERNÁNDEZ SARASOLA: "El Estatuto de Bayona de 1808 y el modelo constitucional napoleónico", en Lorenzo Peña y Txetxu Ausín (coordinadores), *Memoria de 1808* (Las bases axiológico-jurídicas del constitucionalismo español), Madrid, Plaza y Valdés Editores, 2009, pp. 67 y ss.; en concreto, pp. 80-81.

[1581] Juan MERCADER RIBA: *José Bonaparte Rey de España 1808-1813* (Historia externa del Reinado), Madrid, Consejo Superior de Investigaciones Científicas, Instituto Jerónimo Zurita, 1971, p. 29.

[1582] LAS CASES: *Mémorial de Sainte-Helène,* éd. de 1823, t. IV, pp. 452-453. Cit por Pierre CONARD: *La Constitution de Bayonne..., op. cit.*, pp. 3-4.

[1583] Pierre CONARD: *La Constitution de Bayonne..., op. cit.*, p. 5.

de la aún notable armada española para utilizarla en su lucha contra los ingleses. Los acontecimientos bélicos ya generalizados en toda España iban a deteriorar seriamente el logro de tal finalidad. El daño más serio se iba a producir por la defección de muchos de los diputados designados. Según el conde de Toreno[1584], pocos fueron los que de grado acudieron al llamamiento, y mal podía ser de otra manera viendo los convocados que la insurrección prendía por todas partes, y el gran compromiso a que se exponían. Entre los que declinaron su asistencia, hemos de recordar a tres notorios personajes: el Obispo de Orense, al que un sector de la doctrina francesa ha denigrado un tanto por la hipocresía mostrada con ocasión de su renuncia[1585], el capitán general de la Flota y el marqués de Astorga. De hecho, la Asamblea reunida en Bayona no reunió, en su momento de máxima afluencia, más del 60 por 100 del total de sus diputados[1586].

II. El día 15 de junio se iban a abrir las sesiones de la llamada "Junta española", bien que la reunión que se inauguraba en Bayona estaba bien distante de aquella Asamblea proyectada inicialmente en la convocatoria, habiéndola considerado Sanz Cid[1587] como una simple reunión de españoles, congregada casi al azar, por los más extraños títulos, algunos sin poder suficiente que les acreditase y nombrados, en su mayor parte, a última hora, por el gran duque de Berg, cuando no por el mismo Emperador, ante el sólo motivo de estar en Bayona y con el fin de completar el número. El 30 de junio se dieron por finalizados los trabajos de la "Junta" y el 7 de julio (día en que se celebraba la duodécima sesión) tuvo lugar la solemne sesión de publicación y juramento del Estatuto.

A excepción de las actas de las sesiones novena y décima, más detalladas, las actas de las restantes sesiones[1588] son bastante breves, pero en todo caso revelan cierta frialdad y reposo, sin el calor y entusiasmo que en pura lógica debiera de haber comunicado la importancia de su objeto[1589]. Es bastante probable que esa frialdad de ánimo pudiera ser la consecuencia de la plena consciencia por parte de los allí presentes de su limitadísimo, incluso secundario, rol. A este respecto, Zabala diría que "los notables de Bayona actuaban de ridículos constituyentes durante el mes de junio de 1808"[1590]. Napoleón escogió a

[1584] Conde de TORENO: *Historia del levantamiento, guerra y revolución (1807-1814),* tomo I (1807-1808), Astorga (León), Editorial Akrón, 2008, p. 321.

[1585] "L´évêque d´Orense lui-même, D. Pedro Quevedo y Quintano, –escribe Conard– dont les historiens espagnols nous présentent la réponse négative à Piñuela comme un acte de courage et de vigueur, avait eu soin d´accompagner ses protestations, qui portaient surtout sur des questions de formes, de beaucoup de louanges et de formules de respect à l´adresse du <grand Empereur>". Pierre CONARD: *La Constitution de Bayonne..., op. cit.,* pp. 35-36.

[1586] Borrego, hace más de un siglo, daba el dato de que de los 150 individuos que debían asistir a la Asamblea de notables de Bayona, escasamente concurrieron 100. Andrés BORREGO: *Historia de las Cortes de España durante el siglo XIX, op. cit.,* tomo II, p. 71. Con más precisión, medio siglo después, Sanz Cid señalaba que de los 150 diputados que debían figurar en la Asamblea, solamente 65 estaban presentes en el momento en que se abrieron las sesiones, número que fue aumentando en el período que duraron los trabajos, hasta alcanzar el de 91 en la sesión final de 7 de julio. Carlos SANZ CID: *La Constitución de Bayona, op. cit.,* pp. 96-97. Zabala, muy posiblemente, haciendo suyos los datos del anterior, los reitera en sus mismos términos. Pío ZABALA Y LERA: *España bajo los Borbones,* Zaragoza, Institución Fernando el Católico (C.S.I.C.)/Excma Diputación de Zaragoza, 2009, p. 169. (inicialmente publicada en Barcelona por Editorial Labor, 1926).

[1587] Carlos SANZ CID: *La Constitución de Bayona, op. cit.,* pp. 94-95.

[1588] *Actas de la Diputación general de españoles que se juntó en Bayona el 15 de junio de 1808,* Madrid, 1874.

[1589] De modo análogo, Carlos SANZ CID: *La Constitución de Bayona, op. cit.,* p. 115.

[1590] Pío ZABALA Y LERA: *España bajo los Borbones, op. cit.,* p. 171.

Miguel José de Azanza como presidente de la Asamblea[1591], nombrándose secretarios de la misma a Mariano Luis de Urquijo, del Consejo de Estado, y a Antonio Ranz Romanillos, del de Hacienda, que, como se admite generalmente, fue sobre quien recayó la mayor parte del trabajo en Bayona, lo que, entre otras razones, se justifica por ser Romanillos, a no dudarlo, la persona de confianza de Azanza[1592]. Romanillos no sólo fue quien redactó las actas de la Asamblea, sino también quien sostuvo varias proposiciones fuertemente combativas.

Fue el propio Napoleón quien, con la asistencia del duque de Bassano, Hugo B. Maret[1593], Secretario de Estado del Emperador, redactó el primer proyecto de Constitución en la última decena del mes de mayo de 1808[1594], y aunque el conde de Toreno, haciéndose eco de la "extrema curiosidad" que "se despertó con deseo de averiguar quién fuese el autor", señalaba que "ni entonces ni ahora ha sido dable el descubrirle, bien que se advierta que una mano española debió en gran parte coadyuvar al desempeño de aquel trabajo", que según el propio autor se entregó al Emperador en Berlín después de la batalla de Jena[1595], es lo cierto que en las circunstancias de aquel momento histórico, parece difícil ver una cierta coautoría española en la redacción del Proyecto. Sanz Cid cree que el conde de Toreno se hallaba equivocado, considerando que no hay nada que confirme la existencia de unas bases entregadas a Napoleón en Berlín por persona conocedora de la tradición española, y sí multitud de testimonios que lo refutan[1596]. Y Fernández Sarasola, en esta misma dirección, ve poco probable la existencia de esa mano española, entre otras razones, porque la estructura y contenido del texto respondía al canon napoleónico de cartas otorgadas destinadas a regir las "Monarquías satélites", recordando el esqueleto constitucional el de la Constitución francesa de 13 de diciembre de 1799, tal y como quedó tras ser reformada por el Senado-consulto del año XII, de 18 de mayo de 1804[1597].

No es este en modo alguno el lugar de tratar en detalle el proceso que atravesó la génesis del Estatuto antes de su envío a Bayona. Por lo mismo, nos limitaremos a recordar

[1591] Cuando tuvieron lugar los sucesos de Aranjuez, en marzo de 1808, Azanza, antiguo Virrey de Méjico, que llevaba varios años retirado en Granada, fue llamado por Fernando VII a la Corte para desempeñar el Ministerio de Hacienda. Poco después del forzoso viaje del Rey a Francia, a Azanza le fue ordenado por el Emperador trasladarse a Bayona a fin de informarle del estado en que se hallaba nuestra Hacienda. Haciéndose eco de la *Memoria* que Azanza y O´Farrill publicaron en París en 1815, Pérez-Rioja señala que Azanza expuso al Emperador la conveniencia de que la nación fuese consultada en Cortes y dentro de España, ya que la Asamblea no significaba una legítima representación nacional. Napoleón, partiendo del principio de que la posterior aceptación por la nación supliría después esas deficiencias, confió a Azanza un proyecto de Constitución que debía presentarse ante la Asamblea. José Antonio PÉREZ-RIOJA: *El helenista Ranz Romanillos y la España de su tiempo (1759-1830)*, Madrid, Patronato "José María Quadrado", Consejo Superior de Investigaciones Científicas, 1962, p. 77.

[1592] José Antonio PÉREZ-RIOJA: *El helenista Ranz Romanillos..., op. cit.*, pp. 87-88.

[1593] Sanz Cid recoge una exposición del ministro imperial Maret, en la que éste transcribe con cierto detalle las diversas vicisitudes por las que atravesó la elaboración del proyecto constitucional, cuya intervención en estos trabajos aparece a cada instante con notas y correcciones de los proyectos. Carlos SANZ CID: *La Constitución de Bayona, op. cit.*, p. 167. La exposición de Maret, en pp. 168-169. También Conard alude al concurso de Maret en la redacción del texto del primer proyecto de Constitución por Napoleón, siendo éste quien dictó él mismo el proyecto de un *statut constitutionnel*. Pierre CONARD: *La Constitution de Bayonne (1808). Essai d´édition critique*, Paris, Édouard Cornély et Cie., Éditeurs, 1910, pp. 25 y 40.

[1594] Ese es el momento en que Sanz Cid fija la redacción del estatuto constitucional por Napoleón. Carlos SANZ CID: *La Constitución de Bayona, op. cit.*, p. 169.

[1595] Conde de TORENO: *Historia del levantamiento, guerra..., op. cit.*, tomo I, p. 321.

[1596] Carlos SANZ CID: *La Constitución de Bayona, op. cit.*, pp. 166-167.

[1597] Ignacio FERNÁNDEZ SARASOLA: *La Constitución de Bayona (1808)*, Madrid, Iustel, 2007, pp. 43-44.

que Napoleón remitió a España el primer borrador del proyecto de Constitución a través del general Lebrun, quien llegó a Madrid el 29 de mayo con el texto del proyecto junto a una proclama imperial, expedida en el palacio imperial de Bayona el 25 de mayo[1598], proclama de tintes regeneracionistas que no tuvo el más mínimo efecto entre los españoles, ya masivamente sublevados. Como es obvio, este envío del texto del primer proyecto a Madrid revela la voluntad napoleónica de escuchar las opiniones de los españoles que consideraba próximos, esto es, básica aunque no exclusivamente, de algunos afrancesados, aunque también de ciertos altos responsables del Estado, algo que corroboraría su deseo de enviar el proyecto a examen de la Asamblea de Bayona, aunque, como ya se ha dicho, la finalidad primigenia de ésta no fuera el supuesto debate constituyente.

El embajador francés en Madrid, Laforest, y su ayudante Fréville condensaron las observaciones de los personajes españoles que fueron oídos acerca del texto del proyecto en forma breve y concisa, lo que jugó a favor del ánimo del Emperador, al igual que el hecho de estar formuladas en el sentido de atenuar las más atrevidas innovaciones del proyecto[1599]. Ya en Bayona las observaciones enviadas desde Madrid, Napoleón escuchó a diferentes personalidades, Azanza y Urquijo entre ellas; el último redactó un informe remitido el 5 de junio. Muy posiblemente, la generalizada sublevación española en esos primeros días del mes de junio debió conducir a Napoleón a suprimir del texto del futuro Estatuto cuanto, a su juicio, pudiera contribuir a fomentar la rebeldía. Del tercer y último proyecto, lo más destacable es la ampliación del Título XIII y último con nuevas disposiciones (a partir del art. 107) relativas a las garantías individuales, inexistentes con anterioridad y entresacadas de la Constitución del año VIII (13 de diciembre de 1799)[1600]. En fin, como el propio ministro Maret anotaba en su ya referida exposición, el proyecto se encontraba en un cierto grado de madurez cuando la Asamblea se abrió, aunque no fue sino hasta la tercera sesión, celebrada el 20 de junio, cuando este tercer proyecto, que ha sido considerado un texto de transacción operativa[1601], fue leído en francés y en castellano ante los notables reunidos en Bayona, para ser después impreso y repartido entre los asistentes. El 23 de junio, al inicio de la sexta sesión, cada uno de los miembros de la Asamblea tenía en sus manos la totalidad del proyecto impreso. Fue entonces cuando puede decirse que se inició propiamente el debate, aunque, como bien se ha dicho[1602], la verdadera discusión, si así puede llamársele, del Estatuto constitucional comenzó el 27 de junio, cuando en la novena sesión el presidente de la Asamblea, Azanza, anunció que, habiendo ya resumido la comisión las observaciones expresadas por los diputados, se procedería a la votación punto por punto.

En cualquier caso, el modo como la Junta de Bayona llevó a cabo la misión que le había sido encomendada, revisando el proyecto, distó mucho de ser el habitual en asambleas y

---

[1598] Juan MERCADER RIBA: *José Bonaparte Rey de España 1808-1813, op. cit.*, p. 33. La proclama imperial puede verse en esta misma obra, nota 22, pp. 33-34.

[1599] Carlos SANZ CID: *La Constitución de Bayona, op. cit.*, p. 221.

[1600] De ello se hace eco Carlos SANZ CID: *La Constitución de Bayona, op. cit.*, p. 300. El texto de este tercer proyecto puede verse en esta misma obra, pp. 260-307. Puede verse asimismo en Ignacio FERNÁNDEZ SARASOLA: *La Constitución de Bayona (1808), op. cit.*, pp. 225-237. El artículo 107 del texto de Sanz Cid aparece aquí como artículo 109.

[1601] Raúl MORODO: *Las Constituciones de Bayona (1808) y Cádiz (1812). Dos ocasiones frustradas,* Madrid, Biblioteca Nueva, 2011, p. 106.

[1602] Juan MERCADER RIBA: *José Bonaparte Rey de España..., op. cit.*, p. 39.

cuerpos deliberantes, por cuanto, como señala Sanz Cid[1603], las propuestas de la Asamblea no fueron el resultado de un estudio en común, sino la mera suma o yuxtaposición de opiniones individuales coincidentes, elaboradas en silencio, reunidas y clasificadas por una comisión y adoptadas, las que lo fueron, por mayoría de votos, tras breves aclaraciones algunas de ellas. El 7 de julio, el texto definitivo iba a ser leído y publicado en la sesión solemne y última celebrada por la Asamblea. Recuerda la doctrina[1604] lo desdichado del último acto de la Asamblea de Bayona, que tuvo lugar en la Casa de Campo de Marrac, en presencia de Napoleón, quien, seguramente impresionado muy desfavorablemente por el cariz sombrío que iban tomando los acontecimientos en España, entabló un monólogo incoherente. A nuestro modo de ver, se trataba de un final plenamente coherente con la idea subyacente en la convocatoria de esta Asamblea: contribuir a dar una apariencia de colaboración de la nación española a los designios puramente napoleónicos, pergeñados en el propio y exclusivo interés del corso, aunque del mismo algún beneficio pudiera derivarse para España, aunque no fuera otro que perder de vista definitivamente a esos dos funestos monarcas que fueron Carlos IV y Fernando VII.

B) El Estatuto de Bayona de 8 de julio de 1808

Al abordar ahora el Estatuto de Bayona no pretendemos ni mucho menos entrar en un análisis casuístico de su contenido, sino tan sólo efectuar unas breves consideraciones generales que ofrezcan un punto de apoyo para la mejor comprensión del tratamiento dado por esta norma a la libertad de imprenta.

Una primera cuestión que se ha planteado respecto de la Carta de Bayona es la de su naturaleza, suscitándose una doble alternativa: por un lado, la de una carta otorgada por Napoleón, y por otro, la de un texto pactado entre el Rey José y el pueblo español. Fernández Sarasola contempla la doble alternativa[1605], poniendo de relieve que si atendemos al proceso constituyente, está claro que el Estatuto no es más que una carta otorgada por el Emperador, quien controló en todo momento el diseño, elaboración y aprobación del texto. La participación de la Junta de Bayona tuvo un carácter meramente consultivo, como el propio Napoleón se encargó de subrayar en su proclama de 25 de mayo de 1808[1606]. Sin embargo, el texto definitivo del Estatuto acogió un preámbulo en el que expresamente se describía como un pacto entre el Rey José y los pueblos de España:

> "Hemos decretado y decretamos la presente constitución para que se guarde como lei fundamental de nuestros estados, y como base del pacto que une á nuestros pueblos con nos; y á nos con nuestros pueblos".

[1603] Carlos SANZ CID: *La Constitución de Bayona, op. cit.,* p. 311.

[1604] Juan MERCADER RIBA: *José Bonaparte Rey de España..., op. cit.,* p. 43.

[1605] Ignacio FERNÁNDEZ SARASOLA: "El precedente: la Constitución de Bayona", en *Cortes y Constitución de Cádiz 200 años,* dirección de José Antonio Escudero, Madrid, Espasa, 2011, tomo II, pp. 354 y ss.; en concreto, pp. 356-357.

[1606] En la proclama, entre otras ideas y dirigiéndose a los españoles, Napoleón expone: "Vuestra monarquía es vieja: mi misión se dirige a renovarla; mejoraré vuestras instituciones, y os haré gozar de los beneficios de una reforma...". A continuación, el Emperador manifiesta: "Yo mismo quiero saber vuestros deseos y vuestras necesidades", y poco después precisa: "Yo mismo, asegurándoos al mismo tiempo una constitución que concilie la santa y saludable autoridad del Soberano con las libertades y los privilegios del pueblo". La proclama, en unión del Real Decreto de 25 de mayo de 1808, puede verse en Ignacio FERNÁNDEZ SARASOLA: *La Constitución de Bayona (1808), op. cit.,* pp. 137-139.

Adicionalmente, podría decirse que, de hecho, la Constitución fue jurada por el Rey y los diputados de la Asamblea de Bayona, en un acto con apariencia de pacto bilateral. Incluso Azanza llegó a hacer mención de la Constitución como pacto[1607].

A nuestro entender, la duda es inexistente, pues el revestimiento del texto con un ropaje puramente formal, orientado a la burda propaganda josefina, en modo alguno puede introducir vacilaciones acerca de la naturaleza de esta carta, que no es otra que la de las cartas puramente otorgadas, otorgamiento que en este caso aparece incluso pervertido por el hecho de que quien lo lleva a cabo no es sino el tirano que está dispuesto a apoyar la espuela de su bota sobre la yugular del pueblo español si no se pliega pacíficamente a sus designios, y que ni tan siquiera se digna reunir esa patética Asamblea, llamada a rendirle pleitesía, en una ciudad española. Y además, como bien se ha señalado[1608], si ya era un despotismo no ilustrado el modelo bajo el que Napoleón mandó redactar el Estatuto de Bayona, el resultado de la adaptación va a ser una autocracia apenas disimulada. Como dice Lafourcade[1609], bajo la apariencia muy liberal de un "pacto", término que figura en el preámbulo de la constitución, entre el Rey y el pueblo, el texto organiza una monocracia gubernamental sin controles efectivos ("sans contre-pouvoirs effectifs"). No es la nuestra una opinión que no hayan expresado otros autores. Y así, Alli cree que la naturaleza de la Constitución de Bayona fue la de una "carta otorgada" por el Emperador, aunque formalmente lo hiciera el nuevo Rey de España. Al efecto, siguió el modelo de las constituciones otorgadas por Napoleón a territorios conquistados, como Holanda, Westfalia, Nápoles y el Gran Ducado de Varsovia[1610].

Por supuesto, no faltan interpretaciones contrapuestas, como la de Juretschke, para quien la Constitución fue un compromiso entre Napoleón y los españoles, pero también lo fue entre estos mismos[1611]. Cuando la gran mayoría de los españoles luchaban a brazo partido contra el invasor napoleónico, hablar de un compromiso es tan absurdo que se descalifica por sí mismo, pues además, como se desprende de lo expuesto acerca del procedimiento de elaboración del Estatuto, ni siquiera creemos que ese término valga para definir lo que la Carta de Bayona supuso en el marco de las relaciones entre los afrancesados (una mínima parte de los españoles) y Napoleón. El Estatuto fue básicamente obra del Emperador. Y desde luego, con la situación descrita, no nos parece que tenga mucho sentido decir que el Estatuto mejoraba la situación de España[1612]. Cuesta creer que

---

[1607] También Llorente se refiere a cómo la "Asamblea de españoles notables", para la que el gran duque de Berg expidió una orden mandándole pasar a Bayona para ser mienbro de ella, tenía por objeto "formar una Constitución política que sirviese de pacto entre el soberano y los súbditos". Juan Antonio LLORENTE: *Noticia Biográfica (Autobiografía)*, Madrid, Taurus Ediciones, 1982, p. 110.

[1608] Lorenzo PEÑA: "La justicia de la Revolución española: refutación de los alegatos bonapartistas". en *Memoria de 1808* (Las bases axiológico-jurídicas del constitucionalismo español), *op. cit.*, pp. 97 y ss.; en concreto, pp. 124-125.

[1609] Maïté LAFOURCADE: "Des premières constitutions françaises à la Constitution de Bayonne", en *Revista Internacional de los Estudios Vascos (Riev)*, 2009, (Cuadernos, 4), pp. 97 y ss.; en concreto, p. 108.

[1610] Juan C. ALLI ARANGUREN: "El marco histórico e institucional de la Constitución de Bayona", en *Revista Internacional de los Estudios Vascos (Riev)*, 2009, (Cuadernos, 4), pp. 197 y ss.; en concreto, p. 210.

[1611] Hans JURETSCHKE: *Los afrancesados en la Guerra..., op. cit.*, p. 60.

[1612] "El Estatuto de Bayona, –escribe Fernández Sarasola– tal cual quedó definitivamente aprobado contenía una escueta previsión de derechos y libertades, y una raquítica división de poderes, pero, desde luego, mejoraba la situación presente en la España de comienzos de siglo y apuntaba, aunque fuese tímidamente, a un Estado constitucional". Ignacio FERNÁNDEZ SARASOLA: "El Estatuto de Bayona de 1808 y el modelo constitucional napoleónico", en *Memoria de 1808* (Las bases axiológico-jurídicas del constitucionalismo español), *op. cit.*, pp. 67 y ss.; en concreto, p. 84.

alguien pueda considerar que el régimen napoleónico –pues no nos cabe duda de que, en el fondo, José era un "hombre de paja"[1613]– mejorara la situación de España. Como bien se ha escrito, los ejércitos de Fernando VII no incendiaban las aldeas, no mataban a la población, no violaban a las mujeres, no arrasaban ni saqueaban pueblos y ciudades, no prendían fuego a las cosechas ni quemaban las chozas de los campesinos, no destruían las fábricas ni devastaban el territorio[1614]. Y a ello añadiríamos por nuestra cuenta, que tampoco nuestros ejércitos robaban y expoliaban el patrimonio nacional, como hizo la horda francesa en toda Europa y también en nuestro país. El Museo del Louvre constituye un vivísimo testimonio de la rapiña francesa.

Distinta es la consideración de que, en otro marco diferente, el texto de Bayona hubiera podido significar un primer paso en el proceso de institucionalización jurídica del poder bajo la égida de una dinastía diferente, y aun esto hay que ponerlo en cuarentena, pues si se desciende a su articulado, se puede observar que el mismo difícilmente hubiera conducido a algo más que a templar el sistema autocrático, despótico si se prefiere, sin hacerlo, por supuesto, desaparecer. Como señala Juretschke[1615], dado que la redacción del texto fue vigilada por el propio Napoleón, no existía el más mínimo peligro de concesiones democráticas, lo que tampoco era de esperar de suyo, pues la mayoría de diputados podía ser calificada de "josefinos", con apenas representantes de la España progresista. Pero además, la reflexión que precede a lo que se acaba de decir no deja de ser una valoración en abstracto, y por lo mismo puramente hipotética, y no es esa en modo alguno la valoración que exige un texto como el de Bayona, que se ubica en un marco histórico bien concreto. Por todo lo dicho, creemos que al conde de Toreno le asistía toda la razón cuando comenzaba sus reflexiones sobre la Constitución de Bayona con esta apreciación: "ilegítima en su origen, y bastarda producción en tierra extraña, nunca plantada en la nuestra"[1616].

[1613] Puede ser un dato significativo el hecho de que José, –según la apreciación doctrinal, un hombre conciliador y bienintencionado (Juan Francisco FUENTES: *El fin del Antiguo Régimen. 1808-1868. Política y sociedad,* Madrid, Editorial Síntesis, 2007, p. 18)– consciente posiblemente de su situación y de la propia irregularidad de toda la obra de Bayona, y también, qué duda cabe, de la presión moral que las Cortes de Cádiz debieron ejercer sobre él y los afrancesados, se refiriera en mayo de 1811, en Valladolid, a que la Constitución de Bayona era sólo provisional, y que la definitiva debía crearse en Cortes con representantes de toda España y la cooperación efectiva de los propios diputados gaditanos. A ello se refirió Hans JURETSCHKE, en *Los afrancesados en la Guerra..., op. cit.,* p. 153.

Quizá convenga recordar que ya en Bayona, los miembros del Consejo de Consejo de Castilla don José Colón, don Manuel Lardizábal y don Sebastián de Torres, en sus "Reflexiones sobre el Estatuto constitucional", aducían: "Finalmente, a pesar de las ventajas que ofrece este plan de Constitución, parece podría ser conveniente se dilatase su establecimiento hasta que en las Cortes se ventilasen estos puntos, y consultado el voto de la Nación, se pudiesen hacer las mudanzas oportunas y convenientes". Y hacia el final de las "Observaciones hechas por don Raimundo Ettenhard y Salinas, Diputado del Consejo de la Suprema y general Inquisición", se sostenía: "Yo desearía, y este es mi dictamen, que por lo pronto, nada, nada se innovase; que S. M. publicase un perdón general a todos los que están en revuelta, y que anunciase próximas Cortes para tratar en ellas detenidamente de la felicidad general del Reino". Las Reflexiones primeras y estas últimas Observaciones pueden verse en Ignacio FERNÁNDEZ SARASOLA: *La Constitución de Bayona (1808), op. cit.,* pp. 311-315 y 333-335, respectivamente. Quiere ello decir que incluso personajes tan significados como los mencionados, ubicados en la línea afrancesada, se mostraron en Bayona proclives a que fueran unas Cortes españolas, no esa espuria Asamblea, las que se pronunciaran sobre las normas fundamentales que habían de regir en nuestro país.

[1614] Lorenzo PEÑA: "La justicia de la Revolución española: refutación de los alegatos bonapartistas", *op. cit.,* pp. 123-124.

[1615] Hans JURETSCHKE: *Los afrancesados en la Guerra..., op. cit.,* p. 58.

[1616] Conde de TORENO: *Historia del levantamiento, guerra y revolución de España, op. cit.,* tomo I, p. 324. Adicionalmente, podemos recordar que Gil Novales se hace eco de que el conde de Toreno, en un discurso

Otra cuestión suscitada al hilo del reverdecimiento del interés desencadenado hace unos años a raíz del bicentenario de los acontecimientos de 1808, es la de si la Carta de Bayona puede considerarse como la primera Constitución española. Así lo ha sostenido Fernández Sarasola, para quien su habitual exclusión de los estudios parece responder más a prejuicios políticos y nacionalistas que a sólidos argumentos científicos[1617]. Tras lo expuesto, creemos que no sería necesario articular una palabra para mostrar cuál es nuestra posición al respecto. Pero además, las ponderadas reflexiones que sobre la misma cuestión ha hecho Torres del Moral diríamos que casi nos eximen de decir nada más. Creemos del mayor interés sintetizar la exposición de este último autor, quien refuta de modo contundente que la Carta de Bayona pueda considerarse nuestra primera Constitución, esgrimiendo, entre otros, los siguientes argumentos[1618]: el Estatuto de Bayona fue obra de Napoleón o, por lo menos, fue redactado bajo su estrecho control; la Asamblea reunida en Bayona era nulamente representativa; la soberanía nacional brillaba por su ausencia; la forma de gobierno diseñada por el texto no disponía una distribución equilibrada de poderes y, por tanto, se situaba en las antípodas de una constitución; la forma política de gobierno no era la propia de un gobierno moderado, en el sentido dado a la expresión por Montesquieu, y era imposible que hubiera germinado la libertad política; hablar de un modelo constitucional "sustancialmente de raíz autoritaria, y destinado a que el Monarca no perdiera excesivas parcelas de poder", como hace Fernández Sarasola[1619], o lo que es semejante, de una monarquía constitucional autoritaria, resulta inaceptable en una teoría constitucional democrática. Por todo ello, el texto de Bayona se distancia casi diametralmente del concepto clásico de constitución. Que pese a todo ello la Carta de Bayona haya sido considerada como la primera Constitución española resulta, como con toda razón dice Torres, una afirmación patética. Es obvio, para quien esto escribe al menos, que el constitucionalismo histórico español encuentra su punto de partida en Cádiz, no en ningún otro lugar.

C) Su recepción normativa de la libertad de imprenta

a) La tardía incorporación de la libertad de imprenta al texto estatutario. Las objeciones de los diputados a su regulación

La Carta de Bayona, que estructuraba sus 146 artículos en 13 títulos, no dedicaba de modo específico ninguno de ellos a la enumeración de derechos y libertades, aunque ha de reconocerse que el Título XIII, bajo el aséptico rótulo de "Disposiciones generales", dedicaba buena parte de sus artículos a contemplar diversos derechos y garantías, como la inviolabilidad del domicilio, la seguridad personal, el llamado derecho de vecindad de los extranjeros... También en el Título VII, relativo al Senado, el Estatuto iba a contemplar

pronunciado el 29 de febrero de 1812, tildó a la Carta de Bayona de "ridícula". Alberto GIL NOVALES: "La formación de un historiador: el conde de Toreno y su *Noticia* en 1820". Prólogo a la obra del Conde de Toreno, *Noticia de los principales sucesos del gobierno de España (1808-1814)*, Pamplona, Urgoiti Editores, 2008, pp. VII y ss.; en concreto, p. XXVIII.

1617 Ignacio FERNÁNDEZ SARASOLA: "El Estatuto de Bayona de 1808 y el modelo constitucional napoleónioco", *op. cit.*, p. 70.

1618 Antonio TORRES DEL MORAL: ""Elementos de la ideología constitucionalista y su recepción en España: de Bayona a Cádiz", en *Memoria de 1808* (Las bases axiológico-jurídicas del constitucionalismo español", *op. cit.*, pp. 41 y ss.; en concreto, pp. 63-64.

1619 Ignacio FERNÁNDEZ SARASOLA: "El Estatuto de Bayona de 1808 y el modelo...", *op. cit.*, p. 85.

la libertad individual y la libertad de imprenta, estableciendo el órgano encargado de velar por las mismas y unas reglas procedimentales.

Circunscribiéndonos a la libertad que nos interesa, diremos que ni el primer ni el segundo proyecto incluían referencia alguna a la libertad de imprenta, que sólo hará acto de presencia en el tercer proyecto. En éste aparecerá como nuevo título el dedicado al Senado, hasta ese momento inexistente[1620]. La Cámara estaba directamente inspirada en el Senado diseñado por el Senado-consulto de 28 *floreal* del año XII (18 de mayo de 1804). Ya en el texto de este tercer proyecto aparecía la libertad de imprenta, encomendándose al Senado "velar sobre la conservación de la libertad individual y de la libertad de la imprenta, luego que esta última se establezca por ley, como se previene después, título XIII, art. 127", norma esta última que ya defería a un momento posterior, dos años después que el Estatuto constitucional se pusiera en ejecución, el establecimiento de la libertad de imprenta.

Existe un cierto acuerdo por parte de la doctrina[1621] en resaltar el especial protagonismo asumido por el canónigo de Toledo, Juan Antonio Llorente –"espíritu falso y ligero que tenía como breviario *El contrato social* de Rousseau y cuyos trabajos y lecturas, al decir de Geoffroy de Grandmaison[1622], le hubieran podido valer una plaza entre los sacerdotes filósofos de la Constitución francesa"– en la recepción por el texto de la libertad de imprenta. Ya en las "Observaciones hechas por D. Juan Antonio Llorente, canónigo y dignidad de la santa iglesia de Toledo"[1623], refiriéndose al texto del art. 47 del tercer proyecto, reiteraba la conveniencia (ya expuesta en relación al artículo 42, relativo a la libertad individual) de que la llamada "Junta senatoria de la libertad de la imprenta" tuviera la autoridad decisiva para decidir acerca de si la libertad en cuestión había sido quebrantada, habiendo de conformarse el Rey con lo decidido por ella, "para testimonio de que no usa de poder arbitrario". Asimismo, Llorente consideraba útil el señalar a la Junta un término para decidir. El controvertido canónigo toledano consideraría igualmente imperfecta la redacción del art. 127, proponiendo la siguiente redacción alternativa:

> "Se establece desde ahora la libertad de la imprenta. Para el modo de usar de ella y precaver los peligros de su abuso, se formará reglamento, el cual se publicará por edicto del Rey, con la brevedad posible, antes del año de 1810".

La reforma propuesta por Llorente a este último precepto pretendía el rápido establecimiento de la libertad de imprenta, en contraste con la previsión del mencionado

[1620] En el segundo proyecto el Título VII se dedicaba a las Cortes, y su norma de apertura, el art. 20, diseñaba unas Cortes o asamblea de la nación integrada como cámara estamental, dividida en tres estamentos, el del clero, el de la nobleza y el del pueblo.

[1621] En Bayona, recuerda Juretschke, "el harto conocido canónigo de Toledo e historiador, especialmente de la Inquisición, Juan Antonio Llorente (....) tuvo que contentarse con haber impuesto el artículo sobre la libertad de prensa" (Hans JURETSCHKE: *Los afrancesados en la Guerra..., op. cit.*, pp. 61-62). En el mismo sentido, Juan MERCADER RIBA: *José Bonaparte Rey de España..., op. cit.*, p. 38. También Gómez-Reino señala que la libertad de prensa en el Estatuto de Bayona fue introducida por el historiador de la Inquisición Llorente. Enrique GÓMEZ-REINO Y CARNOTA: *Aproximación histórica al derecho de la imprenta y de la prensa en España (1480-1966)*, Madrid, Instituto de Estudios Administrativos, 1977, p. 86.

[1622] Charles-Alexandre GEOFFROY DE GRANDMAISON: *L'Espagne et Napoleon I (1804-1809)*, Paris, 1908, vol. I, p. 250. Cit. por Juan MERCADER RIBA: *José Bonaparte Rey de España..., op. cit.*, p. 38.

[1623] Estas "Observaciones" pueden verse en Ignacio FERNÁNDEZ SARASOLA: *La Constitución de Bayona (1808), op. cit.*, pp. 370-372.

art. 127, que en cierto modo "congelaba" tal libertad al deferir su establecimiento en el tiempo, pues a tenor de tal precepto:

> "Dos años después que el presente Estatuto constitucional haya sido de este modo puesto en ejecución (a tenor del art. 126, el Estatuto había de ser sucesiva y gradualmente ejecutado por decretos o edictos del Rey, de manera que la totalidad de sus disposiciones se encontrare puesta en ejecución antes del 1° de enero de 1813) se establecerá la libertad de imprenta. Para organizarla se publicará una ley hecha en Cortes".

Recuerda Sanz Cid que en la sesión celebrada el 25 de junio de 1808 Llorente habló sobre diferentes artículos del Estatuto, proponiendo diversas adiciones, "y respecto de la libertad de la imprenta, fue de dictamen de que ésta se proclamase desde ahora, consagrándole un artículo en la Constitución"[1624].

No fue D. Juan Antonio Llorente el único diputado que intentó suprimir el plazo para que se estableciese la libertad de imprenta. Algunos otros propusieron, igualmente sin éxito, que el plazo fuera abreviado. D. Pablo Arribas, Fiscal de la Sala de Alcaldes de Corte, y D. José Gómez Hermosilla, en sus "Observaciones" sobre el texto del tercer proyecto de Estatuto, además de considerar deseable "que se explicasen por menor las obligaciones y facultades de esta Junta, (la Junta senatoria de la libertad de la imprenta) y se dijese qué uso hará el Rey de su resolución", consideraban igualmente deseable "que se abreviase el plazo señalado en este artículo (el art. 127) para establecer la libertad de imprenta; porque nunca es más necesario que se escriba para disipar las densísimas tinieblas que cubren el horizonte español, que en los cuatro primeros años, dentro de los cuales se han de hacer todas las novedades que exige la ejecución del Estatuto constitucional, las cuales serán mal recibidas si primero no se prepara la opinión"[1625]. En similar dirección se posicionaría D. Manuel García de la Prada, representante del Banco Nacional de San Carlos, quien, con base en una serie de muy sensatas reflexiones[1626], consideraba deseable "que se decretase desde luego la libertad de la imprenta, sujetándola a los reglamentos que parezcan más oportunos y que se pudieran mandar formar para que, merecida la sanción necesaria, lograse cuanto antes la España de este incomparable beneficio"[1627].

Otros miembros de la Asamblea se pronunciaron en el sentido de postular diferentes modificaciones en relación a las previsiones relativas a la libertad que nos ocupa. Tal

---

[1624] Carlos SANZ CID: *La Constitución de Bayona, op. cit.*, p. 142.

[1625] Las "Observaciones" de los señores Arribas y Gómez Hermosilla pueden verse en Ignacio FERNÁNDEZ SARASOLA: *La Constitución de Bayona (1808), op. cit.*, pp. 315-322.

[1626] "Todas las personas sensatas y amantes de la ilustración general, que tanto se necesita en España, –argumenta el Sr. García de la Prada– mirarán este artículo (obviamente, se refiere al art. 127) como uno de los más apreciables de la Constitución; pero al mismo tiempo sentirán que pueda dilatarse por espacio de seis años y medio, si han de añadirse a los dos dichos los que señala el art. 126, para ir ejecutando gradualmente la Constitución. El estado de las ciencias en España, la escasez de libros buenos que hay en nuestra lengua, efecto de las continuas prohibiciones que han opuesto una barrera terrible a la ilustración general, y la rigidez mucho más fuerte, que también existe, para adquirir los libros escritos en otros idiomas, todas estas causas reunidas forman un fuerte dique que continuamente se opone al adelantamiento en las ciencias y en la educación general, sin lo que no puede haber sociedad bien constituida, ni podría lograr el Gobierno que se esparzan las luces que tanto importan en toda Nación culta".

[1627] Las "Observaciones" de D. Manuel García de la Prada pueden verse en Ignacio FERNÁNDEZ SARASOLA: *La Constitución de Bayona (1808), op. cit.*, pp. 347-351.

sería el caso de D. Luis Marcelino Pereyra, del Consejo de S. M. y Alcalde de su Real Casa y Corte, quien, refiriéndose al art. 47 del tercer proyecto, aducía que no se expresaba qué valor había de tener la decisión que diera la Junta después de su examen, ni cómo ni por quién había de ejecutarse, "lo que parece fuera menester para que no fuese ilusoria la disposición de este artículo". También D. Vicente Alcalá Galiano, tesorero general y ministro del Consejo de Hacienda, postulaba que se adicionara al art. 42 lo siguiente: "y conformándose con su parecer, determinará el Rey la libertad del detenido, o que se ponga a la disposición del competente tribunal", y "lo mismo digo con respecto al articulo 47". A su vez, D. Cristóbal de Góngora, oficial mayor de la Secretaría del Despacho de Hacienda, se mostraba partidario en relación al art. 43[1628], de que se dijera expresamente "que las obras no comprendidas en la atribución del Senado son las que se llaman papeles públicos". Muy curiosa, y a la par harto significativa del estado de la enseñanza en nuestro país, era la reforma que D. Roque Novella, catedrático y representante de la Universidad de Alcalá de Henares, postulaba para el art. 43, al pedir que se añadiera al mismo "y de la enseñanza pública o verbal", por cuanto, a su juicio, "una de las causas del atraso de los estudios públicos de España dimana de la falta de libertad en los maestros, quienes merecen ser protegidos por la misma Junta senatoria que protege la imprenta". Novella reclamaba, en definitiva, que la libertad de cátedra se sometiese a la misma protección que la libertad de imprenta.

En resumen, las reformas solicitadas respecto de los preceptos relativos a la libertad que nos ocupa podrían compendiarse a grandes rasgos en la reducción del plazo de entrada en vigor de la libertad de imprenta y en la concreción del valor que había de darse a la decisión adoptada por la "Junta senatoria de la libertad de la imprenta", inclinándose la mayor parte de quienes se manifestaron al respecto en favor de que el Rey viniese vinculado por lo decidido por dicha Junta.

b) La Junta senatoria de libertad de la imprenta

El texto final del Estatuto de Bayona de 6 de julio de 1808 no iba a alterar gran cosa la regulación dada a la libertad de imprenta en el tercer proyecto, procediendo a normarla en sus Títulos VII y XIII. En el primero de ellos, relativo al Senado, se contenían las disposiciones principales. Al contemplar genéricamente las facultades del Senado, el art. 39 le encomendaba, entre otras, la de velar por la conservación de la libertad de la imprenta, una vez que ésta se estableciera por ley, en los términos previstos por el art. 145. A su vez, el art. 45 contemplaba la llamada "Junta senatoria de libertad de la imprenta", que, integrada por cinco senadores nombrados por el mismo Senado, asumía el encargo de velar por tal libertad. El precepto parecía dejar abierta una cuestión muy controvertida al disponer que: "Los papeles periódicos no se comprenderán en las disposiciones de este artículo". Los artículos inmediatos sucesivos regulaban con algún detalle el procedimiento a seguir en esta materia.

Martin admite que la libertad de la imprenta no fue objeto más que de un reconocimiento indirecto y tímido, pero su explicación de tal limitación es harto discutible. A

[1628] El párrafo segundo del art. 43 del tercer proyecto disponía: "No se comprenden en su atribución (de la Junta senatoria de la libertad de imprenta) las obras que se imprimen y distribuyen por suscripción y a épocas periódicas".

juicio del profesor de Burdeos[1629], ello se explicaría, esencialmente, por el hecho de que los liberales chocaron con la oposición de los absolutistas, que temían que tal libertad permitiera su utilización con fines inaceptables, contrarios a la autoridad del rey, contradictorios con la religión o de mofa de la moral. En definitiva, según este planteamiento, la limitación con que se pergeñó esta libertad en la Carta de Bayona sería la resultante de la oposición a la misma de los diputados conservadores asistentes a la Junta de Bayona. Es este un argumento falaz, por cuanto la realidad es que Napoleón (que no acogió inicialmente esta libertad en el proyecto inicial de Constitución, lo que es harto revelador) difícilmente iba a conceder a los españoles lo que no había otorgado a los franceses. Y así, por aludir a un dato bien significativo, en relación a la exclusión de los papeles periódicos de esta garantía, recuerda Conard[1630] que no sólo carecían de esta garantía en España, sino también en Francia, lo que por lo demás no es sino una evidencia obvia, bastando para constatarlo con recordar el párrafo segundo del art. 64 de la Constitución del año XII[1631]. Quiere ello decir que la timidez con que se contempló esta libertad y los condicionamientos y restricciones de su garantía no eran sino los mismos, o similares, con que esta libertad se había contemplado en la Francia napoleónica.

Los autores, impresores y libreros que creyeran tener motivo para quejarse de que se les hubiera impedido la impresión o la venta de una obra, quedaban facultados para recurrir directamente y por medio de petición a la Junta senatoria de libertad de la imprenta. Cuando la Junta entendiera que la publicación de la obra no perjudicaba al Estado, había de requerir al Ministro que hubiera dado la orden para que la revocara. Si después de tres requisiciones consecutivas, hechas en el espacio de un mes, no la revocase, la Junta había de pedir que se convocara al Senado. La Cámara, habiendo méritos para ello, haría la siguiente declaración: "Hay vehementes presunciones de que la libertad de la imprenta ha sido quebrantada", tras lo que el presidente había de poner en manos del Rey la deliberación motivada del Senado. A su vez, esta deliberación había de ser examinada, de orden del Rey, por una Junta compuesta por los presidentes de sección del Consejo de Estado y por cinco individuos del Consejo Real. El Estatuto completaba la regulación señalando que los individuos de estas dos Juntas (la Junta senatoria y la última a la que se acaba de aludir) se habían de renovar por quintas partes cada seis meses.

La compleja regulación establecida en Bayona era sin ningún género de dudas deudora de la establecida por el ya mencionado *Senatus consultus* del 28 *Floreal* del año XII (18 de mayo de 1804), que vertebró jurídicamente el Imperio napoleónico y que ya dispuso la creación (en sus arts. 60 y 64) de sendas Comisiones senatoriales para la defensa de la libertad individual y de la de prensa, Comisiones integradas por siete miembros nombrados por el Senado y elegidos de entre sus miembros. Como reconoce generalizadamente la doctrina[1632], la creación por el Estatuto de Bayona de la Junta senatoria a la que nos estamos refiriendo se debió a la inspiración directa del citado texto francés, que también fue seguido de cerca en lo que hace al procedimiento. El contraste de la

[1629] Arnaud MARTIN: "Les droits individuels dans la Constitution de Bayonne", en *Revista Internacional de los Estudios Vascos (Riev),* 2009, (Cuadernos, 4), pp. 293 y ss.; en concreto, p. 296.

[1630] Pierre CONARD: *La Constitution de Bayonne..., op. cit.,* p. 91.

[1631] Refiriéndose a la *Commission sénatoriale de la liberté de la presse,* el párrafo segundo del art. 64 dispone: "Ne sont point compris dans son attribution les ouvrages qui s´impriment et se distribuent par abonnement et à des époques périodiques".

[1632] Así, por poner un ejemplo, Miguel ARTOLA: *Los derechos del hombre,* Madrid, Alianza Editorial, 1986, p. 63.

norma constitucional francesa de 1804 con las de los primeros textos constitucionales del vecino país era notable. Piénsese que la Constitución de 3 de septiembre de 1791 incluía entre los derechos naturales y civiles garantizados: “La liberté à tout homme de parler, d´écrire, d´imprimer et publier ses pensées, sans que les écrits puissent être soumis à aucune censure ni inspection avant leur publication”. A su vez, el art. 7 de la Constitución de 24 de junio de 1793 disponía: “Le droit de manifester sa pensée et ses opinions, soit par la voie de la presse, soit de toute autre manière, le droit de s´assembler paisiblement, le libre exercise des cultes, ne peuvent être interdits”.

Las mencionadas previsiones del texto de Bayona habían de completarse por la determinación del art. 145 de la mencionada Carta, a cuyo tenor: “Dos años después de haberse ejecutado enteramente esta Constitución, se establecerá la libertad de la imprenta. Para organizarla se publicará una ley hecha en Cortes”. La plena comprensión del precepto exigía a su vez tener en cuenta lo dispuesto por el art. 143, según el cual: “La presente Constitución se ejecutará sucesiva y gradualmente por decretos o edictos del Rey; de manera que el todo de sus disposiciones se halle puesto en ejecución antes del 1º de enero de 1813”.

Una visión completa de la Carta de Bayona en lo que atañe al principio de publicidad en la vida pública y social no puede prescindir de atender al art. 80, cuyo inciso inicial determinaba que las sesiones de las Cortes no serían públicas, ni al art. 81, que en la misma línea que el anterior disponía que las opiniones y votaciones de los miembros de las Cortes no debían divulgarse ni imprimirse, añadiendo que: “toda publicación por medio de la impresión o carteles, hecha por la Junta de Cortes o por alguno de sus individuos, se considerará como un acto de rebelión”. El secretismo inspiraba pues, el sistema institucionalizado en Bayona, impidiendo a los ciudadanos conocer la actuación de las Cortes y de sus representantes, y amenazando a éstos de un modo carente de toda lógica, verdaderamente disparatado. Para completar la incomunicación entre los representantes y los ciudadanos, el Estatuto ignoraba el derecho de petición.

c) El complejo, impreciso e ineficaz procedimiento de garantía de esta libertad

El procedimiento establecido por el Estatuto para la salvaguarda de esta libertad, al que hemos aludido con anterioridad, era tan complejo, exigía de la intervención de tantos órganos, que de haber llegado a estar realmente vigente no dudamos de que habría conducido al total vaciamiento de la garantía, a su ineficacia absoluta. Por ello mismo, y también en atención a la prórroga establecida respecto a la entrada en vigor de esta libertad, no nos extraña en absoluto que Andrés Borrego, hace más de un siglo, lisa y llanamente, dijera al respecto que “el Código de Bayona deniega la libertad de imprenta”[1633]. No más positivo sería el juicio del conde de Toreno, para quien aquellos dos medios tan necesarios de estamparse en una Constitución que se preciaba de representativa, no se vislumbraban siquiera en la de Bayona. Al contrario, pues la falta de publicidad de las sesiones de las

[1633] Andrés BORREGO: *Historia de las Cortes de España durante el siglo XIX* (a partir de la convocatoria de las Generales y Extraordinarias por la Junta Central en 1810 hasta el advenimiento del Rey D. Alfonso XII), Madrid, Imprenta de Alfonso Rodero, 1885, tomo II, p. 81.

Cortes y la graduación como rebelión de la publicación de las opiniones o votaciones, eran sintomáticas del esmero con que la Carta había trabado la libertad de los diputados, y quien así actuaba con éstos no era de esperar que obrase más generosamente con la libertad de imprenta. Y en efecto, no sólo se difería su goce, sino que una vez en vigor tal libertad, además de las limitaciones que hubieran entrado en la ley, parece ser que nunca se hubieran comprendido en su contexto los papeles periódicos. Así lo infería el conde de Toreno de lo prevenido en el art. 45[1634].

Y a todo ello había de unirse la imprecisión de las normas, que dejaban abiertos muchos flecos. Una primera incógnita que dejaba sin resolver la Carta era la del valor de la declaración del Senado acerca de la constatación de "la vehemente presunción de que la libertad de imprenta ha sido quebrantada". Hay que presuponer que tal declaración carecía de valor jurídico vinculante, pues, caso contrario, sería absurda la intervención posterior de la Junta contemplada por el art. 44, esto es, la integrada por los miembros del Consejo de Estado y los del Consejo Real. Como ya señalamos, en diversas observaciones hechas por miembros de la Asamblea de Bayona, se puso de relieve la conveniencia de dar carácter vinculante al pronunciamiento del Senado, algo que, como es obvio, no fue atendido.

No menos criticable era el deprimente rol que se atribuía a la Junta senatoria de libertad de la imprenta, que, en un plazo tan corto como el de un mes, se veía obligada a formular nada menos que tres requerimientos al Ministro que hubiera dado la orden de impedir la impresión o venta de una obra tras haber llegado la Junta previamente a la conclusión de que su publicación en nada perjudicaba al Estado. Hubiera debido bastar con un único requerimiento, pues exigir a este órgano senatorial la formulación de ese triple requerimiento a lo único que conducía era a privar de todo valor a su pronunciamiento. Era ridículo atribuirle un rol garantista en tales condiciones. El Ministro censor, al fin y a la postre, imponía su voluntad sobre la de la Junta senatoria, que se veía obligada para contrarrestar la decisión de aquél a recurrir al Senado, a la Cámara en pleno. Pero ni siquiera la solemne declaración del Senado, no obstante la prosopopeya de que parece querer revestirla la Carta, tenía ninguna vinculación jurídica. Más aún, cabría asimismo interrogarse acerca de la vinculatoriedad para el Rey del dictamen finalmente evacuado por la Junta contemplada por el art. 44, y la respuesta lógica en un sistema de corte autocrático como el diseñado por la Carta de Bayona habría de ser que tal vinculatoriedad era inexistente, con lo que, en definitiva, llegaríamos a la conclusión de que todo se dejaba a la voluntad real, al capricho regio. Triste, tristísima fórmula de garantía de una libertad tan crucial.

Añadamos, que como ya se objetó por algunos miembros de la Asamblea de Bayona, la regulación establecida por el texto dejaba sin concreción alguna los plazos en que habían de pronunciarse los distintos órganos implicados en el procedimiento de garantía, lo que podía conducir a que la ley reguladora de la libertad estableciese unos plazos tan laxos que condujeran a privar de toda virtualidad el reconocimiento final de esta libertad. En definitiva, el procedimiento de garantía establecido en el texto de Bayona, en el mejor de los casos, era absolutamente ineficaz; en el peor, habríamos de calificarlo como una suerte de farsa.

[1634] Conde de TORENO: *Historia del levantamiento, guerra y revolución..., op. cit.,* tomo I, p. 325.

También Martin, a la vista del diseño garantista acogido por la Carta, considera que el alcance mismo de la afirmación de esta libertad parece ilusorio, por cuanto el texto abre un procedimiento largo, condicionado y de efectos aleatorios, lo que conduce a este autor a entender que la libertad de la imprenta no goza de una real protección, no obstante hallarse claramente afirmada, por cuanto su definición y sus garantías son lo suficientemente imprecisas como para vaciarla de su sustancia[1635]. Y Conard no duda en reconocer que la Constitución gaditana de 1812 contenía disposiciones mucho más serias para garantizar tanto la libertad individual como la libertad de la imprenta[1636].

d) La exclusión de los papeles periódicos del régimen de esta libertad

El art. 45, como ya se señaló con anterioridad, dejaba abierta otra cuestión problemática: la del régimen jurídico aplicable a la prensa. Ello era la resultante de la exclusión por su segundo párrafo de los "papeles periódicos" de las disposiciones del propio precepto. Y esto nos situaba ante una doble alternativa: o los periódicos quedaban sujetos a un régimen de libertad total, al margen de cualquier tipo de censura previa, o bien, la prensa se sujetaba a un régimen jurídico de censura previa sin matices ni garantías. Innecesario es decir que ante esta doble alternativa hay que decantarse por la segunda opción. Cuando la libertad de imprenta para las publicaciones no periódicas quedaba postergada, casi nos atreveríamos a decir, aún a sabiendas de contradecir con ello la letra del Estatuto, que *sine die*, era de todo punto impensable que Napoleón estuviese dispuesto a conceder la libre publicación de los papeles periódicos, que podía ser infinitamente más dañina para su intereses; ello, entre otras consideraciones, hubiera contradicho la sordina que, según Rumeu de Armas[1637], Napoleón aplicó constantemente a todas las reformas liberales, supuestamente por miedo a que fuesen mal recibidas en España, aunque en tal caso más exacto sería decir que por temor a su rechazo por los sectores más conservadores, si bien, en sintonía con lo que antes dijimos, en realidad, porque como buen autócrata que era, el corso no estaba dispuesto a dar vida a ningún mecanismo que pudiese cuestionar su omnímodo poder. Como escribe Almuiña[1638], en materia de prensa Napoleón tuvo buen cuidado de no recortar su facultad de intervención, siendo como era buen conocedor de las grandes posibilidades de este instrumento de dominio[1639].

Los tres miembros del Consejo de Castilla presentes en la Asamblea (Colón, Lardizábal y Torres) no parecieron entender en el sentido señalado el texto del art. 43 del tercer proyecto de Constitución, no obstante tener una redacción muy similar a la del definitivo art. 45[1640]. Recuerda Sanz Cid[1641], que como en España no tenía ninguna tradición la libertad

1635 Arnaud MARTIN: "Les droits individuels dans la Constitution de Bayonne", *op. cit.*, pp. 297-298.

1636 Pierre CONARD: *La Constitution de Bayonne..., op. cit.*, p. 89.

1637 Antonio RUMEU DE ARMAS: *Historia de la censura literaria gubernativa en España, op. cit.*, p. 131.

1638 Celso ALMUIÑA: "Opinión pública y revolución liberal", en *Cuadernos de Historia Contemporánea*, Vol. 24, 2002, pp. 81 y ss.; en concreto, p. 88.

1639 La doctrina no duda acerca de que la libertad de imprenta no alcanzaba a la prensa. Así, por referirnos a algunos autores, Pedro GÓMEZ APARICIO: *Historia del periodismo erspañol, op. cit.*, p. 64. También, José Manuel ROMERO MORENO: *Proceso y derechos fundamentales en la España del siglo XIX*, Madrid, Centro de Estudios Constitucionales, 1983, p. 61.

1640 A tenor del párrafo segundo del art. 43 del tercer proyecto: "No se comprenden en su atribución (a la Junta senatoria de la libertad de la imprenta) las obras que se imprimen y distribuyen por suscripción y a épocas periódicas".

1641 Carlos SANZ CID: *La Constitución de Bayona, op. cit.*, pp. 345-346.

de imprenta, los consejeros de Castilla[1642], que habían tachado de lenta y ficticia la garantía de la libertad individual establecida por el texto estatutario, se alarmaron por el contrario por la excepción establecida para las obras periódicas, que no quedaban sometidas a la protección de la Junta senatorial. Pero esta alarma no podía desconectarse del tradicional rechazo de la libertad de imprenta mostrado desde antaño por ese órgano retrógrado que por aquel entonces era el Consejo de Castilla. El propio Sanz Cid lo aclara perfectamente cuando señala que en cualquier espíritu preocupado por la libertad de imprenta, el temor que hubiese suscitado esta excepción hubiese sido el de la arbitrariedad posible de resultas de la exención de toda garantía de estos papeles periódicos. Sin embargo, a los miembros del Consejo de Castilla les asaltó el recelo de que esta salvedad pudiese significar ausencia de toda reglamentación, haciendo notar que, si tal excepción equivalía a una amplia libertad de imprimir, ellos se oponían por los daños que, a su entender, la misma podía causar al gobierno, a la sociedad, a los particulares y a la religión. Los temores, increíblemente, iban pues en el sentido de que la referida salvedad supusiera la total consagración de la libertad de la prensa. En análogo sentido se expresaría el consejero de la Suprema y General Inquisición, Raimundo Ettenhard y Salinas[1643]. La interpretación de los mencionados consejeros carecía de toda lógica, pues al establecer esa salvedad, lo que el Estatuto pretendía, sin más, era sujetar la prensa periódica al estricto control del ejecutivo, pero no deja de ser reveladora de la existencia entre los altos servidores del Estado de un núcleo irreductible en su rechazo sin paliativos a la libertad de la prensa. Frente a ellos, el conde de Toreno, como ya tuvimos oportunidad de señalar, enderezaría su crítica justamente en sentido contrario, esto es, por exceptuar la norma de la libertad de imprenta a semejantes publicaciones, "las que sin duda reservaba el gobierno a su propio examen"[1644].

La exclusión de los periódicos de la garantía constitucional establecida para la libertad de imprenta ha sido considerada[1645] como la limitación más criticable contemplada por el Estatuto de Bayona en esta materia, aunque desde luego no faltan otras susceptibles de una dura censura. Ya hemos dicho que en ello la Carta de 1808 seguía fielmente los pasos de la Constitución francesa del año XII. Las publicaciones periódicas difundidas en muchos casos por abono, pudiendo por lo mismo quedar fácilmente ocultas a los poderes públicos, ya habían sido privadas de toda garantía en el texto napoleónico.

[1642] Los tres consejeros de Castilla fueron enviados por el Consejo a la Asamblea de Bayona y presentaron un Memorial o Informe sobre el Estatuto en un sentido tan conservador que tuvo la virtud de irritar al propio Emperador. El Informe de la Diputación del Consejo de Castilla, fechado en Bayona el 13 de junio de 1808 y suscrito por Josef Colón, Manuel de Lardizábal y Sebastián de Torres, puede verse en Carlos SANZ CID: *La Constitución de Bayona, op. cit.*, pp. 482-499.

Añadamos que, una vez zafado de la presión napoleónica, el Consejo de Castilla en pleno, a instancias de su Fiscal, Antonio Díez, por medio de un Auto de 12 de agosto de 1808, declaró nulas las abdicaciones de Carlos IV y Fernando VII, como asimismo los decretos que como consecuencia de ellas habían dictado Napoleón y José Bonaparte, "inclusa la Constitución formada para la Monarquía en Bayona en fecha 7 de julio próximo". *Apud* Eduardo MARTIRÉ: *La Constitución de Bayona entre España y América,* Madrid, Boletín Oficial del Estado/Centro de Estudios Políticos y Constitucionales, 2000, p. 103.

[1643] También Ettenhard y Salinas, en su condición de consejero de la Inquisición, presentó un Informe al primer proyecto de la Carta de Bayona, fechado el 13 de junio de 1808. Puede verse en Ignacio FERNÁNDEZ SARASOLA: *La Constitución de Bayona (1808), op. cit.*, pp. 204-207.

[1644] Conde de TORENO: *Historia del levantamiento, guerra y revolución de España,* tomo I, Madrid, Imprenta de don Tomás Jordán, 1835, pp. 315-316.

[1645] Arnaud MARTIN: "Les droits individuels dans la Constitution de Bayonne", *op. cit.*, p. 297.

e) La "congelación" estatutaria de la libertad de imprenta

El precepto más significativo, y aún el de mayor trascendencia práctica del Estatuto de Bayona en relación a la libertad de imprenta, iba a ser el art. 145, que, coherentemente con el art. 39, no iba a hacer acto de presencia en la Carta hasta el tercer y definitivo texto del proyecto. El precepto en cuestión difería hasta "dos años después de haberse ejecutado enteramente esta Constitución" el establecimiento de la libertad de imprenta. Como antes se dijo, el art. 143 disponía a su vez, que la totalidad de las disposiciones constitucionales debían hallarse puestas en ejecución antes del 1° de enero de 1813, lo que se traducía en que la ley de Cortes de regulación de la libertad de imprenta se estaba defiriendo al menos hasta el 1° de enero de 1815, ley que, como es obvio, nunca fue dictada. Pero al margen ya de esta circunstancia, bien hubiera podido decirse, recurriendo a una expresión castiza, ¡para largo me lo fiáis! Postergar cuatro años y medio o más (recordemos que don Manuel García de la Prada, representante ante la Junta de Bayona del Banco de San Carlos computaba ese "lapsus" en seis años y medio) la regulación de la libertad de imprenta, en la particular coyuntura por la que atravesaba España, era tanto como como dejarla postergada *ad calendas grecas*. Este plazo de carencia, por así denominarlo, convertía en letra muerta los preceptos que consagraban la nueva libertad, que en el mejor de los casos, como ha dicho la doctrina[1646], podían entenderse tan sólo como una promesa de reconocer tal libertad, o incluso, con más precisión, como la promesa de libertad de prensa para un futuro lejano[1647].

Algún autor, con una benevolencia de criterio digna de mejor causa, ha considerado que la solución dada por el Estatuto a la libertad de imprenta respondía a la división que en España existía en torno a la misma, con claros partidarios de ella frente a no sólo los conservadores, sino también muchos ilustrados, que sentían cierto miedo a su establecimiento, por cuanto pensaban que podía degenerar en excesos. Ante esta situación, la solución dada por el Estatuto era equidistante: reconocía dicha libertad, pero no podía hacerse efectiva hasta 1815[1648]. Este juicio parece bendecir el acierto de la supuesta fórmula salomónica acogida en Bayona en relación a esta libertad. Innecesario es decir que, a nuestro entender, nada hay más alejado de la realidad. La regulación de Bayona no era equidistante de nada; lisa y llanamente, negaba la libertad de imprenta de los papeles periódicos y, en relación a las demás publicaciones, contemplaba una supuesta libertad que, de inmediato, dejaba "congelada" con vistas a su regulación en un futuro harto incierto. Y todo ello sin olvidar que la fórmula garantista acogida por el Estatuto, tal y como ya se ha señalado, distaba mucho de poder ser considerada como una auténtica

---

[1646] José Manuel ROMERO MORENO: *Proceso y derechos fundamentales en la España del siglo XIX*, Madrid, Centro de Estudios Constitucionales, 1983, p. 57. Las circunstancias dominantes y la preocupación de Napoleón –escribe Romero Moreno– impulsaron a formular una promesa de reconocer tal libertad, sólo después de dos años, a contar no de la fecha de la Constitución, sino de que se hubiese ejecutado enteramente, como señal de pacificación del Reino.

[1647] Hans JURETSCHKE: *Los afrancesados en la Guerra...*, *op. cit.*, p. 59.

[1648] Ignacio FERNÁNDEZ SARASOLA: "El Estatuto de Bayona de 1808 y el modelo constitucional napoleónico", *op. cit.*, p. 87. No parece que esta tesis de la "equidistancia" sea mantenida en otro lugar por el propio autor, quien, más razonablemente, se refiere al arrinconamiento de la libertad de imprenta en el Estatuto, que "responde a la misma lógica autoritaria de todo el texto, en el que los cauces de comunicación entre el pueblo y los órganos públicos se hallan cercenados". Ignacio FERNÁNDEZ SARASOLA: "Una Constitución para España: el Estatuto de Bayona", en la obra del propio autor, *La Constitución de Bayona (1808)*, *op. cit.*, pp. 27 y ss.; en concreto, p. 83.

garantía. Ello estaba lejos de ser extraño; al fin y al cabo el modelo se había tomado de la que podríamos denominar Constitución imperial del año 1804, pues no otra cosa era el Senado-consulto de 18 de mayo de ese año, de reforma de la Constitucioón de 1799, y como señala Fayard[1649], cuando Bonaparte llega al poder, la prensa es sometida casi por completo a su voluntad; la conclusión de este trabajo de sometimiento la llevará a cabo la Ley del 27 *ventôse* del año VIII (17 de febrero de 1800). La libertad de prensa y aún la de imprenta, como también el principio de publicidad, eran ajenos al sentir napoleónico; nada extraño, pues, al fin y al cabo, Napoleón era un personaje harto alejado del sentir democrático.

No ha de sorprender por lo que se acaba de exponer que la libertad de imprenta establecida en Bayona no escapara a las críticas surgidas hacia el Estatuto, que como en sus *Recuerdos de un anciano* trae a la memoria Alcalá Galiano[1650], mereció ser puesto en coplillas que lo ridiculizaban , y ciertamente censurándolo en lo poco que tenía favorable a la libertad y en lo no poco en que tiraba a formar un gobierno ilustrado. Por ejemplo, prometiéndose en aquella obra la libertad de imprenta, el relevante poeta satírico don Eugenio de Tapia (1776-1860) –que fue director de *La Gaceta* y colaborador del *Semanario Patriótico,* y, al inicio del trienio liberal, en las Cortes de 1820, siendo diputado progresista por Ávila, fue uno de los que propuso (el 11 de julio) que se formara un "buen reglamento sobre libertad de imprenta", iniciativa que terminó desembocando en el Decreto de 22 de octubre de 1820, aprobatorio de ese nuevo Reglamento– escribió:

> "La libertad de la imprenta
> Disfrutará la nación:
> ¡Pobre del Papa y del clero!
> ¡Pobre de la religión!

f) La nula influencia de esta regulación sobre los constituyentes gaditanos

Una última cuestión hemos de abordar: ¿influyó la regulación de la libertad de imprenta llevada a cabo por la Carta de Bayona en Cádiz? Algunos autores así lo han entendido. Así, Cendan considera que el más inmediato precedente del Decreto gaditano que proclamó la libertad de expresión del pensamiento "y, hasta cierto punto, la fuente de su inspiración", puede encontrarse en el Estatuto de Bayona[1651]. También López de Lerma parece, por lo menos implícitamente, situarse en una posición semejante, cuando entiende que los primeros antecedentes en la regulación de la imprenta los podemos encontrar en el Estatuto de Bayona, "texto (que) tuvo un papel histórico muy destacado en el nacimiento de nuestro constitucionalismo"[1652]. Y otro tanto pareciera poder inferirse de las reflexiones de Morange, quien, tras señalar que, como sucedió en muchos otros terrenos (piénsese

[1649] Jean-François FAYARD (con la colaboración de Alfred FIERRO y Jean TULARD): "Diccionario de la Revolución", en Jean Tulard, Jean-François Fayard y Alfred Fierro, *Historia y Diccionario de la Revolución Francesa,* Madrid, Ediciones Cátedra, 1989, pp. 531 y ss.; en concreto, p. 935.

[1650] Antonio ALCALÁ GALIANO: "Recuerdos de un anciano", en *Obras escogidas de D. Antonio Alcalá Galiano,* vol. I, prólogo y edición de Jorge Campos, (Biblioteca de Autores Españoles, tomo 83), Madrid, Ediciones Atlas, 1955, pp. 1 y ss.; en concreto, p. 43.

[1651] Fernando CENDAN PAZOS: *Historia del Derecho español de prensa e imprenta (1502-1966),* Madrid, Editora Nacional, 1974, p. 88.

[1652] Jesús LÓPEZ DE LERMA GALÁN: "La libertad política de imprenta en el contexto preconstitucional de 1812", en Francisco Javier Díaz Revorio, Miguel Revenga Sánchez y José Manuel Vera Santos (directores), en la abolición de la Inquisición), la Constitución de Bayona se anticipó a las Cortes de Cádiz, proclamando la libertad de la imprenta, aunque por las circunstancias no pasó de ser la afirmación de un principio, recuerda que poco tiempo después, al final del año 1809, Flórez Estrada, Morales y Lista mandaban a la Junta Central sendas memorias favorables a la libertad de imprenta[1653]. Morange no dice que la libertad de imprenta regulada en Bayona influyera sobre los diputados gaditanos, pero sí parece dar a entender que éstos, tanto en esta cuestión como en otras, siguieron la pauta fijada en Bayona. Tras todo lo expuesto, no creemos que hagan falta muchas palabras para mostrar que esto no fue en absoluto así en relación a la libertad de imprenta, una libertad que se había venido postulando por algunos de los más relevantes miembros de los ilustrados desde muchos lustros atrás, y que se reivindicaría aún con más fuerza por los liberales llegados a Cádiz.

A nuestro modo de ver, nada más alejado de la realidad que pensar que los constituyentes gaditanos iban a atender al alambicado mecanismo de garantía de la libertad de imprenta de corte napoleónico establecido en Bayona. La ilegitimidad de origen de la Carta de 1808, elaborada por Napoleón y ratificada por una Asamblea que era cualquier cosa salvo representativa, y cuyos miembros, en aquel momento (no queremos decir hoy), debieron de ser vistos como traidores a la patria. Su significado, un texto otorgado en un país extranjero y por un autócrata francés que, además de todo ello, había invadido España, masacrando con la brutalidad de sus ejércitos a los españoles. Y la propia regulación dada a esta libertad por la Carta, que de entrada excluía a los periódicos de la misma, en frontal contraste con la amplia reivindicación por los liberales (y por buen número de ilustrados) de la libertad de la prensa, separándose asimismo de la visión liberal de esta libertad, que había de situarse en la onda de la concepción inglesa de la misma, o lo que es igual, una libertad de imprimir sin censura previa, sujeta a las responsabilidades a que hubiera lugar de conformidad con la ley, exigibles en todo caso *a posteriori*. Y qué decir del efecto que debió causar en Cádiz un reconocimiento de la libertad en cuestión que postergaba su efectividad casi diríamos que *sine die,* no obstante las prevenciones contempladas para su garantía. Estos argumentos creemos que son suficientes como para justificar nuestra posición.

Con una perspectiva global, Clavero ha subrayado de moto taxativo que la Constitución de Bayona no alcanzaría influencia alguna en la formación del constitucionalismo español; no la tendrá siquiera en la Constitución de 1812, pese incluso a la destacada participación en su elaboración de alguno de los que habían colaborado en la Asamblea de Bayona[1654]. Ni siquiera el hecho, al que acaba de aludirse, de la participación en el proceso constituyente gaditano de algunos personajes que habían tenido un claro protagonismo en la Asamblea de Bayona, don Antonio Ranz Romanillos[1655] de modo muy particular, cuyo rol en Cádiz fue más que notable, altera nuestra visión.

La Constitución de 1812 y su difusión en Iberoamérica, Valencia, Tirant lo Blanch, 2012, pp. 155 y ss.; en concreto, p. 158.

[1653] Claude MORANGE: "Teoría y práctica de la libertad de la prensa durante el trienio constitucional: el caso de <El Censor> (1820-1822)", en *La prensa en la revolución liberal. España, Portugal y América Latina,* edición de Alberto Gil Novales, Madrid, Universidad Complutense de Madrid, 1983, pp. 203 y ss.; en concreto, p. 204.

[1654] Bartolomé CLAVERO: *Evolución histórica del constitucionalismo español,* Madrid, Editorial Tecnos, 1ª reimpr. de la 1ª ed., 1985, p. 32.

[1655] Antonio Ranz Romanillos, un gran helenista (tradujo del griego, entre otras obras, las *Vidas paralelas* de Plutarco), académico de la Historia y autor de un estudio preliminar a la Novísima Recopilación, como

Puede admitirse que, puntualmente, algunos principios presentes en la Carta de Bayona, como los de modernización jurídica y política[1656] (unificación y racionalización, entendida jurídicamente como codificación, nacionalización y centralización del Estado, revolución fiscal....) pudieron tener un cierto impacto sobre los constituyentes gaditanos, pero no vemos el más mínimo influjo en la regulación de la libertad de imprenta. La legalización de esta libertad fue la resultante final de una aspiración largamente sentida, aunque ese sentimiento se radicase sólo en unas minorías que, sin embargo, con el devenir del tiempo se fueron extendiendo. Si alguna reacción desencadenó el texto de Bayona fue de rechazo, como no podía ser de otra manera por la propia lógica de los acontecimientos.

---

se dijo, fue uno de los dos secretarios de la Asamblea de Bayona. Juretschke se ha hecho eco (en *Los afrancesados en la Guerra..., op. cit.*, p. 60) de la gran participación que se ha atribuido a Ranz Romanillos en la redacción de la Constitución de Bayona. Y Martiré (en *La Constitución de Bayona entre España y América, op. cit.*, p. 97) se ha interrogado, sin llegar a dar una respuesta, acerca de si no sería Ranz Romanillos el traductor del proyecto de Constitución traído por Napoleón, constatando que, en cualquier caso, Romanillos actuó en la Asamblea en forma principal, gozando del favor del Emperador. En fin, como otros personajes que cambiaron de bando, como el duque del Infantado, Ranz Romanillos será objeto de una despiadada crítica realizada por otro relevante personaje de Bayona, el canónigo Juan Antonio Llorente, quien, como recuerda de nuevo Juretschke (en *Los afrancesados en la Guerra..., op. cit.*, pp. 210-211), en sus *Memorias para la historia de la revolución española,* obra publicada en dos tomos en París, en 1814, "un libro lleno de burla, escarnio y maldad para con el adversario", llevó a cabo un violento ajuste de cuentas con todos aquellos que, tras un entendimiento inicial con el régimen josefino, se separaron de él al conocer la victoria española de Bailén.

Añadamos finalmente que, una vez pasado al bando patriótico, que, como a otros, le exoneró de su anterior connivencia con el invasor, el Sr. Ranz Romanillos fue nombrado vocal de tres de las Juntas creadas en el seno de la Comisión de Cortes (la Junta de medios y recursos, la de Hacienda y la muy relevante Junta de Legislación) nombrada por la Junta Central. Ranz Romanillos es un personaje que, según Federico Suárez (en *El proceso de la convocatoria a Cortes, 1808-1810,* Pamplona, Ediciones Universidad de Navarra, 1982, pp. 245-248), resulta por completo desconcertante, y sobre el que se abre la incógnita de cómo mientras afrancesados mucho menos significados que él se vieron durante mucho tiempo apartados de todo cargo público, o sentenciados, o cosas peores, él, ya en septiembre de 1809, no sólo había sido aceptado en Sevilla, sino que había sido incorporado por la Junta Central a los trabajos de la importantísima Comisión de Cortes.

[1656] A ellos se refiere Raúl MORODO, en *Las Constituciones de Bayona (1808) y Cádiz (1812). Dos ocasiones frustradas,* Madrid, Biblioteca Nueva, 2011, p. 109.

13. Bibliografía manejada

ABELLÁN, José Luis: *Historia crítica del pensamiento español,* tomo III (Del Barroco a la Ilustración. Siglos XVII y XVIII), Madrid, Espasa-Calpe, 2ª ed., 1988.

ABELLÁN, José Luis: *Historia crítica del pensamiento español,* tomo IV (Liberalismo y Romanticismo. 1808-1874), Madrid, Espasa-Calpe, 1984.

ADAIR; Douglass: "<That Politics May Be Reduced to a Science>: David Hume, James Madison, and the Tenth *Federalist",* en *Huntington Library Quarterly,* Vol. 20, January, 1956, pp. 343 y ss.

AGUIAR ARANGUREN, Asdrúbal (coordinador): *La Constitución de Cádiz de 1812* (Hacia los orígenes del constitucionalismo iberoamericano y latino), Caracas, Unión Latina/CEPC y otras instituciones, 2004.

AGUIAR ARANGUREN, Asdrúbal: "La libertad de imprenta en las Cortes de Cádiz: Relectura desde la Revolución Francesa", en *La Constitución de Cádiz de 1812* (Hacia los orígenes del constitucionalismo iberoamericano y latino), Asdrúbal Aguiar (coordinador), Caracas, Unión Latina/CEPC y otras instituciones, 2004, pp. 121 y ss.

AGUILAR PIÑAL, F.: "Prólogo" a la obra de Pedro Rodríguez Campomanes, *Discurso sobtre la educación popular,* Madrid, Editora Nacional, 1978, pp. 7 y ss.

AGUIRRE, Manuel de: *Cartas y Discursos del Militar Ingenuo al Correo de los Ciegos de Madrid* (precedido de "Sistema de Sociedades Patrióticas y de Seminarios o Casas de Educación"), edición de Antonio Elorza, (Patronato "José María Quadrado", CSIC), San Sebastián, Gráficas Izarra, 1974.

ALBIAC BLANCO, María Dolores: *Razón y sentimiento. El siglo de las Luces 1692-1800* (tomo 4 de la "Historia de la literatura española", dirigida por José Carlos Mainer), Barcelona, Editorial Crítica, 2011.

ALCALÁ GALIANO, Antonio: "Recuerdos de un anciano", en *Obras escogidas de D. Antonio Alcalá Galiano,* I, (Biblioteca de Autores Españoles, tomo 83), Madrid, Ediciones Atlas, 1955, pp. 1 y ss. En una edición reciente, con igual título, *Recuerdos de un anciano,* Barcelona, Editorial Crítica, 2009.

ALCALÁ GALIANO, Antonio: "Memorias de D. Antonio Alcalá Galiano publicadas por su hijo", en *Obras escogidas de D. Antonio Alcalá Galiano,* I, (Biblioteca de Autores Españoles, tomo 83), Madrid, Ediciones Atlas, 1955, pp. 249 y ss. Continuación en *Obras escogidas de D. Antonio Alcalá Galiano,* II (Biblioteca de Autores Españoles, tomo 84), Madrid, Ediciones Atlas, 1955, pp. 5 y ss.

ALCALÁ GALIANO, Antonio: "Índole de la Revolución de España en 1808", en *Obras escogidas de D. Antonio Alcalá Galiano,* II, (Biblioteca de Autores Españoles, tomo 84), Madrid, Ediciones Atlas, 1955, pp. 307 y ss.

ALCALÁ GALIANO, Antonio: "Don Agustín Argüelles", en *Obras escogidas de D. Antonio Alcalá Galiano,* II, (Biblioteca de Autores Españoles, tomo 84), Madrid, Ediciones Atlas, 1955, pp. 351 y ss.

ALCALÁ GALIANO, Antonio: "Jovellanos", en *Obras escogidas de D. Antonio Alcalá Galiano,* II, (Biblioteca de Autores Españoles, tomo 84), Madrid, Ediciones Atlas, 1955, pp. 427 y ss.

ALEJANDRE, Juan Antonio: "La censura de libros y folletos de contenido político en las últimas décadas del siglo XVIII y en las primeras del XIX", en Enrique Gacto Fernández (editor), *Inquisición y censura. El acoso a la inteligencia en España,* Madrid, Editorial Dykinson, 2006, pp. 89 y ss.

ALMUIÑA, Celso: "Opinión pública y revolución liberal", en *Cuadernos de Historia Contemporánea,* Vol. 24, 2002, pp. 81 y ss.

ALVARADO PLANAS, Javier: *Justicia, libertad y censura en la Edad moderna,* Madrid, Ministerio de Justicia/Boletín Oficial del Estado, 2007.

ÁLVAREZ ALONSO, Clara: "Catecismos políticos de la primera etapa liberal española", en Pablo Fernández Albaladejo y Margarita Ortega López (eds.), *Antiguo Régimen y liberalismo. Homenaje a Miguel Artola,* Vol. 3 (Política y Cultura), Madrid, Alianza Editorial/Ediciones de la Universidad Autónoma de Madrid, 1995, pp. 23 y ss.

ÁLVAREZ CORA, Enrique: "Iusnaturalismo racionalista y censura del Santo Oficio", en Enrique Gacto Fernández (editor), *Inquisición y censura. El acoso a la inteligencia en España,* Madrid, Editorial Dykinson, 2006, pp. 233 y ss.

ÁLVAREZ CORA, Enrique: "Inquisición y censura de los derechos naturales: el germen racionalista del libre pensamiento constitucional español", en *1812 fra Cadice e Palermo* (Nazione, rivoluzione, costituzione, rappresentanza politica, libertà garantite, autonomie), (Atti del Convegno, Palermo-Messina 5-10 dicembre 2005), Vol. I, a cura di Andrea Romano e Francesco Vergara Caffarelli, Palermo, Regione Siciliana, Dipartimento dei Beni culturali e dell´Identità siciliana, 2012, pp. 71 y ss.

ÁLVAREZ JUNCO, José y DE LA FUENTE MONGE, Gregorio: *El nacimiento del periodismo político. La libertad de imprenta en las Cortes de Cádiz (1810-1814),* Madrid, Ediciones APM/Fragua Libros y otras editoriales, 2009.

ÁLVAREZ JUNCO, José: "Capmany y su informe sobre la necesidad de una Constitución", en *Cuadernos Hispanoamericanos,* nº 210, 1967, pp. 520 y ss.

ÁLVAREZ-VALDÉS Y VALDÉS, Manuel: *Jovellanos. Vida y pensamiento,* Oviedo, Ediciones Nobel, 2012.

ALVARGONZÁLEZ DÍAZ TREACHER, Alejandro: "Relaciones entre dos ilustrados: Campomanes y Jovellanos", en Dolores Mateos Dorado (ed.), *Campomanes doscientos años después,* Oviedo, Instituto Feijoo de Estudios del Siglo XVIII, Universidad de Oviedo, 2003, pp. 737 y ss.

ALVEAR TÉLLEZ, Julio: *La libertad moderna de conciencia y de religión. El problema de su fundamento,* Madrid, Fundación Elías de Tejada/Marcial Pons, 2013.

ALLEN, J. W.: *English Political Thought 1603-1660,* Vol. I (1603-1644), London, Methuen & Co. Ltd., 1938.

ALLI ARANGUREN, Juan C.: "El marco histórico e institucional de la Constitución de Bayona", en *Revista Internacional de los Estudios Vascos (Riev),* 2009, (Cuadernos, 4), pp. 197 y ss.

ANDIOC, René: *Teatro y sociedad en el Madrid del siglo XVIII,* Madrid, Fundación Juan March/ Editorial Castalia, 1976.

ANES y ÁLVAREZ DE CASTRILLÓN, Gonzalo (coordinador): *Campomanes en su II Centenario,* Madrid, Real Academia de la Historia, 2003.

ANES, Gonzalo: "España y la Revolución Francesa", en la obra colectiva, *Revolución, Contrarrevolución e Independencia* (La Revolución Francesa, España y América), Madrid, Turner, 1989, pp. 17 y ss.

ANES, Gonzalo: "Prólogo" a la obra de Pedro Rodríguez, Conde de Campomanes, *Discurso sobre el fomento de la industria popular. La educación popular de los artesanos y su fomento,* Oviedo, Grupo Editorial Asturiano (GEA), 1991, pp. 7 y ss.

ANSUÁTEGUI ROIG, Francisco Javier: *Orígenes doctrinales de la libertad de expresión,* Madrid, Universidad Carlos III de Madrid/Boletín Oficial del Estado, 1994.

ARGÜELLES, Agustín de: *Discurso Preliminar a la Constitución de 1812,* Madrid, Centro de Estudios Constitucionales, 1981.

ARGÜELLES, Agustín de: *Las Cortes de Cádiz. Examen histórico de la reforma constitucional,* 2 tomos, Madrid Imprenta de las Novedades, a cargo de A. Querol, 1865. Más recientemente, publicado con el título *Examen histórico de la reforma constitucional de España,* 2 tomos, (Colección Clásicos del Pensamiento Asturiano), Oviedo, Junta General del Principado de Asturias, 1999.

ARTOLA, Miguel: *Los Orígenes de la España Contemporánea,* tomo I, Madrid, Instituto de Estudios Políticos, 1959; tomo II, Madrid, Instituto de Estudios Políticos, 2ª ed., 1976.

ARTOLA, Miguel: *Antiguo Régimen y Revolución liberal,* Barcelona, Editorial Ariel, 1978.

ARTOLA, Miguel: *Los derechos del hombre,* Madrid, Alianza Editorial, 1986.

ARTOLA, Miguel: *Los afrancesados,* Madrid, Alianza Universidad, 1989.

ARTOLA, Miguel: *La Revolución española (1808-1814),* Madrid, Ediciones Universidad Autónoma de Madrid, 2010.

ARTOLA, Miguel: "La difusión de la ideología revolucionaria en los orígenes del liberalismo español", en *Arbor* (Revista del Consejo Superior de Investigaciones Científicas), nº 31, Julio/Agosto 1955, pp. 476 y ss.

ARROYAL, León de: *Cartas económico-políticas,* edición, prólogo y notas de José Caso González, Oviedo, Cátedra Feijoo, Universidad de Oviedo, 1971.

AUSÍN, Txetxu y PEÑA, Lorenzo (coordinadores): *Memoria de 1808* (Las bases axiológico-jurídicas del constitucionalismo español), Madrid, Plaza y Valdés, 2009.

AUSÍN; Txetxu y PEÑA, Lorenzo: "Diferencia y similitudes entre la guerra de sucesión y la guerra de la independencia", en *Memoria de 1808* (Las bases axiológico-jurídicas del constitucionalismo español), Lorenzo Peña y Txetxu Ausín (coordinadores), Madrid, Plaza y Valdés, 2009, pp. 23 y ss.

AYER, A. J.: *Voltaire,* Barcelona, Editorial Crítica, 1988.

AYMES, Jean-René (ed.): *España y la Revolución Francesa,* Barcelona, Editorial Crítica, 1989.

BAILYN, Bernard: *The Ideological Origins of the American Revolution,* Cambridge (Massachusetts), The Belknap Press of Harvard University Press, 13th printing, 1976.

BARÓN THAIDIGSMANN, Javier: "Prólogo" a la obra de Juan Agustín Ceán Bermúdez, *Memorias para la vida del Excmo. Señor D. Gaspar Melchor de Jove Llanos, y noticias analíticas de sus obras,* (Biblioteca Histórica Asturiana), Gijón, Silverio Cañada Editor, 1989, pp. VII y ss.

BARRAGÁN BARRAGÁN, José: "Libertad de imprenta", en José Barragán Barragán, *Temas de Derechos Humanos en las Cortes españolas de 1810-1813,* Guadalajara (México), Universidad de Guadalajara, 2ª ed., 1997, pp. 1 y ss.

BARRENECHEA, José Manuel: "Estudio Preliminar", en la obra de Valentín de Foronda, *Cartas sobre los asuntos más exquisitos de la Economía Política y sobre las Leyes Criminales,* Vitoria-Gasteiz, Departamento de Economía y Hacienda, Gobierno Vasco, 1994, pp. XV y ss.

BARRERA, Carlos (editor): *El periodismo español en su historia,* Barcelona, Editorial Ariel, 2000.

BARRERA, Carlos: "Introducción", en Carlos Barrera (editor), *El periodismo español en su historia,* Barcelona, Editorial Ariel, 2000, pp. 9 y ss.

BASTIDE, Charles: *John Locke. Ses théories politiques et leur influence en Angleterre. Les libertés politiques. L´Église et l´État. La tolérance,* Genève, Slaktine Reprints, 1970. Réimpression de l´édition de Paris, 1906

BAYET, Albert: *Historia de la libertad de pensamiento,* Buenos Aires, Editorial Paidós, 2ª ed., 1962.

BENAVIDES, M. y ROLLÁN, C.: "Introducción. Vida y Obras de Valentín de Foronda", en la obra de Valentín de Foronda, *Los sueños de la razón,* edición de M. Benavides y C. Rollán, Madrid, Editora Nacional, 1984, pp. 11 y ss.

BENTHAM, Jeremy: *Bentham. Antología,* edición de Josep M. Colomer, Barcelona, Ediciones Península, 1991.

BENTHAM, Jeremy: *Garanties contre l´abus de pouvoir et autres écrits sur la liberté politique,* traduction, annotation et postface de Marie-Laure Leroy, Paris, Éditions Rue d´Ulm/Pressses de l´École normale supérieure, 2001.

BERLIN, Isaiah: *The Age of Enlightenment* (The Eighteenth-Century Philosophers), Oxford/New York/Toronto/Melbourne, Oxford University Press, 1979.

BERMAN, Harold J.: "The Origins of Historical Jurisprudence: Coke, Selden, Hale", en *Yale Law Journal (Yale L. J.),* Vol. 103, 1993-1994, pp. 1651 y ss.

BERMEJO CABRERO, José Luis: "Introducción" a la obra de Ramón Salas, *Lecciones de Derecho Público Constitucional,* Madrid, Centro de Estudios Constitucionales, 1982, pp. VII y ss.

BERNS, Walter: "Freedom of the Press and the Alien and Sedition Laws : A Reappraisal", en *Supreme Court Review (Sup. Ct. Rev.),* Vol. 1970, 1970, pp. 109 y ss.

BLACKSTONE, William: *Commentaries on the Laws of England* (A Facsimile of the First Edition of 1765-1769), Vol. IV (Of Public Wrongs, 1769), Chicago and London, The University of Chicago Press, 1979.

BLANCO VILA, Luis: "Milton: un poeta puritano en la Revolución". Introducción a la obra de John Milton, *Areopagítica,* (Ilustre Colegio de Abogados de Madrid), Madrid, Torre de Goyanes, 1998, pp. 7 y ss.

BLANCO WHITE, José María: *Antología de obras en español,* edición, selección, prólogo y notas de Vicente Llorens, Barcelona, Editorial Labor, 1971.

BLASI, Vincent: "John Milton´s *Areopagitica* and the Modern First Amendment", en *Communications Lawyer* (The Journal of Media, Information and Communication Law. American Bar Association), Vol. 14, Number 4, Winter 1996, pp. 11 y ss.

BOBBIO, Norberto: *El tiempo de los derechos,* Madrid, Editorial Sistema, 1991.

BÖCKELMANN, F.: *Formación y funciones sociales de la opinión pública,* Barcelona, Editorial Gustavo Gili, 1983.

BORREGO, Andrés: *Historia de las Cortes de España durante el siglo XIX,* tomo II, Madrid, Imprenta de Alfonso Rodero, 1885.

BOZAL, Valeriano: *Pinturas negras de Goya,* Madrid, Antonio Machado Libros, 2009.

BRAVO GALA, Pedro: "Presentación", en la obra de John Locke, *Carta sobre la Tolerancia,* Madrid, Editorial Tecnos, 1ª reimpr. de la 1ª ed., 1988, pp. IX y ss.

BURKE, Edmund: *Reflexiones sobre la Revolución Francesa,* Madrid, Instituto de Estudios Políticos, 1954.

BURKE, Edmund: *Textos políticos,* México, Fondo de Cultura Económica, 1ª reimpr., 1984.

BURY, John B.: *A History of Freedom of Thought,* London/New York/Toronto, Oxford University Press, 2nd edition, 1952 (first edition in 1913). En versión italiana, *Storia della libertà di pensiero,* Milano, Feltrinelli Editore, terza edizione, 1979.

BUSAALL, Jean-Baptiste: "Nature juridique de la monarchie espagnole sous Joseph Bonaparte" (Réflexions à partir d´une mise au point sur l´abolition de l´Inquisition en 1808), en *Mélanges de la Casa de Velázquez,* nº 35-1, 2005, pp. 235 y ss.

BUSAALL, Jean-Baptiste: "Le discours constitutionnel dans <El Imparcial> de Pedro Estala (1809)", en *El Argonauta Español,* nº 5, 2008, pp. 1-18. Puede verse en la siguiente dirección electrónica: http://argonauta.imageson.org/document109.html.

BUSAALL, Jean-Baptiste: "Constitution et culture constitutionnelle. La Constitution de Bayonne dans la monarchie espagnole", en *Revista Internacional de los Estudios Vascos (Riev),* 2009, (Cuadernos, 4), pp. 73 y ss.

CABARRÚS, Francisco: *Elogio del Excelentísimo Señor Conde de Gausa,* Madrid, Viuda de Ibarra, Hijos y Compañía, 1786.

CABEZAS, Juan Antonio: *Jovellanos. El fracaso de la Ilustración,* Madrid, Editorial Sílex, 1985.

CADALSO, José: *Cartas marruecas. Noches lúgubres,* edición de Joaquín Arce, Madrid, Cátedra, 12ª ed., 1989.

CAMÓN AZNAR, José: *Velázquez,* 2 tomos, Madrid, Espasa-Calpe, 1964.

CAMPBELL, Blair: "La Mettrie: The Robot and the Automaton", en *Journal of the History of Ideas,* Vol. 31, No. 4, October/December 1970, pp. 555 y ss.

CAMPOS BORALEVI, Lea: "La dichiarazione dei diritti dell´uomo nell´analisi critica di Bentham", en *I linguaggi politici delle rivoluzioni in Europa XVII – XIX secolo,* a cura di Eluggero Pii, Città di Castello, Leo S. Olschki, 1992, pp. 319 y ss.

CANAVAN, Francis: "John Milton and Freedom of Expression", en *Interpretation,* Vol. 7, 1978, pp. 50 y ss.

CANTOS CASENAVE, Marieta, DURÁN LÓPEZ, Fernando y ROMERO FERRER, Alberto (editores): *La guerra de pluma* (Estudios sobre la prensa en Cádiz en el tiempo de las Cortes. 1810-1814), tomo I, Cádiz, Universidad de Cádiz, 2006.

CAÑAS MURILLO, Jesús: "Introducción", en la obra de Juan Pablo Forner, *Oración Apologética de la España y su Mérito Literario,* edición de Jesús Cañas Murillo, Badajoz, Departamento de Publicaciones, Diputación Provincial de Badajoz, 1997, pp. 11 y ss.

CAPMANY, Antonio de: *Centinela contra franceses,* edición, con introducción, notas y apéndices documentales de Françoise Etienvre, London/Madrid, Tamesis Books Limited/Editorial Castalia, 1988.

CARBONELL, Marta Cristina: "Introducción", en la obra de Juan Pablo Forner, *Exequias de la lengua castellana,* Madrid, Ediciones Cátedra, 2003, pp. 9 y ss.

CARLYLE, A. J.: *La libertad política,* Madrid/México, Fondo de Cultura Económica, 1ª reimpr. de la 1ª ed. en español, 1982.

CARRILLO, Marc: "Estudio Preliminar", en la obra de John Milton, *Areopagítica,* (edición bilingüe), traducción, edición y notas de Joan Curbet, Madrid, Editorial Tecnos, 2011, pp. IX y ss.

CASO GONZÁLEZ, José Miguel: *Jovellanos,* edición de María Teresa Caso, Barcelona, Ediciones Ariel, 2ª ed., 2002.

CASO GONZÁLEZ, José Miguel: "Prólogo" a la obra de León de Arroyal, *Cartas económico-políticas,* edición y notas de José Caso González, Cátedra Feijoo, Facultad de Filosofía y Letras, Universidad de Oviedo, 1971, pp. V y ss.

CASO GONZÁLEZ, José Miguel: "La literatura de 1759 a 1808", en *Historia de España* (fundada por Ramón Menéndez Pidal), José Mª Jover Zamora (dir.), tomo XXXI (La época de la Ilustración), vol. I (El Estado y la cultura, 1759-1808), Madrid, Espasa-Calpe, 1987, pp. 543 y ss.

CASSIRER, Ernst: *Filosofía de la Ilustración,* México, Fondo de Cultura Económica, 1ª reimpr. de la 3ª ed. en español, 1975.

CASTILLON, BECKER, CONDORCET: *¿Es conveniente engañar al pueblo?* (Política y Filosofía en la Ilustración: el concurso de 1778 de la Real Academia de Ciencias de Berlín), edición crítica, traducción, notas y estudio preliminar de Javier de Lucas, Madrid, Centro de Estudios Constitucionales, 1991.

CASTRO, Adolfo de: *Cortes de Cádiz. Complementos de las sesiones verificadas en la Isla de León y en Cádiz* (Extractos de las discusiones, datos, noticias, documentos y discursos publicados en periódicos y folletos de la época), tomo I, Madrid, Imprenta de Prudencio Pérez de Velasco, 1913.

CASTRO, Concepción de: *Campomanes. Estado y reformismo ilustrado,* Madrid, Alianza Editorial, 1996.

CASTRO ALFÍN, Demetrio: *Los males de la imprenta* (Política y libertad de prensa en una sociedad dual), Madrid, CIS (Centro de Investigaciones Sociológicas), 1998.

CEÁN BERMÚDEZ, Juan Agustín: *Memorias para la vida del Excmo. Señor D. Gaspar Melchor de Jove Llanos, y noticias analíticas de sus obras,* (Biblioteca Histórica Asturiana), Gijón, Silverio Cañada, Editor, 1989.

CENDÁN PAZOS, Fernando: *Historia del Derecho español de prensa e imprenta (1502-1966),* Madrid, Editora Nacional, 1974.

CEÑAL, S. J., Ramón: "Feijoo, hombre de la ilustración", en *Revista de Occidente,* nº 21, 1964, pp. 313 y ss.

CLAVERO, Bartolomé: *Evolución histórica del constitucionalismo español,* Madrid, Editorial Tecnos, 1ª reimpr. de la 1ª ed., 1985.

CLAVERO, Bartolomé: "Estudio introductorio" y "Rectificación importante", en la obra de Jean Louis De Lolme, *Constitución de Inglaterra,* Madrid, Centro de Estudios Constitucionales, 1992, pp. 11 y ss., y 527, respectivamente.

Colección de los Decretos y Órdenes que han expedido las Cortes generales y extraordinarias desde su instalación de 24 de Setiembre de 1810 hasta igual fecha de 1811, tomo I, Madrid, Imprenta Nacional, 1820.

COMENGE, Rafael: *Antología de las Cortes de Cádiz,* Madrid, Establecimiento Tipográfico Hijos de J. A. García, 1909.

CONARD, Pierre: *La Constitution de Bayonne (1808). Essai d´édition critique,* Paris, Édouard Cornély et Cie, Éditeurs, 1910.

Conde de CABARRÚS: *Cartas sobre los obstáculos que la naturaleza, la opinión y las leyes oponen a la felicidad pública,* Madrid, Castellote Editor, 1973.

Conde de TORENO: *Noticia de los principales sucesos del gobierno de España (1808-1814),* Pamplona, Urgoiti Editores, 2008.

Conde de TORENO: *Historia del Levantamiento, Guerra y Revolución de España,* 5 tomos, Madrid, Imprenta de Don Tomás Jordán, 1835-1837. En edición reciente, *Historia del levantamiento, guerra y revolución de España (1807-1814),* edición de J. M. Martínez Valdueza, 4 tomos, León, Editorial Akrón, 2008-2009.

CONDE NARANJO, Esteban: *El Argos de la Monarquía* (La policía del libro en la España ilustrada, 1750-1834), Madrid, Centro de Estudios Políticos y Constitucionales, 2006.

CONDORCET: *Bosquejo de un cuadro histórico de los progresos del espíritu humano,* Madrid, Centro de Estudios Políticos y Constitucionales, 2004.

CONSTANT, Benjamin: *Escritos políticos,* traducción, estudio preliminar y notas de María Luisa Sánchez Mejía, Madrid, Centro de Estudios Constitucionales, 1989.

CORONAS GONZÁLEZ, Santos M.: "Estudio Preliminar", en la obra de Pedro Rodríguez Campomanes, *Escritos regalistas,* tomo I, (Clásicos del Pensamiento Asturiano), Oviedo, Junta General del Principado de Asturias, 1993, pp. 1 y ss.

CORONAS GONZÁLEZ, Santos M.: "Jovellanos, jurista ilustrado", en *Anuario de Historia del Derecho Español,* tomo LXVI, 1996, pp. 561 y ss.

CORONAS GONZÁLEZ, Santos M.: "Campomanes: abogado y fiscal del Consejo de Castilla", en Dolores Mateos Dorado (ed.), *Campomanes doscientos años después,* Oviedo, Instituto Feijoo de Estudios del Siglo XVIII, Universidad de Oviedo, 2003, pp. 183 y ss.

CORTES GENERALES: *Colección de Decretos y Órdenes de las Cortes de Cádiz,* 2 tomos, Madrid, Cortes Generales, 1987.

CRANSTON, Maurice: "Locke on Toleration", en *Rivista internazionale di filosofia del diritto,* Vol. LXV, Núm. 2, Aprile/Giugno, 1988, pp. 213 y ss.

CURBET, Joan: "Vindicación y límites de la libertad intelectual: el lugar de *Areopagítica* (1644) en la obra de John Milton", en John Milton, *Areopagítica* (edición bilingüe), traducción, edición y notas de Joan Curbet, Madrid, Editorial Tecnos, 2011, pp. 201 y ss.

CHAFEE, Jr., Zechariah (compiled and edited): *Documents on Fundamental Human Rights* (The Anglo-American Tradition), Vol. 1, New York, Atheneum, 1963.

DE DIEGO, Emilio, y SÁNCHEZ-ARCILLA, José (dirs.): *Diccionario de la Guerra de la Independencia, 1808-1814,* 2 vols., Madrid, Actas, 2011.

DE DIOS, Salustiano: *El Consejo Real de Castilla (1385-1522),* Madrid, Centro de Estudios Constitucionales, 1982.

DE LOLME, Jean Louis: *Constitución de Inglaterra*, edición de Bartolmé Clavero, Madrid, Centro de Estudios Constitucionales, 1992.

DE LUCAS, Javier: "Estudio Preliminar", en la obra de Castillon, Becker y Condorcet, *¿Es conveniente engañar al pueblo?* (Política y filosofía en la Ilustración: el concurso de 1778 de la Real Academia de Ciencias de Berlín), edición crítica de Javier de Lucas, Madrid, Centro de Estudios Constitucionales, 1991, pp. IX y ss.

DE SALVO, Patrizia: "Istruzione, Stampa e Opinione Pubblica: influenze del costituzionalismo inglese, fra Cadice e Palermo", en *1812 fra Cadice e Palermo* (Nazione, rivoluzione, costituzione, rappresentanza politica, libertà garantite, autonomie), (Atti del Convegno, Palermo-Messina, 5-10 dicembre 2005), Vol. I, a cura di Andrea Romano e Francesco Vergara Caffarelli, Palermo, Regione Siciliana, Dipartimento regionale dei Beni culturali e dell´Identità siciliana, pp. 365 y ss.

DEFOURNEAUX, Marcelin: *Inquisición y censura de libros en la España del siglo XVIII,* Madrid, Taurus, 1973.

DEFOURNEAUX, Marcelin: *Pablo de Olavide el afrancesado,* Sevilla, Padilla Libros, 1990.

DEL RÍO, Ángel: "Introducción", en Jovellanos, *Obras escogidas,* edición y notas de Ángel del Río, Vol. I, Madrid, Espasa-Calpe, 1965, pp. VII y ss.

DEL VECCHIO, Jorge: "La Declaración de los derechos del hombre y del ciudadano en la Revolución francesa", en la obra de recopilación de ensayos del propio autor, *Persona, Estado y Derecho,* Madrid, Instituto de Estudios Políticos, 1957, pp. 45 y ss.

DÉROZIER, Albert: *Escritores políticos españoles (1780-1854),* Madrid, Ediciones Turner, 1975.

DÉROZIER, Albert: *Manuel Josef Quintana et la naissance du libéralisme en Espagne,* Paris, Annales Littéraires de l´Université de Besançon, 1968. En versión española, *Manuel José Quintana y el nacimiento del liberalismo en España,* Madrid, Ediciones Turner, 1978.

DESCARTES, René: *Discurso del método. Reglas para la dirección de la mente,* Barcelona, Ediciones Orbis, 1983.

DESDEVISES DU DEZERT, G.: "Les Lettres politico-économiques de Campomanes", en *Revue Hispanique,* Vol. IV, 1897, pp. 240 y ss.

DESDEVISES DU DEZERT, G.: "Un réformateur au dix-huitième siècle. Don Miguel Antonio de la Gándara", en *Revista de Archivos, Bibliotecas y Museos,* 3ª época, Año X, Enero/Junio 1906, pp. 274 y ss.

DIDEROT, Denis: *Sur la liberté de la presse,* présentation et notes de Jacques Proust, Paris, Éditions Sociales, 1964.

DIDEROT, Denis y d´ALEMBERT, Jean le Rond: *La Enciclopedia,* Madrid, Ediciones Guadarrama, 1970.

DIDEROT, Denis y d´ALEMBERT, Jean le Rond: *Artículos políticos de la <Enciclopedia>*, selección, traducción y estudio preliminar de Ramón Soriano y Antonio Porras, Madrid, Editorial Tecnos, 1986.

DOMERGUE, Lucienne: *Les démêlés de Jovellanos avec l'Inquisition et la Bibliothèque de l'Instituto,* Oviedo, Cátedra Feijoo, Universidad de Oviedo, 1971.

DOMERGUE, Lucienne: *Censure et lumières dans l'Espagne de Charles III,* (Centre National de la Recherche Scientifique), Paris, Éditions du CNRS, 1982.

DOMERGUE, Lucienne: "Propaganda y contrapropaganda en España durante la Revolución Francesa (1789-1795)", en Jean-René Aymes (ed.), *España y la Revolución Francesa,* Barcelona, Editorial Crítica, 1989, pp. 118 y ss.

DOMÍNGUEZ ORTIZ, Antonio: *El Antiguo Régimen. Los Reyes Católicos y los Austrias,* Madrid, Alianza Editorial/Ediciones Alfaguara, 2ª ed., 1974.

DOMÍNGUEZ ORTIZ, Antonio: *Carlos III y la España de la Ilustración,* Madrid, Alianza Editorial, 1ª reimpr. de la 1ª ed., 1988.

D'ORS, Eugenio: *Cuando ya esté tranquilo,* Madrid, Renacimiento, 1930.

Duque de ALMODÓVAR: *Constitución de Inglaterra,* estudio preliminar, transcripción e índices de Jesús Vallejo, Madrid, Boletín Oficial del Estado/Centro de Estudios Políticos y Constitucionales, 2000.

DURÁN LÓPEZ, Fernando (edición, introducción y notas): *Crónicas de Cortes del Semanario Patriótico (1810-1812),* (Biblioteca de las Cortes de Cádiz), Cádiz, Ayuntamiento de Cádiz, 2003.

DURÁN LÓPEZ, Fernando: *José María Blanco White o la conciencia errante,* Sevilla, Fundación José Manuel Lara, 2005.

DUVERGER, Maurice: *Constitutions et Documents Politiques,* Paris, Presses Universitaires de France, 6ème édition, 1971.

EGUÍZABAL, José Eugenio de: *Apuntes para una historia de la legislación española sobre imprenta desde el año 1480 al presente,* Pamplona, Analecta Editorial, 2003. Reimpresión facsímil de la obra publicada en Madrid por la Imprenta de la Revista de Legislación en 1879.

ELORZA, Antonio: *La ideología liberal en la Ilustración española,* Madrid, Editorial Tecnos, 1970.

ELORZA, Antonio: *Pan y Toros y otros papeles sediciosos de fines del siglo XVIII,* Madrid, Editorial Ayuso, 1971.

ELORZA, Antonio: *La modernización política en España* (Ensayos de historia del pensamiento político), Madrid, Ediciones Endymion, 1990.

ELORZA, Antonio: "Estudio preliminar", en la obra de Manuel de Aguirre, *Cartas y Discursos del Militar Ingenuo al Correo de los Ciegos de Madrid,* edición de Antonio Elorza, (Patronato "José María Quadrado", CSIC), San Sebastián, Gráficas Izarra, 1974, pp. 9 y ss.

ELORZA, Antonio: "El temido Árbol de la Libertad", en Jean-René Aymes (ed.), *España y la Revolución Francesa,* Barcelona, Editorial Crítica, 1989, pp. 69 y ss.

ERHARD, J. B., GEICH, J. B. y otros: *¿Qué es la Ilustración?,* estudio preliminar de Agapito Maestre, Madrid, Editorial Tecnos, 1988.

ESCOLANO, Agustín (dirección): *Leer y escribir en España. Doscientos años de alfabetización,* Madrid, Fundación Germán Sánchez Ruipérez, 1992.

ESCUDERO, José Antonio: *Estudios sobre la Inquisición,* Madrid, Marcial Pons Historia/Colegio Universitario de Segovia, 2005.

ETIENVRE, Françoise: "Introducción biográfica y crítica", en Antonio de Capmany, *Centinela contra franceses,* edición de Françoise Etienvre, London/Madrid, Tamesis Books Limited/Editorial Castalia, 1988, pp. 11 y ss.

EVANS, B. Ifor: "Milton and the Modern Press", en *Freedom of Expression,* (A Symposium), edited by Hermon Ould, London/New York/Melbourne/Sidney, Hutchinson International Authors Ltd., 1944, pp. 26 y ss.

FARIAS GARCÍA, Pedro: "Tres clásicos de la libertad de expresión (Milton, Tocqueville y J. S. Mill)", en *Revista de Ciencias de la Información* (Universidad Complutense de Madrid), nº 3, 1986, pp. 113 y ss.

FAYARD, Jean-François (con la colaboración de Alfred FIERRO y Jean TULARD): "Diccionario de la Revolución", en Jean Tulard, Jean-François Fayard y Alfred Fierro, *Historia y Diccionario de la Revolución Francesa,* Madrid, Ediciones Cátedra, 1989, pp. 531 y ss.

FEIJOO, Benito Jerónimo: *Teatro crítico universal* (o Discursos varios en todo género de materias, para desengaños de errores comunes), edición, introducción y notas de Giovanni Stiffoni, Madrid, Editorial Castalia, 1986.

FEIJOO, Benito Jerónimo: *Teatro crítico universal,* edición de Ángel Raimundo Fernández González, Madrid, Ediciones Cátedra, 9ª ed., 2011.

FERNÁNDEZ, Roberto: "La herencia histórica del absolutismo borbónico", en Guillermo Pérez Sarrión (ed.), *Más Estado y más mercado. Absolutismo y economía en la España del siglo XVIII,* Madrid, Sílex Ediciones, 2011, pp. 17 y ss.

FERNÁNDEZ ALBALADEJO, Pablo y ORTEGA LÓPEZ, Margarita (eds.): *Antiguo Régimen y liberalismo. Homenaje a Miguel Artola,* Vol. 3 (Política y Cultura), Madrid, Ediciones de la Universidad Autónoma, 1995.

FERNÁNDEZ ALMAGRO, Melchor: "Del Antiguo Régimen a las Cortes de Cádiz", en *Revista de Estudios Políticos,* nº 126, Noviembre/Diciembre 1962, pp. 9 y ss.

FERNÁNDEZ ÁLVAREZ, Manuel: *Jovellanos. Un hombre de nuestro tiempo,* Madrid, Espasa-Calpe, 1988.

FERNÁNDEZ DE LA CIGOÑA, Francisco José y CANTERO NÚÑEZ, Estanislao: *Antonio de Capmany (1742-1813). Pensamiento, obra histórica, política y jurídica,* Madrid, Fundación Francisco Elías de Tejada, 1993.

FERNÁNDEZ GONZÁLEZ, Ángel-Raimundo: "Introducción", en Benito Jerónimo Feijoo, *Teatro crítico universal,* edición de Ángel-Raimundo Fernández González, Madrid, Ediciones Cátedra, 9ª ed., 2011, pp. 9 y ss.

FERNÁNDEZ SARASOLA, Ignacio: *Poder y libertad: los orígenes de la responsabilidad del Ejecutivo en España (1808-1823),* Madrid, Centro de Estudios Constitucionales, 2001.

FERNÁNDEZ SARASOLA, Ignacio: *Proyectos constitucionales en España (1786-1824),* Madrid, Centro de Estudios Políticos y Constitucionales, 2004.

FERNÁNDEZ SARASOLA, Ignacio: *La Constitución de Bayona (1808),* (colección "Las Constituciones españolas", dirigida por Miguel Artola), Madrid, Iustel, 2007.

FERNÁNDEZ SARASOLA, Ignacio: "La Constitución española de 1812 y su proyección europea e iberoamericana", en *Fundamentos* (Cuadernos monográficos de Teoría del Estado, Derecho público e Historia constitucional), nº 2/2000, pp. 359 y ss.

FERNÁNDEZ SARASOLA, Ignacio: "Estudio preliminar", en la obra de Valentín de Foronda, *Escritos políticos y constitucionales,* edición de Ignacio Fernández Sarasola, Bilbao, Universidad del País Vasco, 2002, pp. 9 y ss.

FERNÁNDEZ SARASOLA, Ignacio: "El pensamiento político-constitucional de Álvaro Flórez Estrada a través de la prensa", en Joaquín Varela Suanzes-Carpegna (coord.), *Álvaro Flórez Estrada (1766-1853). Política, economía, sociedad,* Oviedo, Junta General del Principado de Asturias, 2004, pp. 211 y ss.

FERNÁNDEZ SARASOLA, Ignacio: "Estudio preliminar: El pensamiento político de Jovellanos", en Gaspar Melchor de Jovellanos, *Obras Completas,* tomo XI (Escritos políticos), Oviedo, Ayuntamiento de Gijón/Instituto Feijoo de Estudios del Siglo XVIII/KRK Ediciones, 2006, pp. XXXV y ss.

FERNÁNDEZ SARASOLA, Ignacio: "Opinión pública y <libertades de expresión> en el constitucionalismo español (1726-1845)", en *Historia Constitucional* (revista electrónica), nº 7, 2006, pp. 159 y ss. Puede verse en esta dirección: http://hc.rediris.es/07/index.html.

FERNÁNDEZ SARASOLA, Ignacio: "El Estatuto de Bayona de 1808 y el modelo constitucional napoleónico", en Lorenzo Peña y Txetxu Ausín (coords.), *Memoria de 1808. Las bases axiológico-jurídicas del constitucionalismo español,* Madrid, Plaza y Valdés Editores, 2009, pp. 67 y ss.

FERNÁNDEZ SARASOLA, Ignacio: "El precedente: la Constitución de Bayona", en *Cortes y Constitución de Cádiz 200 años,* dirección de José Antonio Escudero, tomo II, Madrid, Espasa, 2011, pp. 354 y ss.

FERNÁNDEZ SEBASTIÁN, Javier (coord.): *La aurora de la libertad* (Los primeros liberalismos en el mundo iberoamericano), Madrid, Marcial Pons Historia, 2012.

FERNÁNDEZ SEBASTIÁN, Javier: "Presentación", en José A. Ibáñez de la Rentería, *La Ilustración política. Las <Reflexiones sobre las formas de gobierno> de José A. Ibáñez de la Rentería y otros discursos conexos (1767-1790),* Bilbao, Universidad del País Vasco, 1994, pp. 9 y ss.

FERNÁNDEZ SEBASTIÁN, Javier: "Estudio introductorio. <Ibáñez de la Rentería y el pensamiento político de la Ilustración>", en José A. Ibáñez de la Rentería, *La Ilustración política. Las <Reflexiones sobre las formas de gobierno> de José A. Ibáñez de la Rentería y otros discursos conexos (1767-1790),* Bilbao, Universidad del País Vasco, 1994, pp. 17 y ss.

FERNÁNDEZ SEBASTIÁN, Javier: "El imperio de la opinión pública según Álvaro Flórez Estrada", en Joaquín Varela Suanzes-Carpegna (coord.), *Álvaro Flórez Estrada (1766-1853). Política, economía, sociedad,* Oviedo, Junta General del Principado de Asturias, 2004, pp. 335 y ss.

FERNÁNDEZ SEBASTIÁN, Javier: "Liberalismo en España (1810-1850). La construcción de un concepto y la forja de una identidad política", en Javier Fernández Sebastián (coord.), *La aurora de la libertad* (Los primeros liberalismos en el mundo iberoamericano), Madrid, Marcial Pons Historia, 2012, pp. 261 y ss.

FERNÁNDEZ SEGADO, Francisco: "La libertad de imprenta en las Cortes de Cádiz", en *Revista de Estudios Políticos,* nº 124 (nueva época), Abril/Junio 2004, pp. 29 y ss. También publicado con el mismo título en la obra *La Constitución de Cádiz de 1812* (Hacia los orígenes del constitucionalismo iberoamericano y latino), Asdrúbal Aguiar (coordinador), Caracas, Unión Latina/AECI/CEPC y otras instituciones, 2004, pp. 425 y ss.

FERNÁNDEZ SEGADO, Francisco: "Los inicios de la *judicial review",* en la obra del propio autor, *La evolución de la justicia constitucional,* Madrid, Editorial Dykinson, 2013, pp. 35 y ss.

FERNÁNDEZ SEGADO, Francisco: "El *Justice* Oliver Wendell Holmes: <*The Great Dissenter*> de la *Supreme Court",* en la obra del propio autor, *La evolución de la justicia constitucional,* Madrid, Editorial Dykinson, 2013, pp. 1183 y ss.

FERNÁNDEZ SEGADO, Francisco: "El camino hacia el reconocimiento de la libertad política de la imprenta por las Cortes de Cádiz", en *La Costituzione di Cadice nel bicentenario della sua promulgazione,* a cura di Giuseppe Franco Ferrari, Torino, G. Giappichelli Editore, 2013, pp. 97 y ss. También publicado con el mismo título en *Revista de las Cortes Generales,* nº 86, segundo cuatrimestre 2012, pp. 7 y ss.

FERRER BENIMELI, José Antonio: "Aranda y Campomanes, dos condes antagónicos", en Dolores Mateos Dorado (ed.), *Campomanes doscientos años después,* Oviedo, Instituto Feijoo de Estudios del Siglo XVIII, Universidad de Oviedo, 2003, pp. 387 y ss.

FICHTE, Johann Gottlieb: *Reivindicación de la libertad de pensamiento y otros escritos políticos,* estudio preliminar y traducción de Faustino Oncina Coves, Madrid, Editorial Tecnos, 1986.

FIESTAS LOZA, Alicia: "La libertad de imprenta en las dos primeras etapas del liberalismo español", en *Anuario de Historia del Derecho Español,* tomo LIX, 1989, pp. 351 y ss.

FIGUEIRA VALVERDE, José: "Presentación", en la obra de Manuel Pardo de Andrade, *Los artículos del <Diario de Madrid> (1794-1800),* selección e introducción de María Rosa Saurin de la Iglesia, La Coruña, Fundación Pedro Barrié de la Maza, Conde de Fenosa, 1989, pp. 13 y ss.

FISS, Owen: "A Freedom Both Personal and Political", en la obra de John Stuart Mill, *On Liberty,* edited by David Bromwich and George Kateb, New Haven and London, Yale University Press, 2003, pp. 179 y ss.

FLÓREZ ESTRADA, Álvaro: *Escritos Políticos,* (Colección Clásicos Asturianos del Pensamiento Político), Oviedo, Junta General del Principado de Asturias, 1994.

FLÓREZ ESTRADA, Álvaro: *Historia de la Revolución de España,* Madrid, Fundación Dos de Mayo, Nación y Libertad/Espasa Calpe, 2009. (Reimpresión de la obra *Introducción para la Historia de la Revolución de España,* Londres, Imprenta de R. Juigné, 1810).

FORNER, Juan Pablo: *Oración Apologética de la España y su Mérito Literario,* edición de Jesús Cañas Murillo, Badajoz, Departamento de Publicaciones, Diputación Provincial de Badajoz, 1997.

FORNER, Juan Pablo: *Exequias de la lengua castellana,* edición de Marta Cristina Carbonell, Madrid, Ediciones Cátedra, 2003.

FORONDA, Valentín de: *Los sueños de la razón,* edición de M. Benavides y C. Rollán, Madrid, Editora Nacional, 1984.

FORONDA, Valentín de: *Cartas sobre los asuntos más exquisitos de la Economía Política y sobre las Leyes Criminales,* estudio preliminar de José Manuel Barrenechea, Vitoria-Gasteiz, Departamento de Economía y Hacienda, Gobierno Vasco, 1994.

FORONDA, Valentín de: *Escritos políticos y constitucionales,* edición de Ignacio Fernández Sarasola, Bilbao, Universidad del País Vasco, 2002.

FRAILE, Guillermo: *Historia de la Filosofía,* tomo III (Del Humanismo a la Ilustración, siglos XV-XVIII), Madrid, Biblioteca de Autores Cristianos, 2ª ed., 1978.

FRANCO FERRARI, Giuseppe (a cura di): *La Costituzione di Cadice nel bicentenario della sua promulgazione,* Torino, G. Giappichelli Editore, 2013.

FRANKFURTER, Felix: "The Early Writings of O. W. Holmes", en *Harvard Law Review (Harv. L. Rev.),* Vol. XLIV, 1930-1931, pp. 717 y ss.

FUENTES, Juan Francisco (ed.): *Si no hubiera esclavos no habría tiranos* (Proclamas, artículos y documentos de la Revolución española, 1789-1837), edición a cargo de Juan Francisco Fuentes, Madrid, Ediciones El Museo Universal, 1988.

FUENTES, Juan Francisco y FERNÁNDEZ SEBASTIÁN, Javier: *Historia del periodismo español* (Prensa, política y opinión pública en la España contemporánea), Madrid, Editorial Síntesis, 1998.

FUENTES, Juan Francisco: *El fin del Antiguo Régimen (1808-1868),* (Política y sociedad), Madrid, Editorial Síntesis, 2007.

FUENTES, Juan Francisco: "Seis españoles en la Revolución Francesa", en Jean-René Aymes (ed.), *España y la Revolución Francesa,* Barcelona, Editorial Crítica, 1989, pp. 283 y ss.

GACTO FERNÁNDEZ, Enrique (editor): *Inquisición y censura. El acoso a la inteligencia en España,* Madrid, Editorial Dykinson, 2006.

GACTO FERNÁNDEZ, Enrique: "Libros venenosos (Sobre los principios doctrinales de la censura inquisitorial)", en Enrique Gacto Fernández (editor), *Inquisición y censura. El acoso a la inteligencia en España,* Madrid, Editorial Dykinson, 2006, pp. 21 y ss.

GÁNDARA, Miguel Antonio de la: *Apuntes sobre el bien y el mal de España,* edición y estudio preliminar de Jacinta Macías Delgado, Madrid, Instituto de Estudios Fiscales, 1988.

GARCÍA MARTÍN, Javier: *El juzgado de imprentas y la utilidad pública. Cuerpo y alma de una Monarquía vicarial,* Bilbao, Universidad del País Vasco, 2003.

GARCÍA REGUEIRO, Ovidio: *Francisco de Cabarrús. Un personaje y su época,* Madrid, Centro de Estudios Políticos y Constitucionales, 2003.

GARCÍA SÁNCHEZ, Justo: "El Tratado de la Regalía de Amortización", en Gonzalo Anes y Álvarez de Castrillón (coordinador), *Campomanes en su II Centenario,* Madrid, Real Academia de la Historia, 2003, pp. 251 y ss.

GAY, Peter: *Voltaire´s Politics. The Poet as Realist,* Princeton (New Jersey), Princeton University Press, 1959.

GIL NOVALES, Alberto: *Las pequeñas Atlántidas* (Decadencia y regeneración intelectual de España en los siglos XVIII y XIX), Barcelona, Editorial Seix Barral, 1959.

GIL NOVALES, Alberto (edición y prólogo): *La prensa en la Revolución liberal: España, Portugal y América Latina,* Madrid, Universidad Complutense de Madrid, 1983.

GIL NOVALES, Alberto (ed.): *La Revolución liberal,* Madrid, Ediciones del Orto, 2001.

GIL NOVALES, Alberto: *Prensa, guerra y revolución* (Los periódicos españoles durante la Guerra de la Independencia), Madrid, Consejo Superior de Investigaciones Científicas/Ediciones Doce Calles, 2009.

GIL NOVALES, Alberto: "La formación de un historiador: el conde de Toreno y su *Noticia,* en 1820". Prólogo a la obra del conde de Toreno, *Noticia de los principales sucesos del gobierno de España (1808-1814),* Pamplona, Urgoiti Editores, 2008, pp. VII y ss.

GLENDINNING, Nigel: *Historia de la Literatura española. El siglo XVIII,* edición al cuidado de José Carlos Mainer, Barcelona/Caracas/México, Editorial Ariel, 3ª reimpr. de la 3ª ed. corregida, 1981.

GLENDINNING, Nigel: "Perspectivas", en la obra, *Goya. La Década de los Caprichos* (Retratos 1792-1804), Madrid, Real Academia de Bellas Artes de San Fernando, 1992, pp. 17 y ss.

GLENDINNING, Nigel: "Introducción", en la obra de José Cadalso, *Noches lúgubres,* edición de Nigel Glendinning, Madrid, Espasa-Calpe (Colección Austral), 1993, pp. 11 y ss.

GODOY, Manuel: *Memorias,* edición de Emilio La Parra y Elisabel Larriba, Alicante, Universidad de Alicante, 2008.

GÓMEZ APARICIO, Pedro: *Historia del periodismo español* (Desde la "Gaceta de Madrid", 1661, hasta el destronamiento de Isabel II), Madrid, Editora Nacional, 1967.

GÓMEZ DE LA SERNA, Gaspar: *Jovellanos, el español perdido,* 2 vols., Madrid, Organización Sala Editorial, 1975.

GÓMEZ DE LA SERNA, Gaspar: "Jovellanos entre cuatro fuegos", en *Revista de Estudios Políticos,* nº 133, Enero/Febrero 1964, pp. 85 y ss.

GÓMEZ IMAZ, Manuel: *Los periódicos durante la Guerra de la Independencia (1808-1814),* (edición facsímil de la obra publicada en Madrid por la Tipografía de la Revista de Archivos, Bibliotecas y Museos, en 1910), Sevilla, Editorial Renacimiento, 2008.

GÓMEZ-REINO Y CARNOTA, Enrique: *Aproximación histórica al derecho de la imprenta y de la prensa en España (1480-1966),* Madrid, Instituto de Estudios Administrativos, 1977.

GONZÁLEZ, Manuel Jesús: "Estudio Preliminar", en la obra de Álvaro Flórez Estrada, *Escritos Políticos,* (Colección Clásicos Asturianos del Pensamiento Político), Oviedo, Junta General del Principado de Asturias, 1994, pp. IX y ss.

GONZÁLEZ Y GONZÁLEZ, Manuel Jesús: "El Conde de Campomanes ante la modernización del Antiguo Régimen", en Gonzalo Anes y Álvarez de Castrillón (coordinador), *Campomanes en su II Centenario,* Madrid, Real Academia de la Historia, 2003, pp. 175 y ss.

GROETHUYSEN, Bernard: *Filosofía de la Revolución Francesa,* México, Fondo de Cultura Económica, 1989.

HABERMAS, J.: *Historia y crítica de la opinión pública* (La transformación estructural de la vida pública), Barcelona, Editorial Gustavo Gili, 8ª tirada de la 1ª ed., 1994.

HABERMAS, Jürgen: *El discurso filosófico de la modernidad,* Buenos Aires/Madrid, Katz Editores, 2008.

HAMILTON, Alexander, MADISON, James and JAY, John: *The Federalist or, the new Constitution,* edited with an Introduction and Notes by Max Beloff, Oxford (Great Britain), Basil Blackwell, 1948. En versión española, *El Federalista.* Prólogo y versión directa de Gustavo R. Velasco, México, Fondo de Cultura Económica, 1ª reimpr. de la 2ª edición en español, 1974.

HART, H. L. A.: "Derechos naturales: Bentham y John Stuart Mill", en *Anuario de Derechos Humanos* (Instituto de Derechos Humanos. Universidad Complutense), nº 3, 1985, pp. 137 y ss.

HAZARD, Paul: *La crisis de la conciencia europea (1680-1715),* traducción de Julián Marías, Madrid, Ediciones Pegaso, 2ª ed., 1952.

HAZARD, Paul: *El pensamiento europeo en el siglo XVIII,* Madrid, Alianza Editorial, 1ª reimpr., 1991.

HELLER, Hermann: *Teoría del Estado,* México, Fondo de Cultura Económica, 6ª ed. en español, 1968.

HERNÁNDEZ DÍAZ, José María: "Alfabetización y sociedad en la revolución liberal española", en *Leer y escribir en España. Doscientos años de alfabetización,* bajo la dirección de Agustín Escolano, Madrid, Fundación Germán Sánchez Ruipérez, 1992, pp. 69 y ss.

HERR, Richard: *Ensayo histórico de la España Contemporánea,* Madrid, Ediciones Pegaso/Editoriales de Derecho Reunidas, 1977.

HERR, Richard: *España y la Revolución del siglo XVIII,* Madrid, Aguilar, 1988.

HERR, Richard: "Campomanes y la Ilustración", en Dolores Mateos Dorado (ed.), *Campomanes doscientos años después,* Oviedo, Instituto Feijoo de Estudios del Siglo XVIII, Universidad de Oviedo, 2003, pp. 749 y ss.

HERRERO, Javier: *Los orígenes del pensamiento reaccionario español,* Madrid, Alianza Editorial, 1ª reimpr., 1994.

HOCQUELLET, Richard: "La aparición de la opinión pública en España: una práctica fundamental para la construcción del primer liberalismo (1808-1810)", en *Historia Contemporánea* (Revista del Departamento de Historia Contemporánea. Universidad del País Vasco), nº 27, 2003, pp. 615 y ss.

HOWE, Daniel Walker: "European Sources of Political Ideas in Jeffersonian America", en *Reviews in American History (Rev. Am. Hist.),* Vol. 10, No. 4, December 1982, pp. 28 y ss.

HUME, David: *Ensayos políticos,* traducción e Introducción de Cesar Armando Gómez, Madrid, Unión Editorial, 2ª ed., 2005.

HUME, David: *A Treatise of Human Nature. A critical edition,* edited by David Fate Norton and Mary J. Norton, Vol. 1 (Texts), Oxford (Great Britain), Clarendon Press, 2007.

HUME, David: *Ensayos morales, políticos y literarios,* edición, prólogo y notas de Eugene F. Miller, Madrid, Editorial Trotta, 2011.

IBÁÑEZ DE LA RENTERÍA, José A.: *La Ilustración política. Las <Reflexiones sobre las formas de gobierno> de José A. Ibáñez de la Rentería y otros discursos conexos (1767-1790),* edición de Javier Fernández Sebastián, Bilbao, Universidad del País Vasco, 1994.

JAUME, Lucien: "Le public et le privé chez les Jacobins (1789-1794)", en *Revue Française de Science Politique,* Vol. 37, nº 2, Avril 1987, pp. 230 y ss.

JEFFERY, Anthea J.: "Free Speech and Press: An Absolute Right?", en *Human Rights Quarterly,* Vol. 8, No. 2, May, 1986, pp. 197 y ss.

JELLINEK, G., BOUTMY, E., DOUMERGUE, E. y POSADA, A.: *Orígenes de la Declaración de Derechos del Hombre y del Ciudadano,* edición preparada por Jesús González Amuchastegui, Madrid, Editora Nacional, 1984.

JIMÉNEZ DE GREGORIO, Fernando: "La convocación a Cortes Constituyentes en 1810 (Estado de la opinión española en punto a la reforma constitucional)", en *Estudios de Historia Moderna,* Vol. V, 1955, pp. 223 y ss.

JOVELLANOS: *Cartas de Jovellanos y Lord Vassall Holland sobre la Guerra de la Independencia (1808-1811),* Vol. 2º, prólogo y notas de Julio Somoza García-Sala, Madrid, Imprenta de los Hijos de Gómez Fuentenebro, 1911.

JOVELLANOS, Gaspar Melchor de: *Obras publicadas e inéditas de Don Gaspar Melchor de Jovellanos,* tomo V, (Biblioteca de Autores Españoles, tomo 87), edición y estudio preliminar de Miguel Artola, Madrid, Ediciones Atlas, 1955.

JOVELLANOS, Gaspar Melchor de: *Obras publicadas e inéditas de D. Gaspar Melchor de Jovellanos,* tomo I, (Biblioteca de Autores Españoles, tomo 46), Madrid, Ediciones Atlas, 1963.

JOVELLANOS, Gaspar Melchor de: *Diarios,* selección y prólogo de Julián Marías, Madrid, Alianza Editorial, 1967.

JOVELLANOS, Gaspar Melchor de: *Obras Completas,* tomo IV (Correspondencia, 3º), edición crítica, introducción y notas de José Miguel Caso González, Oviedo, Instituto Feijoo, Universidad de Oviedo, 1988.

JOVELLANOS, Gaspar Melchor de: *Memoria en defensa de la Junta Central,* (Colección Clásicos Asturianos del Pensamiento Político), 2 tomos, Oviedo, Junta General del Principado de Asturias, 1992.

JOVELLANOS, Gaspar Melchor de: *Obras Completas,* tomo VI (Diario 1º), edición crítica, introducción y notas de José Miguel Caso González, con la colaboración de Javier González Santos, Oviedo, Instituto Feijoo de Estudios del Siglo XVIII/Ilustre Ayuntamiento de Gijón, 1994.

JOVELLANOS, Gaspar Melchor de: *Obras Completas,* tomo VII (Diario 2º), edición crítica, prólogo y notas de María Teresa Caso Machicado y Javier González Santos, Oviedo, Instituto Feijoo de Estudios del Siglo XVIII, Universidad de Oviedo/Ilustre Ayuntamiento de Gijón, 1999.

JOVELLANOS, Gaspar Melchor de: *Obras Completas,* tomo XI (Escritos políticos), edición crítica, estudio preliminar, prólogo y notas de Ignacio Fernández Sarasola, Oviedo, Ayuntamiento de Gijón/Instituto Feijoo de Estudios del Siglo XVIII/KRK Ediciones, 2006.

JOVELLANOS, Gaspar Melchor de: *Obras Completas,* tomo X (Escritos económicos), edición crítica, estudio preliminar, prólogo y notas de Vicent Llombart i Rosa y Joaquín Ocampo Suárez-Valdés, Oviedo, Ayuntamiento de Gijón/Instituto Feijoo de Estudios del Siglo XVIII/KRK Ediciones, Oviedo, 2008.

JOVELLANOS: *Cartas de Jovellanos y Lord Vassall Holland sobre la Guerra de la Independencia (1808-1811),* Vol. 1º, prólogo y notas de Julio Somoza García-Sala, Oviedo, Junta General del Principado de Asturias, 2009.

JOVELLANOS: "Memoria sobre educación pública, o sea Tratado teórico-práctico de enseñanza con aplicación a las Escuelas y colegios de niños", en *Obras escogidas,* II, Madrid, Espasa-Calpe, 1966, pp. 51 y ss.

JURETSCHKE, Hans: *Los afrancesados en la Guerra de la Independencia* (Su génesis, desarrollo y consecuencias históricas), Madrid, Ediciones Rialp, 1962.

KAMEN, Henry: *La Inquisición española. Una revisión histórica,* Barcelona, Editorial Crítica, 2ª ed., 2004.

KANT, Immanuel: "Respuesta a la pregunta: ¿Qué es la Ilustración?", en J. B. Erhard y otros, *¿Qué es la Ilustración?*, estudio preliminar de Agapito Maestre, Madrid, Editorial Tecnos, 1988, pp. 9 y ss.

KAYE, F. B.: "Introducción: comentario crítico, histórico y explicativo", en Bernard Mandeville, *La fábula de las abejas o Los vicios privados hacen la prosperidad pública,* Madrid, Fondo de Cultura Económica, 2ª reimpr. (rústica) de la 1ª ed. en español, 2004, pp. IX y ss.

KENDALL, Willmoore: "Cómo debe leerse la <Areopagítica> de Milton", en *Revista de Estudios Políticos,* nº 186, Noviembre/Diciembre 1972, pp. 109 y ss.

KOCH, Adrienne and AMMON, Harry: "The Virginia and Kentucky Resolutions: An Episode in Jefferson´s and Madison´s Defense of Civil Liberties", en *The William and Mary Quarterly (Wm. & Mary Q.),* Third Series, Vol. 5, No. 2, April, 1948, pp. 145 y ss.

KURLAND, Philip B. and LERNER, Ralph (edited by): *The Founders´ Constitution,* Vol. Five, Chicago and London, The University of Chicago Press, 1987.

LA PARRA LÓPEZ, Emilio: *La libertad de prensa en las Cortes de Cádiz,* Valencia, Nau Llibres, 1984.

LA PARRA LÓPEZ, Emilio: *El primer liberalismo español y la Iglesia. Las Cortes de Cádiz,* Alicante, Instituto de Estudios Juan Gil-Albert, Diputación Provincial, 1985.

LA PARRA LÓPEZ, Emilio: "Argumentos en favor de la libertad de imprenta en las Cortes de Cádiz", en *La prensa en la Revolución liberal: España, Portugal y América Latina,* edición y prólogo a cargo de Alberto Gil Novales, Madrid, Universidad Complutense de Madrid, 1983, pp. 73 y ss.

LAFOURCADE, Maïté (ed.): *Les origines du constitutionnalisme et la Constitution de Bayonne du 7 juillet 1808,* número 4 monográfico de los Cuadernos de la *Revista Internacional de los Estudios Vascos (Riev),* 2009.

LAFOURCADE, Maïté: "Des premières constitutions françaises à la Constitution de Bayonne", en *Revista Internacional de los Estudios Vascos (Riev),* 2009, (Cuadernos, 4), pp. 97 y ss.

LAFUENTE, Fernando R.: "Prólogo a la edición española", en la obra de Bernard Mandeville, *La fábula de las abejas o Los vicios privados hacen la prosperidad* pública, Madrid, Fondo de Cultura Económica, 2ª reimpr. (rústica), de la 1ª ed. en español, 2004, pp. V-VI.

LARRIBA, Elisabel: "Le clergé et la presse dans l´Espagne de l´Ancien Régime", en *El Argonauta Español,* nº 1, 2004, pp. 1-26. Puede verse en la siguiente dirección electrónica: http://argonauta.imageson.org/document83.html.

LARRIBA, Elisabel: "Mejor que el púlpito: la prensa. El Padre Traggia y *El Vencedor católico* (1809-1810)", en *El Argonauta Español,* nº 9, 2012, pp. 1-20. Puede verse en la siguiente dirección electrónica: http://argonauta.imageson.org/document167.html.

LASKI, Harold: *El liberalismo europeo,* México, Fondo de Cultura Económica, 4ª reimpr. de la 1ª ed. en español, 1974.

LASKI, Harold: "The *Areopagítica* of Milton after 300 years", en *Freedom of Expression,* edited by Hermon Ould, London/New York/Melbourne/Sidney, Hutchinson International Authors Ltd., 1944, pp. 168 y ss.

LECLER, S. J., Joseph: *Histoire de la tolérance au siècle de la réforme,* tome premier et second, Paris, Aubier, Éditions Montaigne, 1954.

LEÓN NAVARRO, Vicente: "Papel y poder de la prensa en la Guerra de la Independencia (1808-1809). El caso valenciano", en *El Argonauta Español,* nº 7, 2010, pp. 1-25. Puede verse en esta dirección electrónica: http://argonauta.imageson.org/document146.html.

LEROY, Marie-Laure: "Liberté, droits et démocratie dans l´utilitarisme de Bentham", en Jeremy Bentham, *Garanties contre l´abus de pouvoir et autres écrits sur la liberté politique,* Paris, Éditions Rue d´Ulm/Presses de l´École normale supérieure, 2001, pp. 215 y ss.

LIMOUZE, Henry S.: "<The Surest Suppressing>: Writer and Censor in Milton´s *Areopagítica",* en *The Centennial Review,* Vol. 24, 1980, pp. 103 y ss.

LOCK, Geoffrey: "The 1689 Bill of Rights", en *Political Studies,* Vol. XXXVII, 1989, pp. 540 y ss.

LOCKE, John: *Ensayo sobre el entendimiento humano,* selección, traducción, prólogo y notas de Luis Rodríguez Aranda, Barcelona, Ediciones Orbis, 1985.

LOCKE, John: *Carta sobre la Tolerancia,* edición a cargo de Pedro Bravo Gala, Madrid, Editorial Tecnos, 1ª reimpr., 1988.

LOCKE, John: *Ensayo sobre el entendimiento humano,* traducción de Edmundo O´Gorman, Santafé de Bogotá, Fondo de Cultura Económica, 1994.

LÓPEZ, François: "León de Arroyal. Auteur des *Cartas político-económicas al Conde de Lerena"*, en *Bulletin Hispanique,* tome 69, nº 1-2, 1967, pp. 26 y ss.

LÓPEZ-REY, José: *Velázquez. La obra completa,* Madrid/Köln, Taschen/Wildenstein Institute, 1999.

LÓPEZ TABAR, Juan: *Los famosos traidores. Los afrancesados durante la crisis del Antiguo Régimen (1808-1833),* Madrid, Biblioteca Nueva, 2001.

LÓPEZ TABAR, Juan: "Los medios de captación del Régimen Josefino. La propaganda afrancesada", en Alberto Gil Novales (ed.), *La Revolución liberal,* Madrid, Ediciones del Orto, 2001, pp. 27 y ss.

LÓPEZ DE LERMA GALÁN, Jesús: "La libertad política de imprenta en el contexto preconstitucional de 1812", en *La Constitución de 1812 y su difusión en Iberoamérica,* Francisco Javier Díaz Revorio, Miguel Revenga Sánchez y José Manuel Vera Santos (dirs.), Valencia, Tirant lo Blanch, 2012, pp. 155 y ss.

LUNA Y MONTEJO, Gonzalo: *Censura de las Cortes y derechos del pueblo español y de cada uno de los miembros que lo componen con respecto al Congreso Nacional y a los que lo forman,* Cádiz, Imprenta de D. Manuel Quintana, 1811.

LUQUE Y VICENS, D. A.: *Las Cortes Españolas,* tomo I, Madrid, Establecimiento Literario-Tipográfico de D. Saavedra y Compañía, 1850.

LLOMBART, Vicent: "Campomanes, ¿economista a la moda del tiempo?", en Dolores Mateos Dorado (ed.), *Campomanes doscientos años después,* Oviedo, Instituto Feijoo de Estudios del Siglo XVIII, Universidad de Oviedo, 2003, pp. 455 y ss.

LLOMBART I ROSA, Vicent y OCAMPO SUÁREZ-VALDÉS, Joaquín: "Estudio preliminar", en Gaspar Melchor de Jovellanos, *Obras Completas,* tomo X (Escritos económicos), Oviedo, Ayuntamiento de Gijón/Instituto Feijoo de Estudios del Siglo XVIII/KRK Ediciones, 2008, pp. XXXI y ss.

LLORÉNS, Vicente: *Literatura, Historia, Política* (Ensayos), Madrid, Ediciones de la Revista de Occidente, 1967.

LLORENTE, Juan Antonio: *Historia crítica de la Inquisición,* tomo V, París, Librería de Rosa, 1825.

LLORENTE, Juan Antonio: *Historia crítica de la Inquisición,* 4 vols., Madrid, Ediciones Hiperión, 1980.

LLORENTE, Juan Antonio: *Noticia biográfica (Autobiografía),* con una nota crítica de Antonio Márquez, Madrid, Taurus Ediciones, 1982.

LLUCH, Ernest: *Las Españas vencidas del siglo XVIII* (Claroscuros de la Ilustración), Barcelona, Editorial Crítica, 1999.

MACÍAS DELGADO, Jacinta: "Estudio preliminar", en Miguel Antonio de la Gándara, *Apuntes sobre el bien y el mal de España,* Madrid, Instituto de Estudios Fiscales, 1988, pp. XIII y ss.

MACLEAN, A. H.: "George Lawson and John Locke", en *Cambridge Historical Journal,* Vol. 9, No. 1, 1947, pp. 69 y ss.

MADISON, James: *Writings,* Jack N. Rakove, editor (selected the contents and wrote the notes), New York, The Library of America, 1999.

MADISON, James: *República y libertad. Escritos políticos y constitucionales,* edición, estudio preliminar y traducción de Jaime Nicolás Muñiz, Madrid, Centro de Estudios Políticos y Constitucionales, 2005.

MAESTRE, Agapito: "Estudio Preliminar: Notas para una nueva lectura de la Ilustración", en la obra de J. B. Erhard, J. B. Geich y otros, *¿Qué es Ilustración?,* Madrid, Editorial Tecnos, 1988, pp. XI y ss.

MALO DE MOLINA, Eduardo: "La Constitución de Inglaterra y la continuación de los asuntos de la Compañía inglesa de las Indias Orientales". Apéndice al libro tercero de la *Historia de los Establecimientos Ultramarinos de las Naciones Europeas.* (en la versión digitalizada de Google manejada, aparece sin referencia al editor ni a la fecha, aunque aquél es Antonio Sancha y ésta, 1785).

MANDEVILLE, Bernard: *La fábula de las abejas o Los vicios privados hacen la prosperidad pública,* Madrid, Fondo de Cultura Económica, 2ª reimpr. (rústica) de la 1ª ed. en español, 2004.

MANIN, Bernard: *Los principios del gobierno representativo,* Madrid, Alianza Editorial, 3ª reimpr., 2010.

MARAÑÓN, Gregorio: *Las ideas biológicas del Padre Feijoo,* Madrid, Espasa-Calpe, 4ª ed., 1962.

MARAÑÓN, Gregorio: "Más sobre nuestro siglo XVIII", en *Revista de Occidente,* nº 48, 1935, pp. 278 y ss.

MARAVALL, José Antonio: *Estado moderno y mentalidad social (Siglos XV al XVII),* 2 tomos, Madrid, Alianza Editorial, 2ª ed., 1986.

MARAVALL, José Antonio: *Estudios de Historia del Pensamiento español*, tomo IV (Siglo XVIII), Madrid, Centro de Estudios Políticos y Constitucionales, 1999.

MARAVALL, José Antonio: "Cabarrús y las ideas de reforma política y social en el siglo XVIII". Estudio Preliminar a la obra del Conde de Cabarrús, *Cartas*, Madrid, Castellote Editor, 1973, pp. 11 y ss. Publicado asimismo en la obra recopilatoria de artículos del propio autor, *Estudios de Historia del Pensamiento español*, tomo IV (Siglo XVIII), Madrid, Centro de Estudios Políticos y Constitucionales, 1999, pp. 117 y ss.

MARAVALL, José Antonio: "El sentimiento de nación en el siglo XVIII: La obra de Forner", en la obra recopilatoria de artículos del propio autor, *Estudios de Historia del Pensamiento Español*, tomo IV (Siglo XVIII), Madrid, Centro de Estudios Políticos y Constitucionales, 1999, pp. 59 y ss.

MARAVALL, José Antonio: "Las tendencias de reforma política en el siglo XVIII español", en la obra recopilatoria de artículos del propio autor, *Estudios de Historia del Pensamiento Español*, tomo IV (Siglo XVIII), Madrid, Centro de Estudios Políticos y Constitucionales, 1999, pp. 87 y ss.

MARAVALL, José Antonio: "La idea de la felicidad en el programa de la Ilustración", en la obra recopilatoria de artículos del propio autor, *Estudios de Historia del Pensamiento Español*, tomo IV (Siglo XVIII), Madrid, Centro de Estudios Políticos y Constitucionales, 1999, pp. 231 y ss.

MARAVALL, José Antonio: "El espíritu de crítica y el pensamiento social de Feijoo", en la obra recopilatoria de artículos del propio autor, *Estudios de Historia del Pensamiento Español*, tomo IV (Siglo XVIII), Madrid, Centro de Estudios Políticos y Constitucionales, 1999, pp. 269 y ss.

MARAVALL, José Antonio: "El primer siglo XVIII y la obra de Feijoo", en la obra recopilatoria de artículos del propio autor, *Estudios de Historia del Pensamiento Español*, tomo IV (Siglo XVIII), Madrid, Centro de Estudios Políticos y Constitucionales, 1999, pp. 447 y ss.

MARAVALL, José Antonio: "G. Mayans y la formación del pensamiento político de la Ilustración", en la obra recopilatoria de artículos del propio autor, *Estudios de Historia del Pensamiento Español*, tomo IV (Siglo XVIII), Madrid, Centro de Estudios Políticos y Constitucionales, 1999, pp. 497 y ss.

MARAVALL, José Antonio: "La función educadora del teatro en el siglo de la Ilustración", en la obra recopilatoria de artículos del propio autor, *Estudios de Historia del Pensamiento Español*, tomo IV (Siglo XVIII), Madrid, Centro de Estudios Políticos y Constitucionales, 1999, pp. 537 y ss.

MARAVALL, José Antonio: "Notas sobre la libertad de pensamiento en España durante el siglo de la Ilustración", en la obra recopilatoria de artículos del propio autor, *Estudios de Historia del Pensamiento Español*, tomo IV (Siglo XVIII), Madrid, Centro de Estudios Políticos y Constitucionales, 1999, pp. 593 y ss.

MARAVALL, José Antonio: "Idea y función de la educación en el pensamiento ilustrado", en la obra recopilatoria de artículos del propio autor, *Estudios de Historia del Pensamiento Español*, tomo IV (Siglo XVIII), Madrid, Centro de Estudios Políticos y Constitucionales, 1999, pp. 685 y ss.

MARÍAS, Julián: *La España posible en tiempo de Carlos III*, Madrid, Sociedad de Estudios y Publicaciones, 1963.

MARÍAS, Julián: "Prólogo", en Gaspar Melchor de Jovellanos, *Diarios*, selección de Julián Marías, Madrid, Alianza Editorial, 1967, pp. 7 y ss.

MARISCAL CHICANO, Iván: "Reflexiones sobre la libertad de imprenta y la opinión pública a través de las páginas de *El Conciso"*, en *Cuadernos de Ilustración y Romanticismo*, nº 7, 1999, pp. 93 y ss.

MARTIN, Arnaud: "Les droits individuels dans la Constitution de Bayonne", en *Revista Internacional de los Estudios Vascos (Riev)*, 2009, (Cuadernos, 4), pp. 293 y ss.

MARTÍNEZ ARANCÓN, Ana (estudio preliminar y notas): *La Revolución francesa en sus textos*, Madrid, Editorial Tecnos, 1989.

MARTÍNEZ MILLÁN, José: *La Inquisición española*, Madrid, Alianza Editorial, 2009.

MARTÍNEZ QUINTEIRO, Mª Esther: *Los grupos liberales antes de las Cortes de Cádiz*, Madrid, Narcea Ediciones, 1977.

MARTÍNEZ QUINTEIRO, M. E.: "Estudio crítico y comentarios de texto", en la obra de Manuel José Quintana, *Quintana revolucionario*, Madrid, Narcea de Ediciones, 1972, pp. 11 y ss. y 125 y ss, respectivamente.

MARTÍNEZ QUINTEIRO, Esther: "Los derechos del hombre: el papel de los principios en la crisis del Antiguo Régimen, 1808-1814", en Pablo Fernández Albaladejo y Margarita Ortega López (eds.), *Antiguo Régimen y liberalismo. Homenaje a Miguel Artola*, Vol. 3 (Política y Cultura), Madrid, Alianza Editorial/Ediciones de la Universidad Autónoma de Madrid, 1995, pp. 243 y ss.

MARTÍNEZ DE LA ROSA, Francisco: "La Revolución actual de España", en *Obras de D. Francisco Martínez de la Rosa,* Vol. 4°, edición y estudio preliminar de Carlos Seco Serrano, (Biblioteca de Autores Españoles, tomo 151), Madrid, Ediciones Atlas, 1962, pp. 367 y ss.

MARTÍNEZ DE VELASCO, Ángel: *La formación de la Junta Central,* Pamplona, Ediciones Universidad de Navarra/CSIC, 1972.

MARTIRÉ, Eduardo: *La Constitución de Bayona entre España y América,* Madrid, Boletín Oficial del Estado/Centro de Estudios Políticos y Constitucionales, 2000.

MARX, Karl y ENGELS, Friedrich: *Revolución en España,* Barcelona, Ediciones Ariel, 3ª ed., 1970.

MASTELLONE, Salvo: "Sulla nascita di un linguaggio rivoluzionario europeo (1685-1715)", en *I linguaggi politici delle rivoluzioni in Europa XVII – XIX secolo,* a cura di Eluggero Pii, Città di Castello, Leo S. Olschki, 1992, pp. 1 y ss.

MATEOS DORADO, Dolores (ed.): *Campomanes doscientos años después,* Oviedo, Instituto Feijoo de Estudios del Siglo XVIII, Universidad de Oviedo, 2003.

MATTHEWS, the Very Rev. W. R.: "The Philosophical Basis of Toleration", en *Freedom of Expression,* edited by Hermon Ould, London/New York/Melbourne/Sidney, Hutchinson International Authors Ltd., 1944, pp. 77 y ss.

MAURIAC, François: "Prólogo" a la obra de Blaise Pascal, *Pensamientos,* Buenos Aires, Editorial Losada, 2003, pp. 11 y ss.

MAYOUX, Jean-Jacques: "Un classique de la liberté: l´Areopagitique de John Milton", en *Critique,* numéro 118, 1957, pp. 195 y ss.

MEINECKE, Friedrich: *La idea de la razón de Estado en la Edad Moderna,* Madrid, Centro de Estudios Políticos y Constitucionales, 1997.

MENÉNDEZ PELAYO, Marcelino: *Historia de los heterodoxos españoles,* 2 vols., Madrid, Biblioteca de Autores Cristianos, 3ª ed., 1978.

MERCADER RIBA, Juan José: *José Bonaparte Rey de España, 1808-1813* (Historia externa del Reinado), Madrid, Instituto Jerónimo Zurita, Consejo Superior de Investigaciones Científicas, 1971.

MESTRE SANCHIS, Antonio: "Prólogo" a la obra de Emilio La Parra López, *El primer liberalismo español y la Iglesia. Las Cortes de Cádiz,* Alicante, Instituto de Estudios Juan Gil-Albert, Diputación Provincial, 1985, pp. XI y ss.

MICHAEL, Helen K.: "The Role of Natural Law in Early American Constitutionalism: Did the Founders Contemplate Judicial Enforcement of <Unwritten> Individual Rights?", en *North Carolina Law Review (N. C. L. Rev.),* Vol. 69, 1990-1991, pp. 421 y ss.

MILTON, John: *Areopagítica* (Discurso al Parlamento de Inglaterra sobre la libertad de impresión sin licencias), (Ilustre Colegio de Abogados de Madrid), Introducción y notas de Luis Blanco Vila, Madrid, Torre de Goyanes, 1998.

MILTON, John: *Areopagítica,* (edición bilingüe), traducción, edición y notas de Joan Curbet, Madrid, Editorial Tecnos, 2011.

MILL, John Stuart: *On Liberty,* edited by David Bromwich and George Kateb, New Haven and London, Yale University Press, 2003. En versión española, *De la libertad,* traducción de Eduardo Gil Bera, Barcelona, Acantilado, 2013.

MOLAS RIBALTA, Pere: *Del absolutismo a la Constitución* (La adaptación de la clase política española al cambio de régimen), Madrid, Sílex, 2008.

MONTESQUIEU: *Del Espíritu de las Leyes,* Madrid, Editorial Tecnos, 2ª ed., 1993.

MORALES MOYA, Antonio: "Notas sobre la Revolución Francesa y el pensamiento histórico en España", en la obra colectiva, *Revolución, contrarrevolución e independencia* (La Revolución Francesa, España y América), Madrid, Ediciones Turner, 1989, pp. 83 y ss.

MORÁN ORTÍ, Manuel: "La formación de las Cortes (1808-1810)", en Miguel Artola (ed.), *Las Cortes de Cádiz,* Madrid, Marcial Pons, Ediciones de Historia, 2003, pp. 13 y ss.

MORANGE, Claude: "Teoría y práctica de la libertad de prensa durante el trienio constitucional: el caso de <El Censor> (1820-1822)", en Alberto Gil Novales (ed.), *La prensa en la Revolución liberal: España, Portugal y América Latina,* Madrid, Universidad Complutense de Madrid, 1983, pp. 203 y ss.

MORENO ALONSO, Manuel: *La generación española de 1808,* Madrid, Alianza Editorial, 1989.

MORENO ALONSO, Manuel: *La forja del liberalismo en España* (Los amigos españoles de Lord Holland 1793-1840), Madrid, Congreso de los Diputados, 1997.

MORENO ALONSO, Manuel: *Divina libertad. La aventura liberal de don José María Blanco White, 1808-1824,* Sevilla, Ediciones Alfar, 2002.

MORENO ALONSO, Manuel: *La Constitución de Cádiz. Una mirada crítica,* Sevilla, Ediciones Alfar, 2011.

MORENO ALONSO, Manuel: "Quince cartas sobre el liberalismo histórico español", en *Revista de Estudios Políticos,* nº 28 (nueva época), Julio/Agosto 1982, pp. 211 y ss.

MORENO ALONSO, Manuel: "Lord Holland y los orígenes del liberalismo español", en *Revista de Estudios Políticos,* nº 36 (nueva época), Noviembre/Diciembre 1983, pp. 181 y ss.

MORENO ALONSO, Manuel: "Confesiones políticas de don Agustín de Argüelles", en *Revista de Estudios Políticos,* nº 54 (nueva época), Noviembre/Diciembre 1986, pp. 223 y ss.

MORENO ALONSO, Manuel: "Sugerencias inglesas para unas Cortes españolas", en Juan Cano Bueso (editor), *Materiales para el estudio de la Constitución de 1812,* Madrid, Editorial Tecnos/ Parlamento de Andalucía, 1989, pp. 499 y ss.

MORNET, Daniel: *El pensamiento francés en el siglo XVIII* (El trasfondo intelectual de la Revolución Francesa), Madrid, Ediciones Encuentro, 1988.

MORODO, Raúl: *Las Constituciones de Bayona (1808) y Cádiz (1812). Dos ocasiones frustradas,* Madrid, Biblioteca Nueva, 2012.

MUÑOZ ALONSO, Alejandro y otros: *Opinión pública y comunicación política,* Madrid, EUDEMA (Ediciones de la Universidad Complutense), 1ª reimpr., 1992.

MUÑOZ ALONSO, Alejandro: "Génesis y aparición del concepto de opinión pública", en Alejandro Muñoz Alonso y otros, *Opinión pública y comunicación política,* Madrid, EUDEMA (Ediciones de la Universidad Complutense), 1ª reimpr., 1992, pp. 23 y ss.

MUÑOZ MACHADO, Santiago: *Los itinerarios de la libertad de palabra,* Barcelona, Editorial Crítica, 2013.

MUÑOZ PÉREZ, José: "Los proyectos sobre España e Indias en el siglo XVIII: el proyectismo como género", en *Revista de Estudios Políticos,* nº 81, Mayo/Junio 1955, pp. 169 y ss.

NÁCAR FUSTER, Eloíno y COLUNGA CUETO, O. P., Alberto: *Nuevo Testamento,* Madrid, Biblioteca de Autores Cristianos, 1972.

NEGRÍN FAJARDO, Olegario: "La reforma ilustrada de la educación popular al servicio del desarrollo económico en Campomanes", en Dolores Mateos Dorado (ed.), *Campomanes doscientos años después,* Oviedo, Instituto Feijoo de Estudios del Siglo XVIII, Universidad de Oviedo, 2003, pp. 529 y ss.

ONCINA COVES, Faustino: "Estudio preliminar", en Johann Gottlieb Fichte, *Reivindicación de la libertad de pensamiento y otros escritos políticos,* Madrid, Editorial Tecnos, 1986, pp. IX y ss.

ORELLA UNZUÉ, José L.: "Manuel y Miguel de Lardizábal y Uribe y el Estatuto de Bayona", en *Revista Internacional de los Estudios Vascos (Riev),* 2009, (Cuadernos, 4), pp. 233 y ss.

O´ROURKE, K. C.: *John Stuart Mill and Freedom of Expression* (The genesis of a theory), London and New York, Routledge, 2001.

ORTEGA Y GASSET, José: "El siglo XVIII, educador", en *Obras Completas de José Ortega y Gasset,* tomo II (El Espectador, 1916-1934), Madrid, Revista de Occidente, 7ª ed., 1966, pp. 599-601.

ORTEGA Y GASSET, José: "Mirabeau o el político", en *Obras Completas de José Ortega y Gasset,* tomo III, Madrid, Alianza Editorial/Revista de Occidente, 1983, pp. 601 y ss.

ORTEGA Y GASSET, José: "Reflexiones de centenario (1724-1924)". Estudio incluido bajo el título general de "Kant" (1929), en *Obras Completas de José Ortega y Gasset,* tomo IV, Madrid, Alianza Editorial/Revista de Occidente, 1983, pp. 25 y ss.

ORTEGO COSTALES, José: "Delitos cometidos por medio de la publicidad", en *Anuario de Derecho Penal y Ciencias Penales,* tomo XXVIII, Fascículo 1, Enero/Abril 1975, pp. 5 y ss.

OULD, Hermon (edited by): *Freedom of Expression. A Symposium* (Based on the Conference called by the London Centre of the International P.E.N. to commemorate the Tercentenary of the publication of Milton´s Areopagítica: 22-26th August, 1944), London/New York/Melbourne/ Sidney, Hutchinson International Authors Ltd., 1944.

PAINE, Thomas: *Common Sense and Rights of Man,* (Bold-faced thoughts on revolution, reason, and personal freedom), edited by Laura Ross, New York/London, Sterling Publishing Co. Inc., 2011.

PALACIO ATARD, Vicente: *Los españoles de la Ilustración,* Madrid, Ediciones Guadarrama, 1964.

PALLARÉS MORENO, José: *León de Arroyal o la aventura intelectual de un ilustrado,* Granada, Universidad de Granada/Universidad de Oviedo, 1993.

PÁRAMO ARGÜELLES, Juan Ramón de: *Tolerancia y liberalismo,* Madrid, Centro de Estudios Constitucionales, 1993.

PARDO DE ANDRADE, Manuel: *Los artículos del <Diario de Madrid> (1794-1800),* (Fundación Pedro Barrié de la Maza, Conde de Fenosa), selección e introducción de María Rosa Saurin de la Iglesia, La Coruña, Galicia Editorial, S. A. (Gaesa), 1989.

PASCAL, Blaise: *Pensamientos sobre la religión y otros asuntos,* traducción del texto del autor con las adiciones de Port-Royal convenientemente distinguidas por Eugenio D´Ors, Madrid/Buenos Aires, Editorial Losada, 2003.

PENDÁS GARCÍA, Benigno: *Jeremy Bentham: Política y Derecho en los orígenes del Estado constitucional,* Madrid, Centro de Estudios Constitucionales, 1988.

PEÑA, Lorenzo y AUSÍN, Txetxu (coords.): *Memoria de 1808: Las bases axiológico-jurídicas del constitucionalismo español,* Madrid, Plaza y Valdés Editores, 2009.

PEÑA, Lorenzo: "La justicia de la Revolución española: Refutación de los alegatos bonapartistas", en *Memoria de 1808: Las bases axiológico-jurídicas del constitucionalismo español,* Lorenzo Peña y Txetxu Ausín (coords.), Madrid, Plaza y Valdés Editores, 2009, pp. 97 y ss.

PEÑALVER SIMÓ, Patricio (selección e introducción): *Jovellanos. Obras sociales y políticas,* Madrid, Publicaciones Españolas, 1962.

PEÑAS BERNALDO DE QUIRÓS, J. Carlos: "El pensamiento reaccionario en las Cortes de Cádiz", en Pablo Fernández Albaladejo y Margarita Ortega López (eds.), *Antiguo Régimen y liberalismo. Homenaje a Miguel Artola,* Vol. 3 (Política y Cultura), Madrid, Alianza Editorial/Ediciones de la Universidad Autónoma de Madrid, 1995, pp. 539 y ss.

PÉREZ DE GUZMÁN, Juan: "De la libertad de imprenta y de su legislación en España", en *Revista de España,* sexto año, Madrid, 1873, pp. 364 y ss., y 501 y ss.

PÉREZ LEDESMA, Manuel: "Las Cortes de Cádiz y la sociedad española", en Miguel Artola (ed.), *Las Cortes de Cádiz,* Madrid, Marcial Pons, Ediciones de Historia, 2003, pp. 167 y ss.

PÉREZ LUÑO, Antonio Enrique: "Razón jurídica y libertades en la Constitución de Cádiz de 1812", en *Memoria de 1808: Las bases axiológico-jurídicas del constitucionalismo español,* Lorenzo Peña y Txetxu Ausín (coords.), Madrid, Plaza y Valdés Editores, 2009, pp. 155 y ss.

PÉREZ SARRIÓN, Guillermo (ed.): *Más Estado y más mercado. Absolutismo y economía en la España del siglo XVIII,* Madrid, Sílex Ediciones, 2011.

PÉREZ-PRENDES MUÑOZ-ARRACO, José Manuel: "Campomanes y la idea de Estado: ocho hipótesis", en Julio Antonio Fernández Lamuño y otros, *Campomanes, vida, obra y época,* Oviedo, Real Instituto de Estudios Asturianos, Principado de Asturias, 2004, pp. 109 y ss.

PÉREZ-RIOJA, José Antonio: *El helenista Ranz Romanillos y la España de su tiempo (1759-1830),* Madrid, Consejo Superior de Investigaciones Científicas, 1962.

PINTO, Roger: *La liberté d´opinion et d´information,* Paris, Éditions Domat Montchrestien, 1955.

PIQUERES DÍEZ, Antonio J.: "El <rey Intruso> y la *Gazeta de Madrid:* la construcción de un mito, 1808-1810", en *El Argonauta Español,* nº 6, 2009, pp. 1-21 del texto al que se accede en esta dirección electrónica: http://argonauta.imageson.org/document115.html.

POLIN, Raymond: "Los derechos del hombre en Hobbes y en Locke", en *Revista del Instituto de Ciencias Sociales* (Diputación Provincial de Barcelona), nº 5, 1965, pp. 195 y ss.

POLLARD, Robert S. W.: "Freedom of Conscience", en *Freedom of Expression,* edited by Hermon Ould, London/New York/Melbourne/Sidney, Hutchinson International Authors Ltd., 1944, pp. 46 y ss.

PORTILLO VALDÉS, José María: *Revolución de nación*. Orígenes de la cultura constitucional en España, 1780-1812, Madrid, Boletín Oficial del Estado/CEPC, 2000.

POSNER, Richard A.: "*On Liberty.* A Revaluation", en la obra de John Stuart Mill, *On Liberty,* edited by David Bromwich and George Kateb, New Haven and London, Yale University Press, 2003, pp. 197 y ss.

PRIETO, Fernando: *La Revolución Francesa,* Madrid, Ediciones Istmo, 1989.

PRITCHETT, C. Herman: *La Constitución Americana,* Buenos Aires, Tipográfica Editora Argentina, 1965.

PROUST, Jacques: "Présentation" de la obra de Denis Diderot, *Sur la liberté de la presse* (texte partiel établi, présenté et annoté par Jacques Proust), Paris, Éditions Sociales, 1964, pp. 7 y ss.

QUINTANA, Manuel José: *Quintana revolucionario*, estudios, notas y comentarios del texto por M. E. Martínez Quinteiro, Madrid, Narcea de Ediciones, 1972.

QUINTANA: *Memoria del Cádiz de las Cortes,* edición de Fernando Durán López, Cádiz, Servicio de Publicaciones, Universidad de Cádiz, 1996.

READ, Herbert: "On Milton´s *Areopagítica",* en *Freedom of Expression,* edited by Herman Ould, London/New York/Melbourne/Sidney, Hutchinson International Authors Ltd., 1944, pp. 122 y ss.

RIBALTA HARO, Jaume: "Justicia en tiempos de revolución: una libertad sin garantías. La libertad política de imprenta y el *affaire* de <El Robespierre Español> (1811-1814)", en *Fallstudien zur spanischen und portugiesischen Justiz 15. bis 20. Jahrhundert,* Herausgegeben und eingeleitet von Johannes-Michael Scholz, Frankfurt am Main,Vittorio Klostermann, 1994, pp. 487 y ss.

ROCHE, John (edited by): *John Marshall: Major Opinions and Other Writings,* Indianapolis/New York, The Bobbs-Merrill Company, Inc., 1967.

RODRÍGUEZ ARANDA, Luis: *El desarrollo de la razón en la cultura española,* Madrid, Ediciones Aguilar, 1962.

RODRÍGUEZ CAMPOMANES, Pedro: *Discurso sobre la educación popular de los artesanos y su fomento,* Madrid, Imprenta de D. Antonio de Sancha, 1775.

RODRÍGUEZ CAMPOMANES, Pedro: *Apéndice a la educación popular. Parte primera* (que contiene las reflexiones conducentes a entender el origen de la decadencia de los oficios y artes en España, durante el siglo pasado; según lo demostraron los escritores coetáneos, que se reimprimen en este apéndice o cuyos pasages se dan a la letra), Madrid, Imprenta de D. Antonio de Sancha, 1775.

RODRÍGUEZ CAMPOMANES, Pedro: *Inéditos políticos,* estudio preliminar de Santos M. Coronas González, (Clásicos Asturianos del Pensamiento Político), Oviedo, Junta General del Principado de Asturias, 1996.

ROMÀ Y ROSELL, Francisco: *Las señales de la felicidad de España, y medios de hacerlas eficaces,* Madrid, Imprenta de D. Antonio Muñoz del Valle, 1768.

ROMERO MORENO, José Manuel: *Proceso y derechos fundamentales en la España del siglo XIX,* Madrid, Centro de Estudios Constitucionales, 1983.

ROSPIR, Juan Ignacio: "La opinión pública en España", en Alejandro Muñoz Alonso y otros, *Opinión pública y comunicación política,* Madrid, EUDEMA (Ediciones de la Universidad Complutense), 1ª reimpr., 1992, pp. 84 y ss.

ROSPIR ZABALA, Juan Ignacio: "Opinión pública. El tránsito hacia el oeste: los Estados Unidos. Una introducción (1787-1800)", en *Brocar* (Cuadernos de Investigación Histórica. Universidad de La Rioja), nº 34, Logroño, 2010, pp. 11 y ss.

ROSSI, Pietro: "Voltaire e la tolleranza", en *Rivista di Filosofia,* Vol. LXX, Fasc. II, Giugno 1979, pp. 175 y ss.

ROSSITER, Clinton: *The First American Revolution* (The American Colonies on the Eve of Independence), New York, A Harvest Book, Harcourt, Brace and Company, 1956.

ROUSSEAU, Juan Jacobo: *Contrato social,* Madrid, Espasa-Calpe (Selecciones Austral), 1975.

ROURA AULINAS, Lluís: "Libertad de imprenta y libertad de expresión al final del Antiguo Régimen (Consideraciones a partir del caso mallorquín, en el contexto de la Guerra de la Independencia)", en *La prensa en la Revolución liberal: España, Portugal y América Latina,* edición y prólogo de Alberto Gil Novales, Madrid, Universidad Complutense de Madrid, 1983, pp. 99 y ss.

ROURA i AULINAS, Lluís: "Un Estado muerto, pero una sociedad llena de vida. Napoleón y la diversidad española", en Alberto Gil Novales (ed.), *La Revolución liberal,* Madrid, Ediciones del Orto, 2001, pp. 13 y ss.

ROURA, Lluís: "Guerra y ocupación francesa: ¿freno o estímulo para la revolución española?", en Manuel Chust e Ivana Frasquet (eds.), *La Trascendencia del Liberalismo Doceañista en América y en España,* Valencia, Generalitat Valenciana, 2004, pp. 13 y ss.

RUGGIERO, Guido de: *Historia del liberalismo europeo,* Madrid, Ediciones Pegaso, 1944.

RUMEU DE ARMAS, Antonio: *Historia de la censura literaria gubernativa en España* (Historia. Legislación. Procedimientos), Madrid, M. Aguilar Editor, 1940.

SAAVEDRA LÓPEZ, Modesto: *La libertad de expresión en el Estado de Derecho. Entre la utopía y la realidad,* Barcelona, Editorial Ariel, 1987.

SALAS, Ramón: *Lecciones de Derecho Público Constitucional,* Madrid, Centro de Estudios Constitucionales, 1982.

SALDAÑA DÍAZ, Nieves: "El Poeta de la Revolución Puritana: Teoría Política de John Milton", en *Historia Constitucional* (revista electrónica), nº 2, Junio 2001, pp. 1 y ss. del texto al que se accede a través de la siguiente dirección electrónica: http://vlex.com/vid/poeta-revolucion-puritana-john-milton-42143878.

SALDAÑA DÍAZ, María Nieves: "En defensa de la libertad de prensa: la *Areopagítica* de John Milton", en *Revista de Estudios Políticos,* nº 125 (nueva época), Julio/Septiembre 2004, pp. 277 y ss.

SALDAÑA DÍAZ, María Nieves: "Recepción e influencia de la *Areopagítica* de John Milton en la ideología colonial y revolucionaria norteamericana: de Franklin a Jefferson", en *Historia Constitucional* (Revista electrónica), nº 13, 2012, pp. 661 y ss. Puede verse en: http://www.historiaconstitucional.com.

SÁNCHEZ AGESTA, Luis: *El pensamiento político del despotismo ilustrado,* Sevilla, Universidad de Sevilla, 1979.

SÁNCHEZ AGESTA, Luis: "Agustín de Argüelles y la Constitución de 1812". Introducción, en la obra de Agustín de Argüelles, *Discurso Preliminar a la Constitución de 1812,* Madrid, Centro de Estudios Constitucionales, 1981, pp. 7 y ss.

SÁNCHEZ AGESTA, Luis: "Sobre la Constitución de Cádiz", en *Revista Española de Derecho Constitucional,* nº 30, Septiembre/Diciembre 1990, pp. 9 y ss.

SÁNCHEZ ARANDA, José Javier: "La aprobación de la libertad de prensa en las Cortes de Cádiz y sus consecuencias", en *Estudios de Historia Moderna y Contemporánea* (Homenaje a Federico Suárez Verdaguer), Madrid, Ediciones Rialp, 1991, pp. 441 y ss.

SÁNCHEZ CORREDERA, Silverio: "Estudio preliminar", en la obra *Cartas de Jovellanos y Lord Vassall Holland sobre la Guerra de la Independencia (1808-1811),* Vol. I, prólogo y notas de Julio Somoza García-Sala, Oviedo, Junta General del Principado de Asturias, 2009, pp. XI y ss.

SÁNCHEZ GONZÁLEZ, Santiago: "Sobre la libertad de expresión en el mundo anglosajón", en *Revista de Administración Pública,* nº 127, Enero/Abril 1992, pp. 45 y ss.

SÁNCHEZ HITA, Beatriz: "La imprenta en Cádiz durante la Guerra de la Independencia y su relación con la prensa periódica", en *La guerra de pluma* (Estudios sobre la prensa de Cádiz en tiempo de las Cortes, 1810-1814), Marieta Cantos Casenave, Fernando Durán López y Alberto Romero Ferrer (editores), tomo 1º, Cádiz, Universidad de Cádiz, 2006, pp. 31 y ss.

SÁNCHEZ HITA, Beatriz: "La prensa y la imprenta en el Cádiz de la Guerra de la Independencia (1808-1814)", en *Prensa y libertad de imprenta* (Los periódicos en el Cádiz de las Cortes), Madrid, Sociedad Estatal de Conmemoraciones Culturales, 2010, pp. 57 y ss.

SÁNCHEZ MEJÍA, María Luisa: "Estudio preliminar", en la obra de Benjamin Constant, *Escritos políticos,* Madrid, Centro de Estudios Constitucionales, 1989, pp. VII y ss.

SANZ CID, Carlos: *La Constitución de Bayona,* Madrid, Editorial Reus, 1922.

SARRAILH, Jean: *La España Ilustrada de la segunda mitad del siglo XVIII,* México, Fondo de Cultura Económica, 3ª reimpr. de la 1ª ed. en español, 1985.

SAURÍN DE LA IGLESIA, María Rosa: "Introducción", en Manuel Pardo Andrade, *Los artículos del <Diario de Madrid> (1794-1800),* (Fundación Pedro Barrié de la Maza, Conde de Fenosa), La Coruña, Galicia Editorial (GAESA),1989, pp. 19 y ss.

SCHWOERER, Lois G.: "Locke, Lockean Ideas, and the Glorious Revolution", en *Journal of the History of Ideas,* Vol. 51, No. 4, October/December, 1990, pp. 531 y ss.

SEMPERE Y GUARINOS, Juan: *Ensayo de una biblioteca española de los mejores escritores del reinado de Carlos III,* 3 tomos, Salamanca, Junta de Castilla y León, Consejería de Educación y Cultura, 1997 (edición facsímil de la edición en 6 tomos hecha en Madrid, en la Imprenta Real, en 1785-1789).

SENAC DE MEILHAN, Gabriel: *Des principes et des causes de la Révolution en France*, Paris, Les Éditions Desjonquères, 1987.

SEOANE, María Cruz: *El primer lenguaje constitucional español* (Las Cortes de Cádiz), Madrid, Editorial Moneda y Crédito, 1968.

SEOANE, María Cruz: *Oratoria y periodismo en la España del siglo XIX,* Madrid, Fundación Juan March/Editorial Castalia, 1977.

SEOANE, María Cruz: *Historia del periodismo en España,* Vol. 2 (El siglo XIX), Madrid, Alianza Editorial, 4ª reimpr. de la 1ª ed., 1996.

SEOANE COUCEIRO, María Cruz: "Libertad de imprenta: de <vehículo de las luces> a derecho del hombre", en *Prensa y libertad de imprenta* (Los periódicos en el Cádiz de las Cortes), Madrid, Sociedad Estatal de Conmemoraciones Culturales, 2010, pp. 17 y ss.

SEOANE, María Cruz: "Una libertad sin marco legal (1808-1810)", en Elisabel Larriba y Fernando Durán López (eds.), *El nacimiento de la libertad de imprenta,* Madrid, Sílex Ediciones, 2012, pp. 165 y ss.

SIEBERT, Fred S.: "The libertarian theory of the press", en Fred S. Siebert, Theodore Peterson and Wilbur Schramm, *Four theories of the press,* Urbana (Illinois), University of Illinois Press, 1963, pp. 39 y ss.

SMITH, Preserved: *The Enlightenment 1687-1776,* New York/London, Collier Books/Collier Macmillan, 2nd printing, 1966. (First published by Holt, Rinehart and Winston, Inc. in 1934).

SMITH, Robert Sidney: "Valentín de Foronda, diplomático y economista", en *Revista de Economía Política,* Vol. X, nº 2, Mayo/Agosto 1959, pp. 425 y ss.

SOLÍS, Ramón: *El Cádiz de las Cortes* (La vida en la ciudad en los años de 1810 a 1813), Madrid, Sílex, 1987.

SOMOZA GARCÍA-SALA, Julio: "Prólogo y notas", en la obra, *Cartas de Jovellanos y Lord Vassall Holland sobre la Guerra de la Independencia (1808-1811),* Vol. I, Oviedo, Junta General del Principado de Asturias, 2009, pp. 7 y ss.

SPELL, J. R.: "An Illustrious Spaniard in Philadelphia, Valentín de Foronda", en *Hispanic Review,* Vol. 4, Issue 2, April, 1936, pp. 136 y ss.

SPINOZA, Baruch: *Tratado teológico-político,* Barcelona, Ediciones Orbis, 1985.

SPINOZA, Baruch: *Tratado teológico-político. Tratado político,* traducción de Enrique Tierno Galván, Madrid, Editorial Tecnos, 4ª ed., 2007.

STIFFONI, Giovanni: "Introducción biográfica y crítica", en Benito Jerónimo Feijoo, *Teatro crítico universal* (o Discursos varios en todo género de materias, para desengaños de errores comunes), Madrid, Editorial Castalia, 1986, pp. 9 y ss.

SUÁREZ, Federico: *El proceso de convocatoria a Cortes (1808-1810),* Pamplona, EUNSA, 1982.

SUÁREZ, Federico: *La crisis política del Antiguo Régimen en España (1800-1840),* Madrid, Ediciones Rialp, 3ª ed., 1988.

SUÁREZ FERNÁNDEZ, Luis: "Campomanes: la racionalización de la Ilustración", en Gonzalo Anes y Álvarez de Castrillón (coordinador), *Campomanes en su II Centenario,* Madrid, Real Academia de la Historia, 2003, pp. 161 y ss.

SUÁREZ FERNÁNDEZ, Luis: "Los precedentes de las Cortes. Jovellanos en relación con Campomanes: la racionalidad de la Ilustración española", en *Cortes y Constitución de Cádiz 200 años,* dirección de José Antonio Escudero, tomo I, Madrid, Espasa, 2011, pp. 54 y ss.

SULLIVAN, Kathleen M. and GUNTHER, Gerald: *Constitutional Law*, New York, Foundation Press/ Thomson West, 16th edition, 2007.

TEDESCHI, Mario: *La libertà* religiosa nel pensiero *di John Locke,* Torino, G. Giappichelli, 1990.

TIERNO GALVÁN, Enrique: *Tradición y Modernismo,* Madrid, Editorial Tecnos, 1962.

TIERNO GALVÁN, Enrique: "Prólogo" a la obra de Edmund Burke, *Reflexiones sobre la Revolución Francesa,* Madrid, Instituto de Estudios Políticos, 1954, pp. 7 y ss.

TIERNO GALVÁN, Enrique: "Prólogo" a la obra de Benno von Wiese, *La Cultura de la Ilustración,* Madrid, Centro de Estudios Constitucionales, reimpresión, 1979, pp. 7 y ss.

TIERNO GALVÁN, Enrique: "Prólogo" a la obra de David Hume, *Ensayos políticos,* traducción de Enrique Tierno Galván, Madrid, Centro de Estudios Constitucionales, 2ª ed., 1982, pp. VII y ss.

TIERNO GALVÁN, Enrique: "Estudio preliminar", en Baruch Spinoza, *Tratado teológico-político. Tratado político,* Madrid, Editorial Tecnos, 4ª ed., 2007, pp. IX y ss.

TOCQUEVILLE, Alexis de: *El Antiguo Régimen y la Revolución,* Madrid, Ediciones Guadarrama, 1969. Otra versión más reciente en México, Fondo de Cultura Económica, 1ª reimpr. de la 1ª ed. en español, 1998.

TOCQUEVILLE, Alexis de: *La democracia en América,* Madrid, Alianza Editorial, 2ª reimpr. en "El Libro de Bolsillo", 1989.

TORQUEMADA SÁNCHEZ, María Jesús: "Controles aduaneros en el siglo XVIII: conflictos entre la justicia regia y la inquisitorial", en Enrique Gacto Fernández (editor), *Inquisición y censura. El acoso a la inteligencia en España,* Madrid, Editorial Dykinson, 2006, pp. 59 y ss.

TORRES AGUILAR, Manuel: "Control ideológico, control de prensa e Inquisición a fines del Antiguo Régimen. Algunos casos de censura en el siglo XIX", en Enrique Gacto Fernández (editor), *Inquisición y censura. El acoso a la inteligencia en España,* Madrid, Editorial Dykinson, 2006, pp. 301 y ss.

TORRES DEL MORAL, Antonio: "Estudio Preliminar" a la obra de Condorcet, *Bosquejo de un cuadro histórico de los progresos del espíritu humano,* Madrid, Centro de Estudios Políticos y Constitucionales, 2004, pp. XIII y ss.

TORRES DEL MORAL, Antonio: "Elementos de la ideología constitucionalista y su recepción en España: de Bayona a Cádiz", en *Memoria de 1808: Las bases axiológico-jurídicas del constitucionalismo español,* Lorenzo Peña y Txetxu Ausín (coords.), Madrid, Plaza y Valdés Editores, 2009, pp. 41 y ss.

TREVELYAN, George Macaulay: *Historia política de Inglaterra,* México, Fondo de Cultura Económica, 2ª ed. en español, 1984.

TURBERVILLE, Stanley: *La Inquisición Española,* México, Fondo de Cultura Económica, 10ª reimpr. de la 1ª ed. en español, 1994.

VALLEJO, Jesús: "Escritura, contexto y memoria de la Constitución de Almodóvar". Estudio preliminar, en la obra del Duque de Almodóvar, *Constitución de Inglaterra,* Madrid, Boletín Oficial del Estado/Centro de Estudios Políticos y Constitucionales, 2000, pp. XIII y ss.

VALLEJO GARCÍA-HEVIA, José María: *El Consejo Real de Castilla y sus escribanos en el siglo XVIII,* Valladolid, Junta de Castilla y León, Consejería de Cultura y Turismo, 2007.

VALLS, Josep-Francesc: *Prensa y burguesía en el XIX español,* Barcelona, Antrophos, 1988.

VARELA, Javier: *Jovellanos,* Madrid, Alianza Editorial, 1988.

VARELA SUANZES-CARPEGNA, Joaquín: *Política y Constitución en España (1808-1978),* Madrid, Centro de Estudios Políticos y Constitucionales, 2007.

VARELA SUANZES, Joaquín: "Un precursor de la monarquía parlamentaria: Blanco-White y <El Español> (1810-1814)", en *Revista de Estudios Políticos,* nº 79 (nueva época), Enero/Marzo 1993, pp. 101 y ss.

VELARDE FUERTES, Juan: "Campomanes, doscientos años después", en Julio Antonio Fernández Lamuño y otros, *Campomanes, vida, obra y época,* Oviedo, Real Instituto de Estudios Asturianos, Principado de Asturias, 2004, pp. 215 y ss.

VÉLEZ, Fr. Rafael de: *Apología del Altar y del Trono* (o Historia de las reformas hechas en España en tiempo de las llamadas Cortes, e impugnación de algunas doctrinas publicadas en la Constitución, Diarios, y otros escritos contra la religión y el Estado), Madrid, Imprenta de Cano, 1818.

VILA SELMA, José: *Ideario de Manuel José Quintana,* Madrid, Consejo Superior de Investigaciones Científicas, 1961.

VIÑAO FRAGO, Antonio: "Alfabetización, lectura y escritura en el Antiguo Régimen (siglos XVI-XVIII)", en *Leer y escribir en España. Doscientos años de alfabetización,* bajo la dirección de Agustín Escolano, Madrid, Fundación Germán Sánchez Ruipérez, 1992, pp. 45 y ss.

VIÑAS Y MEY, Carmelo: "Prólogo" a la obra de Miguel Antonio de la Gándara, *Apuntes sobre el bien y el mal de España,* edición y estudio preliminar de Jacinta Macías Delgado, Madrid, Instituto de Estudios Fiscales, 1988, pp. VII y ss.

VOLTAIRE: *Dictionnaire philosophique.* Texte établi par Raymond Naves, Paris, Éditions Garnier Frères, 1967.

VOLLRATH, Ernst: "That All Governments Rest on Opinion", en *Social Research,* Vol. 43, No. 1, Spring 1976, pp. 46 y ss.

Von WIESE, Benno: *La cultura de la Ilustración,* Madrid, Centro de Estudios Constituicionales, 1979.

WALDRON, Jeremy: "Mill as a Critic of Culture and Society", en la obra de John Stuart Mill, *On Liberty,* edited by David Bromwich and George Kateb, New Haven and London, Yale University Press, 2003, pp. 224 y ss.

WALTON, Charles: *Policing Public Opinion in the French Revolution* (The Culture of Calumny and the Problem of Free Speech), New York, Oxford University Press, 2009.

ZABALA Y LERA, Pío: *España bajo los Borbones,* introducción de Carolina Rodríguez López, Zaragoza, Institución Fernando el Católico, CSIC/Diputación de Zaragoza, 2009 (reimpr. de la edición original publicada en Barcelona por la Editorial Labor, en 1926).

Made in United States
Orlando, FL
04 November 2026

90200636R00238